SV
international
SCHWEIZER
VERLAGSHAUS

John H. Davis

# MAFIA

Schattengeschichte
der USA

SV international
Schweizer Verlagshaus
Zürich

Die amerikanische Originalausgabe erschien 1988
unter dem Titel »Mafia Kingfish« bei McGraw-Hill
Publishing Company, New York.

Aus dem Amerikanischen von Lexa Katrin von Nostitz

Personenregister: Markus Ernst



CIP-Titelaufnahme der Deutschen Bibliothek

Davis, John H.:

Mafia: Schattengeschichte der USA / John H. Davis.
[Aus d. Amerikan. von Lexa Katrin von Nostitz]. –
Zürich : SV Internat., Schweizer Verl.-Haus, 1989

Einheitssacht.: Mafia Kingfish ⟨dt.⟩
ISBN 3-7263-6596-6



Schutzumschlag: Heinz von Arx, Zürich
Satz: Typobauer Filmsatz GmbH, Ostfildern
Druck und Bindung: Franz Spiegel Buch GmbH, Ulm
Printed in Germany

ISBN 3-7263-6596-6

Für SAHODRA
in Liebe

# Inhalt

Prolog New Orleans 1981
Die Vereinigten Staaten gegen Carlos Marcello . . . . . . . . 11

1. Teil: VON SIZILIEN NACH LOUISIANA, 1908–1934

1 Wurzeln schlagen in den Sümpfen von Louisiana . . . . . . . . . 17
2 Die Mafia von Louisiana . . . . . . . . . . . . . . . . . . . . 20
3 Die Ermordung des Polizeichefs . . . . . . . . . . . . . . . . 25
4 Das jugendliche Genie . . . . . . . . . . . . . . . . . . . . 29

2. Teil: DER AUFSTIEG ZUR MACHT, 1934–1947

5 Wieder im Geschäft: Carlos stößt zur Mafia . . . . . . . . . . . 35
6 Der Spielautomaten-Coup: Carlos verbündet sich mit
Frank Costello . . . . . . . . . . . . . . . . . . . . . . . 42
7 Glücksspiel und Mord: Carlos steigt ganz groß ein . . . . . . . . 47
8 Konferenz im »Black Diamond«: Carlos erhält den Ritterschlag . 53

3. Teil: CARLOS MACHT SICH FEINDE, 1948–1960

9 »Willswood Tavern« (Das Wirtshaus im Sumpf) . . . . . . . . . 61
10 Carlos trotzt dem Kefauver-Ausschuß . . . . . . . . . . . . . . 64
11 Das »Town & Country«-Motel . . . . . . . . . . . . . . . . . 69
12 Aaron Kohn: Streiter gegen Marcello . . . . . . . . . . . . . 75
13 Der McClellan-Ausschuß: Die erste Runde mit den Kennedys . . 81

4. Teil: KRIEG GEGEN DIE KENNEDYS, 1961–1963

14 Die Tage der Kennedys . . . . . . . . . . . . . . . . . . . . . 89
15 Der Pakt mit dem Teufel . . . . . . . . . . . . . . . . . . . 91
16 Die Zwangsabschiebung . . . . . . . . . . . . . . . . . . . 95
17 In der Verbannung . . . . . . . . . . . . . . . . . . . . . . 99
18 Marcello kehrt heim – Kennedy schlägt zurück . . . . . . . . . . 106
19 Marcello schwört Rache . . . . . . . . . . . . . . . . . . . 111
20 Marcello in der Klemme . . . . . . . . . . . . . . . . . . . 118
21 Erste Andeutungen einer Verschwörung . . . . . . . . . . . . 122
22 Oswald und die Marcellos: Sommer 1963 . . . . . . . . . . . . 127
23 Der Druck wird stärker: September 1963 . . . . . . . . . . . . 138
24 Marcellos Dallas . . . . . . . . . . . . . . . . . . . . . . 142
25 Oswald und sein Doppelgänger . . . . . . . . . . . . . . . . 149
26 Carlos und der Meister der Intrige . . . . . . . . . . . . . . 158
27 Ruby konsultiert den Mob . . . . . . . . . . . . . . . . . . 166
28 Die Vereinigten Staaten gegen Carlos Marcello: 4.–20. November . . . . . . . . . . . . . . . . . . . . . . 170
29 Pläne und Vorbereitungen . . . . . . . . . . . . . . . . . . 177
30 Der Spruch der Geschworenen: 22. November . . . . . . . . . . . 181

5. Teil: NACHWIRKUNGEN, 22. NOVEMBER 1963–17. AUGUST 1965

31 New Orleans . . . . . . . . . . . . . . . . . . . . . . . . 187
32 Dallas . . . . . . . . . . . . . . . . . . . . . . . . . . 191
33 Ferrie in Texas . . . . . . . . . . . . . . . . . . . . . . 195
34 Ruby bringt Oswald zum Schweigen . . . . . . . . . . . . . . 205
35 Edward Becker schöpft Verdacht . . . . . . . . . . . . . . . 211
36 Weitere Andeutungen einer Verschwörung . . . . . . . . . . . . 219
37 Hoovers Ermittlung . . . . . . . . . . . . . . . . . . . . . 237
38 Täuschung und Manipulation: Hoover und die Warren-Kommission . . . . . . . . . . . . . . . . . . . . . . . 257
39 Der Schlußbericht der Kommission . . . . . . . . . . . . . . . 269
40 Das Schweigen Robert Kennedys . . . . . . . . . . . . . . . . 277
41 Carlos Marcellos Triumph . . . . . . . . . . . . . . . . . . 300

6. Teil: EINE PREKÄRE MACHT, 1965–1977


42 Carlos Marcellos unsichtbare Regierung . . . . . . . . . . . . . . 309
43 Gipfel im »La Stella« . . . . . . . . . . . . . . . . . . . . . . . . 321
44 Nachhall einer Verschwörung: 1967 . . . . . . . . . . . . . . . . 326
45 Von Memphis nach Los Angeles . . . . . . . . . . . . . . . . . . 339
46 Von Los Angeles nach Watergate . . . . . . . . . . . . . . . . . 346
47 Von Watergate zur Church-Kommission . . . . . . . . . . . . . . 361
48 Eine prekäre Macht . . . . . . . . . . . . . . . . . . . . . . . . . 377


7. Teil: CARLOS MARCELLOS STURZ, 1978–1988


49 Der Kongreß untersucht das Verbrechen des Jahrhunderts . . . . 385
50 Der Kongreß verdächtigt Marcello . . . . . . . . . . . . . . . . . 400
51 Operation BRILAB: Der Plan, Marcello zu fassen . . . . . . . . . 418
52 Falle Nummer eins . . . . . . . . . . . . . . . . . . . . . . . . . 425
53 Falle Nummer zwei . . . . . . . . . . . . . . . . . . . . . . . . . 449
54 Das große Ding . . . . . . . . . . . . . . . . . . . . . . . . . . . 458
55 Der Schlußstrich . . . . . . . . . . . . . . . . . . . . . . . . . . 462
56 Prozeß Nummer eins: New Orleans . . . . . . . . . . . . . . . . 474
57 Prozeß Nummer zwei: Los Angeles . . . . . . . . . . . . . . . . 496
58 Carlos im Gefängnis . . . . . . . . . . . . . . . . . . . . . . . . 504
59 Das Beweismaterial gegen Carlos Marcello . . . . . . . . . . . . 513
60 Die Marcellos heute . . . . . . . . . . . . . . . . . . . . . . . . 530

Nachwort I November 1988: Der Kennedymord neu betrachtet . . 538
Nachwort II 20. Februar 1989: Das sechste Stockwerk . . . . . . . 551
Nachwort III 1989: Carlos Marcello . . . . . . . . . . . . . . . . . . 553
Dank . . . . . . . . . . . . . . . . . . . . . . . . . . . . . . . . . . 555
Anhang I Quellenverzeichnis . . . . . . . . . . . . . . . . . . . . . 559
Anhang II Personenregister . . . . . . . . . . . . . . . . . . . . . . 563

# Prolog

## New Orleans 1981
## Die Vereinigten Staaten gegen Carlos Marcello

| | |
|---|---|
| HAUSER | Habt Ihr da unten genug Saft? |
| MARCELLO | Ja, ich hab' sie alle da, wo ich sie haben will. |
| ... | |
| HAUSER | Können Sie auch den Kreis Jefferson kriegen? |
| MARCELLO | Ja, vor allem den. Haben Sie mich verstanden? |
| HAUSER | Sprechen Sie von Lee und Allen? |
| MARCELLO | Ja, das sind meine Leute. |
| ... | |
| HAUSER | Haben Sie auch da unten Saft? |
| MARCELLO | Ich habe Verbindungen, ja. Ich kenne alle Leute von der verdammten Grand Isle bis hin nach Raceland, Mann. Bis hin nach Houma, wissen Sie... Es würde drei Tage dauern, wenn ich an jedem Haus haltmachte, um guten Tag zu sagen. Ja, das muß man gesehen haben... Ich hab' zwei Italienerjungen. Es sind Staatsvertreter, Guarisco und Siracusa... Ich kenn' all diese Leute... Geh' hin und krieg' die richtigen Leute. Sag': »Hier sind 5000, 10000 Dollar.«... All diese Leute zu kennen – Gouverneure, Geschäftsleute, den Justizminister. Sie kennen mich. |
| HAUSER | Sie sind der Boß. |
| DAVIDSON | Du hast den Respekt, Carlos. |

Ort des Geschehens war ein überfüllter Gerichtssaal in New Orleans im Jahre 1981. Carlos Marcello, bekannter Boß der Mafia von Louisiana, mußte sich wegen Gangstertums und Bestechung vor einem Bundesgericht verantworten. Auslöser war eine einjährige erfolgreiche Geheimoperation des FBI, die zu Anklagen gegen Marcello, den Washingtoner Lobbyisten I. Irving Davidson, den Anwalt Vincent Marinello aus New Orleans und den louisianischen Staatsbeamten Charles E. Roemer II. führte.

Es war einer jener stickigen Südstaaten-Sommertage mit 35 °C und 99 Prozent Luftfeuchtigkeit, mit denen die gelegentlich aussetzende Klimaanlage des Gerichtsgebäudes kaum fertig wurde. Unter den Zuschauern, die im Gerichtssaal schwitzten, befand sich außer den Hauptbeteiligten des Dramas und den Damen und Herren der Presse ein Kontingent von über zwanzig Marcellos, die dicht beieinander auf den Zuschauerbänken saßen. Carlos' dunkelhaarige Frau Jacqueline mit dem freundlichen Gesicht wurde eingerahmt von den beiden Töchtern Louise und Jackie und dem Sohn Joseph Carlos, bekannt als »Little Joe«. Hinter ihm saßen Joseph, Vincent, Anthony und Sammy, vier von Carlos' sechs Brüdern, mit ihren Frauen und Kindern. Mehrere Marcellos hatten sich gelbe Bänder – Symbole des Verrats – ans Revers geheftet, um Joseph Hauser, dem Starzeugen der Anklage, ihre Verachtung auszudrücken. Hauser, ein berüchtigter, dreifach verurteilter Betrüger, hatte die Geheimoperation des FBI gegen seinen ehemaligen Geschäftsfreund brillant koordiniert und damit mehr als jeder andere für den Prozeß getan.

Die Anklage spielte eins der 1400 Tonbänder mit Gesprächen zwischen Carlos Marcello, Hauser, zwei Geheimagenten des FBI namens Mike Wacks und Larry Montague und anderen, die im Laufe eines Jahres – von Februar 1979 bis Februar 1980 – heimlich aufgenommen worden waren. Sie waren das Ergebnis einer konzertierten Aktion der Bundesregierung, Marcello endlich zu schnappen und den listigen Mafiaboß, der in den vergangenen 35 Jahren jeden Versuch des Justizministeriums, ihn eines schweren Verbrechens zu überführen, erfolgreich abgewehrt hatte, endgültig hinter Gitter zu bringen.

Das Tonband, das im Wettbewerb mit dem durchdringenden Summen der Klimaanlage des Gerichtsgebäudes lief, war von Joe Hauser am 2. April 1979 bei einer Sitzung mit Carlos Marcello und Irving Davidson in Marcellos Büro im »Town & Country«-Motel aufgenommen worden. Der tollkühne Hauser hatte seinen speziell für ihn angefertigten Aktenkoffer mitgebracht, in dem ein Tonbandgerät versteckt war. Den Aktenkoffer vor sich auf Marcellos Schreibtisch, hatte Hauser Carlos gefragt, ob er irgendwelchen Einfluß auf den Stadtrat von New Orleans und die Beamten habe, die über den Kreis Jefferson, seinen Heimatboden, herrschten.

Seit Beginn des Prozesses im Mai 1981 stand es nicht allzu gut um Carlos Marcello. Der untersetzte, stiernackige 71jährige Mafiaboß hatte keine Ahnung, daß seine angeblichen Freunde Joe Hauser, Mike Wacks und Larry Montague heimlich ihre gemeinsamen Unterhaltungen in seinem Büro und im Farmhaus auf seinem 2590 Hektar großen Sumpfgrundstück am Westufer des

Mississippi aufgenommen hatten. Ja sie waren sogar so unverfroren gewesen, ihn in seinem Lieblingsrestaurant in New Orleans abzuhören. Die Jungen, denen er so uneingeschränkt vertraut hatte, hatten ihn auf die übelste Weise hereingelegt. Jetzt mußte er diese Peinlichkeiten in aller Öffentlichkeit über sich ergehen lassen.

Die Tonbänder leierten weiter... Auf einem Tonband schwelgte Marcello vor dem Anwalt Vincent Marinello in Erinnerungen an seine Beziehungen zu John McKeithen, dem ehemaligen Gouverneur von Louisiana, und Edwin Edwards, dem derzeitigen.

MARCELLO Mann, ich kenne diese Politiker besser als Sie... Die nehmen Ihr Scheißgeld und sagen dann auf Wiedersehen, Mann... Ich hab' 2000 Dollar in McKeithens Tasche gesteckt... Ich hasse den Scheißkerl, nimmt mein Geld und tut nichts für mich... Ich war schon für ihn, als er noch nichts war... Ich hatte McKeithen acht Jahre. Er kriegte 168000 Dollar von meinem Geld, und dann hatte er zuviel Schiß, um mit mir zu reden. Was sagen Sie dazu?... [Dann über Gouverneur Edwards:] Edmund und ich kommen ganz gut miteinander aus, aber ich kann ihn nicht jeden Tag sehen... Er ist der größte Scheißkerl von einem Gouverneur, den wir jemals hatten. Er bumst Weiber und spielt Würfel, aber er trinkt nicht. Was sagt man dazu?

Nein, es stand neuerdings nicht allzu gut um den Mafiaboß von Louisiana. Vor knapp zwei Jahren, als die Geheimoperation des FBI gegen ihn gerade angefangen hatte, war ein Kongreßausschuß mit dem Auftrag, die Ermordung Präsident John F. Kennedys erneut zu untersuchen, zu dem Schluß gekommen, daß der Präsident wahrscheinlich infolge einer Verschwörung umgekommen sei, an der das organisierte Verbrechen beteiligt war. Der Mafiaboß, der mit höchster Wahrscheinlichkeit an einem solchen Plan mitgewirkt habe, sei Carlos Marcello. Der Schlußbericht des Mordausschusses warf einen schweren Verdacht auf den Mafiaboß und seine Familie, und die daraus entstehende Publizität drohte den Prozeß zu beeinflussen. Marcellos Verteidigermannschaft protestierte bei den Vorverhandlungen lautstark gegen jeden Versuch der Ankläger, drei auf Tonband aufgenommene Gespräche zwischen Marcello und den Geheimagenten über den Kennedymord und die Untersuchung des Mordausschusses als Beweismittel hinzuzuziehen. Schließlich entschied Morey L. Sear, der vorsitzende Richter, die Tonbänder nicht vor Gericht abzuspielen, sondern unter Verschluß zu halten.

Was da vor Gericht abgespielt wurde, war manchmal so peinlich für den halbgebildeten Mafiaboß, daß ihm alles andere lieber gewesen wäre, als die Zuhörer im Gerichtssaal über seine Aussprüche kichern zu hören.

Als ihn ein örtlicher Politiker fragte, ob er gegen einen gewissen louisianischen Kollegen aussagen werde, antwortete Marcello in seiner typischen gedehnten louisianisch-sizilianischen Sprechweise:

»Was mich betrifft, ich werde ihnen nichts sagen. Auch nicht, wenn sie hundertmal hierherkommen. Sagen Sie ihm, Carlos macht es nichts aus, hundertmal unter Strafandrohung vorgeladen zu werden... Ich bin schon vor den Präsidenten, den Vize, die, die Vereinigten Staaten geladen worden... Staatsanwalt, ich meine den Justizminister und so weiter. Sagen Sie ihm, ich zitiere den 5. Zusatzartikel, und das wär's dann. Die kriegen nichts aus mir raus.«

Während die Tonbänder Tag für Tag, Woche für Woche weiterliefen, auf denen der Angeklagte sich unwissentlich immer wieder selbst belastete, wurde den meisten Beobachtern des Prozesses klar, daß Carlos Marcellos fünfundfünfzigjährige kriminelle Laufbahn sich rasch ihrem Ende zuneigte. Endlich hatte die Regierung etwas gegen ihn in der Hand.

Es war eine höchst erstaunliche Erfolgsstory gewesen: Carlos Marcellos Aufstieg vom Straßenräuber in New Orleans zum unangefochtenen Boß eines riesigen kriminellen Imperiums, einer »unsichtbaren Regierung«, die auf ihrem Höhepunkt alljährlich zwei Milliarden Dollar aus kriminellen Unternehmungen in Louisiana, Mississippi und Texas erwirtschaftete.

Er war in der Tat bemerkenswert gewesen, Carlos' langsamer Aufstieg vom Drahtzieher kleiner Straßenraubüberfälle – den erst Neunzehnjährigen nannten die Zeitungen von New Orleans einen »jungen Fagin« – zum angeblich führenden Kopf des Verbrechens des Jahrhunderts.

In den dazwischenliegenden Jahren fand ein Kampf napoleonischen Ausmaßes um Reichtum und Macht statt. Erfolgreich widersetzte Carlos sich jeder Behörde, die ihn zu bremsen versuchte, vom Sheriff des Kreises Jefferson über den Polizeichef von New Orleans, zwei Sonderausschüsse des Senats der Vereinigten Staaten, das Justizministerium und den Justizminister bis hin zum Präsidenten der Vereinigten Staaten. Er war lang, schwer und oft gewalttätig gewesen, der Aufstieg der Marcellos aus dem Kreis Jefferson. Wenige reiche und mächtige Familien Amerikas mußten mit so starken Gegnern, die ihren Fortschritt aufhalten wollten, fertigwerden. Und wenige begannen ihr Abenteuer in der Neuen Welt in einer so bescheidenen Umgebung wie den Sümpfen und schlammigen Niederungen der louisianischen Bayous. Dort hatten die Minacores aus Ravanusa in Sizilien in einem alten, baufälligen, verlassenen Pflanzerhaus ursprünglich ihre Wurzeln geschlagen.

# 1. Teil

## Von Sizilien nach Louisiana
## 1908–1934

I

# Wurzeln schlagen in den Sümpfen von Louisiana

Im Oktober 1910 legte der italienische Dampfer *Liguria* im Hafen von New Orleans an. Die Überfahrt von Palermo hatte 22 Tage gedauert. An Bord waren 625 Zwischendeckspassagiere, größtenteils Sizilianer, die in der Neuen Welt ein besseres Leben suchten. Unter ihnen befand sich eine jungverheiratete Frau namens Luigia Minacore mit ihrem sieben Monate alten Sohn Calogero. Sie wollte zu ihrem Mann Giuseppe, einem ebenfalls aus Sizilien stammenden Landarbeiter, der ein Jahr zuvor nach New Orleans ausgewandert war. Da in Louisiana ein ähnliches Klima wie in Sizilien herrscht, bevorzugten die sizilianischen Einwanderer New Orleans vor allen anderen amerikanischen Städten.

Ehe die Passagiere von Bord gehen durften, bestieg, gemeinsam mit den üblichen Zollbeamten, ein Kriminalbeamter das Schiff, um festzustellen, ob sich unter den Einwanderern Mitglieder der gefürchteten Mafia befanden, die New Orleans seit dreißig Jahren plagte. Bei der Befragung durch den Kriminalbeamten und einen Einwanderungsbeamten erklärte Luigia Minacore, daß sie Hausfrau und keine »Anarchistin« sei und 10 Dollar im Geldbeutel mit sich führe. Rasch wurde sie von den Beamten abgefertigt und durfte an Land zu ihrem Mann. Giuseppe Minacore sah seinen kleinen Sohn zum erstenmal.

Nachdem Giuseppe Minacore eine Zeitlang als Landarbeiter auf einer Zukkerpflanzung gearbeitet hatte, waren seine Ersparnisse und die Mitgift seiner Frau so weit angewachsen, daß er sich an einem sumpfigen Flußarm am Westufer des Mississippi in der Nähe von Algiers, einer Gemeinde, die ungefähr gegenüber von New Orleans liegt, eine kleine Farm kaufen konnte. Giuseppe und seine Familie zogen in das alte, verlassene und verfallene Pflanzerhaus, das auf dem Grundstück stand. Die Farm war umgeben von Sumpfland. Es war ein riesiger Morast aus gewundenen Bayous, flachen Seen, in denen hohe, kahle, mit Flechten behangene Zypressen standen, und schlammigen Niederungen voller leuchtend grüner Fächerpalmen und weißer Silberreiher. Auf ihrem schwammigen Stückchen Land bauten Giuseppe und Luigia Rüben, Bohnen, Spinat, Möhren und Tomaten an, die sie auf dem alten französischen Markt von New Orleans, dem French Market, verkauften.

Giuseppe war ein kleiner, muskulöser Mann mit der untersetzten, robusten Gestalt sizilianischer Bauern. Er war auf einem Bauernhof im Süden Siziliens in der Nähe von Ravanusa aufgewachsen, einem Dorf, das etwa 100 Kilometer von Agrigent entfernt liegt, jener Küstenstadt, die für ihre Ruinen alter griechischer Tempel berühmt ist. Luigia, eine kräftige junge Frau mit einem Talent für Sprachen – von denen sie sechs beherrscht haben soll –, stammte ebenfalls aus Ravanusa und hatte Giuseppe dort 1908 geheiratet. Kurz nach der Hochzeit war das junge Paar auf Arbeitssuche nach Tunesien gezogen, das damals unter französischem Protektorat stand und eine große italienische Kolonie besaß. Anderthalb Jahre lebten sie in Karthago am Rande von Tunis, bis Giuseppe im Herbst 1909 beschloß, nach New Orleans zu reisen, wo er sich bessere Möglichkeiten erhoffte. Seine Frau, die im vierten Monat schwanger war, ließ er erst einmal zurück. Am 6. Februar 1910 schenkte Luigia einem Knaben das Leben und nannte ihn Calogero. Acht Monate später folgte sie ihrem Mann nach New Orleans.

Als Giuseppe auf der Zuckerpflanzung arbeitete, zwang ihn der Aufseher, der ebenfalls Minacore hieß, aber nicht mit ihm verwandt war, seinen Namen zu ändern, damit die Leute den Herrn nicht mit dem Knecht verwechselten. Der Aufseher gab ihm den Namen Marcello, keinen typisch sizilianischen Namen, sondern einen, den man im allgemeinen in Norditalien antraf, vor allem in Venedig, wo er zu den großen Namen der alten Aristokratie zählte. Später änderten Giuseppe und Luigia ihre Vornamen in Joseph und Louise und nannten ihren Sohn nicht mehr Calogero, sondern Carlos.

Joseph und Louise arbeiteten hart auf ihrem feuchten Land am Westufer. Ihre kleine Gemüsefarm gedieh so gut, daß sie sich eine große, aus sieben Söhnen und zwei Töchtern bestehende Familie leisten konnten. Joseph und Louise ließen sich schließlich in Amerika einbürgern, und die Kinder, die Louise auf louisianischem Boden zur Welt brachte, erhielten automatisch die amerikanische Staatsbürgerschaft. Aus irgendeinem Grund versäumte es das Ehepaar, auch seinen in Tunesien geborenen Sohn Carlos einbürgern zu lassen.

Von Kindheit an half Carlos seinem Vater auf der Farm, und als er alt genug war, um mit Pferd und Wagen umgehen zu können, betraute ihn sein Vater mit der Aufgabe, das Gemüse zum Markt zu bringen. Mit dem Karren nahm der Junge die Fähre, die von Algiers aus den Mississippi überquerte, und fuhr zu dem belebten alten French Market, der sich entlang der Decatur Street am Rande von New Orleans' Vieux Carré erstreckt.

Carlos wuchs zu einem fleißigen jungen Mann heran – sehr klein wie sein Vater, aber von kräftiger Statur. Draufgängerisch und unermüdlich sowohl bei der Arbeit als auch im Sport, ließ er keinen Zweifel daran, wer das Sagen hatte. Mühelos beherrschte Carlos seine sechs Brüder und zwei Schwestern in dem baufälligen Pflanzerhaus, in dem sie aufwuchsen. Sie schenkten ihm ihrerseits ihre volle Loyalität.

Man kann nicht behaupten, daß die Marcellos bereits »Mafiosi« waren, als sie von Tunesien nach Louisiana auswanderten. Ihr Heimatdorf lag in der Provinz Agrigent, einem Gebiet in Südsizilien, wo zwar längst eine Mafiamentalität vorherrschte, durchorganisierte kriminelle Bruderschaften aber selten waren. Höchstwahrscheinlich gerieten Joseph und Louise Marcello, die auf Grund ihrer Herkunft bereits wie Mafiosi dachten, erst in New Orleans unter den Einfluß einer strukturierten Mafiaorganisation. Der Obst- und Gemüsemarkt der Stadt wurde seit langem von der Mafia kontrolliert, und es war praktisch unvermeidlich, daß Joseph und Carlos Marcello es mit der Organisation, die in New Orleans bereits in voller Blüte stand, zu tun bekamen.

# 2

# Die Mafia von Louisiana

»Sie errichten ihre Schlupfwinkel und Treffpunkte in Sümpfen... In dem unwegsamen Gewirr aus Bayous und Morästen südlich von New Orleans gibt es Zufluchtsorte, wo Verbrecher der sizilianischen Mafia sich unbegrenzt verbergen können, ohne daß die Polizei die geringste Möglichkeit hätte, sie zu finden.« So stand es in einem Artikel über die wachsende Gefahr der Mafia in Louisiana, der im Jahre 1882 in der *Times-Picayune* erschien.

Die Mafia hatte es in New Orleans schon seit Ende der sechziger Jahre des vergangenen Jahrhunderts als lockeren Zusammenschluß sizilianischer Verbrecher gegeben. Damals wanderten mehr Sizilianer nach New Orleans aus als nach jeder anderen amerikanischen Stadt. Aber erst Ende der achtziger Jahre, als sie sich zur ersten voll organisierten Verbrecherfamilie in den Vereinigten Staaten entwickelte, wurde sie zu einer Macht, mit der man rechnen mußte.

Ende des neunzehnten Jahrhunderts fand die sizilianische Mafia in Louisiana einen idealen Nährboden. Ebenso wie Sizilien im Verhältnis zum übrigen Italien war auch Louisiana stets ein wenig fern von den Hauptströmungen amerikanischen Lebens geblieben. Es war ein eigener Kulturkreis mit eigenen Sitten und Gebräuchen und einem Moralkodex, in dem die politische Korruption seit langem einen anerkannten Platz einnahm. Ebenso wie Sizilien hatte auch Louisiana eine tragische Geschichte hinter sich. Es hatte die Herrschaft und Mißwirtschaft sowohl der Franzosen als auch der Spanier erfahren und war schließlich gegen seinen Willen von den Vereinigten Staaten aufgesaugt worden. Sowohl Louisiana als auch Sizilien hatten kurze Zeit unter der Herrschaft Napoleons gestanden, dessen Politik aller beider Geschick beeinflußte. Der französische Kaiser verkaufte Louisiana 1803 an die Vereinigten Staaten, und seine Machtübernahme in Sizilien zwei Jahre später führte zu dem sozialen Aufruhr, aus dem sich die kriminellen Bruderschaften der Mafia entwikkelten.

Ebenso wie die Sizilianer verhielten sich auch die Einwohner von Louisiana stets respektlos und mißtrauisch gegenüber Recht und Gesetz. So war das Mississippidelta ein Paradies für diejenigen, die es vorzogen, außerhalb des Gesetzes zu leben. Schon als französische Kolonie, lange bevor die sizilianische Mafia sich breitmachte, war »das unwegsame Gewirr aus Bayous und Morästen« Südlouisianas die Operationsbasis zahlloser Piraten gewesen, die sich hartnäckig Gesetz und Behörden widersetzten und nach Lust und Laune die Schiffe ausraubten, die den blühenden Hafen von New Orleans aufsuchten.

Die Mafia, sowohl als geistige Einstellung als auch als kriminelle Organisation, war in der zweiten Hälfte des neunzehnten Jahrhunderts aus dem Westen Siziliens, wo es sie in einer ersten Form schon seit Jahrhunderten und in einer zweiten seit Anfang des neunzehnten Jahrhunderts gab, nach Louisiana importiert worden.

Niemand weiß genau, wo die Ursprünge dieses einzigartigen gesellschaftlichen Phänomens liegen. Da die Gegend Siziliens, wo sie sich entwickelte – die Umgebung von Palermo –, früher einmal 200 Jahre lang von arabischen Stämmen besetzt gewesen war, von denen einer den Namen Mafir trug, stellten einige Historiker, eingedenk des Widerstands der Mafia gegen die jüdisch-christliche Ethik, die Theorie auf, sie habe sich als Geisteshaltung während der Sarazenen- beziehungsweise Moslemherrschaft zu Anfang des Mittelalters herausgebildet.

Das Wort »Mafia« war indessen nicht immer gleichbedeutend mit Kriminalität. Es ist möglicherweise arabischen Ursprungs und taucht in der italienischen Sprache zum erstenmal im Westen Siziliens auf, wo es soviel wie Schönheit oder Vortrefflichkeit bedeutete, mit einem Beiklang von männlicher Haltung und Mut. Bevor es benutzt wurde, um eine Form von krimineller Unternehmung zu beschreiben, bedeutete »Mafia« eine bestimmte Verhaltensweise, eine Art Macht. Ein Mafioso mußte sich Respekt verschaffen können und so stark sein, daß er sich für jede Beleidigung seiner Person oder deren Umfeld, wie zum Beispiel seiner Familie oder Gemeinde, rächen konnte. Ehre und Respekt erlangte der Mafioso durch die Anwendung von Gewalt, und der sicherste Weg, sich Macht und Ansehen zu verschaffen, war die Tötung eines anderen Mannes.

Wie und warum entstand denn nun dieser Menschentyp, der Mafioso, wie konnte er Macht und gesellschaftliche Anerkennung im Westen Siziliens gewinnen? Man nimmt an, daß dies das Ergebnis einer Art gesellschaftlicher

Degeneration war, ausgelöst von Jahrhunderten der Mißwirtschaft und Unterdrückung.

Kein anderes europäisches Volk war so häufigen und brutalen Fremdherrschaften ausgesetzt wie die Sizilianer, vor allem diejenigen, die im Westen der Insel um Palermo herum lebten. Nach dem Zusammenbruch des Römischen Reiches im Westen Ende des 5. Jahrhunderts wurde Sizilien nacheinander von den Byzantinern, Sarazenen (Arabern), Normannen, Hohenstaufen, den Häusern Anjou und Aragón, Spanien, den spanischen Bourbonen, die eine unabhängige Dynastie wurden, Österreich, Frankreich unter Napoleon, dann wiederum den Bourbonen und zuletzt den Herzögen von Savoyen beherrscht, denen es unter Mitwirkung des Freiheitskämpfers Garibaldi schließlich gelang, die Insel, wenn auch widerwillig, mit dem übrigen Italien zu vereinigen.

In diesen Jahrhunderten der ausländischen Unterdrückung bildete sich beim sizilianischen Volk eine tiefsitzende Abneigung gegen jegliche gesetzliche Autorität heraus. Es entwickelten sich gesellschaftliche Institutionen, die es ihm ermöglichten, das Gesetz in die eigenen Hände zu nehmen. Grundbesitzer stellten Milizen auf, um sich und ihre Familien, Arbeiter und Besitztümer gegen plündernde Banditen und bewaffnete Steuereinnehmer des jeweils in Palermo herrschenden ausländischen Regimes zu verteidigen. Einige dieser Milizen wurden mächtiger als ihre Herren, entzogen sich ihrer Kontrolle, bildeten *compagni d'armi* und rissen die Herrschaft über weite Landstriche an sich. Mächtige Mafiosi kamen in Städten und Dörfern empor und betätigten sich als eine Art Vertretung des Staates. Bald galt es als normal, Gegner des herrschenden Systems zu sein und ihm Widerstand zu leisten.

Diese Mafioso-Anschauung gab es also lange vor den geheimen kriminellen Organisationen, die in Sizilien Anfang des neunzehnten Jahrhunderts entstanden und dort und in einem großen Teil Süditaliens eine Mentalität prägten, die sich bis heute gehalten hat. Der Staat und seine Gesetze sind der Feind, den man bekämpfen und zerrütten muß. Ihren Platz in der Gemeinde nimmt der Mafioso ein, der Boss, der Mann der Achtung, der Mann der Ehre. Als Schlichter von Streitigkeiten ersetzt er die Gerichte. Als Garant der öffentlichen Sicherheit greift er mit seinen Soldaten zu den Waffen gegen jeglichen Missetäter und schützt die Gemeinde vor fremden Ausbeutern. Als Oberhaupt einer unsichtbaren Regierung zwingt der Mafioso seinen Anhängern seinen eigenen Kodex und seinen Wählern seine eigenen Gesetze auf. Dafür erwartet er ihre Huldigung und einen Anteil an den Früchten ihrer Arbeit.

Es wird allgemein angenommen, daß die heute als Mafia bekannten geheimen kriminellen Organisationen erst nach der Eroberung Süditaliens und Siziliens durch die Streitkräfte Napoleons im Jahre 1806 entstanden, als der bourbonische König von Neapel vertrieben und vorübergehend entmachtet wurde. Nach dem Zusammenbruch der Macht der Bourbonen brach ein Chaos im ehemaligen Königreich beider Sizilien aus, sein Rechtssystem, das nie ein Vorbild an Anständigkeit gewesen war, versank in hoffnungsloser Korruption, und seine Polizisten und Richter galten nicht nur bei den Sizilianern, sondern in ganz Europa als Witzfiguren. Als Folge davon nahmen mächtige örtliche Mafiosi Gesetz und Politik in ihre Hände und gründeten locker organisierte Gesellschaften mit ungeschriebenen Gesetzes- und Moralkodexen, die in Städten und Dörfern allmählich an die Stelle der gesetzlich eingesetzten Macht traten.

Bald entwickelten sich diese Gesellschaften, die in ständigem Widerstand gegen das jeweilige Regime standen, zu geheimen kriminellen Organisationen. Diese wurden beherrscht von einem bestimmten Verhaltenskodex, der, wie man annimmt, von gewissen Geheimgesellschaften abstammt, die es seit langer Zeit in Spanien gab und die ihrerseits von terroristischen Traditionen aus der Zeit der Moslemherrschaft beeinflußt worden waren. Dieser Kodex erlegte den Bruderschaften äußerste Verschwiegenheit auf und verbot ihren Mitgliedern, Hilfe bei Gericht zu suchen und als Zeuge auszusagen. Vor der Obrigkeit von der Bruderschaft zu reden wurde als größte *infamia* betrachtet. Den Schuldigen erwartete der Tod ohne Gerichtsverfahren.

Die Macht in dieser Bruderschaft hatten Männer inne, die über außergewöhnlichen Mut und starke persönliche Ausstrahlung verfügten und die niemals zögerten, einen Gegner zu töten, wenn dies einmal notwendig war, um ein Unrecht zu rächen und Ehre und Respekt wieder herzustellen.

Zusammengehalten wurden die Mafiabruderschaften durch Bande der Freundschaft und Verwandtschaft sowie den gemeinsamen Widerstand gegen die von der herrschenden Regierung aufgezwungenen Vertreter von Gesetz und Ordnung. Ihr Kodex verlangte, daß sie einander halfen und zusammenhielten, um den gemeinsamen Feind zu bekämpfen. Zur Aufrechterhaltung ihrer Ehre und ihres Respekts durften sie niemals zulassen, daß auch nur die kleinste Beleidigung ungerächt blieb.

Anfang der sechziger Jahre des neunzehnten Jahrhunderts hatten sich die geheimen kriminellen Verbindungen Westsiziliens zu einem terroristischen System entwickelt, dessen Grundlagen Heimlichkeit, Brüderlichkeit und Mord waren. Als die Einigung Italiens im Jahre 1860 ein politisches Vakuum schuf, ergriffen die Mafiabruderschaften Siziliens rasch die Macht. Ende der sechziger Jahre kontrollierten sie praktisch die ganze Insel und fungierten als eine Art unsichtbarer Regierung. Die eigentliche Quelle ihrer Macht war ein Verhaltenskodex, der in krassem Gegensatz zu demjenigen stand, der im übrigen Europa vorherrschte: die Bereitschaft zu morden, um seinen Willen durchzusetzen.

Während der Wirtschaftskrise, die nach der Einigung Italiens über Sizilien hereinbrach, flohen Tausende verarmter Sizilianer von der Insel und wanderten nach Nordafrika, Norditalien und den Vereinigten Staaten aus. Unter den amerikanischen Städten bevorzugten die Sizilianer seit langem New Orleans. Zwischen 1841 und 1855 waren rund 3000 Sizilianer nach Louisiana ausgewandert, und nach 1860 nahm ihre Zahl rasch zu. Darunter befanden sich Mitglieder krimineller Bruderschaften in reicher Zahl, so daß sie auch in der neuen Heimat rasch ähnliche kriminelle Vereinigungen gründen konnten.

Die Notwendigkeit, sich gegen das System, in das sie eingewandert waren, zu verbünden, wurde den verarmten, ungebildeten Sizilianern rasch klar, denn sie fanden in Louisiana gesellschaftliche Bedingungen vor, die nicht viel anders waren als diejenigen, die sie aus der Heimat kannten. In Amerika stellten sie alsbald fest, daß sie eine verachtete Minderheit waren, die sich nicht mit der herrschenden Klasse vornehmlich französischer und englischer Abstammung vertrug. Diese war genauso erpicht, sie zu unterdrücken, wie einst die spanischen, französischen, bourbonischen und österreichischen Tyrannen, unter denen ihre Vorfahren jahrhundertelang gelitten hatten.

Anfang der siebziger Jahre des 19. Jahrhunderts hatte diese eben flügge gewordene amerikanische Mafia, die erste, die in Amerika Fuß fassen sollte, die Kontrolle über den ertragreichen und berühmten French Market von New Orleans ergriffen und war im Begriff, auch die Werften und Kais zu unterjochen. Von da an bestand kein Zweifel, daß sie eines Tages auch die anderen Warenmärkte der Stadt und den größten Teil des Be- und Entladens von Frachtgut im Hafen beherrschen würde. Wie nicht anders zu erwarten, ging dies nicht ohne Gewaltanwendung vonstatten. Zwischen 1869 und 1889 legte die Polizei von New Orleans der berüchtigten sizilianischen Mafia über einhundert Morde zur Last. Die Bereitschaft zu töten, um seinen Willen durchzusetzen, war nun in Louisiana genauso wie einst in Sizilien Grundstein der Macht der Mafia.

# 3

# Die Ermordung des Polizeichefs

Im Jahre 1885 zählte die Mafia von New Orleans rund einhundert Mitglieder, alles Sizilianer. An ihrer Spitze standen die Brüder Charles und Tony Matranga, die einen Rat von zwanzig Männern zur Seite hatten. Sie beschäftigte sich hauptsächlich mit Erpressung, vor allem gesetzestreuer Italiener, die vom italienischen Festland oder aus Gegenden Siziliens eingewandert waren, die nicht von der Mafia beherrscht wurden. Sie ging dabei folgendermaßen vor: Ein Drohbrief, der Schutzgeld verlangte, wurde beispielsweise einem italienischen Ladenbesitzer zugestellt. Wenn er nicht innerhalb eines bestimmten Zeitraumes zahlte, erhielt er eine letzte Warnung. Wenn er dann immer noch nicht zahlte, wurde er umgebracht, und zwar gewöhnlich mit einer abgesägten Schrotflinte. Bald geriet Tony Matrangas Bande in Konflikt mit der wohlhabenden Familie Provenzano, einer politisch einflußreichen Sippe, die nicht mit der örtlichen Mafia in Verbindung stand und ein Monopol beim Entladen von Schiffen mit Früchten aus Süd- und Mittelamerika innehatte.

Um die Provenzanos einzuschüchtern und sie zur Preisgabe der Kontrolle über die Kais zu bewegen, ermordeten die Matrangas zwei von deren Arbeitern und drohten den Provenzanos, es würde weitere Tote geben, wenn sie sich nicht geschlagen gäben. Die Provenzanos schlugen zurück, indem sie Tony Matranga aus dem Hinterhalt überfielen. Er wurde aber nur leicht verwundet.

Schließlich suchten die Provenzanos Schutz bei der Polizei von New Orleans, speziell bei Polizeichef David Hennessey, der sich rasch in den Streit zwischen den Provenzanos und Matrangas einschaltete. Damit waren die Voraussetzungen geschaffen für eines der blutigsten Ereignisse in der Geschichte von New Orleans und des einzigen Falles eines Volksaufstands gegen die Mafia in der Geschichte der Vereinigten Staaten.

Am Abend des 15. Oktober 1890 um 23.25 Uhr kehrte Polizeichef Hennessey mit zwei Begleitern heim, von denen er sich etwa einen Block von seinem Haus entfernt trennte. Eine halbe Minute später hörten die beiden Männer eine Schrotflinte krachen, gefolgt von drei oder vier Revolverschüssen. Sie rannten in Richtung von Hennesseys Wohnung und fanden den Polizeichef zusammengebrochen auf der Veranda eines Nachbarhauses. Er blutete aus vier Schußwunden.

»Sie haben es mir gegeben«, stöhnte Hennessey, »aber ich werde es ihnen heimzahlen.«

»Wer war es? Wer war es?« riefen die beiden Männer.

»Die Dagos«, flüsterte Hennessey, bevor er ohnmächtig wurde. Er starb am folgenden Morgen in einem Krankenhaus.

Der Mord an Polizeichef Hennessey erregte gewaltiges Aufsehen in New Orleans. Von allen Seiten unter Druck gesetzt, berief der Bürgermeister ein fünfzig Mann starkes Komitee, das den Behörden bei der Beweisfindung helfen sollte. Schließlich wurden einundzwanzig Mitglieder der Matranga-Bande verhaftet, von denen neunzehn angeklagt wurden, elf als Haupttäter und acht als Komplizen des Verbrechens.

Im März 1891 wurden alle Angeklagten freigesprochen, was die Einwohner von New Orleans heftig aufbrachte. Es kursierten Gerüchte über Bedrohung von Zeugen und Bestechung von Geschworenen.

Aber in der sizilianischen Kolonie war die Stimmung genau umgekehrt. Die sizilianischen Obst- und Gemüsehändler schmückten ihre Stände mit Flaggen und Blumen. Viele Bürger von New Orleans berichteten der Polizei, daß überall in der Stadt Sizilianer geprahlt hätten: »Die Mafia ist jetzt obenauf und wird mit der Stadt machen, was sie will.« An einem großen Anlegeplatz für Garnelenschiffe riß eine Horde Sizilianer die amerikanische Flagge herunter, trampelte darauf herum und hißte sie dann wieder, aber verkehrt herum und unter der italienischen.

Während diese Feiern noch in Gang waren, rief eine Gruppe prominenter Bürger von New Orleans für den folgenden Morgen zu einer Protestversammlung gegen das Urteil auf. Mehr als 2000 Bürger erschienen, und nach einer Rede des Anführers wurde beschlossen, die Gerechtigkeit in die eigenen Hände zu nehmen und das Gefängnis zu stürmen, in dem die Angeklagten der Mafia saßen.

Mit riesigen Rammböcken gelang es der Menge, eine Tür des alten Gefängnisses aufzubrechen. Dann strömte die wütende Rotte hinein, um sich die Mafiosi vorzunehmen. Inzwischen hatten Gefängnisbeamte die Sizilianer aus ihren Zellen befreit, damit sie sich vor den Rächern verstecken konnten.

Sieben von ihnen, die sich im Hof der Frauenabteilung versteckt hatten, wurden alsbald entdeckt und auf der Stelle erschossen. Zwei weitere fand man eingezwängt in einer Hundehütte, in der der Gefängnisdirektor seinen Bullterrier hielt; sie wurden auf kürzeste Entfernung erschossen. Noch zwei wurden aus dem Gefängnis geschleppt und aufgehängt, der eine an einem Laternenpfahl, der andere an einem Baum. Danach löste die Menschenmenge sich auf. Später stellte sich heraus, daß tatsächlich in dem Prozeß gegen die Mafiaverschwörer mehrere Zeugen bedroht und einige Geschworene bestochen worden waren.

Die Lynchmorde hatten eine diplomatische Krise zwischen Italien und den Vereinigten Staaten zur Folge. Die italienische Marine, damals die viertstärkste der Welt, war in Alarmbereitschaft, sofort nach New Orleans auszulaufen. Botschafter wurden abberufen. Schließlich brachte Präsident Harrison die Angelegenheit in Ordnung, indem er der italienischen Regierung 25000 Dollar Wiedergutmachung zahlte. Ein Teil des Geldes wurde dem italienischen Konsul in New Orleans zur Verteilung an die Familien der Gelynchten zur Verfügung gestellt. Den größten Teil dieses Geldes beschlagnahmten die Matrangas.

Nachdem der Aufruhr sich gelegt hatte, frohlockten die Zeitungen von New Orleans, daß die örtliche Mafiaorganisation besiegt worden sei und niemals wieder ihr häßliches Haupt erheben würde. Sie irrten sich. Die Matranga-Bande verhielt sich einige Jahre ruhig, gruppierte sich dann neu und begann eine Reihe von Entführungen, von denen eine mit Mord endete. Die Erpressungsaktionen auf den Märkten und im Hafengebiet wurden wieder aufgenommen. Als die Familie Marcello sich etabliert hatte, im zweiten Jahrzehnt dieses Jahrhunderts, war die Mafia von New Orleans so stark wie eh und je. Bald sollten weitere Überfälle auf Beamte stattfinden, ein Brauch, durch den sich die Mafia von New Orleans von allen anderen Mafiafamilien unterschied, die ihre Morde zumeist auf Missetäter und Rivalen innerhalb der eigenen Reihen und Konkurrenten aus anderen Familien beschränkten.

Es war der Nachfolger der Matrangas, der in Sizilien geborene Sam »Silver Dollar« Carolla, der in New Orleans die dortige Tradition der Überfälle auf Beamte fortsetzte, und zwar in der Prohibitionszeit, einer Zeit raschen Wachstums für die Mafia von Louisiana. Carolla, ein Alkohol- und Rauschgiftschmuggler, erschoß den einzigen Beamten, der den Mut und die Integrität hatte, sich ihm entgegenzustellen in einer Stadt, deren Justiz durch und durch korrupt war. Es war ein Bundes-Rauschgiftagent namens Cecil Moore. Aber die Zeiten hatten sich geändert. Carolla wurde nicht gelyncht. Für den Mord an einem Beamten gab ein Richter, der in dem Ruf stand, unter der Gewalt der

Mafia zu stehen, Silver Dollar Sam nur einen Klaps auf die Finger: zwei Jahre Bundesgefängnis.

Das empörend milde Urteil war ein Vorzeichen dessen, was kommen sollte. In den folgenden Jahren wurden milde Urteile und äußerste Zurückhaltung der Obrigkeit in Louisiana die Regel, indes die immer reicher und mächtiger werdende Mafia nach und nach die Macht über die politische Maschinerie des gesamten Staates übernahm.

# 4

# Das jugendliche Genie

Die Familie Marcello brachte es in den ersten beiden Jahrzehnten nach ihrer Einwanderung in Louisiana mit dem Gemüsegeschäft zu bescheidenem Wohlstand. Kaum waren die Kinder, ob Junge oder Mädchen, kräftig genug, mußten sie auf der Farm mitarbeiten. Carlos, der älteste Sohn, der mit dem Transport der Erzeugnisse auf den Markt betraut war, hatte die Aufgabe, mit den Großhändlern zu feilschen. Die anderen schufteten auf den sumpfigen Feldern auf dem Land ihres Vaters am Westufer.

Carlos kam täglich in Berührung mit den jungen Rabauken, die den Gemüsemarkt im Auftrag von Boß Sam Carolla überwachten. Es dauerte nicht lange, bis der stämmige junge Landarbeiter darüber nachzudenken begann, wie er selbst etwas Geld verdienen könnte. Mit vierzehn Jahren brach er die Schule ab und trieb allmählich in ein Verbrecherleben hinein. Der kraftstrotzende, kampflustige junge Mann erwies sich als echte Führernatur, vor allem dann, wenn es um die Planung von Verbrechen ging.

Als er achtzehn wurde, ging Carlos von zu Hause fort und mietete sich im French Quarter für 2 Dollar pro Woche ein Zimmer. Damals waren Teile dieses Stadtviertels wohlbekannt als Brutstätten für Verbrecher. Hier entwickelte sich der junge Carlos zum Herumtreiber, der kleine Einbrüche verübte und größere plante. Im folgenden Jahr, 1929, gab Carlos ein aufsehenerregendes Debüt als Verbrecher. Zusammen mit drei minderjährigen Komplizen verübte er einen 7000-Dollar-Bankraub. Die Bank lag in Algiers, nicht weit entfernt von Joseph Marcellos Farm. Nachdem die vier ihr Fluchtauto stehengelassen hatten, flohen sie durch einen Sumpf auf Joseph Marcellos Farm. Dort erklärte Joseph sich bereit, das Geld zu verstecken, wenn sie ihm 400 Dollar davon abgäben. Die vier jungen Männer händigten ihm die 400 Dollar aus, und Joseph vergrub das Geld in seinem Garten.

Die Sache beunruhigte einige andere Mitglieder der Familie Marcello, die offenbar nicht in den Plan von dem Bankraub eingeweiht gewesen waren. Peter, einer von Carlos' jüngeren Brüdern, der fürchtete, daß sein Vater in ernste Schwierigkeiten geraten könne, weil er den Dieben mit ihrer Beute Zuflucht gewährte, rannte in die Stadt und erzählte der Polizei von Algiers die Geschichte.

Als die Polizei in das Farmhaus der Marcellos kam, das zwei Tage später in den Zeitungen als »weitläufiger Bau aus Vorkriegszeiten, der dringend frische Farben brauchte«, beschrieben wurde, beschlagnahmte sie die Beute von 6600 Dollar und zwang Joseph Marcello, ihr zu zeigen, wo er seinen Anteil von 400 Dollar versteckt hatte. Dann wurde Joseph der Mittäterschaft an dem Verbrechen beschuldigt. Die Polizei nahm auch Carlos, Peter und einen der Komplizen fest, verhörte sie und ließ sie darauf wieder laufen. Der Komplize erzählte der Polizei, daß Carlos die Straftat geplant hatte. Obwohl die *Times-Picayune* von New Orleans ein Foto des jungen Carlos auf der ersten Seite abdruckte und behauptete, er habe den Bankraub geplant, wurde die Anklage gegen ihn und die anderen schließlich fallengelassen. Die Bank war durch die Rückgabe des Geldes zufriedengestellt worden.

Unverzagt begann Carlos, seine nächsten Raubzüge zu planen. Gemäß der Zeugenaussage eines minderjährigen Komplizen, der schließlich von der Polizei festgenommen wurde, überredete Carlos ihn, damals sechzehn, und einen Dreizehnjährigen, ein Lebensmittelgeschäft in Algiers mit Waffengewalt zu berauben. Auf diese Weise sollte das nötige Geld für einen Überfall auf dieselbe Bank in Algiers, die Carlos bereits einige Monate zuvor erfolgreich beraubt hatte, beschafft werden. Carlos behauptete, der Überfall auf das Lebensmittelgeschäft würde ihnen genügend Geld einbringen, um Pistolen und eine abgesägte Schrotflinte kaufen zu können, mit denen sie bei dem Banküberfall »leichtes Spiel« hätten.

Um den Überfall auf das Lebensmittelgeschäft zu bewerkstelligen, lieh Carlos sich von einem Freund für 5 Dollar eine Pistole und stahl ein Auto für die Flucht. Dann gab er den beiden Jungen genaue Anweisungen, wie sie das Geschäft ausrauben sollten, und fuhr sie hin. Der Raub verlief reibungslos; die Jungen erbeuteten 65 Dollar. Nachdem sie das Fluchtauto verlassen hatten, bezahlte Carlos dem einen Freund das Geld für die Pistole und teilte sich die restlichen 60 Dollar mit den beiden anderen Jungen.

In den folgenden Wochen lud Carlos seine beiden jungen Komplizen mehrmals in sein Zimmer im French Quarter ein und besprach mit ihnen peinlich genau den Überfall auf die Bank in Algiers. Doch kurz vor dem vorgesehenen Tag erkannte der Angestellte des Lebensmittelgeschäfts, das Marcellos Jugendbande ein paar Wochen zuvor überfallen hatte, die beiden Jungen auf einer Straße in Algiers und ließ sie von der Polizei festnehmen. Dabei plauderte der Dreizehnjährige die ganze Geschichte aus. Auf Grund des Berichts des Jungen wurde Carlos ein paar Wochen später verhaftet und wegen des Überfalls auf das Lebensmittelgeschäft und des Diebstahls des Fluchtwagens in drei Punkten, nämlich Überfall, Raub und schwerer Diebstahl, angeklagt.

Die Zeitungen von New Orleans beschäftigten sich eingehend mit der Geschichte und nannten Carlos ein neunzehnjähriges »kriminelles Genie«, einen »Fagin«, der »Babybanditen« rekrutierte, um seine Verbrechen auszuführen. Carlos war der einzige von den dreien, der verurteilt wurde. Er erhielt eine Gefängnisstrafe von neun bis zwölf Jahren und betrat das Staatsgefängnis von Angola am 28. Mai 1930. Er war gerade 20 Jahre alt.

Während seiner Haft in Angola konnte Carlos seine Talente als Menschenmanipulator weiter trainieren. Zuerst wurde er der Nummernschildfabrik des Gefängnisses zugeteilt, einem der härtesten Jobs in Angola. Er freundete sich jedoch bald mit einem Insassen an, der dafür bekannt war, daß er Einfluß auf die Gefängnisverwaltung hatte. Durch ihn erwischte er eine leichtere Aufgabe, nämlich als Laufbursche des Gefängnisdirektors.

Während er Aufträge für den Direktor ausführte, erfuhr Carlos, daß dieser ein Verhältnis mit seiner Köchin hatte. Jetzt hatte er etwas gegen den Direktor in der Hand. Schlau und kühn lavierend, wie er es in Varianten sein Leben lang tun sollte, benutzte Carlos seine Kenntnisse, um den Direktor zu erpressen, ihm besondere Vergünstigungen zu gewähren. Eine dieser Vergünstigungen war der Zutritt zur Küche. Damit waren ihm nicht nur die Speisen der Köchin, sondern auch diese selbst zugänglich, und der junge Carlos begann ein heimliches Verhältnis mit ihr.

Inzwischen tat Carlos' Vater alles, was er nur konnte, um seinen Sohn aus dem Gefängnis herauszuholen. Joseph Marcello hatte sich an einen Angehörigen der Justizbehörde von Algiers herangemacht, indem er ihn umsonst mit massenhaft frischem Gemüse belieferte. Jetzt wandte er sich an ihn mit der Bitte, etwas dafür zu tun, daß sein ältester Sohn aus dem Gefängnis entlassen wurde. Dieser Mann trat schließlich an einen ehemaligen Justizbeamten und eingefleischten Glücksspieler namens Peter Hand heran, der besonderen Einfluß auf Gouverneur O. K. Allen hatte, den Marionettennachfolger des mächtigen Huey Long. Hand versprach, sich für Joseph Marcellos Sohn einzusetzen. Am Ende erwirkte Gouverneur Allen Straferlaß für Carlos, und der junge Sträfling konnte das Gefängnis verlassen, nachdem er nur vier Jahre seiner neun- bis zwölfjährigen Strafe abgesessen hatte.

Während seiner Haft in Angola hatte Carlos genug Zeit gehabt, über seine Fehler nachzugrübeln. Er hatte gelernt, daß man Komplizen, ja sogar Mitgliedern der eigenen Familie, nicht trauen konnte. Es war daher notwendig, sich bei der Planung eines Jobs entweder von seinen Komplizen zu isolieren, so daß man ihnen unbekannt blieb, oder sie nach Erledigung des Auftrags zum Schweigen zu bringen. Obwohl es Carlos bestimmt war, während seiner kriminellen Lehrzeit noch einen weiteren großen Fehler zu machen, sollte diese Taktik ihn eines Tages unbesiegbar machen.

# 2. Teil

## Der Aufstieg zur Macht
## 1934–1947

»Ich habe die Erfahrung gemacht, daß Menschen selten oder nie anders als durch Betrug und Gewalt aus kleinen Anfängen zu großer Höhe aufsteigen.«

MACHIAVELLI

# 5

# Wieder im Geschäft: Carlos stößt zur Mafia

Nachdem Carlos mit 24 Jahren aus dem Gefängnis entlassen worden war, hieß es zurück zu den schlammigen Niederungen und »schwimmenden Prärien« des Westufers und den brutalen Warenmärkten von New Orleans. Hier nahm er die Arbeit für seinen Vater einstweilen wieder auf, und zwar so lange, bis er auf eigenen Füßen stehen konnte.

Joseph Marcello hatte inzwischen seinen Landsitz um Algiers vergrößert und sich auch an den Garnelenfang gewagt. Dieser war in Louisiana, ebenso wie seit Jahrzehnten in Josephs Heimat Sizilien, ein blühendes Geschäft, das hier fast ausschließlich von Sizilianern beherrscht wurde, die der Mafia angehörten und von denen viele schon in der alten Heimat Garnelenfischer gewesen waren.

Carlos stellte fest, daß seine Brüder und Schwestern beträchtlich herangewachsen waren, seit er sie verlassen hatte, um seine Strafe in Angola abzusitzen. Pete war nun ein gutgebauter, gutaussehender junger Mann von 22; Rose, 20, und Mary, 18, wurden von den Eltern bereits zukünftigen Ehemännern vorgeführt; Pascal und Vince, die sanfteren und sensibleren der Brüder, waren nun 16 und 13 Jahre alt; Joe junior war mit seinen 10 Jahren schon ein ungewöhnlich kräftiger Junge, klein und untersetzt wie Carlos; Anthony, vielleicht der bestaussehende der Brüder, war 8, und Sammy, das Baby der Familie, ein kleiner, rundlicher Junge von 6 Jahren. Obwohl Carlos der Familie vier Jahre fern gewesen war, nahm er seine Rolle als unangefochtener Führer der Sippe mühelos wieder auf. Bald sollte er seine Brüder einen nach dem anderen für seine Unternehmen rekrutieren.

Für seinen Vater zu arbeiten war, wie jedermann in der Familie wußte, für Carlos nur eine Zwischenlösung. Obwohl er ein mittelloser, völlig ungebildeter ehemaliger Sträfling war, den »draußen« niemand beschäftigen würde, hatte er dennoch den Ehrgeiz, es in der Welt zu etwas zu bringen. Sobald er genug Geld gespart hatte, machte Carlos die erste Geschäftsinvestition seines Lebens: Mit einer Anzahlung von 500 Dollar kaufte er eine heruntergekommene »farbige« Bar im nahegelegenen Gretna, die fast ausschließlich von schwarzen Arbeitern besucht wurde. Carlos nannte sie »Zum Braunen Bomber« nach Joe Louis, dem Boxweltmeister im Schwergewicht, und stellte seinen Bruder Peter als Barmann an.

Gretna war damals ein verlotterter Ort im Kreis Jefferson am Westufer, der größtenteils von der Mafia kontrolliert wurde, die eng mit der seit langem korrupten Gemeindepolizei zusammenarbeitete. Seine Hauptanziehungspunkte waren illegale Spielhallen, Bordelle, in denen heimlich mit Marihuana und anderen Drogen gehandelt wurde, und Bars für Minderjährige. Als Gegenleistung für einen Anteil am Gewinn aus diesen Belustigungen ließ die Polizei die Mafia-organisierten Besitzer und Manager in Ruhe.

Bald nachdem Carlos den »Braunen Bomber« übernommen hatte, begann er, ihn als Fassade für den Verkauf von Marihuana und vermutlich anderen Drogen an junge schwarze Arbeiter zu benutzen, die er mit kostenlosen Proben in sein Lokal lockte. Mittels Zahlungen an den örtlichen Mafiaaufseher, der seinen Häuserblock überwachte, konnte Carlos die Polizei in Schach halten.

An Sonntagabenden spielten die schwarzen Gäste des »Braunen Bombers« bis in die frühen Morgenstunden Karten und Würfel, während Carlos und Peter sie mit Bier, Whisky und Pot traktierten. Wenn ein Gast ungebärdig wurde, warf Carlos ihn selbst hinaus. Er war zwar nicht groß, aber er stand in dem Ruf, ein brutaler Schläger zu sein, der die meisten Männer mühelos bezwingen konnte. Ein Überlebender jener Zeiten erinnert sich, wie der winzige Carlos baumlange Schwarze hochstemmte und auf die Straße setzte.

»Sie war echt farbig«, erinnerte Marcello sich in seiner einzigartigen halb sizilianischen, halb amerikanischen gedehnten Südstaatensprechweise an seine Kundschaft. »Nix als Schwarze, und Mann, konnten die trinken!«

Die Bar blühte, wie die meisten Arbeiterbars während der Wirtschaftskrise. Bald konnte Carlos sich vergrößern und ein Spirituosengeschäft in einem windschiefen alten Holzgebäude eröffnen, das er im nahegelegenen Algiers mietete. »Die Großhändler gaben mir das Zeug«, erinnerte er sich später. »Ich brauchte nix zu kaufen.«

Es war ungefähr zu dieser Zeit, daß man Carlos, nun 25 Jahre alt, inoffiziell in die Mafia von Louisiana einführte, die damals von Sam »Silver Dollar« Carolla geleitet wurde. Carlos hatte Frank Todaro, einen von Carollas »Capos«, Unterbossen, kennengelernt, und Todaro hatte sogleich Zuneigung zu diesem jungen Rabauken gefaßt, der sich durchsetzen konnte. Bald erledigte Carlos verschiedene Aufgaben für Todaro, der damals unter anderem auch für Sam Carolla im Drogenhandel tätig war.

Rasch entstand eine enge Freundschaft zwischen den Todaros und den Marcellos. Carlos' Schwester Mary wurde die beste Freundin von Frank Todaros Tochter Jacqueline und gewann diese als Brautjungfer bei ihrer Hochzeit mit Samuel Loria, dem jungen Mann, den die Eltern ihr ausgesucht hatten. Carlos war Brautführer und verliebte sich, wie man sich erzählt, sofort in die Brautjungfer Jacqueline, eine hochgewachsene, schlanke Brünette, die ihn turmhoch überragte. Vier Monate später, am 6. September 1936, heirateten Carlos und Jackie. Das junge Paar bezog eine enge, schäbige Wohnung über Carlos' Spirituosengeschäft in Algiers. Jackie übernahm dann die Leitung des Geschäfts, während Carlos und sein Bruder Pete sich um den »Braunen Bomber« und den wachsenden Marihuanahandel kümmerten.

Aber Carlos hatte nun andere Verpflichtungen. Als Soldat und Schwiegersohn eines Mafiacapos, erpicht darauf, in Sam Carollas Organisation aufzusteigen, mußte er sich für jeden Auftrag bereithalten, den Frank Todaro ihm zu geben geruhte. Es sollte nicht lange dauern, bis Todaro ihm einige seiner größten Jobs anvertraute.

An dieser Stelle muß nachdrücklich darauf hingewiesen werden, daß die Mafia von Louisiana, der Carlos Marcello im Jahre 1936 beitrat, ganz anders war als alle anderen Mafiabruderschaften in den Vereinigten Staaten. Die Mob-Banden von New York, Chicago und Neuengland hatten während der Prohibition gewaltig an dem illegalen Spirituosenhandel verdient und sich zu strengen Organisationen mit militärähnlicher Rangordnung entwickelt, die gemeinsam unter dem Namen La Cosa Nostra, »Unsere Sache«, bekannt wurden. Der Boß oder auch Vater jeder »Familie« war Oberbefehlshaber eines kleinen Heeres von Erpressern, Einbrechern, Wucherern, Schwindlern und Mördern, die von seinen Unterbossen, den *capiregime* und *consiglieri* geführt wurden, unter denen wiederum die Leutnants und Soldaten, auch »Button Men« genannt, tätig waren. Es war ein streng geführtes Unternehmen im Wettbewerb mit anderen streng geführten Unternehmen. Der Boß einer Familie konnte jederzeit vom Boß einer anderen ausgeschaltet werden. Die Capos und »Button Men« am unteren Ende der Befehlskette waren dem Boß uneingeschränkt rechenschaftspflichtig und durften für sich selbst weder Geschäfte gründen noch Aufträge annehmen.

Nicht so in Louisiana. Hier, wo die Mafia, wie wir wissen, Wurzeln geschlagen hatte, lange bevor es in New York, Chicago und Neuengland etwas Ähnliches gab, war die Bruderschaft viel lockerer strukturiert, und der Boß verfügte über viel mehr Unabhängigkeit und Autorität. Sie war mehr ein spontaner Zusammenschluß von Menschen gleicher Gesinnung und Neigung, die meistens, aber nicht immer, verwandtschaftlich verbunden waren und wo jeder über eine gewisse Selbständigkeit verfügte. Damit glich sie stärker der westsizilianischen Mafia, aus der sie hervorgegangen war. Ohne rivalisierende Banden, die seiner Macht gefährlich wurden, konnte der Boß der Mafia von Louisiana mehr oder weniger tun, was er wollte, und brauchte sich nicht der *commissione* zu unterwerfen, jenem nationalen System aus Mafiabossen, das in den frühen Dreißigern gegründet worden war, um Gebiete abzustecken und Streitigkeiten zwischen den großen Familien zu schlichten. Der Boß der Mafia von Louisiana duldete eine ganze Menge Unabhängigkeit und Selbständigkeit bei seinen Untergebenen. Sie durften ihre eigenen Unternehmen mit geringer Einmischung von oben betreiben. So locker war die Struktur der Mafia von Louisiana, daß ihre Mitglieder, die fast alle eigene Geschäfte besaßen, ohne weiteres leugnen konnten, irgend etwas mit der Organisation zu tun zu haben, was sie manchmal nicht einmal sich selbst eingestanden. »Wer, ich? In der Mafia? Keine Ahnung, nie davon gehört«, war ihr üblicher Refrain.

Nicht lange nach seiner Hochzeit mit Jackie Todaro gründeten Carlos und sein Bruder Vincent ein eigenes Geschäft unter dem schützenden, weiten Dach von Silver Dollar Sams Netzwerk. Es war ein Jukebox- und Flippervertrieb, den sie »Jefferson Music Company« nannten. Außer mit Jukeboxes und Flippern handelte Jefferson auch mit Billardtischen und verschiedenem Glücksspielzubehör. Nach und nach gelang es Carlos, alle Bars und Restaurants in Algiers und Gretna mit Waffengewalt so weit einzuschüchtern, daß sie ihre alten Jukeboxes und Flipper hinauswarfen und seine installierten.

Etwa zur gleichen Zeit, als Carlos seine Lehrzeit unter Frank Todaro antrat, ereignete sich in der New Yorker Unterwelt ein wichtiger Zwischenfall, der ihm schließlich den ersten großen Durchbruch seines Lebens verschaffen sollte. Frank Costello, ein hoher Mafiapotentat aus New York, der es 1929 auf einer Versammlung in Atlantic City gewagt hatte, dem großen Al Capone die Stirn zu bieten, begann, sein riesiges Spielautomatenunternehmen nach Louisiana umzusiedeln.

Costello, der Sohn armer italienischer Einwanderer, war in den Slums der Lower Eastside von New York aufgewachsen. Mit sechzehn Jahren lief er von zu Hause fort und wurde Straßengangster. Nachdem er einer von New Yorks gerade eben flügge gewordenen Mafiafamilien beigetreten war, stürzte er sich während der Prohibitionszeit in den zwanziger Jahren auf den verbotenen Handel mit geschmuggeltem Alkohol. Rasch stieg er an die Spitze seiner

Familie auf und verdiente ein Vermögen; Anfang der dreißiger Jahre verlieh die Presse ihm den Namen »Ministerpräsident der Mafia«.

Costello behauptete, daß er während seines Aufstiegs zu Reichtum und Macht eine lockere Partnerschaft mit einem anderen Alkoholschmuggler eingegangen sei, einem gewissen Joseph P. Kennedy aus Boston, der Ende der zwanziger Jahre nach New York umgezogen war, weil man ihn in seiner Heimatstadt Boston vor den Kopf gestoßen hatte. Kennedys Vater P. J. Kennedy, ein Schmalspurpolitiker, war schon vor der Prohibition in Boston im Alkoholgeschäft gewesen, und zwar als Besitzer von Arbeiterbars und Spirituosenläden. Sein Sohn Joe verlegte das Geschäft in den Untergrund, als der Verkauf alkoholischer Getränke 1919 verboten wurde. Costello berichtete dem Autor Peter Maas einmal, daß er »geholfen hätte, Kennedy reich zu machen«, und »Doc« Stracher, eine weitere Mafiapersönlichkeit, erzählte Journalisten in Israel, daß es einen Streit zwischen den beiden gegeben habe. In seiner 1983 erschienenen Autobiographie *A Man of Honor* bestätigte auch der Mafiaboß Joseph Bonanno, daß es eine Verbindung zwischen Costello und Kennedy gegeben habe. Als das Alkoholverbot aufgehoben wurde, gingen Costello und Kennedy getrennte Wege. Beide hatten einträgliche Whiskykonzessionen erworben und bekämpften sich nun im Großhandel genauso wie die Mafiosi Lucky Luciano und Meyer Lansky. Costellos Firma Alliance Distributors vertrieb die Marken King's Ransom und House of Lords Scotch, Kennedys Firma Somerset Liquors dagegen Haig and Haig's, Dewar's Scotch und Gordon's Gin. Mitte der dreißiger Jahre waren die beiden erbitterte Konkurrenten, und es wird allgemein angenommen, daß die heftige Abneigung der Familie Kennedy gegen die Mafia, die während Präsident Kennedys kurzer Regierung so aufsehenerregend ans Tageslicht kommen sollte, ihren Ursprung zum Teil in diesem erbitterten Konkurrenzkampf hatte.

Aber der Alkohol war keineswegs Costellos einziges einträgliches Geschäft. Anfang der dreißiger Jahre verdiente der Ministerpräsident der Mafia ungeheure Geldsummen mit seinem weitreichenden Netzwerk von Spielautomaten im Stadtgebiet von New York. So erbittert war der Konkurrenzkampf mit anderen Geschäftsleuten aus dem Mob, so korrumpierend wirkte der ganze Vorgang auf die New Yorker Polizei, und so gewaltig waren Costellos größtenteils unversteuerte Gewinne, daß Fiorello LaGuardia, der Reformbürgermeister von New York, sie schließlich aus der Stadt hinausjagte.

In diesem Augenblick lernte Costello in einem Nachtklub in Long Island Huey Long, den eigenwilligen Senator aus Louisiana, kennen, der im ganzen Land als »the Kingfish« bekannt war. Die beiden kamen auf die Idee, Costellos Spielautomaten nach Louisiana zu verlegen. Long, der den Staat Louisiana in seiner Gouverneurszeit praktisch wie ein Diktator regiert hatte, wünschte sie in seinem Hoheitsgebiet, um bestimmte, den Herzen seiner Wähler teure staatliche Programme finanzieren zu helfen. Er würde ihre Einführung nach Louisiana erleichtern als Gegenleistung für einen zehnprozentigen Anteil an den Einnahmen. Die Tatsache, daß Glücksspiele in Louisiana verboten waren, wurde kaum in Erwägung gezogen. Huey Long wußte, daß die Polizei mit Freuden an dem erwarteten Geldsegen aus den Spielautomaten teilhaben würde.

Bald war Costello in New Orleans, um mit Sam Carolla zu konferieren und eine Untersuchung durchzuführen, wie viele Standorte es gäbe, an denen er seine Glücksspielautomaten aufstellen könnte. Der Tag war nicht fern, an dem Carolla ihm Jefferson Music, die Jukebox-Vertriebsgesellschaft der Brüder Marcello, als idealen Träger für den Absatz seiner Automaten am Westufer empfehlen würde.

Doch bevor dieser Tag dämmerte, bekam Carlos dummerweise nochmals Ärger mit der Polizei, diesmal, weil er einen Marihuanakäufer falsch einschätzte, der sich als Bundesgeheimagent entpuppte.

Im »Braunen Bomber« in Gretna hatten Carlos und vier Partner ein Geschäft betrieben, das der Leiter der Bundesbehörde zur Bekämpfung des Rauschgifts in New Orleans später als »einen der größten Marihuanaringe im Raum von New Orleans« bezeichnen sollte. In den letzten drei Jahren war Carlos' ursprünglich bescheidenes Marihuanageschäft zu einem einträglichen Großhandel herangewachsen, der im wesentlichen Einzelhändler am Westufer belieferte. Im März 1938 kaufte ein Agent des FBI, der sich als Händler ausgab, Carlos in seiner Kneipe in Gretna 23 Pfund Marihuana ab und verhaftete ihn auf der Stelle.

In seinem Prozeß wurde Carlos zu einer Haftstrafe von einem Jahr und einem Tag im Bundesgefängnis von Atlanta und zu einer Geldbuße von 76 830 Dollar verurteilt. Es stellte sich jedoch heraus, daß Carlos, weil Sam Carolla ein paar politische Hebel für Frank Todaros Jungen in Bewegung setzte, nur neun Monate seiner Haftstrafe abzusitzen und nur 400 Dollar seiner Geldbuße zu entrichten brauchte. Die Milde verdankte er Gouverneur O.K. Allen, einem Handlanger Huey Longs bis zu dessen Ermordung im Jahre 1935.

Nach seinem kurzen Aufenthalt in Atlanta kehrte Carlos, nun 28 Jahre alt, in seinen Schlupfwinkel am Westufer zurück, verließ Bars und Spirituosen, tat sich wieder mit seinem Bruder Vincent zusammen und machte die Jefferson Music Company zu seinem Hauptgeschäft. Mit Unterstützung der Muskelkraft, die Frank Todaros und Sam Carollas Westufer-Schläger ihm lieferten, sorgte Carlos dafür, daß jede Bar und jedes Restaurant im Kreis Jefferson seine Jukeboxes und Flipper aufstellte. Bald wurde der untersetzte, stiernakkige, bereits berüchtigte junge Rabauke, der Wagenladungen voll Jukeboxes hierhin und dorthin transportierte, in Algiers und Gretna ein bekannter Anblick. Man begann sich Geschichten zu erzählen über die Behandlung, die er Barbesitzern angedeihen ließ, die seine Maschinen nicht haben wollten.

# 6

# Der Spielautomaten-Coup: Carlos verbündet sich mit Frank Costello

Bevor Frank Costello anfangen konnte, seine tausend Spielautomaten nach New Orleans zu schaffen, mußte er mit Sam Carolla, dem örtlichen Mafiaboß, handelseinig werden. Es war eine heikle Situation. Costellos Schirmherr, »Kingfish« Huey Long, der ihm praktisch ein Spielautomatenmonopol in Louisiana versprochen hatte, kontrollierte zwar die politische Staatsmaschinerie, lag aber im Streit mit der Stadtverwaltung, die unter der Herrschaft von Carolla stand.

Frank Costello war im Mob als Diplomat und Staatsmann bekannt. Die Presse des Ostens hatte ihn schließlich nicht umsonst den Ministerpräsidenten der Mafia genannt. Nach tagelangen Verhandlungen mit Silver Dollar Sam erreichte Costello schließlich eine beiderseitig zufriedenstellende Regelung.

Es wurde vereinbart, daß Costello seine verbotenen Spielautomaten in Louisiana unter dem Schutz von Huey Long und Sam Carolla nach dem Franchise-Prinzip betreiben würde. New York und Louisiana würden sich Schlüsselpositionen in dem Unternehmen teilen, von denen aus sie sich wachsam beobachten konnten. Im Austausch dafür, daß er Costello erlaubte, in der Stadt New Orleans ungehindert tätig zu werden, verlangte Carolla von Huey Long politischen Schutz für seine Unternehmungen im übrigen Louisiana, ein Privileg, das er bis dahin nicht besaß, da sich sein Einfluß auf den Südteil des Staates beschränkte. Auf Costellos Drängen hin willigte der »Kingfish« ein.

Sam Carollas Spielautomatengeschäft mit Costello brachte die bis dahin isolierte Mafia von Louisiana zum erstenmal mit der Hauptströmung des organisierten Verbrechens in Amerika in Berührung. Dieser Schritt erwies sich als Meilenstein für die erste Familie der Mafia. Bald vereinbarten Costello, Carolla und Meyer Lansky, der Finanzfachmann und Berater des Mobs, in New Orleans ein nationales Unterwelt-Kommunikationszentrum zu errichten;

später kam dann noch in Crescent City eine nationale Verrechnungsstelle für Geldwaschunternehmungen der Unterwelt hinzu.

Mitte der vierziger Jahre war Frank Costello so mächtig geworden, daß FBI-Direktor J. Edgar Hoover es für angebracht hielt, persönlich Kontakt mit ihm aufzunehmen, um ein gewisses Einvernehmen zwischen den beiden »Ministerpräsidenten«, dem der Mafia und dem der Bundeskriminalpolizei, zu schaffen.

Es war die Zeitschrift *Time*, die Hoovers Zusammentreffen mit Costello der Öffentlichkeit zum erstenmal aufdeckte. In einer Titelgeschichte über Hoover, die 1975 erschien, behauptete *Time*, von ein paar FBI-Agenten erfahren zu haben, daß Hoover gelegentlich nach Manhattan fuhr, »um sich im Central Park mit Frank Costello, einem der wichtigsten Männer der Mafia, zu treffen«. Später schrieb der Historiker Arthur M. Schlesinger junior in seiner Biographie über Robert F. Kennedy, daß William Hundley, der Leiter der Abteilung »Organisiertes Verbrechen« unter Kennedy, diese Tatsache bestätigt habe. In einem Interview von 1988 sagte Hundley, daß Costello selber ihm von seiner Freundschaft mit Hoover erzählt habe. Hundley meint, daß Hoover und Costello sich die ganzen fünfziger Jahre hindurch und vielleicht auch noch in den Sechzigern gesehen hätten.

Später, während der Kennedy-Administration, sollte J. Edgar Hoover behaupten, es gebe kein organisiertes Verbrechen. Frank Costellos Schützling Carlos Marcello erfuhr von ihm eine erstaunlich nachsichtige Behandlung.

So machte Frank Costello sich also daran, seine tausend Spielautomaten von New York nach New Orleans zu verlegen, in der Gewißheit, seine verbotenen Apparate betreiben zu können, ohne mit Schwierigkeiten seitens der Justiz oder des FBI rechnen zu müssen.

Als Wächter der New Yorker Interessen seiner Unternehmungen in New Orleans wählte Costello einen alten Freund und Mitstreiter, den professionellen Glücksspieler »Dandy Phil« Kastel. Dieser sollte mit Carollas Mann James »Diamond Jim« Moran zusammenarbeiten, der eigentlich James Broccato hieß, einstmals Alkoholschmuggler, Berufsboxer und Leibwächter Huey Longs gewesen war, nun aber am Rande von Costellos Organisation arbeitete und später einmal ein berühmtes Restaurant in New Orleans eröffnen sollte. Diamond Jim kannte das French Quarter in- und auswendig; so führte er Dandy Phil herum, um ihm die besten Lokale für Costellos Maschinen zu zeigen und sicherzustellen, daß die Besitzer sie auch nehmen würden.

Bald waren Costellos tausend Spielautomaten installiert und erfreuten sich sofortiger Beliebtheit. Sie waren als »Häuptlinge« bekannt wegen des kunstvoll gearbeiteten bronzenen Kopfes eines Indianerhäuptlings, der über der Skala angebracht war. Angeblich verdiente Frank Costello an ihnen, die jetzt als wertvolle Sammlerstücke gelten, im ersten Betriebsjahr 70000 Dollar bei einer Investition von 9500 Dollar.

Costello gründete darauf nacheinander drei Firmen für den Vertrieb seiner Maschinen: die Bayou Novelty Co., die Pelican Novelty Co. und die Louisiana Mint Co. Alle erwiesen sich als Goldgruben. Bis 1940 hatten sie ihre Einträglichkeit in New Orleans mehrfach unter Beweis gestellt, und Costello konnte seine Unternehmungen auf den Rest des Staates, beginnend am Westufer, ausdehnen.

Schon seit einiger Zeit war Dandy Phil Kastel von dem Erfolg der Jefferson Music Company der Gebrüder Marcello beeindruckt, auf die Sam Carolla ihn als erster hingewiesen hatte. Es kam ihm so vor, als träfe er überall am Westufer die Jukeboxes und Spielautomaten der Marcellos an, wie sie ratternd Geld einbrachten. Mehr noch, er erfuhr, was für ein rücksichtsloser, gründlicher Geldeintreiber Carlos Marcello war.

Obwohl Dandy Phil dies damals vermutlich nicht wußte, gab es noch einen anderen Grund, Marcello mit der Leitung des Spielautomatenunternehmens am Westufer zu betrauen: seine geradezu unheimliche Begabung, durch die Maschen des Gesetzes zu schlüpfen. Seit seiner Begnadigung durch Gouverneur O. K. Allen im Jahre 1935 war Carlos wegen zweier weiterer Überfälle und Raube, Steuerhinterziehung, Überfalls mit Tötungsabsicht auf einen Polizeibeamten, Handels mit Rauschgift und bewaffneten Überfalls auf einen neugierigen Reporter aus New Orleans angeklagt worden. Keine dieser Anklagen kam jemals vor Gericht, und die Akten mehrerer Festnahmen verschwanden unter geheimnisvollen Umständen. Dazu kamen dann noch all die Morde, deren Carlos verdächtigt, aber niemals angeklagt wurde.

Dandy Phil und Carlos Marcello setzten sich zusammen und vereinbarten, daß Jefferson Music 250 von Costellos Spielautomaten aufstellen und verwalten solle, wofür sie zwei Drittel der Bruttoeinnahmen einstecken dürfe; das letzte Drittel solle an Costellos Louisiana Mint Co. gehen.

Alles deutet darauf hin, daß Carlos, nun 30 Jahre alt und Vater eines dreijährigen Mädchens, sich wie besessen in das Spielautomatengeschäft stürzte. Er besuchte jede Bar, jedes Restaurant, jede Spielhalle und jedes Bordell in Algiers und Gretna und bedrängte sie so sehr, daß sie Costellos Maschinen nahmen, und zwar zu Bedingungen, die für ihn und Costello sehr günstig waren. Als alle 250 Maschinen installiert waren, trieb er streng und unermüdlich seinen Anteil an der Beute ein. Barbesitzer fürchteten den kleinen aufbrausenden Mann, wenn er kam, um seinen Anteil zu kassieren, und ließen ihn oft, um seinen Zorn nicht zu erregen, mehr als seinen vereinbarten Prozentsatz nehmen. Bald warfen die Maschinen phantastische Gewinne ab. Da sie eigentlich verboten waren, mußten Schmiergelder an die örtliche Polizei gezahlt werden, und Carlos achtete darauf, daß sie ganz hübsch waren.

In dieser aufregenden Zeit nahm Carlos Beziehungen zu Beauregard Miller junior, dem Polizeichef von Gretna, auf, die sich als dauerhaft erweisen sollten.

»Damals gab ich Miller alle paar Monate 50000 Dollar«, brüstete Carlos sich viele Jahre später vor einem Undercover-Agenten des FBI, ohne zu ahnen, daß dieser seine Worte aufzeichnete. »Ich pflegte das Geld in einen Koffer zu stopfen und ihm ins Büro hinüberzutragen«, fuhr er fort und fügte hinzu, daß er darauf achtete, auch seine Untergebenen großzügig zu behandeln. »Ich gab ihnen allen Bargeld«, erzählte er dem Undercover-Agenten. »Morgens ging ich los, die Hosentaschen voller Geld, und sagte: ›Hallo, hier sind zwanzig für dich, Kumpel‹, oder ›hier sind hundert‹, oder ›hier sind fünfzig‹. Ich sorgte für alle.«

Carlos sorgte aber auch für sich und seine Familie. Nachdem Costellos 250 Spielautomaten am Westufer Geld zu speien begonnen hatten, gab Carlos seine enge, kleine Wohnung über dem Spirituosengeschäft in Algiers auf, kaufte ein zweistöckiges Holzhaus mit Veranda in Gretna, dicht an der Grenze zu Algiers, und zog mit seiner Familie um. Jacqueline Marcello, die eine zweite Tochter geboren hatte, wurde von ihren täglichen Pflichten im Spirituosengeschäft befreit. Nach fünf unsicheren und ein bißchen stürmischen Jahren mit Carlos konnte sie nun das Leben führen, das sie sich immer gewünscht hatte: das einer bescheidenen Mittelklassen-Hausfrau und Mutter in einer anständigen Gegend.

Während Carlos und sein Bruder Vincent ihr Spielautomatenunternehmen am Westufer für Costello aufbauten, erledigte Carlos auch mehrere Aufträge für Frank Todaro, seinen unmittelbaren Vorgesetzten in Sam Carollas Organisation. Es war Anfang der Vierziger, der Krieg hatte begonnen, und New Orleans hatte sich zu einem wichtigen Schwarzhandelszentrum für jede knappe Ware entwickelt. Die Mafia von New Orleans, die bereits tief im Rauschgiftschmuggel steckte, griff rasch auch nach Schwarzmarktwaren, und Carlos erhielt einige von Todaros erlesensten Aufträgen, die ihm einen beträchtlichen Anteil am Gewinn einbrachten.

Das Land befand sich im Krieg, doch da der in Tunesien geborene Carlos niemals amerikanischer Staatsbürger geworden war, wurde er im Gegensatz zu seinen in Amerika geborenen Brüdern Peter und Vincent nicht eingezogen. Während Peter und Vincent aufbrachen, um in Europa zu kämpfen, blieb

Carlos ungehindert in New Orleans und konnte den Krieg zu seinem und seines Chefs Carolla Wohl auswerten.

Der von der Mafia kontrollierte Hafen von New Orleans war während des Zweiten Weltkriegs eine gewalttätige Welt, aber Carlos fürchtete sich nicht. Fast sein ganzes Arbeitsleben bestand nun daraus, Menschen zur Kasse zu bitten: die Bar- und Restaurantbesitzer des Westufers, die Costellos Maschinen führten, die Abnehmer von Schmuggelware in den Schuppen und Lagerhäusern an den Kais von New Orleans, die verstohleneren Käufer in den Bayous und Sümpfen des Mississippideltas. Zur Genugtuung von Dandy Phil, Diamond Jim, Frank Costello, Silver Dollar Sam und Frank Todaro hatte Carlos stets Erfolg. Man konnte sich auf ihn verlassen. Es gab Gerüchte von erbitterten Kämpfen, brutalen Überfällen und gelegentlich auch einem Mord, aber das war nicht anders zu erwarten. Mit der Polizei, die hätte beunruhigt sein müssen, einigte man sich. Wichtig war nur das Geld. Und daß Carlos das Geld brachte, darauf konnte man bauen.

Gegen Kriegsende begannen Carlos' Bemühungen für seine Bosse Früchte zu tragen. Dank seiner Fähigkeit, Menschen einzuschüchtern, hatte er den Ruf erworben, ein Mann zu sein, mit dem man rechnen mußte, ein Mann, der das Ding schaukelte und der in Mobkreisen häufig als der Nachfolger Silver Dollar Sams genannt wurde, der in Gefahr geraten war, nach Sizilien abgeschoben zu werden. So erfreut war Frank Costello über seinen jungen Bevollmächtigten, daß Carlos im Jahre 1944, als das Syndikat beschloß, im Kreis Jefferson am Westufer ein feudales neues Spielkasino im Las-Vegas-Stil zu eröffnen, als 12,5-Prozent-Partner aufgenommen wurde. Unter den übrigen Partnern befand sich neben Costello der berüchtigte Meyer Lansky. Carlos war jetzt oben bei den ganz Großen. Der fünfunddreißigjährige Ganove vom Westufer hatte es geschafft.

# 7

# Glücksspiel und Mord: Carlos steigt ganz groß ein

Die folgende Szene ereignete sich in einem holzgetäfelten Büro im feudalen neuen »Beverly-Country-Club«-Spielkasino im Kreis Jefferson. Mike Maroun, ein Rechtsanwalt aus Shreveport, stattete seinem alten Freund, dem frischgebackenen Kasinobesitzer Carlos Marcello, den er seit den Tagen des »Braunen Bombers« nicht mehr gesehen hatte, einen Besuch ab.

Als Maroun das prächtig eingerichtete Büro betrat, erblickte er hinter dem großen Schreibtisch einen kleinen, untersetzten Mann, Filzhut auf dem Hinterkopf, Zigarre im Mund, Füße auf dem Tisch. Es war sein alter Freund Carlos, nun aber in gänzlich anderer Umgebung. Marcello erhob sich sogleich, umarmte Maroun und schenkte ihm ein strahlendes Lächeln. Dann faßte er ihn am Arm und nahm ihn mit auf einen raschen Rundgang durch das Kasino. Obwohl Carlos inzwischen gewiß nicht gewachsen war, staunte Maroun über sein imponierendes Auftreten, seine aufrechte Haltung und seine gebieterische Art. Als sie durch die verschwenderisch ausgestatteten Spielsäle schritten, schienen die Croupiers und Kartengeber, wenn Carlos an ihren Tischen vorbeikam, innezuhalten und strammzustehen wie Truppen bei der Inspektion. Maroun fiel der Ausdruck von Furcht und Bewunderung auf ihren Gesichtern auf. Das war meilenweit entfernt, sann er, von der schäbigen Bar im »Braunen Bomber«, wo ein guter Abend einen Raum voll friedlicher Betrunkener bedeutete, die ihre Rechnung bezahlen konnten und nicht auf die Straße geworfen zu werden brauchten.

Carlos Marcellos rascher Aufstieg vom Besitzer einer Farbigenbar und Soldaten in Sam Carollas Organisation zum Spielkasinobesitzer und angesehenen Mann war das Ergebnis einer Reihe von Zusammenkünften auf hoher Ebene, die in New Orleans Anfang der vierziger Jahre zwischen Frank Costello, Phil Kastel und Meyer Lansky stattgefunden hatten. Thema waren die Erweiterung von Costellos Unternehmungen in Louisiana und die mögliche Errichtung von Kommunikationszentren und Geldwaschanlagen in New Orleans, die von der gesamten Unterwelt des Landes benutzt werden konnten. So gewinnbringend waren Costellos Spielautomaten gewesen – insgesamt standen mehrere tausend seiner Fünfer-und-Zehner-Häuptlinge in Louisiana –, daß er beschloß, drei große Spielkasinos im Las-Vegas-Stil in diesem Staat zu eröffnen, das erste im Kreis Jefferson. Auf einer der letzten Zusammenkünfte war entschieden worden, Carlos Marcello, Costellos jungen Beauftragten vom Westufer, in die Partnerschaft aufzunehmen. Die Anteile sollten folgendermaßen verteilt werden: 20 Prozent an Costello; 20 Prozent an Lansky; 27,5 Prozent an Kastel; 17,5 Prozent an A. G. »Freddie« Rickerfor, den »Nabob« aus New Orleans, und 12,5 Prozent an Carlos Marcello. Die restlichen 2,5 Prozent sollten für politische Schmiergelder zurückbehalten werden.

Es wurde ebenfalls vereinbart, daß Frank Coppola, ein Teilhaber Costellos aus New York, die New Yorker Interessen an den neuen Spielunternehmungen vertreten sollte und Carlos Marcello diejenigen Louisianas. Für Carlos war dies ein regelrechter Ritterschlag, etwa das, was in der Geschäftswelt die Beförderung in den Vorstand einer großen Gesellschaft bedeutet.

Carlos verdankte seinen Aufstieg in erster Linie der Einschätzung seiner Fähigkeiten durch Frank Costello. Nachdem Carlos die ersten 250 Häuptlinge am Westufer aufgestellt und diese sich so gut und so pünktlich ausgezahlt hatten, gab Costello ihm grünes Licht, so viele in das Gebiet zu holen, wie der Markt aushalten würde. Es war Carlos gelungen, mehrere hundert weitere im Kreis Jefferson unterzubringen.

Diese Leistung beruhte zum Teil auf Carlos' fleißiger Bearbeitung von Beauregard Miller, dem Polizeichef des Kreises Jefferson, und Frank Clancy, dem altgedienten Sheriff, den seine Wähler wegen seiner zwanzigjährigen Amtszeit »King Clancy« nannten. Costello war dies wohlbekannt. Er wußte genau, daß er den Segen und die Hilfe von Miller und Clancy brauchte, wenn seine Pläne für ein Spielkasino gelingen sollten. Er wußte ebenfalls, daß niemand besser in der Lage war, diese Hilfe zu besorgen, als Carlos Marcello.

Ferner wußte Costello, daß Sheriff Clancy ein echtes Hindernis für die Verwirklichung seiner Pläne bedeutete. Als Gegenleistung für einen Anteil an den Gewinnen hatte Clancy Marcello erlaubt, in seinem Kreis Hunderte verbotener Spielautomaten aufzustellen, und Einwohner des Kreises Jefferson dazu ermutigt, viele kleine illegale Spielsalons zu betreiben. Aber er schreckte davor zurück, ein riesiges, von der Mafia getragenes Spielkasino in seinen

Amtsbezirk hereinzulassen. Das Kasino würde mit den privaten Spielhallen des Kreises konkurrieren, und Clancy war sich wohl bewußt, daß die zusätzliche Anwesenheit der Mafia seine Macht untergraben und nationale Aufmerksamkeit, die womöglich seine eigene Korruption aufdeckte, erregen könnte.

Obwohl Carlos kaum lesen und schreiben konnte und die Schule mit 14 Jahren verlassen hatte, besaß er doch eine Schlauheit als Unterhändler und eine instinktive Menschenkenntnis, die eines doppelt so alten, kampferprobten Politikers würdig gewesen wären. Bei einer Begegnung mit Jimmie Davis, dem scheidenden Gouverneur von Louisiana, und Sheriff Clancy deichselte Marcello einen günstigen Kompromiß. Mit Gouverneur Davis als Schiedsrichter gelang es Marcello, Clancy zu der Erlaubnis zu bewegen, daß die Mafia in seinem Kreis am Ostufer des Mississippi drei Spielkasinos eröffnete. Diese würden nicht direkt mit den Spielhallen konkurrieren, die seine Wähler aus dem Kreis Jefferson am Westufer, der damals am dichtesten bevölkerten Gegend am Fluß, besaßen. Als Belohnung für sein Entgegenkommen sollte Clancy einen Anteil von 2,5 Prozent am Kasinogewinn erhalten sowie das Recht, alles nicht mit der Verwaltung beschäftigte Personal einzustellen – was bedeutete, daß er rund 500 Arbeitsplätze an seine Anhänger vergeben konnte.

Das neue Spielkasino, das den Namen »Beverly Country Club« erhielt, wurde am 4. Dezember 1945 eröffnet und erfreute sich bald eines außergewöhnlichen Erfolgs. Im *States-Item* von New Orleans als »prächtigster aller Glücksspielpaläste von Jefferson« beschrieben, war es so aufwendig und luxuriös wie damals überhaupt möglich. Costellos Schwager Dudley Geigerman sagte dazu einem Reporter aus New Orleans: »Es könnte gar nicht besser sein. Wenn das möglich gewesen wäre, hätten wir es gemacht.« Die Öffentlichkeit stimmte zu. Bald war der »Beverly Country Club« die beliebteste Vergnügungsstätte im Umkreis von New Orleans. Tausende strömten in seine Restaurants, Bars und an die Spieltische. Bald wurde ein Nachtklub darin eröffnet, und berühmte Unterhaltungskünstler wie Jimmy Durante, Zsa Zsa Gabor, Joe E. Lewis und Sophie Tucker traten auf.

Selbst das plötzliche Auftauchen eines mächtigen Widersachers nicht lange nach der Eröffnung des Kasinos trug nur zu seiner Beliebtheit bei. Im Herbst 1945 wurde der Reformkandidat DeLesseps Morrison zum Bürgermeister von New Orleans gewählt, weil er versprochen hatte, die Stadt von der Korruption zu befreien. Kaum war er gewählt, fiel er über das »Costello-Kastel-Lansky-Kartell« her und schaffte es, 600 von Costellos Häuptlingen aus der Stadt zu vertreiben. Das Ergebnis war ein Zustrom von Glücksspielern in den Kreis

Jefferson, wo sie an Costellos Automaten spielen konnten, soviel sie wollten. Viele von ihnen wurden neue Kunden des »Beverly Country Club«, der stolz auf einen ganzen Raum voller Häuptlinge war.

Es geschah in dieser Zeit, daß Costello und Kastel Carlos Marcello zum Manager des Kasinos machten. Später, nach der unerwarteten Deportation von Frank Coppola, übertrugen sie ihm die Leitung aller Glücksspielbetriebe, die Costello in Louisiana besaß. Carlos holte seine Brüder Peter und Anthony herbei, damit sie ihm halfen, und begann, das Unternehmen mit eiserner Hand zu führen. Unvermeidlicherweise wurde es eine seiner Hauptaufgaben, die Polizei des Kreises Jefferson zu schmieren. Bald fungierten Polizisten als Portiers, »Firmenfahrer« und »Saalordner« im Kasino und statteten der Kasse regelmäßige Besuche ab, um ihren »Kies« abzuholen.

Die Legende sagt, daß Carlos sich von einem Schneider eine dreißig Zentimeter lange Tasche in das linke Hosenbein nähen ließ, die er mit Geld vollstopfte, wenn er seine Runde durch den Kreis machte und die Polizisten der Reihe nach entlohnte. Daß er riesige Summen an Beauregard Miller und King Clancy zahlte, wurde schließlich durch Bemerkungen bestätigt, die er zu Undercover-Agenten des FBI machte, als diese ihn mehr als dreißig Jahre später überprüften.

Mitte 1947, anderthalb Jahre nach der Eröffnung des »Beverly Country Club«, ging es Carlos Marcello in der Tat ausgezeichnet. Zusätzlich zu seiner Arbeit im Kasino war er in einem halben Dutzend anderen Unternehmen tätig. Er und sein Bruder Vincent erweiterten die Aktivitäten der Jefferson Music Co., die nun auch einen Dienst für Pferdewetten einschließlich einer Kurzwellenstation unterhielt. Zusammen mit seinem Mafiakollegen Joseph Poretto gewann Carlos die Kontrolle über die Southern News and Publishing Co., den größten Rennsport-Informationsdienst von New Orleans, der Louisianas landesweites Glücksspiel-Netzwerk versorgte. Die riesigen Gewinne aus dem Rauschgifthandel für Sam Carolla und dem hektischen Glücksspiel im »Beverly«-Kasino legte Carlos schlau in Grundbesitz am Westufer an. In Anbetracht der Tatsache, daß Silver Dollar Sam die Ausweisung drohte, suchte er nach Wegen, dessen Platz einzunehmen, falls die Einwanderungs- und Naturalisierungsbehörde (INS) den Boß in seine Heimat Sizilien abschob.

Nun war es für Carlos an der Zeit, der Welt seinen neu gewonnenen Reichtum und seine Macht zu zeigen, und so kaufte er knapp ein Jahr nach der Eröffnung des »Beverly Country Club« eine italienisch angehauchte Villa mit acht Schlafzimmern am Barataria Boulevard in Marrero im Kreis Jefferson. Ein halbes Jahr später zog er mit seiner wachsenden Familie – inzwischen hatte er einen Sohn und drei Töchter – dorthin um. Jetzt konnten seine Kinder in einer Umgebung aufwachsen, die der vornehmsten und ältesten Familien von New Orleans würdig war.

Würdig aber auch der vornehmsten und ältesten Familien der Mafia von Louisiana. Unter Carlos' Nachbarn befand sich das Haupt der reichen alten Provenzano-Sippe, derjenigen Familie, die 1890 Polizeichef David Hennessey um Schutz vor den Matrangas gebeten und damit dessen Ermordung herbeigeführt hatte. Aber Carlos' neues Heim war viel prächtiger als der Besitz der Provenzanos. Das gelblich-beigefarbene Stein- und Stuckgebäude mit sanft abfallendem rotem Ziegeldach konnte in der Mitte einen eleganten Säulengang mit drei großen, anmutig geschwungenen Bogen aufweisen, der von drei marmornen korinthischen Säulen getragen wurde und seinerseits eine lange Terrasse im ersten Stock trug. Zu beiden Seiten des Säulengangs standen zwei eindrucksvolle Flügel mit riesigen Bogenfenstern, die auf eine weite, hier und da mit klassischen griechischen und römischen Statuen geschmückte Rasenfläche blickten. Es war ein großartiger Wohnsitz, prächtiger als alle anderen am Westufer. Stolz und unübersehbar zeigte er das verdiente Geld und die erkämpfte Macht. Sein siebenunddreißigjähriger Besitzer war nun, in der Sprache seiner sizilianischen Vorfahren, eine »Respektsperson«. Er hatte es geschafft. Seine Investitionen waren höchst einträglich, seine politischen Kontakte fest begründet. Er war ein Mann, dessen Rat vom Gouverneur seines Staates und einigen der höchsten Mafiabosse des Landes ernst genommen wurde. Er kontrollierte die Vollstreckungsbehörden ebenso wie die politische Maschinerie des Gebietes, in dem er lebte und arbeitete, des Kreises Jefferson. Er stand kurz davor, die absolute Gewalt über die Unterwelt von Louisiana zu übernehmen. Das war es, was der Palast am Barataria Boulevard der Welt sagen sollte.

Carlos Marcellos siebzehnjähriger Aufstieg vom Straßengangster in New Orleans zum reichen Spielkasinobesitzer und rechtmäßigen Erben des Throns der ältesten Mafiafamilie in den Vereinigten Staaten war ein außergewöhnliches Abenteuer gewesen. Doch was die meisten Menschen nicht kannten oder bestenfalls nur dunkel erahnten, war das Ausmaß von Gewalttätigkeit und Brutalität, das diesen Aufstieg begleitet hatte. Carlos war der Hauptverdächtige in mehreren Mordfällen gewesen, deren er niemals angeklagt wurde und die ungelöst blieben. Einer davon, der über ein Jahr nach der Tat in einem FBI-Bericht beschrieben wurde, war besonders grausig.

Constantine Masotto war ein New Yorker Rowdy, der von seiner Mafiafamilie wegen Beraubung seiner Schwester ohne Gerichtsverfahren zum Tode verurteilt worden war. Er floh nach New Orleans und versteckte sich unter einem falschen Namen. Das Haupt seiner New Yorker Familie wandte sich an Silver Dollar Sam und verkündete, sie habe einen Preis auf Masottos Kopf ausgesetzt. Sam unterrichtete seine Leute. Die Polizei verfolgte Masottos Schritte. Dann, eines Tages, verschwand er plötzlich.

Die Familie Marcello besaß ein ländliches Gasthaus am Rande eines Sumpfes am Westufer. Dort aßen Carlos Marcello und seine Brüder Spaghetti und tranken Bier mit ihren Freunden und anderen Mitgliedern von Sam Carollas Bande. Einem FBI-Bericht zufolge fand man Masottos Skelett ein Jahr nachdem er als vermißt gemeldet worden war, kalkverkrustet in dem Sumpf hinter dem Gasthaus der Marcellos. Wie aus dem Bericht hervorging, war Masotto im Gasthof an einen Stuhl gebunden und von Carlos Marcello und einem Komplizen mit Gummischläuchen zu Tode geprügelt worden. Die Leiche war dann in eine Wanne mit Lauge und nach der Zersetzung in halb aufgelöstem Zustand in den Sumpf geworfen worden. Obwohl die Polizei Carlos wegen des Mordes verhörte, wie sie es im Laufe der Jahre in mehreren anderen Mordfällen getan hatte, wurde er des Verbrechens niemals angeklagt.

# 8

# Konferenz im »Black Diamond«: Carlos erhält den Ritterschlag

Am 5. Mai 1947 bemerkten einige Kellner des Nachtklubs »Black Diamond« in New Orleans, eines »farbigen« Lokals in einem heruntergekommenen Stadtteil, eine ungewöhnliche Zahl teuer aussehender Wagen, die am Hintereingang vorfuhren und aus denen Gruppen gutgekleideter Weißer ausstiegen, die rasch auf die hinteren Räume des Klubs zusteuerten.

Die Kellner ebenso wie einige der Musiker, die im »Black Diamond« spielten, hatten schon bei früheren Gelegenheiten beobachtet, daß gutgekleidete Weiße den rein schwarzen Klub besuchten. Es ging das Gerücht, daß die Zusammenkünfte, die stets in den hinteren Räumen des Klubs stattfanden, geheime Versammlungen der großen Tiere der städtischen Mafia seien, aber niemand wußte etwas Genaues. Einmal war ein Musiker versehentlich in ein Hinterzimmer geplatzt und hatte dabei etwas gestört, was wie eine hitzige Geschäftsbesprechung an einem großen Tisch aussah. Er war überrascht über die Feindseligkeit, die ihm entgegenschlug.

»Hör mal«, knurrte einer der Männer und sprang vom Stuhl auf, »wenn du wüßtest, wie gefährlich es hier ist, würdest du schleunigst verschwinden.«

Die Kellner und Musiker hatten recht mit ihrem Verdacht. Die Versammlungen fanden statt, um gewisse dringende Geschäfte der Mafia von Louisiana abzuwickeln. Sam Carolla hatte den finsteren »farbigen« Nachtklub gewählt, um sich die FBI-Agenten vom Hals zu halten. Unter denjenigen, die an der Geheimsitzung vom 5. Mai 1947 teilnahmen, befanden sich gemäß einem Bericht der Verbrechenskommission des Senats, der vier Jahre später veröffentlicht wurde, Carollas Unterbosse Frank Todaro, Joseph Capro, Tom Rizzuto, Frank Lombardino und Nick Grifazzi; Sam Carollas Sohn Anthony; Marcellos Geschäftsfreunde Joseph Poretto und Nofio Pecora sowie Carlos, Peter, Vincent, Joseph, Anthony, Jake und Nick Marcello, von denen die beiden letzteren Vettern der Gebrüder Marcello waren. Zweck der Versammlung war die Wahl eines Nachfolgers für Silver Dollar Sam, der soeben von der Regierung der Vereinigten Staaten in seine Heimat Sizilien abgeschoben worden war. Oder, genauer gesagt, die Wahl eines De-facto-Nachfolgers, da ein Mafiaboß eigentlich sein Leben lang Boß bleibt, selbst wenn er fern von seinem Herrschaftsgebiet in der Verbannung lebt.

Das Justizministerium hatte schon seit den dreißiger Jahren versucht, Carolla abzuschieben, war aber aus verschiedenen Gründen immer wieder auf Hindernisse gestoßen, die nicht zuletzt von den politischen Verbindungen auf höchster Ebene herrührten, die Carolla im Laufe der Jahre hatte herstellen können.

Sam Carollas kriminelle Laufbahn begann Anfang der zwanziger Jahre, als Charles Matranga, dem er im Jahre 1925 als Boß der örtlichen Mafia nachfolgte, ihn zum Aufseher des French Market machte. In seinen ersten fünf Jahren als Boß verlegte er sich auf den in der Prohibitionszeit verbotenen Spirituosenhandel, aber auch auf den aufblühenden Rauschgiftmarkt des Mississippideltas und wurde vieler Verbrechen, darunter auch des Mordes, bezichtigt. Doch erst 1932 wurde er zum erstenmal erwischt und wegen Mordes an einem Bundes-Rauschgiftfahnder, den er im Unterweltstil aus dem Hinterhalt überfallen hatte, verurteilt. Bei dem Prozeß nannte ein Staatsanwalt von New Orleans ihn »einen Gangster übelster Sorte«, aber der Richter verurteilte ihn, wie wir wissen, nur zu vier Jahren Haft im Bundesgefängnis von Atlanta. Nachdem er nur zwei davon abgesessen hatte, erhielt er von demselben Politiker, der auch den jungen Carlos Marcello vorzeitig freigelassen hatte – Gouverneur O. K. Allen, Huey Longs Marionette in Baton Rouge –, Straferlaß, kehrte nach New Orleans zurück und nahm die Leitung des Mobs wieder auf.

Der dunkelhäutige, schläfrig blickende Carolla, ein skrupelloser und gewiefter Geschäftsmann, der nie die amerikanische Staatsbürgerschaft annahm, verdiente in den zwanziger und dreißiger Jahren ein gewaltiges Vermögen mit Alkoholschmuggel und Drogen. Mit seinen illegalen Gewinnen kaufte er sich politischen Schutz und Einfluß und errang in New Orleans eine so starke Machtposition, daß er die Stadtverwaltung durch Bestechung und Einschüchterung praktisch kontrollierte.

Schließlich ergriff das Justizministerium Maßnahmen, Carolla zu deportieren, die jedoch ständig durch juristische Manöver und politische Einmischung durchkreuzt wurden. Dann kam der Zweite Weltkrieg und verschob die Deportation auf unbestimmte Zeit, da die amerikanische Regierung gezwungen war, die Mafia um Unterstützung zu bitten. Sie brauchte nämlich die Loyalität der vom Mob kontrollierten Hafenarbeiter-Gewerkschaft und der Städte Südsiziliens während der Invasion der Alliierten. Nach dem Krieg setzte die Einwanderungs- und Naturalisierungsbehörde (INS) ihre Bemühungen, den in Sizilien geborenen Carolla zu deportieren, fort. Am 30. Mai 1947 hatte die INS endlich ihren Mann. Silver Dollar Sam wurde von Beamten der Einwanderungsbehörde nach Galveston begleitet und mit einem Militärtransport nach Sizilien geflogen.

In den Monaten vor Carollas Deportation trat Carlos Marcello als aussichtsreichster Kandidat in Erscheinung, dessen Platz als Boß der Unterwelt von Louisiana einzunehmen. Carlos hatte sich in der Tat schon selbst um die Stellung beworben, sowohl innerhalb der Organisation als auch unter den Politikern und der Polizei von Jefferson und New Orleans.

Seit er zu Reichtum gekommen war, hatte Carlos sich das Gebaren eines großen Tieres zugelegt, etwas, was man in Louisiana von einem Mafiaboß erwartete und an ihm schätzte. Ganz wie ein Politiker hatte Carlos eine Art, den Menschen einfach dadurch zu schmeicheln, daß er sie grüßte und beim Vornamen nannte. Er war großzügig mit seinem Geld und verlieh es an Leute, die ihm Gefallen tun konnten, ohne darauf zu dringen, daß sie ihm Schuldscheine unterschrieben. So korrumpierend wirkte er auf die Polizei, daß einige Beamte, die er schmierte, sich auch noch rühmten, Geld von »Onkel Carlos« genommen zu haben. Einmal wurde er auf dem Gentilly Boulevard wegen Geschwindigkeitsübertretung von der Polizei gestoppt, und einer der Polizisten zog die Pistole, als er sich Marcellos Wagen näherte. Carlos erklärte ihm, er sei zu schnell gefahren, weil er geglaubt habe, seine Verfolger seien bewaffnete Räuber. Dann griff er rasch in seine Tasche, zog, wie der Polizist berichtete, »ein Bündel grüner Scheine hervor, an dem ein Pferd erstickt wäre«, und schob sie in die Tasche des Mannes. Als wäre das noch nicht genug, stattete Carlos dem Polizisten am folgenden Tag in seinem Revier am Gentilly Boulevard einen Besuch ab und überreichte ihm ein goldenes Feuerzeug in Form einer Pistole. »Da Sie ja so gern mit 'ner Pistole wedeln, dachte ich, ich schenk' Ihnen dies hier«, sagte er lachend. Der Vorfall nahm bald einen Platz im wachsenden Marcello-Mythus ein.

Zu diesem Mythus gehörten unzählige Gerüchte über Carlos' rasch zunehmenden Reichtum. Kaum war er Teilhaber des »Beverly Country Club« und Leiter von dessen Verwaltung geworden, kaufte er eine Spielhalle mit dem Namen »Old Southport Club« am Ostufer nahe der Grenze zwischen New Orleans und dem Kreis Jefferson. Rasch verwandelte er sie nach dem Vorbild des »Beverly« in ein prächtiges Spielkasino im Las-Vegas-Stil. Es wurde sofort beliebt und unglaublich gewinnbringend. Außerdem wurde er Teilhaber zahlreicher Bars und Restaurants im ganzen Süden von Louisiana und entlang den

Ufern des Mississippi – von Westwego und Morgan City bis nach Gulfport und Biloxi –, in denen seine Jukeboxes und Spielautomaten am laufenden Band Geld ausspuckten. Dann waren da noch all die Buchmacher, die Carlos gutes Geld als Abonnenten seines Rennsport-Informationsdienstes zahlten, der Southern News Co., die Louisianas landesweites Glücksspiel-Netzwerk versorgte. Carlos' Einkünfte hatten sich in den letzten drei Jahren vermutlich verzehnfacht und somit auch seine Fähigkeit, Bullen und Politiker zu bestechen. Zum Zeitpunkt von Silver Dollar Sams Abschiebung gab es in dessen Organisation niemanden, der es mit Carlos Marcellos finanzieller und politischer Macht aufnehmen konnte.

Es gab auch niemanden, der es mit Carlos' persönlicher Ausstrahlung, seinen Führungsqualitäten, seiner Energie und seinem Ehrgeiz aufnehmen konnte. Und, am wichtigsten von allem – wenn man den Kodex bedenkt, nach dem die Mafia lebte –, es gab in den Rängen von Sam Carollas Organisation niemanden, der, obwohl er ziemlich jung war, so viel Angst erregte wie Carlos Marcello. Schon 1947, nach nur einem Jahrzehnt Dienst im Mob von Louisiana, erweckte der Name Marcello Angst bei Politikern des ganzen Staates. Die Geschichten von verwesten Leichen, die in Marcellos Sumpf lagen, steigerten nur noch die Wirkung.

Und so versammelten sich am Abend des 5. Mai 1947 die Mächtigen der Unterwelt von Louisiana in einem Hinterzimmer des »Black Diamond«, um einen neuen Führer zu wählen. Unter ihnen befanden sich, wie wir wissen, ein Mitglied der Familie Carolla, der Sohn des kürzlich abgeschobenen Bosses, und nicht weniger als sechs Marcellos.

Es wurde gemunkelt, daß einige von Carollas Leuten versucht hätten, die Kandidatur von Anthony Carolla zu unterstützen, jedoch bald festgestellt hätten, daß es ihnen an Rückhalt fehlte. (Anthony grübelte jahrelang über seine Zurückweisung und sollte seiner Unzufriedenheit eines Tages auf einer New Yorker Konferenz mit hohen Mafiabossen, darunter auch Carlos Marcello, Ausdruck geben.) Als die Namen weiterer treuer Carolla-Anhänger – Freunde von Anthony – genannt wurden, machten die sechs Marcellos finstere Gesichter, und die Namen wurden rasch zurückgezogen. Als die Versammlung beendet war, glaubte ein Kellner, daß er gesehen hätte, wie ein kleiner, untersetzter Mann den Klub als erster verließ. Doch erst am nächsten Morgen bekamen die Leute heraus, was vermutlich geschehen war. Carlos' Nachbarn am Barataria Boulevard hatten einen ungewöhnlich starken Verkehr vor Carlos' Haus bemerkt und eine ungewöhnlich große Anzahl von Wagen, die draußen parkten. Bald verbreitete sich die Nachricht unter Carlos'

Bekannten, und bald konnte man sehen, wie King Clancy auf Carlos' Haustür zuschritt. Da Carlos' »Wahl« unter strengster Geheimhaltung stattgefunden hatte, zeichnete niemand von der Presse Sheriff Clancys Huldigungsakt auf.

Später, so sagt man, spendete Frank Costello seinen Segen aus New York, und Sam Carolla gab Nachricht aus Sizilien, daß er mit Carlos' Wahl zum Interimsboß bis zu seiner, Silver Dollar Sams, Rückkehr aus dem Exil einverstanden war.

Mit dem Zepter des Mafiabosses von Louisiana erbte Carlos Marcello, nun 38 Jahre alt, den höchsten Posten einer Regierung, die sich auf einen alten Kodex aus Verschwiegenheit, Brüderlichkeit und Mord gründete und die ihre Tätigkeit und ihren Einfluß in Louisiana seit 75 Jahren ständig erweitert hatte. Es handelte sich dabei nicht um eine erkennbare, strukturierte Organisation, sondern vielmehr um ein weitgespanntes Netzwerk aus Berufsverbrechern, zwielichtigen Geschäftsleuten, korrupten Polizisten, Politikern und Beamten, das einem Klub ähnelte.

Was Carlos also konkret gesagt erbte, waren die Loyalität und die geldbringenden Dienste eines Rauschgiftschmugglers in Gretna, einer Puffmutter in Morgan City, eines Buchmachers in New Orleans, eines unehrlichen Sheriffs in Gulfport, eines Wucherers in Algiers, eines korrupten Polizeichefs in Metairie und eines willfährigen Bürokraten in Baton Rouge.

Was dieses ausgedehnte Netzwerk von Verbrechern zusammenhielt und bewirkte, daß alle den Befehlen des Bosses gehorchten, war eine Mischung aus Habgier und Furcht. Habgier nach den Reichtümern, die die Zusammenarbeit mit dem Boß versprach. Furcht vor der schnellen und sicheren Strafe für jeden Verstoß gegen seine Regeln und jede Unterlassung der Ausführung seiner Befehle.

Da die durch die Furcht erzwungene Disziplin für das Anhalten von Wachstum und Einfluß der unsichtbaren Regierung eine so große Bedeutung hatte, war es unbedingt erforderlich, daß ihr Oberhaupt ein Mann war, der vor Mord nicht zurückschreckte, um seine Ziele zu erreichen. Schließlich verdankte Carlos Marcello seine Erhebung zum Boß von Louisianas unsichtbarer Regierung weniger seinem neuerworbenen Reichtum und seiner politischen Macht als vielmehr seinem Ruf als brutaler Killer.

Verfolgt man diesen Gedanken einmal weiter, verdankte er sie auch dem Ruf der Mafiabruderschaft, die er vertrat. Die lange Reihe von Morden, die die Sizilianer im Laufe der Jahre in Louisiana begangen hatten, war ein Teil von Louisianas Geschichte. Der Mafiamord an Polizeichef David Hennessey war ebenso ein Kapitel in Louisianas Vergangenheit wie Napoleons Geschäft mit Thomas Jefferson und die Piratenüberfälle von Jean Laffite.

Carlos Marcello hatte erfahren, was die Auswertung von Habgier und Furcht ihm einbringen konnte. Als zäher, straßenerfahrener straffälliger Jugendlicher aus einer verachteten Minderheit hatte er schon früh im Leben entdeckt, wie feige, schwach, gefügig und habgierig Louisianas gesetzlich ernannte Beamte waren, vom Bullen auf Streife über den Sheriff des Kreises Jefferson bis zum Gouverneur des Staates. Er brauchte ihnen nur mit Mord zu drohen – sei es an der eigenen Person oder einem Familienmitglied – oder ihnen eine Chance zu geben, schnelles, leichtes Geld durch Verrat des öffentlichen Vertrauens zu verdienen, und schon waren sie da, wo er sie haben wollte.

Was seine Kunden, das Volk, betraf, so kannte Carlos auch ihre Schwächen genau. Als junger Mann von Mitte Zwanzig hatte er gelernt, die Schwäche der armen Schwarzen für Alkohol und Drogen auszunutzen. Als er älter wurde, entdeckte er, daß er Geld verdienen konnte, indem er sich die Schwächen einer immer größer werdenden Zahl ganz normaler Männer und Frauen zunutze machte. Sie wollten das Glücksspiel, und er gab es ihnen. Sie wollten Sex, und er gab ihnen Huren. Sie wollten Drogen, und er gab sie ihnen. Sie wollten Geld, und er zahlte ihnen Bestechungsgelder.

Wäre Carlos Marcello ein gewöhnlicher Mann mit gewöhnlichem Ehrgeiz gewesen, hätte es ihm genügt, nach seiner Erhebung an die Macht im Jahre 1947 ein im wesentlichen provinzielles Unterweltunternehmen in Louisiana zu leiten. Aber an Carlos Marcello war nichts Gewöhnliches. Kaum hatte er die Macht über Carollas Netzwerk ergriffen, als er auch schon begann, sein Tätigkeitsfeld über die Grenzen von Louisiana hinaus zu erweitern. So erlangte er unter anderem bald die Kontrolle über die Nola Printing Co., einen Glücksspiel-Informationsdienst, der Buchmacher in Louisiana, Texas, Oklahoma, Arkansas, Chicago, Alabama, Missouri und Mississippi belieferte. Es sollte nicht lange dauern, bis er seine Tätigkeit auf Kalifornien, Mittelamerika, die Karibik und sogar noch weiter ausdehnte.

Parallel zu seiner geschäftlichen Expansion wurde sein Widerstand gegen die Obrigkeit immer stärker. Binnen vier Jahren nach seiner Machtübernahme in Louisiana sollte er einem Ausschuß des Senats der Vereinigten Staaten die Stirn bieten. Binnen eineinhalb Jahrzehnten sollten seine Macht und Überheblichkeit so groß werden, daß er es sogar wagen würde, sich dem Präsidenten und dem Justizminister der Vereinigten Staaten zu widersetzen.

# 3. Teil

## Carlos macht sich Feinde
## 1948–1960

# 9

# »Willswood Tavern«
# (Das Wirtshaus im Sumpf)

Am Westufer des Mississippi, im Kreis Jefferson, ungefähr gegenüber von New Orleans, erstreckt sich ein langer, verlassener Streifen Sumpfland, dessen Wasserwege nach Süden hin in den Cataouatche- und Salvador-See und schließlich in die Bucht von Barataria und den Golf von Mexiko münden. Anfang des 19. Jahrhunderts hatten die berüchtigten Piraten Jean und Pierre Laffite ihre Basis in Barataria und überfielen von dort aus Schiffe, die sich auf dem Wege nach dem Hafen von New Orleans befanden. 150 Jahre später baute sich ein Pirat des 20. Jahrhunderts sein Versteck auf 26 Quadratkilometern dieses Morasts und beraubte von dort aus einen ganzen Bundesstaat.

Die Familie Marcello, die ihren Landbesitz nach und nach vom Südufer von Algiers aus nach Norden ausdehnte, hatte mit einem 72 Hektar großen Stück dieses Sumpflands angefangen und einen darauf stehenden baufälligen Schuppen in ein ländliches Restaurant mit Bar verwandelt, das unter dem Namen »Willswood Tavern« bekannt wurde. Es war ein kleines, unauffälliges Gebäude am Rande des Sumpfes, das auf Passanten wirkte, als wäre es verlassen. In Wirklichkeit war es das ganz und gar nicht. Bald nachdem Carlos den Ritterschlag zum Boß der örtlichen Mafia erhalten hatte, machte er das »Willswood« zu seinem Hauptquartier, zum Nervenzentrum fast all seiner kriminellen Betätigungen.

Jeden Sonntagmorgen empfing der Don im »Willswood« die Haupttäter der Gaunereien, die er in Louisiana und Mississippi dirigierte. Sie kamen von Charles-See, aus Houma, Gretna, Plaquemines, New Orleans, Morgan City und Gulfport: die Madams aller Marcello-Bordelle und Callgirl-Ringe, die Leiter aller Marcello-Glücksspielbetriebe – die Buchmacher und die Spielautomatenbetreiber –, die Hehler gestohlener Waren, die Rauschgiftschmuggler, die Wucherer und die korrupten Sheriffs, Bürgermeister und Staatsbeamten, die diese illegalen Betätigungen überhaupt erst ermöglichten, sie alle fielen sonntagmorgens im »Willswood« ein, um Carlos ihre Reverenz zu erweisen und ihm seinen Anteil an ihrer Beute zu übergeben.

Carlos war damals um die 38, ein kleiner, stiernackiger, muskulöser Mann mit plumpen Händen, unverhältnismäßig großem Kopf und herrischem Gebaren. Er hatte bereits ein kleines Vermögen verdient und sich den Ruf eines Mannes erworben, der vor nichts zurückschreckte, um seine Ziele zu erreichen. Gefürchtet von seinen Untergebenen, von Politikern und Polizisten im ganzen Staat, saß er am Sonntag morgen an dem langen Tisch in Willswood und blickte zurück auf die Schlachten der Woche mit der Konzentration und Autorität eines kommandierenden Generals, der mitten in einem wichtigen Militärfeldzug seinen Stab zusammenruft.

Nach dem geschäftlichen Teil pflegte Carlos seine treuen Anhänger mit Essen und Trinken zu versorgen, und um 14 Uhr war eine ausgelassene Party im Gange, auf der sich die Madams, die Glücksspieler und die Schmuggler an Austern, Garnelen, Krebsen, Fettuccine, Salat und Käse gütlich taten und flaschenweise Bier, Chianti und *vino bianco* hinunterschütteten. Carlos, der über einen gewaltigen Appetit verfügte, hatte den ehemaligen Sträfling Provino Mosca, Al Capones einstigen Küchenchef, aus Chicago importiert. Seine köstliche italienische Küche wurde bald legendär in der Unterwelt und unter den korrupten Politikern und Hütern des Gesetzes von Louisiana und Mississippi, die es als eine Art Ehre betrachteten, an Carlos' Tisch geladen zu sein. Moscas Kochkunst wurde so beliebt, daß Carlos ihm und seiner Familie ein kleines Haus auf dem Grundstück baute. Als Carlos sein Hauptquartier später anderswohin verlegte, wurde »Willswood« Moscas Restaurant. Es ist heute noch eines der beliebtesten italienischen Speiselokale am Westufer.

Wenn das Festessen im »Willswood« beendet war und Marcello seine Günstlinge entlassen hatte, pflegte er mit einem seiner Leutnants die Einnahmen zu zählen. Dann eilte er, begleitet von einem Leibwächter, mit der Beute heim. Diejenigen, die sonntagmorgens ins »Willswood« kamen, wußten, daß sie im Sumpf verschwinden würden, wenn sie nicht zahlten oder den Anschein erweckten, als behielten sie Geld zurück. Der Boß hatte eine Methode, Betrüger zu behandeln: Tod ohne Gerichtsverfahren. Nach der Party in »Willswood« hielten Carlos' Leibwächter den Verdächtigen auf, und der Boß nahm ihn in die Mangel. Wenn er sich überzeugt hatte, daß der Betreffende schuldig war, erwürgte ihn einer der Wächter und warf den Toten in eine riesige Wanne mit Lauge. Die teilweise zersetzte Leiche wurde dann in den Sumpf gekippt, wo das, was noch übrig war, fast spurlos in einem Wasserlauf verschwand.

Das war Mafiagerechtigkeit, rascher und sicherer als die der Obrigkeit. Solange die Mafia Führer hatte, die so mächtig waren, daß sie diese Art Recht durchsetzen konnten, und solange es Sheriffs, Staatsanwälte und Richter gab, die bereitwillig mitmachten, waren Behörden, Gerichte und Regierung machtlos. Das wußte Carlos Marcello instinktiv. Sein riesiger Sumpf verschluckte nicht nur Leichen, sondern auch Gesetze, Gerichte, Verfassungen.

# 10

## Carlos trotzt dem Kefauver-Ausschuß

FRAGE DES AUSSCHUSSES Mr. Marcello, sind Sie ein Mitglied der Mafia?

MARCELLO Ich verweigere die Aussage, weil ich mich damit selbst belasten könnte.

...

FRAGE Haben Sie sich im »Willswood Tavern« mit Frank Costello getroffen?

MARCELLO Ich verweigere die Aussage, weil ich mich damit selbst belasten könnte.

...

FRAGE Haben Sie am 5. Mai 1947 mit Vincent, Joseph, Anthony, Jake und Nick Marcello an einer Versammlung im Nachtklub »Black Diamond« teilgenommen?

MARCELLO Ich verweigere die Aussage...

...

FRAGE Sind Sie mit Joseph Poretto an einem Erdölunternehmen in Pickens Field beteiligt?

MARCELLO Ich verweigere die Aussage...

...

FRAGE Sind Sie augenblicklich oder waren Sie beteiligt an »Tregle's Dreamland Barroom« im Kreis Jefferson?

MARCELLO Ich verweigere die Aussage...

Carlos Marcello hatte im Zeugenstand des Bundesgerichtsgebäudes von New Orleans Platz genommen, begleitet von seinem Rechtsanwalt G. Wray Gill und umringt von einer riesigen Menge Reporter, Fotografen und Zuschauer, die unbedingt einen Blick auf den sogenannten »bösen Geist des organisierten Verbrechens von Louisiana« werfen wollten. Gekleidet in einen konservativen dunkelblauen doppelreihigen Anzug, eine Sonnenbrille vor den Augen, warf er finstere Blicke auf den hochgewachsenen, schlaksigen, ein bißchen linkisch wirkenden Vorsitzenden des Ausschusses, Senator Kefauver aus Tennessee. Er war mittendrin in einem meisterhaften, in seiner gedehnten Südstaatensprechweise inszenierten Auftritt: Vor einem Ausschuß des Senats der Vereinigten Staaten machte er 152mal den 5. Zusatzartikel zur Verfassung geltend. Er beantwortete nur eine einzige Frage: »Welche Gesetze haben Sie verletzt?«, und zwar mit den Worten: »Da ich kein Anwalt bin, weiß ich das nicht.« Marcello weigerte sich sogar, dem Ausschuß zu sagen, wo und wann er geboren und ob er verheiratet sei, mit der Begründung, die Aussage könne ihn belasten.

Dieser Auftritt fand am 25. Januar 1951 statt, als das Special Committee to Investigate Organized Crime in Interstate Commerce of the U.S. Senate (Sonderausschuß des US-Senats zur Untersuchung des organisierten Verbrechens im Handel zwischen den einzelnen Bundesstaaten) unter Vorsitz von Senator Estes Kefauver in New Orleans tagte, um Anhörungen über das illegale Glücksspiel in Louisiana abzuhalten. Carlos Marcello war der Hauptzeuge.

Die rasche Ausdehnung von Carlos Marcellos kriminellem Imperium verlief in den vierziger Jahren weitgehend unbehindert. Die paar rivalisierenden Banden, die es in New Orleans gab, fürchteten sich zu sehr vor Marcello, um ihm in die Quere zu kommen. Und die kleinen und großen Hüter des Gesetzes und die Politiker waren so gierig nach seinen großzügigen Schmiergeldern, daß sie ihm nur zum Schein Widerstand leisteten. In der Unterwelt von Louisiana war Carlos der unangefochtene Herrscher. Er glaubte, er könne sich alles leisten, und so war es meistens auch. Sein stürmischer Aufstieg an die Macht verlief nicht nur widerstandslos, sondern auch weitgehend unbemerkt. Obwohl der Name Marcello den Häuptern der großen Mafiafamilien und den Führern bestimmter Gewerkschaften gewiß bekannt war und natürlich auch seinem eigenen Untergrundnetz aus kriminellen Agenten und gekauften Beamten in Louisiana, Texas und Mississippi, war er der allgemeinen Öffentlichkeit in diesen drei Staaten noch nicht geläufig und hatte auch noch kein nationales Aufsehen erregt. Unter diesen idealen Umständen hatte Carlos ein Gefühl der Unverwundbarkeit und Überlegenheit entwickelt, das seinen sowieso schon übermäßigen Stolz noch weiter aufblähte. An Großspurigkeit und Selbstgefälligkeit konnten es nur wenige Mafiabosse in Amerika mit Carlos Marcello aufnehmen.

Es war also ein gewaltiger Schock für Carlos Marcello, als der Skandalkolumnist Drew Pearson ihn 1950 in einem in mehreren Zeitungen zugleich veröffentlichten Artikel als »Verbrechenszar von New Orleans« bezeichnete und Senator Estes Kefauver ihn öffentlich den »bösen Geist des organisierten Verbrechens von Louisiana« nannte.

Senator Kefauver hatte seinen Sonderausschuß zur Untersuchung des organisierten Verbrechens stärksten Widerständen zum Trotz gebildet. Ebenso viele Senatoren waren dagegen wie dafür, und wenn nicht Vizepräsident Alben Barkley sein entscheidendes Votum abgegeben hätte, wäre der Ausschuß nie gegründet worden. Ebenfalls ein Gegner des Ausschusses war damals Justizminister J. Howard McGrath, der öffentlich erklärte, daß das Justizministerium keine überzeugenden Beweise für die Existenz eines »nationalen Verbrechersyndikats« habe.

Estes Kefauver war eine Ausnahme. Auf Grund seiner Erfahrungen als Rechtsanwalt und Senator, der gegen die Korruption kämpfte, wußte er, daß das organisierte Verbrechen in nationalem Umfang existierte, und war entschlossen, etwas dagegen zu unternehmen. Bei der Gründung seines Ausschusses erklärte Kefauver, daß er die Antworten auf drei Schlüsselfragen haben wolle: Gab es ein nationales, streng organisiertes kriminelles Netzwerk? Wenn ja, wo lagen seine hauptsächlichen Machtquellen? Und in welchem Ausmaß hatte sich das organisierte Verbrechen die Mitarbeit der örtlichen Regierungen gekauft?

Die Anhörungen des Kefauver-Ausschusses, die im Januar 1951 im Bundesgerichtsgebäude von New Orleans stattfanden, erhielten die volle Aufmerksamkeit der nationalen Presse. Unter den vorgeladenen Zeugen befanden sich Carlos Marcello, sein Bruder Anthony und ihr Teilhaber Joseph Poretto. Des weiteren zählten dazu die Glücksspieler »Dandy Phil« Kastel und »Diamond Jim« Moran (alias James Broccato) und solche angeblich korrupten Beamten wie Frank Clancy, der Sheriff des Kreises Jefferson, und DeLesseps Morrison, der Bürgermeister von New Orleans. Aus den Fragen, die der Ausschuß stellte, ging hervor, daß Kefauvers Vorausermittler beim Sammeln von Informationen über die Marcello-Organisation gründliche Arbeit geleistet hatten. Unter anderem stellte sich bei dem Verhör heraus, daß Carlos nicht bloß in beschränktem Umkreis agierte, sondern daß er kürzlich mit den Überlebenden der alten Al-Capone-Bande in Chicago und den Führern der Mafia in Los Angeles, Florida und Texas Verbindung aufgenommen hatte.

Marcellos Verhör durch den Ausschuß betraf eine lange Reihe seiner angeblich kriminellen Betätigungen und enthüllte durch Rückschlüsse viele seiner streng gehüteten Geheimnisse. Er wurde gefragt, ob er an Spielautomatenvertrieben, Spielkasinos, Rennsport-Informationsdiensten sowie allerlei Bars, Restaurants und Nachtklubs in ganz Süd-Louisiana und Mississippi beteiligt sei oder jemals gewesen sei; die Liste war verblüffend lang. Zu den Firmen und Lokalen zählten die Jefferson Music Co., das »Beverly-Country-Club«-Kasino, der »New Southport Club«, die Dixie Coin Co. in Gulfport, Mississippi, sowie »Willswood Tavern« und »Tregle's Dreamland Barroom«.

Offenbar unter Bezugnahme auf das geheime Konklave, bei dem er zum De-facto-Boß der Mafia von Louisiana gemacht worden war, wollte man von Carlos wissen, ob er am 5. Mai 1947 an einem Treffen im Nachtklub »Black Diamond« teilgenommen habe, zusammen mit anderen, deren Aufzählung einer vollständigen Namensliste der mächtigsten Unterweltpersönlichkeiten Louisianas gleichkam: Anthony Carolla, Nofio J. Pecora, Tom Rizzuto, Frank Lombardino sowie Vincent, Joseph und Anthony Marcello, um nur einige zu nennen.

Er wurde gefragt, ob er jemals eine Zusammenkunft mit Frank Clancy, Beauregard Miller und Phil Kastel gehabt habe. Er wurde gefragt, ob er kürzlich ein vertrauliches Telefongespräch mit Harry Brooks, einem engen Freund des Verbrecherbosses Mickey Cohen aus Los Angeles, geführt habe, während dieser sich in Texas aufhielt. Er wurde gefragt, ob er kürzlich ein ebensolches Gespräch mit »Joe Savela (Joseph Civello), dem Mafiaboß von Dallas« geführt habe. Er wurde gefragt, ob er kürzlich ein vorangemeldetes Gespräch mit »Sam Garras« (Sam Yaras), dem Bruder von Dave Garras (Yaras), dem Gangster aus Chicago, geführt habe. Er wurde gefragt, ob er Santos Trafficante junior aus Tampa kenne, Spielkasinobesitzer in Havanna und Boß der Golfküstenmafia von Florida.

Bei der Frage, ob er ein Voranmeldungsgespräch mit Vincent Valloni aus Houston, Texas, geführt habe, wandte das Verhör sich dem Thema Mord zu:

»Kannten Sie Vincent Valloni?«

»Wissen Sie, daß Vincent Valloni ermordet wurde?«

»Wissen Sie, daß Vincent Valloni nach Ihrem Telefongespräch ermordet wurde?«

»Wissen Sie, daß der Mörder von Vincent Valloni gesagt hat, er habe ihn auf Anweisung von Peter Duca getötet?«

»Im Mafiastil?«

Als Marcello zum 152. Mal Zuflucht zum 5. Zusatzartikel zur Verfassung nahm, war der Vorsitzende Kefauver total erschöpft. Unter Hinweis darauf, daß die Untersuchungsberichte des Ausschusses Marcello als »einen der schlimmsten Verbrecher, die es heute in den Vereinigten Staaten gibt« identifizierten, erklärte er der riesigen Zuschauermenge im Gerichtssaal:

»Die Akte ist lang, die Zusammenhänge sind schlimm, die Folgerungen, die wir aus unserem Bericht ziehen, niederschmetternd. Wir wollten unter anderem herausfinden, was mit unseren Naturalisierungs- und Einwanderungsgesetzen los ist, so daß ein Mann, der offenbar einen so verderblichen Einfluß auf den Gesetzesvollzug und den Anstand in der Gemeinschaft hat, weiter hierbleiben kann.«

Verglichen mit der Ausquetschung von Carlos Marcello war die Vernehmung der übrigen Zeugen eine reine Nebensache. Bruder Anthony und Unterboß Joe Poretto wandten den 5. Zusatzartikel bei weniger und uninteressanteren Fragen an. Dasselbe taten Sheriff Clancy und »Dandy Phil« Kastel. Der einzige wichtige Zeuge, der das Verfahren etwas auflockerte, war der ehemalige Boxer »Diamond Jim« Moran alias Broccato, der folgenden seltsamen Dialog mit dem Vorsitzenden Kefauver führte:

»Was macht man mit dem Griff eines Spielautomaten?« wollte Kefauver wissen.

»Man zieht daran..., das ist eine gute Übung«, antwortete Broccato.

Dann prahlte Broccato zur Erheiterung des Publikums, daß der Bürgermeister von New Orleans, DeLesseps Morrison, einmal sein Jagdrevier besucht und an einem Spielautomaten in seiner Jagdhütte gespielt habe. Dann lud er Senator Kefauver ein, sein Gast im Jagdrevier zu sein: »Ich werde persönlich für Sie kochen«, sagte er mit einem Augenzwinkern.

Estes Kefauver war nicht amüsiert. Zutiefst empört über die allgemeine Korruption, die er in Louisiana angetroffen hatte, bewegte er den Ausschuß dazu, Carlos Marcello wegen Mißachtung des Kongresses vorzuladen, eine Anklage, die am Ende dazu führte, daß Marcello für schuldig erklärt und zu sechs Monaten Gefängnis verurteilt wurde. Kefauver empfahl auch dem Justizminister, so bald wie möglich Ausweisungsmaßnahmen gegen Marcello einzuleiten.

Joseph Marcello stellte 70 Hektar Land am Westufer sowie »Willswood Tavern« als Kaution für seinen ältesten Sohn. Schließlich hob ein Berufungsgericht Marcellos Verurteilung auf mit der Behauptung, daß Marcello zu Recht 152mal den 5. Zusatzartikel angewandt habe, wodurch ihm das Gefängnis erspart blieb. Im Jahre 1953 erließ die Regierung der Vereinigten Staaten jedoch ihren ersten Ausweisungsbefehl gegen Marcello, was einen Rechtsfall auslöste und einen Kampf, der bis heute andauert.

## 11

# Das »Town & Country«-Motel

Die ganze Woche der Kefauver-Anhörungen hindurch mußten die Marcellos ertragen, daß Carlos' Name und Foto fast täglich auf den Titelseiten erschienen. Sie mußten lesen, daß Senator Kefauver Carlos als »bösen Geist des organisierten Verbrechens in Louisiana«, »Gangster Nummer eins« und »einen der schlimmsten Verbrecher, die es heute in den Vereinigten Staaten gibt«, bezeichnete. Sie mußten auch lesen, daß Anthony und Vincent in der Presse als angebliche Mittäter an den Verbrechen ihres Bruders vorgestellt wurden. Zum erstenmal wurde schwarz auf weiß die Existenz ihres geheimen Sumpfhauptquartiers enthüllt ebenso wie die Namen mehrerer Bars, Restaurants und Nachtklubs, die sie heimlich kontrollierten, wie zum Beispiel des »Forrest Club«, des »Billionaires Club« und »Tregle's Dreamland Barroom«. Alles war herausgekommen. Die Familie war in Louisiana berüchtigt. Nun starrten die Leute Jacqueline Marcello an, wenn sie in den Supermarkt ging, und die Marcello-Kinder mußten sich gegen den Hohn und Spott ihrer Mitschüler zur Wehr setzen.

Nicht lange danach beschlossen Joseph und Louise Marcello, eine Pilgerfahrt nach dem heimatlichen Sizilien zu unternehmen, das sie seit ihrer Abreise vor 44 Jahren nicht mehr gesehen hatten. Im Juni 1952 kamen die Marcellos in Palermo an und fuhren in das Dorf in Südsizilien, in dem sie aufgewachsen waren. Ravanusa liegt in der Provinz Agrigent, einer trockenen, steinigen, hügeligen Gegend, bekannt für ihre Schwefelminen, ihren berühmten Sohn Luigi Pirandello und die prachtvollen griechischen Tempel, die sich aus der blumenübersäten Ebene an der Mittelmeerküste erheben. Es ist eine Gegend von eindrucksvoller Naturschönheit, ein weites Land voller mittelalterlicher Dörfer, die auf Hügelspitzen in den klaren Himmel ragen, und felsiger Hänge, an denen Schafe und Ziegen unter Olivenbäumen weiden.

Ob Joseph und Louise die Schönheit ihres Eckchens in Sizilien zu würdigen wußten, kann man nur ahnen. Wahrscheinlich beeindruckte sie die unveränderte Armut am meisten. Sie waren nun reich im Vergleich mit den daheimgebliebenen Verwandten. Sie hatten erreicht, wovon Zehntausende sizilianischer Auswanderer nach Amerika träumten, was sie aber nicht immer zustande brachten: Sie waren dem Kreislauf des sizilianischen Elends entronnen und hatten einen Anteil an den Schätzen der Neuen Welt errungen.

Für Menschen, die der Klasse der Marcellos angehören, hat Sizilien wenig Reiz. Den sizilianischen Bauern war es stets als Ort der *sfortuna*, des Unglücks, erschienen. Und, wie sich herausstellte, für die Marcellos traf dies immer noch zu. Nicht lange nach der Ankunft in Ravanusa wurde Joseph plötzlich krank und mußte in ein Krankenhaus in Palermo gebracht werden, wo er am 17. Juni starb.

Louise begleitete den Leichnam ihres Mannes heim nach Louisiana, wo Joseph auf dem katholischen Friedhof von Gretna zur letzten Ruhe gebettet wurde. In seinen späteren Jahren hatte er sich ein blühendes Garnelengeschäft im Delta aufgebaut und mehrere einträgliche Investitionen in Grundbesitz getätigt. Unter den Vermögenswerten, die er seiner Frau hinterließ, befanden sich 72 Hektar Land in Marrero am Westufer und »Willswood Tavern«.

Wie sich herausstellte, wurde »Willswood Tavern« eines der ersten Opfer der Kefauver-Untersuchungen. Entlarvt als Carlos Marcellos Hauptquartier, war es bald nur noch ein gewöhnliches Restaurant. Seine neue Besitzerin, die Witwe Louise, übernahm die Aufsicht, die Küche aber verblieb unter der Leitung von Provino Mosca, Al Capones ehemaligem Küchenchef, der zum Zeitpunkt von Josephs Tod bereits eine große Anhängerschaft hatte.

Carlos brauchte nicht lange, um sich ein neues Hauptquartier einzurichten. Im Jahre 1953 kaufte er das »Town & Country«-Motel am Airline Highway, der den Moisant International Airport mit New Orleans verbindet. Es ist ein häßliches Gewerbegebiet, eine endlose Reihe von Tankstellen, Parkplätzen, Reklametafeln, Stripteaselokalen, schäbigen Bars, billigen Motels und Leuchtreklamen.

Das »Town & Country« war das erste von den vielen Motels, die Carlos kaufte. Es lag im Kreis New Orleans, dicht an der Grenze zum Kreis Jefferson, und bestand aus einem einstöckigen Hauptgebäude und zwei Anbauten: dem »Town & Country Restaurant« mit Gesellschaftsraum und Carlos' Büro. Mitte 1953 waren Restaurant und Gesellschaftsraum bereits ein Treffpunkt für berufsmäßige Glücksspieler, die Schlüsselmänner in Carlos' Verbrecherorganisation, und korrupte Politiker aus ganz Louisiana. Es gab dort ein kleines

Extrazimmer für die Spielautomaten, in der Bar bettelten billige Mädchen um Drinks und sprachen Männer an, und in einem Hinterzimmer gab es einen langen Tisch mit Stühlen für Carlos' Sonntagsveranstaltungen.

Leiter des gesamten Komplexes waren Nofio Pecora und Joseph Poretto, zwei von Marcellos höchsten Mitarbeitern, und Anthony, einer seiner jüngeren Brüder. Pecora war ein ehemaliger Sträfling, der auf eine Vergangenheit in Heroinhandel und Prostitution zurückblicken konnte. Poretto, ein untersetzter Mann aus New Orleans, der seit den Tagen von Moe Annenberg im Rennsport-Informationsdienst tätig gewesen war, leitete zusammen mit Carlos' Bruder Joe und besaß zusammen mit Carlos die Nola News, ein Rennsport-Informationsnetz. Dieses Unternehmen, zu dem auch eine private, exklusive Telefonleitung gehörte, die sich durch den ganzen Kreis Jefferson erstreckte, lieferte Buchmachern überall in Louisiana Renntips und -ergebnisse und war mit dem nationalen, der Mafia gehörenden Rennsport-Informationsnetz verbunden. Vom »Town & Country«-Motel aus betrieben Nofio Pecora und seine Frau Frances, die zugleich als Carlos' Privatsekretärin tätig war, einen Callgirl-Ring, der ganz Texas, Louisiana, Mississippi und Alabama versorgte. Jeden Zahltag fuhr Frances eine Busladung ihrer Mädchen hinab zu dem US-Marineflughafen in Harrison County, Mississippi, und stellte sie vor den Toren auf. Die Mädchen lockten die Flieger in ein Motel in der Stadt, das die Marcello-Organisation zweimal im Monat belegte. Dank der Mädchen und der Zimmermieten konnten die Marcellos einen nicht unbeträchtlichen Anteil am Sold der Marine einstreichen.

Im Jahre 1956, dem Jahr, in dem Louise, eine von Carlos' Töchtern, am Mardi Gras von New Orleans zur »Queen of the Krewe of Midas« (einer Art Karnevalsprinzessin) ernannt wurde, entdeckte die örtliche Polizei, daß das »Town & Country«-Motel als Treffpunkt für einen Prostitutionsring minderjähriger Mädchen benutzt wurde. Einige, so war zu erfahren, schwänzten regelmäßig die Schule, um sich in dem Motel mit ihren Kunden zu treffen.

Carlos selbst richtete sich ein Büro in einem flachen, schmucklosen, modernen Gebäude aus billigen Ziegeln und grauen Schlackensteinen ein, das direkt hinter dem Motel stand. In seinem geräumigen, mit Teppich ausgelegten Zimmer saß er hinter einem gewaltigen, aufgeräumten Mahagonischreibtisch, telefonierte und empfing Besucher. Seine Sekretärin Frances Pecora hatte ihr Büro am Ende eines Ganges, der von Marcellos Zimmer zum Eingang des Gebäudes führte. Gegenüber von Mrs. Pecora lag das Büro von Carlos' »Laufburschen« und Rechtsanwalt Phillip Smith, der ständig bereit war, sich um jedes juristische Problem zu kümmern, das auftauchte. Obwohl diese bescheidenen Büroräumlichkeiten auf den ersten Blick fast so freundlich wirkten wie der Name des Motels, zu dem sie gehörten, wurden ahnungslose Besucher durch ein Schild, das am Ausgang hing, unsanft eines Besseren belehrt:

*Drei können ein Geheimnis bewahren,*
*wenn zwei tot sind.*

Von seinem Hauptquartier im »Town & Country«-Motel aus leitete Carlos Marcello ein riesiges, verschlungenes Netz von Unternehmungen – legalen ebenso wie illegalen –, die sich vor allem in Louisiana, Mississippi und Texas konzentrierten, aber auch bis nach Kalifornien, Mexiko und in die Karibik erstreckten.

Aaron Kohn zufolge, dem Direktor der New Orleans Metropolitan Crime Commission (einem Ausschuß zur Verbrechensbekämpfung), verdiente Marcello sein Unternehmenskapital »durch ausgedehnte Glücksspielunternehmungen, darunter Kasinos, Spielautomaten, Flipper, Fußballtoto, Würfel, Kartenspiele, Roulette und Bingo sowie Rauschgift, Prostitution, Nepplokale, Handel mit gestohlenen Waren, Raub, Einbruch und Diebstahl«. Dieses kriminelle Unternehmen »benötigte und erhielt«, wie Kohn ebenfalls feststellte, »das Einverständnis korrupter Beamter jeder Stufe, darunter Polizisten, Sheriffs, Friedensrichter, Staatsanwälte, Bürgermeister, Gouverneure, Richter, Stadträte, Zulassungsbehörden, gesetzgebende Organe und mindestens ein Kongreßabgeordneter«.

Mit dem aus seinen illegalen Unternehmungen erwirtschafteten Kapital konnte Marcello eine ansehnliche Reihe rechtmäßiger Geschäfte betreiben, darunter Motels, Restaurants, Gasthäuser, Banken, Bier- und Spirituosenvertriebe, Garnelenfangflotten, Schiffbau, Finanzierungsgesellschaften, Taxi- und Autobusfirmen, Rundfahrtlinien, Wäscheverleihbetriebe, Tankstellen, Andenkenläden, Schallplattenvertriebe, Elektrogerätegeschäfte und eine Tomatenkonservenfabrik. Dieses letztgenannte Unternehmen lieferte Marcello die Grundlage für die Behauptung, daß er nichts mit organisiertem Verbrechen zu tun habe. Wenn er von Gesetzesvollzugsbehörden vernommen wurde, blieb Marcello stets stur dabei, daß er nur ein einfacher »Tomatenverkäufer« mit 1500 Dollar im Monat sei. Dann pflegte er eine Büchse Tomaten der Pelican Tomato Company und Empfangsbestätigungen des einzigen Großkunden von Pelican, des Marineministeriums der Vereinigten Staaten, vorzuzeigen.

Im Jahre 1953 verfügte Carlos, nun 42 Jahre alt, über ein gebieterisches Auftreten. Die Leute bemerkten, daß er hinter seinem Schreibtisch im »Town & Country«-Motel »thronte« und daß er eine königliche, einschüchternde

Haltung hatte. Furchtlos und grausam seit dem Teenageralter, neigte Carlos zu gelegentlichen Wutanfällen, die schrecklich anzusehen waren. Bei einem dieser Koller in »Willswood« soll er angeblich einem treulosen Untergebenen eine Kugel durch den Kopf gejagt haben, wie man eine lästige Fliege totklatscht. Er stand im Rufe, selten zu zögern, wenn es darum ging, gewaltige Risiken einzugehen, und ebenso selten zurückzuschrecken, jemanden auszuschalten, der seinen Zielen im Wege stand.

Carlos arbeitete hart. Oft wachte er schon um 4 Uhr morgens auf, um die Immobilienanzeigen in den Zeitungen zu überfliegen und als erster ein vorteilhaftes Geschäft zu erspähen. Sonst stand er um 6 Uhr auf und fing gleich beim Frühstückskaffee an, Freunde und Mitarbeiter in ganz Louisiana anzurufen und auf die Geschäfte des Tages vorzubereiten. Um 8 Uhr war er rasiert, angezogen, gesättigt und bereit, sich in seinem metallicbraunen Cadillac in sein Büro im »Town & Country«-Motel fahren zu lassen. Nachdem er dort zehn Stunden gearbeitet hatte, kehrte er jeden Abend pünktlich um 19 Uhr heim, um mit seiner Frau Abendbrot zu essen.

Da Carlos die Schule mit 14 Jahren verlassen hatte, lernte er nie besser Englisch als ein ungelernter weißer Arbeiter aus New Orleans. In Marcellos Wortschatz klang »that« (das) wie »dat«, »nothing« (nichts) wie »nuttin« und »oyster« (Auster) wie »erster«. Obwohl er Millionen von Dollars verdienen und kontrollieren sollte, konnte er nicht einmal richtig zählen, addieren und subtrahieren, so daß er selbst die einfachsten Berechnungen von Verwandten oder Untergebenen ausführen lassen mußte. Dennoch verfügte er über eine gewaltige physische und emotionale Energie, einen scharfen angeborenen Verstand und einen eisernen Machtwillen. Diese Eigenschaften halfen ihm, die erfahrensten Fachleute in den Gerichten und Regierungsstellen Louisianas zu beherrschen und kontrollieren. Trotz ihrer ausgezeichneten Ausbildung steckte er sie in die Tasche.

Nach seines Vaters Tod im Jahre 1953 wurde Carlos in hohem Maße zum treusorgenden, liebevollen Familienoberhaupt. Hingebungsvoll widmete er sich seinen sechs Brüdern, zwei Schwestern, vier Kindern, zehn Enkelkindern und zahlreichen Nichten und Neffen. Die sieben Brüder Marcello unterstützten einander sehr. Wie Aaron Kohn 1961 in seiner Zeugenaussage vor dem Kongreß eingehend darlegte, hatte in der kriminellen Organisation der Familie jeder seinen eigenen Aufgabenkreis.

Der einäugige Pete Marcello, zu der Zeit 40 Jahre alt, der, wie wir wissen, 1929 mit Bruder Carlos als Verdächtiger bei einem Bankraub verhaftet worden war, hatte 1944 wegen eines Rauschgiftdelikts eine kurze Gefängnisstrafe abgesessen. Nun leitete er mehrere »Venusfallen«-Stripteaselokale, die Carlos im French Quarter sowie im Geschäftsviertel besaß. Bruder Pasquale alias Pascal, 36, betrieb ein verbotenes Glücksspielhaus in Gretna im Kreis Jefferson, in dem, wie jedermann wußte, Getränke an Minderjährige verkauft wurden. Vincent, bekannt als Vinnie oder Vince und angeblich der »vornehmste« unter den Brüdern, 31, leitete die Jefferson Music Company, das Spielautomaten-, Flipper- und Jukeboxgeschäft der Familie, das ihm und Carlos jeweils zu 50 Prozent gehörte. Joe junior, 28, Carlos' getreuester Bruder, fungierte als Carlos' rechte Hand und unmittelbarer Unterboß, er half Joe Poretto bei der Leitung des Nola-Informationsdienstes und des familieneigenen Buchmachernetzes. Anthony Marcello, bekannt als Tony, 26, assistierte bei der Leitung des »Town & Country«-Motels und beim Kassieren der Gelder aus den Hunderten von Jukeboxes und Spielautomaten, die Jefferson Music an Bars und Restaurants im Kreis Jefferson und New Orleans verpachtete. Und schließlich gab es noch Salvatore alias Sammy, 24, den jüngsten, sympathischsten und geselligsten der sieben Brüder, der Vincent bei der Führung von Jefferson Music half und als eine Art Public-Relations-Mann für Carlos tätig war, wenn dieser einmal heiter und charmant wirken mußte.

Sie waren ein roher, unbarmherziger, anmaßender, erfolgreicher und vielgefürchteter Haufen, die sieben Brüder Marcello aus dem Kreis Jefferson in Louisiana. Und sie konnten sich alles leisten. Da sie den Sheriff des Kreises Jefferson und die örtlichen Polizeichefs in der Tasche hatten, konnten sie tun, was sie wollten. Sie waren so berüchtigt, daß es in New Orleans und im Kreis Jefferson niemand wagte, ihnen die Stirn zu bieten. Mitte der fünfziger Jahre bildeten die sieben Brüder Marcello in ihrer Ecke von Louisiana einen Staat im Staate.

Alle Brüder Marcello waren, ebenso wie die Schwestern Rose und Mary, verheiratet und hatten Kinder. An jedem Sonntag speiste die ganze Sippe zu Mittag in Carlos' Haus, wo Jacqueline gewaltige Portionen Spaghetti mit Fleischklößchen, Carlos' Lieblingsgericht, auftischte und Großmutter Louise das Tischgebet sprach. Obwohl die Kefauver-Untersuchungen vom Sommer 1953 ihre Anonymität und bis zu einem gewissen Grad auch ihr Privatleben zerschlagen hatten, konnten die Marcellos im Sommer 1953 in vieler Hinsicht glücklich sein.

Trotzdem blieb die Kefauver-Untersuchung für die Familie nicht ohne Folgen. Als das Jahr 1953 sich seinem Ende näherte, erging die Anordnung, daß Carlos als unerwünschter Ausländer des Landes verwiesen werden sollte. Die Voraussetzungen für einen erbitterten Kampf, der seinen Höhepunkt in den ersten Monaten der Präsidentschaft von John F. Kennedy haben sollte, waren geschaffen.

12

# Aaron Kohn: Streiter gegen Marcello

Nicht lange nachdem die Bundesregierung befohlen hatte, Carlos Marcello des Landes zu verweisen, bat eine Gruppe betroffener Bürger von New Orleans einen ehemaligen FBI-Agenten, eine Untersuchung der Polizeibehörde von New Orleans durchzuführen. Als Assistent J. Edgar Hoovers hatte der ehemalige Agent in Chicago umfassende Ermittlungserfahrungen sammeln können. Sein Name war Aaron Kohn. Er sollte der erbittertste Gegner werden, den Marcello jemals hatte.

Aaron Kohn war in Philadelphia geboren und aufgewachsen. Seine Ausbildung hatte er in Washington erhalten, wo er sein juristisches Examen ablegte. 1930 trat er in das FBI ein und machte dort Karriere. Vor allem in Chicago spielte er Schlüsselrollen bei der Gefangennahme so berüchtigter Gangster der dreißiger Jahre wie John Dillinger, Baby Face Nelson und Ma Barker. Kohn war ein schlanker, eleganter, dunkelhaariger Mann mit scharfem Verstand. Sein ruhiges, vornehmes Auftreten täuschte seine Gegner oft, die nicht erkannten, was für ein zäher, unermüdlicher, engagierter Verbrechensbekämpfer er war.

Als Kohn 1953 in New Orleans ankam, erkannte er schon nach kurzer Zeit, daß Polizeibehörde und Stadtverwaltung sogar noch korrupter waren als ihr Ruf. Beweise dafür gab es überall. Obwohl Glücksspiel in Louisiana verboten war, sah Kohn Spielautomaten, wohin er blickte. An jeder Straßenecke tätigten Buchmacher ihre Geschäfte, und riesige Menschenmengen besuchten ungehindert die großen Spielkasinos. Hinter dieser allgemeinen Zügellosigkeit fand Kohn eine Polizeibehörde, die so korrupt war, daß praktisch jedes Mitglied Schmiergelder annahm oder verteilte, ein Brauch, der, wie Kohn schließlich erfuhr, schon seit 50 Jahren herrschte. Ferner erfuhr er, daß DeLesseps »Chet« Morrison, der Bürgermeister von New Orleans, sein Amt 1946 vorwiegend dank finanzieller Unterstützung der Mafia hatte antreten können. Die Schuld zahlte er dadurch zurück, daß er den verbotenen Glücksspiel-Informationsdienst der Mafia ungehindert im Geschäftsviertel arbeiten ließ. Kohn sagt dazu heute: »Die Korruption in New Orleans lag so offen zutage wie Nuggets in einer unberührten Goldgrube.«

Furchtlos in seinem Vorgehen, verlangte Kohn bald den Rücktritt des Polizeichefs von New Orleans und warf Bürgermeister Morrison öffentlich vor, Hand in Hand mit Gangstern zu arbeiten. Am Ende der Untersuchung gründeten mehrere von Kohns Anhängern aus Geschäftswelt und Bürgervereinigungen die »Metropolitan Crime Commission of New Orleans« (etwa: den »Städtischen Ausschuß zur Bekämpfung des Verbrechens«), die gänzlich mit privaten Mitteln finanziert wurde. Sie ernannten Aaron Kohn zum Generaldirektor, eine Stellung, die er die folgenden 24 Jahre bekleiden sollte. Bald nach seinem Amtsantritt begann Kohn sich auf das zu konzentrieren, was er für die treibende Kraft hinter fast aller Korruption in New Orleans und den umgebenden Kreisen hielt: die Marcello-Organisation.

Kohn hatte erkannt, daß es in ganz Louisiana keine staatliche Stelle gab, die Carlos Marcello fürchtete, außer der Einwanderungs- und Naturalisierungsbehörde. Marcello hatte nicht nur Polizei und Stadtverwaltung von New Orleans und Jefferson in der Tasche, sondern kontrollierte auch die Staatspolizei von Louisiana. Selbst von den Beamten in Baton Rouge bekam er meistens, was er wollte. Es bedurfte schon eines Außenseiters wie Aaron Kohn, um etwas gegen diese gewaltige, eingewurzelte, fast schon institutionalisierte Korruption zu unternehmen. Ein paar Monate nach seinem Amtsantritt startete er einen großen Feldzug, um Informationen über die Betätigungen der Marcello-Organisation zu erlangen. Es war das erste Mal, daß in New Orleans so ein Versuch unternommen wurde. Die Ermittler des Kefauver-Ausschusses hatten ihre Arbeit weitgehend von Washington aus erledigt.

Gleich zu Anfang stellte Kohn fest, daß alle Polizeiberichte über Marcellos Verhaftungen im Kreis Jefferson und in New Orleans vernichtet worden waren. Diese wichtige Entdeckung verdankte er mehreren ehemaligen Polizeioffizieren, die Kopien der Berichte behalten und ihm übergeben hatten. Dann führte Kohn eine persönliche Inspektion der Spielkasinos durch und bemerkte, daß es weder drinnen noch draußen irgendwelche Gesetzeshüter gab und daß die Besucher obendrein überrascht waren, wenn er ihnen sagte, daß Glücksspiel verboten sei. Einmal besuchten Kohn und ein Freund Marcellos »New Southport Club«-Kasino, einen, wie Kohn es nannte, »riesigen Betrieb im Nevada-Stil«. Beim Eintreten wurde er von dem ungeschlachten Aufseher namens »Concrete« (»Beton«) erkannt, namentlich begrüßt und sofort mit seinem Freund an einen Blackjack-Tisch geführt. Kohn weigerte sich zu spielen, aber sein Freund fing an, und es erwies sich bald, daß er einfach nicht verlieren konnte. Während Concrete neben ihm stand, befahl Kohn dem Kartengeber, mit dem Unsinn aufzuhören, und plötzlich begann der Freund zu verlieren.

Kohn wandte sich an Concrete und fragte ihn, für wen er arbeite.

»Na, für Mister Carlos, Sir«, antwortete der hünenhafte Aufseher gedehnt, als habe er nichts zu verbergen.

Gegen den Widerstand von Bürgermeister Morrison, der die Mitarbeiter in Kohns Ausschuß ebenso wie das Büropersonal dreist bedrohte, verstärkte Kohn seine Untersuchung der Marcellos. Bald wurde er selbst Opfer anonymer telefonischer Drohungen, die gewöhnlich mitten in der Nacht erfolgten. Kohn, der sie nicht ernst nahm, wurde jedoch eines Sonntagmorgens einigermaßen erschüttert, als er in die Auffahrt seines Vorstadthauses hinaustrat, um seine Sonntagszeitung zu holen. In der aufgerollten Zeitung befand sich der schlaffe Kadaver eines weißen Kaninchens mit aufgeschlitzter Kehle.

Nicht gewillt, sich einschüchtern zu lassen, fuhr Kohn fort, Informationen über Marcello zu sammeln. Einer seiner größten Ermittlungserfolge war die Entdeckung Mitte der Fünfziger, daß Marcello nach und nach einen riesigen Sumpflandbesitz am Westufer erworben hatte. Der Besitz – rund 2590 Hektar – trug den Namen Churchill Farms nach seinen früheren Besitzern, der Familie Churchill aus New Orleans (nicht verwandt mit Sir Winston). Vor Kohns Ermittlung war bekannt gewesen, daß die Churchills ihr Land am Westufer stückchenweise verkauft hatten, aber niemand wußte, an wen. Kohns Forscher stellten fest, daß eine ganze Reihe von Organisationen – zumeist Grundstücksgesellschaften – Parzellen des Besitzes gekauft hatten. Dann entdeckten sie, daß Marcello sie alle besaß. Kohn teilte seine Feststellungen einer örtlichen Fernsehstation mit und löste damit eine kleine Sensation in New Orleans und den umliegenden Kreisen aus.

Mitte der fünfziger Jahre erfuhr Kohn, daß Carlos eine alte Scheune auf Churchill Farms umgebaut hatte. Sie hatte eine moderne Küche erhalten, und ein Teil war in einen Konferenzraum mit holzgetäfelten Wänden, luxuriösem Teppichboden und einem langen Konferenztisch umgewandelt worden. Kohn entdeckte auch, daß Carlos auf dem Grundstück einen Jachthafen angelegt hatte, der heute als Pier 90 bekannt ist und von dem aus man per Schiff zu einer Fahrt durch Sümpfe, Bayous und Seen bis hin zum Golf von Mexiko fahren kann. Kohns Ermittler fanden ebenfalls heraus, daß Carlos irgendwo tief in den Sümpfen von Churchill Farms ein Jagdcamp errichtet hatte, mit einer kleinen, rustikalen Hütte und Unterständen für die Entenjagd, die, wie

Aaron Kohn glaubte, oft für ganz andere Zwecke als die Aufbewahrung von Vogelfallen, Wasserstiefeln und Ölzeug benutzt wurden. Bald erfuhr Kohn, daß Carlos große Pläne für die Entwicklung von Churchill Farms hatte. Offenbar hatte Marcello sich an einen bekannten Stadtplaner aus New Orleans gewandt, der die Entwässerung des Grundstücks in die Wege leiten und Pläne für den Bau eines großen Wohngebiets mit Eigentumswohnungen, Einkaufszentren, Sportanlagen und einem Flughafen unterbreiten sollte. Nicht lange nachdem Marcello dies ersonnen hatte, erfuhren Kohns Ermittler, daß der Staat Louisiana plante, mit Bundesmitteln eine Umgehungsstraße zur Autobahn Nr. 10 zu bauen, die entlang dem Westufer des Mississippi verlaufen sollte. Kohn stellte fest, daß Churchill Farms Hauptbegünstigter der Umgehungsstraße sein würde, und gab seine Erkenntnisse an die örtlichen Medien weiter. Die empörte Öffentlichkeit brachte die Straße zu Fall.

Die finsteren Machenschaften, die Kohn über Carlos und seine Brüder herausbrachte, wollten kein Ende nehmen. Die Nuggets, die jahrelang übersehen worden waren, langen nun überall offen zutage.

Es gelang Kohn, mindestens drei, wenn nicht gar vier Morde auf Marcello zurückzuführen, darunter die Ermordung im Gangsterstil von Gene Mano und Tom Siracusa, zwei ehemaligen Komplizen im Rauschgifthandel. Keins dieser Verbrechen war Marcello jemals zur Last gelegt worden. Kohn fand heraus, daß Frank Landridge, der Staatsanwalt des Kreises Jefferson, völlig in Carlos' Hand war, und zwar so sehr, daß er »Zip« Chimento, einen von Marcellos übelsten Gesellen, der überdies zweimal wegen Einschüchterung von Zeugen verurteilt worden war, zum Hauptermittlungsbeamten seiner Behörde im Kreis Jefferson gemacht hatte. Er fand heraus, daß die Marcellos über ihre Jefferson Music Company nicht nur illegale Spielautomaten und Flipper betrieben, sondern daß es ihnen auch gelungen war, dieser Firma eine Genehmigung der Federal Communications Commission zu verschaffen. Mit dieser konnten sie ein CB-Funknetz mit 14 Empfängern einrichten, deren Besitzer alle im illegalen Glücksspiel tätig waren. (Dies brachte Kohn später dem McClellan-Ausschuß energisch zur Kenntnis.) Er entdeckte, daß sowohl Vincent als auch Anthony Marcello in ausgedehnte verbotene Glücksspielunternehmungen verwickelt waren und daß Pascal Marcello in Gretna ein Spiellokal mit Bar für minderjährige Gäste betrieb. Des weiteren fand Kohn heraus, daß Peter Marcello in einem Bundesgefängnis gesessen hatte, wiederholt an »gewalttätigen und brutalen Handlungen« beteiligt gewesen war und eine Kette von »Venusfallen«-Stripteaselokalen im French Quarter leitete, in denen »nichtsahnende männliche Gäste verlockt und betrogen« wurden. Die Liste ging weiter...

Inzwischen mußte Kohn bei seinen Bemühungen, Marcello bloßzustellen, den ständigen Spott seiner ehemaligen FBI-Kollegen, die unaufhörlichen Schikanen aus dem Bürgermeisteramt und den Zorn der Polizei von New Orleans, die ihre Kenntnisse nicht mit ihm teilen wollte, über sich ergehen lassen. Bald sollte er erfahren, daß ein Geschäftsfreund von Carlos aus Mississippi sogar jemanden beauftragt hatte, ihn zu ermorden.

Regis Kennedy, der kurz vor der Pensionierung stehende FBI-Agent aus New Orleans, der Marcello beobachten sollte – ein, wie Kohn sich ausdrückte, »typisch irischer Bulle« –, war überzeugt, daß Kohn auf dem Holzweg sei. Marcello könne kein Mafiaboß sein. Offenbar hinters Licht geführt dadurch, daß Marcello ständig den Ahnungslosen spielte, behauptete er gegenüber seinen Vorgesetzten immer wieder, daß Carlos nichts als ein »kleiner dummer Mann« sei, der unmöglich in all die kriminellen Betätigungen verwickelt sein konnte, die Kohn ihm unterstellte. Für Regis Kennedy und die übrigen Agenten des FBI-Büros in New Orleans war Carlos Marcello ein Grundstücksinvestor und Reisender der Pelican Tomato Company und sonst nichts.

Bei seinen Ermittlungen erfuhr Kohn von einem seiner Informanten, daß ein von ihm öffentlich als Marcellos Marionette bloßgestellter Sheriff aus Mississippi gedroht habe, ihn zu ermorden. Dann überlegte dieser sich die Sache jedoch noch einmal und ging zu Carlos, um ihn persönlich um Rat zu fragen. Die beiden trafen sich in einem von Carlos' Sumpfschlupfwinkeln. Ohne Carlos zu verraten, wen er töten wollte, fragte der Sheriff den Boß, wie man die Leiche des Opfers am besten verschwinden lassen könne. Carlos sagte ihm, er solle ihn nach draußen zu seinem Wagen begleiten. Dort auf dem Vordersitz riet er dem Sheriff, den Leichnam in eine Wanne mit Lauge zu werfen und ihn nach der Zersetzung in den Sumpf zu kippen. Nachdem er diesen Rat gegeben hatte, fragte Carlos den Sheriff, wen er denn loswerden wolle. Als der Sheriff antwortete, es handele sich um Aaron Kohn, reagierte Carlos schnell. »Nein, nein, bloß nicht«, sagte er. Erklärend fügte er hinzu, daß die Ermordung Kohns ihm, Carlos, die Hölle noch heißer machen würde, da ja wohlbekannt sei, daß Kohn gegen ihn ermittle. Kohn lächelt heute über die Ironie des Schicksals, daß Marcello womöglich sein Lebensretter war.

Verhöhnt und schikaniert von örtlichen Politikern und Gesetzeshütern, wurde Aaron Kohn schließlich von zwei Anklagejurys aus New Orleans entlastet, die 1957 und 1958 einberufen wurden, um zu entscheiden, ob mehrere hochrangige Polizeibeamte, die Kohn als korrupt bloßgestellt hatte, angeklagt werden sollten. Zu Kohns tiefer Befriedigung wurden sie tatsächlich angeklagt, und in New Orleans begann ein neues Zeitalter, eines, in dem, wie

Kohn sich ausdrückt, »eine Wendung stattfand von einer Vergangenheit, in der es gefährlich war, ein ehrlicher Bulle zu sein, zu einer Zukunft, in der es gefährlich wurde, ein unehrlicher zu sein«.

Dann, im folgenden Jahr, fand Kohn weitere Bestätigung durch einen Senatsausschuß zur Ermittlung über unsaubere Machenschaften in Arbeiterschaft und Management, deren Vorsitzender Senator McClellan war.

Oberster Rechtsberater des Ausschusses war Robert F. Kennedy. Wiederum zu Kohns tiefer Befriedigung ließ Kennedy ihn durch den Ausschuß einladen, bei den Senatsanhörungen über das organisierte Verbrechen in Louisiana auszusagen. Er bat Kohn, nach Washington zu kommen und ihn persönlich über Carlos Marcello und sein kriminelles Netzwerk zu informieren. Endlich nahmen bedeutende Persönlichkeiten ihn ernst.

Und so reiste Aaron Kohn eines Sonntagnachmittags nach Washington und verbrachte vier Stunden in Kennedys Büro. Er berichtete dem jungen, hemdsärmeligen Rechtsberater des Ausschusses alles, was er über die Marcellos und die Mafia von Louisiana wußte.

Für Robert Kennedy war es eine Offenbarung, was Kohn ihm erzählte. Er kannte die führenden Persönlichkeiten der Mafiafamilien von Chicago und New York, wußte aber fast nichts über das organisierte Verbrechen in den Staaten der Golfküste. Kohn beschloß, nichts zu verschweigen. Er gab Kennedy einen kurzen Überblick über die Mafia von Louisiana seit 1880. Er folgte der Spur von Carlos Marcellos Aufstieg an die Macht in den vierziger und fünfziger Jahren. Er zeigte auf, was er über die Marcello-Organisation wußte: die Rollen, die Carlos' sechs Brüder in dem kriminellen Netzwerk spielten, die Schlüsselpositionen, die Joseph Poretto und Nofio Pecora bekleideten, die langjährige Verbindung zwischen Marcello und Joseph Civello, seinem Bevollmächtigten in Dallas. Er zählte Kennedy die ganze Liste der Verbrechen der Brüder Marcello auf, einschließlich der beiden Morde, deren er Carlos verdächtigte, und ließ sich lang und breit über das korrupte politische Klima aus, das den Marcellos in Louisiana Schutz gewährte.

Kennedy hörte aufmerksam zu und machte sich Notizen, während Kohn sprach. Am Ende der langen Schilderung beugte Kennedy sich über seinen Schreibtisch und sagte in seinem jugendlichen Cape-Cod-Akzent: »Nun, Mr. Kohn, ich danke Ihnen sehr für Ihre Ausführungen. Wir alle freuen uns auf Ihre Zeugenaussage vor dem Ausschuß, und ich kann Ihnen versichern, daß wir früher oder später etwas gegen Mr. Marcello unternehmen werden. Wir können nicht zulassen, daß es diese Art von Korruption in den Vereinigten Staaten gibt.

# 13

# Der McClellan-Ausschuß: Die erste Runde mit den Kennedys

KENNEDY Sie sind ein Geschäftspartner von Mr. Frank Costello. Ist das richtig?

MARCELLO Ich verweigere die Aussage, weil ich mich damit selbst belasten könnte.

...

KENNEDY Sie sind ein Geschäftspartner von Joe Civello aus Dallas, Texas, der an der Versammlung in Apalachin teilgenommen hat?

MARCELLO Ich verweigere die Aussage, weil ich mich damit selbst belasten könnte.

...

KENNEDY Sam Carolla, der 1947 als illegaler Rauschgifthändler des Landes verwiesen wurde?

MARCELLO Ich verweigere die Aussage aus demselben Grund.

...

KENNEDY Mr. Marcello, beherrschen und kontrollieren Sie das Spielautomatengeschäft in Süd-Louisiana?

MARCELLO Ich verweigere die Aussage aus demselben Grund.

Schauplatz war der geräumige, hohe, marmorverkleidete Anhörungssaal des Senats. Chef-Rechtsberater Robert Kennedy sowie die Mitglieder des Ausschusses und der assistierende Rechtsberater saßen auf einem Podium hoch über Zuschauern, Presse und Zeugen. Unter ihm in vorderster Reihe, an einem mit Papieren, Mikrophonen und Drähten vollgepackten Tisch, saß der stämmige Carlos Marcello. Er trug einen hellgrauen, einreihigen Nadelstreifenanzug und eine dunkle Brille; sein trotziger, finsterer Blick schien sein

Gesicht nicht einen Augenblick zu verlassen. Neben ihm saß sein Anwalt, der brillante, kultivierte Harvard-Absolvent Jack Wasserman, und neben diesem Vincent Marcello in einem konservativen dunkelblauen Anzug. Er wirkte entschieden besorgter und friedlicher als sein älterer Bruder. Der McClellan-Ausschuß zur Untersuchung von Gewerkschafts-Gangstertum und organisiertem Verbrechen war am 30. Januar 1957 nach einstimmigem Votum des US-Senats gegründet worden. Robert F. Kennedy war zum Chef-Rechtsberater, sein Bruder Senator John F. Kennedy zum Ausschußmitglied berufen worden. Vorsitzender war Senator John McClellan aus Arkansas.

Anfangs hatte der Ausschuß seine Aufmerksamkeit auf die Korruption in der organisierten Arbeiterschaft konzentriert. In der Zeit hatte der Chef-Rechtsberater Kennedy seinen ganzen Eifer als Ankläger gegen die Führer der Teamsters-Gewerkschaft gerichtet und erreicht, daß deren Präsident Dave Beck gestürzt und dessen unmittelbarer Nachfolger Jimmy Hoffa ernstlich angeschlagen wurde.

Nachdem die Staatspolizei am 14. November 1957 in Apalachin, New York, ein riesiges geheimes Konklave entdeckt hatte, an dem über 60 Bosse von Mafiaverbrecherfamilien und korrupten Gewerkschaften teilnahmen, verlagerte der Ausschuß seine Aufmerksamkeit auf die Untersuchung des organisierten Verbrechens. Bis zur Entdeckung der Versammlung von Apalachin war in Gesetzesvollzugskreisen bezweifelt worden, daß es ein nationales Syndikat des organisierten Verbrechens gab. Nun hatte sich dessen Existenz bestätigt.

Obwohl Carlos Marcello als Boß der ältesten Mafiafamilie in den Vereinigten Staaten volles Anrecht auf einen Ehrenplatz bei der Versammlung von Apalachin besaß, hatte er die Einladung weise abgelehnt und an seiner Statt Joe, seinen getreuesten Bruder, und Joseph Civello, den Boß von Dallas, seinen Freund und Geschäftspartner, entsandt. Als die beiden aus der Versammlung flüchten wollten, wurden sie von der Staatspolizei angehalten, identifiziert und kurz vernommen. Wie alle Bosse der großen Verbrecherfamilien der Nation war Carlos wütend darüber. Es sollte sich herausstellen, daß er allen Grund hatte, besorgt zu sein. Die Entdeckung des Verbrechergipfels von Apalachin führte geradewegs zu seiner Vorladung vor den McClellan-Ausschuß.

Vor der Vernehmung des Zeugen Marcello wurde Aaron Kohn aufgerufen, über das organisierte Verbrechen in Louisiana und die kriminellen Betätigungen der Familie Marcello auszusagen. Bei seiner Zeugenaussage ging er kurz auf die Geschichte der Mafia von Louisiana ein, wobei er besonders auf den Mafiamord an Polizeichef David Hennessey von 1890 hinwies, und fuhr dann fort mit der Geschichte von Carlos Marcellos Aufstieg und dem Gedeihen seiner illegalen Unternehmungen, vor allem seines ausgedehnten Spielautomatenbetriebs. Zur Erläuterung, wie die Marcellos die Regierung des Kreises Jefferson korrumpiert hatten, berichtete er dem Ausschuß:

»Wenige Wochen nachdem Sheriff Coci im Juni 1956 sein Amt angetreten hatte, suchten seine beiden Hilfssheriffs, der oberste Kriminalhilfssheriff und der oberste Zivilhilfssheriff, Bars und Restaurants im ganzen Kreis auf. Sie befahlen den Besitzern, ihre alten Jukeboxes und Spielautomaten zu entfernen, und teilten ihnen mit, daß sie neue von Firmen erhalten würden, die von den Marcellos kontrolliert wurden. Wenn sie sich weigerten, würden sie durch Polizeirazzias belästigt werden.«

Kohn beschrieb den Umfang von Carlos Marcellos illegalen Betätigungen und wies darauf hin, daß »jeder seiner Brüder und einer seiner Schwäger ständig an der Stärkung des Marcello-Mobs arbeite«. Dann erklärte er, seiner Ansicht nach würden die Marcellos bald die vollständige Kontrolle über die politische Maschinerie und den Vollstreckungsapparat von Louisiana erlangen.

Kohn zählte alle Brüder von Carlos auf und legte dem Ausschuß praktisch eine Namenliste der Schlüsselfiguren der kriminellen Marcello-Organisation vor, unter besonderer Erwähnung von Joseph Civello, Carlos' Bevollmächtigtem in Dallas, und Nofio Pecora und Joseph Poretto, seinen beiden vertrautesten Leutnants in New Orleans.

Vier Jahre und zehn Monate später sollten die Namen Tony Marcello, Vincent Marcello, Joseph Civello, Nofio Pecora und Joseph Poretto in FBI-Berichten erscheinen. Das geschah wenige Tage nach der Ermordung Präsident Kennedys in Verbindung mit Zeugenaussagen, die das FBI über das Verbrechen erhielt.

Nach Aaron Kohns Aufzählung der Verbrechen und Verbündeten Carlos Marcellos rief Robert Kennedy Pierre Salinger auf, einen fest angestellten Ermittler des Ausschusses, um die Wahrheit von Kohns Behauptung zu bezeugen, daß Hilfssheriffs des Kreises Jefferson mit den Marcellos zusammengearbeitet hätten, indem sie Bars und Restaurants dazu zwangen, die Spielautomaten der Marcellos aufzustellen. Salinger, der später Präsident Kennedys Pressesekretär werden sollte, hatte für den Ausschuß eigene Ermittlungen über die Marcellos angestellt. Nachdem das erledigt war, begann Robert Kennedy, Carlos Marcello in die Mangel zu nehmen. Der freche, widerspenstige Marcello, der den jugendlichen, unerfahrenen Kennedy abwechselnd angrinste oder finster anblickte, ließ den leicht zerzausten 33jährigen obersten Rechtsberater ein bißchen wie einen Schuljungen wirken, der Räuber und Gendarm spielte.

| | |
|---|---|
| KENNEDY | Mr. Marcello, hat der Hilfssheriff des Kreises Jefferson Ihnen geholfen, Standorte für Ihre Spielautomaten zu finden? |
| MARCELLO | Ich verweigere die Aussage, weil ich mich damit selbst belasten könnte. |
| … | |
| KENNEDY | Konnten Sie Polizeibeamte dazu bewegen, Ihnen bei Ihren Geschäften zu helfen, Mr. Marcello? |
| MARCELLO | Ich verweigere die Aussage aus demselben Grund. |

Auf Kennedys Fragen erfolgten 36 weitere Verweigerungen mit der Begründung, daß er mit den Antworten »sich selbst belasten« könnte. Marcello weigerte sich sogar, dem Ausschuß zu sagen, wo er geboren war.

Die Fragen, die Kennedy stellte und die Marcello nicht beantwortete, betrafen ein breites Spektrum von Marcellos Betätigungen. Mit seinem schrillen, jugendlichen Ostküstenakzent fragte der in zunehmendem Maß verärgerte Kennedy den ungebildeten 49jährigen Mafiaboß nach seinen angeblichen Bestechungen von Staatsbeamten im Kreis Jefferson, seiner Verbindung zu den berüchtigten Glücksspielern Frank Costello und Dandy Phil Kastel, seiner Beziehung zu Joseph Civello, dem Mafiaboß aus Dallas, und dem »Town & Country«-Motel in New Orleans. Weitere Themen von Kennedys Fragen waren der lächerlich gering veranlagte Wert einiger von Carlos' Besitzungen am Westufer, die Einschüchterung von Restaurant- und Barbesitzern im Kreis Jefferson, die seine Spielautomaten und Jukeboxes nicht haben wollten, sein Strafregister, seine Stellung als illegaler Ausländer und die Bemühungen der Regierung, ihn auszuweisen. Marcello beantwortete alle Fragen, indem er den 5. Zusatzartikel zitierte. Finstere Blicke werfend, wiederholte er in seiner gedehnten, eintönigen sizilianisch-louisianischen Sprechweise ständig sein »Ich verweigere die Aussage«.

Während der Vernehmung schalteten sich gelegentlich einige Senatoren des Ausschusses ein, um ihrer Wut über Marcellos wiederholte Berufung auf den 5. Zusatzartikel Luft zu machen. Einmal funkelte Senator Carl T. Curtis aus Nebraska Marcello an und fragte: »Ist Ihnen klar, daß Sie ein Vorrecht der Verfassung der Vereinigten Staaten, der Charta unserer Freiheit, beanspruchen, ohne jemals die Verantwortung der Staatsbürgerschaft übernommen zu haben? Oder trifft das nicht zu?«

Worauf Marcello antwortete: »Sir, diese Frage könnte mein Rechtsanwalt Ihnen beantworten.«

»Nein. Ich will, daß Sie sie beantworten. Haben Sie sich jemals um die amerikanische Staatsbürgerschaft bemüht?«

»Ich verweigere die Aussage«, antwortete Marcello gedehnt.

Dann wandte sich der wütende Senator Curtis an seine Kollegen: »Ich glaube, der Ausschuß sollte zur Kenntnis nehmen, wie sehr Sie sich an die Verfassung der Vereinigten Staaten klammern. Dieses Recht steht Ihnen zu. Es ist die Grundlage menschlicher Freiheit. Aber der anderen Seite der Medaille schenken Sie keine Aufmerksamkeit.«

Zu einem späteren Zeitpunkt der Anhörungen unterbrach Senator Sam Ervin die Vernehmung und bemerkte: »Gemäß den Informationen, über die der Ausschuß verfügt, wurde vor fünf Jahren, neun Monaten und 24 Tagen der Befehl zur Ausweisung dieses – fast hätte ich Zeugen gesagt, aber da er keine Aussage macht, sage ich: Person – also dieser Person erteilt... Ich möchte wissen, wie Sie es fertiggebracht haben, fünf Jahre, neun Monate und 24 Tage, nachdem Sie als unerwünschte Person des Landes verwiesen wurden, in den Vereinigten Staaten zu bleiben... Können Sie mir darüber irgendwelche Informationen geben?«

Da er keine Antwort erhielt, fuhr Senator Ervin fort: »Ich möchte wissen, wieso solch ein Mann bleiben kann, ein Mann, der wegen zwei so schwerer Verbrechen wie Raub und Marihuanahandel verurteilt wurde. Wieso kann ein Mann mit so einem Strafregister fünf Jahre, neun Monate und 24 Tage, nachdem er als unerwünschter Ausländer abgeschoben werden sollte, in den Vereinigten Staaten bleiben... Wie haben Sie es geschafft, hierzubleiben?«

Worauf Marcello kühl antwortete: »Senator, ich bin kein Anwalt. Mein Anwalt kann Ihnen diese Frage beantworten.«

»Ihr Anwalt ist aber kein Zeuge«, bemerkte Ervin.

»Keine Ahnung«, meinte Marcello.

»Ich bin ja nur neugierig«, fuhr Ervin fort. »Das amerikanische Volk hat Anspruch auf mehr gesetzlichen Schutz und braucht sich nicht gefallen zu lassen, daß ein unerwünschter Ausländer, der schwere Verbrechen begangen hat, fünf Jahre, neun Monate und 24 Tage nach dem Befehl seiner Ausweisung im Lande bleibt. Das ist gewiß ein Beispiel dafür, daß das Recht auf tönernen Füßen steht. Es erscheint mir, als sollte die Geduld des amerikanischen Volkes in dieser Sache ein Ende haben, als sollten diejenigen, die kein Recht haben, in Amerika zu bleiben, und gesetzestreue Menschen wie Blutegel aussaugen, aus diesem Land entfernt werden.«

Dann machte Senator Mundt aus South Dakota den Vorschlag, daß der Vorsitzende einen Brief an den Justizminister schicken solle mit der Frage, warum diese Deportation nicht durchgeführt wurde. Die Antwort des Justizministers solle den Gerichtsakten zugefügt werden.

Nach einer weiteren Runde fruchtloser Versuche, eine Antwort aus Marcello herauszuholen, spielte Senator Curtis seinen letzten Trumpf aus: »Ich stelle fest, daß Sie das amerikanische Geld und den amerikanischen Schutz der Rechte des einzelnen hochschätzen. Aber Sie behaupten, die Antwort auf die Frage, ob Sie all Ihre Steuern gezahlt haben, würde Sie belasten. Ich glaube, Sie sollten freiwillig Ihre Koffer packen und verschwinden.«

Das tat Marcello auch ..., aber aus der Anhörung. Als der Ausschuß ihn entließ, stand der untersetzte kleine Verbrecherboß abrupt auf und verließ den Saal, begleitet von Bruder und Anwalt, stolzgeschwellt und erhobenen Hauptes. Hatte er nicht soeben dem Senat der Vereinigten Staaten zum zweitenmal erfolgreich die Stirn geboten?

Rechtsberater Robert Kennedy sollte sich Marcellos arroganter Vorstellung vom 24. März 1959 erinnern, ebenso wie des von Senator Mundt gemachten Vorschlags, daß der Justizminister befragt werden solle, warum Marcellos Ausweisung niemals durchgeführt wurde. Das war, als er und sein Bruder knapp zwei Jahre später ihre Ämter als Justizminister und Präsident der Vereinigten Staaten antraten.

# 4. Teil

## Krieg gegen die Kennedys
## 1961–1963

»Ich möchte, daß man sich meiner erinnert als des Mannes, der die Mafia zerschlug.«
ROBERT F. KENNEDY

# 14

# Die Tage der Kennedys

Die Wahl John F. Kennedys zum Präsidenten der Vereinigten Staaten brachte in der Geschichte des Landes den ersten Präsidenten und den ersten Justizminister an die Macht, die eingehende Kenntnisse von der Mafia, reiche Erfahrungen in deren Bekämpfung und eine realistische Vorstellung davon besaßen, welche Bedrohung sie für das gesamte amerikanische System darstellte.

Die amerikanische Mafia hatte es in den 40 Jahren vor der Kennedy-Administration zu gewaltigem Reichtum und Einfluß gebracht, und zwar in hohem Maße deswegen, weil Justizministerium und Vollstreckungsbehörden überall im Lande es zugelassen hatten, daß sie gedieh. Sie hatten dem Gedeihen sogar Vorschub geleistet, sei es unwissentlich, sei es mit aktiver Unterstützung. Die Politik und die Mafia führten sich gegenseitig Nahrung zu.

Der Regierungsantritt der Kennedys veränderte die Beziehungen zwischen der Bundesregierung und den großen Mafiafamilien radikal. Unter den Kennedys sollte es keine Kompromisse mit der Mafia geben, sondern den totalen Krieg.

John und Robert Kennedy brachten außergewöhnliche Fähigkeiten für ihre Ämter als Präsident und Justizminister mit. John besaß Charisma, Führungsqualitäten und das Vermögen, schwierige Entscheidungen zu fällen. Robert Kennedy erfüllte seine Position mit einem Eifer, den man an einem Justizminister noch nie erlebt hatte. Beide Brüder hatten ideale Vorstellungen von der Staatskunst, und da sie sich eines beträchtlichen Reichtums erfreuten, waren sie praktisch unbestechlich, was die Verlockungen des Geldes betraf. Dank ihrer Jugend – John war erst 43, Robert 35 Jahre alt – verfügten sie über große Energiereserven. Im Frühling des Jahres 1963 schien ihre politische Zukunft grenzenlos.

Um die Kennedy-Administration hat sich ein Kranz von Mythen gerankt. Theodore White, Historiker und Bewunderer der Kennedys, war der erste, der in einem Artikel für die Zeitschrift *Life* das Bild von Camelot beschwor. Damit zitierte er Jackie Kennedys wehmütigen Vergleich des Weißen Hauses in der Ära Kennedy mit dem sagenhaften Schloß, Hof und Reich des Königs Artus und seiner Ritter. Diese Analogie gab im öffentlichen Bewußtsein Anlaß zu der Vorstellung, daß das Weiße Haus unter Kennedy ein Ort beispiellosen Glanzes, Wohlwollens und Lichts gewesen sei.

Daß das Weiße Haus der Ära Kennedy beträchtlichen Glanz entfaltete, kann niemand bestreiten. Daß es ein Ort des Wohlwollens und Lichts gewesen sei, ist nicht wahr. Obwohl Kennedys Politik viel Gutes an sich hatte, führten seine engsten Vertrauten – die Ritter der Tafelrunde – einen schmutzigen Geheimkrieg gegen Kuba. Sie stürzten die Familie Diem in Vietnam gewaltsam und unternahmen einen oft rachsüchtigen, mit fragwürdigen Mitteln geführten Feldzug gegen die Mafia und ihre Schachfiguren in der organisierten Arbeiterschaft. Und obwohl John und Robert Kennedy außergewöhnliche Führungsqualitäten und ein hohes Maß an politischer Verantwortung besaßen, gab es im privaten und öffentlichen Leben beider Brüder geheime und rücksichtslose Machenschaften, die wenig Ähnlichkeit mit dem ritterlichen Geist des sagenhaften Camelot aufwiesen.

Der Präsident hatte einen Hang zu gefährlichen Liebschaften, die im Rückblick so gefährlich waren, daß sie fast unglaublich wirken. Seine leichtsinnigsten außerehelichen Abenteuer suchte er mit dem Filmsternchen Judith Campbell, die auch die Freundin eines Mafiabosses aus Chicago war, und mit der Schauspielerin Marilyn Monroe. Der Justizminister erwies sich als genauso leichtsinnig, indem auch er sich in ein Abenteuer mit Marilyn Monroe stürzte, zu einer Zeit, in der Agenten von Jimmy Hoffa die Schauspielerin unter strenger elektronischer Bewachung hielten.

Das Komplott der Kennedys gegen Kuba, ihr Feldzug gegen die Mafia und die Leichtsinnigkeit ihres Privatlebens wurden kompliziert durch die sonderbare und unheilvolle Verbindung mit gewissen Mafiabossen, die die CIA zum Zweck der Ermordung des Präsidenten von Kuba ohne Wissen der Kennedys eingegangen war.

# 15

# Der Pakt mit dem Teufel

Fidel Castro wurde am 1. Januar 1959 Präsident von Kuba, nachdem er das sechsjährige korrupte Regime des Diktators Fulgencio Batista gestürzt hatte. Kurz danach reiste Castros Bruder Raul nach Moskau, wo entgegenkommende kommunistische Parteiführer ihm Hilfe für die neue Regierung versprachen. Daraufhin erklärte Fidel sich zum Kommunisten.

Nicht lange nachdem Castro die Regierung übernommen hatte, enteignete er amerikanische Geschäfte auf der Insel im Wert von Hunderten Millionen Dollar und schloß die Spielkasinos und Nachtklubs, die die Mafia besaß und führte. Als Reaktion auf ihren plötzlichen und in manchen Fällen verheerenden Einkommensverlust setzten die Mafiabosse, angeführt von Meyer Lansky, eine Prämie von einer Million Dollar für die Ermordung Castros aus.

Bald bildeten Exilkubaner in den Vereinigten Staaten Organisationen, um den Sturz Castros zu fördern. Eine davon war das Cuban Revolutionary Council (der Kubanische Revolutionsrat, CRC), dessen Ortsgruppe in New Orleans von dem angesehenen Exilkubanerführer Sergio Arcacha Smith geleitet und von seinem Freund Carlos Marcello finanziert werden sollte. Marcello hatte Smith das Versprechen entlockt, daß er ihm im Falle von Castros Sturz und Smiths Übernahme der kubanischen Regierung großzügige Zugeständnisse auf der Insel machen würde.

Etwa ein Jahr nach Castros Machtübernahme beschlossen die Vereinigten Staaten, drastische Maßnahmen zu ergreifen. Am 11. Dezember 1959 teilte CIA-Direktor Allen Dulles Präsident Eisenhower mit, daß »die Beseitigung Fidel Castros gründlich erwogen werden müsse«. Im September 1960 hatten die CIA-Beamten Sheffield Edwards und Richard Bissell einen Plan entwikkelt, Castro mit Hilfe der Mafiabosse John Roselli und Sam Giancana zu ermorden. Diese wollten ihrerseits Santos Trafficante junior für die Verschwörung gewinnen, der einst ein Spielkasino in Havanna besessen hatte und jetzt der Boß der Mafia von Florida war. Direktor Allen Dulles und sein Stellvertreter General Charles P. Cabell wurden später in den Plan eingeweiht.

Die Verbindung zwischen der CIA und drei der übelsten Bosse der Unterwelt zum Zwecke der Ermordung Fidel Castros schuf ein geheimes Netzwerk mit dem Potential einer internationalen Mörderbande. Sie kompromittierte auch den Feldzug der Kennedy-Administration gegen die Mafia. Die Mafiabosse, die die CIA engagierte, waren entweder Hauptzielscheiben in Justizminister Kennedys Krieg gegen das organisierte Verbrechen oder eng verbunden mit Kollegen, die Kennedy strafrechtlich verfolgen lassen wollte.

Des weiteren machte die Verbindung zwischen CIA und Mafia die US-Regierung anfällig für Erpressung durch die Mafia. Die Mafia brauchte nur noch zu drohen, den Gemeinschaftsplan zur Ermordung Castros zu verraten, um sich Zugeständnisse seitens der Regierung zu verschaffen.

Obwohl die Brüder Kennedy hinter dem Plan standen, »Castro loszuwerden« – wie Robert Kennedy den Vorschlag einst in einer Aktennotiz formulierte –, erfuhren sie erst über ein Jahr nach ihrem Amtsantritt von der Verbindung zwischen CIA und Mafia. Robert Kennedy erkannte den Ernst der Lage sofort und geriet in Zorn über die CIA, weil sie die Mafia gedungen hatte, um ihr die schmutzige Arbeit abzunehmen. Er versäumte es jedoch zu überprüfen, daß die Verbindung zwischen CIA und Mafia abgebrochen wurde.

Der erste Versuch, Castro zu ermorden, wobei die Mafiaverbündeten die Ausführung übernehmen sollten, fand kurz vor der verhängnisvollen Invasion der Schweinebucht durch von der CIA ausgebildete Exilkubaner statt. Die Absicht war, den Kampfgeist der kubanischen Streitkräfte vor der Invasion zu zerstören, indem man den Oberbefehlshaber beseitigte. Der Plan war einige Wochen zuvor im Hotel Fontainebleau in Miami bei einem Treffen zwischen Robert Maheu, einem Mittelsmann der CIA, und den Mafiosi Sam Giancana, John Roselli und Santos Trafficante ausgeheckt worden. Ein kubanischer Mitarbeiter Trafficantes erhielt einige Giftpillen, die die CIA vorbereitet hatte und mit denen er den kubanischen Präsidenten töten sollte. Aus Gründen, die im dunkeln bleiben, schlug der Mord fehl, ebenso wie die Invasion der Schweinebucht. Weitere Anschläge der CIA im Bunde mit Giancana, Roselli, Trafficante und unbekannten Kubanern mißlangen ebenfalls. Während die Beziehungen zwischen den Vereinigten Staaten und Kuba immer schlechter wurden, wuchs auch die Feindseligkeit von Mafia und Exilkubanern gegen beide Fronten, Castro und die Kennedy-Administration.

Spielte Carlos Marcello eine Rolle bei den CIA-Plänen zur Ermordung Castros? Im Jahre 1979 bestätigte Marcello Joseph Hauser, einem Undercover-Agenten der Regierung, daß dies der Fall gewesen sei. In dem Zwischenbericht über angebliche Mordpläne gegenüber ausländischen Führern, den der Church-Ausschuß 1975 abfaßte, wird Marcello jedoch nicht als Verschwörer erwähnt. Wenn er nicht beteiligt war, ist es jedoch sehr wahrscheinlich, daß er zumindest davon wußte, denn er war damals eng befreundet mit Santos Trafficante junior. Die beiden Männer kamen häufig zusammen, und beide gaben Exilkubanern Geld. Man kann daher mit einiger Gewißheit sagen, daß Marcello zumindest die Pläne heimlich unterstützte, wenn auch nicht direkt daran beteiligt war, wie er behauptet hatte. Dieser Punkt ist wichtig, denn wenn Marcello aktiv an den Mordplänen teilgenommen hatte, dann war er wie Giancana, Roselli und Trafficante in der Lage, die Regierung zu erpressen.

Als Robert Kennedy im Januar 1961 das Justizministerium übernahm, beschäftigte er sich noch nicht mit Plänen zur Ermordung Fidel Castros. Die unglückselige Invasion der Schweinebucht lag noch fern, ebenso wie der erste Versuch, Fidel Castro zu töten.

Bei seinem Amtsantritt als Justizminister wollte Robert Kennedy als erstes einen konzertierten Feldzug gegen das organisierte Verbrechen starten. Während es seinen Vorgängern genügt hatte, sich gegen die Mafia zu behaupten, wollte Robert Kennedy sie zerschmettern. Es gereicht ihm zur Ehre, daß es ihm gelang, energisch gegen die großen Verbrecherfamilien vorzugehen, obwohl selbst J. Edgar Hoover, sein eigener FBI-Direktor, sein ganzes Berufsleben lang behauptet hatte, es gebe keine Mafia.

Um seine Pläne in die Tat umzusetzen, verstärkte Kennedy die Abteilung des Justizministeriums, die für organisiertes Verbrechen und Gangstertum zuständig war. Er vergrößerte sie um 400 Prozent und ernannte Edwyn Silberling, einen ehemaligen Staatsanwalt aus dem Büro des New Yorker Bezirksstaatsanwalts Frank Hogan, zum Leiter. Eine von Silberlings ersten Handlungen war, eine Liste führender Mafiabosse des ganzen Landes aufzustellen und Dringlichkeitsstufe eins für verstärkte Ermittlung anzukündigen, damit sie, wie er hoffte, strafrechtlich verfolgt würden. Weit oben auf der Liste stand Carlos Marcello.

In seinem Buch *The Enemy Within* hatte Robert Kennedy geschrieben: »Wenn wir die organisierten Verbrecher nicht mit Waffen und Methoden bekämpfen, die ebenso wirkungsvoll sind wie ihre eigenen, werden sie uns zerstören.«

Kennedy hatte niemals vergessen, welchen dreisten Widerstand Carlos Marcello ihm und seinem Bruder Jack im März 1959 bei der Anhörung des McClellan-Ausschusses geboten hatte. Mit typischem Ungestüm entschloß er sich für einen raschen, verwegenen Angriff mit besagten Waffen und Techniken, die ebenso wirkungsvoll waren wie Marcellos eigene. Er wollte den Mafiaboß von Louisiana aus dem Hinterhalt überfallen und mit einem kühnen Streich aus dem Land werfen.

Das Justizministerium wußte, daß Marcello durch massive Bestechung hoher guatemaltekischer Beamter in den Besitz einer gefälschten guatemaltekischen Geburtsurkunde gelangt war, die auf seinen echten Namen Calogero Minacore ausgestellt war. Kennedys Plan war, dieses gefälschte Dokument als Grundlage für die Abschiebung Marcellos nach Guatemala zu benutzen. Wie aus Unterlagen des Justizministeriums hervorgeht, hatte Kennedy ursprünglich geplant, Marcello nach Formosa, dem heutigen Taiwan, abzuschieben:

»Der Justizminister sagte streng geheim, daß er bereits die Genehmigung von Formosa eingeholt habe, Marcello dorthin zu deportieren, daß er ihn aber lieber in ein nähergelegenes Land verfrachten würde, damit Marcello in ein Flugzeug der Einwanderungs- und Naturalisierungsbehörde gesetzt und abgeschoben werden könne, ehe es seinem Rechtsanwalt gelänge, juristische Schritte dagegen zu unternehmen.«

Am 15. März hatte die Einwanderungs- und Naturalisierungsbehörde auf Drängen Robert Kennedys von der guatemaltekischen Regierung eine beglaubigte Geburtsurkunde auf den Namen Calogero Minacore und eine Einreiseerlaubnis für Marcello erhalten, die diesen als Bürger Guatemalas bezeichnete. Mit diesen Dokumenten in Händen trennte sich Kennedy von dem Gedanken, Carlos nach Formosa abzuschieben; er schickte ihn lieber in das nähergelegene Guatemala.

Es war ein kühner, aber wohl rechtswidriger Plan, zu dem Marcellos Anwälte später verkünden sollten: »Die Einwanderungs- und Naturalisierungsbehörde benutzte wissentlich eine falsche guatemaltekische Geburtsurkunde, um sich von der guatemaltekischen Regierung betrügerischerweise eine Einreiseerlaubnis für Carlos Marcello zu besorgen.«

Aber mit solchen juristischen Feinheiten hatte Robert Kennedy damals wenig im Sinn. Carlos Marcello hatte sich jeweils genausowenig um juristische Feinheiten gekümmert, wenn er eine Gefahr für seine Schattenregierung loswerden wollte. Er ließ den Missetäter einfach verschwinden. Also verschwendete Justizminister Kennedy keine Zeit bei der Durchführung seiner Pläne mit Mr. Marcello. Kaum hatte er am 15. März erfahren, daß die Einwanderungs- und Naturalisierungsbehörde von der guatemaltekischen Regierung die Einreiseerlaubnis für Marcello erhalten hatte, befahl er, ihn unverzüglich aus den Vereinigten Staaten hinauszuwerfen.

## 16

# Die Zwangsabschiebung

Am Morgen des 4. April 1961 begab sich Carlos Marcello in seiner Eigenschaft als Ausländer zum Büro der Einwanderungs- und Naturalisierungsbehörde im Masonic Temple Building an der St. Charles Avenue in New Orleans, um seinen üblichen vierteljährlichen Besuch abzustatten. Er wurde von Phillip Smith, einem seiner Anwälte, begleitet. Carlos betrat das Gebäude, Smith blieb draußen.

Kaum drinnen, witterte Carlos Unheil. Gewöhnlich mußte er ein Weilchen warten, bevor die rituelle Handlung begann. Diesmal wurde er jedoch sofort von einem steifen, nervösen Einwanderungsagenten begrüßt, der ihm befahl, sich zu setzen.

Marcello blieb vor dem Schreibtisch stehen und fragte sich, was wohl los sei. Normalerweise unterschrieb er nur und konnte dann gehen.

»Setzen Sie sich«, wiederholte der Agent.

Marcello setzte sich also, und sogleich begann der Agent, ihm aus einem Schreiben, das auf Briefpapier des Justizministeriums der Vereinigten Staaten geschrieben war, vorzulesen. Das Schreiben informierte Marcello, daß er ein Bürger Guatemalas sei und unverzüglich in dieses Land deportiert würde. Er war verblüfft. Als er gerade protestieren wollte, erschienen zwei weitere Agenten, legten ihm Handschellen an und führten ihn zu einem wartenden Auto. Carlos selbst beschreibt die Szene folgendermaßen: »Es dauerte drei oder vier Minuten, bis er den Brief vorgelesen hatte. Ich sagte, wozu denn das. Er antwortete, also, Ihr Visum ist abgelaufen. Ich konnte es einfach nicht glauben. Dann kamen zwei Einwanderungsbeamte herein, die ich noch nie gesehen hatte, und legten mir Handschellen an. Zwei Mann, mindestens 1,85 Meter groß. Ich fragte, ob ich mal telefonieren darf. Ich möchte nämlich meinen Anwalt anrufen. Sie sagten nein. Ich fragte, ob ich meine Frau anrufen kann, damit sie mir eine Zahnbürste und etwas Geld bringt. Sie sagten nein, gehen wir!«

Auf dem International Moisant Airport von New Orleans warteten ein großes Passagierflugzeug und eine Absperrkette aus Polizisten auf den Mafiaboß von Louisiana. Inzwischen bildete der Wagen, der Carlos und seinen Anwalt zum Flughafen brachte, einen Schauplatz leidenschaftlicher Empörung. Der Mafiaboß bat den Agenten, der ihn begleitete, seine Frau und Jack Wasserman, seinen Deportationsanwalt in Washington, anrufen zu dürfen. Die Bitte wurde abgelehnt. Er bat darum, Kleider zum Wechseln und etwas Geld mitnehmen zu dürfen. Auch diese Bitte wurde abgelehnt. Während die Sirenen des aus drei Fahrzeugen bestehenden Konvois den ganzen Weg zum Flughafen heulten, behauptete der mit Handschellen gefesselte Marcello schäumend und tobend, daß er gekidnappt werde und daß das, was die Regierung mit ihm mache, illegal sei. Es sei eine Zuwiderhandlung gegen die Weisung von Richter Hugo Black vom Obersten Bundesgericht, demzufolge ihm vor seiner Abschiebung eine Frist von 72 Stunden zustand. (Es sieht jedoch so aus, als habe Black keine solche Weisung gegeben.)

Am Flughafen wurde der Konvoi sogleich von Polizisten umringt, und Marcello wurde von einer kleinen Armee zu dem Flugzeug geleitet, das mit laufenden Triebwerken darauf wartete, ihn nach Guatemala zu bringen. Später erinnerte sich Marcello: »Man hätte glauben können, da kommt der Präsident, dabei war es bloß ich, der gehen mußte.«

Kaum hatte Marcello das Flugzeug betreten, als es auch schon abhob. Die 78 Sitze waren leer bis auf Marcello, zwei Einwanderungsbeamte, Pilot und Copilot. Während des 1900 Kilometer langen Flugs weigerten sich die beiden Beamten, mit Marcello zu sprechen. Als das Flugzeug an seinem Bestimmungsort ankam, plagten Marcello böse Ahnungen.

Inzwischen war Phillip Smith aufgeregt vom Flugzeug zum Flughafengebäude zurückgestürzt und hatte Carlos' Bruder Joe angerufen. Als Joe die Nachricht vernahm, sprang er in seinen Wagen und raste hinaus zum Flughafen, um ihn abzuholen. Inzwischen rief Smith Jack Wasserman in Washington an, wirkte aber so verstört, daß Wasserman ihn bitten mußte, sich erst einmal zu beruhigen und dann noch einmal anzurufen. »Ich kann kein Wort verstehen«, meinte Wasserman.

Bald erreichte Joe Marcello den Flughafen, las Smith auf und fuhr mit ihm in Carlos' Büro im »Town & Country«-Motel, um Wasserman noch einmal anzurufen. Neben dem aufgeregten, verstörten Smith schäumte Joe förmlich vor Wut. Kaum hatten die beiden Carlos' Büro erreicht, griff jeder von ihnen zu einem Telefon. Bald war die ganze Familie Marcello versammelt und schmiedete Pläne, nach Guatemala zu fliegen, um bei Carlos zu sein. Jacqueline Marcello und ihre Töchter waren besonders erschrocken. Ermutigt von Carlos' Brüdern sollten sie sich bald an Carlos Seite befinden.

Seit Robert Kennedy Carlos bei den McClellan-Anhörungen in die Mangel genommen hatte, waren die Brüder Marcello wütend auf ihn. Ihr Zorn wurde noch geschürt durch den Artikel im *States-Item* vom Dezember, in dem es hieß, Kennedy habe geschworen, Carlos' Ausweisung zu beschleunigen, sobald er Justizminister sei. Nun kannte ihr Haß auf Kennedy keine Grenzen mehr.

Smith gelang es schließlich, Wasserman zu benachrichtigen, und am folgenden Tag, dem 5. Juni, erhob dieser Klage beim Bundesgericht in Washington. Er verlangte, daß Marcello sofort in die Vereinigten Staaten zurückkehren dürfe, und verurteilte das »Kidnapping« seines Klienten durch die Regierung als »illegal, verfassungswidrig und rechtsungültig«.

Während Wasserman seine Klage erhob, verkündete Justizminister Kennedy öffentlich, daß Marcello nach Guatemala deportiert worden sei und daß er selber die volle Verantwortung für die Ausweisung des Verbrecherbosses aus New Orleans übernehme. Kennedy sagte, daß die Deportation »in strenger Übereinstimmung mit dem Gesetz« erfolgt sei und daß er »sich freue, daß Carlos Marcello nicht mehr unter uns weilt«. Dann erklärte ein Sprecher des Justizministeriums der Presse, daß Marcello nach Guatemala deportiert worden sei, nachdem man in dem guatemaltekischen Dorf San José Pinula eine Geburtsurkunde auf Marcellos Namen entdeckt habe.

Ob Marcellos Hinauswurf tatsächlich »in strenger Übereinstimmung mit dem Gesetz« erfolgt war, wurde im Justizministerium jedoch stark bezweifelt. Am 6. April 1961, zwei Tage nach Marcellos erzwungener Verbannung nach Guatemala, erhielt Herbert J. Miller junior, damals stellvertretender Justizminister und Chef der Kriminalabteilung, folgendes Kommuniqué von Edwyn Silberling, dem Leiter der Abteilung für organisiertes Verbrechen und Gangstertum:

»Angesichts von Informationen, die wir unserer nachrichtendienstlichen Akte entnehmen, befindet sich die Regierung der Vereinigten Staaten möglicherweise in der peinlichen juristischen Lage, der Regierung von Guatemala gewisse Schilderungen bezüglich Marcellos Geburtsurkunde gemacht zu haben, obwohl sie Informationen besaß, die darauf hinwiesen, daß die Geburtsurkunde eine Fälschung ist.«

Um das Land von der Bedrohung durch Carlos Marcello zu befreien, hatte Justizminister Kennedy seine Absicht wahr gemacht, »organisierte Verbrecher mit Waffen und Techniken zu bekämpfen, die so wirksam wie ihre eigenen sind«. Die Maßnahme, die der INS auf seinen Befehl gegen Marcello ergriff, war wohl illegal. Sie war auch über alle Maßen rücksichtslos und unbesonnen. Die rüde Art, in der Marcello deportiert wurde – ohne die Erlaubnis, seine Familie oder seinen Deportationsanwalt zu benachrichtigen oder sich genügend Geld beziehungsweise Kleidung zum Wechseln zu besorgen –, verletzte den Stolz des 51jährigen Mafiabosses tief. Jahre später sagte Marcello einem Kongreßausschuß: »Sie schnappten mich einfach, ja, sie kidnappten mich tatsächlich ... und setzten mich in Guatemala ab.« Seinen Vertrauten gegenüber sollte Marcello später seinen Groll deutlicher zum Ausdruck bringen: In einem Augenblick der Unbeherrschtheit schwor er den Kennedys Blutrache.

# 17

# In der Verbannung

Carlos Marcello verbrachte zwei qualvolle Monate der Verbannung in Mittelamerika, bevor er heimlich wieder in die Vereinigten Staaten einreiste. Daß er seine strapaziösen Abenteuer in Guatemala, El Salvador und Honduras überlebte, verdankte er seiner Zähigkeit, Gerissenheit und Selbstsicherheit. Er verdankte es aber auch dem Zusammenhalt der Familie Marcello und der Macht ihres Geldes.

Bei einer seiner zahlreichen Anhörungen vor der Einwanderungs- und Naturalisierungsbehörde legte Carlos Marcello seine eigene Version der Ereignisse vor. Sie ist einer der beiden Berichte, die wir von Carlos' zweimonatiger Zerreißprobe in Mittelamerika haben. Der andere stammt von Mike Maroun, seinem Anwalt aus Shreveport, der nach Guatemala flog, um sich seinem gepeinigten Klienten vier Tage nach dessen Ausweisung anzuschließen.

Carlos zufolge landete das INS-Flugzeug am frühen Abend auf dem Militärflugplatz der Hauptstadt Guatemala City. Dort wurde er von einem Oberst Battery empfangen, der ihn fragte: »Wohin wollen Sie gehen, Mr. Marcellie?«

Marcello antwortete: »Ich möchte gern in ein Hotel gehen, irgendwohin.«

Oberst Battery teilte Marcello mit, daß vor dem Flughafen und im Hotel »Biltmore« eine Menge Reporter und Fernsehkameramänner warteten. Wollte er mit ihnen sprechen?

»Nein, ich möchte mit niemandem sprechen«, antwortete Marcello und gestand, daß er aufgeregt und nervös sei, nicht zuletzt, weil er den ganzen Tag nichts zu essen bekommen habe.

Dann überließ Oberst Battery Marcello einer Gruppe Offiziere, von denen keiner englisch sprach. Nach endlosem Gestikulieren machte Marcello deutlich, er wolle Oberst Battery wiedersehen. Inzwischen war es 23 Uhr. Endlich erschien Battery und übergab Marcello seiner Sekretärin, einer Miss Jinks, die in Washington geboren war und fließend englisch sprach. Battery informierte Marcello: »Sie wird sich um Sie kümmern und Sie irgendwo unterbringen, weil all die Reporter im Hotel auf Sie warten.«

Marcellos Bericht zufolge fragte Miss Jinks ihn: »Möchten Sie ein Sandwich im Club ›Casablanca‹?«

»Ja«, antwortete er und fuhr dann mit der Sekretärin in ihrem 1956er Chevrolet in das Restaurant. Dort nahm Marcello ein Putensandwich und einen Cognac zu sich, worauf er sich »ein bißchen besser« fühlte.

Als sie fertig gegessen hatten, war es 2.30 Uhr in der Frühe. Dann soll die Sekretärin eine Lösung des Übernachtungsproblems vorgeschlagen haben, die wir zu bezweifeln wagen. Marcello aber behauptet, genau so sei es gewesen.

»Ich weiß einen Ort, wo Sie bleiben können«, sagte Miss Jinks beim Verlassen des Restaurants, »meine Wohnung.«

»Sie nahm mich also mit in ihre Wohnung«, fuhr Marcello fort. »Dort zeigte sie auf ein großes Bett und sagte: ›Sie können auf dieser Seite schlafen und ich auf der anderen.‹ Ich antwortete: ›Großartig.‹«

»Sie zog sich also aus und löschte das Licht. Ich hatte keinen Schlafanzug. Ich schämte mich. Aber sie löschte das Licht und wandte mir den Rücken zu.«

»Ich öffnete den Schrank«, fuhr Marcello fort, »und sah ein Paar Hosen und einen Hut, Lumberjack und so weiter, und das beunruhigte mich. Ich sagte mir, Mann, die wollen mich womöglich umbringen. Sieht aus wie eine Falle. Ich konnte die ganze Nacht nicht schlafen.«

Angeblich machte es der Sekretärin nicht das geringste aus, ihr Bett mit dem deportierten Boß der Mafia von Louisiana zu teilen, denn sie schlief fest. Er dagegen blieb die ganze Nacht wach, bereit, sich gegen jede Bedrohung zu wehren.

»Etwa um sieben Uhr in der Frühe«, berichtete Marcello weiter, »war ich wieder angezogen. Ich sagte: ›Würden Sie meine Frau anrufen und ihr sagen, wo ich bin?‹ Weil sie ja spanisch sprechen konnte und ich nicht. Sie rief also an, und meine Frau kam ans Telefon. Ich sagte ihr, es gehe mir gut und sie solle sich keine Sorgen machen. Meine Tochter kam ans Telefon. Sie fingen alle an zu weinen. Sie sagten, mein jüngster Bruder Sammy würde herunterkommen mit Geld und Kleidung.«

Was dann geschah, ist unklar. Irgendwie landete Marcello im Gefängnis und mußte einem hohen guatemaltekischen Beamten ein Lösegeld von 75000 Dollar versprechen, um wieder hinauszukommen. Der Beamte hatte Marcello suggeriert, als berühmtester Bürger von San José Pinula würde er dem Dorf bestimmt gern eine neue Schule schenken.

Wie auch immer, Marcello konnte das Gefängnis bald verlassen und es sich im besten Hotel von Guatemala, dem »Biltmore«, bequem machen. Bald kamen auch seine Frau Jacqueline, Tochter Florence, Sohn Joseph junior, zwei seiner Brüder, Sammy und Vincent, und Vincents Frau Sadie. Zu diesem Zeitpunkt kreuzte auch sein alter Freund und Anwalt Mike Maroun aus Shreveport auf. Nun hatte Carlos endlich etwas Geld, ein paar Kleider und etwas moralische Unterstützung, was er dringend benötigte.

Ungefähr zur gleichen Zeit hatte Guatemalas einflußreichste Zeitung, *El Imparcial*, in einem Leitartikel eine offizielle Erklärung für Marcellos Anwesenheit in Guatemala verlangt. Der Artikel ließ unter anderem durchblicken, daß die Eintragung von Marcellos Geburt auf dem Standesamt von San José Pinula eine Fälschung sei.

Daheim in New Orleans hatte mittlerweile der Internal Revenue Service (IRS, die amerikanische Steuerbehörde) am 10. April Steuerpfandrechte über 835000 Dollar gegen Carlos und Jacqueline Marcello angemeldet. Später erfuhr man, daß diese Maßnahme von Justizminister Robert Kennedy angeordnet worden war, der damals der IRS als Waffe in seinem Kampf gegen die Führer des organisierten Verbrechens einsetzte. Als Jack Wasserman Carlos Marcello in seinem guatemaltekischen Hotel die Nachricht von den Steuerpfandrechten durchtelefonierte, bekam dieser einen Wutanfall. Wasserman versicherte ihm, er würde dagegen sofort Klage beim Bundesgericht erheben.

Am 12. April, sechs Tage nach seiner Deportation, standen die Dinge für Carlos Marcello in Guatemala gar nicht so schlecht. Mit Frau und Tochter in einer Suite des Hotels »Biltmore« bequem untergebracht, während zwei Brüder und sein Anwalt benachbarte Zimmer bewohnten, traf Carlos sich mit verschiedenen guatemaltekischen Geschäftsleuten, die mit Garnelenfang, Hotelgewerbe und Grundstückserschließung zu tun hatten, sowie mit einem Vertreter der Dienststelle, die sich um Guatemalas staatlich gebilligte Spielautomatenbetriebe kümmerte. Marcello ließ nichts anbrennen. Wenn es Wasserman nicht gelang, den Ausweisungsbefehl gegen ihn rückgängig zu machen, dann würde er sich geschäftliche Möglichkeiten in Guatemala suchen.

Eine Zeitlang konnten sich Carlos und seine Familie in Guatemala amüsieren. Die Presse vermerkte ihre Anwesenheit auf der Rennbahn und in den elegantesten Geschäften und Restaurants der Stadt. Aber *El Imparcial* gab keine Ruhe. Schließlich wuchs die Opposition gegen den guatemaltekischen Präsidenten Miguel Fuentes so stark, daß die Regierung von Guatemala Marcello etwa einen Monat nach seiner Ankunft mitteilte, er könne heimkehren.

In Marcellos Worten geschah folgendes: »Sie sagten, sie würden mir eine Genehmigung geben, in die Vereinigten Staaten zurückzukehren. Da waren wir alle froh. Wir fuhren zum Flughafen, meine Frau bekommt einen Flugschein, alle, auch Vincent, bekommen Flugscheine. Ich glaube, auch eine meiner Töchter war dabei. Sie bekamen Flugscheine. Als ich dran war, sagten sie, wir haben Anweisung vom Außenministerium, Sie können keinen Flugschein, kein Visum für die Rückkehr bekommen. Außenministerium der Vereinigten Staaten.

Da fing meine Frau zu weinen an, und ich sagte: ›Also, warum geht ihr nicht voraus und laßt mich und Mike hier.‹

Wir kehrten also ins Hotel zurück, und es war etwa 20 Uhr. Zwei Geheimdienstleute blieben bei uns. Ich fand es komisch, daß sie dablieben. Etwa eine Stunde später kamen drei weitere dazu und sagten: ›All right, packt eure Koffer. Gehen wir.‹ Sie setzten uns in einen Kombiwagen, und so fuhren wir nach San Salvador, ich und Mike.«

Marcello irrte sich bezüglich des Reiseziels. Es war der benachbarte Staat El Salvador, aber nicht dessen Hauptstadt. Genau gesagt war es ein Armeelager im salvadorianischen Urwald nahe der Grenze zwischen Guatemala und El Salvador, wo man sie der Gnade salvadorianischer Soldaten überließ.

Die Soldaten brachten sie schließlich in die Hauptstadt und übergaben sie dem Kommandanten einer großen Militärkaserne, wo sie mehrere Tage festgehalten und verhört wurden. Marcello und Maroun besaßen zusammen 3000 Dollar, die sie dem Kasernenkommandanten übergeben mußten. Sechs Tage später, um 23 Uhr, erschien ein Offizier und sagte: »Machen Sie sich fertig, Mr. Marcello. Wir werden Sie nun nach Honduras deportieren.« Marcello, verblüfft, bat: »Warten Sie, bis es hell wird«, aber der Offizier antwortete: »Nein, wir haben Befehl von oben, Sie kommen jetzt mit.« Zu ihrer Erleichterung gab er ihnen die 3000 Dollar zurück.

Dann übergab der Offizier Marcello und Maroun an zwei Wachen und befahl ihnen, die beiden Ausländer zu einem kleinen Flughafen nahe der Grenze zwischen Honduras und El Salvador zu begleiten, ein Arrangement, das, wie Marcello glaubte, getroffen wurde, damit die Wachen ihn und Maroun um ihr Geld erleichtern konnten.

Was dann folgte, erzählte Mike Maroun David L. Chandler in einem Exklusivinterview für dessen Buch *Brothers in Blood*:

Marcello und Maroun stopften das Geld in ihre Schuhe und wurden dann von den beiden Wachen in einen klapprigen Bus geladen, der sich anschickte, eine schmale, holprige, unbefestigte Straße zu erklimmen. Sie führte auf eine Bergkette, die die Grenze zwischen El Salvador und Honduras bildet. Sechs Stunden tuckerte der Bus bergan, ohne daß Marcello und Maroun ahnten, welches Schicksal sie erwartete. Dann, nachdem der Bus etwa 30 Kilometer tief nach Honduras eingedrungen war, wurden die beiden Männer aus Louisiana unsanft aus dem Bus geworfen. Alleingelassen auf einer bewaldeten Bergspitze fern der Zivilisation mußten sie zusehen, wie sie sich durchschlugen. Den beiden Männern blieb nichts anderes übrig, als auf der Straße, auf der sie gefahren waren, weiterzuziehen in der Hoffnung, daß sie irgendwann ein Dorf erreichen würden.

Es folgte eine Tortur, die Marcello und Maroun bis an ihr Lebensende jedem willigen Zuhörer erzählen sollten.

Acht Stunden, 27 Kilometer, marschierten die beiden Männer auf der staubigen, holprigen Straße, immer noch in ihrer Stadtkleidung und mit Geld vollgestopften Stadtschuhen. Sie hatten wenig zu essen und zu trinken. An die Meereshöhe Louisianas gewöhnt, fiel Marcello das Atmen auf der Bergstraße schwer. Dreimal brach er im Staub zusammen und klagte, daß er nicht weitergehen könne, daß er fertig sei und daß sie all dies nur diesem reichen Bengel Bobby Kennedy zu verdanken hätten. »Wenn ich es nicht schaffe, Mike«, sagte Carlos einmal, als er erschöpft im Straßengraben lag, »erzähle, wenn du zurückkehrst, meinen Brüdern, was dieser Bengel Bobby uns angetan hat. Sag ihnen, sie müßten ihre Pflicht tun.«

Aber Carlos fand immer wieder die Kraft, sich aufzurappeln und den Marsch fortzusetzen. Schließlich, als sie sich dem Ende ihrer Kräfte näherten, erreichten sie ein Bergdorf, wo sie sich ausruhen und etwas zu essen besorgen konnten.

Als sie sich kräftig genug fühlten, ihren Weg fortzusetzen, heuerten sie zwei honduranische Indianerjungen an, die sie nach dem nächsten Flugplatz führen sollten. Zwei Tage und eine Nacht kämpften sie sich durch, immer bergab den honduranischen Ebenen zu, erschöpft, aber ohne aufzugeben und ohne eigentlich zu wissen, wohin.

Als die ersten Zeichen von Zivilisation erschienen, bemerkten Carlos und Mike mit wachsender Besorgnis, daß die beiden Indianerjungen zu wispern und auf die beiden dickbäuchigen, erschöpften, mittelalterlichen Männer zu zeigen begannen, die am Ende ihrer Kräfte zu sein schienen.

Bald war die abschüssige Straße mit Unkraut und Buschwerk überwuchert, das die Indianerjungen mit ihren Macheten entfernen mußten. Marcello und Maroun fanden, daß es an der Zeit sei, ihren potentiellen Mördern zu entwischen, blieben absichtlich zurück und stürzten sich dann einen weglosen Hang hinunter. Sie landeten in einem Erdloch, blutend aus Dornrissen und Schürfwunden; Carlos verspürte darüber hinaus auch noch starke Schmerzen an der Seite. Später erfuhr er, daß er sich drei Rippen gebrochen hatte.

Endlich, nach einem weiteren langen Marsch den Berg hinunter auf einem rauhen Pfad, erreichten sie einen ländlichen Flugplatz. Dort charterten sie ein kleines Flugzeug nach Tegucigalpa, der Hauptstadt von Honduras. Als sie in der Stadt angekommen waren, gingen sie geradewegs in ein Hotel, wo sie, übel zugerichtet und total erschöpft, zwei Tage schliefen.

Mike Maroun kehrte dann per Linienflugzeug in die Vereinigten Staaten zurück, um Marcellos Mutter, Brüdern, Schwestern, Frau und Kindern zu versichern, daß es Carlos gutging, daß er zwar müde und übel zugerichtet, aber am Leben und fähig sei, für sich selbst zu sorgen.

Was als nächstes geschah, ist unklar. Marcello selbst berichtet, daß er 14 Tage in dem Hotel in Tegucigalpa blieb und dann beschloß, den Stier bei den Hörnern zu packen und wieder in die Vereinigten Staaten einzureisen. Irgendwie gelang es ihm, sich ein gefälschtes Einreisevisum und einen Flugschein nach Miami zu besorgen. Der Morgen des Flugs verlief, wie Carlos berichtete, folgendermaßen:

»Ich ging in die Kirche. Ich ging in neun Kirchen; in jeder zündete ich eine Kerze an und spendete ein paar Dollar. (Dann fuhr er zum Flughafen, bestieg das Flugzeug und landete in Miami.) Ich kam direkt in Miami an. Einwanderungsbehörde und Zoll durchsuchten mein Gepäck, und ich zeigte ihnen bloß die Papiere. Ich ging einfach durch, nahm ein Taxi und fuhr los.

Ich kaufte einen Flugschein und kehrte nach New Orleans zurück. Ich nahm ein Taxi und fuhr direkt nach Hause. Ich sagte dem Fahrer: ›Fahr zum Hintereingang.‹ Meine Frau hatte große Angst und so, weil man ihr gesagt hatte, daß die Einwanderungsbehörde uns 24 Stunden am Tag überwacht. Ich sagte, das macht nichts, weil ich mich sowieso freiwillig stellen will.«

Marcellos Bericht von seiner illegalen Wiedereinreise wurde von G. Robert Blakey, dem ehemaligen obersten Rechtsberater des House Select Committee on Assassinations, heftig in Zweifel gezogen. Blakey erklärte 1980, sein Ausschuß habe aus einem abgehörten Telefongespräch erfahren, daß Marcello in einem Düsenflugzeug der Luftwaffe der Dominikanischen Republik nach Miami geflogen sei.

An sich ist es nicht verwunderlich, daß Marcello in der Lage war, ein Flugzeug der Luftwaffe der Dominikanischen Republik zu benutzen, um in die Vereinigten Staaten heimzukehren. General Rafael Trujillo, der Präsident der Dominikanischen Republik, stand bekanntlich mehreren amerikanischen Mafiabossen nahe, darunter Marcellos Freund Santos Trafficante. Jahrelang war Trujillos Diktatur praktisch eine Partnerin des Mobs bei so einträglichen

Geschäften wie Drogen, Spielkasinos und Geldwäsche. Und ein weiterer Freund Marcellos, der Washingtoner Lobbyist Irving Davidson, vertrat damals auf Capitol Hill offiziell die Dominikanische Republik.

Wirklich verwunderlich war nur der Zeitpunkt von Marcellos Rückkehr, wenn man einmal bedenkt, was Ende Mai 1961 in der Dominikanischen Republik politisch geschah. Denn Marcello kehrte fast genau im selben Augenblick in einem Flugzeug der Luftwaffe in die Vereinigten Staaten zurück, als Trujillo von CIA-unterstützten oppositionellen Kräften ermordet wurde. (1975 entdeckte das Senate Intelligence Committee, daß die CIA die Ermordung Trujillos monatelang mit Robert Kennedys Segen geplant hatte. Kennedy wußte nämlich, daß die Beseitigung Trujillos ein notwendiger Schachzug in seinem Kampf gegen das organisierte Verbrechen war.)

In Anbetracht von Trujillos und Marcellos Freundschaft mit Trafficante und Davidson ist es nicht schwer, sich vorzustellen, daß einer der beiden letzteren Trujillo dazu bewegte, Marcello bei der Rückkehr in die Vereinigten Staaten zu helfen, sofern der legendäre Flug vor Trujillos Ermordung stattfand – was anscheinend der Fall war, da die meisten Quellen den 28. Mai als das Datum von Marcellos Rückkehr nennen.

Es gab aber auch noch eine andere amerikanische Kontaktperson, deren Fürsprache es Marcello ermöglicht haben könnte, mit dem dominikanischen Flugzeug in die Vereinigten Staaten heimzukehren: sein alter Freund Senator Russell Long, der Sohn des verstorbenen Huey Long. Auf diese Möglichkeit weist ein FBI-Bericht hin, aus dem hervorgeht, daß »ein hochrangiger US-Regierungsberater sich zugunsten von Marcello an die Dominikanische Republik gewandt haben könnte«. In diesem Bericht wird weiterhin behauptet, daß »Senator Russell Long aus Louisiana, der von Marcello finanzielle Unterstützung erhalten hatte, sehr besorgt über die Deportation war und einem Beamten aus Louisiana eine Schlüsselposition beim INS besorgen wollte, von der aus Marcello hätte Hilfe gewährt werden können«.

Wie auch immer, Carlos verdankte es irgend jemandem aus seinem unsichtbaren Machtbereich, daß er unbemerkt von Zoll- und Einwanderungsbehörden in die Vereinigten Staaten zurückkehren konnte. Das war ein Sieg in dieser zutiefst demütigenden Erfahrung, dieser beispiellosen Verletzung seines Stolzes und seiner Würde. Die US-Regierung hatte ihn mit Verachtung und äußerster Respektlosigkeit behandelt. Wer stand hinter dieser öffentlichen Blamage? Für Carlos war der INS nicht daran schuld. Er hatte oft mit ihm zu tun gehabt, und er hatte stets versucht, fair zu sein. Nein, Carlos wußte genau, wer für diese Beleidigung verantwortlich war: Bobby Kennedy. Eines Tages würde er es ihm schon heimzahlen.

18

# Marcello kehrt heim – Kennedy schlägt zurück

Am 2. Juni 1961 verkündeten Carlos Marcellos Anwälte, daß ihr Klient in die Vereinigten Staaten zurückgekehrt sei und sich vorübergehend verborgen halte, womit sie weitverbreitete Gerüchte bestätigten.

Als Justizminister Kennedy das erfuhr, schickte er am 5. Juni zornentbrannt zwanzig Bundesagenten nach Shreveport, Louisiana, um eine Fahndung nach Marcello durchzuführen. Da das Justizministerium erfahren hatte, daß Michael Maroun in sein Haus in Shreveport zurückgekehrt war, glaubte Kennedy, Marcello verberge sich ebenfalls in dieser Stadt.

Am selben Tag stellte Marcello sich freiwillig den Beamten der Einwanderungs- und Naturalisierungsbehörde in New Orleans, die ihn in eine Strafanstalt für Ausländer in McAllen, Texas, schickte. Während er dort einsaß, wurde er auf dringende Empfehlung Robert Kennedys von einer Bundesanklagejury wegen illegaler Wiedereinreise angeklagt. Am 11. Juli erklärte der INS Marcello zum unerwünschten Ausländer und ordnete wiederum an, ihn zu deportieren, ein Urteil, gegen das Marcellos Anwälte sofort Einspruch erhoben.

Inzwischen war Marcello aus der Strafanstalt entlassen worden und hielt sich wieder in seinem Haus in Metairie und seinem Büro im nahegelegenen »Town & Country«-Motel auf, wo er seine Geschäfte wie gewöhnlich führte.

Als Carlos zu seiner täglichen Routine zurückkehrte, waren Familie und Organisation in Unordnung. Seine plötzliche Deportation war ein schwerer Schlag für die ganze Familie gewesen. Carlos war ihr Führer, ihr Hauptberater und Ernährer, die Quelle allen materiellen Wohlergehens, dessen sich die Marcellos erfreuten. Ohne ihn fühlten sie sich haltlos. Jacqueline, Louise, Florence und Jackie junior waren besonders betroffen gewesen. Ihre emotionale und finanzielle Abhängigkeit von Carlos war total. Da keiner von Carlos' sechs Brüdern auf den »Respekt« zählen konnte, den der Erstgeborene in der Unterwelt der Golfstaaten genoß, war die locker strukturierte Marcello-Organisation in Carlos' Abwesenheit ins Schwimmen geraten. Jetzt mußte Carlos den Kahn wieder flottmachen.

Er mußte sich auch gegen seine Nemesis im Justizministerium zur Wehr setzen. Während Carlos im Exil war, hatte Jack Wasserman in seinem Auftrag zwei Prozesse in Gang gesetzt, den einen gegen den IRS mit dem Ersuchen, das Steuerpfandrecht in Höhe von 835 396 Dollar aufzuheben, den anderen gegen Robert F. Kennedy bezüglich der Umstände von Carlos' Deportation nach Guatemala. In dem Rechtsfall »Carlos Marcello gegen Robert F. Kennedy« beschuldigte Marcello den Justizminister, eine illegale Handlung begangen zu haben, indem er ihn »im Kidnapperstil« ohne vorherige Benachrichtigung und auf Grund gefälschter Dokumente abschieben ließ.

Wenn Carlos Marcello durch Robert Kennedy gedemütigt worden war, dann sollte Kennedy nun durch Marcellos Gegenangriff gedemütigt werden. Denn Kennedy hatte tatsächlich eine Entscheidung des Bundesgerichts verletzt, nach der Marcello vor Ausführung der Deportation eine Frist von 72 Stunden zustand, und die Geburtsurkunde, die das Justizministerium benutzt hatte, war tatsächlich gefälscht gewesen.

Während die verschiedenen gerichtlichen Verfahren und Einsprüche bezüglich Marcellos Deportation und Wiedereinreise im Herbst 1961 weiterliefen, bewirkte Robert Kennedy, daß Carlos wieder vor den McClellan-Ausschuß geladen wurde. Ebenfalls zur Aussage aufgerufen waren Carlos' Bruder Joe und der Unterboß Joe Poretto.

Carlos erschien jedoch nicht zum festgesetzten Termin, sondern entschuldigte sich wegen Krankheit, ausgelöst durch die Tortur, die er als hilfloser Verbannter im salvadorianischen Urwald habe durchstehen müssen. Dem wütenden und auch etwas ungläubigen Ausschuß erklärte Wasserman, daß sein Klient als Folge der »grausamen und unmenschlichen Art und Weise«, in der die US-Regierung ihn nach Guatemala abgeschoben habe, immer noch unter zwei gebrochenen Rippen leide. Die Brüche habe er sich zugezogen, indem er auf einem Dschungelpfad nach Honduras dreimal ohnmächtig geworden sei. Der Vorsitzende McClellan ließ Wasserman wissen, Carlos habe auszusagen, sobald es ihm wieder gutgehe.

Dann rief der Ausschuß Joe Marcello und Joe Poretto auf, über das organisierte Verbrechen in Louisiana auszusagen. Als der Ausschuß-Rechtsberater Alderman Joe wegen des Gesundheitszustandes seines Bruders – ein Thema, zu dem Joe wiederholt die Aussage verweigerte – in die Mangel nahm, schleuderte er Joe eine letzte ungehörige Frage entgegen: »Leidet er unter einem

Zustand, den man McClellanitis nennt?« Worauf Joe wiederum Zuflucht zum 5. Zusatzartikel nahm.

Joe Marcello verweigerte die Aussage auf alle Fragen zu den Glücksspielaktivitäten seiner Familie mit dieser selben Begründung. Einmal fragte Alderman Joe nach dem Zusammenhalt der Familie Marcello: »Sie und Ihr Bruder und Ihr älterer Bruder Carlos, handeln Sie immer in Übereinstimmung?« Joe weigerte sich zu antworten.

Als Joe Marcellos Partner Joe Poretto mit seiner Aussage an der Reihe war, behandelte er den Ausschuß mit einer Arroganz und Verachtung, wie man sie selten auf einer Anhörung des Senats erlebt hatte. Zuvor schon hatte der 120 Kilo schwere Poretto, als er die rechte Hand zum Eid hob, Daumen und zwei Finger gekrümmt und Zeige- und kleinen Finger ausgestreckt in der traditionellen sizilianischen Geste, die *il corno*, »das Horn«, heißt und Verachtung bedeutet. Dann setzte sich der massige Poretto, der einen dunklen Anzug und eine dunkle Brille trug, wieder und verweigerte verächtlich die Beantwortung aller Fragen des Ausschusses über seine ehemaligen Tätigkeiten und seine augenblickliche Partnerschaft mit den Marcellos als Leiter des Nola-News-Rennsport-Informationsdienstes. Den Ausschuß breit angrinsend, zitierte er immer wieder den 5. Zusatzartikel. Einige Fragen, die Poretto nicht beantwortete, bezogen sich auf seine einstige Verbindung mit Mitgliedern des »Outfit« in Chicago: Mo Annenberg, dem Rennsport-Informationskönig, und Murray »The Camel« Humphreys, Sam Giancanas rechter Hand.

Als der leidende Carlos schließlich doch erschien, um auszusagen, verweigerte er die Antwort auf alle Fragen, die der Ausschuß ihm stellte, einschließlich derjenigen, die seine Gesundheit betrafen. Die beiden einzigen Ausnahmen waren, wie er hieß und wo er geboren war. Seine Verweigerung machte Schlagzeilen in den Zeitungen von New Orleans.

Obwohl Robert Kennedy gewiß erwartet hatte, daß Carlos bei den Anhörungen Zuflucht zum 5. Zusatzartikel nehmen würde, war er wütend über die arrogante Wiederholung der Vorstellung von 1959. Wassermans Hinweis auf die »grausame und unmenschliche Art und Weise«, in der die Regierung (lies Robert Kennedy) seinen Klienten abgeschoben hatte, ärgerte ihn besonders. Es war bitter für Kennedy, zugeben zu müssen, daß Marcello bisher jede Anstrengung der Regierung, gegen ihn zu ermitteln und ihn gerichtlich zu belangen, erfolgreich abgewehrt hatte. Statt dessen befand sich nun er, der Justizminister der Vereinigten Staaten, in der Defensive.

Kennedys Empörung wurde noch dadurch geschürt, daß er sich mit einem FBI-Direktor, seinem Untergebenen, abfinden mußte, der seine Bemühungen, Marcello zu schnappen, wiederholt belächelt hatte. J. Edgar Hoover verspürte wenig Respekt vor dem jungen, unerfahrenen Justizminister und schenkte ihm kaum Sympathie. Für J. Edgar Hoover waren Carlos Marcello und sein kriminelles Netzwerk eine Büchse der Pandora, die man lieber nicht öffnen sollte. Hoover wußte, daß das FBI einfach nicht die Mittel und die Macht hatte, um es mit einer so mächtigen und schwer faßbaren kriminellen Organisation aufzunehmen. Um seine Position zu stärken, brauchte Hoover dem Neuling in der Verbrechensbekämpfung nur klarzumachen, in welchen Schlamassel er die Regierung durch seine Kidnap-Deportation von Carlos Marcello gebracht hatte.

Robert Kennedy schätzte diese Auffassung nicht und mahnte Hoover, die FBI-Ermittlungen gegen Marcello anzukurbeln. Er zeigte dem Direktor, was er meinte, als er am 30. Oktober 1961 öffentlich verkündete, daß Marcello sich in New Orleans vor einer Anklagejury werde verantworten müssen. Anklagepunkte seien Konspiration wegen Fälschung einer guatemaltekischen Geburtsurkunde und Meineid. Carlos' Bruder Joe wurde ebenfalls angeklagt, da man Joe für den geheimnisvollen Mann hielt, der nach Guatemala gereist war und einen Regierungsbeamten bestochen hatte, Carlos' Namen in das Geburtenregister von San José Pinula aufzunehmen. Am 30. Dezember 1961 – Marcello befand sich dank einer Kaution von 10000 Dollar in Freiheit – bestätigte eine fünfköpfige Berufungskommission der Einwanderungsbehörde den Deportationsbefehl und wies Jack Wassermans Antrag, ihn aufzuheben, ab.

Die Nachricht erschütterte die Marcellos noch einmal. Das Jahr 1961 war schwierig gewesen: Carlos' Deportation, die Steuerveranlagung, die Anklage wegen illegaler Wiedereinreise, die Anhörungen des McClellan-Ausschusses, die Anklage gegen Carlos und Joe wegen Konspiration und Meineids – und jetzt die Bestätigung des Deportationsbefehls nach einer abgelehnten Berufung. Jacqueline und die Mädchen würden in ständiger Angst leben müssen, daß man ihnen Carlos wieder entriß. Die Brüder, die alle von Carlos' Führung und Geschäftstüchtigkeit abhängig waren, blickten einer Zeit der Ungewißheit entgegen. Was Carlos selbst betraf, so konnte die von der Presse gründlich ausgeschlachtete Nachricht von der Aufrechterhaltung des Deportationsbefehls eine geschäftsschädigende Unsicherheit in seiner Organisation bewirken.

Und wer steckte hinter all dieser Angst und Verwirrung und Unsicherheit? Menschen, die den Marcellos damals nahestanden, bemerkten gegen Ende 1961, daß der Haß der Familie gegen Robert Kennedy grenzenlos wurde. Allein die Erwähnung seines Namens bei einem Familientreffen oder einer Zusammenkunft seiner Geschäftspartner löste hysterische Schreie bei den Frauen und Wutausbrüche bei den Männern aus.

Carlos Marcellos Ehre stand nun auf dem Spiel. Bobby Kennedy drohte, alles zu zerstören, was die Familie in einem halben Jahrhundert des Ringens in Louisiana aufgebaut hatte. Da seine Umgebung ihn ständig fragte, was er gegen Bobby Kennedy unternehmen wolle, und seine Feinde und Konkurrenten in der Unterwelt immer noch über seine unsanfte Abschiebung nach Guatemala kicherten, wurde Carlos allmählich ungeduldig.

Es sieht jedoch so aus, als habe Carlos einen letzten Versuch unternommen, sein Problem mit Bobby Kennedy auf diplomatischem Wege zu lösen. Am 17. Juli 1963 nahm ein Abhörgerät des FBI ein Gespräch zwischen Angelo Bruno, Boß der führenden Mafiafamilie von Philadelphia, und Russell Bufalino, einem Mafiacapo aus Pittston, Pennsylvania, auf, das Marcellos Notlage behandelte. Daraus ging hervor, daß Carlos einmal versucht hatte, Frank Sinatra zu bewegen, sich bei den Kennedys für ihn einzusetzen.

Brunos auf Band aufgenommenen Bemerkungen zufolge hatte Carlos irgendwann einmal die Mafiabosse Santo Trafficante und Sam Giancana gebeten, ihren Freund Frank Sinatra zu überreden, sich für ihn zu verwenden, und zwar über Bobby Kennedys Vater Joseph P. Kennedy, den Bruno als Sinatra »freundlich gesinnt« beschrieb. Ein FBI-Bericht vom 1. Oktober 1962 über die Unterhaltung zwischen Bruno und Bufalino enthüllte, daß es Sinatra offenbar gelungen war, Bobby Kennedys Gehör bezüglich des Falles Marcello zu finden, doch daß der Vermittlungsversuch die Sache noch verschlimmert hatte. Anstatt sich nicht mehr über den Mafiaboß von Louisiana aufzuregen, wurde Bobby nur noch entschlossener, Marcello zu verfolgen. Das Scheitern der diplomatischen Bemühungen bedeutete, daß Marcello jetzt nur noch eins übrigblieb: Krieg.

# 19

# Marcello schwört Rache

Ende des Sommers 1962 begann sich um den Mafiaboß Carlos Marcello das Netz der Anklagen, die er Robert Kennedy verdankte, so eng zusammenzuziehen, daß er kaum noch entrinnen konnte. Zwei schwerwiegende Anklagen des Bundes, die bald zu Prozessen und vielleicht Verurteilungen und Gefängnisstrafen führen würden, und ein laufender Deportationsbefehl, gegen den er nicht noch einmal Berufung einlegen konnte, schwebten über Carlos, der in einen Nebel der Ungewißheit gehüllt war.

In dieser bedrohlichen Atmosphäre verlor Carlos gelegentlich den Kopf. In plötzlichen Wutausbrüchen auch vor Leuten, die nicht zu seinem engsten Kreis gehörten, kam zum Vorschein, was er mit Bobby Kennedy machen würde.

Carlos besaß ein Jagd- und Angelcamp auf Grand Isle, einem langen Streifen Schlick und Sand im Mississippidelta zwischen der Einfahrt zur Bucht von Barataria und dem Golf von Mexiko. An einem Sommerwochenende, als Carlos mit ein paar Familienmitgliedern und Freunden zum Angeln, Schwimmen und Sonnenbaden im Camp war, hörte ein schwarzer Campangestellter verblüfft, wie der Boß vor einer gemütlichen Runde, die um einen Picknicktisch im Freien saß, eine Schimpfkanonade gegen Bobby Kennedy losließ.

»Sprich mir nicht von diesem Hurensohn Bobby!« brüllte Marcello. »Du weißt, daß er mich verdammt verrückt macht. Jackie weint die ganze Nacht, weil sie glaubt, daß Kennedy mich wieder rausschmeißt. Sie liest das Zeug über die Deportation und all das in der Zeitung und kann nicht schlafen. Bobby macht auch meine Töchter ganz verrückt. Sie wollen ihren Vati nicht verlieren... Ich sag' euch, Jungs, sie werden ihren alten Herrn nicht verlieren. Nein, Sir. Ich hab' nämlich einen Plan. Wartet nur ab, ob dieser Hurensohn Bobby Kennedy es schafft, mich Frau und Kindern wegzunehmen.«

Nicht lange danach explodierte Carlos offenbar erneut. Diesmal war die Tirade in einem Bauernhaus auf Churchill Farms zu hören. Was er mit Bobby Kennedy anfangen würde, schilderte er nun jedoch viel genauer.

Carlos hatte einen Teil des Morgens in seinem Büro im »Town & Country«-Motel verbracht und mit Carlo Roppolo, einem engen persönlichen Freund, den er seit seiner Kindheit kannte, und Edward Becker, einem Bekannten von Roppolo aus Las Vegas, Geschäftliches besprochen. Roppolo, der unter anderem auch im Erdölgeschäft tätig war, hatte ein Öladditiv entwickelt, das er Mustang nannte und bei dessen Vertrieb in Louisiana Marcello ihm helfen sollte. Becker, damals Public-Relations-Direktor des »Riviera«-Spielkasinos in Las Vegas, war nun Ermittler mit eigener Privatdetektei in Las Vegas. Er hatte Roppolo in Shreveport bei einer Ermittlung gegen den berüchtigten texanischen Schwindler Billie Sol Estes kennengelernt, die er für eine der betrogenen Firmen durchgeführt hatte. Da Roppolo mit der betreffenden Firma zu tun gehabt hatte, waren sich die beiden über den Weg gelaufen. Als Roppolo davon sprach, sein neues Öladditiv auf den Markt zu bringen, bot Becker sich an, ihm bei der Beschaffung von Geldmitteln zu helfen. Roppolo fragte Becker, ob er seinen »Onkel« Carlos Marcello kennenlernen wolle, den er für den Vertrieb des Öladditivs zu gewinnen beabsichtigte. Becker wußte genau, wer Marcello war, und ergriff sofort die Gelegenheit, ihn zu treffen. Wie sich herausstellte, hatten Becker und Marcello mehrere gemeinsame Freunde in Las Vegas. Bei einigen davon erkundigte Marcello sich telefonisch in Beckers Gegenwart, so daß dieser rasch Marcellos Vertrauen gewann.

Becker, ein redegewandter Mann mit scharfem Verstand und sprühendem Witz, erinnert sich, daß er sich gegen Ende der kurzen Sitzung im »Town & Country«-Motel erlaubte, über Marcellos typischen Mafiablick zu lachen. Becker hatte ihn oft bei Johnny Roselli in Las Vegas erlebt und war überzeugt, daß Mafiabosse ihren Blick vor dem Spiegel übten. Carlos hatte Becker den Blick zugeworfen, als dieser eine Geschichte über Roselli erzählte. »He, Bekker«, sagte Carlos, die Geschichte unterbrechend, »Ihr verdammter Mund läuft ja eine Meile pro Minute. Still jetzt, wir gehen hinaus. Man weiß nie, wer einen hier belauscht.«

Während Becker noch darüber lachte, stand Carlos auf, rief einen Helfer herbei und befahl, seinen Cadillac vor das Büro zu bringen.

»Wir fahren rüber nach Churchill Farms«, sagte er. »Ich möchte Ihnen das Grundstück zeigen. Ich habe eine Menge Pläne dafür, und man kann da gut reden.«

Das machte Becker nervös. Er hatte Geschichten gehört über Leute, die Carlos mißfielen und im Sumpf von Churchill Farms verschwunden waren.

Kurz darauf erschien einer von Carlos' Kumpanen mit dem Wagen. Es war ein großer, ungeschlachter Mann namens Jack Liberto, den Carlos gern auf die Rennbahn mitnahm und der auch sein persönlicher Friseur war. Groß und stark, wie er war, hielt Becker ihn für einen Leibwächter oder etwas noch Schlimmeres. Mit Marcello am Steuer brachen die vier Männer auf nach dem Westufer und Carlos' 2590 Hektar großem Landbesitz im Sumpf.

Auf der schmalen, holprigen, unbefestigten Straße hielt Carlos erst einmal vor einem kleinen Garnelen-Abpackbetrieb, der am Wege lag, und drückte auf die Hupe. Sofort trat ein schwarzer Arbeiter heraus und reichte dem Boß schweigend eine kleine Kiste tiefgefrorener Garnelen, die Carlos an Liberto weiterreichte. »Es gibt keine besseren Garnelen als meine«, sagte Marcello und fuhr wieder los.

Hier und da flog ein Reiher aus den Sümpfen auf, und von Zeit zu Zeit wandte sich einer von Carlos' Landarbeitern um und grüßte den vorbeifahrenden Wagen durch Tippen an den Hut. Zu beiden Seiten der Straße erstreckte sich der riesige Sumpf mit seinen grauen, moosbehangenen Zypressen und leuchtend grünen Fächerpalmen, so weit das Auge reichte.

Während der Fahrt wandte Carlos sich einmal nach Becker um, wies auf den Sumpf und sagte lachend: »Da werden wir die Leichen los.«

Dann fuhr er fort: »He, Becker, sind Sie Jude?«

Becker antwortete nicht.

»Sie wissen doch, was wir mit Juden machen, nicht wahr, Becker?... Wir schmeißen sie einfach aus dem Wagen in den Sumpf. Da drin gibt es viele Schlangen.«

Becker schaute die Straße entlang. Bald kamen zwei ländliche Gebäude in Sicht: ein von Hühnern und Ziegen umgebener Stall und ein kleines Bauernhaus mit einer Veranda und schmalen Fenstern. Die warme, feuchte Septemberluft war voller flaschengrüner Fliegen und segelnder Schwalben.

Carlos hielt vor dem Bauernhaus und geleitete Becker, Roppolo und Liberto hinein. Becker erinnert sich an ein kleines Schlafzimmer mit einer einzigen Kommode, eine sparsam eingerichtete Küche und ein hübsches Konferenzzimmer mit einem langen Tisch und Stühlen.

Carlos führte seine Gäste in die Wohnküche und bot ihnen Platz an einem Tisch neben dem Kühlschrank und einem alten Grammophon an. Er holte eine Platte mit Käse und Salami aus dem Kühlschrank und goß sich und seinen Gästen Scotch ein. Dann ging er zum Grammophon und legte eine von seinen geliebten Connie-Francis-Platten auf. Die Sitzung begann mit belanglosem Geplauder und Witzen über sexuelle Eroberungen und Geldgeschäfte, begleitet von Connie Francis' italienischen Liedern und reichlich Scotch.

Irgendwann rutschte dem redseligen Becker eine Bemerkung heraus, die Carlos auf die Palme brachte. »Mann«, sagte Becker, »ist es nicht eine verdammte Schande, wie schlecht Bobby Kennedy Sie behandelt? Ich habe in den Zeitungen darüber gelesen. All dies Deportationszeug. Was werden Sie dagegen tun, Carlos?«

Carlos' vergnügte Laune veränderte sich abrupt. Er sprang vom Tisch auf und rief, ins Sizilianische zurückfallend: *»Levarsi 'na pietra di la scarpa!«* (Nimm den Stein aus meinem Schuh!) »Macht euch keine Sorgen wegen des kleinen Hurensohns Bobby«, fuhr er fort. »Um den kümmern wir uns schon. Ich habe ...«

»Aber Sie können sich doch nicht mit Bobby Kennedy anlegen«, unterbrach Becker ihn. »Wenn Sie das tun, werden Sie eine Menge Ärger haben.«

»Nein, das meine ich ja gar nicht«, brüllte Carlos, ohne sich zu setzen. »Es gibt ein sizilianisches Sprichwort: Wenn du einen Hund töten willst, hack ihm nicht den Schwanz ab, sondern den Kopf.« Er erklärte, daß man sich Präsident Kennedy als Hund vorstellen sollte und Justizminister Kennedy als Hundeschwanz. »Der Hund wird dich weiterbeißen, wenn du ihm nur den Schwanz abhackst«, fuhr er fort. »Aber wenn du ihm den Kopf abhackst, stirbt der Hund, mit Schwanz und allem.«

Immer noch stehend, erklärte Marcello Becker und Roppolo, daß der Präsident im Falle der Ermordung seines Bruders noch schärfer als bisher gegen dessen Feinde – Leute wie ihn selber und Hoffa – vorgehen würde. Im Falle der Ermordung des Präsidenten dagegen würde sein Nachfolger Johnson gar nichts unternehmen. Und Bobby Kennedy, den Johnson haßte, würde all seine Macht verlieren.

Dann setzte Marcello sich wieder und erläuterte seinen Besuchern, daß Präsident Kennedy verschwinden müsse. Er werde die Ermordung jedoch so planen, daß seine Leute nicht als die Mörder identifiziert werden könnten. Nein, er würde jemanden, der nicht mit seiner Organisation in Verbindung stand, benutzen und so einsetzen, daß die Polizei ihn sofort für den Täter halten würde. Er habe sich schon etwas ausgedacht. Ein »Spinner« würde den Kopf hinhalten, »wie es in Sizilien üblich ist«.

Als Carlos dies sagte, fiel Becker sein grimmiger Gesichtsausdruck auf. Carlos, der mindestens zwei Whiskys hinuntergestürzt hatte, schwitzte, seine roten Augen quollen hervor, und er atmete schwer. Becker kam rasch zu dem Schluß, daß das Kennedy-Problem für Marcello mehr als nur ein reines »Geschäft« war. Mit Bobby abzurechnen war mittlerweile eine zutiefst persönliche Angelegenheit geworden, ein Weg, die unerhörte Verletzung von Carlos' Würde zu rächen und Ehre und Respekt zurückzugewinnen.

Nach Carlos' Ausbruch über Bobby Kennedy, der nicht länger als fünf bis sechs Minuten gedauert hatte, beruhigte sich die Stimmung, und die Männer vertieften sich in ein längeres Geschäftsgespräch, in dessen Verlauf Marcello die Brüder Kennedy nicht wieder erwähnte. Carlos wischte sich den Schweiß von der Stirn und erklärte Roppolo, daß niemand das Öladditiv besser in Louisiana vertreiben könne als er. Standen nicht seine Spielautomaten in jeder Ecke des Staates? Aber er erwarte einen anständigen Anteil am Gewinn.

Am Ende der Konferenz überraschte Carlos Becker, indem er sich plötzlich an Jack Liberto wandte und sagte: »He, Jack, hier ist ein bißchen Geld. Rasiere Becker schön glatt. Er sieht so aus, als könne er es brauchen.« Er griff in seine tiefe linke Hosentasche, holte ein Bündel Geldscheine hervor und stopfte sie Liberto in die Hand.

Auf dem Rückweg ins »Town & Country«-Motel begann Becker, sich ein wenig ungemütlich zu fühlen. Er fragte sich, was Carlos vorhatte. In einem unbewachten Augenblick, nach ein paar Whiskys, hatte Marcello seinen Plan, Präsident Kennedy zu töten, einem Menschen anvertraut, der ihm praktisch fremd war. Vielleicht, sann Becker, war der Auftrag an Liberto, ihn schön glatt zu rasieren, ein Kode für etwas ganz anderes.

Als Becker dann tatsächlich auf Libertos Friseursessel saß, fügte er sich zuerst, geriet dann aber in Panik. Liberto hatte Becker ein heißes Handtuch auf das Gesicht gelegt und angefangen, sein Rasiermesser zu wetzen. Bei diesem Geräusch ging die Phantasie mit Becker durch. Er sprang jäh aus dem Sessel, riß sich das Handtuch vom Gesicht und täuschte einen Erstickungsanfall vor.

»Das Handtuch...«, japste er. »Ich konnte nicht atmen. Lassen Sie es gut sein mit der Rasur. Trotzdem vielen Dank an Carlos.«

Edward Becker traf während seines Aufenthalts in Louisiana noch zwei oder drei weitere Male mit Marcello und Roppolo zusammen und erhielt sogar eine Einladung in Carlos' riesige Villa in Marrero. Die Villa, so erinnert er sich, war von klassischen italienischen Statuen umgeben und enthielt ein gewaltiges Aquarium und ein ebensolches Lager feinster kubanischer Zigarren. Bei einer dieser Begegnungen erwähnte Carlos nochmals die Brüder Kennedy. Obwohl Becker die Mafiaprahlerei kannte und wußte, daß Mafiabosse gern und oft laute Drohungen gegen ihre Feinde ausstoßen, mußte er dennoch hin und wieder über das nachdenken, was er in Churchill Farms gehört hatte. Ihm war besonders aufgefallen, daß Marcello sehr ernst gewesen war. Es kam ihm so vor, als habe Carlos seine Pläne bereits mit jemand anderem besprochen.

Diese Vermutung war nicht abwegig. Etwa eine Woche später gab einer von

Carlos Marcellos Freunden aus der Unterwelt einem Exilkubanerführer und Finanzier in Miami zu verstehen, daß Präsident Kennedy noch vor den Wahlen von 1964 getötet würde. Die beiden Männer waren der Floridaboß Santos Trafficante, der kürzlich in New Orleans mit Carlos zusammengetroffen war, und José Aleman junior.

Aleman, Sohn eines früheren kubanischen Ministers, war in der Bewegung der Exilkubaner, die den Sturz der neuen Revolutionsregierung plante, aktiv und überdies ein enger Freund eines der kubanischen Hauptverschwörer in dem Mordplan der CIA gegen Fidel Castro. Als Aleman Trafficante in Miami traf, war er bemüht, einen Kredit auszuhandeln, um eine große Wohnsiedlung zu finanzieren, die er in Miami bauen wollte. Er glaubte, Trafficante könne ihm das Kapital durch seinen guten Freund Jimmy Hoffa beschaffen. Trafficante war Aleman günstig gesinnt, weil dessen Vetter Garcia Banyo ihm nach der Machtübernahme durch Castro behilflich gewesen war, aus Kuba hinauszukommen.

Trafficante und Aleman trafen sich in einer Suite des Hotels »Scott Bryant« in Miami, das Aleman gehörte. Aleman berichtete Trafficante, daß er 1,5 Millionen Dollar benötige und daß Jimmy Hoffa den Kredit, der bei einer Zusage aus der Pensionskasse der Teamster-Gewerkschaft kommen solle, bereits vorläufig genehmigt habe. Nun brauche er Trafficante, um ein gutes Wort für ihn bei Hoffa einzulegen.

Der Teamster-Chef stand damals sogar noch stärker unter dem Druck von Robert Kennedy als sein Freund Carlos Marcello. Kennedy hatte im Justizministerium eine ganze Abteilung eingerichtet, die nur die Aufgabe hatte, Hoffa zu »kriegen«. Teamster-Funktionär Edward Partin aus Louisiana zufolge erwog Hoffa im Sommer 1962 ernsthaft, diesen Plan zu vereiteln, indem er Robert Kennedy und vielleicht auch seinen Bruder, den Präsidenten, tötete.

Als in dem Gespräch der Name Hoffa fiel, schweifte Trafficante ein wenig von dem Kredit ab und beklagte sich, wie schlecht die Kennedys seinen Freund behandelten.

Auf Präsident Kennedy verweisend, bemerkte Trafficante:

»Haben Sie gesehen, wie sein Bruder Hoffa mitspielt, einem Mann, der kein Millionär ist, sondern ein Freund der Arbeiter? Er weiß nicht, daß diese Art Konfrontation sehr heikel ist... Es ist nicht recht, was sie Hoffa antun... Hoffa ist ein hart arbeitender Mann und hat es nicht verdient. Glauben Sie mir, dieser Kennedy ist in Schwierigkeiten. Der kann noch was erleben!«

Aleman widersprach Trafficante und sagte, seiner Meinung nach leiste Kennedy gute Arbeit, sei sehr beliebt und werde wahrscheinlich wiedergewählt.

Daraufhin antwortete Trafficante nachdrücklich: »Nein, José, du verstehst mich nicht. Kennedy wird es nicht bis zur Wahl schaffen. Er wird umgelegt werden.«

Aleman spielte eine Doppelrolle: Er war zugleich ein FBI-Informant. Nach diesem Treffen ging er in die FBI-Außenstelle in Miami und meldete den diensttuenden Agenten Trafficantes Bemerkungen über Hoffa und die Kennedys und dessen offensichtliche Überzeugung, daß John F. Kennedy vor der nächsten Präsidentschaftswahl ermordet werden würde. Die Agenten notierten Alemans Bericht nachlässig, ohne viel Interesse daran zu zeigen, und baten ihn, das FBI auch weiterhin über seine Kontakte mit Trafficante zu informieren.

Etwas mehr als zwei Monate später, am 20. November 1962, lud das FBI-Büro von Los Angeles Edward Becker vor, um ihn über den Fall Billie Sol Estes zu interviewen. Becker erzählte von seinem Treffen mit Carlo Roppolo und Carlos Marcello in Churchill Farms, erwähnte aber nichts von Marcellos Drohung, Präsident Kennedy töten zu lassen, weil er dies damals zuwenig ernst genommen hatte. Am Ende versprach Becker, dem FBI weitere Informationen über Billie Sol Estes zu liefern. Der Agent, der ihn befragte, schien an Beckers Zusammenkunft mit Marcello nicht interessiert zu sein.

Was Carlos' Schwierigkeiten mit Robert Kennedy betraf, so verschlechterte sich seine Lage Ende 1962 und in den ersten Monaten des Jahres 1963 ständig, denn der junge Justizminister, dessen Kampf gegen den Mafiaboß aus Louisiana sich in eine persönliche Vendetta verwandelt hatte, verstärkte seine Bemühungen, Marcellos Macht ein für allemal zu brechen.

## 20

# Marcello in der Klemme

Etwa anderthalb Monate nachdem Carlos spontan gedroht hatte, Präsident Kennedy ermorden zu lassen, erlitten seine verzweifelten Bemühungen, der Deportation zu entrinnen, einen schweren Rückschlag.

Der Ausweisungsbefehl der Einwanderungs- und Naturalisierungsbehörde gründete auf Carlos' Status als »unerwünschter Ausländer«. Um so klassifiziert zu werden, muß jemand, der in den Vereinigten Staaten wohnt, aber keine US-Staatsbürgerschaft besitzt, wegen eines Verbrechens gegen die Bundesgesetze verurteilt worden sein. Das war bei Carlos 1938 der Fall gewesen, als er versucht hatte, einem Undercover-Agenten der Regierung eine große Menge Marihuana zu verkaufen. Anfang Oktober 1962 hatten seine Anwälte beim Bundesgericht den Antrag gestellt, das Urteil von 1938 aufzuheben. Der Antrag wurde am 31. Oktober abgelehnt. Der Deportationsbefehl galt also weiter. In einem letzten verzweifelten Versuch reichte Jack Wasserman beim Obersten Bundesgericht der Vereinigten Staaten ein Gesuch ein, den Deportationsbefehl für seinen Klienten zu revidieren. Wenn das hohe Gericht die Revision ablehnte, was zu erwarten war, würde Marcello nur noch wenig Chancen haben, in den Vereinigten Staaten zu bleiben.

Die Entscheidung gegen Marcello vom 31. Oktober erhielt in New Orleans Schlagzeilen, und so verbreitete sich die Nachricht, daß der Deportationsbefehl des INS gegen den Mafiaboß bestätigt worden war, bald in ganz Louisiana. Carlos war noch mehr nörgelnden und oft spöttischen Fragen ausgesetzt, was er gegen Bobby Kennedy unternehmen wolle.

Zuverlässigen Quellen zufolge wurde Carlos zunehmend mit Fragen bestürmt – von Frau und Kindern, von seinen acht Brüdern und Schwestern und deren Ehegatten, von seinen engsten Leutnants, Männern wie Joe Poretto und Nofio Pecora, ganz zu schweigen von seinen niederen Günstlingen und all den

Beamten, die er in der Tasche hatte –, was er konkret für Pläne hege. Da sein Unterweltimperium der größte selbständige Industriezweig Louisianas war, sah es nicht nur für die Familie Marcello, sondern auch für Tausende anderer Menschen schlecht aus, wenn der Mann, der dieses riesige Unternehmen geschaffen und geführt hatte, aus den Vereinigten Staaten hinausgeworfen würde.

Geschichten über Marcellos Haß gegen Bobby Kennedy und seine Entschlossenheit, sich zu rächen, kursieren heute noch reichlich in Louisiana, und sie haben die Grenze zwischen Historie und Legende bereits überschritten. Eine dieser Geschichten berichtet von einem weiteren Wutausbruch Carlos' gegen Bobby Kennedy, der sechs Monate vor der Ermordung des Präsidenten in seinem Camp auf Grand Isle stattgefunden haben soll.

Es war im Frühjahr 1963, etwa im April oder Mai. Carlos hatte ein paar enge Freunde aus den alten sizilianischen Familien von New Orleans eingeladen, ein Wochenende mit ihm auf Grand Isle zu verbringen. Als er mit einem von ihnen in der Küche einen Scotch trank, erwähnte dieser beiläufig einen Artikel über den Beschluß des Obersten Gerichtshofs, den Deportationsbefehl gegen ihn aufrechtzuerhalten, den er vor einiger Zeit in der *Times-Picayune* gelesen hatte. Bei der Erwähnung von Bobby Kennedys Namen schien Carlos plötzlich zu würgen und spuckte seinen Scotch auf den Fußboden. Er erholte sich rasch und bildete mit der linken Hand das bekannte süditalienische Zeichen *il corno*. Er hielt das alte Symbol des Hasses und der Rache hoch über den Kopf und rief: »Mach dir keine Sorgen wegen dieses Bobby. Wir werden uns um den Hurensohn kümmern!«

»Soll das heißen, daß du Bobby erledigen willst?«

»Was würde das schon nützen? Wenn der erledigt ist, ruft sein Bruder die Nationalgarde. Nein, du mußt den Topmann umlegen. Und was tut der nächste Topmann? Er mag den Bruder nicht.«

»Aber ist es nicht ein großes Risiko, nach Washington zu reisen? Du darfst Louisiana doch gar nicht verlassen.«

Carlos lächelte und blickte seinen Freund herablassend an. Dann sagte er: »Was ist los mit dir, Mann? Wann hätte ich mich jemals zu jemandem hinbemühen müssen? Das ist etwas, wofür ich einen Spinner besorgen muß, einen Verrückten ... Aber ich sag' dir, so wahr ich hier stehe, daß dem Mann etwas Schreckliches geschehen wird.«

Justizminister Kennedy war natürlich entzückt über den Verlauf seines Deportationsfeldzugs gegen Marcello. Nachdem Marcello sich dreist seiner Abschiebung nach Guatemala widersetzt hatte und heimlich wieder in die Vereinigten Staaten eingereist war, hatte Kennedy geschworen, ihn eines

Tages für immer aus dem Lande zu werfen. Die Kennedys spielten, um zu gewinnen, und wenn sie eine Schlacht verloren oder öffentlich herausgefordert wurden, dann fühlten sie sich zur Rache verpflichtet. Daß Bobby Kennedys Feldzug gegen Marcello zu einer persönlichen Vendetta geworden war, wußten seine engsten Mitarbeiter im Justizministerium genau. Dies war für Bobby ein Kampf bis zur Entscheidung. Die Brüder Kennedy mochten von Fidel Castro Dresche bezogen haben, aber von Carlos Marcello würden sie sich nichts bieten lassen.

Ja, alles lief bestens. Aber Robert Kennedy war immer noch unzufrieden damit, wie das FBI die kriminelle Organisation der Marcellos untersuchte. Zwar war es dem FBI kürzlich zum erstenmal in der Geschichte gelungen, wichtige Führer des organisierten Verbrechens elektronisch zu überwachen, nicht aber Carlos Marcello, bei dem weder Telefongespräche abgehört noch Wanzen angebracht werden konnten. Der einzige große Mafiaboß, der es ebenfalls geschafft hatte, der elektronischen Überwachung des FBI zu entwischen, war Santos Trafficante.

So bestellte Robert Kennedy Ende Januar 1963 J. Edgar Hoover in sein Büro und ließ ihn seine Unzufriedenheit wissen. Er befahl dem 65jährigen Bürokraten, die Schritte des FBI gegen den Mann anzukurbeln, der sich doch in zwei großen Untersuchungen des Senats als der größte Verbrecher der Golfküstenstaaten erwiesen hatte.

Drei Wochen nach dieser Standpauke beauftragte Hoover das FBI-Büro in New Orleans – zu dessen Hauptagenten Regis Kennedy gehörte, der im Laufe der Jahre beständig berichtete, daß Marcello ein einfacher Tomatenverkäufer sei –, die Ermittlungen gegen die Mafia von Louisiana zu verstärken. Wie aus einem Fernschreiben des FBI-Direktors hervorgeht, befahl Hoover den Agenten, sich »besondere Mühe« zu geben, um den »Grad der Ermittlungen zu erhöhen«. Er empfahl den Einsatz von Undercover-Informanten und elektronische Überwachung von Marcello und seinen Leutnants.

Es ist nicht bekannt, was die Außenstelle in New Orleans unternahm, um diese Befehle auszuführen. Viele gut informierte Forscher und Ermittler trauen Regis Kennedy nicht und verdächtigen ihn, bei Carlos die Hand aufgehalten zu haben. Wie auch immer: Es scheint heute so, als wäre in New Orleans wenig unternommen worden, um »den Grad der Ermittlungen gegen Carlos Marcello zu erhöhen«, denn das FBI versäumte es, den Mafiaboß von Louisiana im Rest des Jahres 1963 auf irgendeine ernsthafte Weise heimlich überwachen zu lassen.

1979 erklärte ein ehemaliger FBI-Agent vor dem Mordausschuß des Repräsentantenhauses, er war 1963 zweiter Mann in der täglichen Nachrichtendienstarbeit über das organisierte Verbrechen gewesen, daß die beiden Städte, in denen es das FBI nicht geschafft habe, in die örtliche Mafiaorganisation einzudringen, Dallas und New Orleans gewesen seien. Beide standen unter der Kontrolle Carlos Marcellos, über den der ehemalige Agent aussagte:

»Ich stimme jedem zu, der sagt, daß wir mit Carlos Marcello nie sehr weit gekommen sind. Das war unsere größte Lücke. Bei der Macht, die er in dem Staat hatte, konnte man einfach nicht in sein Königreich eindringen. Marcello bildet die einzige große Ausnahme in unserer damaligen Arbeit. Es gab einfach keine Möglichkeit, in das Gebiet einzudringen. Er war zu schlau.«

Daß es »einfach keine Möglichkeit gab«, erwies sich spätestens 1979 als unwahr, als das FBI erfolgreich eine massive Geheimoperation gegen Marcello unternahm, deren Ergebnis 1400 Tonbandspulen mit seinen Gesprächen waren. Um das zustande zu bringen, bauten FBI-Agenten ein elektronisches Abhörgerät in seinem Büro im »Town & Country«-Motel ein und zapften all seine Telefone an, wobei sie kaum Schwierigkeiten hatten. Ja, einer der Agenten benötigte nicht mehr als zehn Sekunden, um das Schloß an der Tür zu Marcellos Büroräumen zu öffnen.

Nein, der Grund, weshalb es der Außenstelle des FBI in New Orleans 1963 nicht gelang, »in das Gebiet einzudringen«, waren wahrhaftig nicht die intellektuellen Fähigkeiten Carlos Marcellos. Es war vielmehr ein FBI-Büro, das nicht nur bei der Überwachung von Marcello, sondern auch bei der eines anderen Einwohners von New Orleans, eines gewissen Lee Harvey Oswald, so schlampige Arbeit leistete, daß man fast argwöhnen könnte, das Büro habe mehr unter der Kontrolle der Marcello-Organisation gestanden als unter der des Justizministeriums in Washington. (Nebenbei bemerkt, wurde Warren du Brueys, der Agent, der Oswald zu überwachen hatte, 1977 Nachfolger von Aaron Kohn als Direktor der New Orleans Metropolitan Crime Commission. Als ich du Brueys 1987 fragte, ob er Kohns Ermittlungen gegen die Marcellos fortsetze, antwortete er: »Nein, wir sind auf diesem Gebiet nicht mehr tätig. Wir haben jetzt andere Prioritäten.«)

Als das Jahr 1963 fortschritt, schien Carlos in seinem Widerstand gegen die Bundesregierung immer kühner zu werden. Einige Ermittler stellten die Vermutung an, daß Regis Kennedy Marcello vielleicht von dem Druck des Justizministers auf Hoover berichtet habe und daß das der Grund gewesen sei, weshalb Marcello seine Arbeit am Plan, »den Stein aus dem Schuh zu entfernen«, beschleunigte.

## 21

# Erste Andeutungen einer Verschwörung

Am 15. Februar 1963 hatte J. Edgar Hoover dem FBI-Büro von New Orleans befohlen, die Überprüfung von Carlos Marcello und seiner kriminellen Organisation zu intensivieren.

Ungefähr zwei Monate später fiel zwei Personen unabhängig voneinander und unter verschiedenen Umständen in New Orleans etwas auf, was wie Andeutungen einer konspirativen Betätigung aussah, die sich gegen das Leben Präsident Kennedys richtete. Das, was sie gesehen und gehört hatten, sprach dafür, daß ein enger Mitarbeiter der Marcellos vorherige Kenntnisse von der Ermordung besaß und daß eine Verbindung zwischen dem angeklagten Mörder und einem weiteren Gefährten der Marcellos bestand. Ihre Aussagen waren in FBI-Berichten enthalten, die wenige Tage nach dem Mord veröffentlicht wurden.

Aus Gründen, die unklar sind, die aber später in dieser Geschichte genauer ausgeführt werden, blieben die beiden FBI-Berichte mit den Aussagen unberücksichtigt. Sie wurden den beiden offiziellen Untersuchungsgremien des Kennedymords – der Warren-Kommission von 1964 und dem Mordausschuß des Repräsentantenhauses von 1979 – entweder nicht vorgelegt oder von diesen übersehen. Auch in der umfangreichen Literatur über den Kennedymord sind sie nirgends zu finden. Einer von ihnen wird in meinem Buch über die Familie Kennedy (Siegen! Siegen um jeden Preis, Schweizer Verlagshaus, Zürich 1987) beiläufig erwähnt; der andere hat seinen ersten öffentlichen Auftritt in diesem Buch.

Eugene De Laparra war ein junger ehemaliger Angehöriger des Marine Corps. Er arbeitete halbtags in einem Bar-Restaurant in New Orleans, das einem gewissen Bernard Tregle, einem Geschäftsfreund der Marcellos, gehörte. Tregles Lokal, das »Lounnor Restaurant«, seinen Gästen auch als

»Tregles Bar« bekannt, lag am Airline Highway, nicht weit von Marcellos »Town & Country«-Motel entfernt. Tregle hatte andere Bars und Restaurants besessen, von denen eines, »Tregles Dreamland Barroom«, anläßlich von Carlos Marcellos Verhör bei den Kefauver-Anhörungen von 1951 erwähnt worden war, und zwar als ein von den Marcellos kontrolliertes Lokal. Aaron Kohn zufolge hatten die Marcellos Ben Tregles Etablissements jahrelang finanziell unterstützt, weil sie erstklassige Standorte für ihre Spielautomaten, Flipper und Jukeboxes waren. Tregle nahm auch Pferdewetten an und war diesbezüglich mit dem Glücksspiel-Netzwerk der Marcellos verbunden. Außerdem besaß er mehrere Rennpferde.

Eines Tages im April 1963, als De Laparra seiner Arbeit in »Tregles Restaurant« nachging, hörte er eine Unterhaltung zwischen Ben Tregle und zwei Freunden, Norman Le Blanc, einem Pferdetrainer, und jemandem, den sie den »Professor« nannten. Es schien sich um eine Verschwörung zur Ermordung Präsident Kennedys zu handeln.

De Laparra zufolge betrachteten Tregle und seine Freunde in einer Kriminalzeitschrift eine Anzeige für ein ausländisches Gewehr, das 12,95 Dollar kosten sollte. Tregle erklärte vor allen Anwesenden, De Laparra eingeschlossen: »Das wäre ein hübsches Gewehr, um den Präsidenten umzulegen. Es ist ein Preis ausgesetzt auf den Kopf des Präsidenten und den anderer Mitglieder der Familie Kennedy. Irgend jemand wird Kennedy töten, wenn er in den Süden hinunterkommt.«

De Laparra, der halbtags auch als Pferdepfleger auf der Fairgrounds-Rennbahn in New Orleans arbeitete, wo er eins von Vincent Marcellos Rennpferden pflegte, war gleichzeitig als Informant für das FBI tätig. Er war regelmäßig mit drei Spezialagenten aus dem FBI-Büro in New Orleans zusammengetroffen, die aussagten, daß er ihnen »zuverlässige Informationen« über das illegale Glücksspiel im Gebiet geliefert habe. In seiner ersten Darstellung sagte De Laparra, daß »Vincent Marcello [sic!], ein Gangster aus New Orleans«, ein enger Freund und Geldgeber Tregles sei und daß er regelmäßig nach Dallas reise, wo er, wie De Laparra glaubte, einen Nachtklub besaß. In seinem späteren Interview durch das FBI behauptete Eugene De Laparra nicht mehr, an jenem Apriltag in »Tregles Restaurant« Zeuge eines echten Komplotts gegen Präsident Kennedy gewesen zu sein. Auch ging aus seiner Aussage nicht hervor, daß Ben Tregle, Norman Le Blanc oder der Professor einen Plan zur Ermordung des Präsidenten geschmiedet hätten. De Laparra berichtete nur, Ben Tregle habe anscheinend gehört, daß »ein Preis auf den Kopf des Präsidenten und anderer Mitglieder der Familie Kennedy ausgesetzt sei« und daß irgend jemand Kennedy töten würde, wenn er in den Süden käme.

Von wem könnte Tregle diese verhängnisvolle Information erhalten haben – falls er sie überhaupt von irgend jemandem erhielt? In Anbetracht dessen, was wir aus den Aussagen Beckers und Trafficantes wissen, darf man mit einiger Berechtigung annehmen, daß sie von einem Marcello kam.

Dieser Verdacht erhielt einige Glaubwürdigkeit durch zusätzliche Informationen, die De Laparra dem FBI im Februar 1967 lieferte, zu der Zeit, da Staatsanwalt Jim Garrison aus New Orleans seine Untersuchung des Kennedymords wieder aufnahm. In dieser zweiten Version erzählte De Laparra dem FBI, daß eines Tages, während er in »Tregles Bar« arbeitete, Tony Marcello, ein Bruder von Carlos, in die Bar gekommen sei, um den Flipper zu warten. Dieser habe Ben Tregle und drei oder vier weiteren Männern, die an der Bar saßen, verkündet: »Der Befehl ist raus, die Familie Kennedy zu kriegen.«

Sodann habe Ben Tregle Tony Marcellos Ausspruch einigen Leuten im Hinterzimmer wiederholt, wobei er sich etwas anders ausdrückte.

Etwa zur gleichen Zeit, als Eugene De Laparra Tony Marcello und Ben Tregle bemerken hörte, daß eine Verschwörung zur Ermordung Präsident Kennedys im Gange sei, speiste ein Mann, der aus Darien, Georgia, zu Besuch in New Orleans war, eines Abends im »Town & Country«-Restaurant. Dort erlebte er etwas Verdächtiges, was, wie ihm ein halbes Jahr später einfiel, vielleicht mit der Ermordung Präsident Kennedys zu tun gehabt haben könnte.

Wie er selbst vor Polizeileutnant Johnny Harris aus Glynn County, Georgia, aussagte, hatte sich der Mann aus Darien (den das FBI in den meisten Berichten als Informant SVT-1 bezeichnete, einmal aber auch als Sumner) auf einer Geschäftsreise nach Texas und Louisiana befunden. Eines Abends war er zusammen mit Ernest Insalmo, einem texanischen Freund, von zwei Geschäftsfreunden aus New Orleans, Salvadore Pizza, der im Meeresfrüchtegeschäft tätig war, und Benny Capeana, einem reichen Bauunternehmer, zum Abendessen ins »Town & Country«-Restaurant eingeladen worden. Beim Betreten des Restaurants begegnete SVT-1 einem Mann, den er für den Besitzer des Restaurants hielt. Er vergaß seinen Namen, beschrieb ihn aber später als italienischen Typ, etwa 50 Jahre alt, 1,80 Meter groß, etwa 110 Kilo schwer, mit dunkler Haut und grauem, glatt zurückgekämmtem Haar. Nach dieser Begegnung wurden SVT-1 und Insalmo in den Speisesaal geleitet, wo sie bemerkten, daß nur an zwei weiteren Tischen Gäste waren. Bald trat ein junges Paar ein und setzte sich etwa zwei Tische von ihnen entfernt hin. Der Mann war mittelgroß und schmächtig; er trug einen dunklen Anzug mit Krawatte. Seine Freundin war blond, Anfang Zwanzig und »auffällig angezogen«.

Bald setzte sich der Mann, den SVT-1 für den Besitzer hielt, zu dem Paar an den Tisch. SVT-1 beobachtete, daß er »ein Bündel Geldscheine aus der Tasche zog und dem Mann unter dem Tisch zusteckte«. Ein paar Minuten später verließ das Paar das Restaurant, ohne etwas zu essen oder zu trinken bestellt zu haben.

SVT-1 hielt das, was er beobachtet hatte, irgendwie für verdächtig, dachte aber nicht mehr daran, bis er in den Tagen nach der Ermordung des Präsidenten Bilder des angeklagten Mörders in den Zeitungen und im Fernsehen sah. Von da an bestand für ihn nicht mehr der geringste Zweifel, daß der Mann, den er sieben Monate zuvor das Geld von dem Restaurantbesitzer hatte annehmen sehen, Lee Harvey Oswald gewesen war.

Als SVT-1 drei Tage nach dem Mord seine Überzeugung dem Polizeioffizier Johnny Harris aus dem Kreis Glynn mitteilte und gefragt wurde, ob ihm irgend etwas über den Besitzer des »Town & Country«-Restaurants bekannt sei, antwortete er, er wisse nichts »über seinen Hintergrund, seine Freunde und Betätigungen«.

Der Informant aus Georgia wußte damals offenbar nicht, daß das »Town & Country«-Motel und Restaurant der Familie Marcello gehörte, daß eines der Gebäude auf dem Grundstück das Hauptquartier von Carlos Marcello, dem Boß der Mafia von Louisiana, war und daß es sich bei dem Mann, den er getroffen hatte und den er fast hundertprozentig genau beschrieb, nicht um den Besitzer, sondern den Restaurantmanager Joseph Poretto handelte, der ebenfalls ein hochrangiges Mitglied der kriminellen Organisation der Marcellos war. Wenn SVT-1 tatsächlich etwas über »Hintergrund, Freunde und Betätigungen« Joseph Porettos gewußt hätte, wäre es ihm wahrscheinlich nicht in den Sinn gekommen, Polizei und FBI zu erzählen, daß er gesehen habe, wie Poretto dem angeblichen Präsidentenmörder »ein Bündel Geldscheine« zusteckte.

Eugene De Laparra und SVT-1 konnten dem FBI die Zeitpunkte ihrer Beobachtungen angeben. De Laparra glaubte, daß sich der gemeldete Vorfall im März ereignet habe, SVT-1 meinte, daß sein Besuch im »Town & Country«-Motel entweder im März oder im April stattgefunden habe.

Ebenfalls im April 1963 verließ Lee Harvey Oswald, der Mann, den man eines Tages des Mordes bezichtigen würde, Dallas, wo er zehn Monate lang gelebt hatte, und kehrte in seine Heimat New Orleans zurück.

Oswald gab seine Arbeit in Dallas am 6. April auf, ohne seiner in Rußland geborenen Frau Marina davon zu erzählen. Sechs Tage darauf schoß jemand aus einem Fenster seiner Wohnung in Dallas auf den erzkonservativen Generalmajor Edwin Walker, Mitglied der rechtsgerichteten John-Birch-Society; Marina Oswald behauptete später, daß ihr Mann geschossen habe. Das konnte jedoch nie schlüssig bewiesen werden. Dann, irgendwann in den folgenden 12 Tagen, beschloß Oswald, nach New Orleans zu gehen und sich eine Zeitlang bei seiner Tante Lillian Murret und seinem Onkel Charles aufzuhalten. Frau und Tochter ließ er vorläufig zurück. Er verließ Dallas am 24. mit dem Autobus und zog am folgenden Tag in die Wohnung seiner Verwandten. Zufällig verkündete das Weiße Haus am 24. April, daß Präsident Kennedy im November nach Texas reisen werde.

Charles Murret, von Freunden Dutz genannt, war der Ersatzvater des heranwachsenden Lee Oswald gewesen, der seinen richtigen Vater zwei Monate vor seiner Geburt verloren hatte. Als Oswald im April 1963 in Murrets Wohnung zog, war dieser ein wohlhabender Buchmacher mittleren Ranges im Glücksspiel-Netzwerk der Marcellos. Er arbeitete unter Sam Saia, einem der berüchtigtsten Mitglieder der Unterwelt von New Orleans, der, wie Aaron Kohn aussagte, »im Rufe stand, Carlos Marcello sehr nahezustehen«.

## 22

# Oswald und die Marcellos: Sommer 1963

Als Lee Harvey Oswald am 25. April in die Wohnung seines Onkels Dutz und seiner Tante Lillian Murret zog, war er ein verzweifelter Mann. Mit seiner Ehe stand es nicht gerade zum besten; er hatte keine Arbeit und fast kein Geld. Wann immer er in solcher Notlage steckte, wandte er sich an die Murrets; sie liehen im Geld, wenn er pleite war, oder gaben ihm ein Zimmer, wenn er nicht wußte, wo er die Nacht verbringen sollte. Als er in jenem April bei den Murrets ankam, war zweifellos sein erstes Anliegen, mit Onkel Dutz zu besprechen, wie er eine Arbeit, irgendeine Arbeit, finden könne. Er wollte in New Orleans eine Wohnung für sich, seine Frau und seine Tochter mieten, die er bald aus Dallas nachholen zu können hoffte.

Dutz Murret hatte in New Orleans keine andere Verbindung, die so wichtig war wie die zur Marcello-Organisation, und so darf man wohl annehmen, daß er sich an sie wandte, um eine Arbeit für seinen Pflegesohn zu finden.

Wenn wir die Geschichte des FBI-Informanten SV T-1 gelten lassen wollen, hatte Murret Erfolg. Oswald hatte praktisch kein Geld, als er am 25. April in der Wohnung seines Onkels ankam, aber schon am 9. Mai konnte er eine Wohnung mieten, die 65 Dollar im Monat kostete, und sich mit Frau und Tochter häuslich niederlassen. Woher bekam er das Geld? Charles Murret sollte der Warren-Kommission eines Tages mitteilen, daß er Lee das Geld geliehen habe. Später stellte sich jedoch heraus, daß er der Kommission ständig belog und niemals verriet, womit er seinen Lebensunterhalt wirklich verdiente.

Aller Wahrscheinlichkeit nach erhielt Oswald das Geld also von Joe Poretto im »Town & Country«-Restaurant, wie SVT-1 behauptete. Aber heißt das auch, daß die Marcellos bereits mit Oswald konspirierten, John F. Kennedy zu ermorden, wenn dieser nach Süden kam? Es könnte auch so gewesen sein, daß Poretto Oswald eine Anzahlung für einen anderen Job gab oder einen

Vorschuß für einen Auftrag, dessen Zweck er noch nicht kannte, von dem sich später jedoch herausstellen sollte, daß er mit dem Mord zusammenhing.

Mehrere Ermittler einschließlich Edward Beckers haben Vermutungen angestellt, wie lange Carlos Marcello brauchte, um Dutz Murrets sonderbaren Neffen gewahr zu werden, nachdem dieser im Frühjahr 1963 in New Orleans angekommen war. Die meisten stimmen überein, daß dies nur ein paar Wochen dauerte. Für diejenigen, die zum Marcello-Netzwerk gehörten, war New Orleans ein Dorf. Wenn irgend jemandem etwas zustieß, was auch nur ein bißchen ungewöhnlich war, wußte es binnen Tagen jedes Mitglied.

Es ist aber auch möglich, daß die Marcellos Dutz Murrets Neffen schon vor April 1963 kannten. Die Zeitungen von New Orleans hatten 1959 von seinem Überlaufen in die Sowjetunion berichtet, ebenso von seiner russischen Ehefrau, seinem Entschluß heimzukehren und seiner Rückkehr in die Vereinigten Staaten im Juni 1962. Man darf also annehmen, daß es im Marcello-Netzwerk damals summte und brummte von den merkwürdigen Eskapaden des kommunistischen Neffen von Dutz Murret.

Dann, als dieser Verrückte im April 1963 nach New Orleans zurückkehrte und Dutz die Organisation wissen ließ, daß der junge Mann unbedingt etwas Geld verdienen müsse, darf man getrost annehmen, daß einer oder mehrere von Marcellos Brüdern Oswald innerhalb von etwa einer Woche gewahr wurden, vor allem wenn es stimmt, daß er sich Ende April mit Joe Poretto im »Town & Country«-Restaurant getroffen hatte. Der ganze »Town & Country«-Motelkomplex unterstand damals dem Anteilseigner Anthony Marcello, der Eugene De Laparra zufolge vor kurzem in der nahegelegenen »Tregles Bar« verkündet hatte: »Der Befehl ist raus, die Kennedys zu kriegen« und der, wie wir später sehen werden, gleich nach dem Mord vom FBI gefragt wurde, ob er mit Oswald Umgang gehabt habe.

Oswalds Ankunft in New Orleans traf zeitlich mit einer Serie von Rückschlägen zusammen, die Carlos Marcello anfälliger denn je für Bobby Kennedys Attacken machten. Irgendwann im April erhielt Justizminister Kennedy einen Brief von einem empörten Bürger, der behauptete, daß einer seiner Freunde, der rechtmäßige Geschäftsbeziehungen mit Carlos Marcello unterhielt, von zwei von Carlos' Leutnants zusammengeschlagen worden sei. Kennedy befahl Jack Miller, dem Chef seiner Kriminalabteilung, sofort, den Brief an J. Edgar Hoover weiterzuleiten, damit dieser Schritte unternähme. Wenn Hoover die Angelegenheit dem FBI-Büro in New Orleans zur Kenntnis gebracht und ein Agent daraufhin Marcello angesprochen hätte, wäre den Marcellos bekannt gewesen, daß Kennedy sie im Auge behielt.

Carlos erhielt im Mai den augenscheinlichen Todesstoß in seinem endlosen

Carlos Marcello auf dem Höhepunkt seiner Macht. Dieses Foto entstand 1970 in Baton Rouge bei einer Anhörung des Senats des Staates Louisiana. *(© Christopher R. Harris)*

Frank Costello aus New York, in den vierziger und fünfziger Jahren »Premierminister der Unterwelt« genannt, mit seiner Frau. Er gab Carlos Marcello seine erste große Chance, als er ihm den Vertrieb seiner Spielautomaten in Louisiana übertrug. *(AP/Wide World Photos)*

Joseph Civello aus Louisiana (rechts), Carlos Marcellos Bevollmächtigter in Dallas und Freund und Geschäftspartner von Jack Ruby, mit seinem Anwalt. Er war wegen seiner Teilnahme an der Gipfelkonferenz des organisierten Verbrechens von 1957 in Apalachin, New York, verhaftet worden. Auf dem Konklave hatte er Marcello vertreten. *(AP/Wide World Photos)*

Aaron Kohn, ehemaliger FBI-Agent und Assistent J. Edgar Hoovers sowie ehemaliger leitender Direktor der New Orleans Metropolitan Crime Commission. Kohn führte die erste eingehende Ermittlung gegen Carlos Marcello durch und informierte Robert Kennedy, den obersten Rechtsberater des McClellan-Ausschusses, über Marcellos kriminelle Aktivitäten, bevor dieser am 24. März 1959 vor dem Ausschuß erschien. *(Mit freundlicher Genehmigung von Aaron Kohn)*

Senator John F. Kennedy befragt einen Zeugen bei einer Anhörung des McClellan-Ausschusses im März 1959. Sein Bruder Robert, Chef-Rechtsberater, und Senator John McClellan, Vorsitzender des Ausschusses, sitzen zu seiner Rechten. *(Hank Walker, Life Magazine, Time Inc.)*

Carlos Marcello (links), sein Bruder Vincent (Mitte) und der Gangster Mickey Cohen aus Los Angeles im Zeugenstand. Robert F. Kennedy, oberster Rechtsberater, will gerade beginnen, sowohl Marcello als auch Cohen zu verhören.
*(AP/Wide World Photos)*

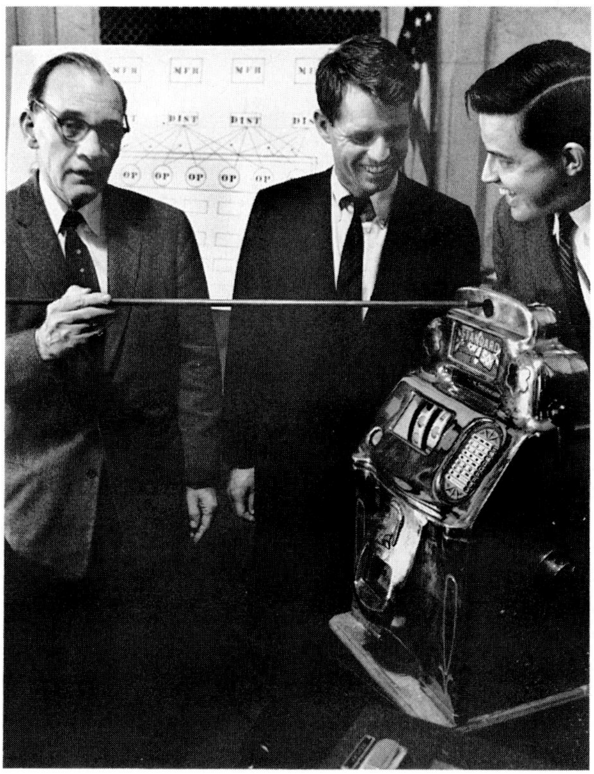


Vorsitzender McClellan (links) und Robert Kennedy (Mitte) mit einem von Carlos Marcellos Spielautomaten, die den schönen Namen »Häuptling« trugen.
*(AP/Wide World Photos)*

Carlos Marcellos Frau Jacqueline (rechts), Tochter Florence (17) und Carlos' Bruder Peter Marcello im Jahre 1961. Nach einem Besuch bei ihrem vor kurzem ausgewiesenen Ehemann ist sie gerade auf dem Internationalen Flughafen Moisant in New Orleans angekommen.
*(AP/Wide World Photos)*

Carlos Marcello (links) und sein Bruder Vincent (rechts) rahmen ihren Anwalt Jack Wasserman ein. Schauplatz ist die Anhörung des McClellan-Ausschusses am 24. März 1959.
*(AP/Wide World Photos)*

Joseph Poretto, einer von Carlos Marcellos drei treuesten Mitarbeitern, sagt im August 1961 bei der Anhörung des Senatsausschusses gegen Glücksspiel und organisiertes Verbrechen aus. Er wird begleitet von Carlos' Lieblingsbruder Joseph (rechts) und Anwalt Jack Wasserman (Mitte). Gemeinsam mit Joe Marcello leitete Poretto den Pferderenn-Informationsdienst und arbeitete eine Zeitlang als Manager des Restaurants im »Town & Country«-Motel, das den Marcellos gehörte. *(AP/Wide World Photos)*

Edward Becker, Privatdetektiv und Geschäftsmann aus Las Vegas, bezeugt, er habe gehört, daß Carlos Marcello Präsident Kennedy zu ermorden drohte. *(© Dana Anderson)*

Lee Harvey Oswald im Sommer 1963 beim Verteilen von Broschüren, die zum Eintritt in die Ortsgruppe New Orleans des Fairplay-für-Kuba-Komitees auffordern. Diese Castro-freundliche, linksgerichtete Aktion sollte ihm später schaden.
*(AP/Wide World Photos)*

Ein Überblick über Churchill Farms, Carlos Marcellos 2590 Hektar großes Grundstück in den Sümpfen des Kreises Jefferson im Westen von New Orleans. In dem Farmhaus in der Mitte drohte Marcello dem Bericht Edward Beckers zufolge Präsident Kennedy ermorden zu lassen. *(Mit freundlicher Genehmigung von Life Picture Service, »Life«, 1975 Time Inc.)*

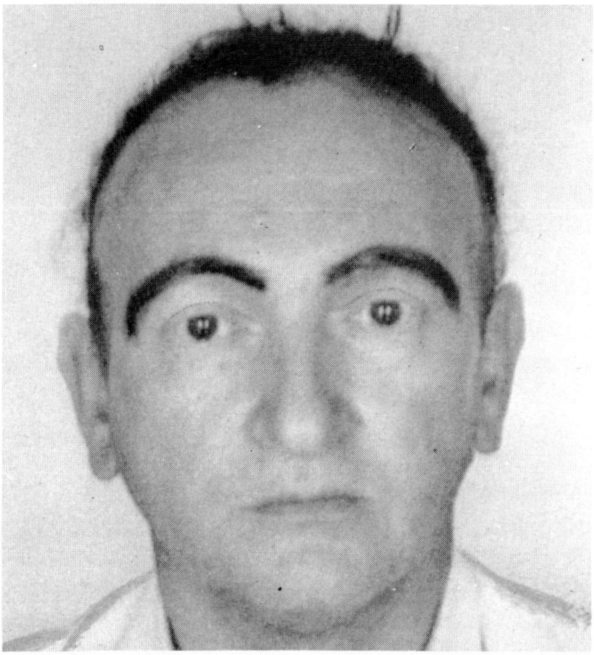

David W. Ferrie, der kahle ehemalige Pilot und Freund Lee Harvey Oswalds. Im Sommer 1963 arbeitete Ferrie als Ermittler für Carlos Marcello und einen seiner Anwälte. *(AP/Wide World Photos)*

Guy Banister, ehemaliger FBI-Agent, Besitzer und Leiter einer Privatdetektei in New Orleans. Carlos Marcello war sein Kunde, David Ferrie sein Angestellter, und Lee Harvey Oswald wurde im Sommer 1963 mehrmals in seinem Büro gesehen. *(Assassinations Archives and Research Center, Washington)*

Kampf gegen die Deportation. Am 27. lehnte das Oberste Bundesgericht der Vereinigten Staaten einen von Carlos' Anwälten eingereichten Antrag auf Revision des Deportationsfalles Marcello ab und bestätigte die frühere Entscheidung des Bezirks-Berufungsgerichts, den Deportationsbefehl des INS aufrechtzuerhalten. Die Nachricht wurde in den Zeitungen von New Orleans prominent behandelt und verbreitete sich rasch in Carlos' ganzem Golfküstenimperium.

Das bedeutete, daß Carlos alle Rechtsmittel erschöpft hatte. Bobby Kennedy hatte ihn in die Ecke getrieben. Carlos blieb nur noch eine rechtmäßige Möglichkeit, die Deportation zu umgehen: Er mußte die Anklagen wegen Konspiration und Meineids im Hinblick auf die Fälschung seiner guatemaltekischen Geburtsurkunde abwehren. Der Fall sollte im November vor Gericht kommen, demselben Monat, in dem, wie Carlos kürzlich erfahren hatte, Präsident Kennedy Texas besuchen wollte.

Wenn Carlos schon vorher unter großem Druck seitens seiner Familie, Freunde und Geschäftspartner gestanden hatte, etwas gegen Bobby Kennedy zu unternehmen, dann dürfen wir annehmen, daß dieser Druck nach dem 27. Mai um ein Vielfaches stärker wurde. Nun wurde die Zeit knapp. Wenn Carlos Marcello in den Vereinigten Staaten bleiben und die Kontrolle über sein 1,6-Milliarden-Dollar-Imperium behalten wollte, hatte er nur noch wenige Monate, um Kennedys Pläne zu durchkreuzen. Im Sommer und Frühherbst des Jahres 1963 würde die entscheidende Schlacht mit den Kennedys gewonnen oder verloren werden.

Da trat Dutz Murrets »verrückter« hitzköpfiger Neffe und Pflegesohn Lee Harvey Oswald auf den Plan, ein junger Mann, der im Frühling und Sommer 1963 zu allem bereit war.

Für Lee Harvey Oswald muß es schmerzlich gewesen sein, nach sieben Jahren in das schmutzige Milieu seiner Jugend zurückzukehren. Obwohl weder FBI und Warren-Kommission in ihren Untersuchungen des Kennedymords noch irgendeines der Bücher über Oswald, die in den sechziger und siebziger Jahren erschienen, darauf hinwiesen, war Oswald in einer Gegend von New Orleans aufgewachsen, die von illegalen, unter der Kontrolle der Mafia stehenden Glücksspielbetrieben beherrscht wurde.

Als Oswald ein Teenager war, lebten er und seine Mutter in einer kleinen Wohnung über einer Kneipe in der Exchange Alley 126 im damals heruntergekommenen Vieux Carré von New Orleans. Er besuchte die Beauregard Junior High School, die in derselben Gegend lag. Exchange Alley war damals eine verwahrloste Straße, gesäumt von Spielhallen, Bars, die hauptsächlich von Homosexuellen besucht, und illegalen Buchmachern, die von der Mafiaorganisation kontrolliert wurden, deren Haupt damals Sam »Silver Dollar« Carolla war. Die nahegelegene Beauregard-Schule galt Aaron Kohn zufolge als Alma mater für Jugendliche, die später häufig eine kriminelle Laufbahn einschlugen.

Als Carlos Marcello 1947 die Herrschaft über die Mafia von Louisiana übernahm, trat Oswalds Onkel Dutz durch Sam Saia mit der neuen Marcello-Organisation in Verbindung. Saia war einer von Carlos' engen Mitarbeitern und, wie Aaron Kohn sagt, »15 Jahre lang der größte und mächtigste Mann, was illegale Wetten und andere Formen illegalen Glücksspiels im Staat Louisiana betraf«.

Aber Lees Onkel war nicht das einzige Mitglied der Familie, das Verbindungen mit Gefährten von Carlos Marcello knüpfte. Seine eigene Mutter Marguerite war gut bekannt mit mehreren Freunden des Mafiabosses von Louisiana.

Jahrelang war Marguerite Oswald mit Sam Termine, einer Persönlichkeit aus der Unterwelt von New Orleans, befreundet, der einst als Chauffeur und Leibwächter für Carlos Marcello gearbeitet hatte. Aaron Kohn zufolge war Termine »während seiner Verbindung mit der Marcello-Organisation in eine Reihe gesetzwidriger Aktivitäten verwickelt. Es handelte sich um verschiedene Glücksspiel- und Prostitutionsgeschäfte und die Leitung eines Motels, in dem die Unterwelt verkehrte«. Einmal befand sich ein gemeinsamer Freund von Marguerite Oswald und Sam Termine mit den beiden in einem Restaurant-Nachtklub, das Termine in Waco, Texas, leitete. Termine erzählte ausführlich über Dutz Murret, seinen Kollegen bei den Marcellos, und ein paar von Carlos Marcellos Freunden in Waco. Er betonte, daß er nicht der einzige Marcello-Mann sei, den es in Waco gebe.

Sam Termine war auch nicht der einzige »Marcello-Mann«, den Marguerite in New Orleans kannte. Jahrelang war sie mit Clem Sehrt, einem Anwalt aus New Orleans, befreundet, den sie seit ihrer Kindheit kannte und der eine Menge Geschäfte mit Carlos Marcello machte. 1959 fragte sie ihn um juristischen Rat, weil ihr Sohn Lee in das Marine Corps eintreten wollte, aber noch nicht alt genug war. Mrs. Oswald wünschte eine Änderung in ihres Sohnes Geburtsurkunde, und Sehrt tat ihr offenbar den Gefallen.

Später befreundete Sehrt sich sehr eng mit Louis Rousell, einem korrupten Finanzier aus New Orleans, der sich seinerseits einer engen Verbindung mit Carlos Marcello erfreute und im Rufe stand, ein geschickter Geldwäscher zu sein. Ende der fünfziger Jahre enthüllte eine polizeiliche Ermittlung, daß zwei Richter am obersten Gericht von Louisiana regelmäßig Zahlungen von Louis Rousell erhielten, der als Marcellos Strohmann agierte. Man nimmt an, daß

Sehrt Carlos Marcello kennenlernte, kurz nachdem Marguerite Oswald ihn gebeten hatte, die Geburtsurkunde ihres Sohnes zu ändern, und daß er dann über Louis Rousell eine ganze Menge Geschäfte mit ihm tätigte. Mrs. Oswalds Beziehung zu Sehrt sollte im Laufe der Jahre fortdauern.

Das soll nun nicht heißen, daß Marguerite Oswald selbst mit den Marcellos verbunden war. Es soll nur darauf hinweisen, daß die Marcello-Organisation reichlich Gelegenheit hatte, auf die Existenz des unkonventionellen Oswald-Sohnes aufmerksam zu werden.

Mitte Mai, knapp drei Wochen nach seiner Ankunft, war es Oswald gelungen, sich in New Orleans zu etablieren und ein merkwürdiges Doppelleben zu beginnen, das Verbindungen zu irgendeiner Geheimorganisation enthalten mußte – sei es die CIA, das FBI, der Militärgeheimdienst oder die Marcello-Organisation.

Am 11. Mai trafen Oswalds Frau und Tochter ein und bezogen die Wohnung, die er zwei Tage zuvor gemietet hatte. Er beschaffte sich auch eine Arbeit als Wartungsmann bei einer Kaffeefirma für 1,50 Dollar die Stunde. Zum Ausgleich für diese langweilige Arbeit fand er reichlich Aufregung in seinem zweiten Job, der politischen Agitation für Kuba.

Am 26. Mai bat Oswald den US-Direktor des Fairplay-für-Kuba-Komitees brieflich um die Erlaubnis, in New Orleans eine Ortsgruppe zu gründen. Er wurde ihr einziges Mitglied.

Mitte Juni, bevor er noch eine Antwort erhalten hatte, verteilte er auf dem Dumaine-Street-Kai, wo der Flugzeugträger *Wasp* festgemacht hatte, Flugblätter mit dem Text »*Hände weg von Kuba! Werde Mitglied des Fairplay-für-Kuba-Komitees*«. Irgendwie hatte er das Geld aufgetrieben, um 1000 dieser Flugblätter drucken zu lassen, in denen er Mitglieder für ein nichtexistierendes Komitee warb.

Im Juli traf eine Gruppe Exilkubaner aus Miami in New Orleans ein und begab sich in ein Guerilla-Trainingslager für Castro-Gegner, das nördlich von New Orleans in Lacombe lag, nicht weit entfernt von einem Jagdgehege mit Hütte, das den Marcellos gehörte. Das Trainingslager befand sich auf einem Grundstück von Mike McLaney, einem ehemaligen Spielkasinobesitzer aus Havanna mit Verbindungen zu Santos Trafficante und Meyer Lansky. Nicht lange nach dem Eintreffen der Exilkubaner versuchte Oswald, sich in das Lager einzuschmuggeln und den Kubanern seine Dienste anzubieten.

In der dritten Juliwoche hatte Lee seinen Job bei der Kaffeefirma verloren und verfügte infolgedessen über keine erkennbaren Geldmittel. Trotzdem bemühte er sich nicht um eine neue Arbeit, sondern fuhr unbeirrt mit seinen kubanischen Aktivitäten fort, wobei er eine Menge Aufmerksamkeit erregte.

Anfang August trat er zweimal als Freund der Castro-feindlichen Exilkubaner auf und erzählte dem Castro-Gegner Carlos Bringuier, er wolle Exilkubaner ausbilden und eine Rolle beim Sturz des Castro-Regimes spielen. Dann, ein paar Tage später, geriet er beim Verteilen von Castro-freundlicher Literatur in der Canal Street in eine Prügelei mit Bringuiers Gruppe, wobei ein Tumult entstand, der dazu führte, daß er festgenommen und wegen Störung der öffentlichen Sicherheit und Ordnung ins Gefängnis gesteckt wurde. Er bat die Murrets, ihren Einfluß (bei der Marcello-Organisation?) geltend zu machen, um ihn aus dem Gefängnis zu holen, und wurde schließlich von einem »alten Freund der Familie« gerettet. Es handelte sich um einen gewissen Emile Bruneau, Besitzer eines Spirituosengeschäfts, der die Kaution für ihn stellte und die Strafe für ihn bezahlte, was es ihm ermöglichte freizukommen.

Jahre später entdeckten Ermittler des Mordausschusses des Repräsentantenhauses, daß Emile Bruneau eng mit Nofio Pecora und Joseph Poretto verbunden war, zwei von Carlos Marcellos wichtigsten Mitarbeitern.

Oswalds Prügelei mit Castro-feindlichen Elementen, seine Verhaftung und Gefängnisstrafe brachten dem jungen Exüberläufer eine Menge Publizität. Die Zeitungen von New Orleans berichteten ausführlich über den Tumult in der Canal Street, und Oswald wurde im Radio lang und breit über seine Sympathien für Castro interviewt. War die Demonstration in der Canal Street eine bewußte Provokation um der Publizität willen? Am 14. August erregte Oswald wiederum Aufmerksamkeit, indem er Castro-freundliche Flugblätter verteilte, diesmal vor dem Handelszentrum von New Orleans. Wollte Oswald – oder sein Hintermann – sich damit einen Ruf als Castro-freundlicher Aktivist erwerben?

Was hatte Oswald vor, als er in dem einen Augenblick all diese Castro-freundliche Inbrunst bewies und im anderen seine Dienste einer Castro-feindlichen Gruppe anbot? Arbeitete er im eigenen Namen oder auf Veranlassung irgendeiner geheimen Organisation? Und wer ernährte damals ihn und seine Familie, bezahlte die Flugblätter und Plakate? War es die Organisation hinter dem Mann, der ihn gerade eben aus dem Gefängnis geholt hatte?

Ja, höchstwahrscheinlich war sie es. Denn 1979, während einer FBI-Aktion gegen Marcello und andere, entlockte der Undercover-Agent Joseph Hauser Marcello das Geständnis, daß er Oswalds Onkel Dutz Murret gekannt und daß Oswald im Sommer 1963 als Laufbursche und Kassierer für das Buchmachergeschäft seines Onkels gearbeitet habe. Das Geschäft sei in Sam Saias »Felix Oyster House« im French Quarter untergebracht gewesen, nicht weit entfernt von Pete Marcellos »Sho-Bar« in der Bourbon Street, fügte Marcello hinzu.

Einige Bestätigung für Oswalds Verbindung mit dem Glücksspielnetz der Marcellos kam von FBI-Informant Eugene De Laparra, der 1967 aussagte, daß Oswald Ben Tregle gekannt habe, den Besitzer einer von Marcello unterstützten Bar mit Restaurant am Airline Highway in der Nähe des »Town & Country«-Motels. Tregle war an den Rennsport-Informationsdienst der Marcellos angeschlossen und nahm in seiner Bar Pferdewetten an. Es ist daher denkbar, daß Oswald in seiner Rolle als Laufbursche und Kassierer für seinen Onkel, den Buchmacher, mit Ben Tregle zu tun hatte.

Aber war Oswald 1963 mehr als bloß ein Laufbursche im Buchmacher-Netzwerk der Marcellos? Hatte er womöglich auch eine Aufgabe in deren Castro-feindlichen Unternehmungen?

Wurde Oswald im Sommer 1963 für seinen politischen Aktivismus zugunsten von Castros Kuba bezahlt? Der Anwalt Dean Andrews, der in jenem Sommer gelegentlich sowohl für Carlos Marcello als auch für Lee Harvey Oswald arbeitete, war sich dessen gewiß. Vor der Warren-Kommission sagte Andrews aus, daß Oswald ihm mitgeteilt habe, er würde für das Verteilen von Castro-freundlichen Flugblättern auf den Straßen New Orleans bezahlt. Unerklärlicherweise lehnte die Kommission ab, Andrews zu fragen, wer Oswald bezahlt habe.

Könnte es sein, daß Oswald im Sommer 1963, drei Monate bevor Präsident Kennedy in den Süden kommen sollte, bereits unwissentlich von der Marcello-Organisation manipuliert wurde, eine Rolle in dem Mordkomplott gegen den Präsidenten zu spielen? Hatte Carlos Marcello in Oswald den »Spinner« gefunden, den er als Strohmann für den »Job« suchte?

Die Marcellos, fanatische Castro-Gegner, hätten Oswald beispielsweise dafür bezahlen können, daß er für Castro demonstrierte und somit als Castro-freundlicher Aktivist aktenkundig wurde. Diese leicht zugängliche Unterlage würde nützlich sein, wenn man ihm die Ermordung des Präsidenten anhängte, denn dann würde es sofort so aussehen, als ob Castro-freundliche Kräfte hinter dem Verbrechen steckten.

Etwas Licht in diese Angelegenheit bringt vielleicht ein weiterer Beweis für das Doppelleben, das Oswald im Sommer 1963 in New Orleans führte: seine Verbindung mit einem Privatdetektiv namens David W. Ferrie, der für Carlos Marcello arbeitete.

Ferrie, ein ehemaliger Pilot bei Eastern Airlines, war durch G. Wray Gill, Marcellos Anwalt in New Orleans, bei Marcello eingeführt worden. Gill hatte Ferrie einmal in einem Streit mit der Fluggesellschaft vertreten. Beeindruckt von Ferries Intelligenz, stellte Gill ihn im März als Ermittler ein und beauftragte ihn 1963, Marcellos Verteidigung gegen die Anklagen der Regierung wegen Konspiration und Meineids vorbereiten zu helfen. Im Sommer 1963 traf Ferrie regelmäßig mit Gill und Marcello in dessen Büro im »Town & Country«-Motel zusammen.

Zur selben Zeit sah Ferrie auch regelmäßig einen ehemaligen Kadetten einer zivilen Luftfahrtstaffel, die er einst in New Orleans befehligt hatte. Es war Lee Harvey Oswald. Nicht lange nach seiner Rückkehr nach New Orleans traf Oswald zufällig Ferrie, vielleicht durch ihre beiderseitige Verbindung mit der Marcello-Organisation. Zwischen den beiden begann eine äußerst mysteriöse Beziehung. Sie sahen sich ab und an unter den verschiedensten ungewöhnlichen Umständen, die in den letzten 25 Jahren zahllose Ermittler verwirrten.

David Ferrie war ein bizarrer Mensch mit vielen Gesichtern: intelligent, unstet, idealistisch und von Zwängen getrieben, nicht nur ein erfahrener Pilot, sondern auch ein sachkundiger Chemiker, aggressiver Homosexueller, Amateurpsychologe und praktizierender Hypnotiseur, militanter Castro-Gegner und Bischof der Orthodoxen Altkatholischen Kirche Nordamerikas (eines vom Vatikan nicht anerkannten Sprößlings der römisch-katholischen Kirche). Überdies litt er an Alopezie, einer seltenen Krankheit, die zu völliger Kahlheit an Haupt und Körper führt.

Ferrie wäre gern Priester geworden, war jedoch wegen »unsteten persönlichen Benehmens« aus zwei katholischen Priesterseminaren hinausgeworfen worden. Seinen Posten als Pilot hatte er verloren, weil er homosexuelle Beziehungen zu jungen männlichen Passagieren aufnahm, die er zu kostenlosen »Spritztouren« an Bord der Linienmaschinen einlud. Als engagierter Krebsforscher hielt Ferrie über hundert Mäuse in seiner vollgestopften Wohnung, wo Mikroskope und Reagenzgläser zwischen Büchern, Papieren und persönlichen Dingen verstreut waren. Ferrie war einst Söldner gewesen und hatte Fidel Castro, seinem Ideal der fünfziger Jahre, Gewehre geliefert, als der kubanische Revolutionär Batistas Streitkräfte von der Sierra Maestra herab bekämpfte. Dann, nachdem Castro verkündet hatte, er sei Marxist geworden, wandte Ferrie sich gegen sein Idol und flog Bomber nach Kuba, um im Auftrag von Exilkubanern Sabotageüberfälle auszuführen. Nach dem Scheitern der Operation in der Schweinebucht, in der Ferrie, wie man annimmt, eine Rolle spielte, verwandelte er sich in einen militanten Rechtsextremisten. Er schloß sich der leidenschaftlich Castro-feindlichen Cuban Revolutionary Front (Kubanischen Revolutionsfront) an, einer Organisation, die Carlos Marcello freigebig finanzierte, und wurde ein geschworener Feind Präsident Kennedys, den er beschuldigte, die Landung der Exilkubaner in der Schweinebucht verraten zu haben.

Ferries Aussehen war genauso seltsam wie seine Persönlichkeit und seine Unternehmungen. Da er völlig kahl war, mußte er eine Perücke (die einigen Beobachtern zufolge wie Affenhaar aussah) und falsche Augenbrauen tragen (die Teppichflusen ähnelten); beide verrutschten oft. Irgendwann einmal hatte er per Fernkurs an der obskuren Phönix-Universität in Bari, Italien, einen Doktortitel in Psychologie erworben, der es ihm gestattete, sich als »Dr. David Ferrie, Psychologe« in das Telefonbuch von New Orleans eintragen zu lassen. Seinen Posten als Pilot bei Eastern Airlines hatte er nicht zuletzt auch deswegen verloren, weil er in seiner Bewerbung fälschlicherweise behauptet hatte, daß er Doktor der Medizin und Psychologe sei.

Nach dem Fiasko in der Schweinebucht wandte Ferrie sich so fanatisch gegen Präsident Kennedy, daß die Ortsgruppe von New Orleans des »Military Order of World Wars« einmal eine Rede, die Ferrie über Kennedys Kubapolitik hielt, abbrechen lassen mußte. Er schrieb sogar dem Verteidigungsminister einen Brief, in dem es hieß: »Es gibt nichts, was ich lieber täte, als jeden verdammten Russen, Kommunisten, Roten oder was nicht sonst noch alles zur Hölle zu jagen... Meine Freunde und ich könnten eine Mannschaft zusammentrommeln, die sie alle wirklich zur Hölle jagen würde... Ich möchte Killer ausbilden, so schlimm das klingen mag. Wir brauchen sie nämlich.«

Neben seiner Anstellung bei Carlos Marcellos Anwalt arbeitete Ferrie als Privatdetektiv in der Firma Guy Banister Associates, einer Privatdetektei in der Camp Street 544 in New Orleans. Als Lee Harvey Oswald im August 1963 beim Verteilen von Castro-freundlichen Flugblättern in der Canal Street verhaftet wurde, trugen einige Blätter den Aufdruck Camp Street 544 – eine Adresse, die eng verknüpft mit Castro-feindlichen Gruppen war. Zeugen berichteten, daß sie Oswald, Ferrie, Banister und Sergio Arcacha Smith, den Führer der Kubanischen Revolutionsfront, im Sommer 1963 mehrmals zusammen in dem Gebäude gesehen hätten.

Auch andere Zeugen sahen Oswald und Ferrie im Sommer 1963 bei diversesten Gelegenheiten zusammen. Einer traf sie auf einer Privatparty, wo die beiden offen über die Erwünschtheit eines Staatsstreichs in den USA diskutierten. Ein weiterer sah sie zusammen in Pontchartrain Beach, einem Vergnügungspark in New Orleans. Andere sahen Oswald und Ferrie bei verschiedenen Gelegenheiten in der »Napoleon House Bar«, einem beliebten Studententreffpunkt im French Quarter. Dort diskutierten sie die Politik der Kennedy-Regierung mit jedem, der zuhören mochte. Wieder ein anderer Zeuge beobachtete sie und zwei »Lateinamerikaner« auf einer politischen Versammlung in Baton Rouge, wo sie Präsident Kennedys Außen- und Innenpolitik öffentlich anprangerten – vor allem die Ansichten des Präsidenten zu Kuba und den Bürgerrechten für Schwarze. Oswald und Ferrie unternahmen in jenem Sommer offenbar weite Reisen, denn nicht weniger als sechs Zeugen sagten aus, sie hätten die beiden in Gesellschaft eines älteren Mannes, vielleicht des Geschäftsmannes Clay Shaw aus New Orleans, vielleicht auch Guy Banisters, in Clinton gesehen, einer kleinen, 140 Kilometer nördlich von New Orleans gelegenen Stadt, wo der Congress of Racial Equality (Kongreß für Rassengleichheit) damals die Wahlberechtigten unter den ortsansässigen Schwarzen zählte. Und noch ein weiterer Augenzeuge hatte die beiden Männer beobachtet, wie sie in der Nähe von Bedico Creek, einem 80 Kilometer nördlich von New Orleans gelegenen Bayou, in militärische Drillichanzüge gekleidet und mit automatischen Gewehren bewaffnet, etwas betrieben, was wie ein »militärisches Manöver« wirkte.

Guy Banister, ein ehemaliger FBI-Agent und nun als angesehener Privatdetektiv mit eigener Detektei tätig, pflegte eine wenn auch lockere Verbindung zur Marcello-Organisation. Der militante Anhänger der Castro-feindlichen Bewegung und eifrige Verfechter der Rassentrennung, übrigens auch ein Freund David Ferries, führte gelegentlich Ermittlungen für Carlos durch. Aus bisher noch ungeklärten Gründen traf Banister im Sommer und Herbst 1963 häufig mit Oswald zusammen. Sie besuchten beispielsweise zweimal den Campus der Louisiana State University in New Orleans und führten erregte Diskussionen mit den Studenten, in denen sie die Bürgerrechtspolitik der Kennedy-Regierung scharf verurteilten.

Da haben wir also Lee Harvey Oswald, der wegen Raufereien im Zusammenhang mit pro-castristischer Agitation ins Gefängnis geworfen wurde und doch im Sommer 1963 eine Menge Zeit mit zwei militanten Castro-Gegnern verbrachte, David Ferrie und Guy Banister, die wiederum beide für einen ausgesprochenen Castro-Gegner arbeiteten: Carlos Marcello.

Oswald erregte großes Aufsehen in New Orleans, als er für das Castro-Regime demonstrierte. Dennoch hat kein Zeuge je ausgesagt, daß er ihn sonst in Kontakt mit Castro-Freunden gesehen habe. Einzige Ausnahmen waren die anonym gebliebenen Personen, die ihm beim Verteilen seiner Flugblätter halfen. Viele aber sahen ihn in der Gesellschaft zweier militanter Mitglieder der Castro-feindlichen Bewegung.

Welche logischen Folgerungen kann man aus diesem scheinbar widersprüchlichen Verhalten ziehen? Der Schluß scheint unvermeidlich, daß Oswald im Sommer 1963 nicht für irgendwelche Castro-freundlichen Kräfte arbeitete, sondern für eine Castro-feindliche Gruppe, und daß seine öffentlichen Demonstrationen für Castro Täuschungsmanöver waren, die einem ganz anderen Zweck dienten.

Da Oswald nach dem 19. Juli über kein Einkommen mehr verfügte und von seiner Arbeit in der Kaffeefirma, die etwas über zwei Monate gedauert und ihm 1,50 Dollar pro Stunde eingebracht hatte, nicht viel gespart haben kann, müssen sein Lebensunterhalt und die Kosten für seine Castro-freundlichen Betätigungen von irgendeiner Person oder Organisation übernommen worden sein, die gute Gründe hatte, ihn als eifrigen Anhänger Fidel Castros darzustellen.

Als kurz nach Oswalds Verhaftung am 23. November im Zusammenhang mit der Ermordung Kennedys bekanntgegeben wurde, daß man in seiner Brieftasche eine Mitgliedskarte des Fairplay-für-Kuba-Komitees gefunden hatte, und als bei den Zeitungen von New Orleans rasch Fotos von ihm entdeckt wurden, die ihn beim Verteilen von Castro-freundlichen Flugblättern zeigten, kamen alle, die unmittelbar mit dem Verbrechen zu tun hatten – die Polizei von Dallas, das FBI und die nationale Presse –, schnell zu dem Schluß, daß der angebliche Präsidentenmörder eine Art »kommunistischer Spinner« und Castro-Verehrer sei.

Es sieht so aus, als habe Lee Harvey Oswald seinen Auftrag im Sommer 1963 perfekt ausgeführt.

# 23

# Der Druck wird stärker: September 1963

Am 25. September 1963 hielten Carlos Marcello und seine Mafiabrüder überall im Land den Atem an, als sie im überregionalen Fernsehen mit ansehen mußten, wie ein Mitglied ihrer Bruderschaft bei einer Anhörung vor Senator McClellans Unterausschuß über das organisierte Verbrechen öffentlich sein Schweigegelübde brach.

Der Zeuge war Joseph Valachi, ein ehemaliger Soldat der New Yorker Familie Genovese. Mit seinem Auftritt vor dem Ausschuß sagte zum erstenmal in der Geschichte des organisierten Verbrechens in den Vereinigten Staaten ein »arriviertes« Mitglied einer Mafiafamilie öffentlich über den inneren Betrieb der Mafia in Amerika aus. In seiner langen, in manchem sensationellen Zeugenaussage, die sich über sechs Tage hinwegzog, enthüllte Valachi die organisatorische Struktur der Mafia, die er »Cosa Nostra« (»unsere Sache«) nannte, ein Ausdruck, den die amerikanische Öffentlichkeit bisher noch nicht kannte. Valachi enthüllte ihren Kodex, ihre Regeln und Gesetze, die Namen der Mitglieder ihres national herrschenden Systems, der *commissione*, und bot eine grobe, gelegentlich zusammenhanglose, aber ungeheuer informative geschichtliche Darstellung der New Yorker Mafiafamilien seit ihrem Aufstieg an die Macht während der Prohibitionszeit. (Hier sei beiläufig darauf hingewiesen, daß jemand gehört hat, wie Lee Harvey Oswald den Ausdruck Cosa Nostra im Sommer 1963 benutzte, bevor er irgend jemandem außerhalb der Mafia selbst und dem FBI bekannt war.)

Als Valachi seine Zeugenaussage beendet hatte, lagen die innersten Geheimnisse der Familie Genovese offen zutage, und die Intimsphäre mehrerer anderer Verbrecherfamilien war schwer verletzt worden. Unter den großen Mafiabossen war Carlos Marcello einer der wenigen, die bei den Anhörungen persönlich unverletzt davonkamen.

Was Valachi über Marcellos Gebiet zu sagen hatte, unterstrich die Unabhängigkeit und Insularität der Mafia von Louisiana. Als er bei einer der Anhörungen gefragt wurde, was er von der Mafia in Louisiana wisse, antwortete er:

»Louisiana? Ich habe keine Ahnung, außer daß sie keine Besucher wünschen. Einmal wollte ich mir den Mardi Gras ansehen und fragte Vito. Das wurde von mir erwartet, wenn ich eine Reise machen wollte. Er sagte: ›Geh nicht.‹ Keine Erklärung, bloß: ›Geh nicht.‹ Sie wünschten dort niemanden. Und ich erfuhr, daß Genovese zuerst einmal Erlaubnis einholen mußte, falls ich jemals nach Louisiana reiste. Genovese selbst mußte Erlaubnis einholen. Das war ein absolutes Gesetz.«

Ob Carlos Marcello Befriedigung darin fand, daß Valachi nichts über seine Geschäfte wußte, ist nicht bekannt. Valachis Enthüllungen waren dennoch ein Schlag für alle Mafiabosse, denn sie lieferten dem Justizministerium ein Fundament von Kenntnissen, von dem aus es künftig wirksamer gegen das organisierte Verbrechen durchgreifen konnte.

Robert Kennedy nannte Valachis Zeugenaussage in einer öffentlichen Erklärung nach Beendigung der Anhörungen »den größten Informationsgewinn in der Geschichte des organisierten Verbrechens in Amerika« und versprach, die gewonnenen Kenntnisse zu verwenden, um seinen Kampf gegen den Mob zu verstärken. Kennedys Äußerung zeigte den Mafiabossen im ganzen Lande, daß das Justizministerium nicht gedachte, das Tempo seines Feldzugs gegen das organisierte Verbrechen zu verringern.

Bald erfuhr das FBI via Wanzen und Anzapfungen von der Wut des Mobs über Valachis Verrat und von seiner steigenden Besorgnis über Kennedys scharfes Vorgehen. Von Stefano Maggadino, dem Boß der Mafia im Norden des Bundesstaates New York, ist auf einem Tonband protokolliert: »Wir haben den Beschluß gefaßt, daß dieser Kerl sterben muß.« Später wurde abgehört, wie Maggadinos Bruder Peter über Präsident Kennedy wütete: »Er sollte tot umfallen. Man sollte die ganze Familie umbringen, auch die Mutter und den Vater.«

Sam Giancana hätte der Sprecher für den ganzen Mob sein können; ein Abhörgerät des FBI nahm auf, was er einem Untergebenen mitteilte:

»Du sagtest mir …, bevor Kennedy Justizminister wurde, aber ich hätte nie gedacht, daß es so hart werden würde. Du sagtest mir, als sie seinen Bruder dorthin brachten, daß wir einiges Feuerwerk erleben würden, aber so habe ich es mir nicht vorgestellt. Das ist Mord.«

Giancana hatte recht. Kennedys Feldzug gegen den Mob *war* Mord. In den fast drei Jahren, seit er Justizminister war, hatte seine Politik dazu geführt, daß 500 Prozent mehr Leute wegen organisierten Verbrechens angeklagt und 400 Prozent mehr verurteilt wurden. Zum erstenmal in der Geschichte machte das Justizministerium so mächtigen Männern wie Giancana, Trafficante und Marcello Beine. Ebenfalls zum erstenmal übte es ungeheuren Druck auf die Werkzeuge der Mafia in den Gewerkschaften aus, unter denen an erster Stelle Teamster-Chef Jimmy Hoffa stand. Infolge Kennedys Unnachgiebigkeit war Hoffa 1963 zweimal verurteilt worden – im Mai wegen Geschworenenbeeinflussung und im Juni wegen Betrugs – und schien reif fürs Gefängnis.

Aber der Krieg gegen den Mob war nicht der einzige, in den Robert Kennedy damals verwickelt war. Er und sein Bruder blieben weiterhin aktiv in ihrem geheimen Feldzug, »Castro loszuwerden«; des weiteren unterstützten sie einen Staatsstreich in Vietnam, der am 1. November mit der Ermordung Präsident Diems und seines Bruders enden sollte. Bis September 1963 hatte sich Präsident Kennedy wahrscheinlich mehr mächtige Feinde in weniger Zeit geschaffen als jeder andere amerikanische Präsident seit Abraham Lincoln.

Am 7. September äußerte sich einer dieser Feinde, Fidel Castro, zu Geheimdienstberichten, wonach die CIA ihn zu ermorden plante, gegenüber dem Associated-Press-Korrespondenten Daniel Harker in einem Interview folgendermaßen: »Wir sind bereit, gegen sie zu kämpfen und es ihnen mit gleicher Münze heimzuzahlen. Die Führer der Vereinigten Staaten sollten bedenken, daß ihre eigene Sicherheit in Gefahr ist, wenn sie terroristische Pläne, kubanische Führer zu beseitigen, unterstützen.«

Das Interview erschien in der *Times-Picayune* in New Orleans und wurde wahrscheinlich von Lee Harvey Oswald, David Ferrie und Carlos Marcello gelesen.

Wenn, wie viele glauben, Marcello mit Ferrie konspirierte, Oswald als Strohmann für die bevorstehende Ermordung Präsident Kennedys aufzubauen, dann müssen Castros Worte Marcello das Herz erwärmt haben. Nun war es ganz leicht, den Gründer und einzigen Anhänger des Fairplay-für-Kuba-Komitees von New Orleans eines Tages mit Castros Drohung vom September, sich an den Kennedys zu rächen, in Verbindung zu bringen.

Wie man aus den Handlungen von Oswald, Ferrie und Marcello in den letzten Septembertagen 1963 schließen kann, reiften spontane Drohungen und vage Absichten, Präsident Kennedy zu ermorden, irgendwann in jenem Monat zu festen Plänen und klaren Entscheidungen heran. Sie konkretisierten sich um so mehr, als die Zeitungen von New Orleans am 13. September bestätigten, daß Präsident Kennedy Texas entweder am 21. oder am 22. November einen eintägigen Besuch abstatten würde.

Zur gleichen Zeit hatten Carlos Marcello und David Ferrie begonnen, Marcellos Verteidigung im Falle *Vereinigte Staaten gegen Carlos Marcello* vorzubereiten, der Anfang November in New Orleans verhandelt werden sollte. Sie besprachen sich oft im »Town & Country«-Motel. Des weiteren traf Ferrie sich mit Oswald im French Quarter und reiste mit ihm nach verschiedenen Orten, die nördlich von New Orleans lagen.

Mehrere Tage nachdem Kennedys Reise nach Texas bestätigt wurde, beschloß Lee Harvey Oswald, Mexico City einen kurzen Besuch abzustatten und dann seine Zelte in New Orleans abzubrechen und nach Dallas zurückzukehren. Nachdem er einen Tag mit David Ferrie in Clinton verbracht hatte, erhielt er am 17. September sein mexikanisches Touristenvisum und trat am 26. seine Reise nach der mexikanischen Hauptstadt an. Dort sollte er (oder möglicherweise jemand, der sich mit oder ohne sein Wissen für ihn ausgab) bald seine Castro-freundlichen Spielchen wiederholen, indem er überall seiner Sympathie für Castro und die kubanische Revolution Ausdruck verlieh. Ebenfalls am 26. gab die Presse zum erstenmal das genaue Datum bekannt, an dem Präsident Kennedy Dallas zu besuchen gedachte: den 22. November.

Inzwischen hatte Robert Kennedy, zweifellos frustriert darüber, daß Joe Valachi nichts über Marcellos Reich zu sagen wußte, J. Edgar Hoover Anfang September wieder einmal gerügt, daß das FBI Marcello und seine kriminelle Organisation schleppend behandelte. Regis Kennedy schickte immer noch Berichte nach Washington, in denen im wesentlichen stand, daß Marcello als Reisender der Pelican Tomato Company bloß ein »privater Geschäftsmann« und an keinerlei erkennbaren kriminellen Handlungen beteiligt sei. Es ist nicht bekannt, welche Maßnahmen Hoover in der Folge ergriff. Angesichts dessen, was wir über Carlos Marcello aus den folgenden beiden Monaten wissen, scheint es, daß entweder Hoover nichts unternahm oder seine Agenten in New Orleans, möglicherweise im Einverständnis mit Carlos Marcello, absichtlich seine Anweisungen ignorierten.

Wie auch immer, Carlos Marcello konnte in den Monaten Oktober und November, in denen er seine Verteidigung gegen die Anklage von Justizminister Kennedy vorbereitete und darauf wartete, daß dessen Bruder, der Präsident, am 22. November sein Hoheitsgebiet betreten würde, mehr oder weniger tun und lassen, was er wollte.

# 24

# Marcellos Dallas

Nach New Orleans war Dallas die wichtigste Stadt in dem unsichtbaren Imperium des Carlos Marcello. Dallas hatte keine eigene Mafiafamilie; seine Unterwelt war ein Satellit der Marcello-Organisation, und seine Führer erhielten ihre Befehle in letzter Instanz von Carlos Marcello.

Die Marcellos waren seit mehr als zehn Jahren in Dallas und anderen Teilen von Texas tätig und sollten ihre Unternehmungen in diesem Staat in den kommenden Jahren dramatisch erweitern. Seit einiger Zeit schon herrschte stillschweigendes Einverständnis unter den Führern der großen Mafiafamilien, daß Texas den Marcellos gehörte und daß sich niemand anderes eindrängen durfte. Wie sich ein Gesetzeshüter ausdrückte, war das Marcello-Netzwerk in Texas »ein unabhängiges, total abgeschirmtes Unternehmen«.

Zu diesem Unternehmen gehörte ein breites Spektrum von Betrieben unterschiedlicher Abstufungen der Legalität. Der Rennsport-Informationsdienst der Marcellos war mit Buchmachern überall im Staate Texas verbunden. Zwar liegen für 1963 keine Zahlen vor, aber 1972 zählte das Marcello-Glücksspielsyndikat laut einem Bericht von Crawford Martin, dem damaligen Justizminister des Staates Texas, 800 Buchmacher, deren Bruttoeinnahmen 700 Millionen Dollar betrugen.

1963 stieß man in Texas fast überall auf die Spielautomaten der Marcellos. Genau wie in Louisiana hatten sie in den fünfziger Jahren Bars und Restaurants, die ihre Maschinen aufzustellen bereit waren, bei der Finanzierung geholfen. Sie lagen größtenteils in Dallas und Houston, aber auch anderswo. Die Pelican Tomato Company, deren Hauptkunde die US-Marine war, tätigte in Texas riesige Geschäfte, indem sie große Mengen Tomaten aus Mexiko importierte, ohne von den Zollbehörden belästigt zu werden. Im Grundstücksgeschäft finanzierte Carlos Bauunternehmer in Dallas und Houston, wo er auch Motels und Restaurants besaß. Carlos gehörte das »Alamotel« in Houston, Vincent besaß angeblich ein Restaurant mit Nachtklub in Dallas. Als Präsident und Miteigentümer der Jefferson Music Company reiste Vincent regelmäßig nach Dallas, oft in Begleitung seines Bruders Sammy, um das Spielautomatenunternehmen und andere Interessen der Familie zu überwachen.

Die Macht der Marcellos hätte in Texas Ende der vierziger und die ganzen fünfziger Jahre hindurch ohne die Mitwirkung wichtiger texanischer Politiker nicht so stark wachsen können. Sie ging aus von John Halfen, Carlos Marcellos texanischem Schmiergeldverteiler. Er hatte die spezielle Aufgabe, einen Prozentsatz der illegalen Gewinne in die politischen Feldzüge texanischer Politiker wie zum Beispiel des Houstoner Kongreßabgeordneten Albert Thomas, des Richters am Obersten Gerichtshof Tom Clark und des US-Senators Lyndon B. Johnson zu leiten.

Mitte der fünfziger Jahre bediente Carlos Marcellos Rennsport-Informationsdienst allein in Houston rund 200 illegale Buchmacher. Jeder Buchmacher zahlte zwischen 250 und 500 Dollar pro Tag für den Dienst. Jack Halfen mußte für Frieden zwischen den Politikern und den Glücksspielinteressen sorgen. Es wurde geschätzt, daß von den 15,6 Millionen Dollar, die die Gruppe Marcello und Halfen alljährlich an Pferdewetten verdiente, 40 Prozent an Marcello gingen, 25 als Bestechung an Politiker und Polizisten und 35 Prozent an den Schmiergeldverteiler Jack Halfen und seine Mitarbeiter.

Unter all den texanischen Politikern, die Marcello und Halfen unterstützten, war Senator Lyndon B. Johnson der mächtigste. Es wurde geschätzt, daß die Marcello-Halfen-Gruppe pro Jahr mindestens 50000 Dollar von den Glücksspielgewinnen der Marcellos allein an Johnson zahlte, der als Gegenleistung half, in den Ausschüssen jegliche Anti-Gangster-Gesetze abzuwehren, die den Interessen Carlos Marcellos und Jack Halfens hätten schaden können. Man kann also ruhig sagen, daß Carlos Marcello 1963 teilweise dank des Einflusses von Vizepräsident Lyndon B. Johnson in Dallas frei schalten und walten konnte. Kein Wunder, daß Robert Kennedys Krieg gegen das organisierte Verbrechen in dem Staat, in dem sein Bruder ermordet wurde, nichts erreichte.

Im Dallas des Jahres 1963 konnten die Marcellos ohne Behinderung durch das Gesetz tun, was sie wollten, denn sie hatten nach bester Familientradition ihr Hauptaugenmerk darauf gerichtet, die Polizei von Dallas zu kaufen.

Geschäftsführer der Marcellos in jener Freiheit der frühen sechziger Jahre war Joseph Civello, ein ehemaliger Sträfling aus Louisiana, Glücksspieler, Rauschgiftschmuggler, Spirituosenhändler, Importeur italienischer Lebensmittel, Mordverdächtiger und langjähriger Freund Carlos Marcellos.

Joe Civello war einer der 59 Mafiaführer, die auf dem Konklave von Apalachin verhaftet worden waren. So eng befreundet war er damals mit Carlos Marcello gewesen, daß dieser ihn als seinen Vertreter zu dem Treffen im Staate New York geschickt hatte. Ein paar Tage nachdem Civello aus Apalachin nach Dallas zurückgekehrt war, wo ihn die Zeitungen mit negativer Publizität überschütteten, war er beim Abendessen mit einem Polizeisergeanten namens Patrick T. Dean aus Dallas gesehen worden, der einst zugegeben hatte, daß die Polizei von Dallas »keine Schwierigkeiten mit den italienischen Familien« habe. Sechs Jahre später war genau dieser Sergeant Dean für die Sicherheit im Kellergeschoß verantwortlich, als Jack Ruby, ein Mitarbeiter Joe Civellos, den Keller des Polizeihauptquartiers von Dallas betrat und vor über 70 bewaffneten Polizisten Lee Harvey Oswald erschoß.

Joseph Civello und Carlos Marcello waren beide in Louisiana groß geworden; beide waren sizilianischer Herkunft, beide wurden schon früh im Leben in die Mafia aufgenommen. Im Herbst 1963 kannten sie sich schon viele Jahre. Civello war Partner in Marcellos Rennsport-Informationsdienst; außerdem war er damit beschäftigt, Marcellos Spielautomaten an Bars, Restaurants und Nachtklubs im Raum von Dallas zu verpachten. Aus FBI-Berichten geht hervor, daß Civello und Marcello Ende der fünfziger und die ganzen sechziger Jahre hindurch häufig telefonierten und gemeinsam mit einer weiteren Familie sizilianischer Abkunft in Dallas befreundet waren, den Campisis, die in der Unterwelt der Stadt eine Rolle spielten.

Joe und Sam Campisi gehörte das Restaurant »Egyptian Lounge«, ein berüchtigter Treffpunkt der Unterwelt von Dallas. FBI-Berichten zufolge wurde Civello häufig beobachtet, wie er die »Egyptian Lounge« heimlich durch die Hintertür betrat und verließ. Man nimmt an, daß Joe Campisi Anfang der sechziger Jahre der zweithöchste Gangster der Stadt war und als Joe Civellos wahrscheinlichster Nachfolger in Dallas galt.

Obwohl es zur Zeit des Kennedymords nicht ans Licht gebracht wurde, stand Joe Campisi in den fünfziger und sechziger Jahren in sehr enger Verbindung zu den Marcellos. Aufzeichnungen von Telefongesprächen, die das FBI machte, zeigen, daß zwischen Marcellos Unternehmen in New Orleans und Campisis »Egyptian Lounge« in Dallas häufig Telefongespräche geführt wurden. 1978 gab Joe Campisi zu, Carlos Marcello und vier seiner Brüder zu kennen und mehrmals in Louisiana besucht zu haben. Campisi berichtete Ermittlern, daß er mit Vincent und Anthony Marcello Golf zu spielen pflegte und oft mit zwei oder drei der Brüder zum Pferderennen gegangen sei. Obwohl Campisi behauptete, keine Geschäfte mit Carlos Marcello getätigt zu haben, gab er vor Ermittlern des Kongresses zu, daß er Marcello jede Weihnachten 260 Pfund italienische Wurst schickte, eine Wurst, die er, wie er stolz bemerkte, »extra mit Walnüssen und Sellerie« herstellte.

Mehrere Stufen unter Joe Civello und den Brüdern Campisi in der Unterwelt von Dallas stand ein Stripteaselokalbesitzer, Rauschgifthändler, Buchmacher, Spielautomatenbetreiber und Zuhälter, der eines Tages den angeklagten Mörder Präsident Kennedys töten sollte.

Jack Leon Ruby war der Sohn jüdischer Einwanderer, aufgewachsen im West-Side-Getto von Chicago. Dort hatte er sich von einer Straßenbande zur anderen emporgedient bis zu einer Stellung unter Al Capone, dem mächtigsten Verbrecherboß Chicagos. 1946, ein Jahr bevor Carlos Marcello die Macht in Louisiana übernahm, startete der Mob von Chicago einen Gemeinschaftsfeldzug zur Übernahme des organisierten Verbrechens im Gebiet von Dallas und zur Erlangung der Kontrolle über die dortige Polizei; im folgenden Jahr verließ Jack Ruby Chicago und ging nach Dallas, um daran mitzuwirken. Er blieb für den Rest seines Lebens und entwickelte sich zu jener sonderbaren Unterweltkreuzung zwischen Schmalspurgangster und Polizeifan.

Jack Rubys Beziehung zur Polizei von Dallas ging weit über das Verlangen eines Gangsters hinaus, sich bei denjenigen einzuschmeicheln, die ihm ernstlich Ärger bereiten könnten. Für den eingefleischten Junggesellen Ruby war die Polizei von Dallas sein einziges Hobby, seine liebste Unterhaltung. Er kannte mindestens 70, wenn nicht gar 100 Polizeioffiziere mit Namen und war entzückt, wenn er ihnen einen Gefallen tun konnte. Er brachte den diensttuenden Polizisten im Hauptquartier Schachteln mit Sandwiches aus einem Delikatessengeschäft und lungerte oft stundenlang herum, um mit seinen Kumpeln zu plaudern. Er setzte seinen Namen mit unter Kreditanträge von Polizisten, die knapp bei Kasse waren. Er spendierte ihnen Getränke in seinen Nachtklubs und arrangierte kostenlose Rendezvous mit seinen aufreizendsten Stripperinnen. Rubys Kontakte zur Polizei wurden in Dallas legendär. Die Presse machte Gebrauch davon. Gewöhnliche Bürger machten Gebrauch davon. Die Unterwelt machte Gebrauch davon. Als es am Wochenende des 23. November 1963 notwendig wurde, Präsident Kennedys angeklagten Mörder, der im Hauptquartier der Polizei von Dallas in Gewahrsam war, zum Schweigen zu bringen, wußten diejenigen, die Grund dazu hatten, genau, an wen sie sich wenden konnten.

Obwohl das FBI Hinweise, daß Jack Ruby mit dem organisierten Verbrechen in Verbindung stand, zurückhielt, so daß sie nicht vor die Warren-Kommission kamen, hatte Ruby viele Bekannte in den führenden Mafiafamilien, darunter mindestens acht Mitarbeiter der Marcello-Organisation. Der wichtigste jener Marcello-Männer, die Jack Ruby kannte, war Joseph Civello.

Aber diese Tatsache wurde vom FBI zum Zeitpunkt des Kennedymords absichtlich unterdrückt.

Daß Jack Ruby Joseph Civello kannte, bezeugte der Informant Bobby Gene Moore dem FBI am 27. November 1963. Moore war in Dallas geboren und aufgewachsen und hatte bis Ende der fünfziger Jahre dort gelebt und gearbeitet. Eine Zeitlang hatten ihn Joseph Civello und sein Partner Frank LaMonte in ihrer italienischen Importfirma beschäftigt, die Moore stark im Verdacht hatte, ein Aushängeschild für die Einfuhr von Rauschgift aus Sizilien zu sein. Zur gleichen Zeit, von 1952 bis 1956, hatte Moore auch hin und wieder als Pianist in Jack Rubys »Vegas Club« gearbeitet.

Zum Zeitpunkt des Kennedymords lebte Bobby Gene Moore in Oakland, Kalifornien. Ein paar Tage nach dem Mord sah Moore im Fernsehen ein Interview mit einem Genossen Jack Rubys. Dieser behauptete, daß Ruby keine Verbindungen zum organisierten Verbrechen gehabt habe. Verwundert und erbost suchte Moore das FBI-Büro von Oakland auf. Dort sagte er aus, daß er als kaufmännischer Angestellter in Civellos und LaMontes Italian Importing Company in Dallas »Verdacht geschöpft habe, Civello und sein Partner Frank LaMonte seien in Gangstergeschäfte verwickelt«, weil sie ihm gelegentlich ausdrücklich verboten hätten, bestimmte Kartons mit Käse aus Italien zu öffnen, obwohl genau das seine Aufgabe gewesen sei. Auf Grund dessen »sei er zu der Annahme gelangt, daß Civello und LaMonte Rauschgift importierten«. Des weiteren sagte Moore aus, daß Jack Ruby »auch ein häufiger Besucher und Geschäftspartner von Civello und LaMonte« gewesen sei. Als Fußnote zu dieser Zeugenaussage behauptete Moore, daß »Richter O'Brien, ein städtischer Richter in Dallas, ein Freund von Civello und LaMonte gewesen sei« und daß er selber auf Civellos Anweisung »häufig Schinken und andere Lebensmittel in O'Briens Wagen gelegt habe«.

Jack Ruby stand auch auf sehr freundschaftlichem Fuße mit Civellos unmittelbaren Untergebenen in der Mafiahierarchie von Dallas, den Brüdern Campisi. Stundenlang lungerte er in der »Egyptian Lounge« der Campisis herum, und Joe Campisi setzte sich oft eine Zeitlang an seinen Tisch. Nach der Ermordung Präsident Kennedys sagte Rubys Zimmergenosse George Senator aus, Joe Campisi sei »einer der drei besten Freunde Rubys« gewesen. Auch Rubys Schwester Eva Grant bestätigte seine Freundschaft mit Campisi; sie erzählte Ermittlern, daß ihr Bruder eine Menge Zeit in der »Egyptian Lounge« verbracht habe. Außer Civello und Campisi kannte Jack Ruby mindestens vier weitere Leute, die mit der Marcello-Organisation verbunden waren, darunter auch zwei Brüder Carlos Marcellos.

Frank Caracci war auf mittlerer Rangstufe in der Marcello-Organisation tätig. Er besaß und leitete mehrere Stripteaselokale im French Quarter von New Orleans und war in Texas und Louisiana stark im Glücksspiel engagiert. Caracci war mit Joe Civello und Joe Campisi in Dallas befreundet und verstand sich auch mit den Brüdern Marcello in deren heimischem Revier sehr gut. FBI-Berichte weisen darauf hin, daß Jack Ruby zwischen Juni und Oktober 1963 einen von Caraccis Nachtklubs in New Orleans besuchte, einen zweiten mehrmals anrief und sich mindestens einmal mit Caracci persönlich traf. Ruby stand auch in engem Kontakt mit Harold Tannenbaum, einem weiteren Nachtklubbetreiber, der mit den Marcellos verbunden und ein Geschäftspartner von Nofio Pecora war, Carlos Marcellos Nummer drei. Tannenbaum wohnte sogar in Pecoras »Tropical Tourist Court Motel« in New Orleans. Zwischen Mai und November 1963 rief Ruby Tannenbaum mindestens 18mal an, angeblich wegen Nachtklubangelegenheiten.

Die Marcellos besaßen oder waren beteiligt an mehreren Nachtklubs in der Bourbon Street im Herzen des French Quarter von New Orleans. Bourbon Street ist ein Dorf im Dorfe. Alle Nachtklub-, Restaurant- und Barbesitzer kennen sich untereinander; meistens stehen sie am Eingang ihrer Lokale und begrüßen die Kunden. Im Jahre 1963 besaß und leitete Pete Marcello die »Sho-Bar«, eines der auffälligeren Striptease- und Animiermädchenlokale in der Bourbon Street. Aufzeichnungen weisen darauf hin, daß Jack Ruby Pete Marcellos »Sho-Bar« im Oktober 1963 zweimal anrief und mindestens einmal besuchte. Nach dem Kennedymord erinnerten sich mehrere Einwohner der Bourbon Street, daß Ruby Mitte Oktober in der Gegend herumgestreift sei.

Kannte Jack Ruby Carlos Marcellos Bruder Pete? Wahrscheinlich war es so, und zuverlässigen Quellen zufolge kannte er auch noch mindestens zwei weitere Marcellos, Vincent und Sammy. Wenn Ruby die »Sho-Bar« im Sommer und Herbst 1963 zweimal anrief und einmal besuchte, stand er zweifellos in Kontakt mit Pete Marcello, denn es war Pete persönlich, der die Anrufe annahm und alle Besucher an der Tür begrüßte. Weshalb dieser Kontakt? Höchstwahrscheinlich wegen des Nachtklubgeschäfts: Ruby und Marcello beschäftigten oft dieselben Stripperinnen und hatten gemeinsame Interessen.

Dasselbe könnte man auch über Rubys Beziehungen zu Sammy und Vincent sagen. Auch mit ihnen hatte er gemeinsame Interessen. Vincent als Präsident und Miteigentümer der Jefferson Music Company war stark im Spielautomatengeschäft von Dallas engagiert. Nicht lange nach dem Kennedymord meldete ein Mann namens William B. Abadie, der damals in Los Angeles lebte, daß er 1963 sieben Wochen in Jack Rubys Lagerhaus als Spielautomaten- und Jukeboxmechaniker gearbeitet und auch in einem von Rubys Glücksspiellokalen »Tickets ausgeschrieben« habe.

Demnach hatte Jack Ruby auch mit Spielautomaten und Buchmacherei zu tun, was bei den Ermittlungen der Warren-Kommission nie ans Licht kam. Das bedeutet, daß er Vincent Marcello gekannt haben muß und wahrscheinlich auch seinen Assistenten Sammy, denn 1963 kontrollierten die Marcellos einen großen Anteil dieses Geschäfts. Des weiteren soll Vincent, wie FBI-Informant Eugene De Laparra erwähnte, ein Restaurant mit Nachtklub in Dallas besessen haben und mochte deshalb ein Konkurrent Rubys gewesen sein.

Daß Jack Ruby einen oder mehrere Marcello-Brüder kannte, wurde in den umfangreichen veröffentlichten Aufzeichnungen des Mordausschusses des Repräsentantenhauses nicht erwähnt, mehreren zuverlässigen Quellen zum Trotz. Eine davon, der heutige Staatsanwalt des Kreises St. Landry, sagte, er habe mit zuverlässigen Leuten gesprochen, die Ruby zusammen mit Pete und Vincent Marcello gesehen hätten.

Aber Rubys Kontakte mit der Marcello-Organisation gingen noch weiter. Sie reichten in den inneren Kreis getreuester Leutnants hinein, genau gesagt zu Nofio Pecora, dessen Frau, wie man sich erinnert, Carlos' Privatsekretärin war.

Gemäß Telefonaufzeichnungen des FBI erhielt Ruby am 4. August 1963 einen Anruf von Pecora; am 30. Oktober, drei Wochen vor dem Kennedymord, rief Ruby seinerseits Pecora an. Dabei ist zu bedenken, daß Emile Bruneau, ein Freund von Nofio Pecora, auch der Freund der Marcellos war, der die Kaution stellte, um Lee Harvey Oswald aus dem Gefängnis zu holen, als er wegen der Rauferei in der Canal Street verhaftet worden war.

Nach alldem sieht es so aus, als hätten Schlüsselpersonen aus der Marcello-Organisation im Herbst 1963 eine ganze Menge über Jack Ruby gewußt. In den Monaten vor dem Kennedymord steckte Ruby tief in Schulden und hatte Ärger mit der Steuerbehörde, bei der er stark im Rückstand war. Da er ein geschwätziger Mensch war, müssen seine finanziellen Schwierigkeiten im Herbst 1963 sowohl der Polizei als auch der Unterwelt von Dallas wohlbekannt gewesen sein.

Wie wir wissen, konnte die Marcello-Organisation auf ein riesiges Reservoir an Spezialisten zurückgreifen, wann immer sie ein besonderes Bedürfnis hatte. Jack Rubys Spezialität war die Polizei von Dallas. Das Polizeihauptquartier war seine zweite Heimat. Er konnte dort kommen und gehen, wie er wollte. Die Zeit sollte kommen, da sich diese Liebhaberei bezahlt machte. Im November 1963 erhielt der hochverschuldete Schmalspurgangster den Auftrag seines Lebens.

# 25

# Oswald und sein Doppelgänger

Nach der Ermordung Präsident Kennedys teilte Marina Oswald den Vernehmungsbeamten mit, daß ihr Gatte ihr Ende September 1963 gesagt habe, er könne das Leben in den Vereinigten Staaten nicht mehr ertragen und wolle mit ihr und dem Kind in die Sowjetunion zurückkehren. Deshalb wolle er nach Mexiko fahren und versuchen, in der dortigen kubanischen Botschaft ein Visum für Kuba zu bekommen, da es in den Vereinigten Staaten kein kubanisches Konsulat gab. Wenn er dann in Kuba sei, wolle er sich in der sowjetischen Botschaft in Havanna um ein Visum bemühen, mit dem er mit ihr und dem Kind nach Rußland zurückkehren könne. In Kuba wolle er auch eine Zeitlang für Castro kämpfen. »Ich werde Revolutionär!« rief er aus, als er ihr seine Zukunftspläne aufdeckte.

Scheinbar um seinen Plan auszuführen, holte Lee seine Frau, die schwanger war, und seine Tochter am 24. September aus ihrer Wohnung in New Orleans und schickte sie wieder zu Marinas Freundin Ruth Paine nach Irving, einer Vorstadt von Dallas.

Wie die Ereignisse zeigen sollten, belog entweder Oswald seine Frau absichtlich, oder Marina erfand den Plan selbst in ihrer Zeugenaussage. Denn in Wirklichkeit scheint Oswald aus einem anderen Grund nach Mexiko gefahren zu sein – wenn überhaupt. Alles deutet darauf hin, daß er sich auf Befehl seines Arbeitgebers dorthin begab, um sich als Castro-freundlicher Aktivist zu profilieren.

Inzwischen hatte dieser Arbeitgeber zwei weitere Leute eingesetzt, einen, der Oswald entfernt ähnlich sah, und einen anderen, der ein paar auffällige Ereignisse inszenieren sollte. Die konnten eines Tages benutzt werden, um den verrückten Exüberläufer aus New Orleans in Verdacht zu bringen.

Obwohl dieser Plan auf den ersten Blick weit hergeholt erscheint, sind die

Beweise, die sich in den letzten 25 Jahren angesammelt haben, so überzeugend, daß kein Zweifel mehr möglich ist. Denn angesichts dessen, was wir wissen, hatte sich die Verschwörung, Präsident Kennedy zu ermorden, bis Ende September zu einer wohldurchdachten Operation ausgewachsen. Ein wichtiges Element davon war das bewußte Vorschieben eines Menschen, der unmittelbar nach der Tat als Verdächtiger dastehen würde. Auf Grund untergeschobener Beweise und kompromittierender Verbindungen würden die Vollstreckungsbehörden ihn rasch für den einzigen Mörder des Präsidenten halten. Daß die Verschwörer auf die Idee kamen, zwei, vielleicht sogar drei Oswalds – den echten und einen oder zwei falsche – vorzuschieben, um dieses Ziel zu erreichen, bestätigt eine lange Kette einst verwirrender, jetzt aber verständlicher Ereignisse, die Ende September in Dallas ihren Anfang hat.

Am 25. September war der echte Oswald angeblich in New Orleans, um am nächsten Tag den Bus nach Mexiko zu besteigen. An eben diesem Tag bat ein Mann, der sich als »Harvey Oswald« vorstellte, im Wehrdienstbüro von Austin, Texas, um Aufhebung seiner unehrenhaften Entlassung aus dem Marine Corps, weil sie ihn bei der Arbeitssuche behinderte. Der Angestellte, mit dem dieser Oswald sprach, erinnert sich, daß der Mann sich bewußt bemühte, unangenehm aufzufallen.

Am folgenden Tag, als Oswald angeblich im Bus saß und nach Mexiko fuhr, empfingen Sylvia und Annie Odio, zwei Exilkubanerinnen, Töchter eines politischen Gefangenen Castros, drei Besucher in ihrer Wohnung in Dallas, zwei »Lateinamerikaner« und einen Amerikaner. Die Lateinamerikaner behaupteten, sie seien Mitglieder der Junta Revolucionaria, einer Castrofeindlichen Gruppe. Sie behaupteten, den Untergrundnamen des Vaters der Schwestern Odio zu kennen sowie die jüngsten Pläne der CIA, Castro zu ermorden. Ihre Absicht war, die Schwestern Odio zur Mitarbeit im Kampf gegen Castro zu gewinnen. Während des Gesprächs schwieg der Amerikaner, der den Schwestern als Leon Oswald vorgestellt wurde. 48 Stunden später rief einer der Lateinamerikaner Sylvia Odio an und erzählte ihr von Leon Oswald: »Er ist ein Mitglied des Marine Corps, ein ehemaliges Mitglied, und ein erfahrener Scharfschütze. Er ist irgendwie *loco*, verrückt. Bei ihm ist alles möglich – zum Beispiel, daß er in Kuba in den Untergrund geht oder Castro tötet.« Dann fügte er hinzu: »Der Amerikaner sagt, wir Kubaner hätten keinen Mumm. Er sagt, wir hätten Präsident Kennedy nach der Schweinebucht erschießen sollen. Er sagt, wir sollten so etwas tun.«

War Leon Oswald der echte Lee Harvey Oswald, oder war er ein Betrüger? Wenn Miss Odio sich hinsichtlich des Datums nicht irrt, muß er ein Betrüger gewesen sein. Es ist nämlich einigermaßen sicher, daß der echte Oswald am

26. September in einem Continental-Trailways-Bus saß, der von Laredo, Texas, nach Mexiko fuhr... Es sei denn, der Betrüger hätte im Bus gesessen und der echte Oswald in Miss Odios Wohnung.

Mehrere Buspassagiere bezeugten später, daß jemand, der sich als Lee Harvey Oswald vorstellte, jedem, der zuhören mochte, freimütig, ja sogar aufdringlich von seinen bevorstehenden Geschäften in Mexiko erzählte. Er betonte nachdrücklich, daß er Schriftführer des Fairplay-für-Kuba-Komitees in New Orleans sei und hoffe, in Havanna bald Fidel Castro zu treffen.

Wie sich herausstellte, verbrachte Oswald oder sein Doppelgänger – oder alle beide – sechs Tage in Mexiko. Vielleicht hat er versehentlich seine wahre Anhängerschaft mit dem Namen des Hotels verraten, das er dort wählte. Es war das Hotel »Del Comercio«, ein wohlbekannter Treffpunkt der Castrofeindlichen Exilkubaner.

Am Morgen nach seiner Ankunft war Oswalds erstes Ziel die Sowjetische Botschaft, wo er seiner Frau zufolge ein Visum für die Sowjetunion beantragen wollte. Durch angezapfte Leitungen und hochgestellte Informanten aus der Botschaft selbst erfuhren das CIA-Hauptquartier und die Sowjetspionageabteilung des FBI jedoch, daß der Mann, der sich Oswald nannte, mit Waleri Wladimirowitsch Kostikow sprach. Dies war der Verantwortliche für terroristische Aktivitäten – einschließlich Mords – in der westlichen Hemisphäre und gewiß nicht der Mann, bei dem man ein Visum beantragen würde. Es wird jedoch stark bezweifelt, daß der echte Lee Harvey Oswald an jenem Morgen die Botschaft besuchte, denn ein CIA-Foto des Mannes, den man für ihn hielt, wies nicht die geringste Ähnlichkeit mit ihm auf.

Die CIA hatte routinemäßig jeden Besucher der Sowjetischen Botschaft gefilmt. Am 10. Oktober schickte sie eine Reihe Fotos an das FBI-Hauptquartier in Washington; sie zeigten einen Mann, der als Lee Henry Oswald bezeichnet wurde, beim Betreten der Botschaft am 27. September. Es stellte sich jedoch heraus, daß auf den Fotos nicht Lee Harvey Oswald abgebildet war. Welcher Mann an jenem Tag tatsächlich die Sowjetische Botschaft betrat, ist immer noch strittig, weil die CIA auch eine angebliche Tonbandaufzeichnung von der Stimme des geheimnisvollen Besuchers vernichtete.

Später am selben Tag ging ein Mann, der sich Lee Harvey Oswald nannte, zur Kubanischen Botschaft und teilte einer Angestellten der Konsularabteilung, einer jungen Mexikanerin namens Sylvia Duran, mit, daß er ein Transitvisum für Kuba wünsche. Er wolle dort auf dem Weg zu seinem Reiseziel, der Sowjetunion, Station machen. Während er sein Anliegen vortrug, zeigte er demonstrativ seine Mitgliedskarte des Fairplay-für-Kuba-Komitees und mehrere Zeitungsausschnitte, die über seine Verhaftung wegen seiner Demonstration für Castro berichteten. Da Sylvia Duran das Gefühl hatte, daß der Antragsteller seine Kubaliebe allzu dick auftrug und sich dadurch verdächtig machte, lehnte sie seinen Antrag ab, worauf Oswald einen Wutanfall bekam und aus der Botschaft stürmte.

Die gleiche Meinung vertrat auch der damalige Leiter der Konsularabteilung, Konsul Eusebio Azcue, ein kubanischer Staatsangehöriger, der den angeblichen Lee Harvey Oswald zwei oder drei Tage nach dem Gespräch mit Sylvia Duran kennenlernte.

Oswald war offenbar in die Kubanische Botschaft zurückgekehrt und hatte von Sylvia Duran noch einmal verlangt, daß sie ihm ein Transitvisum für Kuba ausstellte. Sie wies ihn wiederum ab. Darauf machte er einen solchen Stunk, daß Frau Duran den Leiter der Konsularabteilung zu Hilfe rufen mußte. Konsul Azcue befahl, den ungebärdigen Mann hinauszuwerfen. Als man Azcue später Fotos von dem Mann zeigte, der in Dallas als angeblicher Mörder Präsident Kennedys verhaftet worden war, sagte er, das sei nicht derjenige, den er aus der Botschaft hatte hinauswerfen lassen.

Was sollen wir von all dem halten? Da Irren menschlich ist, wenn man Leute, die man nur kurz und beiläufig gesehen hat, auf Fotos wiedererkennen soll, und weil auch die CIA sich bei der Identifizierung des Mannes geirrt haben kann, ist zumindest die Möglichkeit nicht auszuschließen, daß der echte Oswald tatsächlich die beiden Botschaften besuchte.

Und dennoch gibt es überzeugende Beweismittel, daß Lee Harvey Oswald in jenem Herbst nie die Kubanische Botschaft in Mexiko betreten hat. 1978 schickte nämlich der Mordausschuß des Repräsentantenhauses zur Prüfung der Angelegenheit einen Ermittler nach Mexiko. Dieser war hinterher überzeugt, daß der echte Oswald weder die Kubanische noch die Russische Botschaft in Mexiko City besucht, sich möglicherweise nicht einmal in Mexiko aufgehalten hatte, obwohl FBI und Warren-Kommission dies behaupteten.

Der Ermittler des Komitees war Edwin Lopez, ein junger Anwalt, der fließend spanisch sprach. Nachdem er Frau Duran und Konsul Azcue interviewt hatte, war er bereits sicher, daß der echte Oswald keinen von beiden in der Kubanischen Botschaft besucht hatte.

Es waren jedoch die Akten der CIA von Oswalds angeblichem Besuch in Mexiko, die Lopez endgültig überzeugten, denn sie enthielten Fotos von dem Mann, der sich Oswald nannte. Die Bilder zeigten ihn dreimal beim Betreten der Kubanischen Botschaft, aufgenommen von verborgenen Kameras aus drei verschiedenen Winkeln, und keines der Bilder zeigte Lee Harvey Oswald. Lopez zufolge überwachte die CIA die Botschaft rund um die Uhr, was bedeutete, daß ein Irrtum hinsichtlich der Identität des Mannes kaum möglich war.

Auf Grund seiner Ermittlungen schrieb Lopez einen 300 Seiten langen Bericht, der bis zum heutigen Tag geheim ist. Lopez hat inzwischen öffentlich erklärt, er glaube, Lee Harvey Oswald sei vorgeschoben worden, um die Schuld an der Ermordung des Präsidenten auf sich zu nehmen.

Eines ist gewiß: daß Oswald niemals vorhatte, nach Kuba zu gehen, für Castro zu kämpfen und dann in die Sowjetunion zu reisen. Seine Frau Marina behauptete jedenfalls, das habe er ihr gesagt.

Diese Folgerungen werden erhärtet durch die Ergebnisse einer Untersuchung, die der britische Autor Anthony Summers 1981 und 1982 über die Reise Oswalds nach Mexiko durchführte, und zwar nach der Veröffentlichung seines Buches »Conspiracy«, das den Kennedymord behandelt und 1980 erschien.

Summers sagt, man habe ihm Notizen und Vermerke gezeigt, auf denen der 300 Seiten lange, geheime Bericht des Mordausschusses des Repräsentantenhauses über die Reise nach Mexiko beruht, darunter bestimmte CIA-Dokumente. Daraus erfuhr er, daß von den Fotos, die die verborgenen Kameras der CIA von der Person gemacht hatten, die sich an der Kubanischen und Sowjetischen Botschaft in Mexiko Lee Harvey Oswald nannte, eins den echten Oswald zeigte und 11 einen Unbekannten. Das Foto des echten Oswald war offenbar vernichtet worden, vielleicht um andere Personen zu schützen, die mit auf dem Bild waren. Dabei mag es sich um Verschwörer gehandelt haben, die durch die Enthüllung ihrer Verbindung mit Oswald in eine peinliche Lage geraten wären und die man nicht einfach von dem Überwachungsfoto abschneiden konnte.

Ferner ersah Summers zu seiner Befriedigung aus gewissen CIA-Dokumenten, daß die CIA acht angezapfte Telefongespräche mit dem Mann aufgezeichnet habe, der sich vor den Beamten der Sowjetischen Botschaft in Mexiko Lee Harvey Oswald nannte. Zwei davon wurden auf spanisch geführt (einer Sprache, die Oswald vertraut war), die übrigen in einem verdrehten, gebrochenen Russisch. Acht Abschriften dieser Gespräche wurden angefertigt und am 10. Oktober 1963, sieben Wochen vor dem Mord, an das CIA-Hauptquartier geschickt. Die Originalaufzeichnungen wurden dann vermutlich vernichtet und die acht Abschriften dem FBI vorgelegt, das sie jedoch nicht an die Warren-Kommission weiterleitete.

Im Widerspruch zu dem, was im Schlußbericht des Mordausschusses des Repräsentantenhauses steht, bekamen doch einige Ermittler des Ausschusses Exemplare der Abschriften zu sehen. Sie schlossen aus dem schlechten Russisch, daß es sich nicht um den echten Lee Harvey Oswald handeln könne. Oswalds Russisch galt als beinahe fließend.

Bei seiner Prüfung der Dokumente konnte Summers den Inhalt der Abschriften nicht feststellen. Es erschien ihm jedoch gewiß, daß der Mordausschuß sie tatsächlich erhalten und gelesen hatte, obwohl in seinen Veröffentlichungen nicht erwähnt wurde, daß es sie gab und was in ihnen stand. Summers hatte den Eindruck, daß es sich dabei nicht um die Wiedergabe von mündlichen Äußerungen des echten Lee Harvey Oswald handelte und daß sowohl CIA als auch FBI dies bald nach dem Mord wußten. Sie taten nichts, um festzustellen, wessen Worte es waren, sondern begruben die ganze übelriechende Sache, damit die Warren-Kommission keinen Wind davon bekam. Wenn es aber jemals einen überzeugenden Beweis für eine Verschwörung zur Ermordung Präsident Kennedys gab, dann diesen: Es existierte ein falscher Oswald, der dem echten belastendes Beweismaterial unterschob.

Oswald besaß nur rund 200 Dollar, als er New Orleans verließ, kaum genug, um eine Reise zu machen, die in Anbetracht unvermeidlicher bürokratischer Verzögerungen drei oder vier Monate dauern konnte. Außerdem hätte Oswald in jedem Sowjetischen Konsulat in den Vereinigten Staaten ein Visum beantragen können.

Nein, Oswald oder sein Doppelgänger muß einen anderen Grund für seine Reise nach Mexiko gehabt haben. Während er sich in der mexikanischen Hauptstadt aufhielt, hatte er laut seine Castro-freundlichen Gefühle hinausposaunt und sich bei zwei Leuten von der Kubanischen Botschaft auf unvergeßliche Art bemerkbar gemacht, als sie ihm das Visum verweigerten. Wieder einmal hatte er sich als Castro-Freund profiliert. Als der amerikanische Botschafter gleich nach der Ermordung Präsident Kennedys nach Washington telegrafierte, daß er den starken Verdacht habe, Castro stehe hinter dem Verbrechen, zeigte sich der wahre Zweck von Oswalds Reise nach Mexiko.

Oswald hatte gar nicht vor, nach Kuba oder Rußland zu gehen. Die Karte, auf der er in New Orleans kurz vor seiner Abreise nach Mexiko mitteilte, daß er umgezogen sei, scheint dies zu bestätigen. Darauf gab er die Adresse seiner Frau in Irving und für sich selbst eine Postfachnummer in Dallas an.

Es bleibt jedoch rätselhaft, warum Oswald seinen Mitreisenden auf dem Weg nach Mexiko erzählte, er sei während des Sommers mehrmals dort gewesen. Wenn die Marcello-Organisation sein Arbeitgeber war, warum hätte sie ihn im Sommer 1963 wiederholt nach Mexiko geschickt? Die Antwort bleibt ein Rätsel, aber man sollte bedenken, daß die Marcellos über die Pelican Tomato Company, die gewaltige Ladungen mexikanischer Tomaten illegal importierte, in Mexiko große Geschäfte machten. Aus Berichten der Einwanderungs- und Naturalisierungsbehörde geht hervor, daß Carlos Marcello in den Jahren 1962 und 1963 mehrmals in Monterrey war. Wenn Oswald sich im Sommer 1963 mit einem hochrangigen Mitglied der Marcello-Organisation getroffen hat, wäre es zweifellos sicherer gewesen, wenn dies in Mexiko stattgefunden hätte.

Am 3. Oktober kehrte der echte Lee Harvey Oswald nach Dallas zurück, wo man inzwischen wußte, daß Präsident Kennedy die Stadt besuchen würde. Am folgenden Tag bewarb er sich bei einer Firma am Industrial Boulevard, einer der drei möglichen Fahrtrouten der Wagenkolonne des Präsidenten, um eine Arbeit und wurde abgewiesen.

Nachdem Oswald ein paarmal im CVJM in Dallas übernachtet, dann ein paar Tag lang Frau und Kind in Irving besucht und schließlich ein Zimmer in einer Pension gemietet hatte, zog er am 14. Oktober in eine Wohnung in der North Beckley 1026 im Stadtteil Oak Cliff von Dallas. Dort trug er sich unter dem Namen O. H. Lee ein, ohne seiner Frau zu sagen, wo er war. Am folgenden Tag wurde er dank der Bemühungen von Ruth Paine, der Freundin seiner Frau, als Lagerist im Schulbuchdepot von Texas eingestellt, einem Gebäude, von dem aus man zwei der drei möglichen Routen der Wagenkolonne des Präsidenten überblicken konnte. Am 16. begann sein erster Arbeitstag.

Von seiner Familie getrennt und unter falschem Namen lebend, genoß Oswald völlige Anonymität. Nun konnte er sich unbemerkt und ungestört seiner Aufgabe widmen. Anscheinend erledigte er seine telefonischen Geschäfte von einem öffentlichen Apparat aus, der sich in einer Garage in der Nähe seiner Pension befand. Ein Angestellter bezeugte später, daß er Oswald oft Geld für Ferngespräche gewechselt habe.

Nun waren die Voraussetzungen für den Doppelgänger Oswalds gegeben, in und um Dallas bewußt eine Spur belastender Beweise gegen ihn zu legen.

Der echte Oswald mußte montags bis freitags von 8.00 bis 16.45 arbeiten, mit einer Mittagspause von nur 45 Minuten, in der er, wie seine Kollegen bezeugten, stets in der Cafeteria des Depots aß. Dennoch betrat am Morgen des 1. November 1963, einem Werktag, ein Mann, der sich Oswald nannte, Morgan's Gun Shop in Forth Worth, um Munition zu kaufen. Er zog die Aufmerksamkeit auf sich, indem er sich »grob und unverschämt« benahm.

Am 4. November beobachtete der Nachtmanager des Western-Union-Zentralbüros in Dallas, wie »Oswald« sich mehrere Zahlungsanweisungen nahm. Der echte Oswald aber verbrachte diesen Abend mit Frau und Kind in Irving. Vier Tage später, als der echte Oswald im Schulbuchdepot arbeitete, brachte ein Mann namens Oswald ein Gewehr in das Sportgeschäft von Irving und ließ drei Löcher für ein Zielfernrohr hineinbohren. Oswalds Gewehr hatte nur zwei Löcher, und die waren schon daringewesen, bevor Oswald die Waffe kaufte.

Am 9. November, ebenfalls einem Werktag, betrat ein Mann, der sich »Harvey Oswald« nannte, Hutchinson's Lebensmittelgeschäft in Irving und löste einen Scheck über 189 Dollar ein. Der echte Oswald löste niemals Schecks über so hohe Summen in Läden ein und war damals auch gar nicht in Irving.

Am folgenden Tag, als der echte Oswald in Irving war, machte »Oswald« eine Probefahrt in Dallas und sagte zu Albert Bogard, dem Autoverkäufer, daß er in ein paar Wochen »eine Menge Geld haben« und zurückkehren werde, um den Wagen zu kaufen. Der echte Oswald konnte angeblich gar nicht Auto fahren.

Am 10. November, während der echte Oswald wiederum in Irving war, bewarb »Oswald« sich um einen Job als Parkwächter bei Allright Parking Systems in Dallas. Während seines Gesprächs mit Hubert Morrow, dem Manager, fragte »Oswald«, ob man vom Hotel »Southland«, das den Parkplatz überblickte, eine gute Aussicht auf die Innenstadt von Dallas habe.

Sechs Tage darauf, wieder an einem Werktag, wurde »Oswald« von mehreren Zeugen auf dem Sports-Drome-Schießstand gesehen, wo er ein italienisches 6,5-mm-Gewehr mit überlanger Schußweite bemerkenswert zielsicher handhabte. Die Zeugen hatten denselben Schützen vorher schon einmal mit demselben Gewehr auf dem Schießstand gesehen. Diesmal zog »Oswald« die Aufmerksamkeit auf sich, indem er auf die Scheibe eines anderen Schützen schoß. Es kam zu einer Auseinandersetzung, wobei »Oswald« sich besonders unangenehm benahm. Zeugen sagten später aus, daß dieser Oswald den Schießstand auch am 20. und 21., den beiden Tagen vor dem Mord, besuchte.

Was sollen wir von all dem halten? Die Zeugen, die »Oswald« bei all diesen verdächtigen Aktivitäten beobachteten, wurden überprüft und für zuverlässig befunden. Man kommt daher zwangsläufig zu dem Schluß, daß irgend jemand, der Oswald mimte, im Oktober und November 1963 systematisch Belastungsmaterial gegen ihn aufbaute und dasselbe vielleicht auch schon ein paar Wochen zuvor in Mexiko getan hatte. Wer war dieser Betrüger? Wer stand hinter ihm? War nicht sein Einsatz dem Modus operandi eines Geheimdienstes ähnlicher als der traditionellen Methode einer Mafiaorganisation? Besaß Carlos Marcello die notwendigen Kontakte in Geheimdienstkreisen, die ihm dabei halfen, sich so einen Verschwörer vorzustellen, zu finden und zu dirigieren?

Ja, die hatte er ganz gewiß. Zuerst einmal gab er 1979 gegenüber dem FBI-Undercover-Agenten zu, daß er eine Rolle bei den Mafiakomplotts von 1961 bis 1963 zur Ermordung Fidel Castros gespielt habe. Zweitens wissen wir mit Gewißheit, selbst wenn es sich dabei nur um Prahlerei handelte, daß er enge

Verbindungen zu Leuten hatte, die direkt an den CIA/Mafiakomplotts beteiligt waren, darunter Johnny Roselli und Santos Trafficante, zwei Hauptverschwörer der Mafia. Jeder von beiden hätte Carlos ohne weiteres mit ihren CIA-Mitverschwörern bekanntmachen können. Und drittens fungierte der Lobbyist Irving Davidson, Carlos' enger Freund in Washington, oft als inoffizieller Lobbyist für die CIA auf Capitol Hill. Mit einem einfachen Telefonanruf hätte Davidson Carlos Marcello mit fast jedem in der CIA, den Direktor eingeschlossen, in Kontakt bringen können.

So mangelte es Carlos Marcello nicht an Beziehungen mit in der Kunst des Mordens erfahrenen CIA-Leuten. Ja, Carlos verfügte über genug Kontaktleute, die ihm auf den leisesten Wink gute Ratschläge für so einen Fall geben konnten. Einer davon hatte nicht nur früher eng mit der CIA zusammengearbeitet, sondern verfügte auch über den Ruf eines Ränkeschmieds ohnegleichen. Er war sogar genau in dem Monat für Carlos tätig, in dem jemand, der sich Oswald nannte, in Dallas emsig Belastungsmaterial gegen einen Mann aufbaute, der eines Tages bezichtigt werden sollte, den Präsidenten der Vereinigten Staaten ermordet zu haben.

# 26

# Carlos und der Meister der Intrige

Nachdem Lee Harvey Oswald New Orleans Ende September verlassen und sich erst nach Mexiko und dann nach Dallas begeben hatte, begann Oswalds exzentrischer Freund David Ferrie, sich regelmäßig mit Carlos Marcello zu treffen. Dies geschah angeblich, um Marcello bei seiner Verteidigungsstrategie gegen die Anklagen zu helfen, die die Bundesregierung auf Veranlassung von Justizminister Kennedy erhoben hatte.

Im Oktober traf Ferrie sich mehrere Male mit Marcello in dessen Büro im »Town & Country«-Motel und reiste zweimal geschäftlich für ihn nach Guatemala, und zwar vom 11. bis zum 18. und vom 30. bis zum 1. November, vermutlich im Zusammenhang mit Carlos' gefälschten guatemaltekischen Papieren. Im November, als der Fall *Die Vereinigten Staaten gegen Carlos Marcello* vor dem Bundesgericht verhandelt wurde, verbrachte Ferrie nach eigenem Eingeständnis die Wochenenden vom 9./10. und 16./17. November mit Marcello in Churchill Farms.

Der November des Jahres 1963 versprach der wichtigste Monat in Carlos Marcellos Leben zu werden, seit er 1947 die Macht über die Mafia von Louisiana übernommen hatte. Am 4. November sollte er vor das Bundesgericht in New Orleans gestellt werden und riskierte seine endgültige Deportation. Etwa zur gleichen Zeit erwartete Dallas den Besuch Präsident John F. Kennedys, des Bruders seiner Nemesis. Daß Carlos die beiden vorhergehenden Wochenenden mit David Ferrie verbrachte, zeigt, wie wichtig Ferrie in Marcellos Leben geworden war.

Oberflächlich betrachtet, waren Carlos Marcello und David Ferrie auf den ersten Blick so verschieden, wie man nur denken kann. Marcello hatte kaum die Schule besucht und blieb sein Leben lang ein halber Analphabet. Ferrie war ziemlich gebildet; er war Bakkalaureus der Philosophie des Baldwin-

Wallace-College und ein sehr verständlicher, überzeugender öffentlicher Redner. Carlos benutzte seine große angeborene Intelligenz fast ausschließlich dazu, Macht zu erwerben und zu erhalten; er war instinktiv pfiffig und gerissen und hatte einen sechsten Sinn für die Entdeckung und Ausbeutung menschlicher Schwächen. Ferrie seinerseits interessierte sich stark für Psychologie, Aeronautik, Philosophie, Chemie und Medizin und war stolz auf seinen per Fernkurs erworbenen Doktortitel. Gesellschaftlich gesehen besaß Carlos eine einnehmende Persönlichkeit, Ferrie nicht. Obwohl Carlos gelegentlich Wutanfälle bekam und berühmt war für seinen finsteren Blick, konnte er sehr charmant sein, wenn dies in seinem Interesse lag, und viele Männer und Frauen fühlten sich zu ihm hingezogen. Ferrie war genau das Gegenteil. Die meisten Menschen hielten ihn für äußerst unangenehm. Dogmatisch und schulmeisterlich trachtete er immer danach, Diskussionen zu beherrschen, und war oft unduldsam gegenüber allen Meinungen, die anders waren als seine eigene. Was die sexuelle Orientierung betraf, war Carlos, gesellschaftlich gesehen, normal, Ferrie dagegen homosexuell. Der kleine, untersetzte, stiernackige Carlos sah immer ordentlich und gepflegt aus, der hochgewachsene, schlaksige Ferrie aber wirkte meistens schlampig und ungekämmt und wirkte mit seiner Perücke und den falschen Augenbrauen etwas clownesk. Vom Temperament her war Carlos im allgemeinen solide und zuverlässig, Ferrie dagegen sprunghaft und labil. Was ihre Einstellung zu Leben und Arbeit betraf, war Carlos außerordentlich pragmatisch, während Ferrie plötzlich von Begeisterung und, wie sich ein Autor ausdrückte, »wildem Idealismus« gepackt werden konnte.

Aber so verschieden Carlos Marcello und David Ferrie in mancher Hinsicht auch waren, hatten sie doch vieles gemeinsam. Ferrie war seinen Gefährten in der Castro-feindlichen exilkubanischen Bewegung als »Der Meister der Intrige« bekannt. Es machte ihm Vergnügen, kunstvolle Ränke zu schmieden. Einmal baute er zwei Miniatur-Unterseeboote, die er in einer verwickelten paramilitärischen Operation zur Blockierung des Hafens von Havanna einsetzen wollte. In seiner Eigenschaft als Ermittler für Marcellos Anwalt G. Wray Gill und den Privatdetektiv Guy Banister war Ferrie hochgeschätzt als einfallsreicher Intrigant. Auch Carlos liebte die Intrige. Wie er Jahre später zugeben sollte, verspürte er ein prickelndes Gefühl, wenn er mit irgendeiner Schandtat Erfolg hatte, wie zum Beispiel die Pensionskasse der Teamsters monatlich um eine Million Dollar zu betrügen. Auch den abenteuerlustigen, unternehmenden Geist hatten Marcello und Ferrie gemeinsam. Sie waren Einzelkämpfer, keine Mannschaftsspieler; sie blühten auf, wenn sie Risiken eingehen mußten. Dazu waren beide äußerst geschickte Organisatoren. Carlos hatte ein riesiges

Imperium aus erlaubten und verbotenen Unternehmen aufgebaut, das zur größten und erfolgreichsten Industrie seines Staates wurde. Ferrie hatte in den frühen fünfziger Jahren die Zivile Luftpatrouille von New Orleans zu einer hochangesehenen Einheit gemacht. Carlos' außergewöhnliche Führungsqualitäten wurden von vielen Menschen als eine Art hypnotische Kraft interpretiert. Die gleiche Kraft wurde auch an David Ferrie beobachtet: Er schien eine ungewöhnliche Fähigkeit zu besitzen, Menschen seinem Willen zu unterwerfen, und hatte angeblich Hypnose praktiziert.

Was hatten Marcello und Ferrie sonst noch gemeinsam? Zuerst einmal fühlten beide sich von der US-Regierung verfolgt, vor allem vom IRS.

Politisch gesehen waren alle beide Rechtsextremisten, militante Anhänger der Rassentrennung und Antikommunisten. Da sie beide das brennende Verlangen hatten, Castro zu stürzen, setzten sie sich kräftig für die Exilkubaner ein.

Doch was die beiden Männer am stärksten verband, war ihr Haß gegen die Brüder Kennedy. Ferrie war dem jungen Präsidenten nicht weniger feindlich gesinnt als Marcello. Nach dem Scheitern der Invasion in der Schweinebucht wurde seine Rede vor der Ortsgruppe von New Orleans des Military Order of World Wars unterbrochen, weil er so beleidigende Bemerkungen über Präsident Kennedy machte. Später stand in einem FBI-Bericht, daß Ferrie »öffentlich und privat gehässig gegen Präsident Kennedy sei und einmal gesagt habe, Kennedy ›sollte erschossen werden‹«.

Wie wir sehen werden, war es wahrscheinlich diese Haltung gegenüber Kennedy, die Carlos' Aufmerksamkeit auf Ferrie lenkte.

Man wird sich daran erinnern, daß Ferrie 1961 als Pilot von Eastern Airlines gefeuert wurde. Unter den Vorwürfen, die die Luftfahrtgesellschaft gegen ihn erhob, waren seine wiederholten Schmähreden gegen Präsident Kennedy. G. Wray Gill, Carlos Marcellos Anwalt in New Orleans, vertrat Ferrie bei seinen diversen Beschwerden gegen Eastern Airlines.

Während Ferrie für Eastern Airlines arbeitete, war er einer in New Orleans befindlichen Zweigstelle des Cuban Revolutionary Council (CRC/Kubanischer Revolutionsrat), einer militanten Exilkubanergruppe mit Hauptquartier in Miami, beigetreten, deren Delegierter in New Orleans Sergio Arcacha Smith war, ein Mann, den ein FBI-Bericht als »einen der konspirativeren Exilkubanerführer« beschrieb. Carlos Marcello zählte zu Smiths Hauptgeldgebern. Im April 1961 nahm Ferrie drei Wochen Urlaub bei Eastern Airlines, in denen er, wie angenommen wird, irgendeine Rolle, vielleicht als Pilot, bei der Invasion der Schweinebucht spielte.

Nicht lange nach dem Scheitern der Operation sprach Ferrie sich öffentlich gegen Präsident Kennedy aus und gab ihm die Schuld an dem militärischen Fiasko, woraufhin er von Eastern Airlines entlassen wurde. Gleich darauf wurde er ganztägig Partner bei Arcacha Smiths konterrevolutionären Betätigungen.

Die illegale Wiedereinreise Carlos Marcellos in die Vereinigten Staaten fiel zeitlich mit David Ferries erster Berührung mit Arcacha Smiths Kubanischem Revolutionsrat zusammen. Als Ferrie in die Exilkubanergruppe eintrat, stand Carlos bereits mit ihr in Verbindung. Einem FBI-Bericht vom April 1961 zufolge hatte Marcello Arcacha Smith einen Handel vorgeschlagen. Demnach sollte der CRC eine »sehr hohe Spende« erhalten als Gegenleistung für weitgehende Konzessionen in Kuba nach Castros eventuellem Sturz.

Man nimmt heute an, daß sich Carlos Marcello und David Ferrie kennenlernten, weil sie beide mit Arcacha Smith und seinem Kubanischen Revolutionsrat in Verbindung standen und beide die juristischen Dienste von G. Wray Gill in Anspruch nahmen.

Carlos Quiroga, einem einflußreichen Exilkubaner in New Orleans, zufolge, der Mitglied des CRC war, »lieh Ferrie Arcacha Smith Geld, wann immer er welches brauchte ... Er hatte immer Hundertdollarscheine bei sich, selbst als er seinen Job bei der Luftfahrtgesellschaft losgeworden war«. Woher bekam Ferrie das Geld? Vermutlich von Carlos Marcello.

Man nimmt auch an, daß Carlos Marcello und David Ferrie sich im Sommer 1961 kennenlernten, vielleicht nur ein oder zwei Monate nach Carlos' Rückkehr aus Guatemala. Es war eine verhängnisvolle Begegnung. Carlos war voller Haß und Groll gegen die Brüder Kennedy, und Ferrie verzehrte ähnlicher Zorn über Präsident Kennedys »Verrat« an der Sache der Exilkubaner in der Schweinebucht. Als die beiden ihre gegenseitige Unzufriedenheit mit den Kennedys bemerkten, müssen sie sich einer Orgie des Abscheus und der Schwüre, etwas gegen die Kennedy-Gefahr zu unternehmen, hingegeben haben. Die Arbeit für Arcacha Smiths Kubanischen Revolutionsrat, der sich nach dem Fiasko in der Schweinebucht militant gegen die Kennedys wandte, war eine Art, diesen Abscheu auszudrücken. Innerhalb eines Jahres sollten Ferrie und Marcello andere Wege finden, um das auszudrücken, was sich in jedem von ihnen zu einem alles verzehrenden Haß gegen die Kennedys entwickelt hatte.

Einem FBI-Interview vom 27. November 1963 zufolge engagierte G. Wray Gill, beeindruckt von der Intelligenz, mit der Ferrie seine eigene Verteidigung gegen Eastern Airlines vorzubereiten geholfen hatte, diesen im März 1962 als Ermittler. Einen Monat zuvor war Ferrie von dem Privatdetektiv Guy Banister in derselben Eigenschaft angestellt worden. Ferrie wurde erst im Sommer 1963 für den Fall Marcello tätig. Man nimmt jedoch an, daß die beiden sich 1962 im Zusammenhang mit ihrer Arbeit für die Exilkubaner gelegentlich sahen.

Man wird sich erinnern, daß Carlos im September 1962 Edward Becker sagte, er wolle Präsident Kennedy töten lassen und einen »Spinner« vorschieben, der die Schuld auf sich nehmen werde. Und im April 1963 wurde der von Marcello finanzierte Restaurant- und Barbesitzer Ben Tregle belauscht, wie er über diesbezügliche Pläne sprach. Unter denjenigen, die ihn belauschten, befand sich ein Unbekannter, den die anderen »Professor« nannten.

Da David Ferrie damals Bars und Restaurants besuchte, die von Marcello finanziert wurden, da er so großen Wert darauf legte, im Telefonbuch von New Orleans als »Dr. David W. Ferrie, Psychologe« zu erscheinen, und da bekannt war, daß er den Leuten in Bars überall in New Orleans in professoralem Ton Vorträge hielt, fragt man sich, ob der »Professor« in Tregles Bar an jenem Apriltag nicht vielleicht Ferrie war.

Wie wir wissen, sah Ferrie Lee Harvey Oswald im Sommer 1963 oft, Carlos Marcello aber nur hin und wieder. Es war jedoch erst nach Oswalds Abreise nach Mexiko und Dallas, daß Ferrie anfing, sich für Gill ganztags mit der Anklage im Fall Marcello zu befassen.

Die Geschichte dieses Rechtsfalls war kompliziert. Das Justizministerium hatte in drei Punkten Anklage erhoben: Verschwörung in betrügerischer Absicht durch Beschaffung einer gefälschten guatemaltekischen Geburtsurkunde und eines gefälschten guatemaltekischen Passes, Meineid wegen des Schwurs, er habe nichts mit der Beschaffung der gefälschten Papiere zu tun, und widerrechtliche Wiedereinreise als deportierter Ausländer. Carlos' Bruder Joseph wurde in den ersten beiden Punkten ebenfalls angeklagt.

Da der Regierung Beweise vorlagen, daß Carlos Marcello italienischen Behörden Unterlagen über seine falsche guatemaltekische Staatsbürgerschaft übermittelt hatte, argumentierte sie folgendermaßen: Carlos habe konspiriert, um die Regierung in der Ausübung ihres Rechts, ihn zu deportieren, zu behindern, indem er versucht habe, die italienische Regierung zu bewegen, ihm die Einreise zu verweigern.

Wie Carlos zum falschen Bürger Guatemalas wurde, ist eine besonders bizarre Episoden in seinem Leben, das ohnehin spannender ist als ein Roman. Als die Einwanderungs- und Naturalisierungsbehörde 1953 befahl, ihn als unerwünschten Ausländer abzuschieben, schickte Marcello einen Abgesandten nach Rom, um seine Deportation nach Italien durch Bestechung von hohen Beamten zu vereiteln. Nachdem Carlos' Beauftragter etwa 25000 Dollar in bar an diverse hochgestellte Leute verteilt hatte, informierte das italienische Außenministerium die US-Regierung, daß die Republik Italien Marcello nicht aufzunehmen gedenke, da er kein italienischer Staatsbürger sei.

Hierauf fühlte Carlos sich eine Zeitlang einigermaßen sicher. Dann, im Jahre 1956, erhielt er von einem Informanten die Nachricht, daß die US-Regierung Italien überredet habe, ihn aufzunehmen. Da Carlos nicht die geringste Lust hatte, nach Italien deportiert zu werden, mußte er die Staatsbürgerschaft eines Landes erfinden, in dem er tätig sein konnte, falls der Deportationsbefehl jemals ausgeführt werden sollte. Marcello hielt Kriegsrat mit seinen Brüdern; sie kamen zu dem Schluß, Guatemala sei das geeignetste Land. Die Hauptstadt Guatemala City war von New Orleans aus leicht auf dem Luftweg, telefonisch und telegrafisch zu erreichen, und die Garnelenfangflotten Louisianas befuhren regelmäßig die guatemaltekischen Küstengewässer. Wenn er nach Guatemala verbannt würde, wäre es für Carlos nicht allzu schwer, ab und zu an Bord eines Garnelenschiffes zu gehen, den Golf von Mexiko hinaufzufahren und in die Gewässer seines 2590 Hektar großen Sumpfes in Louisiana zu schlüpfen.

Folglich schickte Marcello einen Abgesandten nach Guatemala, um herauszubekommen, ob die dortige Regierung ihn zum guatemaltekischen Staatsbürger machen und wieviel es kosten würde. Für die Ausführung dieses Auftrags wandte Carlos sich an Carl I. Noll, einen Bekannten seines Bruders Joe. Noll, von Beruf Elektroingenieur, internationaler Hochstapler mit Vorstrafe, verfügte angeblich über wertvolle Kontakte zu hohen Beamten der guatemaltekischen Regierung.

Noll flog mehrmals zwischen New Orleans und Guatemala hin und her und schloß schließlich einen Handel mit einem gewissen Antonio Valladores ab, einem ehemaligen Anwaltskollegen des guatemaltekischen Ministerpräsidenten Eduardo Rodriguez-Genis. Für eine beträchtliche Spende könne die guatemaltekische Staatsbürgerschaft für Mr. Marcello arrangiert werden.

Anschließend fuhren Valladores, Noll und zwei Beamte des guatemaltekischen Innenministeriums in einem Regierungswagen aufs Land. Sie suchten ein Geburtsregister, in dem zwischen zwei Eintragungen von Februar 1910 eine Lücke war, wo der Name Calogero Minacore unauffällig eingefügt werden konnte. Von einem Dorf zum anderen reisend, fanden sie schließlich in San José Pinula ein geeignetes Kirchenbuch. Um eine Fälschung auszuführen, die strengsten Prüfungen standhalten würde, zahlte Valladores einem örtlichen Chemiker, der in der Tintenherstellung versiert war, 100 Dollar für eine besondere Tinte, die so wirkte, als stamme sie von 1910. Weitere 100 Dollar gab er einem älteren Einwohner des Dorfes, der die Eintragung in der Handschrift des Registrators von damals machen konnte.

Nach Guatemala zurückgekehrt, besorgte Valladores eine eidliche Erklärung, die die Echtheit von Carlos Marcellos Geburt in San José Pinula am 10. Februar 1910 bestätigte. Auf Grund dieses Dokuments stellte die Regierung von Guatemala Staatsbürgerschaftspapiere für Marcello aus, die Unterschrift und Siegel des Präsidenten trugen, dazu einen gefälschten guatemaltekischen Paß mit Marcellos Namen und Foto.

Um 1953 reisten Valladores und Noll mehrmals zwischen Guatemala und New Orleans hin und her. Bei diesen Gelegenheiten wurden die neuen Staatsbürgerschaftspapiere Carlos, seinem Bruder Joe und Anwälten vorgelegt. Als alle zufrieden waren, bezahlte Carlos Valladores für seine Bemühungen. Noll sagte später aus, daß die Summe, die Valladores und Ministerpräsident Rodriguez-Genis erhielten, ungefähr 100000 Dollar betragen habe, was jedoch nie bewiesen wurde.

Anschließend übermittelte Jack Wasserman, Carlos' Deportationsanwalt, der italienischen Regierung die Beweise für die guatemaltekische Staatsbürgerschaft seines Klienten.

Nun, zehn Jahre später, behauptete das Justizministerium, daß Carlos Marcello eine falsche guatemaltekische Geburtsurkunde benutzt habe, um die italienische Regierung zu bewegen, ihm die Einreise zu verweigern.

Da Robert Kennedy öffentlich verkündet hatte, daß die Abschiebung von Carlos Marcello eines seiner Hauptanliegen als Justizminister sei, hing ein großer Teil seines Rufes von dem Verschwörungsprozeß gegen den Mafiaführer von Louisiana ab. Wenn das Justizministerium verlieren würde – und es gab gute Gründe, dies anzunehmen –, mußte Kennedy damit rechnen, nicht nur vor Marcello und anderen Mafiabossen das Gesicht zu verlieren, sondern auch vor seinem dickköpfigen und widerspenstigen FBI-Direktor, der ihm von Anfang an abgeraten hatte, sich mit Marcello einzulassen.

Die Lage des Justizministeriums wurde noch komplizierter durch die unstreitige Tatsache, daß Robert Kennedy wissentlich eine Fälschung – die guatemaltekische Geburtsurkunde – benutzt hatte, um Marcello nach Guatemala abzuschieben, eine Tatsache, auf die einer von Kennedys Chefberatern schon zum Zeitpunkt der Deportation hingewiesen hatte.

Für den Kampf gegen die Regierung hatten die Brüder Marcello eine Super-Verteidigungsmannschaft zusammengestellt: G. Wray Gill aus New Orleans, Mike Maroun aus Shreveport und Jack Wasserman aus Washington. Gill, der auch Joe Marcellos Fall übernehmen sollte, hatte Carlos bei den Kefauver-Anhörungen vertreten; Maroun war bekanntlich zu dem abgeschobenen Carlos nach Guatemala geeilt und hatte die Strapazen in El Salvador und Honduras an seiner Seite mitgemacht, und Wasserman, der als ehemaliger Rechtsberater des INS die Einwanderungsgesetze besser kannte als dieser selbst, bekämpfte seit 1953 die Bemühungen der Regierung, seinen Klienten zu deportieren.

Und dann war da Carlos' geheimnisvolle Trumpfkarte, David Ferrie, der Meister der Intrige. Seiner eigenen Aussage vor dem FBI zufolge spielte Ferrie in Carlos' Verteidigungsteam eine große Rolle. Damals hatte Ferrie seine Operationsbasis in G. Wray Gills Büro im Pere-Marquette-Gebäude in New Orleans. Vom 1. bis 11. Oktober konferierte er dort regelmäßig mit Gill und traf sich mehrmals mit Marcello in dessen Büro im »Town & Country«-Motel. Am 11. Oktober flog er mit Delta Airlines nach Guatemala, wo er bis zum 18. blieb. Es folgte eine Unterbrechung in New Orleans, während der er wiederum mit Marcello und seinen Anwälten konferierte; am 30. Oktober flog er nochmals mit Delta nach Guatemala und kehrte am 1. November nach New Orleans zurück.

Was erledigte Ferrie für Marcello bei seinen beiden Besuchen in Guatemala im Oktober? Carlos sagte 1978 aus, daß es Ferries Aufgabe gewesen sei, Hintergrund und Glaubwürdigkeit von Carl Noll zu überprüfen. Doch das war eigentlich Wassermans Job und hatte wenig mit Guatemala zu tun. Es scheint eher so, daß Ferrie Kontakt mit Antonio Valladores und Eduardo Rodriguez-Genis aufnahm, die beide von der US-Regierung als Mitverschwörer in diesem Fall angeklagt worden waren. Er wollte sicherstellen, daß sie sich für die Echtheit von Marcellos guatemaltekischen Papieren verbürgten und nichts von Carl Nolls Reise nach Guatemala und der Spende für ihre Dienste erwähnten. Als Gegenleistung würde Marcello dafür sorgen, daß sie für ihre Bemühungen eine Belohnung erhielten. Auf der ersten Reise traf Ferrie wahrscheinlich mit den beiden Guatemalteken zusammen, unterbreitete ihnen Marcellos Vorschlag und erhielt ihre Antwort – und ihre Geldforderungen. All dies hätten Marcello und seine Anwälte bei Ferries Rückkehr nach New Orleans am 1. Oktober erfahren. Am 30. Oktober, als Ferrie wiederum nach Guatemala flog, übermittelte er wahrscheinlich Marcellos endgültige Wünsche und eine Anzahlung für Valladores und Rodriguez-Genis, die sicherstellen sollte, daß diese Wünsche erfüllt werden.

Ferrie führte seine Aufträge in Guatemala offenbar gut aus, denn bald danach zahlte er mehr als 7000 Dollar auf sein Konto ein. Als der Mordausschuß des Repräsentantenhauses Marcello 1978 danach befragte, antwortete er, er habe Ferrie bezahlt, weil dieser ihm bei der Vorbereitung seiner Verteidigung gegen die Anklagen des Justizministeriums geholfen habe.

# 27

# Ruby konsultiert den Mob

Während Carlos Marcello und David Ferrie ihre strategischen Sitzungen im »Town & Country«-Motel und in Churchill Farms abhielten und Marcellos Anwälte in einem Gerichtssaal in New Orleans um die Freiheit ihres Klienten kämpften, rief 640 Kilometer entfernt, in Dallas, der verzweifelte, schuldengeplagte Jack Ruby seine Kontaktleute beim Mob überall im Lande an, darunter mindestens zwei, die Verbindung zur Marcello-Organisation hatten.

Eines späteren Tages sollte Ruby behaupten, diese Anrufe, die er größtenteils von fünf Haus- und Geschäftstelefonen aus machte, hätten alle den Zweck gehabt, Rat und Hilfe wegen eines Problems einzuholen, das er mit der American Guild of Variety Artists (AGVA – Amerikanische Vereinigung der Varietékünstler) hatte. Als Nachtklubbesitzer hatte Ruby im Zusammenhang mit seinen Stripperinnen, Sängerinnen, Tänzerinnen, aber auch mit konkurrierenden Nachtklubbesitzern in Dallas mit dieser Vereinigung zu tun. Die AGVA wurde damals jedoch von der Mafia regiert und fungierte deshalb nur noch als eine Gebührensammelstelle. Sie überging die Nachtklubbesitzer fast ganz und beutete die Animiermädchen, Stripperinnen und Tänzerinnen, die für sie arbeiteten, direkt aus. Überdies betrafen Rubys Kontakte zum Mob im Oktober und November 1963 viel zu hochgestellte Persönlichkeiten, als daß sie etwas mit seinen Schwierigkeiten mit der AGVA zu tun gehabt hätten. Ruby hätte sich lächerlich gemacht, wenn er all diese Mafiosi angerufen hätte, um Nebensächlichkeiten zu besprechen, wie zum Beispiel seine Differenzen mit der AGVA und den Stripperinnen oder den, wie er glaubte, unlauteren Wettbewerb durch andere Stripteaselokale in Dallas, der damals sein größtes Geschäftsproblem war.

Ruby hatte im September nicht viele Telefongespräche mit seinen Verbindungsleuten bei der Mafia geführt – außer mit denen, die gerade im Gebiet von Dallas/Fort Worth wohnten –, aber die Aufzeichnungen zeigen, daß er sich im Oktober und November plötzlich genötigt sah, Mafiakumpane im ganzen Lande anzurufen. Mit einigen hatte er seit Jahren keine Verbindung mehr, andere kannte er nicht einmal. Zufällig folgte die Zunahme verdächtiger Telefongespräche auf die Bestätigung des Weißen Hauses, daß Präsident Kennedy Dallas am 21. und 22. November besuchen würde.

Die erste verdächtige, die Staatsgrenze überschreitende telefonische Verbindung, die Ruby im Oktober herstellte, führte zum Haus von Russell D. Mathews, einem ehemaligen Geschäftsfreund in Shreveport, Louisiana. Mathews, ein ehemaliger Sträfling, den der Mordausschuß des Repräsentantenhauses einen »Einbrecher, bewaffneten Räuber, Rauschgifthändler und Mörder« nannte, war ein Gefährte von Santos Trafficante junior und Joseph Campisi, die, wie wir wissen, beide mit Carlos Marcello befreundet waren. Mathews war nicht zu Hause, als Ruby anrief; Ruby sprach mit seiner Frau Elizabeth, die er nie gesehen hatte. Da Russell und Elizabeth Mathews sich vor kurzem hatten scheiden lassen, nimmt man an, daß Ruby Elizabeth anrief, um zu erfahren, wo Russell steckte.

Ein paar Tage nach dem Telefongespräch mit Mrs. Mathews wurde Ruby im French Quarter von New Orleans in einem Stripteaselokal gesehen, das Frank Caracci gehörte, einem weiteren Gefährten von Carlos Marcello; am folgenden Tag sah man ihn in Pete Marcellos heißem Laden in der Bourbon Street, der »Sho-Bar«. Nicht lange danach berichteten FBI-Agenten, die eingesetzt worden waren, um den Las-Vegas-Gangster Johnny Roselli zu überwachen, daß Ruby und Roselli sich in einem Motel in Miami getroffen hätten.

Von Dallas aus führte Ruby im Laufe des Oktobers mehrere die Staatsgrenze überschreitende Telefongespräche, die unverdächtig wirkten. Doch gegen Ende des Monats, nach einer geheimnisvollen Reise nach Las Vegas, erfolgten fünf Anrufe, die ausgesprochen verdächtig waren. Drei davon, am 25., 26. und 31. Oktober, führte er mit dem kalifornischen Plattenfirmenboß Michael Shore, der ein Freund des Westküstenmafioso Mickey Cohen und ein enger Gefährte des Chicagoer Mafiakautionsbürgen Irwin S. Weiner war. Nach dem Anruf bei Shore am 26. führte Ruby ein zwölfminütiges Telefongespräch mit Weiner, den er nie getroffen hatte, in dessen Chicagoer Wohnung.

Weiner war damals einer der mächtigsten Spießgesellen der Chicagoer Mafia, die als »The Outfit« bekannt war. Der Mordausschuß des Repräsentantenhauses brachte ihn in Verbindung mit Brandstiftung, Erpressung, Betrug der Gesundheitsfürsorge, Glücksspiel, Bestechung und Mord und vermerkte, daß er engen Umgang mit dem Chicagoer Mafiaboß Sam Giancana,

Teamster-Chef Jimmy Hoffa und Florida-Boß Santos Trafficante junior pflegte. Daß Ruby einen in der Unterwelt so hochstehenden Mann anrief, um mit ihm über seine belanglosen Probleme mit der Konkurrenz in Dallas zu sprechen, ist nicht anzunehmen.

Rubys Schwester Eva Grant zufolge rief Ruby hinterher einen Chicagoer Verbrecher an, den er aus seiner Jugend kannte, nämlich Lenny Patrick, ein berüchtigtes Mitglied des Chicagoer Outfit, der verdächtigt wurde, rund ein Dutzend Morde auf Bestellung ausgeführt zu haben. Nicht lange nach diesem Anruf führte Ruby am 30. Oktober eines seiner heißesten Telefongespräche, einen einminütigen Anruf bei Marcellos Leutnant Nofio Pecora in dessen »Tropical Court«-Motel in New Orleans. Aber wie verdächtig ist ein einminütiges Telefongespräch? Kurze Anrufe sind in der Unterwelt ganz normal. Sie dienen dazu, den Anrufempfänger zu informieren, daß er sich in einer Telefonzelle oder im Haus eines vertrauenswürdigen Freundes für ein längeres Telefongespräch bereithalten soll.

Ebenso verdächtig war ein sieben- bis zehnminütiger Anruf, den Ruby am 7. November von Barney Baker erhielt, einem engen Mitarbeiter Jimmy Hoffas, den Robert Kennedy in seinem Buch *The Enemy Within* Hoffas »fliegenden Organisator und Botschafter der Gewalt« genannt hatte. »Manchmal genügte schon seine reine Anwesenheit in einem Raum, um Männer zum Schweigen zu bringen, die sich sonst Hoffas Herrschaft widersetzt hätten«, schrieb Kennedy. Der mächtige, 1,93 Meter große und 168 Kilo schwere Baker war nur ein paar Wochen vor seinem Anruf bei Ruby aus dem Bundesgefängnis entlassen worden. Am Tag darauf führte Ruby ein vierzehnminütiges Telefongespräch mit Baker in dessen Chicagoer Wohnung. Bakers Boß Jimmy Hoffa war sowohl mit Carlos Marcello als auch mit Santos Trafficante befreundet. Im Sommer 1962 hatte Hoffa in Anwesenheit von Edward G. Partin, dem Teamster-Funktionär aus Louisiana, gedroht, die Brüder Kennedy zu ermorden.

Am selben Tag führte Ruby auch ein vierminütiges Gespräch mit Murray W. »Dusty« Miller, einem weiteren Freund von Hoffa, Haupt der Abteilung Süden der Teamsters und, wie sich der Mordausschuß des Repräsentantenhauses ausdrückte, ein Mann, der »mit zahlreichen Unterwelt-Persönlichkeiten in Verbindung steht«. Am 17. November empfing Ruby einen achtminütigen Anruf von einem alten Freund aus seiner Chicagoer Zeit, dem Exsträfling Al Gruber. Gruber war ein ehemaliger Mitarbeiter von Mickey Cohen und Jimmy Hoffa, dem der Mordausschuß des Repräsentantenhauses ein Strafregister von »sechs Verhaftungen unter drei verschiedenen Namen« zuschrieb. Im selben Monat sollte Gruber Ruby in Dallas besuchen.

Diese in den 53 Tagen vor der Ermordung Präsident Kennedys geführten Telefongespräche sind die einzigen verdächtigen, von denen es Aufzeichnungen gibt. Sie deuten darauf hin, daß sich irgendeine Verschwörung entwikkelte, an der Ruby und die Unterwelt beteiligt waren. Ob sie mit der bevorstehenden Ermordung Präsident Kennedys verknüpft war oder mit Rubys Mord an dem angeblichen Mörder des Präsidenten oder aber mit irgendeinem anderen, bisher unbekannten Verbrechen, ist nicht bekannt. Eines jedoch ist klar: daß eine stattliche Anzahl mächtiger Männer aus der Welt des organisierten Verbrechens im Herbst 1963 von Jack Ruby wußten. Wahrscheinlich war ihnen bekannt, daß Ruby pleite war, daß er ausgezeichnete Verbindungen zur Polizei von Dallas besaß und daß er für jeden Auftrag zur Verfügung stand, den einer der Big Boys ihm geben mochte.

Es sieht so aus, als habe Ruby in der dritten Novemberwoche irgend etwas für den Mob getan oder ihm etwas versprochen und eine Belohnung erhalten. Denn nach seiner Reise nach Las Vegas und mehreren Zusammenkünften mit Al Gruber und Paul Roland Jones, einem weiteren alten Freund, der in Dallas als Zahlmeister der Mafia bekannt war, besuchte Ruby am 19. November Graham Koch, seinen Steueranwalt. Er erzählte ihm, einer seiner Bekannten würde ihm Geld geben, damit er seine alten Probleme mit der Steuerbehörde aus der Welt räumen könne. Vier Tage vor seinem Besuch bei Koch kaufte Ruby zum erstenmal in seiner sechzehnjährigen Tätigkeit als Nachtklubbetreiber in Dallas einen Tresor und erzählte einem Freund, daß er ihn in seinem Büro einbetonieren lassen wolle. Normalerweise brachte Ruby sein Geld nicht auf die Bank, damit es nicht gepfändet werden konnte, sondern bewahrte es in seiner Wohnung auf – in Schubladen, Briefumschlägen und Keksdosen. Der Safe war also etwas Besonderes. Bald sollte er von William J. Cox, dem Kreditsachbearbeiter seiner Bank, mit 7000 Dollar in bar gesehen werden, die er nicht auf sein Konto einzahlte.

# 28

# Die Vereinigten Staaten gegen Carlos Marcello: 4.–20. November

Am Morgen des 1. November 1963 begann die entscheidende Kraftprobe in Carlos Marcellos zehnjährigem Kampf gegen die Abschiebung.

Der Gerichtssaal war bis auf den letzten Platz besetzt. Unter den Zuschauern befand sich fast die ganze Familie Marcello, um mit anzuhören, wie Richter Herbert W. Christenberry Carlos und seinen Bruder Joe wegen »Konspiration zwecks Betrugs der Regierung der Vereinigten Staaten durch Erwerbung einer falschen guatemaltekischen Geburtsurkunde« und »Konspiration zwecks Behinderung der Regierung der Vereinigten Staaten in der Ausübung ihres Rechts, Carlos Marcello zu deportieren«, anklagte.

Die Familie Marcello war in hellem Zorn über die Anklagen, die von Bobby Kennedy ausgegangen waren und die sie für ungeheuer unfair hielt. Was sie besonders erbitterte, war die Überzeugung, daß Bobby Kennedy Carlos ursprünglich illegal abgeschoben hatte. Jack Wasserman hatte ihnen allen genau erklärt, daß das Justizministerium wissentlich eine falsche Geburtsurkunde benutzt hatte, um sich bei der guatemaltekischen Regierung arglistig eine Einreiseerlaubnis für Carlos zu besorgen, so daß die Abschiebung illegal gewesen war. Jetzt glaubte die Familie, daß ein rachsüchtiger Bobby Kennedy Carlos eins auswischen wollte, weil dieser den Schneid gehabt hatte, sich dem Deportationsbefehl zu widersetzen und zurückzukehren.

Die Marcello-Streitkräfte waren entschlossen, die Oberhand über die Regierung zu gewinnen. Sie hielten den Fall für ein Duell mit Justizminister Kennedy, das bis zur endgültigen Entscheidung ausgetragen werden mußte. Alle Hebel sollten in Bewegung gesetzt werden, um zu verhindern, daß die Regierung einen Schuldspruch fällte.

Inzwischen interessierte sich in Washington ein besorgter Robert Kennedy persönlich ebenso wie offiziell für den Marcello-Prozeß. Er wußte genau, wie sehr sein eigenes Prestige von dem Ergebnis abhing. Die Abschiebung Marcellos war eine schmutzige Angelegenheit gewesen, derentwegen er eine Menge Kritik eingesteckt hatte, am meisten war von seinem FBI-Direktor gekommen.

Mit seiner dreisten Rückkehr hatte Marcello Kennedy förmlich ins Gesicht gespuckt. Obwohl es nicht der Brauch des Justizministers war, mit jedem Staatsanwalt zu telefonieren, der einen Fall für die Regierung vertrat, rief Kennedy Louis C. La Cour, seinen Hauptankläger in New Orleans, am Tag vor dem Prozeß an, um ihm Glück zu wünschen.

Die ersten drei Tage im Fall *Die Vereinigten Staaten gegen Carlos Marcello* vergingen mit der Auswahl der Geschworenen, der Verlesung der Anklagen und Jack Wassermans Eröffnungsangriff auf Carl I. Noll, den Starzeugen der Regierung, der damals Elektrikerinspektor in einer Minuteman-Basis in North Dakota war. Mit der Behauptung, daß Noll eine Vorgeschichte als Geisteskranker habe, stellte Wasserman seine Kompetenz in Frage. Er wies auch auf Nolls Strafregister hin: vier Verurteilungen wegen Verbrechen, die von schwerem Diebstahl bis zum Transport von Diebesgut über die Grenzen der Bundesstaaten hinaus reichten.

Am vierten Tag betrat Noll, der Wassermans Angriffe überlebt hatte, den Zeugenstand und erzählte die lange, komplizierte Geschichte seiner Entsendung nach Guatemala in Carlos' Auftrag. Sie machte Schlagzeilen in den Zeitungen von New Orleans. Am fünften Tag, einem Freitag, ergänzte Noll seine Aussage, indem er dem Gericht mitteilte, daß die Brüder Marcello ihm für seine Dienste 25000 Dollar versprochen, später aber nicht gezahlt hätten. Er deutete auch an, daß Antonio Valladores und Eduardo Rodriguez-Genis für die gefälschten Dokumente 100000 Dollar Bestechungsgeld von Carlos erhalten hätten.

Unter Carlos' zahllosen Anhängern bei den Eröffnungssitzungen befand sich auch David Ferrie, der am 1. November von seinem letzten Auftrag aus Guatemala zurückgekehrt war. Seither hatte er die meiste Zeit am Fall Marcello gearbeitet, an den Gerichtssitzungen teilgenommen und mit Carlos und seiner Verteidigungsmannschaft konferiert. Am 5. November, dem zweiten Tag des Prozesses, kaufte er, wie er selbst zugab, einen Revolver Kaliber 35. Mehrere Tage darauf zahlte der normalerweise mittellose Ferrie die 7093 Dollar auf sein Konto bei der Whitney National Bank ein, die Marcello ihm, wie er später zugab, für seine quasi juristischen Dienste gezahlt hatte.

Ferrie und Marcello verbrachten die Wochenenden des 9./10. und 16./17. zusammen in Churchill Farms. Als Ferrie am 25. November vom FBI über diese beiden Wochenendbesuche verhört wurde, antwortete er, daß er dorthin gegangen sei, »um einen Schlachtplan für Marcellos Prozeß zu entwerfen«.

Doch warum arbeitete Marcello mit David Ferrie, wo ihm doch so glänzende juristische Talente wie G. Wray Gill, Mike Maroun und Jack Wasserman, der beste Deportationsanwalt des Landes, zur Verfügung standen? Und warum wählte er das unzugängliche Churchill Farms für seine »strategischen« Sitzungen mit Ferrie, wo doch sein Büro im »Town & Country«-Motel so viel praktischer und so viel besser ausgerüstet war?

Könnte es sein, daß Marcello und Ferrie in der Abgeschiedenheit von Churchill Farms einen anderen, separaten Schlachtplan entwarfen?

Vierzehn Monate waren vergangen, seit Carlos sich im selben Bauernhaus mit Edward Becker und Carlo Roppolo getroffen und impulsiv gedroht hatte, Präsident Kennedy zu ermorden, um seinen Bruder Bobby kaltzustellen. Nun stand Carlos vor einem Bundesgericht; die Anklagen hatte er Bobby zu verdanken, und der Präsident würde in zwei Wochen in sein Hoheitsgebiet herunterkommen.

Was auch immer hinter David Ferries Aufenthalt in Churchill Farms an den besagten Wochenenden steckte, eines bleibt unstrittig: An den beiden letzten Wochenenden, bevor Lee Harvey Oswald angeblich den Präsidenten der Vereinigten Staaten ermordete, beriet sich David W. Ferrie, ein Freund Oswalds, mit einem Mafiaboß, der bereits gedroht hatte, den Präsidenten töten zu lassen.

Ausgehend von dem, was wir über den Prozeß gegen Carlos und Joseph Marcello wissen, können wir uns ungefähr zusammenreimen, welcher Schlachtplan nach dem 9./10. November galt, und es sieht nicht so aus, als hätte Ferrie beim Entwerfen eine große Rolle gespielt.

An der juristischen Front sollte zuerst einmal versucht werden, die Aussage von Carl I. Noll, dem Starzeugen der Regierung, zu diskreditieren. Sein Bericht, daß Carlos guatemaltekische Beamte bestochen habe, um sich eine gefälschte Geburtsurkunde zu besorgen, sollte fragwürdig erscheinen. Zu diesem Zweck wollte Wasserman mehrere Zeugen aufrufen, die in der Vergangenheit mit Noll zu tun gehabt hatten. Daneben sollte bewiesen werden, daß die guatemaltekischen Staatsbürgerschaftsdokumente Italien nicht daran gehindert hätten, Marcello aufzunehmen. Folglich hätte Marcello auch nicht konspirativ gehandelt, indem er die Dokumente an das Italienische Konsulat in New Orleans schickte. Um dies zu erhärten, sollte ein ehemaliger hoher italienischer Staatsbeamter in den Zeugenstand gerufen werden.

An der anderen, der außergesetzlichen Front, war der Hauptschlachtplan der Marcellos, Carl Noll zu terrorisieren und möglicherweise auszuschalten und so viele Geschworene wie möglich zu bestechen.

Nachdem die Marcellos anfangs keinen Weg gefunden hatten, die Jury zu schmieren, stießen sie schließlich dank der Fürsprache von George Alamilla, einem alten Freund und reichen Hühnerfarmer, der damals in Belize lebte und arbeitete, auf eine mögliche Lösung. Alamilla kannte Rudolph Heitler, einen der Geschworenen, seit vielen Jahren und glaubte, ihn zugunsten seines guten Freundes Carlos beeinflussen zu können.

George Alamilla flog am 14. November von Belize hinauf nach New Orleans. Der Prozeß gegen die Marcellos lief schon seit zehn Tagen, und es war keine Zeit mehr zu verlieren.

Carlos arbeitete immer mit Vermittlern, und so beauftragte er Joe Matassa, seinen Hauptpartner in der Pelican Tomato Company, Heitler mit Hilfe seines alten Freundes Alamilla zu schmieren. Er selbst sah Alamilla in der Zeit nicht. Am 17. November kamen Alamilla und Matassa in den Geschäftsräumen der Pelican Tomato Company auf dem French Market von New Orleans zusammen. Es wurde verabredet, daß Matassa das Bestechungsgeld für Heitler von Marcellos Konto bei Pelican abheben würde; dafür sollte dieser in fünf Tagen bei der Beratung der Geschworenen auf »nicht schuldig« plädieren.

Am selben Abend ging George Alamilla zu seinem lieben alten Freund Rudolph Heitler. Nach einigem Hin und Her willigte Heitler ein, auf nicht schuldig zu plädieren und zu versuchen, andere Geschworene diesbezüglich zu beeinflussen. Dafür erwartete er von Carlos Marcello eine Zahlung in Höhe von 25000 bis 100000 Dollar.

Als Alamilla Joe Matassa kurz darauf berichtete, wieviel Heitler verlangte, erhob Matassa Einwände. Alamilla solle Heitler mitteilen, daß »der kleine Mann« ihn anständig bezahlen wolle, aber nicht so hoch, und daß Heitler froh und glücklich über den Handel sein solle, weil er in Carlos »einen treuen Freund fürs Leben« fände.

Da die Zeit drängte, wurden die Diskussionen zwischen Alamilla, Heitler und Matassa zunehmend spannender. Schließlich, am 20. November, gab Matassa Alamilla 600 Dollar zur Weitergabe an Heitler als Anzahlung »in gutem Glauben«. Heitler sollte erfahren, daß eine größere Summe folgen würde, nachdem er und die anderen Geschworenen »Onkel Carlos« für nicht schuldig befunden hätten.

Was den Plan bezüglich des Starzeugen der Anklage, Carl Noll, betraf, so machten die Marcellos offenbar Gebrauch von Talenten, die nicht aus Louisiana waren. Wie aus den Akten von Carlos' Prozeß von 1964/65 wegen Verdunklung des »versuchten Mordes an Carl Noll« hervorgeht, warben die Marcellos einen Geschäftsfreund aus Mississippi an. Noll kam am Ende mit dem Leben davon, weil er während des Prozesses gelegentlich Gedächtnislücken hatte.

Keiner der beiden außergesetzlichen Schlachtpläne scheint die Teilnahme von David Ferrie verlangt zu haben, dessen Name in dem Verdunklungsprozeß von 1964/65 nicht genannt wurde.

Der brillante Wasserman, ehemaliger oberster Rechtsberater der Einwanderungs- und Naturalisierungsbehörde, hätte sich bestimmt nicht gern auf einen »wild idealistischen«, exzentrischen Amateur wie Ferrie verlassen. Und Carlos selbst war durchaus imstande gewesen, sich die Strategie, Noll zu bedrohen und Heitler zu bestechen, auszudenken.

Nach Carlos' erstem Wochenende mit Ferrie in Churchill Farms ging der Prozeß am Dienstag, dem 12. November, mit dem Kreuzverhör Carl Nolls durch Wasserman weiter, das den größten Teil der Woche fortdauerte. Noll, der um sein Leben fürchtete, machte auf dem Zeugenstand oft einen verwirrten Eindruck. Wasserman brachte es fertig, mehrere Widersprüche in Nolls Bericht von seinem Auftrag für die Marcellos in Guatemala aufzudecken.

In Dallas, wo Präsident Kennedy am 22. erwartet wurde, hatte der falsche Oswald inzwischen mehrere lärmende Auftritte gehabt: vier in Irving, einen in einem Autoausstellungsraum und einen auf dem Sports-Drome-Schießstand. Und Jack Ruby hatte Nofio Pecora und Barney Baker angerufen.

Der echte Oswald hatte das verlängerte Wochenende vom 9. bis 11. November bei Frau und Kind in Irving verbracht und war am Dienstag, dem 13., an seine Arbeit im Schulbuchdepot zurückgekehrt.

Am Donnerstag, dem 14. November, legte Geheimdienstagent Winston Lawson die Route fest, die Präsident Kennedys Wagenkolonne am 22. November in Dallas nehmen sollte. Die Einzelheiten wurden der Polizei von Dallas tags darauf mitgeteilt. Eine davon wies darauf hin, daß die Wagenkolonne die Dealey Plaza via Main Street, nicht weit entfernt vom Schulbuchdepot, wo Lee Harvey Oswald arbeitete, passieren würde.

An diesem Wochenende wurde der falsche Oswald bei Schießübungen auf dem Sports-Drome-Schießstand gesehen, und Carlos Marcello und David Ferrie hielten ihre letzte strategische Sitzung in Churchill Farms. Da die Polizei von Dallas inzwischen erfahren hatte, welche Route die Wagenkolonne des Präsidenten nehmen würde, ist es denkbar, daß jemand von Marcellos Kontaktleuten bei der Polizei diese Information entweder am 16. oder am 17. an Carlos weitergab.

Am Montag, dem 18., nahm Forrest Sorrels, der Chef der Geheimdiensteinheit von Dallas, aus ungeklärten Gründen eine kleine Veränderung der Fahrtroute vor, die auf der Dealey Plaza eine scharfe Rechtskurve von der Main Street auf die Houston Street und dann eine weitere scharfe Kurve, diesmal nach links, in die Elm Street zur Folge hatte. Dies sollte die Wagenkolonne des

Präsidenten genau unter den Fenstern des Schulbuchdepots, wo Lee Harvey Oswald arbeitete, und ganz dicht an dem Lattenzaun auf dem Grashügel vorbeiführen. Diese ungewöhnliche Veränderung der Fahrtroute wurde dann beiden Zeitungen von Dallas, *Morning News* und *Times-Herald*, mitgeteilt, die die berichtigte Route am Dienstag, dem 19. November, drei Tage vor dem Mord, veröffentlichten.

Welchen »Schlachtplan« mochten Marcello und Ferrie in dem Bauernhaus von Churchill Farms am Wochenende des 16./17. November besprochen haben? Wir können uns die Szene vorstellen. Das ungleiche Paar in dem kleinen, abgelegenen Haus mitten in Marcellos 2590 Hektar großem Sumpf. Den kleinen, barschen, 53jährigen Mafiaboß und seinen hochgewachsenen, redegewandten, 45jährigen »Meister der Intrige«, die am selben Küchentisch zur Sache kamen, an dem 14 Monate zuvor Edward Becker und Carlo Roppolo mit Carlos gesessen hatten. Carlos war am Ende seiner Nervenkraft. Am Ende der folgenden Woche würde sein zweieinhalbjähriger Kampf gegen Robert Kennedy entschieden.

Sechzehn Jahre später sollte der Mordausschuß des Repräsentantenhauses einen argwöhnischen Blick auf Marcellos Zusammentreffen mit David Ferrie an jenem Wochenende werfen. Daß trotz der emsigen Bemühungen unzähliger Ermittler immer noch unbekannt ist, wo sich der Mann, der des Präsidentenmordes bezichtigt werden würde, am selben Wochenende aufhielt, macht das Zusammentreffen noch verdächtiger.

Und so begann am Montag, dem 18. November, die letzte Woche des Marcello-Prozesses. Die ganze Woche hindurch machten drei Zeugen der Verteidigung entscheidende Aussagen.

Dr. Paolo Alberto Rossi, ein Anwalt aus Rom, der 30 Jahre im italienischen diplomatischen Dienst und von 1927 bis 1931 Konsul in New Orleans gewesen war, machte folgende Aussage: Wenn das italienische Außenministerium seine Zustimmung zu Marcellos Deportation gegeben hätte, wäre ein Beweisstück in Form einer guatemaltekischen Geburtsurkunde, in letzter Minute vorgelegt, kaum von Einfluß auf das Verfahren gewesen.

Ben Probst, ein Straßenbauunternehmer aus North Carolina, gab an, daß Carl Noll ihn um 10000 Dollar betrogen und belogen habe, was die Ereignisse einer Reise nach Guatemala betraf, die er in seinem Auftrag unternommen hatte, um Baumaschinen an die guatemaltekische Regierung zu vermieten.

Und Yvonne Klein, eine Bauunternehmerin aus Wilmette, Illinois, bezeugte, daß Noll sie um 50000 Dollar betrogen habe, und zwar auf Reisen nach Guatemala in Verbindung mit einem 200-Millionen-Dollar-Bauprojekt, das ihre Firma mit der guatemaltekischen Regierung vorbereitete.

Noch während all diese Zeugen aussagten, feierte Robert Kennedy am Mittwoch, dem 20. November, seinen 38. Geburtstag mit einer ausgelassenen Party im Justizministerium. Auf dem Schreibtisch stehend, in Hemdsärmeln und mit gelockerter Krawatte, kommentierte er im Kreise der Gratulanten ironisch, wie sehr sein Krieg mit der Mafia, seine »Verfolgung« der Gewerkschaftsbosse und seine Leitungsanzapfungen dem bevorstehenden Wahlkampf seines Bruders für eine zweite Amtszeit nützen würden. Am selben Tag unterrichtete ein Mitarbeiter ihn über den Verlauf des Marcello-Prozesses und versicherte ihm, daß alles gutgehe. In wenigen Tagen werde ein günstiger Spruch der Geschworenen erwartet. Für Freitag, den 22., hatte Kennedy eine Konferenz auf höchster Ebene über das organisierte Verbrechen vorgesehen, an der sein persönlicher Mitarbeiterstab und Staatsanwälte aus dem ganzen Land teilnehmen sollten. Er freute sich schon darauf, ihnen die gute Nachricht aus New Orleans mitteilen zu können, sobald sie eintraf.

Am Donnerstag, dem 21. November, schloß die Verteidigung von Carlos und Joseph Marcello ihren Beweisvortrag ab, und Präsident John F. Kennedy landete in Texas. Er besuchte erst San Antonio, dann Houston und begab sich schließlich nach Fort Worth, um dort die Nacht zu verbringen.

Am folgenden Tag wurden die Schlußanträge erwartet, und eine Jury aus Bürgern von New Orleans sollte ihren Spruch im Falle *Die Vereinigten Staaten gegen Carlos Marcello* fällen. Die Gerichtsverhandlung würde weitergehen, während Präsident Kennedy Dallas besuchte, wo er erst mit einer Wagenkolonne durch die Innenstadt fahren und dann eine wichtige Rede halten sollte.

# 29

## Pläne und Vorbereitungen

Am Mittwoch, dem 20. November, frühstückte Präsident John F. Kennedy mit den Führern des Kongresses im Weißen Haus. Er kam kurz auf seine bevorstehende Reise nach Texas zu sprechen. Trotz vieler Warnungen flog er nach Houston und dann weiter nach Fort Worth und Dallas. Es war eine politische Reise. Sie sollte die Texaner motivieren, ihn bei der Präsidentenwahl von 1964 wieder zu wählen.

Am selben Morgen, mitten in Dallas, betraten zwei Polizisten auf Routinestreife die Dealey Plaza, die die Wagenkolonne des Präsidenten am Freitag passieren sollte. Sie sahen mehrere Männer hinter einem Holzhaus auf einem Grashügel stehen, der Aussicht auf die Plaza gewährte. Die Männer trieben etwas, was wie eine Schießübung aussah: Sie zielten mit Gewehren über den Zaun in Richtung auf die Plaza. Die beiden Polizisten rannten sofort zu dem Zaun, doch als sie ankamen, waren die Schützen verschwunden, vermutlich in einem Wagen, der in der Nähe geparkt hatte.

Die beiden Streifenpolizisten schenkten dem Zwischenfall damals nicht viel Beachtung, aber zwei Tage später, nach der Ermordung des Präsidenten, meldeten sie ihn dem FBI, das am 26. November einen Bericht darüber veröffentlichte. Aus ungeklärten Gründen wurde der Inhalt des Berichts bei der Mordermittlung des FBI nicht berücksichtigt, und der Bericht selbst blieb bis zum Jahr 1978 verschwunden. Erst dann tauchte er wieder auf, weil er unter Bezugnahme auf den »Freedom of Information Act« (Informationsfreiheits-Gesetz) angefordert wurde.

Am Mittwoch, dem 20. November, griff Leutnant Francis Fruge von der Louisiana-Staatspolizei in der Nähe von Eunice am späten Abend eine verletzte Frau am Straßenrand auf und brachte sie in ein Staatskrankenhaus in

Jackson, Louisiana. Die Frau hieß Rose Cheramie und war eine heroinsüchtige Prostituierte.

Auf dem Weg ins Krankenhaus erzählte Rose Cheramie Leutnant Fruge, daß sie mit zwei italienischen Begleitern auf einem »Drogenausflug« von Miami nach Houston gewesen sei. Sie hatten in einem Bar-Restaurant an der Straße nach Eunice haltgemacht. Sie war ein bißchen »high« gewesen, woraufhin ihre Begleiter sie verlassen hatten. Dann hatte der Restaurantbesitzer sie hinausgeworfen. Bei dem Versuch, per Anhalter weiterzukommen, war sie von einem Wagen gestreift und leicht verletzt worden. Kurz danach griff Leutnant Fruge sie am Straßenrand auf.

Auf dem Weg ins Krankenhaus von Jackson informierte Rose Cheramie Leutnant Fruge, daß ihre beiden Begleiter ihr erzählt hätten, sie wollten nach einem Halt in Houston nach Dallas weiterfahren und dort am 22. Präsident Kennedy töten. Wortreich ließ sie sich darüber aus, daß »in der Unterwelt herumgesagt werde, Präsident Kennedy solle bald ermordet werden«.

Leutnant Fruge schenkte Frau Cheramies Gestammel in jener Nacht nicht viel Beachtung, aber zwei Tage später, nachdem er von dem Mord in Dallas erfahren hatte, besuchte er das Krankenhaus in Jackson und ordnete an, daß Frau Cheramie für eine Vernehmung festgehalten werde. Er erfuhr dort, daß sie am 21. November zwei Ärzten erzählt hatte, daß Präsident Kennedy am folgenden Tag getötet werden sollte. Als Fruge der Polizei von Dallas Frau Cheramies Voraussage meldete, wurde er lauthals ausgelacht. Sie hatten ihren Mann schon, einen »Kommunistenspinner«, der ohne Komplizen gehandelt hatte.

Am Donnerstag, dem 21. November, verließ der »Kommunistenspinner« Lee Harvey Oswald am Spätnachmittag sein möbliertes Zimmer in Dallas und begab sich nach Irving in die Wohnung seiner Frau. Wesley Frazier, ein Kollege aus dem Schulbuchdepot, der neben Frau Oswald wohnte, nahm ihn im Wagen mit. Wie Marina Oswald später aussagte, verbrachte ihr Mann eine unruhige Nacht im Ehebett.

Am selben Abend machte Jack Ruby etwa um 22 Uhr in Joe Campisis »Egyptian Lounge«, dem Haupttreffpunkt der Unterwelt von Dallas, halt. Dort aß er mit Ralph Paul, einem Geschäftsfreund, zu Abend und wechselte ein paar Worte mit Campisi, der, wie man sich erinnern wird, ein guter Freund von Carlos Marcello war. Ruby beendete den Abend in Lucas' »B & B«-Restaurant, wo ihn die Kellnerin Mary Lawrence mit einem Mann erspähte, der, wie sie später aussagte, Lee Harvey Oswald »sehr ähnlich sah«. Der echte Oswald lag zu der Zeit in Irving mit seiner Frau im Bett. War dieser Mann das Oswald-Double?

Inzwischen kamen der Präsident und seine Gemahlin im Hotel »Texas« in Fort Worth an, wo sie die Nacht verbringen sollten. Für den nächsten Morgen war die Wagenfahrt durch Dallas geplant.

Am Freitag, dem 22. November, verließ Lee Harvey Oswald etwa um 8.20 Uhr die Wohnung in Irving und fuhr mit Wesley Frazier ins Schulbuchdepot, während der Präsident sich darauf vorbereitete, auf dem Parkplatz des Hotels eine Rede vor einer Gruppe von Anhängern zu halten. Wie Frazier später aussagte, hatte Oswald ein langes, schmales Paket bei sich, das, wie er Frazier erzählte, ein paar Gardinenstangen für sein Zimmer in Dallas enthielt. Frazier äußerte später den Verdacht, daß das Paket die Mordwaffe enthalten habe. Zeugen aus dem Schulbuchdepot behaupteten jedoch, Oswald habe nichts getragen, als er eintrat und sich zur Arbeit meldete.

Etwa um 11 Uhr fuhr eine 23jährige Frau aus Dallas namens Julia Ann Mercer in westlicher Richtung auf der Elm Street über die Dealey Plaza und am Schulbuchdepot vorbei, wo sie haltmachen mußte, weil ein grüner Lastwagen, der am Bordstein parkte, ihr den Weg versperrte. Nach kurzer Wartezeit sah sie, wie ein junger Mann auf der Beifahrerseite ausstieg, zum Laderaum ging, ein Paket herausnahm, das wie ein eingewickeltes Gewehr aussah, und dann mit dem Paket den Damm zu dem Grashügel hinaufging.

Als die Zeit für die Ankunft der Wagenkolonne des Präsidenten auf der Dealey Plaza gekommen war, fielen mehreren Zeugen verdächtige Aktivitäten sowohl auf dem Grashügel als auch im Schulbuchdepot auf.

Während er auf die Wagenkolonne wartete, bemerkte Howard Brennan, ein Bauarbeiter, im Schulbuchdepot an einem Eckfenster im Südosten des sechsten Stockwerks einen Mann, der ein Gewehr hielt. Arnold Rowland sah ebenfalls jemanden mit einem Gewehr an einem Fenster des sechsten Stocks; es war jedoch an der Südwestecke. Carolyn Walther glaubte, zwei Männer an einem Fenster im fünften Stock gesehen zu haben, von denen einer ein Gewehr hielt. Einige Insassen des Kreisgefängnisses von Dallas, die Aussicht auf die Dealey Plaza hatten, glaubten, sie hätten jemanden mit einem Gewehr im fünften Stock gesehen. Charles Bronson und Robert Hughes, zwei Amateurfotografen, machten sechs Minuten vor Ankunft der Wagenkolonne Filmaufnahmen vom Schulbuchdepot, auf denen zwei Männer zu sehen waren, die im sechsten Stock von einem Fenster zum anderen wanderten. Als die Wagenkolonne näher kam, beobachtete Lee Bowers, ein Eisenbahner, der auf einem Kontrollturm über den Eisenbahngeleisen hinter dem Grashügel stand, zwei Männer hinter dem Zaun, die über die Plaza spähten. Zuvor hatte er gesehen, wie drei Fahrzeuge unbefugterweise auf den Parkplatz fuhren und am Zaun parkten.

Endlich, um 12.29 Uhr, erschien die Wagenkolonne. Sie verlangsamte die Fahrt an der Ecke Houston und Elm Street und fuhr auf die Dealey Plaza. Zwei Minuten später knallten Schüsse. Vielen Zeugen, die sich die Wagenkolonne ansahen, kam es so vor, als kämen sie aus zwei verschiedenen Richtungen, vom Grashügel und aus dem Schulbuchdepot. Präsident Kennedy wurde mindestens zweimal, vielleicht sogar drei- oder viermal getroffen. Der tödliche Schuß zerriß förmlich seinen Kopf. Um 13.00 Uhr erklärte ihn das Parkland Hospital in Dallas für tot.

# 30

# Der Spruch der Geschworenen: 22. November

Um 9.00 Uhr war der Gerichtssaal in New Orleans brechend voll, so daß viele interessierte Zuschauer draußen in der Eingangshalle stehenbleiben mußten. Die Presse von New Orleans hatte dem Prozeß gegen Carlos und Joseph Marcello Schlagzeilen gewidmet und damit eine Horde von Neugierigen angelockt, die unbedingt einen Blick auf die Sippe Marcello werfen wollten.

Diejenigen, die sich in den Gerichtssaal hatten quetschen können, wurden nicht enttäuscht. Praktisch die ganze Familie war anwesend, um Verteidiger und Staatsanwalt ihre Schlußanträge stellen und die Geschworenen ihr Urteil sprechen zu hören. Die geschlossene Front, die sie in den ersten Reihen des Gerichtssaals bildeten, bestand aus Louise Marcello, der weißhaarigen, 70jährigen Stammesmutter, umgeben von ihren fünf Söhnen Vincent, Pascal, Anthony, Sammy und Peter, deren Frauen sowie ihren Töchtern Rose und Mary und deren Ehemännern. Carlos' Frau Jacqueline saß dicht daneben mit ihren vier Kindern Joseph, Florence, Louise und Jackie junior und etwa einem Dutzend von deren Vettern und Basen. Die Angeklagten Carlos und Joseph vervollständigten das Familiengemälde, und so kamen die Neugierigen in den einmaligen Genuß, fast die ganze Sippe zu sehen, die sich sonst so ungern zusammen in der Öffentlichkeit zeigte.

Und dann begannen die Schlußanträge. In seinem Plädoyer rasselte Jack Wasserman eine lange Liste Unwahrheiten herunter, die, wie er behauptete, Carl Noll dem Gericht erzählt habe. Er nannte ihn einen »Schwindler, Hochstapler und Betrüger«, der sich ständig selbst widerspreche. In seiner Widerlegung räumte Staatsanwalt Louis La Cour ein, daß Noll einen »schlechten Leumund« habe. Die Geschworenen wies er darauf hin, daß »nicht die Regierung Noll gewählt habe, sondern die Marcellos«. Zum Schluß erklärte er, daß die Regierung ausreichend unabhängige Bestätigung für den größten Teil von Nolls Aussage beigebracht habe.

Während Wasserman und La Cour in New Orleans ihre Plädoyers hielten, leitete Robert Kennedy im Justizministerium in Washington eine Konferenz über das organisierte Verbrechen, die zweite einer zweitägigen Veranstaltung, auf der sein gesamter persönlicher Mitarbeiterstab und Staatsanwälte aus dem ganzen Lande anwesend waren. Hauptpunkte der Tagesordnung waren die Ermittlungen gegen Sam Giancana, Santos Trafficante und Carlos Marcello. Kennedy hoffte, den Konferenzteilnehmern nach der Mittagspause auf seiner Besitzung in McLean, Virginia, von einem großen Sieg der Regierung berichten zu können.

Um 13.30 Uhr New-Orleans-Zeit waren die Plädoyers von Verteidiger und Staatsanwalt vorbei, und Richter Herbert W. Christenberry hatte gerade den Geschworenen seine fünfzehnminütige Rechtsbelehrung gehalten.

Als der Richter eben den Fall offiziell an die Geschworenen übergeben wollte, betrat plötzlich ein Justizwachtmeister den Gerichtssaal, ging hinauf zur Richterbank und überreichte dem Richter einen Zettel. Schock und Bestürzung malten sich auf Richter Christenberrys Gesicht, während er ihn las. Er faßte sich jedoch rasch, stand auf und verkündete, daß soeben in Dallas auf Präsident John F. Kennedy geschossen worden sei. Man fürchte, er sei tot.

Eine Welle der Erregung erfaßte den Gerichtssaal. Alle begannen sofort zu reden. Bald befand sich der Gerichtssaal in Aufruhr und mußte vom Richter zur Ruhe gebracht werden. Dann übergab Christenberry den Fall an die Geschworenen und ordnete eine einstündige Pause an. Carlos und Joe verließen unbewegten Gesichts mit ihren Anwälten den Gerichtssaal.

Inzwischen war Robert Kennedy zum Mittagessen nach Hickory Hill, seiner Besitzung in Virginia, gefahren und hatte zwei Konferenzteilnehmer, Robert M. Morgenthau, Staatsanwalt des Süddistrikts von New York, und Silvio Mollo, den Chef von Morgenthaus Kriminalabteilung, mitgenommen. Sie aßen gerade Muschelsuppe und Thunfischsandwiches am Schwimmbekken, als etwa um 14.15 Uhr Washingtoner Zeit das Telefon läutete und J. Edgar Hoover den Justizminister verlangte. Bobby Kennedy nahm den Hörer ab und hörte seinen FBI-Direktor lakonisch und monoton sagen: »Ich habe eine Nachricht für Sie ..., jemand hat auf den Präsidenten geschossen.« Er fügte hinzu: »Ich glaube, es ist ernst ... Ich rufe zurück, wenn ich mehr weiß.« Eine halbe Stunde später rief Hoover abermals an und teilte Kennedy genauso lakonisch und emotionslos wie zuvor mit: »Der Präsident ist tot.« Daraufhin sagte Bobby die Nachmittagssitzung ab; die Gruppe sollte nie wieder zusammenkommen.

Um 15 Uhr New-Orleans-Zeit war das Gericht in der Sache *Die Vereinigten Staaten gegen Carlos Marcello* wieder zusammengetreten und wartete auf den Spruch der Geschworenen. Um 15.15 Uhr betraten die zwölf Geschworenen den Gerichtssaal, und Richter Christenberry fragte den Obmann, ob die Geschworenen ein Urteil gefällt hätten.

Carlos und Joseph Marcello, beide in dunkelblauen Anzügen und dunklen Krawatten, hörten gelassen zu, als der Obmann die Urteile verlas. Im Verschwörungsfall: nicht schuldig; im Meineidsfall: nicht schuldig. Es war ein völliger Freispruch.

Der 22. November 1963 muß der glorreichste Tag in Marcellos Leben gewesen sein. Seine Nemesis lebte nicht mehr, und der Prozeß, den die Regierung gegen ihn angestrengt hatte, war zu seinen Gunsten ausgegangen.

Nachdem er seine Anwälte umarmt und die Glückwünsche von Familie, Freunden und Anhängern entgegengenommen hatte, verließ der untersetzte Mafiaboß mit hocherhobenem Haupt und entschlossener Miene Arm in Arm mit seiner Frau den Gerichtssaal und schritt zu einem wartenden Wagen, gefolgt von einem Schwarm Marcellos. Einem Beobachter zufolge wirkte Carlos »ganz und gar geschäftsmäßig«. Er verzichtete auf die Familienfeier, setzte Frau und Kinder zu Hause ab und begab sich in sein Büro im »Town & Country«-Motel. Angeblich sah er aus, als habe er »etwas Dringendes im Sinn«.

Früh an jenem Abend trafen sich George Alamilla und Rudolph Heitler auf dem New Orleans International Airport, kurz bevor Alamilla das Flugzeug bestieg, das ihn nach Belize zurückbringen sollte. Heitler sagte Alamilla, daß er beim Prozeß gegen die Marcellos nicht nur selbst »nicht schuldig« gestimmt, sondern auch mehrere seiner Mitgeschworenen dazu überredet habe. Alamilla antwortete seinem alten Freund daraufhin, daß er großartige Arbeit geleistet habe und am folgenden Tag zu Joe Matassa gehen und sich seine Belohnung abholen solle.

Was in den kommenden Wochen und Monaten geschah, erhärtet die Wahrheit des sizilianischen Sprichworts, das Marcello herausgerutscht war, als er sich 1962 mit Ed Becker und Carlo Roppolo in Churchill Farms getroffen hatte. Wenn der Kopf erst einmal abgehackt ist, stirbt der Hund, »mit Schwanz und allem«. Jimmy Hoffa traf ins Schwarze, als er, kaum daß er von der Ermordung Kennedys erfahren hatte, hervorstieß: »Bobby Kennedy ist jetzt nur noch irgendein Anwalt.«

Vielleicht sogar noch weniger. Nach der Ermordung seines Bruders wurde Robert Kennedy, wie sich ein Anwalt aus dem Justizministerium damals ausdrückte, »funktionsunfähig«. Für Pierre Salinger, den Pressesekretär seines ermordeten Bruders, war er »der zerschmettertste Mann«, den er je gesehen hatte. Bobbys Krieg gegen den Mob verlor bald an Schwung. Obwohl Carlos später wegen Bestechung des Geschworenen Heitler und Bedrohung Carl Nolls angeklagt wurde, war der Krieg gegen die Kennedys endgültig beendet.

# 5. Teil

## Nachwirkungen
## 22. November 1963–17. August 1965

»Nichts kann ehrenvoll sein, wo es keine Gerechtigkeit gibt.«
CICERO

# 31

## New Orleans

Kaum hatte Carlos Marcello erfahren, daß er über die US-Regierung und Justizminister Robert Kennedy gesiegt hatte und daß Präsident Kennedy ermordet worden war, begab er sich aus dem Bundesgericht direkt in sein Büro im »Town & Country«-Motel. Dort, in seinem Heiligtum, hörte er wahrscheinlich zum erstenmal, daß einer seiner Jungen, Dutz Murrets Kleiner, von der Polizei von Dallas unter dem Verdacht, einen Polizisten und möglicherweise auch Präsident John F. Kennedy ermordet zu haben, in Gewahrsam genommen war.

Wenn Marcello in eine Verschwörung zur Ermordung des Präsidenten verwickelt war – ein Verdacht, den ein Unterausschuß des Kongresses eines Tages vorsichtig äußern sollte –, dann stand er am späten Nachmittag des 22. November vor einem dringenden Problem. Sobald er erfuhr, daß Oswald sich in Gewahrsam befand, hätte er vor der Notwendigkeit gestanden, etwas zu unternehmen. Oswald mußte unbedingt am Reden gehindert werden, und diese Aufgabe war im Hauptquartier der Polizei von Dallas zu erledigen.

Wir wissen nicht genau, was Marcello am Wochenende nach dem Kennedymord tat. Der Autor hat nur zwei gedruckte Hinweise auf Marcello gefunden, die aus der Zeit unmittelbar nach dem Prozeß und dem Mord stammen – abgesehen von Artikeln, die in den Zeitungen von New Orleans über seinen Freispruch erschienen. Einer stammt aus einem FBI-Bericht über Ferries Aktivitäten nach dem Mord und besagt, daß Ferrie Carlos Marcellos Büro im »Town & Country«-Motel am Sonnabend, dem 23. November, kurz nach Mittag von einem Motel in Houston anrief. Der zweite steht im Protokoll von Marcellos Prozeß von 1964/65 wegen Beeinflussung der Geschworenen und Verdunklung. Daraus geht hervor, daß Joe Matassa, Carlos' Partner in der Pelican Tomato Company, dem ehemaligen Geschworenen Rudolph Heitler

Anfang der Woche vom 25. November mitteilte, daß er große Schwierigkeiten habe, den »kleinen Mann« zu erwischen. Heitler hatte sich nämlich beklagt, daß er das versprochene Geld für seinen »Nicht-schuldig«-Spruch noch nicht erhalten habe.

Die spärliche Information deutet darauf hin, daß Carlos Marcello am Wochenende nach dem Kennedymord einige Zeit in seinem »Town & Country«-Büro arbeitete und daß er in der folgenden Woche, nachdem Jack Ruby den verdächtigten Präsidentenmörder umgelegt hatte, viel Zeit in seinem Versteck in Churchill Farms verbrachte, wo Leute wie Joe Matassa ihn nicht mit den Klagen unbezahlter geschmierter Geschworener belästigen konnten.

Und Klagen gab es von dem ehemaligen Geschworenen Heitler genug. Aus Gerichtsakten von dem Beeinflussungsprozeß geht hervor, daß George Alamilla die 600 Dollar, die Joe Matassa ihm als Anzahlung für den Geschworenen Heitler gegeben hatte, einsteckte und am Abend des 22. November nach Belize flog, ohne Heitler einen Cent zu geben. Heitler, der glaubte, an der Nase herumgeführt zu werden, rief Matassa immer wieder an und verlangte sein Geld. Das war der Zeitpunkt, an dem Matassa Heitler mitteilte, daß er große Schwierigkeiten habe, Marcello zu erwischen.

David Ferrie hingegen schien keine Schwierigkeiten zu haben, Marcello nach dem Mord zu erwischen. Nicht lange nachdem er das Bundesgericht mit Marcellos Gefolge verlassen hatte, begann er eine Reihe höchst verdächtiger Aktivitäten.

Irgendwann am Nachmittag rief Ferrie ein Motel an, das Marcello in Houston besaß, und bestellte Zimmer für denselben Abend für sich und zwei junge männliche Begleiter namens Alvin Beauboeuf und Melvin Coffey. Dann telefonierte er mit dem Besitzer und Betreiber der Winterland-Kunsteisbahn in Houston und fragte nach den Öffnungszeiten. Drei Tage später sollte er das FBI diesbezüglich belügen.

Als nächstes holte er mit seinem neuen hellblauen, viertürigen Comet-Kombi seine Freunde ab und machte sich auf den Weg nach Houston. Sie fuhren 560 Kilometer nonstop durch die Nacht, erlebten ein schreckliches texanisches Gewitter und kamen etwa um 4 Uhr morgens in Marcellos »Alamotel« an. Einem FBI-Bericht zufolge führte Ferrie vom »Alamotel« aus am Sonnabend, dem 23. November, am frühen Nachmittag ein R-Gespräch mit Carlos Marcellos Hauptquartier im »Town & Country«-Motel.

Ferrie berichtete dem FBI später, daß der Anruf für G. Wray Gill, Marcellos Anwalt, bestimmt gewesen sei. Dieser aber pflegte sich sonnabends nicht im »Town & Country«-Büro aufzuhalten. So war es auch diesmal, weshalb es wahrscheinlicher erscheint, daß der Anruf an Carlos Marcello ging.

Während Ferrie nach Texas raste, gerieten zwei seiner Bekannten, Guy Banister und Jack Martin, ein Privatdetektiv und Freund Ferries, der für Banister arbeitete, in einen Streit, der vielleicht etwas mit dem Kennedymord zu tun hatte.

Wie Martin 1978 vor dem Mordausschuß des Repräsentantenhauses aussagte, genehmigte er sich mit Banister ein paar Drinks in einer Bar, als plötzlich eine heftige Auseinandersetzung zwischen ihnen entbrannte. Der Streit wurde immer hitziger, und so gingen die beiden zurück in ihr Büro in der Camp Street 544, um die Diskussion fortzusetzen. Nach einigen bissigen Bemerkungen Banisters rief Martin aus: »Was soll das? Willst du mich töten, wie du Kennedy getötet hast?« Daraufhin zog Banister seine Magnum-Pistole, schlug Martin mit dem Griff auf den Kopf und befahl ihm, »vorsichtig zu sein«. Schließlich schaltete Delphine Roberts, Banisters Sekretärin, sich ein und beendete den Streit. Später berichtete Martin der Polizei von dem tätlichen Angriff, unternahm aber weiter nichts in der Sache.

Am folgenden Tag, Sonnabend, dem 23. November, als Ferrie in Houston war, sah Martin eine Fernsehsendung über den Kennedymord, in der drei Männer über Lee Harvey Oswalds Freunde in New Orleans sprachen und David Ferrie als einen davon erwähnten. Plötzlich fiel Martin ein, daß er ja wußte, daß Ferrie und Oswald Freunde gewesen waren. Er hatte sogar einmal mit angehört, wie sie über eine Ermordung Kennedys sprachen.

Am nächsten Nachmittag, am Sonntag, dem 24. November, rief Jack Martin einen Freund des Stellvertretenden Staatsanwalts Herman Kohlman aus New Orleans an und erzählte ihm von seinem Verdacht, daß Lee Harvey Oswald und David Ferrie konspiriert hätten, Präsident Kennedy zu ermorden. Des weiteren informierte er Kohlmans Freund, daß die beiden sich seit 1955 kannten, als sie zusammen in der Zivilen Luftpatrouille dienten. Martin zufolge hatte Ferrie Oswald damals beigebracht, wie man mit einem Hochleistungsgewehr mit Zielfernrohr schießt. Martin fügte hinzu, daß Ferrie ein leidenschaftlicher Kennedy-Gegner sei und daß er, Martin, einmal mit angehört habe, wie er mit Oswald über die Notwendigkeit sprach, Präsident Kennedy zu ermorden.

Nachdem er diese Bombe losgelassen hatte, die offensichtlich für die Ohren des Stellvertretenden Staatsanwalts Kohlman bestimmt war, verlangte Martin von Kohlmans Freund, seinen Namen nicht zu verraten, und hängte ein.

Am nächsten Tag, Montag, dem 25. November, suchte fast die gesamte Polizei von New Orleans nach David Ferrie. Jack Martins anonyme Informationen waren nicht auf taube Ohren gestoßen. Kaum hatte Herman Kohlman Martins Geschichte vernommen, mobilisierte er die Polizei von New Orleans zu einer massiven Treibjagd auf Lee Harvey Oswalds Freund. Bald beteiligten sich auch FBI und Geheimdienst an der Menschenjagd. Aber dieser Freund war unauffindbar. Schließlich informierte Carlos Marcellos Anwalt G. Wray Gill das Büro des Staatsanwalts, daß Ferrie am Wochenende in Texas gewesen sei, aber bald nach New Orleans zurückkehren würde. Gill erhielt den Auftrag, dafür zu sorgen, daß Ferrie sich nach seiner Rückkehr dem Staatsanwalt stellte, da FBI und Geheimdienst ihn bezüglich der Ermordung von Präsident John F. Kennedy zu verhören wünschten. Wir können uns vorstellen, was Carlos Marcello empfand, als Gill ihm diese Nachricht brachte. Einer seiner Jungen war in Dallas in Verbindung mit dem Mord verhaftet worden, und nun wollte der Staatsanwalt von New Orleans einen zweiten verhören. Angesichts all dieser Geschehnisse und der Tatsache, daß Idioten wie Jack Martin den Mund nicht halten konnten, war es kein Wunder, daß Joe Matassa Schwierigkeiten hatte, den »kleinen Mann« zu erwischen.

# 32

# Dallas

Drüben in Dallas hatten sich die Dinge inzwischen für Lee Harvey Oswald, David Ferries Freund aus New Orleans, rasch, wenn auch unglücklich entwikkelt.

In dem Tumult, der auf die Erschießung des Präsidenten folgte, wurde der falsche Oswald ein letztes Mal gesehen. Mehrere Verhaftungen erfolgten in Verbindung mit dem Mord, und schließlich wurde Oswald als Verdächtiger am Mord eines Polizeioffiziers in Gewahrsam genommen.

Der echte Oswald war von Polizeioffizier Marrion Baker und dem Leiter des texanischen Schulbuchdepots Roy Truly anderthalb Minuten nach der Schießerei angetroffen worden, wie er im zweiten Stock des Depots friedlich eine Coca-Cola trank. Nach einem kurzen Verhör, in dessen Verlauf Truly Baker versicherte, daß Oswald ein Angestellter des Depots sei, war Oswald rasch entlassen worden. Als er seine Cola ausgetrunken hatte, schlenderte er aus der Vordertür des Gebäudes, bestieg ein paar Häuserblocks entfernt einen Bus, verließ ihn wieder und nahm ein Taxi nach seiner Pension. Mehrere Minuten nach der Schießerei wurde ein Mann, der damals für Lee Harvey Oswald gehalten wurde, heute aber als Doppelgänger gilt, von einem Zeugen gesehen, wie er das Schulbuchdepot durch einen Hinterausgang verließ, ein paar Minuten zögerte und dann zur Schnellstraße hinuntereilte. Dort beobachtete Hilfssheriff Roger Craig zweifelsfrei, daß er einen Nash-Kombi bestieg, der sofort losfuhr und verschwand.

Kurz darauf verhaftete die Polizei im Dal-Tex Building, einem weiteren Gebäude, das an der Plaza liegt, zwei Verdächtige. Einer der beiden, ein junger Mann mit einer schwarzen Lederjacke und schwarzen Handschuhen, wurde zum Verhör in das Büro des Kreissheriffs von Dallas gebracht; es wurden aber keine Aufzeichnungen über seinen Namen, seine Festnahme und Freilassung gemacht. Der zweite Mann, der im Dal-Tex Building verhaftet wurde, sagte der Polizei, er sei ein Geschäftsmann aus Kalifornien und heiße Jim Braden. Er habe das Gebäude nach dem Mord betreten, um ein öffentliches Telefon zu suchen. Ein Angestellter des Dal-Tex Building berichtete der Polizei jedoch, daß der Mann sich zum Zeitpunkt des Mordes im Gebäude befunden habe. Nach einer kurzen Vernehmung im Büro des Kreissheriffs wurde auch er wieder freigelassen. Wunderbarerweise blieb eine Aufzeichnung über seine Verhaftung erhalten, aber das Büro des Sheriffs machte keinen Versuch herauszufinden, wer Braden war. Erst sieben Jahre später entdeckte der Fernsehproduzent Peter Noyes, der für KNXT, eine Tochtergesellschaft von CBS-TV, arbeitete, wer Jim Braden wirklich war: Der Name, den er im Büro des Kreissheriffs angegeben hatte, war einer der vier Decknamen, unter denen Eugene Hale Brading arbeitete, ein Kurier und Verbindungsmann des Mobs mit Verbindung zu Carlos Marcello. Er hatte ein Strafregister, das 35 Verhaftungen enthielt sowie Verurteilungen wegen Einbruchs, Buchmacherei und Unterschlagung. Noyes entdeckte ferner, daß Braden/Brading, wenn er sich im Sommer und Herbst 1963 geschäftlich in New Orleans aufhielt, ein Büro im Pere-Marquette-Gebäude benutzte, das nur wenige Türen von demjenigen entfernt lag, in dem G. Wray Gill und Ferrie arbeiteten. Des weiteren fand Noyes heraus, daß Brading die Nacht vor dem Mord im »Cabana«-Hotel verbracht hatte, demselben, in das Jack Ruby in jener Nacht gegangen war.

Minuten nach dem Mord wurden drei weitere Verhaftungen vorgenommen, und zwar in einem offenen Güterwagen, der auf den Geleisen hinter dem Grashügel abgestellt war. Die Polizei fand drei Männer, die sie als »Landstreicher« bezeichnete, in dem Güterwagen hocken, von dem aus sie eine unbehinderte Aussicht auf den Lattenzaun vor dem Hügel hatten. Drei Pressefotografen machten zahlreiche Fotos von dem Vorgang. Nach einer kurzen Vernehmung durch Hilfssheriff Harold Elkin wurden sie wieder freigelassen. Über ihre Verhaftung, ihre Namen und ihr Verhör gibt es keine Aufzeichnungen; es gibt nur die Fotos, die die Fotografen machten. Später fiel Ermittlern auf, daß nur die Kleidung der »Landstreicher« verwahrlost aussah. In anderer Hinsicht wirkten sie durchaus gepflegt; sie waren glatt rasiert und hatten frisch geschnittene Haare. Ihnen fiel ebenfalls auf, daß einer der Männer Lee Harvey Oswald sehr ähnlich sah. 1979 identifizierte ein Experte, den der Mordausschuß des Repräsentantenhauses angestellt hatte, einen der Landstreicher als Charles V. Harrelson, einen Ganoven aus Dallas mit Verbindungen zu Jack Ruby und Carlos Marcello.

Im Umkreis der Dealey Plaza wurden Minuten nach dem Mord mehrere weitere Männer verhaftet: noch einer im Dal-Tex Building, ein »Lateinamerikaner«, der nicht englisch sprach, ein 31jähriger Mann aus Dallas, der über eine Woche im Gefängnis festgehalten wurde. Alle wurden freigelassen, ohne daß Aufzeichnungen über ihre Namen und Aussagen erhalten blieben.

Aus welchen Gründen wurden all diese Verdächtigen übergangen? Der Hauptgrund war, daß das Hauptquartier der Polizei von Dallas 15 Minuten nach dem Mord per Funk die Beschreibung eines Mannes herausgegeben hatte, der zum Verhör wegen der Erschießung des Präsidenten gesucht wurde: »eine unbekannte weiße männliche Person, etwa 30 Jahre alt, schlank, 1,77 Meter groß, 75 Kilo schwer, wie verlautet mit einem Gewehr Kaliber 30 bewaffnet«. Die Beschreibung paßte ziemlich genau auf Lee Harvey Oswald, den Angestellten aus dem Schulbuchdepot, hätte aber auch auf zahllose andere Männer passen können. Woher diese Beschreibung stammte, wurde nie geklärt.

Daß Oswald so schnell und unter Ausschluß aller anderen, die im Augenblick des Mordes durch ihr Benehmen aufgefallen waren, als möglicher Präsidentenmörder identifiziert wurde, verblüfft besonders angesichts der Aussagen mehrerer Augenzeugen des Verbrechens.

Der Bauarbeiter Howard Brennan hatte der Polizei von einem Mann berichtet, den er Minuten vor dem Mord an einem Südostfenster des sechsten Stockwerks des texanischen Schulbuchdepots mit einem Gewehr in der Hand gesehen hatte; später gelangte er zu der Überzeugung, daß dieser Mann Lee Harvey Oswald gewesen sei. Wie wir jedoch wissen, sah auch Arnold Rowland jemanden mit einem Gewehr an einem Fenster im sechsten Stock; es war aber in der südwestlichen Ecke, nicht in der südöstlichen. Er behauptete auch, ebenfalls im sechsten Stock einen weiteren, unbewaffneten Mann gesehen zu haben. Carolyn Walthers Bericht zufolge standen zwei Männer an einem Fenster im fünften Stock, von denen einer ein Gewehr trug.

Von den 266 bekannten Zeugen der Schießerei, die offiziell befragt wurden, behaupteten 32, daß die Schüsse, die Kennedy und den texanischen Gouverneur John Connally trafen, aus dem texanischen Schulbuchdepot gekommen seien. 51, darunter zwei Geheimagenten, sagten aus, daß sie in der Gegend um den Grashügel abgegeben worden seien. Die übrigen glaubten, die Schüsse seien aus beiden Richtungen gekommen.

Lee Harvey Oswald war inzwischen in sein Zimmer in der Pension gegangen, hatte eine andere Jacke angezogen und seine Pistole eingesteckt. Während er sich in seinem Zimmer befand, hörte Earlene Roberts, seine Wirtin, eine Autohupe zweimal hupen. Als sie aus dem Fenster schaute, sah sie einen Streifenwagen der Polizei von Dallas vor ihrem Haus stehen, auf dessen Vordersitzen zwei uniformierte Polizisten saßen. Nach einer Wartezeit von etwa einer Minute fuhr der Wagen davon.

Was dann geschah, ist immer noch in geheimnisvolles Dunkel gehüllt. Mrs. Roberts zufolge verließ der Mann, der ihr als O.H. Lee bekannt war, das Haus kurz nach der Abfahrt des Streifenwagens und ging zu einer Haltestelle für Busse, die nach Norden fahren. Es war 13.07 Uhr.

Acht Minuten später wurde der Polizeioffizier J.D. Tippit aus Dallas, der die Gegend, in der sich Oswald in diesem Augenblick befand, abpatrouillieren sollte, von jemandem erschossen, vielleicht von Oswald, vielleicht von jemandem anders. Etwa eine halbe Stunde später wurde Oswald in der Nähe eines Kinos, des Texas Theater, aufgegriffen und von der Polizei unter dem Verdacht, Polizeioffizier Tippit und möglicherweise auch Präsident Kennedy erschossen zu haben, verhaftet.

Bevor die Polizei Oswald irgend etwas offiziell anlastete, gab J. Edgar Hoover ein internes FBI-Memorandum heraus, in dem stand, daß die Polizei von Dallas »sehr wahrscheinlich« Präsident Kennedys Mörder verhaftet habe, einen Mann »vom Schlage eines Spinners und aus dem extremistischen Castro-freundlichen Lager ..., einen extremen Linksradikalen«.

Erst fünf Stunden nach seiner Festnahme bezichtigte die Polizei von Dallas Oswald des Mordes an Polizeioffizier Tippit. Mitten in der Nacht, um 1.30 Uhr, nach stundenlangen Verhören, von denen Protokolle vorliegen, wurde Oswald auch des Mordes an John F. Kennedy beschuldigt. Bei seiner Vernehmung wiederholte Oswald mehrmals, daß er »nur ein Sündenbock« sei, daß er nichts mit den Morden an Polizist Tippit und Präsident Kennedy zu tun habe.

33

# Ferrie in Texas

Welchen Zweck hatte David Ferries eilige Reise nach Texas am Wochenende des Kennedymords? Auf Fragen von FBI und Geheimdienst antwortete Ferrie, daß sie nur der Erholung gedient habe, daß er sich nach dem Streß der Vorbereitung auf Marcellos Prozeß habe entspannen müssen. Er habe sich spontan entschlossen, in Texas am Wochenende ein bißchen Gänse zu jagen und Schlittschuh zu laufen; das war alles.

Ferrie teilte den Vernehmungsbeamten mit, daß seine Reise noch einen weiteren Zweck gehabt habe. Er wollte sich erkundigen, ob es machbar sei, in New Orleans eine Kunsteisbahn zu eröffnen. Bevor er New Orleans verließ, hatte er Chuck Rolland, den Besitzer und Manager der Winterland-Kunsteisbahn in Houston, angerufen, um sich mit ihm am folgenden Tag zu einer Besichtigung der Eisbahn und einem Gespräch über die Probleme des Betriebs von Kunsteisbahnen im allgemeinen zu treffen. Ferrie sagte dem FBI, er habe sich am Sonnabend, dem 23. November, zwei Stunden auf der Winterland-Kunsteisbahn aufgehalten. Dort sei er Schlittschuh gelaufen und habe mit Rolland über Bau- und Betriebskosten einer Kunsteisbahn gesprochen.

Rolland berichtete dem FBI später, daß Ferrie ihn am Nachmittag des 22. November aus New Orleans angerufen habe, aber nur, um die Öffnungszeiten der Eisbahn zu erfahren. Er habe sich mit ihm »zu keiner Zeit über die Kosten der Einrichtung und des Betriebs einer Kunsteisbahn unterhalten«. Weiterhin informierte Rolland die Agenten, daß Ferrie seine Eisbahn überhaupt nicht benutzt, sondern die ganze Zeit von einem öffentlichen Telefon aus Anrufe gemacht und entgegengenommen habe.

Von Winterland gingen Ferrie und seine beiden Freunde zu einer anderen Houstoner Kunsteisbahn namens Belair, wo sie, wie Zeugen dem FBI später berichteten, ebenfalls nicht Schlittschuh liefen.

Zweifellos log David Ferrie, als er den Vernehmungsbeamten des FBI sagte, Zweck seiner Reise nach Texas seien Entspannung und Erholung gewesen. Es war bestimmt nicht sehr erholsam, 560 Kilometer nonstop durch ein heftiges Gewitter zu fahren und erst um 4.40 Uhr ins Bett zu kommen. Und drei Stunden auf Kunsteisbahnen zu verbringen und dabei nervös herumzutelefonieren kann ebenfalls nicht besonders erholsam gewesen sein.

Die Reise bleibt also höchst verdächtig und hätte auch den Agenten von FBI und Geheimdienst, die Ferrie darüber interviewten, höchst verdächtig vorkommen müssen. Denn heute zweifelt niemand mehr, daß Ferrie nach Texas geschickt wurde, um einen Auftrag, möglicherweise im Zusammenhang mit dem Kennedymord, auszuführen. Wer schickte ihn? Wie lautete der Auftrag? Man darf billigerweise annehmen, daß Carlos Marcello, sein Boß, ihn nach Texas schickte, um irgend etwas bezüglich Dutz Murrets Kleinem zu unternehmen, der nicht dort hätte sein sollen, wo er war, nämlich lebendig und in der Obhut der Polizei von Dallas. Es wäre zu riskant gewesen, die erforderlichen Telefongespräche mit Joe Civello, Marcellos Stellvertreter in Dallas, und Jack Ruby, Civellos Verbindungsmann zur Polizei, von New Orleans aus zu führen, um den beiden mitzuteilen, was mit dem Mann geschehen sollte, der des Mordes an dem Präsidenten verdächtigt wurde. Diese Gespräche durften nicht nachweisbar sein. Sie mußten in Telefonzellen an Orten geführt werden, wo Anrufer und Angerufene anonym blieben.

Ein weiterer Faktor im Gesamtkomplex von Ferries Reise nach Texas, wenn auch ein stark auf Mutmaßungen beruhender, könnte mit der Anwesenheit des Mobkuriers Eugene Hale Brading alias Jim Braden in Houston in der Nacht des 22. November zu tun haben. Man wird sich erinnern, daß Brading Minuten nach dem Mord wegen »verdächtigen Benehmens« auf der Dealey Plaza festgenommen wurde. Später stellte sich heraus, daß er ein Büro in New Orleans benutzt hatte, das zwei Türen neben dem von G. Wray Gill lag, Carlos Marcellos Anwalt, bei dem David Ferrie als Ermittler arbeitete.

Wie Ferrie vor dem FBI aussagte, verließen er und seine Begleiter nach ihrem Besuch auf der Belair-Kunsteisbahn das »Alamotel« in Houston und fuhren 160 Kilometer nach Galveston, wo sie sich etwa um 22 Uhr im »Driftwood«-Motel anmeldeten. Später stellten Ermittler fest, daß Ferrie kurz vor Breck Wall, einem Freund Jack Rubys, in Galveston ankam. Wall erhielt einen Anruf von Ruby unter der Nummer eines gewissen Thomas J. McKenna. Das war, wie man weiß, das letzte Ferngespräch, das Jack Ruby führte, bevor er am folgenden Morgen Lee Harvey Oswald im Polizeihauptquartier von Dallas erschoß.

Am Nachmittag desselben Tages – es war Sonntag, der 24. November – rief Ferrie Layton Martens, seinen Zimmergefährten in New Orleans, an und war, wie er beim FBI aussagte, schockiert zu erfahren, daß er beschuldigt wurde, in die Ermordung Präsident John F. Kennedys verwickelt zu sein. Ferrie eilte sofort nach New Orleans zurück. Auf Anraten von Anwalt G. Wray Gill verbrachte er die Sonntagnacht in Hammond, in der Southeastern Louisiana University, wo er einen Freund besuchte, der dort in der Drogenforschung tätig war. Am folgenden Tag, Montag, dem 25., verließ er Hammond und fuhr nach New Orleans. Sofort meldete er sich bei Anwalt Gill, der ihn zum Büro des Kreisstaatsanwalts von New Orleans begleitete, wo er in Verbindung mit der Ermordung Präsident Kennedys verhört wurde.

Am Montagmorgen, dem 25. November, während Ferrie in Hammond war, erfuhr das FBI, daß Oswald bei seiner Verhaftung Ferries Leserausweis bei sich hatte.

Die Information war in einem FBI-Fernschreiben vom 28. November enthalten, das die Außenstelle in New Orleans an Direktor Hoover und den Spezialagenten des FBI in Dallas schickte. Ein Teil des Fernschreibens berichtet über das am 25. November in Ferries Wohnung geführte Interview des FBI mit Layton Martens. Im Laufe des Interviews erwähnte Martens, daß G. Wray Gill am Nachmittag des 24. November in die Wohnung gekommen sei. Der diesbezügliche Abschnitt des Fernschreibens lautet wie folgt:

»Martens erwähnte, daß Anwalt G. Wray Gill in Ferries Wohnung gekommen sei und Martens mitgeteilt habe, er wolle Ferrie sprechen, der jedoch nicht zu Hause war. Gill teilte Martens mit, daß Lee Harvey Oswald bei seiner Verhaftung durch die Polizei von Dallas einen Leserausweis mit Ferries Namen darauf bei sich gehabt habe. Gill beauftragte Martens, Ferrie mitzuteilen, daß er sich bei ihm melden möge und daß er Ferrie als Anwalt vertreten würde.«

Von wem wußte Gill, daß Ferries Leserausweis bei Oswald gefunden wurde? In der Bestandsliste der Polizei von Oswalds persönlicher Habe wird kein Leserausweis erwähnt. Dennoch mag er bei Oswald gefunden worden sein. Dafür spricht nicht nur das, was der geheimnisvolle Anrufer Anwalt Gill berichtete, sondern auch eine Frage, die Marina Oswald am Sonntag, dem 24. November, vom Geheimdienst gestellt wurde.

Marina Oswald war vom Geheimdienst in Schutzhaft genommen und in ein Hotel in Arlington, Texas, umquartiert worden, wo sie drei Monate praktisch wie eine Gefangene gehalten und schonungslos verhört wurde. Im Verlauf eines ihrer ersten Verhöre am Sonntagmorgen, dem 24. November, wurde Mrs. Oswald gefragt: »Kennen Sie einen Mr. David Ferrie (!)?« Marina sagte nein. Zu diesem Zeitpunkt hatte noch kein offizielles Wort von Jack Martins Aussagen über Ferrie und Oswald den Geheimdienst von New Orleans erreicht. Daher wußte der Geheimdienst wahrscheinlich nicht, daß Ferrie zum Verhör gesucht wurde. Es besteht jedoch die Möglichkeit, daß Geheimdienstagenten dieselbe Fernsehsendung wie Martin sahen, in der Oswald mit Ferrie in Verbindung gebracht wurde. Vielleicht erfuhr der Geheimdienst aber auch, daß Ferries Leserausweis unter Oswalds Habe gefunden wurde. Ein Geheimdienstagent fragte nämlich Ferrie, nachdem dieser sich in New Orleans den Behörden gestellt hatte: »Haben Sie Lee Harvey Oswald ihren Leserausweis geliehen?« Ferrie verneinte. Der Agent erklärte in seinem Bericht nicht, warum er diese Frage stellte.

Aller Wahrscheinlichkeit nach hörte Ferrie die Geschichte von seinem Leserausweis zuerst telefonisch von seinem Zimmergenossen Martens oder von Anwalt Gill. Daß auch der Geheimdienst davon wußte, muß ihn erschüttert haben. Denn es gibt Beweise, daß Ferrie bald nach seinem Geheimdienst-Interview in eine Art Panik geriet und sich nach Oswalds ehemaliger Wohnung in New Orleans aufmachte. Er wollte seinem Leserausweis auf die Spur kommen.

Im Jahr 1978 teilte Jesse Garner, Lee Harvey Oswalds ehemalige Wirtin, Ermittlern des Mordausschusses des Repräsentantenhauses mit, daß sie sich genau erinnern könne, wie David Ferrie »am Abend des Kennedymords« zu ihr gekommen sei und gefragt habe, ob sie zufällig auf den Leserausweis gestoßen sei, den Oswald benutzt hatte, als er bei ihr wohnte. Sie habe abgelehnt, mit Ferrie zu sprechen. Später erwähnte sie gegenüber dem Autor Anthony Summers, daß Ferrie an jenem Abend äußerst erregt gewirkt habe. Man nimmt an, daß Mrs. Garner sich bezüglich des Abends, an dem Ferrie sie besuchte, irrte. Wahrscheinlicher ist, daß es nicht der Abend des Mordtags war, sondern der des 25. Wenn es jedoch tatsächlich der Abend des Mordtags war, dann gewinnt der Umstand, daß Ferries Leserausweis bei Oswald gefunden wurde, zusätzliche Bedeutung.

Eine ähnliche Begebenheit berichtete Doris Eames, eine ehemalige Nachbarin Oswalds, 1968 Ermittlern aus dem Büro von Staatsanwalt Jim Garrison aus New Orleans. Mrs. Eames zufolge kam Ferrie nach dem Mord zu ihr und fragte, ob sie irgend etwas über Oswalds Leserausweis wisse. Zehn Jahre später berichtete sie dem Autor Anthony Summers, Ferrie sei an jenem Abend so nervös gewesen, daß er fast wie von Sinnen wirkte.

Das Rätsel um David Ferries Leserausweis ist nie gelöst worden. Vielleicht hat irgendein Mitglied der Polizei von Dallas Carlos Marcellos Anwalt mitgeteilt, daß Oswald die Karte bei seiner Verhaftung bei sich gehabt habe, und sie dann vernichtet. Das würde eine Komplizenschaft zwischen mindestens einem Polizisten aus Dallas und Carlos Marcello nahelegen. Aus welchem Grund sollte ein Polizist aus Dallas Marcellos Anwalt benachrichtigen, wenn nicht, um Marcello und Ferrie zu warnen? Und aus welchem Grund sollte die Karte anschließend beseitigt worden sein, wenn sie nicht als Beweis für eine Verbindung zwischen Oswald und Ferrie betrachtet worden wäre? Und, mehr noch, als Beweis für eine Verbindung zwischen Oswald, Ferrie und Carlos Marcello?

Man hätte nun annehmen können, daß Ferries Arbeitgeber, Anwalt G. Wray Gill, vom FBI-Büro in New Orleans einer eingehenden Prüfung unterzogen worden wäre. Der Vernehmungsagent faßte ihn jedoch mit Samthandschuhen an und zog offenbar keine finsteren Schlüsse aus seiner höchst verdächtigen Zeugenaussage. War er womöglich eingeschüchtert durch die Tatsache, daß Gill Carlos Marcellos Anwalt war und gerade in Zusammenarbeit mit Jack Wasserman, Marcellos anderem Anwalt, einen sensationellen Sieg davongetragen hatte?

Als Anwalt Gill vom FBI gefragt wurde, wie er erfahren habe, daß Ferries Leserausweis bei Oswald gefunden worden war, antwortete er, er könne sich nicht erinnern, wer ihm das »Gerücht« erzählt habe; er nehme jedoch an, daß es Jack Martin gewesen sei. Unglaublicherweise schien sich der Vernehmungsagent mit dieser Antwort zufriedenzugeben.

Noch unglaublicher war, wie FBI-Vernehmungsagent Smith sich abspeisen ließ, als er um Aufzeichnungen über die Telefongespräche ersuchte, die David Ferrie in den letzten drei Monaten von Gills Büro aus geführt hatte. Bereitwillig überreichte Gill ihm die Aufzeichnungen von September und Oktober mit der Behauptung, daß die Novemberaufzeichnungen, die entscheidenden, »nicht verfügbar« seien. Zu dieser offenkundigen Vorenthaltung von Beweisen gab Agent J. Smith keinen besonderen Kommentar.

Nach seiner Rückkehr nach New Orleans am Montag, dem 25. November, wurde David Ferrie eingehend vom FBI, von der Polizei von New Orleans und vom Geheimdienst vernommen; die Verhöre wurden den ganzen 26. fortgesetzt. Abschriften davon wurden sofort für geheim erklärt und in den Nationalarchiven vergraben. Sie wurden weder im Schlußbericht des FBI erwähnt noch der Warren-Kommission übergeben. Das Interview des Geheimdienstes tauchte erst 1967 bei der Neuuntersuchung des Kennedymords durch Staatsanwalt Jim Garrison aus New Orleans wieder auf. 1976 wurde festgestellt, daß ein 30seitiges Interview des FBI aus den Nationalarchiven verschwunden war. Einige FBI-Interviews von Ferrie und seinen Gefährten sowie Berichte über seine Betätigungen wurden 1977 unter Berufung auf das Informationsfreiheits-Gesetz für nicht geheim erklärt und freigegeben.

In seinem Interview vom 25. November mit den Spezialagenten Wall und Shearer bestritt Ferrie alles, was kürzlich über ihn behauptet worden war. Nein, er kannte Lee Harvey Oswald nicht. Nein, Oswald hatte nicht unter ihm in der Zivilen Luftpatrouille gedient. Nein, er hatte Oswald nie gelehrt, wie man mit einem Hochleistungsgewehr schießt, und hatte ihm auch nie seinen Leserausweis geliehen.

Als die Rede auf seine Verbindung mit Carlos Marcello kam, war Ferrie ganz offen mit den Vernehmungsagenten. Er sagte, daß er den ganzen Oktober und November hart an der Vorbereitung von Marcellos Verteidigung mitgearbeitet habe, daß er im Oktober zweimal in Marcellos Auftrag nach Guatemala geflogen sei und daß er sich am 9. und 16. November mit diesem »in Churchill Downs [!], einer Farm, die Carlos Marcello gehört, getroffen habe, um einen Schlachtplan in Verbindung mit Marcellos Prozeß zu entwerfen«.

Das FBI-Büro von New Orleans glaubte Ferrie nicht ohne weiteres, als er leugnete, Oswald gekannt zu haben. FBI-Agenten fragten in New Orleans mehrere Personen danach. Eine davon bestätigte Jack Martins Behauptung, daß die beiden sich 1955 beim Dienst in der Zivilen Luftpatrouille kennengelernt hätten. Es handelte sich um Edward Voebel, einen ehemaligen Schulkameraden und den »besten Freund« Oswalds. Er erzählte dem FBI Dinge, die man dort anscheinend nicht hören wollte. Unter anderem berichtete er den Vernehmungsagenten, daß Oswald sich nie für Kommunismus interessiert habe und daß er und Oswald »Mitglieder der Zivilen Luftpatrouille von New Orleans unter Hauptmann Dave Ferrie« gewesen seien; er glaubte, daß »Oswald an einer Party in David Ferries Wohnung teilgenommen habe, gleich nachdem die Mitglieder der Zivilen Luftpatrouille ihre Streifen bekommen hatten«.

Jack Martin wurde am 25. November im FBI-Büro von New Orleans von Spezialagent Regis Kennedy interviewt. Gemäß Kennedys Bericht sagte Martin aus, daß er Gewehre des Typs, den Oswald angeblich benutzt hatte, in Ferries Wohnung gesehen habe, daß Ferrie ein wohlbekannter Amateurhypnotiseur sei, der Oswald hätte hypnotisieren können, daß Ferrie ein »völlig verrufener Mensch, ein sexuell abartig Veranlagter mit einem glänzenden Verstand« sei und daß er, Martin, ihn für »fähig halte, jegliches Verbrechen zu begehen«. Martin beendete seine Erklärung, indem er seiner Überzeugung Ausdruck gab, »Ferries mögliche Verbindung mit Oswald müsse Gegenstand einer genauen Prüfung sein, weil er persönlich glaube, daß Ferrie in den Mord an Präsident John F. Kennedy verwickelt sei«.

Auch der Geheimdienst interviewte Ferrie und schrieb am 13. Dezember einen Schlußbericht über ihn, der die Geheimdienstermittlungen praktisch beendete. In dem Interview gab Ferrie zu, daß er »Präsident Kennedy sowohl öffentlich als auch privat heftig kritisiert habe«. Er sagte aus, daß er sich an den genauen Wortlaut seiner Kritik nicht erinnere. Es sei jedoch möglich, daß er eine umgangssprachliche Redewendung wie »Man sollte ihn erschießen« benutzt habe. Das sei aber nicht mit der Absicht geschehen, daß Präsident Kennedy tatsächlich getötet werden solle.

Ferrie bestritt wiederum, Oswald zu kennen, gab aber seine Verbindung mit Carlos Marcello offen zu und bestätigte, daß er kürzlich juristische Arbeit für dessen Prozeß in New Orleans geleistet habe.

Als der Leserausweis zur Sprache kam, bestritt Ferrie, daß er ihn Oswald jemals geliehen hatte. Im Schlußbericht steht jedoch nicht, warum diese Frage überhaupt gestellt wurde. Um seine Behauptung zu bekräftigen, legte Ferrie einen auf seinen Namen ausgestellten Leserausweis vor, der jedoch längst abgelaufen war und eine Adresse enthielt, an der er schon lange nicht mehr wohnte.

Ferrie wußte noch nicht, wer die Verdächtigungen, die ihm so viel Ärger machten, gegen ihn ausgesprochen hatte. Er vermutete jedoch, daß Jack Martin der Urheber war, ein Mann, der, wie er dem Vernehmungsagenten sagte, »örtlich wohlbekannt dafür sei, daß er Vollstreckungsbeamte, Anwälte usw. auf falsche Spuren locke«. Diese abschließende Erklärung veranlaßte den Geheimdienst, Jack Martin zu verhören, um festzustellen, ob er glaubwürdig war.

Als Martin am Nachmittag des 24. November Herman Kohlmans besagtem Freund seinen Verdacht gegen Ferrie mitteilte, verlangte er, daß ihm Anonymität zugesichert werde. Regis Kennedys FBI-Interview ließ jedoch seine Tarnung auffliegen. Nach dem 25. November war der Urheber des Verdachts allgemein bekannt bei Presse und FBI in New Orleans und Dallas. Martin hatte seine Anonymität verloren und ängstigte sich darüber.

Jack Martin war nicht dumm. Er wußte genau Bescheid über David Ferries Beziehung zu Carlos Marcello. Wenn öffentlich bekannt wurde, daß er Ferrie beschuldigte, mit Oswald ein Komplott gegen Präsident Kennedy geschmiedet zu haben, würde auch auf Marcello der Verdacht einer Mittäterschaft an dem Mord fallen.

Ob Martin selbst zu diesem Schluß kam oder von Marcellos Handlangern dazu gedrängt wurde, ist nicht bekannt. Jack Martin veränderte sich jedoch sehr, als der Geheimdienst ihn am 29. November in seiner »kleinen, verlotterten Wohnung« – so der Vernehmungsagent – interviewte. Offenbar terrorisiert, erzählte Martin den Geheimagenten Rice und Gerrots, daß er »an Telefonitis leide, wenn er getrunken habe, und daß er auf einer dieser Sauftouren den Stellvertretenden Staatsanwalt Kohlman angerufen und ihm die phantastische Geschichte über Ferrie und seinen Umgang mit Lee Harvey Oswald mitgeteilt habe«.

Ferrie sei ihm wohlbekannt gewesen, sagte Martin den Agenten. Er hatte Gewehre in Ferries Wohnung gesehen und erinnerte sich daran, daß Ferrie bei den Marines und zur selben Zeit wie Oswald bei der Zivilen Luftpatrouille gewesen war. Er wußte auch, daß Ferrie gegen Kennedy war und sich im Laufe des Sommers mit Oswald getroffen habe. All diese Gedanken hatte er in seinem Herzen bewegt, Herman Kohlman angerufen und ihm seine Geschichte erzählt, als beruhe sie auf Tatsachen und nicht auf seiner Phantasie.

Das reichte dem Geheimdienst. Nachdem er Martins Aussage aufgenommen hatte, beendete er seine Ermittlungen gegen David Ferrie.

Die FBI-Ermittlung lief jedoch weiter bis zum 18. Dezember. Hierbei konnten Agenten der Außenstelle von New Orleans Jack Martins zentrale Behauptung erhärten, daß Ferrie Oswald kannte, und Ferries Begründung für seine Reise nach Texas entkräften. Sie wiesen nach, daß Ferrie gelogen hatte, was seine Betätigung auf der Winterland-Kunsteisbahn in Houston betraf, und daß er höchstwahrscheinlich nicht auf der Suche nach Ruhe und Entspannung nach Texas gefahren war. Ferner wiesen sie nach, daß Ferrie tatsächlich in Beziehung zu Carlos Marcello stand und daß er an den beiden Wochenenden vor dem Kennedymord mit dem Mafiaboß in Churchill Farms telefoniert hatte.

Was wollte das FBI denn noch wissen? Hatte das alles etwa nichts zu bedeuten?

Doch am 18. Dezember war das alles nicht mehr interessant für den Mann, der für die Nachforschungen über das Verbrechen verantwortlich war. Denn zu jenem Zeitpunkt war FBI-Direktor Hoover bereits zu der festen Überzeugung gelangt, daß Lee Harvey Oswald der alleinige Mörder des Präsidenten war; er war fest entschlossen, jeden Gegenbeweis zu unterdrücken, ganz gleich, wie überzeugend er auch sein mochte.

David Ferrie war nun jenseits jeglichen Verdachts und konnte seinen Lohn einheimsen. Nicht lange nachdem das FBI seine Ermittlungen gegen ihn eingestellt hatte, trat Ferrie als Franchisenehmer einer einträglichen Tankstelle in einem wohlhabenden Vorort von New Orleans auf. Sein Sponsor: Carlos Marcello. Jahre später, als ein Ausschuß des Repräsentantenhauses Marcello nach diesem Geschenk fragte, räumte er ein, seinem Ermittler ein paar Zahlungen gemacht zu haben. Er sagte, dies sei jedoch als Belohnung für die Hilfe geschehen, die Ferrie ihm in dem damals von der Regierung angestrengten Prozeß geleistet hatte. An dieser Erklärung konnte schwerlich jemand etwas auszusetzen haben. Dadurch hatten Marcello und Ferrie ein perfektes Alibi für ihre Zusammentreffen, Telefongespräche und Aktivitäten im November 1963.

Niemand weiß, wann Carlos Marcello und David Ferrie sich nach dem Mord endlich trafen, um in Erinnerungen über die Ereignisse des 22. November 1963 zu schwelgen. Doch als es soweit war, sprachen sie gewiß über die Titelseite der in New Orleans erscheinenden *Times-Picayune* vom 23. November. Dort wurde in Riesenbuchstaben verkündet: *Mörder tötet Präsidenten und verwundet Gouverneur Connally.* Und gleich darunter die zweite Schlagzeile: *Geschworene verkünden: Marcellos nicht schuldig.* Auf der nächsten Seite standen die Fortsetzungen der beiden Leitartikel, begleitet von zwei Illustrationen. Die eine, mit der Überschrift *Schauplatz der Ermordung Präsident Kennedys*, zeigte das texanische Schulbuchdepot, die andere, tituliert *Ein Andenken an Lee Harvey Oswalds Aufenthalt in New Orleans in diesem Sommer*, war ein Abdruck von einem Flugblatt Oswalds:

*Hände weg von Kuba!*
*Tritt ein ins*
*Fairplay-für-Kuba-Komitee*
Kostenloses Informationsmaterial, Vorträge
*Jeder ist willkommen!*

Der Artikel hob die Sympathie des mutmaßlichen Mörders für Castro hervor, versäumte aber, darauf hinzuweisen, daß die Ortsgruppe New Orleans des Fairplay-für-Kuba-Komitees nur ein einziges Mitglied hatte: Oswald selbst.

Die erhalten gebliebenen FBI- und Geheimdienstberichte über David Ferrie, die nach dem Kennedymord veröffentlicht wurden, sind mindestens 100 Schreibmaschinenseiten lang. Aber aus Gründen, die nie zufriedenstellend erklärt wurden, hielten es sowohl FBI als auch Geheimdienst für richtig, sie den von Präsident Johnson beauftragten offiziellen Ermittlern des Mordes vorzuenthalten.

Zweifellos drohte die Verbindung Oswald–Ferrie–Marcello eine Regierung und eine Öffentlichkeit allzusehr zu beunruhigen, die sich an den von FBI-Direktor Hoover drei Tage nach dem Verbrechen triumphierend präsentierten Täter, Oswald, den einsamen Schützen, zu gewöhnen begannen.

Mehrere Journalisten, die beauftragt waren, aus Dallas über den Fall zu berichten, schienen dies zu spüren, als nach dem 25. November die ersten Behauptungen über Ferrie und Oswald herumschwirrten. Offenbar wurden Oswalds angebliche Verbindung mit Ferrie und Ferries eindeutige Verbindung mit Marcello von den Zeitungsreportern und Fernsehberichterstattern, die in der Woche nach dem Mord am Tatort blieben, eingehend diskutiert. CBS-Produzent Peter Noyes erinnert sich an ein Gespräch, das er mit einem dieser Männer führte, einem ehemaligen Mitglied des NBC-Kamerateams, das damals über die Ermordung des Präsidenten und Oswalds berichtete. Irgendwann gegen Mitte der Woche, als das Interesse an Ferrie in New Orleans und Dallas einen Höhepunkt erreichte, diskutierte der NBC-Mann mit einer Gruppe von FBI-Agenten und Journalisten über Ferries Beziehungen zu Oswald und Marcello, die, wie er sich erinnert, alle äußerst provozierend fanden. Das FBI setzte seinem Interesse an diesem Thema jedoch bald einen Dämpfer auf, denn gleich nach Beendigung der Diskussion zog ihn einer der Agenten beiseite und sagte ihm, daß er »zum Wohl des Landes« niemals mit irgend jemandem über das, was er gehört habe, sprechen dürfe.

# 34

## Ruby bringt Oswald zum Schweigen

Während David Ferrie am Wochenende des Kennedymords seine geheimnisvolle Reise durch Texas machte, benahm sich Jack Ruby, ein Bekannter von Marcellos Bevollmächtigtem in Dallas, nicht weniger verdächtig.

Gleich nach den Schüssen auf Präsident Kennedy fuhr Jack Ruby ins Parkland-Krankenhaus, wo ein Ärzteteam vergebens versuchte, das Leben des Präsidenten zu retten. Wenige Minuten nachdem Malcolm Kilduff, stellvertretender Pressesekretär des Weißen Hauses, der Welt verkündete, daß der Präsident tot sei, kam Ruby dort an. Im Krankenhaus traf Ruby zufällig Seth Kantor, einen ihm bekannten Zeitungsmann, der einst für den *Dallas Times Herald* gearbeitet hatte und nun Korrespondent der Scripps-Howard-Kette im Weißen Haus war. Sie begrüßten sich und wechselten ein paar Worte über die Ermordung des Präsidenten; dann trennten sie sich. Zwei Tage später, nachdem er den angeklagten Präsidentenmörder erschossen hatte, bestritt Ruby, damals im Parkland-Krankenhaus gewesen zu sein. Die offiziellen Ermittler des Präsidentenmords glaubten Ruby, nicht aber Seth Kantor, der ausgesagt hatte, daß er Ruby im Krankenhaus gesehen habe.

Nachdem er das Krankenhaus verlassen hatte, ging Ruby in einen seiner Nachtklubs, das »Carousel«, von wo aus er Alex Gruber anrief, den ehemaligen Sträfling mit den Verbindungen zum organisierten Verbrechen, der ihn Anfang des Monats in Dallas besucht hatte. Gruber berichtete dem FBI später, daß er sich nicht erinnere, weshalb Ruby angerufen habe, eine verdächtige Gedächtnislücke, wenn man bedenkt, daß für fast jeden erwachsenen Amerikaner unvergeßlich geblieben ist, was sich zur Zeit des Kennedymords in seinem Leben ereignet hat.

Jack Ruby verbrachte den größten Teil des Nachmittags des 22. im »Carousel«, wo er Anrufe tätigte und entgegennahm. Zwischen 15 und 17.30 Uhr, in demselben Zeitraum, in dem Carlos Marcello das Bundesgericht verließ und sich in seinem »Town & Country«-Büro Geschäften widmete und in dem David Ferrie mit dem »Alamotel« und der Winterland-Kunsteisbahn in Houston telefonierte, fiel Besuchern des »Carousel« auf, daß Ruby immer aufgeregter wurde. Nachdem er schließlich das letzte Telefongespräch geführt hatte, steckte er seinen Revolver ein und ging hinüber zum Polizeihauptquartier, wo er ja ein gern und oft gesehener Gast war.

Etwa um 19 Uhr wurde Ruby, der in seiner rechten Hosentasche einen geladenen, kurzläufigen Revolver trug, von mehreren ihm bekannten Kriminalbeamten im dritten Stockwerk des Polizeihauptquartiers von Dallas gesehen. Lee Harvey Oswald wurde gerade in Zimmer 317 von Polizeihauptmann Will Fritz, Chef der Mordkommission, verhört. Auf dem Korridor wechselte Ruby mit mindestens drei Kriminalbeamten ein paar Worte und wurde dann von Victor Robertson, einem örtlichen Radio- und Fernsehreporter, dabei beobachtet, wie er Zimmer 317 betreten wollte und von der Wache an der Tür zurückgewiesen wurde. Später bestritt Ruby, an jenem Abend im Polizeihauptquartier gewesen zu sein.

Um 23.30 Uhr war Ruby, der immer noch seinen Revolver trug, wieder im dritten Stock des Polizeihauptquartiers, als Polizeichef Jesse E. Curry und Staatsanwalt Henry M. Wade auf den Korridor traten und ankündigten, daß Oswald im Versammlungssaal im Keller vorgeführt würde, damit alle ihn sehen könnten. Der Polizeichef wollte der ganzen Welt zeigen, daß Oswald während der Versuche, ein Geständnis aus ihm herauszuholen, nicht von der Polizei mißhandelt worden war.

Dann schloß Ruby sich der Schar der Reporter, Fotografen und Kriminalbeamten an und befand sich bald im Versammlungssaal, wo zahllose hocherhobene Kameras auf den unseligen Gefangenen gerichtet waren. Oswalds Hände waren im Rücken mit Handschellen gefesselt. Seine Augen waren geblendet von unzähligen Blitzlichtern, die auf einmal aufleuchteten, seine Ohren waren fast taub von all den Fragen, die auf ihn niederprasselten. Bald mußte Polizeichef Curry die »Pressekonferenz« abrupt beenden und den Gefangenen fortschaffen, um ihn vor der vorwärtsdrängenden Menschenmenge zu schützen.

Staatsanwalt Wade blieb danach im Saal, um Fragen der Reporter zu beantworten und bekanntzugeben, was er über Lee Harvey Oswald wußte. Als Wade den Reportern mitteilte, daß Oswald Mitglied des Castro-freundlichen Free Cuba Committee (Freies-Kuba-Komitee) sei, korrigierte Ruby ihn sofort und rief laut den richtigen Namen, Fairplay-für-Kuba-Komitee. Woher kannte Ruby den richtigen Namen des Komitees, dem Oswald angehörte und dessen

Ortsgruppe in New Orleans nur ein einziges Mitglied zählte: Lee Harvey Oswald? Warum steckte Ruby eine Pistole ein, als er am 22. November zweimal das Polizeihauptquartier besuchte? Wußte Ruby schon eine Menge über Oswald? Pirschte er sich etwa am Nachmittag und Abend des 22. November in irgend jemandes Auftrag an ihn heran?

Im »Carousel« nahm Larry Crafard, das Faktotum des Klubs, währenddessen eine Anzahl Anrufe eines Mannes entgegen, der sich weigerte, seinen Namen oder eine Nachricht zu hinterlassen. Als Crafard seinen Chef nach diesen geheimnisvollen Anrufen fragte, sagte Ruby, er solle sich um seine eigenen Angelegenheiten kümmern. Ermittler fragten sich seither immer wieder, ob die Anrufe nicht vielleicht von öffentlichen Telefonen kamen, die an Ferries Weg von New Orleans nach Houston lagen.

Am Sonnabend, dem 23. November, beschloß Polizeichef Curry, Lee Harvey Oswald etwa um 16 Uhr in die Obhut des Kreissheriffs zu übergeben und in das Kreisgefängnis an der Dealey Plaza zu schaffen. Die Nachricht erreichte Ruby rasch. Man sah ihn etwa um 15 Uhr vor der Wageneinfahrt des Kreisgefängnisses stehen und auf Oswalds Einlieferung warten. Wegen eines Verkehrsstaus auf der Dealey Plaza wurde die Verlegung jedoch aufgeschoben. Als Ruby dies erfuhr, ging er hinüber ins Polizeihauptquartier von Dallas und zurück auf seinen Horchposten im dritten Stock. Bald beschloß Polizeichef Curry, Oswald am nächsten Morgen, einem Sonntag, ins Kreisgefängnis schaffen zu lassen, wenn der Verkehr schwächer sein würde. Der genaue Zeitpunkt der Verlegung sollte am Morgen bestimmt werden.

Spät an jenem Nachmittag, als Ferrie in der öffentlichen Telefonzelle auf der Winterland-Kunsteisbahn in Houston Telefongespräche führte, wurde Jack Ruby in Dallas von mehreren Zeugen an Orten beobachtet, wo es öffentliche Telefone gab: auf einem Parkplatz, in einer Bar, in einem Schuhputzsalon, an der Ecke Browder und Commerce Street. Am Abend verbrachte er einige Zeit im »Carousel« mit Telefonieren. Es ist nicht bekannt, wer ihn anrief. Ermittler kamen zu dem Schluß, daß nur einer von Rubys nach draußen gehenden Anrufen verdächtig war: das Ferngespräch von 23.44 Uhr mit dem AGVA-Beamten Breck Wall aus Dallas. Es fand anderthalb Stunden nach Ferries Anruf in Galveston statt und führte zu einer dortigen Nummer.

Irgendwann am frühen Sonntagmorgen, dem 24. November, erhielten das Büro des Kreissheriffs von Dallas und die dortige FBI-Außenstelle fast gleichlautende Warnungen eines anonymen Anrufers, daß Lee Harvey Oswald im Keller des Polizeihauptquartiers bei seiner Verlegung von dort in das Kreisgefängnis getötet werden würde. Der Anrufer sprach die Hoffnung aus, daß die Polizei nicht schießen würde, damit keine unschuldigen Menschen zu Schaden kämen. Das Büro des Sheriffs und das FBI gaben die Warnungen ordnungsgemäß an die Polizei von Dallas weiter.

Als Ergebnis dieser Warnungen arbeiteten Polizeichef Curry und Mordkommissionsleiter Fritz einen wohldurchdachten Verlegungsplan aus. Sie beschlossen, ein gepanzertes, von einer Polizeiwageneskorte begleitetes Fahrzeug als Lockvogel zu benutzen, während Oswald in einem neutralen Wagen, begleitet von einer neutralen Eskorte, vom Hauptquartier ins Kreisgefängnis transportiert wurde. Sowohl der gepanzerte als auch der neutrale Wagen sollten an der Rampe warten, die von der Straße in den Keller des Polizeihauptquartiers führte. Kriminalbeamte sollten im Keller einen menschlichen Schutzwall bilden, der von dem Aufzug, der Oswald vom dritten Stock hinabtrug, zu dem neutralen Wagen an der Rampe führte. Gleich nach der Abfahrt sollte der neutrale Wagen mit Oswald sich von der Kolonne trennen und einen anderen Weg als der gepanzerte Wagen zum Kreisgefängnis einschlagen.

Jack Ruby aber hatte seinen eigenen Plan, einen Plan, der jedoch, wie es heute den Anschein hat, mindestens einem, wenn nicht gar zwei oder drei Polizeibeamten in Dallas bekannt war.

Zimmergenosse George Senator fand Jack Ruby am Sonntagmorgen, dem 24. November, nervös und reizbar. Er wartete auf den äußerst wichtigen Anruf von einem seiner Kontaktleute bei der Polizei, um zu erfahren, wann Lee Harvey Oswald in den Keller hinabgebracht werden würde. Daher war Ruby sehr ungeduldig mit seiner Putzfrau Elnora Pitts, als sie ihn um 9 Uhr anrief, um ihm mitzuteilen, daß sie wie jeden Sonntagmorgen zum Saubermachen vorbeikommen würde. Sie war erstaunt zu hören, sie solle vorher noch einmal anrufen. Das hatte er noch nie gesagt. Später sagte Elnora Pitts Ermittlern, daß Ruby »schrecklich sonderbar« geklungen habe.

Inzwischen war der Polizeibeamte W. J. »Blackie« Harrison, einer von Rubys wichtigsten Kontaktleuten bei der Polizei, zum Kaffeetrinken in den »Delux Diner« gegangen. Dort wurde er telefonisch über die Verlegungspläne in Kenntnis gesetzt. Er würde gebraucht, um Oswalds Sicherheit während der Verlegung zu gewährleisten. Man nimmt an, daß Harrison bald darauf seinen Freund Jack Ruby unter dessen Geheimnummer anrief und ihm von den Verlegungsplänen erzählte.

George Senator sagte Ermittlern später, daß Ruby, nachdem er etwa um 9.30 Uhr einen Anruf erhalten habe, nervös von einem Zimmer ins andere gegangen sei und vor sich hingemurmelt habe wie ein Mann, der unter Zwangsvorstellungen leidet. Ruby hatte die ganze Zeit gewußt, was von ihm erwartet wurde: Lee Harvey Oswald für immer zum Schweigen zu bringen. Jetzt wußte er auch, wo und wann.

Er wußte auch, daß er eine glaubhafte Erklärung für die Pistole, die er bei sich trug, brauchte und daß der Mord wie eine spontane Handlung ohne jeglichen Vorsatz wirken mußte.

Die Erklärung für die Pistole war, daß er sich vor Räubern schützen wollte, weil er 2000 Dollar in bar zu seinem Steueranwalt brachte, um eine fällige Verbrauchssteuer zu bezahlen. Folglich stopfte er neun Hundertdollarscheine, 30 Zehndollarscheine und 40 Zwanzigdollarscheine in seine Taschen. Um den Eindruck zu erwecken, daß sein Mord an Oswald ganz spontan sei, schickte er wenige Minuten bevor er den nahegelegenen Polizeikeller betrat, einer seiner Stripperinnen eine Western-Union-Geldanweisung über 25 Dollar. Warum ging er an jenem Morgen ins Polizeihauptquartier? Auf diese Frage würde Ruby den Vernehmungsbeamten antworten, daß er das Gebäude der Western Union betreten habe, um eine Geldanweisung abzuschicken, und dann auf die Idee gekommen sei, einmal hinüber ins Polizeirevier zu gehen, um zu hören, was sie mit dem Präsidentenmörder gemacht hätten.

Um 10.45 Uhr drängten sich im Keller des Polizeihauptquartiers über 70 Polizisten, rund 50 Reporter und 10 bis 20 Pressefotografen und Kameramänner. Für die Sicherheit im Keller war Polizeisergeant Patrick T. Dean verantwortlich, der, wie man sich erinnern wird, Joseph Civello, dem Mafiaboß von Dallas und Genossen Marcellos, sehr nahestand.

Ruby schickte die Geldanweisung für seine Stripperin um 11.17 Uhr ab und steckte die Quittung ein. Um 11.19 Uhr war er irgendwie in den Polizeikeller gelangt und manövrierte sich in eine Stellung, von der aus er Oswald erschießen konnte: Er folgte einem Fernsehteam, das Geräte durch den Keller transportierte. Endlich erreichte er seinen Freund, Polizeioffizier »Blackie« Harrison, und duckte sich direkt hinter ihm.

Um 11.21 Uhr, genau zum rechten Zeitpunkt, erschien Lee Harvey Oswald, an die linke Hand des Kriminalbeamten James R. Leavelle von der Mordkommission gefesselt. Ein Sperrfeuer von Blitzlichtern illuminierte das Opfer, und als die Fernsehkameras zu surren begannen, trat Jack Ruby hinter Harrison hervor und gab einen Schuß in Oswalds Unterleib ab, der ihn tödlich verwundete. In dem darauffolgenden Handgemenge, bei dem sich mindestens sechs Polizisten auf den Schützen stürzten, rief Ruby aus: »He, ihr kennt mich doch alle! Ich bin Jack Ruby!«

Lee Harvey Oswald wurde eilig ins Parkland-Krankenhaus gebracht, wo er um 13.07 Uhr für tot erklärt wurde. Jack Ruby hatte seinen Auftrag echt profimäßig ausgeführt. Es schien, als wäre sein ganzes Leben als Schmalspurganove mit großen Ambitionen nichts als eine lange Vorbereitung auf seine letzte Aufgabe gewesen.

Mehrere Wochen später verhörten FBI-Agenten Rubys engen Freund Paul Roland Jones. Jones erklärte, er hege starke Zweifel, daß Ruby sich über die Ermordung des Präsidenten aufgeregt und Oswald ganz spontan getötet habe. Er glaube viel eher, daß die Tat für Geld geschehen sei. Jones sagte ferner, daß Joe Civello Bescheid wisse, wenn Ruby von irgend jemandem den Auftrag erhalten habe, Oswald zu töten. Als ob die Agenten es nicht wüßten, fügte er hinzu, daß Civello »der Chef des Syndikats in Dallas sei«. In seinem Bericht vergaß der Interviewer allerdings zu erwähnen, daß Joseph Civello auch Carlos Marcellos Bevollmächtigter in Dallas war.

Jack Rubys Mord an Oswald im Polizeihauptquartier von Dallas in Anwesenheit von 70 bewaffneten Polizisten war die letzte Chance des Milieus, in dem sich die Verschwörung, den Präsidenten zu töten, entwickelt hatte. Offenbar hatte es nicht zum ursprünglichen Mordplan gehört, daß Ruby Oswald töten sollte, während der Mordverdächtigte sich im Gewahrsam der Polizei von Dallas befand. Irgend etwas war schiefgelaufen, was diese verzweifelte und äußerst riskante Aktion nötig gemacht hatte.

In Anbetracht von Rubys klar erkennbarer Verbindung mit der Unterwelt hätte den offiziellen Ermittlern auffallen müssen, daß dies das Milieu war, in dem der Mord am Präsidenten und an seinem verdächtigten Mörder ersonnen worden war.

Zweifellos entsprangen diese Verbrechen der schmutzigen, verfilzten Unterwelt von Dallas und New Orleans, den Buchmachern, Stripteaselokalen, Spielautomatenvertrieben und Drogenhändlern, Pete Marcellos »Sho-Bar« und Jack Rubys »Carousel Club«, Vincent Marcellos und Jack Rubys Spielautomatenlagern, Carlos Marcellos »Town & Country«-Restaurant und Joe Campisis »Egyptian Lounge«.

Die Mitglieder der Warren-Kommission hatten sich den Kopf zerbrochen, warum Jack Ruby Oswald umlegte. Die Einfachheit der Antwort beweist, daß die Kommission keine Ahnung hatte, nach welchem Kodex ein Mann wie Ruby lebte.

In der Mafia befiehlt dir ein Höhergestellter, einen Menschen umzubringen. Wenn du dich weigerst, den Befehl auszuführen, bezahlst du mit deinem Leben.

# 35

# Edward Becker schöpft Verdacht

Nachdem Edward Becker New Orleans Ende September 1962 verlassen hatte, fiel ihm gelegentlich die Szene in Churchill Farms ein, als Carlos Marcello plötzlich »wie eine Bombe explodierte« und drohte, Präsident Kennedy töten zu lassen. Doch im Herbst 1963 hatte er den Zwischenfall mehr oder weniger vergessen.

Zum Zeitpunkt des Kennedymords lebte Becker in Los Angeles und arbeitete als Privatdetektiv für den ehemaligen FBI-Agenten Julian Blodgett. Als er die Nachricht Minuten nach den Schüssen hörte, schöpfte er nicht sofort den Verdacht, daß Marcello in die Sache verwickelt sei, obwohl ihm dieser Gedanke flüchtig durch den Kopf ging. Doch als er nach und nach erfuhr, wer Oswald und Ruby waren, kam ihm blitzartig die Erkenntnis: »Mein Gott«, sagte er sich, »Carlos hat es getan. Ich weiß, daß er es war. Er hat seine Drohung wahr gemacht. Hat einen Spinner engagiert, um den Job zu erledigen, und dann einen seiner Kumpel in Dallas dazu gebracht, ihn umzulegen.«

Becker war wie betäubt von der Erkenntnis und begann sofort, auf eigene Faust Erkundigungen über die Ereignisse in Dallas einzuziehen. Als professioneller Ermittler mit enger Fühlung zum Mob von Las Vegas und Los Angeles, darunter einer ziemlich engen Beziehung zu Mafioso Johnny Roselli, befand er sich in einer günstigen Lage.

Becker fand heraus, daß Oswalds Onkel und Ersatzvater Dutz Murret für die Marcellos in New Orleans arbeitete, daß er in Carlos' Glücksspielnetz beschäftigt und darüber hinaus »eine Art Barmanager oder Nachtklubbetreiber« war. Seine Kontaktleute zum Mob in Las Vegas berichteten ihm, daß Jack Ruby »das Werkzeug irgendeiner Mobgruppe« sei und daß er, wie er mir in einem Interview erzählte, »überall Verbindungen zum Mob habe, in Chicago, in New Orleans, Vegas, L.A., Florida und so weiter«. Durch seine

Kontaktleute in der Unterwelt erfuhr er ebenfalls, daß Ruby Ende der vierziger Jahre vom Chicagoer Mob nach Texas geschickt worden sei, »um Dallas in Schwung zu bringen. Doch dann haben er und die anderen Typen aus Chicago die Sache vermasselt. Deshalb konnte er nicht nach Chicago zurückkehren, oder er wäre auf dem Schrott gelandet. So ließen sie ihn also dort unten bleiben und sagten ihm, er solle sich bereit halten für alles, was sie von ihm verlangten, wie sie so mit kleinen Leuten umspringen, wissen Sie, ein bißchen Stoff schmuggeln oder Waffen nach Kuba, was auch immer ... Und dann trat er in Verbindung mit den Marcello-Leuten, die Anfang der Fünfziger die Macht in Dallas übernahmen, lernte ein paar von den Brüdern kennen, wurde hineingezogen in ihre Spielautomatengeschäfte und ihren Rennsport-Informationsdienst, und so war er also Anfang der Sechziger eines ihrer Werkzeuge in Dallas.«

Ein bekannter Vollstreckungsbeamter aus Louisiana drückte sich folgendermaßen aus: »Carlos' Ausbruch gegen die Kennedys auf Grand Isle war wohlbekannt. Nach dem Mord sprachen die Leute darüber ... Und dann wurde auf den Straßen im Quarter darüber geredet, daß Ruby die Marcellos kannte und vor dem Mord eine Menge Zeit in einigen ihrer Spelunken in der Bourbon Street verbracht hatte ... Es war damals auch allgemein bekannt, daß Ruby von einem von Carlos Marcellos Ärzten im Kreis Jefferson behandelt wurde – wegen Dickdarmkrebs – und daß Oswalds Onkel eng befreundet war mit dem alten Carlos und einigen seiner Brüder aus dem Pferdewettnetz des ›kleinen Mannes‹. Alle Leute, die ich kannte, waren platt, daß die Warren-Kommission und das FBI nichts davon in ihren Berichten über den Mord erwähnten ... Das FBI in New Orleans muß damals alles über Carlos' Verbindung mit Ruby und Oswald gewußt haben ... Es war Stadtgespräch in New Orleans; es schwirrte überall herum, in der Luft, auf den Straßen, aber aus Washington hat man nie etwas darüber gehört.«

Das FBI hatte im Laufe der Jahre und während seiner sechswöchigen Ermittlung über den Mord tatsächlich von Oswalds und Rubys Verbindung mit dem Mob erfahren. Aber Edgar J. Hoover hatte dafür gesorgt, daß Presse und Warren-Kommission so gut wie gar keine Informationen darüber erhielten. Daher sollten diese Tatsachen erst in der Ermittlung des Mordausschusses des Repräsentantenhauses von 1977–79 über die Ermordung John F. Kennedys ans Tageslicht kommen.

Der Mordausschuß bestätigte schließlich fast alles, was Becker 16 Jahre zuvor über Oswalds und Rubys Verbindungen mit dem Mob herausgefunden hatte. Er wies nach, daß Dutz Murret jahrelang in »einem der Verbrecherfamilie von Carlos Marcello angeschlossenen Glücksspielsyndikat der Unterwelt« gearbeitet hatte und durch seine Freundschaft mit Sam Saia auch »in einem Glücksspiel-Nachtklub Ecke Royal und Iberville im French Quarter«, der Saia gehörte und »Lomalinda Club« hieß, sowie in »weiteren von Saia kontrollierten Spielklubs in New Orleans«. Und er bestätigte, wie wir wissen, das Riesenausmaß von Jack Rubys Kontakten mit der Mafia, zu denen hochrangige Mafiosi aus Los Angeles, Chicago, Las Vegas, Dallas, New Orleans und Miami gehörten.

Doch weshalb glaubte Becker, daß Carlos Marcello möglicherweise Dutz Murrets Neffen in ein Komplott zur Ermordung Präsident Kennedys gelockt hatte?

»Na, kommen Sie schon, wollen Sie mich auf den Arm nehmen?« meinte der 60jährige Becker, als ich ihm im Februar 1987 diese Frage stellte. »Haben Sie vergessen, daß Carlos in meinem Beisein in Churchill Farms gesagt hatte, er gedenke, einen Spinner zu engagieren, um die Aufgabe auszuführen, wie es in Sizilien üblich ist? Nun, das ist die Art und Weise, wie die Mafia in Sizilien arbeitet. Manchmal verleiten sie irgendeinen geistig zurückgebliebenen Jugendlichen, einen Mord für sie zu begehen. Dann legen sie den Jugendlichen um, bevor er reden kann.«

»Sehen Sie doch, was für ein handlicher Spinner dieser kleine Kommunist und Exüberläufer Oswald war. Dank all der Publizität in den Zeitungen erregte Dutz Murrets Neffe zweifellos bald die Aufmerksamkeit von Marcello oder einem seiner Brüder. Wahrscheinlich hat Murret selbst einen der Marcellos gefragt: ›Was soll ich bloß mit meinem verrückten Neffen anfangen?‹ Vielleicht hat Murret ihnen sogar erzählt, daß sein Neffe angeblich einmal aus dem Hinterhalt auf General Walker geschossen hatte. Und Carlos muß gedacht haben: ›Was kann ich mit diesem Kerl anfangen? Er muß doch für irgend etwas nütze sein.‹ Und dann ließ er ihn ein paar Arbeiten ausführen, um ihn auf die Probe zu stellen. Und dann rechneten sich er und Ferrie oder Banister oder sonstwer aus, was für ein ausgezeichneter Sündenbock er wäre. Und irgendwie lockten sie ihn in ein Komplott, Kennedy zu kriegen.«

»Was Ruby betrifft«, fuhr Becker fort, »so war er genau der Richtige, um Oswald zu kriegen. Meiner Meinung nach war der ursprüngliche Plan, Oswald gleich nach dem Mord umzulegen. Als einer der Verschwörer diesen Auftrag vermasselte, mußten sie jemanden suchen, der Oswald im Gefängnis erledigen konnte. Die Marcellos kannten Jack Ruby, machen Sie sich da nur nichts vor. Sie wußten, daß er Kontaktleute bei der Polizei hatte, daß er das Stadtgefängnis zur rechten Zeit betreten konnte ... Was Ruby betrifft, so war er wahrscheinlich ganz aus dem Häuschen, diesen Auftrag zu bekommen. Jetzt konnte er etwas Großes für Onkel Carlos tun. Es ist lächerlich zu behaupten, daß Rubys Schuß auf Oswald spontan, impulsiv war. Das war ganz und gar professionell. Ruby marschierte einfach dort hinein, als hätte er 20 Jahre Erfahrung. Prächtig.«

Was Marcellos mögliches Motiv betrifft, Kennedy ermorden zu wollen, so glaubt Becker, daß es »in erster Linie eine Frage sizilianischen Stolzes war... Die Abschiebung war eine bittere Erfahrung für ihn. Auf der Straße aufgelesen und einfach aus dem Land geworfen zu werden, wissen Sie. Das war Bobbys Idee. Bobby sagte nicht nur: ›O. k., du behauptest also, du seist in Guatemala geboren, und deshalb gehst du auch dahin, Freundchen‹, sondern auch: ›Jetzt zeigen wir einmal vor all deinen Leuten, wie schwach du wirklich bist.‹ Carlos' Stolz war total zertrümmert. Kennedy hatte ihn reingelegt. Er mußte sich seine Ehre zurückholen. Sie wissen, daß diese Sizilianer lange Zeit schwelen.«

Aber würde ein Mafiaboß sich so etwas ausdenken oder gar tatsächlich ausführen?

Becker antwortete rasch: »Nicht viele Mafiabosse. Sie sind oft sehr patriotisch, stolz darauf, Amerikaner zu sein. Nicht so Carlos. Er war in einer Kategorie ganz für sich allein. Zuerst einmal wurde er nie amerikanischer Staatsbürger. Blieb sein Leben lang ein illegaler Ausländer. Und Sie wissen, daß die Mafia da unten in Louisiana die älteste im Lande ist. Sie hat ihren eigenen Kodex, ihre eigenen Regeln. Ihr Boß ist viel mehr ein höchster Diktator als die Bosse oben im Norden. Und er hat keine konkurrierenden Bosse, die er bekämpfen muß. Verdammt noch mal, für einen kleinen Napoleon wie Carlos war es ein Klacks, den Präsidenten der Vereinigten Staaten zu töten. Er wußte nicht einmal, was der Präsident war, was er bedeutete. Er war nur jemand, der ihm im Wege stand. Was zum Teufel ist ein Präsident der Vereinigten Staaten im Vergleich zu ihm, dem Boß Carlos Marcello? So müssen Sie sich die Sache vorstellen. Das ist die Sorte Egoismus, die man dort unten findet. In Louisiana ist niemand patriotisch. Jefferson kaufte Napoleon Louisiana gegen den Willen der Menschen ab. Die wurden nicht einmal gefragt. Sie wollten keine Amerikaner werden, sondern Franzosen bleiben. In Louisiana ist man niemals demokratisch gewesen. Dort unten hat man Diktatoren immer geliebt. Zuerst hatten sie Ludwig XIV. Dann hatten sie Napoleon. Dann hatten sie den ›Kingfish‹ Huey Long. Und nun hatten sie Carlos Marcello.«

Aber wäre Marcello, der normalerweise in seinen Geschäftsangelegenheiten sehr vernünftig war, mit seiner Absicht, Kennedy zu töten, vor einem Fremden wie Becker herausgeplatzt?

»Gewiß. Zuerst einmal war ich kein Fremder. Ich kam mit Roppolo, der praktisch ein Mitglied der Familie war. Die Marcellos und die Roppolos waren drüben am Westufer zusammen aufgewachsen. Roppolos Frau Lillian arbeitete für Carlos. Mit Roppolo gekommen zu sein bedeutete also, daß ich o.k. war. Außerdem erfuhr Carlos rasch, daß wir eine Menge gemeinsame Bekannte in Vegas hatten. Er überprüfte mich sogar bei ihnen. Und ich hatte Carlos schon vor der Zusammenkunft in Churchill Farms ein paarmal getroffen..., dann, wie ich dem Mordausschuß des Repräsentantenhauses berichtete, hatte Carlos dort draußen an jenem Tag ein paar Gläser getrunken. Jeder, der Carlos kennt, weiß, wie prahlerisch er wird, wenn er ein paar gekippt hat. Echt sizilianisch, wissen Sie. Mit ein paar Whiskys im Bauch hält er sich für Gott den Allmächtigen. Und dazu kommt dann noch der Kurzschluß. Carlos ist berühmt für seine Reizbarkeit. Wenn irgend etwas ihn auf die Palme bringt, dann hüten Sie sich! Ich hatte ihn an jenem Tag in Churchill Farms auf die Palme gebracht, als ich Bobby Kennedy erwähnte. Er konnte gar nicht anders, als vor mir zu prahlen, daß er die Kennedys kriegen würde. Das paßt alles genau zusammen.«

Aber wieso erwartete Marcello, damit davonzukommen?

»Nun, er *ist* damit davongekommen, oder etwa nicht? Er glaubte, Dallas zu besitzen, was er ja auch tat, so daß er sich dort alles leisten könne. Und er glaubte, das FBI und die Polizei würden geradewegs dem Sündenbock, dem Gimpel Oswald, nachjagen, was sie ja auch taten. Hören Sie, einen US-Präsidenten zu töten ging über den Verstand aller anderen Mafiabosse, aber nicht über Carlos' Verstand. Er war etwas Besonderes. Er wußte, daß er sich alles leisten konnte, und er tat es auch. Und schauen Sie sich einmal an, wie er Bobby ausschaltete, genau wie er uns gesagt hat. Nach der Ermordung seines Bruders hat man nie wieder einen Pieps von Bobby über das organisierte Verbrechen gehört.«

Aber warum ging Becker mit seinen Verdächtigungen gegen Marcello nicht zum FBI oder zur Warren-Kommission, sobald sich diese bestätigten?

Becker gibt offen zu, daß er zuviel Angst hatte. Wenn Marcello erfahren hätte, daß er ihn an das FBI verriet, wäre er schon so gut wie tot gewesen. Außerdem, fügt Becker hinzu, wollte J. Edgar Hoover nichts davon wissen, daß Carlos Marcello in den Kennedymord verwickelt war. Wenn Becker mit seiner Geschichte direkt zu Hoover gegangen wäre, hätte dieser ihm gar nicht zugehört oder versucht, ihn unglaubwürdig zu machen. Inzwischen hätte Becker sich der Gefahr ausgesetzt, daß Carlos sich an ihm rächte.

Erst im Mai 1967 erfuhr das FBI endlich von Edward Beckers Behauptung. Aber es erfuhr sie nicht aus erster Hand. Der Ermittlungsjournalist Ed Reid, Autor von *The Green Felt Jungle*, hatte gerade ein Buch über das organisierte

Verbrechen mit dem Titel *The Grim Reapers* beendet. In dem Kapitel über die Mafia von New Orleans zitierte Reid den Bericht eines ungenannten Informanten über die Zusammenkunft in Churchill Farms von September 1962, bei der Carlos Marcello angeblich gedroht hatte, John F. Kennedy zu ermorden.

Hohe Beamte des FBI hörten anderthalb Jahre vor Erscheinen des Buches zum erstenmal von Ed Reids Bericht über die Zusammenkunft in Churchill Farms, weil Reid damals versuchte, einen Handel mit dem FBI abzuschließen. Er hatte das FBI-Büro in Los Angeles mit dem Vorschlag aufgesucht, Informationen, die er über John Roselli hatte, gegen jegliche Information zu tauschen, die das FBI ihm für sein neues Buch zu geben geneigt war. Er gab seinem Gesprächspartner eine kurze Zusammenfassung seines Manuskripts. Gleich nachdem der Agent sie gelesen hatte, schickte er eine Aktennotiz an das Hauptquartier mit einem genauen Bericht über den Zwischenfall in Churchill Farms und dem Hinweis, daß Reids Informant Edward Becker gewesen sei, ein Privatdetektiv aus Los Angeles.

Als die Aktennotiz J. Edgar Hoover zur Kenntnis gebracht wurde, ging er hoch. Anstatt eine Überprüfung von Beckers Behauptung anzuordnen, befahl er seinen Untergebenen sofort, sich anzustrengen, Becker als Quelle unglaubwürdig zu machen.

Unglaublicherweise besorgte sich das FBI die Information zur Diskreditierung Beckers bei Sidney Korshak, einem Gewerkschaftsanwalt aus Los Angeles mit Verbindungen zur Mafia, den die *New York Times* 1976 »eines der fünf mächtigsten Mitglieder der Unterwelt« in den Vereinigten Staaten nannte. In den Akten des FBI selbst wurde Korshak sogar als Spießgeselle der bekannten Mafiascharfrichter Gus Alex und Murry »The Camel« Humphreys ausgewiesen und als Geschäftsfreund von Jimmy Hoffa, der, wie wir wissen, auf gutem Fuße mit Carlos Marcello stand.

Korshak ließ das FBI durch einen Vermittler wissen, Edward Becker sei ein »nichtsnutziger Erpressungskünstler«, der versuche, einige seiner Freunde auszuplündern, indem er ihnen versprach, ihre Namen gegen eine Gebühr aus Reids Buch herauszuhalten. Der Namenlose, der dem FBI Korshaks Meinung über Becker verraten hatte, setzte sich dann direkt mit Reid in Verbindung und versuchte, ihn zu überreden, den Zwischenfall mit Carlos Marcello aus seinem Buch zu streichen. Reid weigerte sich. Anschließend besuchte ein FBI-Agent Reid in seiner Wohnung in Los Angeles. Er gab sich alle Mühe, Beckers Aussage tiefer in Mißkredit zu bringen und Reid zu überreden, die Story zu streichen. Reid weigerte sich wiederum. *The Grim Reapers* erschien schließlich mit Beckers vollem Bericht über die Zusammenkunft in Churchill Farms. Nur der Name Edward Becker wurde fortgelassen.

Das FBI weigerte sich schließlich, Edward Beckers Bericht von Carlos Marcellos Drohung gegen Präsident Kennedy zu überprüfen, und ließ ihn fallen mit der Begründung, daß er jeder ernsthaften Erwägung unwürdig sei. Daher informierte das Büro den Agenten Patrick Collins, der den milden Regis Kennedy abgelöst hatte und sich über Carlos Marcellos Treiben auf dem laufenden halten sollte, nicht über Beckers Behauptung und dachte schon gar nicht daran, ihn die Angelegenheit überprüfen zu lassen. J. Edgar Hoover klammerte sich inzwischen so fest an seinen Schluß, Lee Harvey Oswald sei der alleinige Mörder des Präsidenten und Jack Ruby der alleinige Mörder des angeblichen Präsidentenmörders, daß er alle Hinweise auf eine Verschwörung unterdrückte. Diese Haltung stand in krassem Gegensatz zu der offiziellen Erklärung, die Hoover am 6. Mai 1964 abgegeben hatte:

»Soweit es das FBI betrifft, kann ich Ihnen versichern, daß der Fall ohne Geheimhaltung für alle Zeit weiterverfolgt wird. Das heißt, daß jede Information, die uns woher auch immer erreicht, so gründlich überprüft wird, daß wir die Darstellung entweder beweisen oder widerlegen können.«

Zwölf Jahre später, als J. Edgar Hoover längst tot war, interviewte der Mordausschuß des Repräsentantenhauses Edward Becker und befand ihn für einen glaubwürdigen Zeugen. Es gelang dem Ausschuß, aus Becker eine viel ausführlichere Beschreibung der Zusammenkunft in Churchill Farms und, zum erstenmal, auch einen Bericht über seinen Verdacht gleich nach dem Mord herauszuholen. Der Ausschuß kam zu dem Schluß, daß Carlos Marcello aller Wahrscheinlichkeit nach am 11. September 1962 in Churchill Farms das Leben Präsident Kennedys bedroht hatte.

Heute ist Edward Becker fester denn je überzeugt, daß Carlos Marcello eine wichtige Rolle in der Verschwörung spielte, die schließlich zur Ermordung Präsident Kennedys führte. Er bestreitet nicht, daß auch Personen aus anderen Gruppen eine Rolle bei dem Komplott gespielt haben können, wie zum Beispiel die Exilkubaner, »ein paar von den CIA-Leuten, die Kennedy hinausgeworfen hat«, oder »gekaufte Revolverhelden von Trafficante«. Doch gestützt auf alle Indizien, die in den letzten 25 Jahren ans Tageslicht kamen – darunter an erster Stelle die Erkenntnisse des Mordausschusses des Repräsentantenhauses –, ist er überzeugt, daß Marcello der »Aktivist«, die treibende Kraft des Komplotts war.

Was die Ermittlung des FBI über das Verbrechen des Jahrhunderts betrifft, auf der die Untersuchung der Warren-Kommission fußte, so hat Becker dafür nur tiefste Verachtung übrig. »Ich war doch selbst dabei«, beteuert er. »Ich hörte Carlos sagen, daß er Kennedy töten lassen wolle, um dessen Bruder Bobby kaltzustellen, und das FBI hat sich nicht die geringste Mühe gegeben, meine Behauptungen zu überprüfen, was nicht sehr schwer gewesen wäre. Sie haben nur versucht, mich zu diskreditieren, und dazu die Aussage eines Mafiaanwalts benutzt, der Hoffa und Marcello kannte. Wissen Sie, was ich von Hoovers Ermittlungen über den Kennedymord halte? Ich halte sie für den größten Mist der Geschichte, ja, der *Geschichte!* Und das FBI deckt diesen Mist auch noch. Sie sind immer noch nicht mit dem amerikanischen Volk, mit den Menschen der ganzen Welt ins reine gekommen.«

# 36

# Weitere Andeutungen einer Verschwörung

Nach allem, was wir über die ersten Reaktionen von Präsident Johnson, Justizminister Kennedy und FBI-Direktor Hoover über die Ermordung John F. Kennedys wissen, sieht es so aus, als wäre es nicht nur für Edward Becker, sondern für *jeden* zwecklos gewesen, gleich nach dem Verbrechen dem FBI gegenüber zu behaupten, daß es sich um eine Verschwörung gehandelt habe – an der auch noch die Mafia beteiligt gewesen sei –, ganz gleich, wie einleuchtend die Beweise dafür gewesen wären.

In den Tagen und Wochen nach dem Mord strömten Behauptungen, der Präsident sei einer Verschwörung zum Opfer gefallen, von allen Seiten in die Außenstellen des FBI. Sie reichten von dunklen Andeutungen über mögliche konspirative Betätigungen bis zu Hinweisen auf kunstvolle Mordpläne. Einige davon richteten den Finger anklagend auf Fidel Castros Kuba, einige wiesen auf den sowjetischen KGB, einige auf die Castro-feindlichen Exilkubaner und wieder andere auf das organisierte Verbrechen.

Die unmittelbare Reaktion von Lyndon B. Johnson, Robert F. Kennedy und J. Edgar Hoover auf diese Behauptungen war Furcht. Johnson fürchtete, daß ein Krieg mit Kuba oder der Sowjetunion die Folge wäre, wenn einige dieser Behauptungen, über die das FBI ihn unterrichtete, öffentlich bekannt würden. Kennedy fürchtete, man könne den Behauptungen entnehmen, daß sein heimlicher Krieg gegen Kuba oder sein offener Krieg gegen das organisierte Verbrechen auf ihn selbst oder seinen Bruder zurückgeschlagen habe. Und J. Edgar Hoover hatte offenbar schreckliche Angst, daß seinem Ruf und dem Ruf des FBI irreparabler Schaden zugefügt würde, wenn sich herausstellte, daß einige dieser Behauptungen wahr wären.

Präsident Johnson hatte FBI-Direktor Hoover innerhalb 48 Stunden nach den Schüssen auf der Dealey Plaza mit der Ermittlung über den Mord beauftragt. Es war Hoovers Pflicht, die stündlich aus allen Teilen Amerikas und der Welt in sein Büro strömenden Behauptungen über eine Verschwörung zu bewerten. Wie wir sehen werden, wurde praktisch jeder Hinweis, ganz gleich, wie plausibel er erscheinen mochte, entweder ignoriert, rasch verworfen oder äußerst flüchtig und oberflächlich geprüft und dann in Bausch und Bogen diskreditiert. Obwohl einzelne Außendienstmitarbeiter des FBI erste Spuren, die auf die Möglichkeit einer Verschwörung hinwiesen, gewissenhaft prüften, vergilbten diese Informationen auf dem Schreibtisch von Direktor J. Edgar Hoover. Denn heute gilt als sicher, daß Hoover nichts von einer Mordverschwörung gegen den Präsidenten wissen wollte. Aus einem fast paranoiden bürokratischen Selbsterhaltungstrieb heraus war er besessen von nur einem einzigen Ziel: die Schuld an dem Mord überzeugend einem einzigen Mann zuzuschieben, der sich nicht mehr verteidigen konnte, weil auch er ermordet worden war. Der Mord an Lee Harvey Oswald war nicht nur für die Verschwörer bequem, sondern auch für J. Edgar Hoover und die Regierung der Vereinigten Staaten.

Einige der ersten offenbar ernsthaften Hinweise auf eine mögliche Verschwörung in dem Mordfall kamen aus Mexiko, wohin, wie wir wissen, Lee Harvey Oswald oder jemand, der ihn imitierte, Ende September gereist und unangenehm aufgefallen war.

Am Tag nach dem Mord informierte der Leiter des FBI-Büros in Mexiko, bekannt als der Legat, das FBI-Hauptquartier über die Besorgnis des amerikanischen Botschafters, daß Kubaner hinter Oswalds Mord am Präsidenten stecken könnten. Er hatte gehört, daß Oswald bei seinem Besuch in der kubanischen Botschaft Anfang Oktober angeboten habe, Präsident Kennedy zu töten, um die Mordversuche der Kennedy-Administration an Castro zu rächen. Dann, am Montag, dem 23. November, erschien am Mittag ein Mann mit dem Decknamen »D« in der US-Botschaft in Mexiko und berichtete dem Personal, daß er am 18. September im kubanischen Konsulat gewesen sei und gesehen habe, wie Kubaner Oswald Geld gegeben und über den Mord an irgend jemandem gesprochen hätten. Eine Woche später wurde berichtet, daß am Mordtag ein Flug der Cubana Airlines nach Havanna von 18 bis 23 Uhr aufgehalten worden sei. Das Flugzeug wartete auf einen unbekannten Passagier, der schließlich mit einem Privatflugzeug ankam, das Flugzeug bestieg, ohne den Zoll zu passieren, und sich ins Cockpit setzte. Beobachter fanden, der Passagier habe »verdächtig« ausgesehen. Sobald der geheimnisvolle Mann im Cockpit verschwunden war, startete das Flugzeug.

Es gab auch Hinweise auf eine sowjetische Verwicklung in das Verbrechen. Am Abend des 22. November hatte das FBI genug Informationen über Oswalds Reise nach Mexiko, die auch auf eine mögliche Verbindung mit dem KGB schließen ließen.

Inzwischen enthielt Lee Harvey Oswalds Akte auch einen Bericht, daß dieser in Mexiko zur Sowjetischen Botschaft gegangen war und sich mit Waleri Wladimirowitsch Kostikow getroffen hatte, dem diensttuenden Konsul, der auch für terroristische Aktivitäten verantwortlich war. Aus Anzapfungen der Telefone der Sowjetischen Botschaft durch den CIA ging hervor, daß Oswald (oder jemand, der sich als Oswald ausgab) Kostikow anvertraut hatte, er wisse von einem Komplott des CIA, Fidel Castro zu ermorden. Oswalds FBI-Akte enthielt auch einen abgefangenen Brief, den er Kostikow am 9. November aus Dallas geschrieben hatte und in dem er sich nach Einreisevisa für sich, seine Frau und zwei Kinder erkundigte. Bei der Durchsicht dieser Akte wäre Hoover gar nichts anderes übriggeblieben, als den Verdacht zu schöpfen, Oswald habe mit den Sowjets konspiriert, den Präsidenten zu ermorden.

Es gab weitere Behauptungen, die auf eine Verwicklung Kubas in den Mord hinweisen oder auf eine sowjetische Teilnahme an dem Verbrechen deuteten. Keine einzige wurde vom FBI genauer überprüft. Jahre später führten der Senatsausschuß zur Untersuchung der Geheimdienste von 1975/76 und der Mordausschuß des Repräsentantenhauses von 1978 begrenzte Ermittlungen durch und fanden, daß fast alle Fährten, die mit den Behauptungen in Verbindung standen, kalt geworden waren. In seinem Schlußbericht entlastete der Mordausschuß die Regierungen Kubas und der Sowjetunion von dem Verdacht der Mittäterschaft.

Doch wie wir wissen, lagen dem FBI weitere Aussagen vor, die auf eine Verschwörung beim Kennedymord hinwiesen. Sie deuteten aber nicht auf eine kubanische oder sowjetische Beteiligung, sondern auf eine Beteiligung des organisierten Verbrechens, genauer gesagt der Marcello-Organisation.

Am Nachmittag des 22. November, nicht lange nach dem Mord, riefen zwei FBI-Agenten aus Miami den Exilkubanerführer José Aleman in seinem Hotel in Miami an. Es ging um seine Erklärung von Ende September 1962, daß Santos Trafficante, Boß der Mafia von Florida, ihm gesagt habe, Kennedy würde es nicht bis zur Wahl 1964 schaffen, sondern vorher »umgelegt« werden.

Die Agenten besuchten Aleman am nächsten Morgen. Sie wollten, wie er später aussagte, »immer mehr wissen und blieben so lange, bis sie jeden Gesichtswinkel erforscht hatten«. Dann gingen sie, nicht ohne Aleman gebeten zu haben, die Unterhaltung vertraulich zu behandeln.

Aleman erwartete, daß die Agenten sich nochmals an ihn wenden würden, was sie aber nicht taten.

Als die Ergebnisse der anfänglichen Ermittlung des FBI über den Mord verkündet wurden, kam darin nichts von Alemans Aussage vor, und auch der Warren-Bericht ging in seinem Abschnitt, der »Theorien über eine Verschwörung« behandelte, nicht darauf ein.

Jahre später, am 14. März 1977, wurde José Aleman von Robert Tannenbaum, einem Rechtsberater des Mordausschusses des Repräsentantenhauses, über seine Aussage vom September 1962 interviewt. Aleman bestätigte, daß Trafficante ihm persönlich gesagt habe, Präsident Kennedy werde »umgelegt«. Santos Trafficante habe ihm klar zu verstehen gegeben, daß er keine Vermutungen über den bevorstehenden Mord anstelle, sondern vielmehr genau wisse, daß Kennedy umgelegt würde.

Am Tage nachdem FBI-Agenten José Aleman in Miami interviewten, wies das Büro des Staatsanwalts das FBI-Büro von New Orleans auf eine Aussage hin, in der Oswald und David Ferrie mit einem Komplott zur Ermordung des Präsidenten in Verbindung gebracht wurden. Diese Aussage konnte ohne weiteres so ausgelegt werden, daß auch Carlos Marcello mit verwickelt war. Man wird sich erinnern, daß das FBI Ferrie nach dem intensiven Verhör am 25. und 26. November von dem Verdacht der Konspiration zur Ermordung des Präsidenten mit Oswald gereinigt hatte, obwohl Beweise vorlagen, daß Ferrie Oswald gekannt und Präsident Kennedy oft öffentlich kritisiert hatte.

Ferner wird man sich erinnern, daß das FBI seine Ermittlungen über Ferries Reise nach Texas vom 22. bis 24. November seltsamerweise bis Mitte Dezember 1963 fortsetzte. Und was fanden die Agenten in der dreiwöchigen Untersuchung, die sie *nach* Ferries Freilassung durchführten? Viel verdächtiges Benehmen, gelinde gesagt: Ferries Anruf aus dem in Marcello-Besitz befindlichen »Alamotel« in Houston in Marcellos Hauptquartier, und zwar 24 Stunden bevor Ruby Oswald erschoß, Ferries Aufenthalt auf einer Kunsteisbahn in Houston nach dem Mord, wo er mehrere Stunden verbrachte und von einem öffentlichen Telefon aus Gespräche führte. Und dennoch ließ das FBI seine Ermittlungen gegen ihn am 18. Dezember endgültig fallen.

Kaum war das FBI einen Verschwörungshinweis losgeworden, der sich auf Carlos Marcello bezog, als schon ein zweiter in dem FBI-Büro von Savannah eintraf. Er wurde sofort per Fernschreiben an Direktor Hoover und die FBI-Außenstellen in New Orleans und Dallas weitergeleitet. Es war die Aussage des Informanten SVT-1, daß er beobachtet habe, wie ein Mann, der wie Lee Harvey Oswald aussah, im »Town & Country«-Motel Geld von einem Mann annahm, den SVT-1 für den Restaurantbesitzer hielt. Ein Polizist aus Georgia übermittelte diese Aussage an das FBI in Savannah, das sie an das Büro in New Orleans weitergab, das seinerseits Joseph Poretto, Manager des »Town

& Country«-Restaurants, und Anthony Marcello, Manager des Motels, von einem Agenten verhören ließ. Keiner von beiden konnte sich daran erinnern, im Frühjahr 1963 Geschäftsbeziehungen mit jemandem, der Oswald ähnlich sah, gehabt zu haben. In einem Telegramm vom 27. November meldete das FBI von New Orleans den FBI-Büros in Dallas und Savannah, nicht aber in Washington, daß Joseph Poretto und Joseph Marcello vorbestraft seien und daß Joseph Marcello ein Bruder von Carlos Marcello sei. Alle drei seien »bekannte Gangster der Abteilung New Orleans«. Das Telegramm schloß mit dem Hinweis, daß Carlos Marcello finanziell am »Town & Country«-Motel und -Restaurant, einem »bekannten Treffpunkt krimineller Elemente«, beteiligt sei. Anthony Marcello wurde nicht erwähnt. Zweifellos verwechselte das Büro Anthony mit Joseph.

Drei Tage später gab der Informant SVT-1 Leutnant Harris eine erweiterte Version seiner ursprünglichen Aussage, die an das FBI-Büro in Savannah und von dort aus nach Washington, New Orleans und Dallas weitergeleitet wurde. In dem Fernschreiben aus Savannah vom 29. November 1963 lüftete der FBI-Zensor versehentlich das Inkognito des Informanten SVT-1, der sich als ein Mr. Sumner offenbarte. Ich fand heraus, daß dieser ein angesehener, in der Meeresfrüchtebranche tätiger Geschäftsmann aus Darien war. Er war der Schwager von Leutnant Harris und wurde später Bürgermeister von Darien. Der volle Text dieser Aussage, der hier zum erstenmal veröffentlicht wird, lautet wie folgt:

»Lt. John Harris, Polizeirevier Glynn County, Brunswick, Georgia, identifizierte seinen Informanten als *[zensiert]* aus Darien, Georgia..., der anonym zu bleiben wünscht, gab dem Agenten am heutigen Datum folgende Information:

Irgendwann zwischen dem 15. Februar und 15. März d.J. verließ er Darien und reiste nach Sabene [sic], Texas, um Geschäftsfreund Earnest [sic] Insalmo zu treffen. Er und Insalmo reisten dann nach New Orleans, Louisiana, wo sie im ›Holiday Inn‹ wohnten. In New Orleans setzte Sumner sich mit Salvadore Pizza, alias Sal Pizza, in Verbindung, einem Geschäftsfreund, Besitzer von Paul Pizza & Sohn, Meeresfrüchte. Pizza machte... und Insalmo mit Benny Capeana (phonetisch) bekannt, einem reichen Bauunternehmer. Eines Abends nahmen Pizza und Capeana Insalmo und... ins ›Town & Country‹-Restaurant in New Orleans mit, wo sie Insalmo mit dem Restaurantbesitzer bekanntmachten. Insalmo und... blieben in dem Restaurant, während Pizza und Capeana zu einer Trauungsprobe gingen. Insalmo und... gingen in den Hauptspeisesaal des Restaurants, wo nur zwei Tische besetzt waren... sah, wie ein junges Paar den Speisesaal betrat und sich etwa zwei Tische von ihm und Insalmo entfernt setzte. Dieser Mann sah dem Foto von Oswald, das ... aus Fernsehen und Zeitungen kannte, sehr ähnlich. Der Restaurantbesitzer begab sich an den Tisch des Paares, und ... bemerkte, daß der Besitzer ein Bündel Geldscheine aus der Tasche zog und sie dem am Tisch sitzenden Mann unter dem Tisch reichte. Ein paar Minuten später ging das Paar, ohne irgendwelche Speisen oder Getränke bestellt zu haben ... machte Insalmo auf den Zwischenfall aufmerksam, weiß jedoch nicht, ob Insalmo ihn ebenfalls bemerkte. Dies geschah etwa um 22 Uhr. Später am selben Abend kehrten Pizza und Capeana in dieses Restaurant zurück, und ..., Insalmo, Pizza, Capeana, Restaurant (Besitzer) sowie ein Mann, der behauptete, der größte Hühnerproduzent der Welt zu sein, setzten sich in der Cocktail-Lounge des Restaurants um einen großen Tisch. Der Restaurantbesitzer erklärte, er sei entweder ›Abhörspezialist‹ oder ›Anzapfspezialist‹ für die ›Unterwelt‹ von Chicago, Illinois. Hatte den Eindruck, daß Insalmos Vater früher einmal ein Gangster und dem Restaurantbesitzer bekannt war ... behauptete, er habe den Restaurantbesitzer nur dieses eine Mal gesehen und wisse nichts über dessen Hintergrund, Freunde, rassistische oder extremistische Ansichten oder Betätigungen ... erklärt, die Person, die er für identisch mit Oswald hielt, sei in einen blauen Anzug mit dunkler Krawatte gekleidet gewesen. Seine Begleiterin war eine Weiße, Alter 22–26, blondes Haar, auffällig gekleidet. Er beschrieb den Besitzer des Restaurants als Weißen, 50 Jahre alt, 1,82 Meter groß, 115 Kilo schwer, dunkler Teint, graues, glatt zurückgekämmtes Haar.

New Orleans wird angemessene Ermittlungen anstellen, um festzustellen, ob es sich bei der oben beschriebenen Person um Oswald handelt.«

Man wird bemerken, daß Sumner seiner zweiten Version einige Informationen hinzufügte, die er beim ersten Mal nicht gegeben hatte: daß der Restaurantbesitzer gesagt habe, er sei mit der Unterwelt verbunden gewesen, und daß Sumner den Eindruck gewonnen hatte, der Vater seines Begleiters, Ernest Insalmo, sei »ein ehemaliger Ganove und dem Restaurantbesitzer bekannt«.

Nachdem der FBI-Agent Reed Jensen aus New Orleans Joseph Poretto und Anthony Marcello über Sumners Aussage interviewt hatte, bat das Büro in New Orleans das FBI in Savannah, Sumner noch einmal zu interviewen. FBI-Berichten vom 2. Dezember 1963 ist zu entnehmen, daß SVT-1 am 2. Dezember 1963 erneut interviewt wurde. Man legte ihm ein am 9. August 1963 aufgenommenes Ganzkörperfoto vor, das Lee Harvey Oswald von vorn und im Profil zeigt. Es trägt die Nummer 112723 der Polizei von New Orleans, Louisiana.

SVT-1 erklärte, das Foto ähnele der Person, die er eines Abends zwischen dem 15. Februar und dem 15. März 1963 im »Town & Country«-Restaurant in New Orleans gesehen habe.

Der Restaurantbesitzer begab sich an den Tisch des Paares, und SVT-1 sah, wie der Restaurantbesitzer ein Bündel Geldscheine aus der Tasche zog und es dem am Tisch sitzenden Mann (der Oswald ähnlich sah) unter dem Tisch reichte.

SVT-1 sagte aus, er habe den Restaurantbesitzer nur dies eine Mal gesehen und wisse nichts über dessen Hintergrund, Freunde, rassistische oder extremistische Ansichten und Betätigungen.

Daß SVT-1 keine Ahnung hatte, welchem Zweck das »Town & Country«-Motel sonst noch diente, und auch nicht wußte, daß der Mann, den er für den Restaurantbesitzer hielt, mit Carlos Marcello verbunden war, läßt darauf schließen, daß SVT-1 seine Aussage nicht machte, um die Marcello-Organisation in den Mordfall hineinzuziehen.

Man hätte nun meinen können, daß sich das FBI von New Orleans nach dieser neuen, interessanten Information aus Savannah genauer mit der Aussage von SVT-1 beschäftigt hätte, denn was sprach deutlicher für die Möglichkeit einer Verbindung zwischen Lee Harvey Oswald und dem Boß der Mafia von Louisiana als die Nachricht, daß Oswald in Marcellos Hauptquartier Geld von einem von dessen Handlangern angenommen hatte? Doch statt dessen ließ das FBI die Sache gänzlich fallen.

Es lohnt sich, die FBI-Berichte über die Interviews mit Poretto und Anthony Marcello zu lesen. Erst dann kann man richtig beurteilen, wie oberflächlich diese Interviews waren. Am Mittwoch, dem 27. November, interviewte Spezialagent Reed Jensen vom FBI-Büro in New Orleans Joseph Poretto im »Town & Country«-Motel und schrieb darüber folgenden Bericht:

»*Joseph Albert Poretto*, Besitzer des ›Town & Country‹-Restaurants, 1225 Airline Highway, wurde bei Beginn des Interviews über die Identität des Interviewers aufgeklärt. Es wurde ihm mitgeteilt, daß er sich nicht befragen zu lassen brauche, daß alles, was er sage, vor Gericht gegen ihn verwendet werden könne und daß er erst einen Anwalt zu Rate ziehen könne. In Verbindung mit diesem Interview wurde *Poretto* weder bedroht, noch wurden ihm Belohnungen oder Vergünstigungen versprochen. Seine freiwillige Aussage lautet wie folgt:

Beim Betrachten eines Fotos von *Lee Harvey Oswald* mit der Nr. 112723 der Polizei von New Orleans sagte Mr. *Poretto*, er habe diese Person nie zuvor gesehen und sei sicher, daß er nie irgendwelche Geschäfts- oder sonstigen Beziehungen mit dieser Person gehabt habe.

Mr. *Poretto* gab an, daß er seit der Ermordung von *Präsident John F. Kennedy* zahlreiche Fotos und Fernsehaufnahmen von *Lee Harvey Oswald* und *Jack Leon Ruby* gesehen, vorher aber keine der beiden Personen gesehen oder gekannt habe. Er sagte, er habe *Jack Ruby* nicht einmal dem Namen nach gekannt, bevor dieser in den Zeitungen erschienen sei.

Mr. *Poretto* gab an, daß er sich nicht erinnern könne, im März oder April 1963 oder zu irgendeiner anderen Zeit mit irgend jemandem Geschäftsbeziehungen gehabt zu haben, der *Oswald* so ähnlich sah, daß eine Personenverwechslung möglich gewesen wäre.«

Und damit basta. Keine weiteren Fragen. Was hatte Spezialagent Reed Jensen denn anderes erwartet? Daß Poretto auf dem Foto von Lee Harvey Oswald den Mann erkennen würde, dem er im April 1963 im »Town & Country«-Restaurant Geld gegeben hatte?

Am selben Tag interviewte Reed Jensen Anthony Marcello im »Town & Country«-Motel:

»*Anthony Marcello*, Manager des ›Town & Country‹-Motels, 1225 Airline Highway, New Orleans, Louisiana, gab beim Betrachten eines Fotos von *Lee Harvey Oswald*, Nr. 112723 der Polizei von New Orleans, an, daß er diese Person nie im ›Town & Country‹-Motel gesehen habe. Er sagte, er habe zahlreiche Fotos und Fernsehaufnahmen von *Lee Harvey Oswald*, verdächtigtem Mörder von Präsident *John F. Kennedy*, und *Jack Leon Ruby*, verdächtigtem Mörder von *Lee Harvey Oswald*, gesehen und sei sicher, keine dieser beiden Personen gesehen zu haben, bevor sie durch die Nachrichtenmedien bekannt wurden. Mr. *Marcello* gewährte Einblick in das Melderegister des ›Town & Country‹-Motels.«

Nach diesen oberflächlichen Interviews wurde die Akte über die Aussage von SVT-1 geschlossen.

Es gab natürlich vieles, was das FBI hätte unternehmen können, um Sumners Aussage genauer zu untersuchen. Er hätte das Melderegister des »Holiday Inn« in New Orleans überprüfen können, um zu ermitteln, ob Sumner und Insalmo dort zu der von Sumner genannten Zeit gewohnt hatten. Er hätte Ernest Insalmo in Sabene, Texas, aufsuchen und über Sumners Behauptung interviewen können, da Insalmo ja an jenem Abend mit dabeigewesen war. Es hätte Salvadore Pizza und Benny Capeana nach dem Datum der Trauungsprobe fragen können, an der sie am selben Abend, an dem sie mit Sumner und Insalmo im »Town & Country«-Restaurant gewesen waren, teilgenommen hatten. Mit diesem Datum in der Hand hätte das Büro von New Orleans in Dallas anfragen können, ob Lee Harvey Oswald in Anbetracht seiner familiären und beruflichen Verpflichtungen an jenem Tag um 22 Uhr in New Orleans gewesen sein konnte.

Doch das FBI tat nichts dergleichen. Es scheint, als habe es Sumners Aussage schließlich nur deswegen offiziell fallengelassen, weil Oswald zu dem Zeitpunkt, an dem Sumner ihn angeblich in Carlos Marcellos Hauptquartier gesehen hatte, noch nicht nach New Orleans umgezogen war. Als wäre es Oswald nicht möglich gewesen, von Dallas nach New Orleans zu fahren, um sich um 22 Uhr im »Town & Country«-Motel einzufinden! Das hätte er nach dem Verlassen seines Arbeitsplatzes um 16.45 Uhr oder an einem Wochenende ohne weiteres zustande bringen können.

Wenn das FBI sich ferner die Mühe gemacht hätte, Oswalds Lebensumstände in Dallas im März 1963 zu überprüfen, dann wäre herausgekommen, daß Oswald seine Wohnung verlassen konnte, ohne daß seine Frau etwas merkte. Die Wohnung in der Neely Street mitten in Dallas hatte ein kleines, abgeschlossenes Zimmer, das Oswald zu seinem Arbeitszimmer gemacht hatte. Das Zimmer hatte zwei Türen; die eine führte in die Wohnung und war von innen abschließbar, die andere führte hinaus.

Und zuletzt, wenn das FBI unbedingt Sumners Glaubwürdigkeit hätte testen wollen, hätte es eine Gegenüberstellung mit dem vorbestraften Joe Poretto veranlassen und Sumner bitten können, ihn zu identifizieren.

Merkwürdigerweise stellte das FBI in seinen Berichten über Sumners Aussage nie dessen erste Beschreibung der Kleidung in Frage, die der Mann trug, den er später für Oswald hielt, oder die Beschreibung von Oswalds Begleiterin. Sumner hatte Oswald in seiner Aussage als »in einen blauen Anzug mit dunkler Krawatte gekleidet« beschrieben und seine Begleiterin als »junge blonde Frau von 22 bis 26 Jahren«. Lee Harvey Oswald trug nicht oft einen dunklen Anzug mit Krawatte, obwohl es ein Foto gibt, das ihn in solcher Kleidung zeigt. Daß seine blonde, 22jährige Frau Marina ihn an jenem Abend in das »Town & Country«-Restaurant begleitete, ist unwahrscheinlich, kann aber nicht ausgeschlossen werden.

Es bestand natürlich auch noch die Möglichkeit, daß der Mann, den Sumner an jenem Abend im »Town & Country«-Restaurant sah, der falsche Oswald war. Am 26. November 1963, als Sumner seine Aussage machte, wußte das FBI schon, daß sich möglicherweise jemand anders in Louisiana, Mexiko und Texas als Oswald ausgegeben hatte. Das letzte Beispiel war der

Phantom-Oswald gewesen, der die Kubanische und Sowjetische Botschaft in Mexiko besucht hatte, dessen Fotos und Tonbandaufnahmen jedoch keine Ähnlichkeit mit dem echten Oswald aufwiesen.

Es gibt jedoch Zeugnisse, daß entweder Oswald oder jemand, der ihm sehr ähnlich sah, schon im Februar oder März 1963 in New Orleans beobachtet wurde, was Sumners Aussage erhärten würde. 1975 teilte ein hoher Inspektor der Einwanderungs- und Naturalisierungsbehörde dem Senatsausschuß zur Untersuchung der Geheimdienste mit, daß er »absolut sicher« sei, Lee Harvey Oswald in einer Gefängniszelle in New Orleans interviewt zu haben. Das habe sich vor seiner Abreise aus New Orleans am 1. April zugetragen.

Wie sich herausstellte, beendete das FBI von New Orleans seine Ermittlung über Sumners Aussage knapp sechs Tage nachdem das Büro in Savannah davon erfahren hatte, ohne sich auch nur im geringsten um Aufklärung zu bemühen.

Später, als das FBI Berichte über Sumners Aussage und die FBI-Interviews mit Joseph Poretto und Anthony Marcello an die Kommission schickte, die Präsident Johnson ins Leben gerufen hatte, um über den Mord zu ermitteln, fehlte Sumners zweite Version seiner Aussage. Das war diejenige, in der er darauf hinwies, daß der Besitzer des »Town & Country«-Restaurants (d.h. Poretto) gesagt habe, er sei »mit der Unterwelt« verbunden, und in dem er von seinem Eindruck sprach, daß Ernest Insalmos Vater »ein ehemaliger Ganove und dem Restaurantbesitzer bekannt sei«.

Das FBI enthielt der Warren-Kommission auch das Telegramm aus New Orleans vom 27. November vor, das die FBI-Büros in Dallas und Savannah davon in Kenntnis setzte, daß Joseph Poretto und Joseph Marcello vorbestraft waren, daß Joseph Marcello ein Bruder von Carlos Marcello war, daß »alle drei bekannte Gangster« waren und daß »Carlos Marcello am ›Town & Country‹-Motel, einem bekannten Treffpunkt krimineller Elemente, beteiligt sei«.

Was die Warren-Kommission schließlich erhielt, war offenbar frei von jeglicher unheilvoller Bedeutung. Wenn die Mitglieder noch nie etwas vom »Town & Country«-Motel, von Joseph Poretto oder Anthony Marcello gehört hätten, dann wäre Sumners Bericht für sie nicht mehr gewesen als eine weitere verschrobene Aussage.

Lag in Sumners Aussagen irgendeine tiefere Bedeutung? Selbstverständlich. Heute wissen wir, daß Lee Harvey Oswald im Frühjahr und Sommer 1963 als Laufbursche und Kassierer für den Buchmacherbetrieb seines Onkels Dutz Murret arbeitete, das heißt, daß er indirekt für Carlos Marcello tätig war.

Wenn Sumners Beobachtung stimmte, bestand die Beziehung Marcello–

Oswald schon vor Oswalds Rückkehr nach New Orleans am 24. April. Ist das möglich? Sicher: Über seinen Onkel Dutz hätte Oswald in Dallas von einem der Brüder Marcello, die häufig dorthin reisten – entweder Vincent oder Sammy –, angesprochen und mit einem bisher unbekannten Auftrag betraut werden können. (Wenn wir Eugene De Laparra glauben sollen, pflegte Vincent Marcello in einem von David Ferrie gesteuerten Privatflugzeug zwischen New Orleans und Dallas hin- und herzureisen.)

Man nimmt an, daß Oswalds Fairplay-für-Kuba-Demonstrationen in New Orleans vielleicht von der Marcello-Organisation geplant und finanziert wurden, um Oswalds Glaubwürdigkeit als Castro-Freund zu begründen – ein unerläßlicher erster Schritt, ihn als Sündenbock für den Mord zu etablieren. Wenn das stimmte, hätte die Marcello-Organisation auch hinter Oswalds erster Fairplay-für-Kuba-Demonstration stehen können, die Anfang April in Dallas stattfand. Oswald war damals arbeitslos und brauchte dringend Geld. Im März hatte er im Versandhandel eine Pistole und ein Gewehr gekauft, und Anfang April begann er, in der Innenstadt von Dallas für Castro zu demonstrieren. Er trug ein Plakat mit der Aufschrift *Hände weg von Kuba viva Fidel* auf der Brust und verteilte kostenlose Literatur des Fairplay-für-Kuba-Komitees. Wer gab das Geld für diese nicht lebensnotwendigen Ausgaben des arbeitslosen Oswald?

Wie auch immer, Sumners Aussage hätte gewiß eine gründlichere Ermittlung verdient als die, die das FBI ihr angedeihen ließ.

Zwei Tage nachdem das FBI-Büro in Savannah Sumners Aussage erhielt, ging beim FBI in Philadelphia eine weitere Information ein, die sich auf einen Genossen der Marcellos bezog. Es war der Bericht des ehemaligen Marine-Corps-Mitglieds Eugene De Laparra, der, als er im März oder April 1963 in einem von Marcellos finanzierten Bar-Restaurant arbeitete, gehört haben wollte, wie Ben Tregle, der Barbesitzer, zwei Freunden sagte: »Es ist ein Preis auf den Kopf des Präsidenten und anderer Mitglieder der Familie Kennedy ausgesetzt. Irgend jemand wird Kennedy töten, wenn er in den Süden kommt.« De Laparra fügte hinzu, daß der Hauptfinanzier des Barbesitzers Tregle »Vincent Marcella [sic] sei, ein Gangster aus New Orleans, der, wie verlautet, häufig nach Dallas reist«.

Als das FBI von New Orleans diese Aussage prüfte, vergewisserte es sich sofort, daß »Vincent Marcella« Vincent Marcello war, ein Bruder von Carlos Marcello. Trotzdem untersuchte das FBI De Laparras Aussage nach einer kurzen Befragung des Barbesitzers und seines Freundes, eines Pferdetrainers namens Norman LaBlanc, die beide bestritten, etwas von einem Mordkomplott gegen Präsident Kennedy zu wissen, nicht weiter, obwohl der betreffende

Agent angab, De Laparra habe ihm in der Vergangenheit zuverlässige Informationen geliefert.

Auch hier wieder ist es erleuchtend, Spezialagent Jensens Bericht über die Interviews zu lesen:

»*Tregle* gab an, sich an den 22. November 1963 zu erinnern und den ganzen Tag an seinem Arbeitsplatz gewesen zu sein. Es ist ihm erinnerlich, daß *Norman Joseph Leblanc* sich an jenem Tag entweder in den Pferdeställen der Jeffersons-Downs-Rennbahn oder am Airline Highway 6115 aufgehalten habe. *Tregle* sagte, er kenne niemanden, der ›*Tregles* Bar‹ (die heute ›Lounnor‹-Restaurant heißt) besuchte und ›Professor‹ genannt wurde.

*Tregle* sagt, daß er an die Rassentrennung glaube und deshalb nicht mit Präsident *John F. Kennedys* Bürgerrechtsprogramm einverstanden sei. Dies hält er für sein gutes Recht, ebenso wie sich dementsprechend auszudrücken. Er gab jedoch an, daß er sich nicht erinnern könne, jemals irgendwelche Kommentare gegeben zu haben, die als Drohung, den Präsidenten der Vereinigten Staaten oder irgend jemand anderen zu töten, verstanden werden könnten. Er konnte sich nicht an einen Vorfall erinnern, bei dem er sich ein Gewehrinserat angeschaut und dann gesagt habe, mit diesem Gewehr könne man jemanden verletzen. Weiterhin konnte er sich nicht erinnern, jemals gesagt zu haben, daß der Präsident der Vereinigten Staaten erschossen würde, wenn er den Süden des Landes besuche.

*Tregle* gab an, daß er zwar Präsident Kennedy nicht möge, aber niemals mit einer Organisation politischer Art Verbindung gehabt habe, deren Absicht es sei, das Bürgerrechtsprogramm der Kennedy-Administration zu ›bekämpfen‹.

Er gab an, er würde sich nie zu irgendwelcher Gewalt gegen irgend jemanden hinreißen lassen und habe sich seines Wissens nie jemandem angeschlossen, der Gewalt befürworte, um seine Ziele zu erreichen. Er sagte, er halte sich für einen patriotischen Amerikaner und sei entsetzt über jeden, der ein Mitglied der Regierung der Vereinigten Staaten, insbesondere den Präsidenten, töten wolle.«

Die Auskunft Ben Tregles hat natürlich wenig mit Eugene De Laparras Behauptung zu tun. De Laparra hat Tregle nie beschuldigt, Morddrohungen gegen Präsident Kennedy geäußert zu haben oder in dem Augenblick auf der Dealey Plaza gewesen zu sein, als Kennedy erschossen wurde, oder sich »zu Gewalt hinreißen zu lassen«. Er hat nur gesagt, daß er Tregle erwähnen hörte, es gebe einen Plan, Präsident Kennedy zu töten, wenn er in den Süden käme.

Aber der dümmste Bericht von allen war das eindeutige Alibi, das Spezialagent Regis Kennedy Ben Tregles Finanzier Vincent Marcello gab, der nicht zu De Laparras Aussage gehört wurde, obwohl er deutlich darin vorkam.

»Am 22. November 1963 wohnte Spezialagent Regis L. Kennedy im Kreisgericht von New Orleans, Louisiana, dem Prozeß gegen Carlos Marcello und Joseph Marcello bei, die des Betrugs an der Regierung angeklagt waren. SA Kennedy sah, daß Vincent Joseph Marcello, ein Bruder von Carlos und Joseph Marcello, bei der Vor- und Nachmittagssitzung des Prozesses anwesend war.«

Als wollte er sagen: »Nein, Vincent Marcello versteckte sich nicht in dem Moment, als Präsident Kennedy erschossen wurde, hinter den Büschen bei dem Grashügel auf der Dealey Plaza.«

Wie wir bereits berichteten, sagte De Laparra beim FBI ein zweites Mal über das aus, was er im Frühjahr 1963 in »Tregles Bar« gehört hatte. Diese neue Aussage wurde offenbar dadurch veranlaßt, daß De Laparra bei Staatsanwalt Jim Garrisons erneuter Untersuchung des Kennedymords vom plötzlichen Tod David Ferries erfuhr. In seiner Version vom 23. Februar 1967, gegeben im FBI-Büro in Newark, weil er damals in New Jersey lebte, sind einige Informationen, die am 27. November 1963 nicht dabei waren; es scheint, als habe er mindestens eine Unwahrheit gesagt. Der ungekürzte Text der Aussage vom 23. Februar 1967 wird hier zum erstenmal veröffentlicht:

»Dela Parra [sic] arbeitete etwa im Juni 1963 für Benny Traegel [sic] in ›Traegels Bar‹, New Orleans. Als er am oder um den 22. Juni 1963 in der Bar war, kam Tony Marcella [sic] herein, um den Flipper zu warten. Dela Parra gab an, Tony Marcella sei der Bruder von Vincent Marcella, der in New Orleans Motels besitzt. Vincent Marcella hat einen weiteren Bruder, der Glücksspieler in New Orleans ist.

Dela Parra gab an, daß Tony Marcella an diesem Tag zu Ben Traegel und drei oder vier anderen an der Bar gesagt habe: ›Die Losung lautet, die Familie Kennedy zu kriegen.‹

Danach sei Ben Traegel zu Dela Parra ins Hinterzimmer gekommen und habe den Satz wiederholt.

Ben Traegel lachte und fügte hinzu, daß nur 100000 Dollar dafür bezahlt würden.

Gleich nach dem Zwischenfall setzte Dela Parra das Büro in New Orleans davon in Kenntnis. Er gab an, dieselbe Info gleich nach dem Tod Präsident Kennedys erneut an das FBI-Büro in Philadelphia übermittelt zu haben.

Dela Parra gab an, daß er von dem gestrigen Tod David Ferries in New Orleans gelesen habe und Info des Inhalts, daß Ferrie der Privatpilot Vincent Marcellas gewesen sei, weitergeben wolle.

Dela Parra gab an, daß er selbst auch Pferdetrainer sei und sich um eines von Vincent Marcellas Pferden zu kümmern pflegte.

Vincent reiste mehrmals mit dem Flugzeug nach Dallas.

Dela Parra fügte hinzu, daß Ben Traegel Lee Harvey Oswald sehr gut kannte.

Schickt Kopie nach Dallas.«

Eindeutig unwahr ist De Laparras Behauptung, daß er das FBI in New Orleans »gleich danach« von dem Zwischenfall in »Tregles Bar« in Kenntnis setzte. Wir wissen, daß er dem FBI in Philadelphia »gleich nach dem Tod Präsident Kennedys« davon Mitteilung machte, aber es gibt keinen Beweis, daß er es schon vorher tat. Wenn De Laparra die Aussage tatsächlich »gleich nach dem Zwischenfall« gemacht hat, ist sie inzwischen aus der Akte verschwunden.

De Laparras Aussage von 1967 ist insofern besonders aufschlußreich, als sie erklärt, wieso Ben Tregle anscheinend vorherige Kenntnis von einem Anschlag auf Präsident Kennedys Leben hatte. Wer hatte Ben Tregle erzählt, daß »ein Preis auf den Kopf des Präsidenten und anderer Mitglieder der Familie Kennedy ausgesetzt sei«? Jetzt sieht es so aus, als sei es einer von Carlos Marcellos jüngeren Brüdern gewesen. Ist es möglich, daß Anthony Marcello im Frühjahr 1963 in »Tregles Bar« Flipper wartete? Zweifellos. Er arbeitete damals für die Jefferson Music Company seines Bruders. Ben Tregles Lokal hatte von Marcello finanzielle Unterstützung erhalten als Gegenleistung für die Aufstellung von Automaten der Firma Jefferson Music.

Wahrscheinlich dürfen wir Ben Tregles angebliche Äußerung »Es werden dafür nur 100000 Dollar bezahlt« nur mit Vorbehalt akzeptieren. De Laparras Bemerkung, daß Vincent Marcello, der die Jefferson Music Company leitete, »mehrmals mit dem Flugzeug nach Dallas reiste«, ist jedoch nicht schwer zu glauben. Vincents Firma war auch in Dallas von Bedeutung und vermietete wahrscheinlich Apparate an Jack Rubys Nachtklubs. Daß Ben Tregle »Lee Harvey Oswald sehr gut kannte«, ist ebenfalls möglich. Da Tregle in seiner Bar Pferdewetten annahm, ist es durchaus vorstellbar, daß Oswald als Laufbursche des Buchmacher-Netzwerks im Frühjahr und Sommer 1963 mit ihm in Berührung kam. Darüber hinaus lag »Tregles Bar« ziemlich dicht bei Marcellos »Town & Country«-Restaurant, wo Informant Sumner Oswald angeblich Anfang März gesehen hatte.

»Die Losung lautet, die Familie Kennedy zu kriegen.« Man wird sich erinnern, daß die Prostituierte Rose Cheramie sich ähnlich ausgedrückt hatte, als sie am 25. November Dr. Victor Weiss vom Staatskrankenhaus in Jackson sagte, »in der Unterwelt heißt es, daß Kennedy ermordet wird«.

Am Ende aber verwarf das FBI De Laparras zwei Aussagen, nachdem es sie praktisch überhaupt nicht geprüft hatte. Warum glaubte das FBI ihm nicht? Der Grund wurde zu der Zeit, als De Laparra seine ursprüngliche Aussage machte, nicht angegeben, geht jedoch aus einem später, am 27. Februar 1967, über ihn verfaßten FBI-Bericht hervor:

»De Laparra gab an, daß er im Zweiten Weltkrieg im Marineinfanteriekorps gedient habe. Die Folge war, daß er einen Nervenzusammenbruch erlitt und von 1953 bis 1954 ins Krankenhaus mußte. Wegen seines durch den Militärdienst verursachten Nervenzusammenbruchs erhält De Laparra immer noch eine 70prozentige Invaliditätsrente von der Fürsorgeverwaltung für Kriegsteilnehmer ... In dieser Angelegenheit sind keine weiteren Schritte beabsichtigt.«

Deshalb also schenkte das FBI De Laparras Zeugenaussage keinen Glauben. Er war eine Art Spinner.

Dennoch bemerkte am 28. November 1963 der FBI-Agent aus Philadelphia, der De Laparra bei seiner ersten Aussage interviewte, daß dieser »in dem Gespräch im allgemeinen vernünftig wirkte«; und am 29. November 1963 gab der berichtende Agent in einem Fernschreiben aus New Orleans nach Washington an: »Es wird darauf hingewiesen, daß De Laparra dem FBI von New Orleans in der Vergangenheit zuverlässige Informationen über Glücksspielaktivitäten geliefert hat.«

Das FBI verwarf also offiziell De Laparras Zeugenaussage, weil ein Agent an seinem psychischen Zustand von vor 10 bis 20 Jahren Anstoß nahm. Wie aus der FBI-Akte über De Laparra, die ich erhielt, hervorgeht, untersuchte das FBI De Laparras geistigen Gesundheitszustand 1963 und 1967 nicht und gab sich auch keine Mühe, die genaue Art seiner »Invalidität« festzustellen.

Konnten De Laparras Aussagen irgendeinen Wert gehabt haben? Aber ja. Hätten »Tregles Bar« und das »Wettbüro« nicht unter Marcellos Schirmherrschaft gestanden, wären die Aussagen suspekt gewesen. Aber Tregles Unternehmen waren schon im Jahre 1951 bei den Ermittlungen des Kefauver-Ausschusses über das organisierte Verbrechen von Vollstreckungsbeamten als Marcello-Aushängeschilder bezeichnet worden. Was De Laparra behauptete, im Frühjahr 1963 in »Tregles Bar« gehört zu haben, paßte genau ins Bild.

»Tregles Bar« war ein Mafia-Treffpunkt, finanziert von der führenden Mafiafamilie Louisianas. Vincent Marcello half, das Geschäft zu finanzieren, und sein jüngerer Bruder Anthony half, seine Jukeboxes, Flipper und Spielautomaten zu warten. Wenn im Frühjahr 1963 irgendwo davon gemunkelt worden wäre, daß der Mob die Absicht habe, den Präsidenten zu ermorden, dann wäre »Tregles Bar« genau der richtige Ort dafür gewesen.

Was die Aussagen selbst betrifft, nämlich, daß Ben Tregle gesagt habe, es sei »ein Preis auf den Kopf des Präsidenten und anderer Mitglieder der Familie Kennedy ausgesetzt«, und Tony Marcello, »die Losung heißt, die Familie Kennedy zu kriegen«, so haben wir gesehen, daß die Absicht seitens der Unterwelt, den Präsidenten zu ermorden, schon seit dem Spätsommer 1962 in der Luft lag. Damals hatte Jimmy Hoffa Edward Partin anvertraut, daß Präsident Kennedy »umgelegt« werden würde; dasselbe hatte Carlos Marcello Edward Becker anvertraut und Santos Trafficante José Aleman. Als einer von Carlos Marcellos getreuesten Brüdern hätte Tony Marcello sehr wohl von diesen Mordabsichten gehört und Ben Tregle und drei oder vier anderen, die in der Bar herumlungerten, davon erzählt haben können. In Anbetracht dessen, was wir heute wissen, hatte das FBI eigentlich keinen Grund, De Laparras Aussage so unglaubwürdig zu finden.

Wirklich unglaublich an der ganzen Sache war, daß das FBI De Laparras Aussage entschieden ablehnte und später verhinderte, daß die Warren-Kommission ihre Bedeutung richtig einschätzte. Anstatt diese wichtige Aussage mit Respekt zu behandeln, betrachtete das FBI sie als die wirren Reden eines Verrückten. Und als es sie schließlich an die Kommission des Präsidenten zur Untersuchung des Mordes an John F. Kennedy übermittelte, fehlte der Hinweis darauf, daß Vincent Marcello ein Bruder des Bosses der Mafia von Louisiana war, einer der Hauptzielscheiben von Justizminister Kennedys Krieg gegen das organisierte Verbrechen. Wenn das Mitglied der Warren-Kommission, das die Aussage las, nicht wußte, welchen Ruf »Tregles Bar« genoß und wer ihr größter Geldgeber war, mußte er De Laparra als irgendeinen Verrückten abtun und seine Aussagen der Vergessenheit übergeben. So geschah es ja nicht nur mit De Laparras, sondern auch mit Sumners Informationen.

Doch wie erging es Carlos Marcello in den Tagen gleich nach dem Mord? Bestimmt wußte er genau, daß eine ganze Anzahl seiner Gesellen, darunter einer seiner eigenen Brüder, in Verbindung mit dem Verbrechen verhört worden waren. Was mag er, auf der Basis des verfügbaren Beweismaterials, gewußt haben?

Am 1. Dezember, acht Tage nach dem Mord, muß er folgendes gewußt haben: Der Neffe eines seiner Buchmacher aus der Innenstadt von New Orleans war verhaftet und des Mordes an Präsident Kennedy angeklagt worden; ein Geschäftsfreund seines Stellvertreters in Dallas war wegen Mordes an dem angeklagten Mörder des Präsidenten festgenommen worden; sein Privatdetektiv war in New Orleans wegen Konspiration zur Ermordung des Präsidenten verhaftet worden; sowohl sein Bruder Anthony als auch sein Leutnant Joseph Poretto waren vom FBI befragt worden, ob sie den angeklagten Mörder des Präsidenten im März im »Town & Country«-Motel gesehen hätten, und Ben Tregle, ein Geschäftsfreund seines Bruders Vincent, war vom FBI in Verbindung mit dem Plan, Präsident Kennedy zu ermorden – von dem Tregle angeblich im Frühjahr gewußt haben sollte –, verhört worden.

Aber das war noch nicht alles. Wenige Tage nach dem Mord verhörten FBI-Agenten auch einige von Carlos Mitarbeitern aus der Bourbon Street, diesmal nicht im Hinblick auf Oswald, sondern seinen Mörder Jack Ruby.

Frank Caracci war eine wichtige Persönlichkeit in der Marcello-Organisation und ein enger Freund Carlos Marcellos. Er war ein Glücksspielmagnat, besaß einen Nachtklub in der Bourbon Street, und seine Glücksspielgeschäfte erstreckten sich bis nach Houston und Dallas. Fünf Tage nach dem Mord kamen FBI-Agenten in den »500 Club«, das Stripteaselokal, das ihm zusammen mit den Marcellos gehörte, und fragten ihn gründlich nach einem Besuch aus, den der Killer des verdächtigten Präsidentenmörders dem »500 Club« angeblich im vergangenen Juni abgestattet hatte. Caracci gab zu, daß Jack Ruby damals in seinen Klub gekommen sei, um sich nach Stripperinnen für seinen Laden in Dallas umzusehen. Caracci hatte seinen Nachtmanager Cleeve Dugas angewiesen, Jack Ruby zu sagen, er solle in Pete Marcellos nahegelegene »Sho-Bar« gehen, wo die berüchtigte Jada auftrat, die heißeste Stripperin der Stadt. Ruby ging also hinüber in die »Sho-Bar«, schaute Jadas unanständigem Auftritt zu und bot ihr vermutlich einen Vertrag für seinen Klub in Dallas an. In seinem Bericht über Rubys Besuch in der »Sho-Bar« schrieb der FBI-Agent, daß »Quellen aus der Bourbon Street sich daran erinnern, daß Mrs. Conforto unter dem Namen ›Jada‹ tanzte und in Rubys ›Carousel Club‹ in Dallas auftrat, als Präsident Kennedy ermordet wurde«. Der Agent erwähnte nicht, ob Ruby an jenem Abend in der »Sho-Bar« Pete Marcello traf, den Mann, der Jada engagiert hatte. In dem Bericht steht nur, daß er den Nachtmanager Nick Graffagnini traf, einen Vetter von Frank Caracci und Genossen der Marcellos.

Wenn man bedenkt, wie wichtig Frank Caracci und Pete Marcello für die Marcello-Organisation waren, darf man annehmen, daß Carlos Marcello um den 29. November Nachricht erhalten hatte, daß das FBI seinen Genossen

Caracci und entweder Pete oder dessen Nachtmanager Nick Graffagnini nach Jack Ruby ausgefragt hatte.

Damit waren mindestens acht Leute, die mehr oder weniger eng mit Carlos' Unterweltorganisation verbunden waren, eine Woche nach dem Präsidentenmord entweder verhaftet oder verhört worden, und zwar in Zusammenhang mit dem Verbrechen.

So kann man also ruhig davon ausgehen, daß Carlos Marcello sich am Montag, dem 1. Dezember, fragen mußte, ob irgend jemand im FBI zwei und zwei zusammengezählt und sich einen Verdächtigen namens Carlos Marcello ausgerechnet habe.

Die Person im FBI, die zwei und zwei hätte zusammenzählen sollen, war Direktor J. Edgar Hoover. Zugegebenermaßen beschäftigten Hoover damals andere Hinweise auf eine Verschwörung, vor allem solche, die für die Möglichkeit einer Teilnahme Kubas oder der Sowjetunion sprachen. Auch machte er sich Sorgen, die Presse könnte entdecken, daß das FBI Oswalds Sicherheitsakte nicht sorgfältig auf den neuesten Stand gebracht hatte. Dennoch muß Hoover am 1. Dezember Kenntnis von denselben Informationen gehabt haben, die, wie wir annehmen dürfen, auch Marcello bekannt waren. (Courtney Evans, der damalige Stellvertretende FBI-Direktor, sagte mir, daß »Hoover alles sah, was hereinkam«.) Mehr noch, am 18. Dezember, 14 Tage nachdem das FBI seine Anfangsermittlung über den Mord abgeschlossen hatte, kannte Hoover auch die Ergebnisse der Ermittlung des FBI über Ferries Reise durch Texas gleich nach dem Mord.

Trotzdem ließ Hoover seine Agenten in New Orleans und Texas ihre Ermittlung über David Ferrie nach dem 18. Dezember einstellen und weder ihn noch Carlos Marcello in dem Ergänzungsbericht des FBI vom 13. Januar 1964 erwähnen, der kurz darauf an die Warren-Kommission weitergeleitet wurde. Und er bemühte sich nicht, zu prüfen, ob die Möglichkeit bestand, daß Ferrie und Marcello mit Oswald und vielleicht auch Ruby in eine Verschwörung zur Ermordung des Präsidenten verwickelt waren.

Was sollen wir von diesem offenbar vorsätzlichen Bemühen Hoovers halten, alle Indizienbeweise zu verwerfen und zu unterdrücken, die seine eigenen Außendienstmitarbeiter gesammelt hatten und die auf eine mögliche Mittäterschaft Carlos Marcellos an der Ermordung des Präsidenten und der des angeklagten Präsidentenmörders hinwiesen?

Um diese Frage zu beantworten, müssen wir Persönlichkeit, Laufbahn und Motivation des FBI-Direktors untersuchen.

# 37

# Hoovers Ermittlung

Zur Zeit des Kennedymords war J. Edgar Hoover, seit 39 Jahren Direktor des Federal Bureau of Investigation (FBI), der mächtigste Bürokrat der US-Bundesregierung. Der Grund für seine gewaltige Macht lag darin, daß er den inneramerikanischen Ermittlungsapparat völlig beherrschte. Seit seinem Amtsantritt unter Präsident Calvin Coolidge hatten er und seine Agenten Dossiers über jeden Senator, jeden Kongreßabgeordneten, jedes Kabinettsmitglied und jeden Präsidenten zusammengetragen. Trotz seiner puritanischen Abneigung gegen das, was er »sexuelles Treiben« zu nennen pflegte, und seiner Zwangsvorstellung von »linker Subversion« waren seine Geheimakten, wie ein Kongreßmitglied sagte, »die größte Mülldeponie der Welt«. Fast vier Jahrzehnte hatte Hoover gegen praktisch jeden Menschen, der in Washington politischen Einfluß besaß, etwas in der Hand. Niemand, schon gar kein Präsident, hatte den Mut, ihn herauszufordern, weil er fürchtete, der FBI-Direktor könnte etwas über ihn aus seinen Akten an die Presse durchsickern lassen. Für seinen Stellvertreter William Sullivan war Hoover »der größte Erpresser aller Zeiten«.

Im Laufe der Jahre entwickelte Hoover sich zu einem autoritären Größenwahnsinnigen und identifizierte sich schließlich so stark mit der Organisation, die er leitete, daß er und das FBI eins wurden. Ausnahmslos alle Präsidenten hatten zugelassen, daß er sich unter Umgehung seines Vorgesetzten, des Justizministers, direkt mit dem Oval Office in Verbindung setzte. Bis zum Amtsantritt John F. Kennedys war Hoover öfter in den Genuß direkten Zutritts zum Präsidenten gekommen als jeder andere Washingtoner Bürokrat der jüngeren Geschichte.

Neben seinem autoritären Größenwahn, seiner fanatischen Institutionstreue und seinem Status als oberster Hüter der Geheimnisse der Nation war

Hoover besessen von der kommunistischen Gefahr. Er war stets bereit, eine neue Hexenjagd gegen »linke Sympathisanten« und »subversive Elemente« zu eröffnen. Zu den subversiven Elementen zählte er zusätzlich zu den Kommunisten auch alle Schwarzen, die für ihre Bürgerrechte kämpften.

Unter den blinden Flecken in Hoovers begrenztem Gesichtsfeld war keiner blinder als seine hartnäckige Überzeugung, daß es in den Vereinigten Staaten kein organisiertes Verbrechen gebe. Selbst als 1957 das berüchtigte nationale Verbrecherkonklave in Apalachin, New York, aufflog, an dem über 60 Mafiabosse und ihre gewerkschaftlich organisierten Schachfiguren aus allen größeren Städten des Landes teilnahmen, ließ Hoover sich immer noch nicht überzeugen, daß ein nationales Netzwerk organisierter Verbrecher bestand. Als seine Untergebenen ihm einen ausführlichen Bericht über die Zusammenkunft in Apalachin vorlegten, in dem die Namen aller Delegierten und der von ihnen vertretenen Mafiafamilien standen, nannte Hoover ihn »Quatsch« und ließ alle Exemplare vernichten.

Als Robert F. Kennedy, der 35jährige ehemalige oberste Rechtsberater des McClellan-Ausschusses, 1961 Justizminister der Vereinigten Staaten wurde, war es kein Wunder, daß er und sein Untergebener, der 66jährige Direktor des FBI, zusammenstießen. Denn Robert Kennedy hatte das organisierte Verbrechen völlig richtig erkannt und betrachtete es und nicht etwa die kommunistische Subversion als größten inneren Feind der amerikanischen Gesellschaft.

Nicht lange nach Robert Kennedys Amtsantritt als oberster Gesetzesvollstrecker des Landes tat er Hoover etwas an, was ihm noch kein anderer Justizminister angetan hatte. Er verwehrte ihm den direkten Zutritt zum Präsidenten und verlangte, daß er sich bei ihm selbst melde. Das erboste und kränkte den egoistischen und eingebildeten Hoover, der Robert Kennedy später einen »hinterlistigen kleinen Scheißkerl« nannte.

Während seiner kurzen Amtszeit als Justizminister schalt Robert Kennedy Hoover ständig wegen der Langsamkeit seiner Ermittlung gegen das organisierte Verbrechen. Besonders unzufrieden war er mit der, wie er glaubte, völlig unzureichenden FBI-Ermittlung gegen Carlos Marcello. Wie wir wissen, hatte Kennedy Marcello als eines der vier wichtigsten Kampfziele des Justizministeriums in seinem Krieg gegen das organisierte Verbrechen ausgewiesen. Obwohl es Hoover gelang, andere mächtige Mafiabosse in Städten wie Chicago, Philadelphia und Buffalo anzuzapfen und abzuhören, bekamen seine Agenten in New Orleans Carlos Marcello nie zu fassen. Wenn Kennedy Hoover um den neuesten Bericht aus New Orleans über Marcello bat, schickte dieser ihm Regis Kennedys neueste Wiederholung, daß Marcello bloß ein »Tomatenhändler« sei.

Der Justizminister war nicht der einzige Kennedy, der sich über den FBI-Direktor ärgerte. Auch der Präsident ärgerte sich über ihn, wenn auch aus anderen Gründen. John F. Kennedy wußte, daß Hoover in seinen Geheimakten kompromittierendes Material über ihn und seine Familie hatte, das bis in die frühen Zeiten seines Vaters als Alkoholschmuggler während der Prohibition zurückreichte. Unter dem Schmutz, den der Direktor über den neuen Präsidenten gesammelt hatte, befanden sich Berichte und Tonbänder über ein Verhältnis mit einer gewissen Inga Arvad, das er im Zweiten Weltkrieg während seiner Zeit bei der Kriegsmarine gehabt hatte. Inga Arvad war eine verheiratete Frau, ehemalige dänische Schönheitskönigin und angebliche Nazisympathisantin. Hoovers Entdeckung der ersten von Kennedys zahlreichen *liaisons dangereuses* war der Grund gewesen für dessen Versetzung vom Marinegeheimdienst in Washington zur Patrouillen-Torpedoboot-Ausbildung und schließlich zum Einsatz im Südpazifik.

So besorgt war John F. Kennedy über den Inhalt von Hoovers Akten, daß man annimmt, er habe als designierter Präsident seinen zugegebenermaßen unerfahrenen jüngeren Bruder vor allem deswegen zum Justizminister gemacht, damit dieser ein wachsames Auge auf den Verwahrer der Akten werfen konnte.

Zu Hoovers Entzücken und letzten Endes zur Verlegenheit der Brüder Kennedy fügten Präsident und Justizminister der geheimen Deponie Hoovers noch eine ganze Menge weiteren Materials hinzu.

Die Brüder waren jung, ungeheuer selbstbewußt und in der Blüte ihrer Jahre: Sie hatten die Wahl unter den schönsten Frauen Amerikas in einer Zeit, da Journalisten nicht im Liebesleben von Politikern herumstocherten. Während seiner Wahlkampagne für die Nominierung als demokratischer Präsidentschaftskandidat verstrickte John F. Kennedy sich in den Netzen zweier Hollywoodschönheiten: des Filmsternchens Judith Campbell, das auch die Freundin von Frank Sinatra und Mafiaboß Sam Giancana war, und der Schauspielerin und Publicity-trächtigen »Sexgöttin« Marilyn Monroe. Zu Kennedys großem Verdruß war es der verhaßte Hoover, der ihn schließlich zwang, Judith Campbell nicht mehr zu sehen. Er machte den Präsidenten bei einem privaten Mittagessen im Weißen Haus im Winter 1962 darauf aufmerksam, daß sie auch die Freundin des Chicagoer »Gangsters« war, der zusammen mit der CIA an dem Komplott zur Ermordung Fidel Castros beteiligt gewesen war. Dieser Klaps auf die Finger hielt Kennedy jedoch nicht davon ab, seine Beziehung zu Marilyn Monroe fortzusetzen und anderen Hübschen nachzulaufen, ohne den möglichen Konsequenzen auch nur die geringste Beachtung zu schenken. Wie aus kürzlich freigegebenen FBI-Akten über John

F. Kennedys außereheliche Affären hervorgeht, entdeckten Hoovers Schnüffler, daß Kennedy während seiner kurzen Präsidentschaft Verhältnisse mit nicht weniger als 32 Frauen hatte.

Obwohl Robert Kennedy nicht halb so sexbesessen war wie sein älterer Bruder, haben sich im Laufe der Jahre zuverlässige Beweise angesammelt, daß auch er den Reizen einer der Geliebten seines Bruders verfiel: der berühmten, unglücklichen Marilyn Monroe.

Wie sich herausstellte, sollten John F. Kennedys Tändeleien mit Judith Campbell und Marilyn Monroe und Roberts mit der Monroe die beiden Brüder unwissentlich zu Geiseln des verhaßten Hoover und möglichen Zielscheiben für Erpressung durch das organisierte Verbrechen machen.

Wie Anthony Summers 1985 in seinem Buch *Goddess: The Secret Lives of Marilyn Monroe* enthüllte, gelangte Marilyn durch ihre Freundschaft mit Frank Sinatra in die Gesellschaft einiger erbitterter Feinde der Kennedys. Einer davon war Mickey Cohen, Boß des organisierten Verbrechens von Los Angeles, der Verbindungen zu Carlos Marcello und John Roselli besaß und sich einmal eine Freundin, die Stripperin Candy Barr, mit Jack Ruby geteilt hatte. Einer von Cohens Gaunertricks war, Hollywoodstars zu kompromittieren, um sie dann erpressen zu können. Es war Cohen, der die glühende Liebesaffäre zwischen seinem Komplizen Johnny Stompanato und Lana Turner eingefädelt hatte, in der Hoffnung, Fotos zu bekommen, die die beiden im Bett zeigten. (Das ging jedoch ins Auge, weil Stompanato von Lana Turners Tochter im Schlafzimmer getötet wurde.) Durch Mickey Cohen lernte Marilyn die Kleinmafiosi George Piscitelle und Sam Lo Cigno kennen, mit denen sie offenbar Liebesaffären hatte. Joseph Shimon, ein ehemaliger Polizeiinspektor aus Washington, der Sam Giancana und John Roselli kannte, sagte Anthony Summers in einem Telefongespräch, daß Marilyn Monroe auch John Roselli kannte, der, wie wir wissen, auch ein Freund von Judith Campbell war. Roselli war damals Sam Giancanas Mann in Los Angeles mit dem Auftrag, die Filmindustrie Hollywoods unter die Kontrolle der Mafia zu bringen.

Heute scheint unbestritten, daß die Feinde der Kennedys im organisierten Verbrechen und in der verderbten Teamsters-Gewerkschaft John F. Kennedys außereheliche Abenteuer mit Judith Campbell und Marilyn Monroe verfolgten mit dem Ziel, ihn und den Krieg seiner Regierung gegen das organisierte Verbrechen zu kompromittieren.

Wie Anthony Summers' Buch und der BBC-Dokumentarfilm *The Last Days of Marilyn Monroe* enthüllten, gelang es dem Privatdetektiv Fred Otash, der im Auftrag Jimmy Hoffas und vielleicht einiger Mitglieder des

»Felix's Oyster Bar« mit Restaurant im French Quarter von New Orleans. 1963 gehörte das Lokal Marcellos Genossen Sam Saia, für den Lee Harvey Oswalds Onkel und Ersatzvater »Dutz« Murret als Buchmacher arbeitete. Im Sommer 1963 war Lee Harvey Oswald von hier aus als Laufbursche für das Glücksspielnetz der Marcellos tätig. *(Charles Nes, 1988)*

Die »Sho«-Bar, ein Stripteaselokal im French Quarter nicht weit entfernt von »Felix's Oyster Bar«. Sie wurde von Carlos' Bruder Peter Marcello betrieben und im Juni 1963 von Jack Ruby besucht. *(Charles Nes, 1988)*

Jack Ruby posiert mit den Stripperinnen Kathy Kay und Alice Alexander vor seinem Nachtklub »The Carousel« in Dallas. Bald darauf wurde Präsident Kennedy ermordet. *(National Archives)*

Janet Conforto, Künstlername »Jada«, die rothaarige Stripperin, die 1963 sowohl in Marcellos »Sho«-Bar als auch in Rubys »Carousel« auftrat. Am Tag des Kennedymords stand sie bei Ruby unter Vertrag. *(AP/Wide World Photos)*

Präsident John F. Kennedy und seine Frau Jacqueline in Love Fields, Dallas, am Morgen des 22. November 1963, kurz vor Aufbruch der Wagenkolonne, die sie durch Dallas führen sollte. *(UPI/Bettmann News Photos)*

# 1:30 P.M. Zapruder's Famous Film

Abraham Zapruder, a Kennedy admirer, hoisted himself atop a four-foot abutment overlooking Dealey Plaza near the end of the motorcade route. He tried out his new 8mm Bell & Howell movie camera on Marilyn Sitzman, his dress firm's 20-year-old receptionist, as she walked by. Then he asked her to climb up. "Mr. Z. had vertigo," says Sitzman *(below)*, who returned to the scene for the first time in two decades. "He said, 'Hold onto me so I won't fall off.' " While Zapruder, who died in 1970, exposed the most intensely scrutinized 478 frames in the history of film, Sitzman witnessed the assassination. "They had just come down the hill. I heard shots, and I thought, firecrackers. All I could see was his hands going up. Then he was right in front of us," she says, gesturing toward Elm Street, 200 feet from the Texas School Book Depository. "The last shot got him in the head. Everybody was on the ground, and Mr. Z. was gone. There had been gunshots, and I was standing there all by myself." The horror of the moment struck her as she watched the movie the next morning. "The film," says Sitzman, "was more gruesome than in real life." In the artist's enlargement of a film detail, Mrs. Kennedy reacts with a quizzical look as both the President and Connally are wounded.

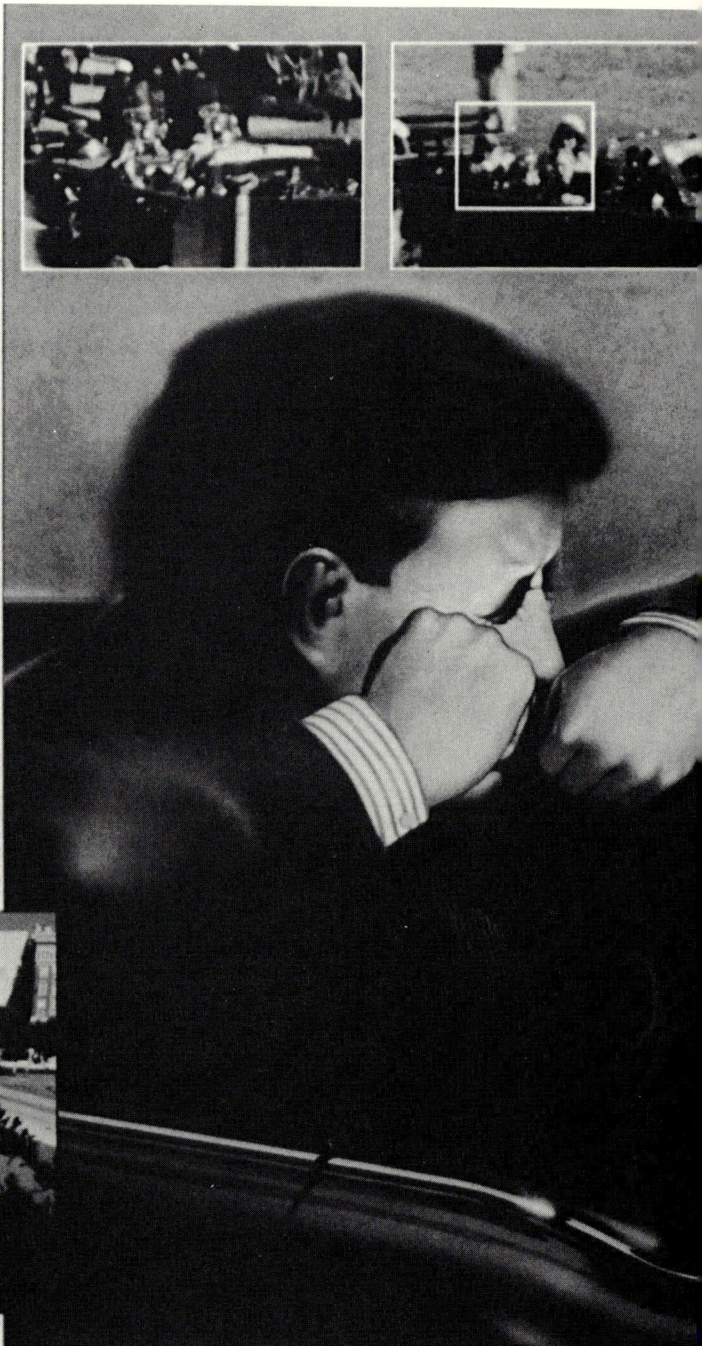

**Sitzman points to fatal spot.**

Wenige Stunden später wird Kennedy erschossen, als seine Wagenkolonne die Dealey Plaza überquert. Auch Gouverneur Connally wird dabei verwundet. Dieses Gemälde ist das Werk eines Illustrators der Zeitschrift *Life*. Als Grundlage diente die Vergrößerung eines Teilbilds aus Abraham Zapruders Film über den Mord. *(Life Magazine © 1983)*

Lee Harvey Oswald, bewacht von zwei Detektiven, beteuert seine Unschuld auf einer Pressekonferenz im Hauptquartier der Polizei von Dallas, die am 23. November 1963 kurz nach Mitternacht stattfand. Er war des Mordes an Präsident Kennedy beschuldigt worden. »Ich bin nur ein Sündenbock!« rief Oswald den Reportern zu.
*(© 1963 Matt Heron)*

J. Edgar Hoover, 48 Jahre lang Direktor des FBI, geriet wiederholt mit Justizminister Robert F. Kennedy aneinander. Hoover behauptete, in den Vereinigten Staaten gebe es kein organisiertes Verbrechen. Nach der Ermordung Präsident Kennedys gab Hoover sich alle Mühe, Beweise für eine Mittäterschaft des organisierten Verbrechens zu unterdrücken.
*(AP/Wide World Photos)*

Fünf der dreizehn am 22. September 1966 verhafteten Mafiosi kehren mit ihren Anwälten an den Ort ihrer Verhaftung zurück: das Restaurant »La Stella« in Forest Hills, New York. Es sind im Uhrzeigersinn: Joseph Marcello junior (mit dem Rücken zur Kamera), Anwalt Jack Wasserman, Carlos Marcello, Santos Trafficante, Anwalt Frank Ragano, Anthony Carolla und Frank Gagliano. *(AP/Wide World Photos)*

Carlos Marcello, seine Frau Jacqueline und sein jüngerer Bruder Sammy am 18. August 1965 beim Verlassen des Bundesgerichts in New Orleans. Marcello war soeben von der Anklage wegen Geschworenenbeeinflussung freigesprochen worden. Diese hatte sich aus seinem Prozeß von 1963 wegen Verschwörung und Meineids ergeben. *(AP/Wide World Photos)*

Carlos Marcello verläßt 1968 ein Gerichtsgebäude in New Orleans, in dem eine Anhörung wegen angeblicher Korruption in der Regierung des Staates Louisiana stattgefunden hatte. Ursache für diese Anhörung war eine im Jahr zuvor in der Zeitschrift *Life* erschienene Artikelserie. Direkt hinter Marcello geht sein Anwalt G. Wray Gill. *(© 1968 Matt Heron)*

Auf dem Flughafen von New Orleans schlägt Carlos Marcello, der gerade von dem Mafiagipfel im Restaurant »La Stella« zurückkehrt, den FBI-Agenten Patrick Collins. Hinter Carlos steht sein Bruder und Unterboß Joseph junior, links neben dem Pressefotografen Carlos' Sohn Joseph D. »Little Joe« Marcello *(AP/Wide World Photos)*

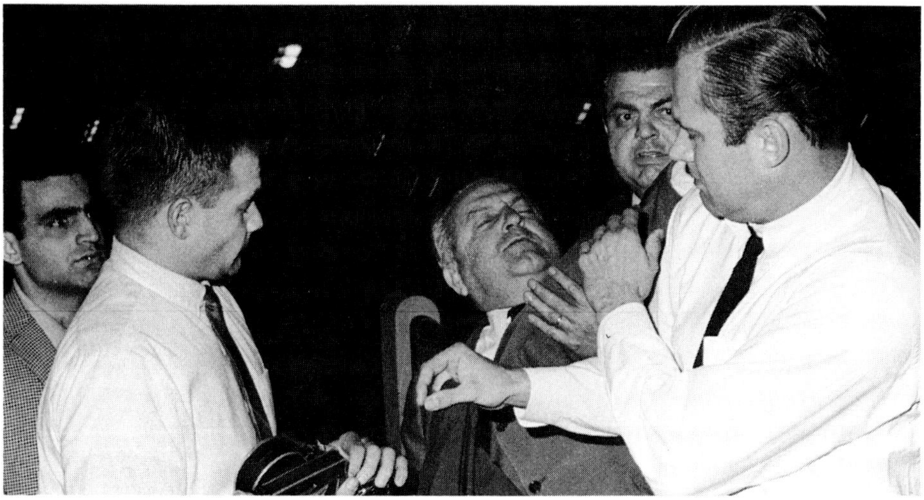

organisierten Verbrechens arbeitete, schon Mitte 1961, Zimmer und Telefone in Marilyn Monroes Wohnung und im Strandhaus von Kennedys Schwager Peter Lawford anzuzapfen und abzuhören. Auf den Tonbändern sind »Geräusche von Zärtlichkeiten zwischen Marilyn und John F. Kennedy« zu hören. Jahre später sagte Chuck O'Brien, Jimmy Hoffas Stiefsohn, zu Anthony Summers: »Hoffa bewahrte die Tonbänder in seinem Safe auf.«

Bald entdeckte das FBI diese erschreckend gefährliche Situation. 1984 berichtete der ehemalige Stellvertretende FBI-Direktor Courtney Evans, der als Verbindungsmann zwischen Kennedy und FBI-Direktor Hoover tätig gewesen war, dem britischen Journalisten Anthony Summers, er und Hoover hätten gehört, daß Sam Giancana und Jimmy Hoffa möglicherweise versuchten, die Kennedys mit ihren Beziehungen zu Marilyn Monroe und anderen Frauen zu erpressen.

Das bringt uns zu Robert Kennedys Liebesaffäre mit Marilyn Monroe. Gemäß den Interviews, die BBC und Anthony Summers mit Deborah Gould machten, begann Robert Kennedys Bekanntschaft mit Marilyn an dem Tag, da er als »Laufbursche« seines Bruders zu Marilyn Monroe kam, um ihr mitzuteilen, daß ihre Beziehung zum Präsidenten zu gefährlich geworden war, um fortgesetzt zu werden. Deborah Gould behauptet, ihre Informationen von ihrem Exmann erhalten zu haben, der auch ein ehemaliger Schwager der Kennedys ist und ihr eines Tages »alles gestand«. Mitten bei seinem Auftrag verknallte Robert Kennedy sich in die Schauspielerin und begann selbst eine Liebesaffäre mit ihr. Den Umständen entsprechend war dies eine sehr leichtsinnige Eskapade. Robert Kennedy, Ehemann und Vater von neun Kindern, war als Justizminister der höchste Vollstreckungsbeamte des Landes. 1960 hatte ihn eine große nationale Zeitschrift zum »Vater des Jahres« ernannt. Kennedy muß gewußt haben, daß er äußerst anfällig für Erpressung wurde, wenn er irgend etwas tat, was seine Integrität als Ehemann, Vater und hoher Staatsbeamter verletzte. Trotzdem stürzte er sich kopfüber in eine leidenschaftliche Affäre mit Amerikas regierender Sexgöttin.

Den Feinden der Kennedys in der Mafia entging diese neue Beziehung nicht. Nach Summers und der BBC wurden Robert Kennedys Rendezvous mit Marilyn Monroe bald von Jimmy Hoffas Chefabhörer Bernard Spindell elektronisch belauscht. Hoffa und seine kriminellen Verbündeten fuhren fort, in Lawfords Villa in Santa Monica und Monroes Haus in Brentwood Wanzen anzubringen und Telefonleitungen anzuzapfen.

Die elektronischen Geräte nahmen nicht nur »Geräusche von Zärtlichkeiten« auf, sondern Zeugen zufolge, die behaupteten, die Bänder gehört zu haben, auch Fetzen von Unterhaltungen zwischen den Brüdern Kennedy und

Marilyn Monroe über so heikle Themen wie Kuba, Castro, die Schweinebucht, einen möglichen Hinauswurf FBI-Direktors Hoover und die Ermittlung gegen Jimmy Hoffa.

Später stellte sich heraus, daß Hoffa und der Mob genau über die außerehelichen Abenteuer der Brüder Kennedy Bescheid wußten und sich im klaren waren, wie sie ihr Wissen einsetzen konnten. Einmal, mitten in seinem verzweifelten Kampf gegen eine Haftstrafe, sagte Hoffa einem FBI-Agenten, daß er einige »schmutzige Details« über das Privatleben der Brüder Kennedy wisse. Sam Giancana hatte Gelegenheit, mehr oder weniger dasselbe von sich zu geben. Einem FBI-Bericht zufolge brüllte Giancana, als er und seine Freundin Phyllis McGuire einmal auf dem O'Hare-Flughafen in Chicago von FBI-Agenten gestellt wurden: »Ich weiß alles über die Kennedys..., und irgendwann einmal... werde ich es sagen!«

Im Jahre 1979, als der Mordausschuß des Repräsentantenhauses seine Ermittlung über den Mord an Präsident Kennedy abschloß, kam die lange unterdrückte Abschrift eines FBI-Tonbands von einer Unterhaltung zwischen Meyer Lansky, dem Finanzfachmann des organisierten Verbrechens aus Florida, und seiner Frau ans Tageslicht. Aus ihr ging hervor, daß Lansky wußte, daß Robert Kennedy sich mit einer wohlbekannten Frau »herumtrieb«. Wozu Frau Lansky bemerkte, daß wahrscheinlich Frank Sinatra Kennedy die Frau besorgt habe.

1962 schließlich spitzten die Dinge sich zu. Im Februar riet Hoover Präsident Kennedy, sein Verhältnis mit Judith Campbell in Anbetracht ihres damaligen Umgangs zu beenden. Später riet Courtney Evans Robert Kennedy im Auftrag Hoovers, er und sein Bruder sollten ihre Verbindung zu Marilyn Monroe abbrechen.

John und Robert Kennedy, denen klar wurde, daß sie in großen Schwierigkeiten steckten, begannen, sich aus dem Netz gefährlicher Liebschaften, in das sie sich verstrickt hatten, zurückzuziehen. Der Präsident brach seine Beziehung zu Frank Sinatra ab und verbrachte seine letzten Schäferstündchen mit Judith Campbell und Marilyn Monroe. Mitte Juni hatte auch Robert seine Zusammenkünfte mit Marilyn Monroe eingestellt. Ihr wurde nahegelegt, nie wieder mit John oder Robert Kennedy Kontakt aufzunehmen.

Für Marilyn Monroe aber war die Sache noch lange nicht vorbei. In ihrer offensichtlichen Naivität und Empfindlichkeit konnte sie nicht begreifen, warum die Brüder Kennedy sie sitzenließen.

Anfang August 1963 reiste Robert Kennedy nach San Francisco, um an einer Konferenz der amerikanischen Anwaltskammer teilzunehmen, die im Hotel »St. Francis« stattfand. Er und seine Frau Ethel wohnten auf einer

Ranch, die etwa 95 Kilometer südlich der Stadt lag und John Bates gehörte, einem reichen Anwalt und Freund aus San Francisco.

Marilyn Monroe hörte, daß Kennedy an der Konferenz der Anwaltskammer teilnahm, und rief aus ihrem Haus in Brentwood mehrmals im Hotel »St. Francis« an. Kennedy erwiderte ihre Anrufe nicht.

Nach Jeanne Carmen, einer Freundin Marilyns (die ihre Geschichte Anthony Summers erzählte), erhielt Marilyn dann am Abend des 3. August einen Anruf von einer Frau, deren Stimme sie nicht kannte und die sagte: »Laß Bobby in Ruhe, du Flittchen!« Die anonymen Anrufe wiederholten sich die ganze Nacht bis in den frühen Morgen des 4. August.

Wie die BBC und Anthony Summers die Ereignisse des 4. August rekonstruierten, rief Marilyn Monroe etwa um 16.30 Uhr ihren Psychiater Dr. Ralph Greenson an. Er schloß aus ihrer Stimme, daß sie deprimiert war und möglicherweise unter Drogen stand. Dr. Greenson ging zu ihr hin und traf sie abwechselnd ärgerlich und deprimiert an. Sie sagte ihm, sie habe kürzlich sexuelle Beziehungen mit »äußerst wichtigen Männern der Regierung ... ganz oben« gehabt. Wie Dr. Greenson sich erinnert, »drückte sie große Unzufriedenheit damit aus, daß sie, die schönste Frau der Welt, an einem Sonnabend keine Verabredung hatte«. Später sagte Greenson aus, daß sie an jenem Abend den Besuch einer sehr wichtigen Person erwartet habe, aber sitzengelassen worden sei. In ihrem letzten Telefongespräch mit Dr. Greenson fragte Marilyn: »Haben Sie mein Röhrchen Nembutal genommen?« Später rief Marilyn Peter Lawford an und erzählte ihm, wie deprimiert sie sei, daß Robert Kennedy sie nicht angerufen habe. Sie deutete an, daß sie sich etwas antun würde. Beunruhigt fuhr Lawford hinüber zu ihrem Haus und traf sie schwerkrank an. Sie starb auf dem Weg ins Hospital von Santa Monica, wohin ein Krankenwagen sie bringen sollte. Lawford, der einen Skandal befürchtete, brachte Marilyns Leiche zurück in ihr Haus in Brentwood und arrangierte alles so, daß es aussah, als sei die Schauspielerin zu Hause im Schlaf gestorben.

Jahre später entdeckte Anthony Summers, daß die Aufzeichnungen der Telefongesellschaft über die Anrufe, die Marilyn an jenem Tag und in jener Nacht gemacht hatte, auf mysteriöse Weise verschwunden waren. Nachforschungen zeigten, daß das FBI sie auf Befehl von Direktor J. Edgar Hoover wenige Stunden nach ihrem Tod beschlagnahmt hatte. Hoover seinerseits war von Justizminister Kennedy dazu aufgefordert worden.

Hoover besaß also Informationen über seinen Chef, die so nachteilig waren, daß sie seine Karriere zerstören würden, wenn sie herauskämen. Und so wurde Robert Kennedy – und bis zu einem gewissen Grad auch sein Bruder John – tatsächlich eine Geisel des FBI-Direktors. Natürlich schalt Robert

Kennedy Hoover von Zeit zu Zeit wegen der Unzulänglichkeit seiner Ermittlung, vor allem im Falle Carlos Marcello, aber weiter konnte er nicht gehen. Hoover war sich wohl bewußt, welche ganz besondere Macht er über Robert Kennedy hatte, als er am Nachmittag des 22. November 1963 dem größten Fall seiner Laufbahn gegenüberstand: der Ermordung von Präsident John F. Kennedy.

Zuerst einmal wußte Hoover, daß er den Justizminister und seine obersten Berater ganz aus seiner Ermittlung über den Mord heraushalten konnte, ohne Folgen befürchten zu müssen. Genauso geschah es dann ja auch. Jack Miller und Robert Peloquin, zwei von Kennedys getreuesten Mitarbeitern in der Kriminalabteilung, versuchten, sich in Hoovers Ermittlung über den Präsidentenmord einzuschalten, und wurden, offenbar auf Befehl des Direktors, vom FBI streng ferngehalten. Dann enthielt Hoover sowohl Justizminister Kennedy als auch dessen Stellvertreter Nicholas Katzenbach absichtlich alle Berichte seiner Außendienstagenten über Angelegenheiten vor, die mit dem Mord zu tun hatten. So bekamen Kennedy und Katzenbach nie auch nur einen der FBI-Berichte über Aussagen von Informanten zu sehen, die darauf hindeuteten, daß Carlos Marcello etwas mit dem Mord zu tun haben könnte.

Sobald Lee Harvey Oswald des Mordes an Präsident Kennedy angeklagt war, begann Hoover, Beweismaterial gegen ihn aufzubauen, das geradezu erdrückend war. Katzenbach gestand mir Jahre später, er habe die Sache damals tatsächlich für ein bißchen »faul« gehalten. Das Beweismaterial, das sich in den drei Tagen nach dem Mord gegen Oswald ansammelte, sei, sagte Katzenbach, »zu schön gewesen, um wahr zu sein«.

Man nehme zum Beispiel Oswalds Brieftasche. Die Polizei von Dallas hatte die Brieftasche kurz nach Oswalds Verhaftung beschlagnahmt, der Inhalt war später vom FBI in eine Bestandsliste aufgenommen worden. Die Gegenstände, die Spezialagent Manning Clements in der Brieftasche fand, lieferten ein so genaues Porträt des Besitzers einschließlich Verbindungen und Vergangenheit, daß sie den Verdacht aufkommen ließen, irgend jemand anders kenne ihre Existenz und wisse genau, welches Porträt des angeblichen Mörders sie zeichnen würden. Unter den von Clements aufgelisteten Gegenständen befanden sich:

- ein Soldatenausweis auf den Namen Lee Harvey Oswald
- ein gefälschter Soldatenausweis auf den Namen Alek James Hidell
- ein Dienstausweis des US-Marineinfanteriekorps
- ein gefälschter Dienstausweis des US-Marineinfanteriekorps auf den Namen Alek James Hidell

- ein Ausweis des Verteidigungsministeriums auf den Namen Lee Harvey Oswald
- ein Ausweis der US-Streitkräfte in Japan auf den Namen Lee Harvey Oswald
- eine Sozialversicherungskarte auf den Namen Lee Harvey Oswald
- eine Karte mit der handschriftlichen Aufschrift: Botschaft der UdSSR, 1609 Decatur NW, Washington, D.C. Konsul Reznitschenko
- ein Zettel mit der Adresse der amerikanischen kommunistischen Publikation *The Worker*
- eine Mitgliedskarte des Fairplay-für-Kuba-Komitees mit New Yorker Adresse, ausgestellt auf Lee Harvey Oswald
- eine Mitgliedskarte des Fairplay-für-Kuba-Komitees, Ortsgruppe New Orleans, ausgestellt auf L. H. Oswald und unterschrieben von A. J. Hidell
- ein Foto von Lee Harvey Oswald in US-Marines-Uniform
- ein Foto von Ehefrau Marina und Kind
- eine Scharfschützenmedaille des Marineinfanteriekorps
- 13 Dollar in bar

Die drei Gegenstände aus der Brieftasche, die Oswalds Decknamen A. J. Hidell trugen, verrieten dem FBI, wer die Mordwaffe in einem Versandgeschäft gekauft hatte. Ein weiterer Gegenstand bestätigte, daß Oswald ein ausgezeichneter Scharfschütze war. Ein anderer – die Mitgliedskarte des Fairplay-für-Kuba-Komitees – sprach sogar für ein einleuchtendes Motiv.

Würde ein zum Mord am Präsidenten der Vereinigten Staaten entschlossener Mann bei der Ausführung seiner Mission solch eine umfassende Sammlung persönlicher Dokumente mit sich führen?

Wahrscheinlich nicht, es sei denn, der Mörder wäre völlig sicher, daß man ihn entkommen ließe. Viel wahrscheinlicher ist, daß irgend jemand, der den Inhalt von Oswalds Brieftasche kannte, ihn vorgeschoben hatte, um ihm die Schuld an dem Mord anzulasten. Dieser Jemand wußte genau, wie entzückt Polizei und FBI über einen glaubwürdigen Verdächtigen mit solchen Unterlagen in der Brieftasche sein würden.

Man beachte, daß in Spezialagent Clements' Bestandsliste nichts von einem Leserausweis auf den Namen David W. Ferrie steht. Wenn Ferries Leserausweis tatsächlich bei Oswald gefunden wurde, hat ihn wahrscheinlich ein Polizist aus Dallas aus der Brieftasche entfernt, bevor er sie dem FBI gab, oder Agent Clements ließ ihn aus einem besonderen Grund aus seiner Bestandsliste weg.

Stellvertretender Justizminister Katzenbach, Mitverbreiter der These von dem alleinigen Schützen als Täter, hatte die Beweismittel gegen Oswald als

»zu schön, um wahr zu sein« betrachtet. Das waren sie gewiß. Allein der Inhalt von Oswalds Brieftasche ermöglichte den ersten Ermittlern des Verbrechens zu beweisen, daß Oswald die Mordwaffe gekauft und ein glaubwürdiges Motiv für die Ermordung des Präsidenten hatte.

Heute, nach 25 Jahren sowohl offizieller als auch inoffizieller Untersuchungen, herrscht allgemeine Übereinstimmung, daß viele Beweise, mit denen Oswald belastet wurde, ihm von seinen Mitverschwörern vor und nach der Tat untergeschoben wurden; einige hatten die Polizei von Dallas und das FBI sogar in ihrer Eile, den Fall abzuschließen, gefälscht. In seinem Buch *Whitewash* legt Harold Weisberg diese Manipulationen, Erfindungen und Unterdrückungen meisterhaft dar.

Dieser Bericht ist nicht der Ort für eine detaillierte Analyse der Beweise gegen Oswald. Es genügt wohl, wenn ich sage, daß Hoover Oswald bei seiner Ermittlung von Anfang an für schuldig hielt und unbedingt aufzeigen wollte, daß er ohne Komplizen gearbeitet hatte. Zeugen, die nicht ins Bild des FBI paßten, wurden übergangen. Beweise dafür, daß Oswald vorgeschoben wurde oder womöglich Verbündete hatte, wurden unterdrückt. Im Lichte all dessen wäre die Untersuchung nicht mehr gewesen als ein abgesprochener Versuch, Oswald zu belasten, der, ganz im Widerspruch zu den Prinzipien der amerikanischen Rechtsprechung, als schuldig betrachtet wurde. Da er bei seinem Verhör keinen Rechtsbeistand erhielt und innerhalb von 48 Stunden nach seiner Verhaftung ermordet wurde, hatte Oswald keine Chance, sich zu verteidigen.

Aber vertuschte J. Edgar Hoover in seiner Untersuchung des Kennedymords bewußt etwas? Und wenn ja, was vertuschte er?

Um diese Fragen zu beantworten, muß man einmal Hoovers Reaktionen auf die tägliche Entwicklung im Fall des Kennedymords analysieren.

J. Edgar Hoover kam schon ganz am Anfang zu der Überzeugung, daß Lee Harvey Oswald sein Mann sei. Der Hintergrund des jungen Mannes paßte vortrefflich zu dem, was Hoovers Hauptanliegen als oberster Ermittlungsbeamter der Regierung auf dem Gebiet subversiver Betätigungen war: zum Kommunismus. Für Hoover war Oswald ein Kommunistenspinner und eindeutig weit entfernt vom wichtigsten Anliegen seines verhaßten Bosses, Justizminister Kennedys: dem organisierten Verbrechen.

Und so schrieb Hoover knapp fünf Stunden nach dem Mord, bevor noch die Polizei von Dallas Oswald offiziell irgendeines Verbrechens angeklagt hatte, eine Aktennotiz, in der stand, daß die Polizei von Dallas »sehr wahrscheinlich« Präsident Kennedys Mörder festgenommen habe, »einen Mann in der Kategorie eines Spinners« der der »Castro-freundlichen Bande« angehöre, Lee Harvey Oswald.

Am späten Nachmittag dieses Tages herrschte Aufruhr im FBI-Hauptquartier in Washington. Jeder, der dort etwas darstellte, saß an seinem Schreibtisch; Telefone läuteten, Boten rannten hin und her, und Hoovers Gehilfen bemühten sich hektisch, alle verfügbaren Informationen über den Mordverdächtigen zusammenzuholen.

Bald hatte William G. Sullivan, Stellvertretender Direktor der Sicherheitsabteilung, eine ziemlich frische Akte über Oswald auf seinem Schreibtisch. Was er dort las, muß ihn tief erschüttert haben. Denn in der Akte befanden sich der FBI-Bericht über Oswalds Reise nach Mexiko; Oswalds Zusammenkunft in der Sowjetischen Botschaft mit KGB-Offizier Waleri Kostikow; eine Abschrift der CIA-Tonbänder von Oswalds und Kostikows Unterredungen, in denen Oswald sich angeblich auf ein CIA-Komplott zur Ermordung Fidel Castros bezogen hatte; Oswalds Besuche in der Kubanischen Botschaft und sein abgefangener Brief vom 9. November an Kostikow. Dazu kamen dann noch all die Daten des FBI über Oswalds jüngste Castro-freundliche Agitation in New Orleans.

Dennoch stand Oswalds Name nicht auf dem Index des FBI, und weder die Polizei noch der Geheimdienst von Dallas waren über seine jüngsten Kontakte in Mexiko unterrichtet gewesen. Wie konnte das geschehen?

Mit dem, was er soeben erfahren hatte, ging Sullivan zu Hoover, und Hoover ging geradewegs ins Weiße Haus, um das National Security Council (den Nationalen Sicherheitsrat) über die jüngsten Kontakte des Mordverdächtigen in Mexiko mit dem KGB-Verantwortlichen für Mord in der westlichen Hemisphäre zu informieren. Danach kehrte er rasch ins Hauptquartier zurück, um zu sehen, was er tun konnte, um den Ruf des nachlässigen FBI zu retten.

Als Präsident Johnson am Sonnabendmorgen auf einer Konferenz mit CIA-Direktor John McCone und Sicherheitsberater McGeorge Bundy von Oswalds jüngsten Kontakten in Mexiko in Kenntnis gesetzt wurde, soll er angeblich ausgerufen haben, daß »ein Krieg, der 40 Millionen Menschenleben kosten kann«, die Folge sein würde, wenn sich Gerüchte über ein mögliches Oswald-KGB-Castro-Komplott verbreiteten. Dann rief er Hoover an und befahl ihm, den Gerüchten ein Ende zu setzen und dafür zu sorgen, daß nicht mehr über Konspiration, insbesondere solche, die Kuba und die Sowjetunion einschloß, geredet wurde. Darauf wurde die Polizei von Dallas von den Wünschen des Präsidenten unterrichtet, und Hoover befahl dem FBI-Agenten James Hosty aus Dallas, der für Oswalds Akte verantwortlich war, Oswald nicht weiter zu verhören und sofort in sein Büro zurückzukehren. Ferner erhielt Hosty den Befehl, der Polizei von Dallas nichts aus der Akte Oswald zu verraten und die Zusammenarbeit mit ihr und dem Geheimdienst zu beenden. Erst nachdem die Warren-Kommission ihre Ermittlung über den Mord abgeschlossen hatte, erfuhr Hosty, welcher Grund hinter diesen Befehlen steckte.

Obwohl Hosty über Oswalds Besuche in der Sowjetischen und der Kubanischen Botschaft in Mexiko und sein Zusammentreffen mit Waleri Kostikow Bescheid wußte, fehlte in der Akte über Oswald die Information, daß Kostikow der für terroristische Aktivitäten einschließlich Mords in der westlichen Hemisphäre verantwortliche KGB-Offizier war. Denn aus bis jetzt noch ungeklärten Gründen hatte das Hauptquartier versäumt, diese Informationen an das Büro in Dallas weiterzuleiten. Wenn dies geschehen wäre, hätte Hosty wahrscheinlich die Polizei und den Geheimdienst von Dallas davon unterrichtet, und das Komplott, den Präsidenten zu ermorden, hätte vereitelt werden können.

Nachdem Hoover später am Abend des 22. November ins Hauptquartier zurückgekehrt war, setzte er eine gewaltige Ermittlung über den Mord in Gang. Um 21.40 Uhr schickte er ein Fernschreiben an alle Außenstellen. Darin forderte er sie auf, bei allen Informanten Einzelheiten über den Mord zu erfragen. Darauf folgte um 22 Uhr ein weiteres Fernschreiben an alle Außenstellen mit der Bitte, alle Aussagen betreffs des Mordes zu analysieren.

Am 23. November etwa um 1.35 Uhr in der Frühe wurde Oswald schließlich angeklagt, den Präsidenten ermordet zu haben. Zu Beginn der Geschäftszeit schickte Hoover eine Aktennotiz an Präsident Johnson, in der er ihn über die Anklage gegen Oswald, die gefundenen Beweise und einige Einzelheiten informierte, die seine Sympathie für Kuba betrafen: daß er Mitglied des Fairplay-für-Kuba-Komitees war und im vergangenen Sommer auf den Straßen von New Orleans für Castro demonstriert hatte.

Danach sandte Hoover eine fünfseitige, streng geheime Aktennotiz mit Begleitbrief an James J. Rowley, den Chef des US-Geheimdienstes, in dem er die Ergebnisse der Anfangsermittlung des FBI zusammenfaßte. Die Aktennotiz wurde ausdrücklich nicht an Präsident Johnson geschickt und gelangte auch nie an die Kommission, die Johnson berief, um den Mord offiziell zu untersuchen. Sie kam erst 1977, 14 Jahre später, an die Öffentlichkeit, als eine Privatperson gemäß dem Informationsfreiheits-Gesetz Klage gegen das Justizministerium erhob und das FBI sie zusammen mit 40000 weiteren Dokumenten über den Kennedymord freigab. Aber auch dann noch war ein Teil des Dokuments – der Schlußabsatz – vom FBI-Zensor gänzlich unleserlich gemacht. Später verschaffte sich der Mordermittler und Autor Mark Lane durch einen weiteren Prozeß gemäß dem Informationsfreiheits-Gesetz eine unzensierte Version der Aktennotiz. Der ehemals durchgestrichene Absatz lautet wie folgt:

»Die Central Intelligence Agency gab an, am 1. Oktober 1963 von einer sehr feinfühligen Quelle erfahren zu haben, eine Person, die sich als Lee Oswald ausgab, habe die Sowjetische Botschaft in Mexiko betreten und gefragt, ob Nachrichten für sie vorlägen. Spezialagenten dieses Büros, die mit Oswald in Dallas, Texas, gesprochen haben, betrachteten Fotos und hörten eine Tonbandaufnahme seiner Stimme. Diese Spezialagenten sind der Ansicht, daß die oben angegebene Person nicht mit Lee Harvey Oswald identisch sei.«

So hatte J. Edgar Hoover einen überzeugenden Bericht von seinen Agenten in Dallas, daß der Mann, der sich Oswald nannte und in die Sowjetische Botschaft gegangen war, wo er mit Waleri Kostikow gesprochen hatte, wahrscheinlich ein Betrüger war.

Die Existenz eines falschen Oswald erklären zu müssen wäre Hoover sehr peinlich gewesen, denn er wußte, daß sich wahrscheinlich schon 1960 einmal jemand als Oswald ausgegeben hatte. Obwohl er das Außenministerium zweimal warnend darauf hingewiesen hatte, war er seit damals nicht wieder auf die Angelegenheit eingegangen und hatte irgendwie einen Weg gefunden, seine ursprüngliche Aktennotiz aus Oswalds FBI-Akte verschwinden zu lassen.

Tatsächlich fand erst 1975 ein privater Mordermittler die betreffende Aktennotiz unter den Dokumenten der Warren-Kommission, die im Nationalarchiv deponiert worden waren. Mitglieder der Warren-Kommission sagten jedoch, daß man ihnen die Hoover-Aktennotiz nicht gezeigt habe. Ferner stellte sich heraus, daß die beiden Aktennotizen, die Hoover an das Außenministerium geschickt hatte, nicht in der Oswald-Akte der Behörde vorhanden waren. Offenbar hatte irgend jemand, auf Befehle Hoovers reagierend, sehr schnell gehandelt, nachdem Oswald als Verdächtiger im Kennedymord genannt worden war.

Die verschwundene Aktennotiz vom 3. Juni 1960 von Direktor Hoover an das Außenministerium hatte zuerst einmal die Einzelheiten über Lee Harvey Oswalds Überlaufen in die Sowjetunion geschildert und dann überzeugende Beweise geliefert, daß »ein Betrüger Oswalds persönliche Daten in der Sowjetunion und anderswo benutzen könnte«.

Jetzt, am 23. November 1963, einen Tag nach der Ermordung des Präsidenten, lag dem Direktor des FBI, der lange im stillen den Verdacht gehegt hatte, daß sich irgend jemand für Oswald ausgab, ein CIA-Bericht über den Besuch des Mordverdächtigen Oswald in der Sowjetischen Botschaft in Mexiko im Oktober vor, begleitet von Fotos und Tonbandaufnahmen des Mannes, der angeblich Lee Harvey Oswald war. FBI-Agenten aus Dallas hatten dann nachdrücklich bestritten, daß die beiliegenden Fotos und Tonbänder von Lee Harvey Oswald stammten. Daß ein Doppelgänger, der behauptete, Oswald zu sein, die Sowjetische Botschaft besucht und mit KGB-Offizier Kostikow über CIA-Komplotts zur Ermordung Castros gesprochen hatte, wies darauf hin, daß irgend jemand bewußt versucht hatte, in Mexiko falsche Beweise gegen Oswald aufzubauen, um ihm den bevorstehenden Präsidentenmord anzuhängen.

Als Hoover diese Möglichkeit erkannte, die deutlich auf die Existenz einer Verschwörung zur Ermordung des Präsidenten hinwies – die das FBI eigentlich längst hätte aufdecken müssen –, muß ihm das Blut in den Adern erstarrt sein. Denn das Büro hatte ja nicht nur versäumt, eine mögliche Verschwörung aufzudecken, sondern auch den groben Schnitzer gemacht, Oswalds Namen nicht auf den Innere-Sicherheits-Index zu setzen. Wenn dies zu der Zeit geschehen wäre, da CIA und FBI Kenntnis von Oswalds – oder seines Doppelgängers – Betätigungen in Mexiko bekommen hatten, dann wären FBI und Geheimdienst in Dallas alarmiert worden, daß Oswald ein Sicherheitsrisiko und daher eine Gefahr für den Präsidenten bedeutete.

Hoover konnte nur eines tun, wenn ihn die Öffentlichkeit nicht verdammen oder gar für den Mord verantwortlich machen sollte: Er mußte die FBI-Ermittlung ausschließlich darauf ausrichten, daß Oswald als der alleinige Täter dastand.

Um diesen Entschluß in die Tat umzusetzen, schickte Hoover am Samstagabend, dem 23. November, ein Fernschreiben an alle Außenstellen, in der er seine frühere Anordnung vom Vorabend, alle Aussagen betreffs des Mordes zu analysieren, rückgängig machte. Die FBI-Agenten führten darauf kurze Proforma-Untersuchungen der hereinströmenden Aussagen durch, ohne zu versuchen, sie richtig zu analysieren. Diese Strategie sollte Hoover vor möglicher Kritik schützen, daß seine Agenten nicht sorgfältig genug gearbeitet hätten.

Am folgenden Tag, Sonntag, dem 24. November, um 11.21 Uhr, wurde Oswald von Jack Ruby ermordet. Als Hoover in seinen Akten über Ruby, der einst FBI-Informant gewesen war, nachsah, bemerkte er rasch, daß dieser viele Beziehungen zu Personen hatte, die mit dem organisierten Verbrechen in Verbindung standen. Ferner erkannte er, daß Ruby den angeklagten Mörder im typischen Mafiastil zum Stillschweigen gebracht, einen gefährlichen Zeugen wie in der Unterwelt üblich ausradiert hatte.

Hoover überredete gleichentags den Stellvertretenden Justizminister Katzenbach, der nach dem Fast-Zusammenbruch Robert Kennedys amtierender Justizminister geworden war, sich seinem Plan anzuschließen. Da Oswald sich nicht mehr selbst verteidigen konnte, rief Hoover Präsidentenberater Walter Jenkins an und sagte ihm: »Mr. Katzenbach und ich halten es für äußerst wichtig, etwas herauszugeben, womit wir die Öffentlichkeit überzeugen können, daß Oswald der wirkliche Mörder war.«

Am folgenden Tag, Montag, dem 25. November, nahmen Präsident Lyndon Johnson und FBI-Direktor J. Edgar Hoover an dem imposanten Staatsbegräbnis John F. Kennedys teil, dem vielleicht theatralischsten in der Geschichte der Nation. Nach der Beisetzung in Arlington begab Johnson sich ins Außenministerium, um die ausländischen Staatsoberhäupter zu empfangen, die an dem Begräbnis teilgenommen hatten, und J. Edgar Hoover kehrte in sein Büro zurück, um die neuesten Entwicklungen im Mordfall zu erfahren.

Und solche gab es im Überfluß. Am frühen Abend stand Hoover zwei zutiefst beunruhigenden Hinweisen auf eine Verschwörung gegenüber.

Zuerst einmal erfuhr er, daß ein Mann mit dem Decknamen »D« in der Amerikanischen Botschaft in Mexiko erschienen sei. Er habe berichtet, daß er am 18. September im kubanischen Konsulat gewesen sei und gesehen habe, wie »Kubaner Oswald Geld gaben und darüber sprachen, daß Oswald jemanden ermorden solle«.

Zweitens hörte er von einem Anruf, der am Nachmittag vom FBI in New Orleans gekommen war und gemeldet hatte, daß David Ferrie, ein angeblicher Freund Oswalds, unter dem Verdacht, mit Oswald konspiriert zu haben, verhaftet und von Polizei, Geheimdienst und FBI zum Verhör festgehalten worden sei.

Am Dienstag, dem 26. November, kehrten die Washingtoner Behörden an die Arbeit zurück. Am selben Morgen traf Präsident Johnson sich mit CIA-Direktor McCone. Er teilte ihm mit, daß das FBI die Hauptverantwortung für die Untersuchung von Kennedys Tod trage, und wies ihn an, dem FBI die CIA-Quellen zur Verfügung zu stellen. Während der Unterredung hörten Johnson und McCone, daß der amerikanische Botschafter in Mexiko die Ansicht vertrat, die kubanische Regierung sei in den Mord verwickelt.

Inzwischen befürchtete Johnson sehr, daß die Öffentlichkeit von den Indizien, die Castro mit dem Mord verbanden, erfahren würde. Es reichte, daß die Öffentlichkeit bereits wußte, daß der angebliche Mörder anscheinend ein Castro-Sympathisant war. Wie würde sie auf die Aussage reagieren, die »D« gerade eben in der Amerikanischen Botschaft in Mexiko gemacht hatte? Johnson und seine engsten Berater wußten, daß sie das Verlangen der Öffentlichkeit nach Rache am kubanischen Präsidenten dann nicht mehr würden zügeln können. Und Johnson wußte auch, daß ein erneuter Konflikt mit Kuba einen erneuten Konflikt mit der Sowjetunion nach sich ziehen konnte. Daher forderte er Medien und Vollstreckungsbehörden auf, nicht von Konspiration zu sprechen, schon gar nicht in Zusammenhang mit Kuba oder der Sowjetunion.

Als ob er diesen Wunsch vom Standpunkt des Justizministeriums aus unterstreichen wollte, schickte der Stellvertretende Justizminister Katzenbach am 26. folgende Botschaft an Bill Moyers, den Assistenten des Präsidenten:

»Es ist wichtig, daß alle Tatsachen, die den Mord an Präsident Kennedy betreffen, bekanntgegeben werden, und zwar so, daß sie die Menschen in den Vereinigten Staaten und im Ausland überzeugen, daß alles gesagt wurde. Es ist ebenfalls wichtig, daß eine öffentliche Erklärung hierüber abgegeben wird.

1. Die Öffentlichkeit muß überzeugt werden, daß Oswald der Mörder war; daß er keine Verbündeten hatte, die noch auf freiem Fuße sind, und daß das Beweismaterial dergestalt ist, daß er in einem Prozeß verurteilt worden wäre.
2. Spekulationen über Oswalds Motiv sollten unterbunden werden, und wir sollten irgendeine Grundlage haben, um den Gedanken zu widerlegen, daß dies eine kommunistische oder (wie die Presse hinter dem Eisernen Vorhang behauptet) rechtsgerichtete Verschwörung war, die den Kommunisten angelastet werden soll. Unglücklicherweise wirken die Tatsachen über Oswald zu glatt, zu einleuchtend (Marxist, Kuba, russische Ehefrau usw.).«

Später bemerkte Hoover zu seinem Stellvertretenden Direktor Alan Belmont, daß der FBI-Bericht, den er über den Mord schrieb, »die Wogen insofern glätten soll, was Oswald und seine Betätigungen betrifft, sowohl vom Standpunkt aus, daß er der Mann ist, der den Präsidenten ermordet hat, als auch im Hinblick auf Oswald selbst, seine Betätigungen und seinen Hintergrund«.

Am 26. erhielt Hoover ein langes Fernschreiben vom FBI in New Orleans über das Verhör David Ferries. Das Fernschreiben berichtete von der Verhaftung Ferries nach seiner Rückkehr von einer zweitägigen Reise durch Texas gleich nach dem Mord und der Aussage Jack Martins, aus der hervorging, daß Ferrie Oswald gelehrt hatte, mit einem Gewehr mit Zielfernrohr zu schießen, und mit ihm besprochen hatte, gemeinsam mit ihm Präsident Kennedy zu ermorden. Ferner berichtete es von Ferries Verbindung mit dem äußerst Castro-feindlichen Kubanischen Revolutionsrat und von seiner Beschäftigung durch Carlos Marcellos Anwalt G. Wray Gill. Gill, stand in dem Fernschreiben, sei am 24. November in Ferries Wohnung gegangen und habe Ferries Zimmergenossen Layton Martens gesagt, daß Lee Harvey Oswald bei seiner

Verhaftung durch die Polizei von Dallas einen Leserausweis »mit Ferries Namen darauf« bei sich gehabt habe. Das Fernschreiben schloß mit einem skizzenhaften Bericht über Ferries kürzliche Reise nach Texas, Ferries Behauptung, Oswald nicht zu kennen, und seiner Aussage, daß er von »Ende August bis zum 22. November für Carlos Marcello gearbeitet habe, gegen den das Bundesgericht Anklage wegen einer gefälschten Geburtsurkunde erhoben habe«, und daß er im Augenblick des Kennedymords mit Marcello im Bundesgerichtsgebäude gewesen sei.

Hoover ordnete darauf die Fortsetzung der FBI-Ermittlung gegen Ferrie an, stellte sich dann öffentlich hinter Katzenbachs Botschaft an Moyers vom selben Morgen (die er eigenhändig entworfen hatte) und teilte schließlich Alan Belmont mit, daß der angekündigte FBI-Bericht »die Wogen glätten wird, was Oswald und seine Betätigungen betrifft«.

Und dennoch muß Hoover insgeheim beunruhigt gewesen sein über die Berichte, die er aus New Orleans über Ferrie, seine angebliche Beziehung zu Oswald und seine zugegebene zu Carlos Marcello erhalten hatte.

Er muß auch über den Bericht beunruhigt gewesen sein, den er am selben Nachmittag vom FBI-Büro in Savannah erhielt. Zu diesem Zeitpunkt erfuhr Hoover zum erstenmal von der Aussage Mr. Sumners aus Darien, Georgia, daß er im März oder April gesehen habe, wie jemand, von dem er sicher sei, daß es sich um Lee Harvey Oswald handle, Geld vom Manager von Carlos Marcellos »Town & Country«-Restaurant in New Orleans erhalten habe.

Als wäre das nicht genug, kam am nächsten Tag ein Bericht über eine im FBI-Büro von Oakland gemachte Aussage, die Ruby mit einem Genossen Carlos Marcellos in Verbindung brachte. Der Bericht von Mittwoch, dem 27. November, enthält das Interview mit Bobby Gene Moore mit einem FBI-Agenten, wonach Jack Ruby »Gangster-Verbindungen« in Dallas habe, darunter auch mit Joseph Civello.

J. Edgar Hoover wußte genau, daß Joseph Civello der Mafiaboß von Dallas war, daß er 1957 am Mafiagipfeltreffen in Apalachin teilgenommen und daß er Carlos Marcellos Beauftragter war. Der Gedanke, daß Ruby Civello nahestand, muß Hoover sehr beunruhigt haben. Er hatte bereits erfahren, daß Oswald mit einem von Marcellos Leuten in New Orleans befreundet gewesen war. Nun war auch Ruby mit einem Gefährten Marcellos verbunden.

Wie reagierte Hoover darauf? Offiziell befahl er dem FBI in Dallas, ein Proforma-Verhör mit Joseph Civello anzustellen, dann nahm er keine Notiz mehr von den finsteren Andeutungen, die Moores Aussage enthielt. Der FBI-Bericht von dem Interview, das die Spezialagenten John T. McMurren und Ivan D. Lee in Dallas mit Civello führten, lautet wie folgt:

»*Joseph Francis Civello*, 4044 Cedar Springs, gab folgendes an:

Er kennt *Jack Ruby* seit etwa zehn Jahren, hat ihn in dieser Zeit jedoch nur vier- oder fünfmal gesehen. Er stand *Ruby* nie sehr nahe und hat ihn, nach bestem Wissen und Gewissen, irgendwann im Jahre 1957 zum letztenmal gesehen. Wegen seines geringen Umgangs mit *Ruby* wußte er nichts von dessen Persönlichkeit, politischen oder philosophischen Überzeugungen und konnte keine Informationen über ihn liefern. Er kannte *Lee Harvey Oswald* nicht und wußte daher auch nichts über eine Beziehung zwischen *Ruby* und *Oswald*.«

Ende der Ermittlung.

Am folgenden Tag – Mittwoch, dem 28. November – erreichte noch eine Aussage über einen Genossen der Marcellos das Hauptquartier. Es war Eugene De Laparras Behauptung, daß er im März oder April Vincent Marcellos Freund Ben Tregle habe sagen hören, daß »ein Preis auf den Kopf des Präsidenten ausgesetzt sei« und daß jemand Kennedy töten würde, wenn er nach Süden käme.

Hoover ging auch darauf kaum ein und ließ statt dessen am Montag, dem 2. Dezember, die Nachricht von der FBI-Ermittlung über den Mord an die Presse durchsickern, aus der hervorging, daß Oswald der alleinige Täter war. So geschah es, daß am Morgen des 3. Dezember – fünf Tage bevor der erste summarische Bericht des FBI der Öffentlichkeit zugänglich gemacht und zwei Tage bevor er an Präsident und Justizminister übermittelt werden sollte – eine UPI-Story an alle Zeitungen des Landes ging, die folgende Schlagzeile trug:

»Wie wir heute aus Regierungsquellen erfahren, wird ein erschöpfender, für das Weiße Haus bestimmter FBI-Bericht, der kurz vor seiner Vollendung steht, aufzeigen, daß Lee Harvey Oswald der alleinige Mörder Präsident Kennedys war.«

William Sullivan schrieb später in seinen Memoiren, daß Hoover befohlen hatte, den Bericht an die Presse durchsickern zu lassen, »um den Wunsch nach einer unabhängigen Untersuchung des Mordes abzuschwächen«.

Am Nachmittag des 5. Dezember, eines Donnerstags, erfuhr Präsident Johnson aus einem Vorausexemplar des »erschöpfenden« FBI-Berichts, daß Lee Harvey Oswald der alleinige Mörder Präsident Kennedys war und daß Jack Ruby, sein Killer, ihn in einem Anfall patriotischer, gemeinsinniger Entrüstung erschossen hatte, allein und ohne Unterstützung durch irgendwelche Komplizen.

Selbstverständlich wurde in dem Bericht nichts von den ungeprüften Aussagen erwähnt, die Oswald mit Marcellos Mitarbeitern David Ferrie und Joseph Poretto in Verbindung brachten und Ruby mit Joseph Civello, Marcellos Hauptgeschäftsträger in Dallas. Auch De Laparras Information kam nicht darin vor. Knapp zwei Wochen waren seit dem Mord verstrichen. Der »erschöpfende Bericht« beruhte auf einer Ermittlung, die sich ausschließlich darauf konzentriert hatte, Oswald zu belasten, ohne zu prüfen, ob auch nur eine einzige der Aussagen, die darauf hindeuteten, daß er Komplizen hatte, von Belang war.

Wie wir sehen werden, wurde Hoovers Sicht der Dinge anschließend der Präsidentialkommission aufgedrängt, die Lyndon Johnson berufen hatte, um das Verbrechen »offiziell« zu untersuchen. Da diese im Hinblick auf Beweismaterial gänzlich auf das FBI angewiesen war, konnte Hoover ihre Ermittlung geschickt manipulieren, indem er ihr wichtige Informationen vorenthielt oder unter Bergen verrückter Aussagen begrub.

Heute, 25 Jahre später, wird endlich bekannt, welcher Geist hinter Hoover stand. Hoover hatte kein Interesse, den Kennedymord aufzudecken oder die Schuldigen vor den Richter zu bringen. Sein einziges Interesse war, seinen Ruf und den des FBI zu schützen. Eine umfassende, offene Untersuchung des Mordes war Hoover ein Greuel, da sie drohte, seine eigenen Versäumnisse und die des FBI zu enthüllen.

Was wollte Hoover denn nun unbedingt unter den Teppich kehren? Beweise für eine Verwicklung Kubas in den Mord? Nein, er hatte dem Legat in Mexiko befohlen, »Ds« Aussage gründlich zu untersuchen, bevor sie an die CIA weiterging. (Viel später wurde entdeckt, daß »D« ein nicaraguanischer Falschinformant war, der versuchte, Castro in den Mord mit hineinzuziehen.) Das FBI war aber eine einheimische Nachrichtenbehörde. Die Ermittlung über eine mögliche kubanische oder sowjetische Verwicklung in den Mord gehörte eigentlich in den Aufgabenbereich der CIA und der Nachrichtenabteilung des Außenministeriums. Folglich faßte Hoover trotz seiner Kenntnis von den CIA-Mafia-Komplotts zur Ermordung Castros gleich zu Anfang seiner Ermittlung den festen Entschluß, nicht zu prüfen, ob die kubanische Regierung vielleicht in den Mord verwickelt war, und wies seine Agenten an, keine Interviews mit dem kubanischen Informanten des Büros zu führen. Was die Möglichkeit betraf, daß einheimische »extremistische« Organisationen in das Verbrechen verwickelt waren, sieht es nicht so aus, als ob Hoover sich übermäßig angestrengt habe, Aussagen über die Mitwirkung an dem Verbrechen von Gruppen, die aus Anhängern der Rassentrennung, Kommunisten oder Faschisten bestanden, zu unterdrücken oder bewußt zu ignorieren. Das Material, das in den letzten 25 Jahren sorgfältig zusammengetragen wurde, zeigt unmißverständlich, daß die mögliche Verschwörung, die Hoover am meisten fürchtete und bewußt zu vertuschen suchte, diese eine war, über die das FBI bis zum 18. Dezember ausführliche Indizienbeweise gesammelt hatte: ein Komplott, an dem die Marcello-Organisation in New Orleans und Dallas beteiligt war.

Es gab viele Gründe, weshalb Hoover die Entdeckung eines solchen Komplotts gefürchtet hätte, und alle entsprangen seinem ungeheuren bürokratischen Selbsterhaltungstrieb. Wenn herauskam, daß Carlos Marcello und sein kriminelles Netz hinter Oswald und Ruby steckten, würde Hoover in Ungnade fallen und mit ihm das FBI.

Denn bis Ende Dezember 1963 hätte das Justizministerium einen überzeugenden Bericht zusammengestellt, aus dem hervorgegangen wäre, daß Justizminister Kennedy Hoover wiederholt aufgefordert hatte, die Ermittlungen seines Büros über Carlos Marcello zu intensivieren, und daß Hoovers Agenten immer wieder unterlassen hatten, diesen Aufforderungen sattsam nachzukommen. Wenn dieses Pflichtversäumnis herauskam, würde Hoover von Robert Kennedy, dem Mann, den er auf der Welt am meisten haßte, angeklagt werden, indirekt am Tod seines Bruders schuld zu sein.

Als Präsident Johnson am 29. November die Warren-Kommission ins Leben rief, um den Mord zu untersuchen, stand Hoover vor einer gewaltigen persönlichen Herausforderung: die Kommission so zu beeinflussen, daß sie nicht zu anderen Schlüssen über den Mord kam als er.

Wie wir sehen werden, begegnete Hoover der Herausforderung mit großer Geschicklichkeit.

## 38

# Täuschung und Manipulation: Hoover und die Warren-Kommission

Als Präsident Lyndon B. Johnson die Warren-Kommission ins Leben rief, um den Mord an Präsident Kennedy zu untersuchen, schuf er J. Edgar Hoovers Macht gleichzeitig sieben neue Feinde. Daher griff Hoover sogleich auf seine liebste Kriegslist zurück: Er befahl seinen Gehilfen, über jedes Mitglied ein Geheimdossier anzulegen, damit er im Notfall genug Schmutz in seinen Akten hätte. Daß Hoover die Warren-Kommission als Feind betrachtete, wurde 1975 vom Senatsausschuß zur Untersuchung der Geheimdienste zum erstenmal öffentlich enthüllt. Der Ausschuß hatte interne FBI-Aktennotizen entdeckt, die eindeutig darauf hinwiesen, daß Hoover in großer Sorge war, die Warren-Kommission könne im Fall Kennedy Beweise finden, die für ihn und das Büro peinlich wären.

Wie sich herausstellte, war die Warren-Kommission, was Beweise betraf, gänzlich auf die Untersuchung des FBI angewiesen. Hoover überließ demzufolge der Kommission nur das Material, das er für »geeignet« hielt.

Hoover hatte das Glück, daß ein Mitglied der Warren-Kommission bestrebt war, seine Kollegen zu überzeugen, daß der Mord das Werk eines einzelnen Revolverhelden gewesen war, dem keine Mitverschwörer geholfen hatten: der ehemalige CIA-Direktor Allen Dulles.

Auf der ersten Geheimsitzung der Kommission, die am 6. Dezember stattfand, tat Dulles etwas sehr Verdächtiges: Er gab jedem seiner Kollegen ein Exemplar eines Buches über amerikanische politische Morde, in dem behauptet wurde, daß all diese Verbrechen die Werke einzelner, bindungsloser Irrer seien. Das deutet darauf hin, daß Dulles sich fürchtete, eine Verschwörung im Kennedymord aufzudecken, weil das wiederum zur Aufdeckung der kunstvollen Verschwörung zur Ermordung des Präsidenten von Kuba führen könnte, in die er kurz zuvor verwickelt gewesen war.

Denn bis zu dem Zeitpunkt, an dem Präsident Kennedy ihn seines Postens als Direktor der CIA enthoben hatte – nach dem Fiasko in der Schweinebucht –, war Allen Dulles an einer von der CIA geförderten Verschwörung zur Ermordung Fidel Castros beteiligt gewesen. Außer ihm gehörten dazu noch mindestens vier weitere CIA-Mitarbeiter – Richard Bissell, J. C. King, Sheffield Edwards und ein nicht namentlich aufgeführter Beamter – und mindestens drei Mafiabosse – Sam Giancana, Johnny Roselli und Santos Trafficante – sowie vielleicht auch noch ein vierter, Carlos Marcello.

Wenn die Kommission überzeugende Beweise erhielt, die nahelegten, daß Oswald oder Ruby oder beide womöglich von Mafia oder CIA benutzt worden waren, dann würden bei einer gründlichen Untersuchung auch die Pläne zur Ermordung des kubanischen Präsidenten ans Tageslicht kommen. Folglich sagte Dulles seinen Kollegen kein Sterbenswörtchen über die Castro-feindlichen Pläne und tat sein möglichstes, um die Einzeltäterlösung zu fördern.

Es dauerte nicht lange, bis der Mann, der sich diese Lösung ausgedacht hatte, sie der Kommission andrehte, und zwar auf verschiedene Weise, sowohl ganz offen als auch raffinierter.

Die Warren-Kommission hatte ihre erste Geheimsitzung am 6. Dezember abgehalten. Am 9. Dezember war der fünfbändige zusammenfassende Bericht über die Morduntersuchung des FBI fertig gedruckt und wurde in mehreren Exemplaren an die Kommission geschickt. Am selben Tag tat Hoover seinen ersten Schachzug, die Ermittlung der Kommission zu manipulieren. Er bat den Stellvertretenden Justizminister Katzenbach, eine Botschaft an den Kommissionsvorsitzenden Warren zu senden, in der er der Kommission empfahl, sofort öffentlich zu erklären, daß aus dem FBI-Bericht eindeutig hervorgehe, daß Oswald der alleinige Mörder war und keine Komplizen hatte.

Es stimmt, daß der zusammenfassende Bericht Oswald eindeutig als den alleinigen Täter bezeichnete. Doch ohne daß es jemand außer Hoover, ein oder zwei seiner engsten Mitarbeiter und ein paar FBI-Agenten in New Orleans wußte, lief im selben Augenblick, da der Bericht verteilt wurde, eine Ermittlung in Texas, die Beweise beizubringen drohte, die den Schlüssen des Berichts widersprechen. Denn anders als bei anderen Verschwörungshinweisen ging das Büro im Dezember bei seiner Untersuchung David Ferries aufs Ganze. FBI-Berichte über diese streng geheime Ermittlung, die bis zum 18. Dezember dauerte, weisen darauf hin, daß Ferrie selbst am 5. Dezember nochmals interviewt wurde und daß ihn dann der Geheimdienst überprüfte, der seinen Schlußbericht über ihn erst am 13. Dezember freigab – vier Tage *nachdem* Hoover seinen zusammenfassenden Bericht veröffentlicht hatte, in dem stand, daß Oswald der alleinige Mörder des Präsidenten sei.

Skandalös an Hoovers verfrühter Veröffentlichung des zusammenfassenden FBI-Berichts war, daß die Information, die das FBI über Ferrie erhielt, *den Verdacht erhärtete, daß er mit Oswald – und vielleicht auch mit Marcello – in eine Verschwörung zur Ermordung des Präsidenten verwickelt war.*

Wie alle Welt weiß, kam die Warren-Kommission zu dem Schluß, daß Lee Harvey Oswald der alleinige Mörder des Präsidenten und Jack Ruby der alleinige Killer des angeklagten Mörders sei. Sie hatte diesen Schluß hauptsächlich auf Grund der Informationen gezogen, die J. Edgar Hoover ihr gegeben hatte.

Doch welche Informationen gab Hoover der Kommission *nicht* beziehungsweise ohne jegliche Erklärung? Die Liste ist lang und äußerst verdächtig. Hoover informierte die Kommission nicht, daß Oswalds Onkel und Ersatzvater ein Mitglied des Glücksspiel-Netzwerks der Marcellos war; daß Oswald Marcellos Privatdetektiv David Ferrie kannte; daß Ferrie an den beiden Wochenenden vor dem Mord mit Carlos Marcello zusammengewesen war; daß Ferrie am 25. November im Büro des Staatsanwalts von New Orleans festgehalten worden war unter dem Verdacht, an einer Verschwörung zur Ermordung von Präsident Kennedy beteiligt zu sein; daß Ferrie am Wochenende nach dem Mord eine äußerst verdächtige Reise durch Texas unternommen und an dem Nachmittag, bevor Ruby Oswald erschoß, Carlos Marcello in seinem »Town & Country«-Hauptquartier von Houston aus angerufen hatte; daß FBI-Informant José Aleman vor Bundesagenten des FBI-Büros in Miami gleich nach dem Mord wiederholt hatte, daß Santos Trafficante, der Mafiaboß von Florida, ihm gesagt habe, Präsident Kennedy werde »umgelegt«; daß Informanten in den Tagen gleich nach dem Mord Aussagen gemacht hatten, die auf eine Verwicklung Marcellos in das Verbrechen hindeuteten; daß Jack Ruby in den beiden Monaten vor dem Mord eine Vielzahl verdächtiger Telefongespräche mit mehreren berüchtigten Gangstern, darunter einem Leutnant Carlos Marcellos, geführt hatte; daß Ruby Umgang mit zwei Mitgliedern der Unterwelt von Dallas pflegte, die Carlos Marcello nahestanden; daß Ruby viel mehr war als ein kleiner Nachtklubbetreiber aus Dallas; er war auch in Drogenhandel, verbotenes Glücksspiel und Waffenschmuggel nach Kuba verwickelt gewesen.

Daß Hoover der Warren-Kommission nichts von den Beweisen für eine Verbindung zwischen Oswald, Ferrie und Marcello berichtete, war eine seiner schändlichsten Unterlassungssünden. Am bedenklichsten aber war, daß die Mitglieder der Kommission dank Hoovers Vorenthaltung gewisser Dokumente nie erfuhren, daß ein Freund Lee Harvey Oswalds, der eingefleischte

Kennedy-Gegner David Ferrie, sich an den beiden Wochenenden vor dem Mord mit einem ebenso eingefleischten Kennedy-Feind, dem Mafiaboß Carlos Marcello, auf dessen Besitz in Louisiana getroffen hatte.

Wenn die Kommission von diesen beiden Treffen gewußt hätte, wäre sie verpflichtet gewesen, eine gründliche Untersuchung der Beziehung zwischen Oswald und Ferrie und der zwischen Ferrie und Marcello in den Monaten vor dem Mord durchzuführen. Sowohl Ferrie als auch Marcello hätten vor der Kommission aussagen müssen.

In verschiedenen, dem FBI innerhalb einer Woche nach dem Präsidentenmord von Informanten übermittelten Aussagen wurden die Marcellos oder ihre Genossen genannt. Dazu zählten Carlos, Joseph, Vincent und Anthony Marcello, David Ferrie, Ben Tregle, Norman Le Blanc, Eugene De Laparra, Joseph Poretto, Leutnant Johnny Harris, Ernest Insalmo, Informant SVT-1 (Gene Sumner), Bobby Gene Moore, Joseph Civello und William Abadie. Aber die Kommission rief nie irgendeine dieser Personen als Zeugen auf.

Und weil Hoover der Kommission Edward Partins Aussage über José Alemans Drohung, beide Brüder Kennedy zu töten, und José Alemans Meldung an das FBI, daß Santos Trafficante ihm erzählt habe, Präsident Kennedy würde »umgelegt«, vorenthielt, rief diese auch Jimmy Hoffa, Edward Partin, José Aleman und Santos Trafficante nicht als Zeugen auf.

Hoover handelte empörend nachlässig, als er der Warren-Kommission nicht mitteilte, daß Lee Harvey Oswalds Onkel und Ersatzvater ein Buchmacher und Glücksspieler war, der mit einem von Carlos Marcellos wichtigsten Geschäftspartnern in Verbindung stand. Das FBI besaß seit 1944 Berichte in seinen Akten, daß Dutz Murret mit der Unterwelt von New Orleans zu tun hatte; damals wurde er in einem Verbrechensbericht des FBI über die Stadt als Betreiber zweier Klubs genannt, die Tarnungen für verbotene Buchmacherei waren.

Burt Griffin, Stellvertretender Rechtsberater der Warren-Kommission, teilte dem Mordausschuß des Repräsentantenhauses 1978 mit, daß die Kommission von Rubys Verbindungen zur Unterwelt gewußt habe. Da aber keine Beweise vorlagen, daß auch Oswald Kontakte zur Unterwelt hatte, habe sie die Möglichkeit, das organisierte Verbrechen könne hinter dem Mord stehen, unberücksichtigt gelassen.

Ebenso empörend war, daß Hoover der Kommission Beweise vorenthielt, die dafür sprachen, daß irgend jemand sich schon 1960 und dann auf der Mexikoreise von Oktober 1963 als Lee Harvey Oswald ausgegeben hatte.

Die Möglichkeit, daß es einen Oswald-Doppelgänger gab, war bei den Beratungen der Kommission mehrmals erwähnt, aber stets verworfen worden.

Jedesmal, wenn die Kommission Berichte erhielt, daß Oswald zur gleichen Zeit an zwei verschiedenen Orten gesehen worden war, zog sie vor zu glauben, daß einer der Informanten sich irrte. Unter anderem schenkte die Kommission der Doppelgängertheorie auch deshalb keinen Glauben, weil das FBI ihr keinen einzigen Bericht vorgelegt hatte, aus dem hervorging, daß ein falscher Oswald unterwegs war. Erst elf Jahre nach Beendigung der Untersuchung der Warren-Kommission entdeckte der Senatsausschuß zur Untersuchung der Geheimdienste, daß Hoover doch Verdacht geschöpft hatte. Irgend jemand habe sich mindestens seit dem 10. Juni 1960 als Lee Harvey Oswald ausgegeben. Die Aktennotiz darüber war der Kommission jedoch nie vorgelegt worden. Und erst 13 Jahre nach Auflösung der Kommission entlockte der unabhängige Ermittler und Schriftsteller Mark Lane dem FBI eine unzensierte Version von Hoovers streng geheimer Aktennotiz vom 23. November 1963 an den Geheimdienstchef James Rowley. Darin war die Rede von überzeugenden Beweisen, daß der Mann, der sich als Oswald ausgegeben und am 1. Oktober 1963 die Sowjetische Botschaft in Mexiko aufgesucht hatte, wahrscheinlich ein Betrüger war.

Wenn die Warren-Kommission Hoovers Aktennotizen vom 10. Juni 1960 und 23. November 1963 gehabt hätte, wäre sie gezwungen gewesen zu untersuchen, ob jemand, der sich als Lee Harvey Oswald ausgab, in den Monaten unmittelbar vor dem Mord in New Orleans, Mexiko und Dallas eine Spur belastender Beweise gelegt hatte. Das wäre ein sicheres Zeichen gewesen, daß es eine Verschwörung gab, den Präsidenten zu töten und Oswald den Mord in die Schuhe zu schieben.

Wie war es möglich, daß Hoover die Ermittlung der Warren-Kommission so nachhaltig manipulieren konnte? Im Laufe der Jahre sind viele Beispiele ans Licht gekommen. Wir werden in diesem Buch drei davon untersuchen.

Nach dem Mord strömten Hunderte von Aussagen ins FBI-Hauptquartier in Washington und seine Außenstellen im ganzen Land. Zu Anfang hielt Hoover es nicht für erforderlich, die unaufbereiteten Einzelheiten dieser Aussagen an die Warren-Kommission weiterzuleiten, wie er auch unaufbereitete Einzelheiten über andere Angelegenheiten, die mit dem Mord zu tun hatten, nicht weitergeleitet, sondern statt dessen lieber zusammenfassende Berichte veröffentlicht hatte.

Am 16. Dezember begann dieses Verhalten gewisse Mitglieder der Kommission zu beunruhigen. Die Kommission nahm einen Beschluß an, der Hoover zwingen sollte, seine unbearbeiteten Akten freizugeben.

Es wurde beschlossen, daß die Kommission umgehend von allen Behörden und Ministerien der Regierung das Rohmaterial verlangt, auf dem alle der Kommission übergebenen Berichte beruhten...

Dieser Beschluß wurde J. Edgar Hoover am 17. Dezember brieflich übersandt und machte ihn wütend. Nun mußte er der Kommission eine ganze Menge provozierender Verschwörungshinweise überlassen, darunter die Berichte über David Ferrie und diejenigen, in denen die Marcellos vorkamen. Wie sollte er sich da herausreden?

Er ließ seine Agenten gewaltige Mengen verschiedenartiger Aussagen zusammensuchen, Hunderte und Aberhunderte, und schickte sie der Kommission in Form von langatmigen »Berichten«, begleitet von einem Brief an J. Lee Rankin, den Obersten Rechtsberater der Kommission, der ausschnittweise folgendermaßen lautete:

»In einer Anzahl von Fällen sind die Ermittlungen in diesem Bericht unvollständig, und zwar insoweit, als die betreffenden Aussagen nicht gänzlich geklärt wurden. Um dies sicherzustellen, wurde in jedem Fall eine zusätzliche Ermittlung eingeleitet... Ein Beispiel für einen solchen Fall ist die Behauptung eines gewissen Bill Baker, daß ein Bekannter von ihm, Joseph Noble Adams, mehrfach behauptet habe, das White Citizens Council [der Weiße Bürgerrat] sei verantwortlich für den Mord an Präsident Kennedy und werde sich auch um den Justizminister kümmern. Ferner sagte er, daß diese Gruppe aus schlecht behandelten Militärangehörigen bestehe, zu der auch er und Oswald gehörten.

Adams wurde daraufhin im Stadtgefängnis von Austin, Texas, ausfindig gemacht und gestand beim Verhör, daß er ein chronischer Alkoholiker sei. Auf Grund seiner Alkoholsucht sei es durchaus möglich, daß er die ihm zugeschriebenen Angaben gemacht habe. Er könne sich jedoch kaum noch an die Ereignisse erinnern.«

Der wahre Zweck von Hoovers Brief erscheint offenkundig. Indem er Joseph Noble Adams' Aussage unter Hunderten auswählte, versuchte er, der Kommission zu beweisen, daß all diese Aussagen nichts als Gefasel von Geistesgestörten und Alkoholikern waren, nicht wert, ernsthaft in Erwägung gezogen zu werden.

An diesem Punkt lohnt es sich, zu beachten, daß Hoover in jedem FBI-Bericht an die Kommission, in dem von einer linksgerichteten oder kommunistischen Verschwörung die Rede war, die politischen Sympathien der betreffenden Person oder Organisation einigermaßen ausführlich beschrieb. Doch wenn er der Kommission einen Bericht schickte, der eine Verschwörung durch das organisierte Verbrechen thematisierte, gab er nie eine Erläuterung und wies meistens nicht einmal darauf hin, daß ein angeblicher Verschwörer mit dem organisierten Verbrechen in Verbindung stand.

Was geschah denn nun genau, wenn Aussagen die Warren-Kommission erreichten, die auf konspirative Aktivitäten seitens der Marcello-Organisation hinwiesen? Das ist schwer zu sagen. Hoover und seine Gehilfen hatten versäumt, die Kommission auf ihre mögliche unheilvolle Bedeutung hinzuweisen. So schloß der Herausgeber, der 26 Bände mit Anhörungen und Beweisurkunden, die schließlich den Schlußbericht der Warren-Kommission begleiten sollten, sie nicht mit ein. In der Folge wurden sie nie gelesen, nicht einmal von jenen unermüdlichen Seelen, die sich die Zeit nahmen, alle 26 Bände durchzuackern. Sie verschwanden unter Bergen verrückter Aussagen in den Akten des Nationalarchivs über die Untersuchung des Kennedymords durch die Warren-Kommission.

Doch warum wurden sie später nicht von den Scharen von Journalisten und unabhängigen Mordermittlern in die Hand genommen, die über die Berichte der Warren-Kommission herfielen, nachdem sie dem Archiv übergeben worden waren? Sie wurden es nicht, weil den Aussagen bestimmte Schlüsseldokumente des FBI fehlten. Diese waren der Kommission vorenthalten worden und kamen erst Ende der siebziger/Anfang der achtziger Jahre ans Tageslicht, als das Justizministerium gemäß dem Informationsfreiheits-Gesetz auf ihre Freigabe verklagt wurde. Wir haben bereits auf diese Praxis hingewiesen, und zwar im Fall Sumner. Sumner hatte angeblich gesehen, wie jemand, der Oswald sehr ähnlich sah, vom Manager des »Town & Country«-Restaurants in New Orleans Geld annahm. Ohne Erhellung durch das FBI und ohne persönliche Kenntnis von der kriminellen Marcello-Organisation und ihrem Hauptquartier im »Town & Country«-Motel in New Orleans hätte kein Mitglied der Warren-Kommission und später kein Ermittler im Nationalarchiv einen Grund gesehen, Sumners ursprünglicher Aussage besondere Bedeutung beizumessen.

Was Bobby Gene Moores Aussage über Jack Rubys Verbindung zu Joseph Civello betrifft, sind wir sicher, daß sie von irgendeinem Mitglied des Kommissionsstabs gelesen wurde, weil es eindeutige Beweise gibt, daß sie im ursprünglichen FBI-Bericht frisiert wurde, bevor er Aufnahme in das veröffentlichte Beweismaterial der Kommission fand.

Der ursprüngliche FBI-Bericht, datiert vom 27. November 1963, schloß Moores Behauptung ein, Jack Ruby habe mit Joseph Civello verkehrt. Doch als er als Beweisdokument 1536 in den veröffentlichten Bänden der Kommission auftauchte, fehlte der Absatz über Rubys Bekanntschaft mit Civello, wodurch das Dokument harmlos wurde. Wer hat den Absatz gestrichen und warum? Die Sache bleibt rätselhaft. Offenbar wollte ein Mitarbeiter der Warren-Kommission nicht, daß die Welt von Jack Rubys engem Kontakt mit Mafiaboß Carlos Marcellos Bevollmächtigtem in Dallas erfuhr. Auch Bobby Gene Moores Aussage schickte Hoover der Kommission ohne Erklärung und eingezwängt in einen Stapel »dummen Zeugs«.

Aber die vielleicht schamloseste von Hoovers Manipulationen war, daß er Jack Martins Aussage über David Ferries Verbindung mit Oswald, seine mögliche Verwicklung in eine Mordverschwörung und seine geheimnisvolle Reise nach Texas am Wochenende des Mordes fast völlig unterschlug. Diese Berichte wurden der Warren-Kommission nie zugestellt, nicht einmal mit den Stapeln von »dummem Zeug«.

Im Laufe der Jahre kamen regelmäßig viele weitere Beispiele, wie Hoover die Untersuchung der Warren-Kommission manipulierte, ans Licht. 1975 entdeckte der Senatsausschuß zur Untersuchung der Geheimdienste in den Akten des FBI Beweise, daß Hoover die CIA-Mafia-Komplotts von 1960–63 zur Ermordung Castros kannte und die Warren-Kommission trotzdem nicht darüber informierte. Und 1979 stellte der Mordausschuß des Repräsentantenhauses fest, daß das FBI 1962 und 1963 mit elektronischen Abhörgeräten mindestens ein halbes Dutzend Gespräche zwischen diversen Mafiaführern und ihren Untergebenen aufgezeichnet hatte, in denen entweder gedroht wurde, Präsident Kennedy zu töten, oder gewünscht, daß er getötet werde. Dennoch meldete Hoover sie weder dem Geheimdienst noch John oder Robert Kennedy und enthielt sie auch bewußt der Warren-Kommission vor.

Mit der Zeit wurden Hoovers Bemühungen, die Nachforschungen der Warren-Kommission zu kontrollieren, und seine fixe Idee, daß Oswald der alleinige Mörder sei, so auffällig, daß sie den Verdacht mehrerer Mitglieder und Mitarbeiter der Kommission weckten. Am 22. Januar 1964, knapp anderthalb Monate nach der ersten Geheimsitzung der Kommission, hielten die Kommissare Allen Dulles und Hale Boggs sowie Haupt-Rechtsberater Rankin eine ebenfalls geheime Sitzung ab, deren Protokoll nicht im Schlußbericht steht, aber später unter den Notizen eines Stenographen gefunden wurde:

| | |
|---|---|
| DULLES | Warum sollte es in seinem [des FBI] Interesse sein, zu behaupten, er [Oswald] sei zweifelsfrei der einzige Schuldige? |
| RANKIN | Sie wollen, daß wir aufhören. |
| BOGGS | Damit wäre der Fall abgeschlossen, nicht wahr? |

RANKIN — Sie haben den Mann gefunden. Mehr kann man nicht tun. Die Kommission unterstützt ihren Schluß, und wir können nach Hause gehen, und damit ist die Sache erledigt.

BOGGS — Ich möchte nicht, daß dies aufgeschrieben wird.

DULLES — Ja. Ich glaube, dieser Bericht sollte vernichtet werden.

Ein anderer Abschnitt der Abschrift zeigt, daß Hauptrechtsberater Rankin die Durchführung dieser speziellen Ermittlung durch das FBI mit größtem Mißtrauen betrachtete. Als ehemaliger Stellvertretender Justizminister hatte Rankin viel Erfahrung im Umgang mit Hoover und dem FBI; dies war das erste Mal, daß Hoovers Organisation so rasch zu einer sicheren »Beurteilung« eines Falles gekommen war, ohne alle Spuren verfolgt zu haben.

RANKIN — Da ist auch dieser Faktor, der ... ein ziemlich strittiger Punkt in diesem Fall ist, und ich nehme an, daß Sie alle es gemerkt haben. Das heißt, daß das FBI sehr bestimmt behauptet, daß Oswald der Mörder sei. Es behauptet sehr bestimmt, daß es keine Verschwörung gab, und sagt auch, daß es seine Ermittlung fortsetzt. Aus meiner eigenen, fast neunjährigen Erfahrung weiß ich, daß es erstens schwer ist, es zu bewegen, eine Person für schuldig zu erklären, wenn man glaubt, ein Fall sei hieb- und stichfest. Aus meiner Erfahrung mit dem FBI weiß ich, daß es das nicht tut. Es behauptet, es beurteile nicht (fasse keine Schlüsse), und ich habe immer wieder erlebt, daß es das nicht tut. Und zweitens ist es nicht allen Arten von Spuren in Mexiko und Rußland und so weiter nachgegangen, was es wahrscheinlich hätte tun können – das geht uns nichts an, es ist ...

DULLES — Was ist es?

RANKIN — Es hat nicht alle Spuren der Informationen verfolgt. Es könnte wahrscheinlich sagen ..., das gehe uns nichts an.

DULLES — Ja.

RANKIN — Aber es kommt zu dem Schluß, daß es keine Verschwörung geben kann, ohne diese verfolgt zu haben. Das widerspricht meiner Erfahrung mit dem FBI.

DULLES — Stimmt. Sie haben recht. Ich habe sehr viele Berichte gelesen.

Wie wir gesehen haben, war Rankins Mißtrauen wohlbegründet. Es gab »alle Arten von Spuren in Mexiko und Rußland«, aber auch in Kuba und im

»Town & Country«-Motel, die Hoover eigentlich hätte verfolgen müssen. Er hatte es nicht getan und trotzdem behauptet, es gebe keine Verschwörung.

Eine nähere Untersuchung dessen, was Hoover beliebte, der Warren-Kommission nicht mitzuteilen oder zu erklären, enthüllt zwangsläufig, daß er etwas Bestimmtes vertuschen wollte: die Möglichkeit, daß das organisierte Verbrechen in den Mord verwickelt war, insbesondere daß die Marcello-Organisation eine führende Rolle in der Planung und Ausführung des Verbrechens spielte. Denn fast alle Informationen, die Hoover vorenthielt oder nicht erklärte und die vielleicht Licht auf die Existenz einer Verschwörung geworfen hätten, hatten mit dem organisierten Verbrechen zu tun.

Wir müssen also zwangsläufig folgern, daß Hoover weit mehr über die Umstände des Präsidentenmordes wußte, als er jemals zugab. Man verweigert oder unterdrückt keine Informationen, wenn man sie für harmlos hält.

Um Hoover Gerechtigkeit widerfahren zu lassen, muß man die Möglichkeit erwähnen, daß einige Aussagen über den Kennedymord nie den Schreibtisch des Direktors erreichten. Vielleicht kamen sie nicht weiter als bis auf den Tisch des Stellvertretenden Direktors Alex Rosen, der damals Leiter der allgemeinen Ermittlungsabteilung des Büros war, derjenigen Abteilung, der Hoover die Untersuchung des Mordes übertragen hatte. Als ich Mr. Rosen darüber interviewen wollte, verweigerte er die Mitarbeit. Der ehemalige Stellvertretende Direktor Courtney Evans, der die Gesamtleitung der Sonderermittlungsabteilung hatte, sagte mir, Hoover habe »alles gesehen«, räumte jedoch ein, daß dies für ihn selbst nicht zutreffe. Als ich ihn dringend um Einzelheiten bat und fragte, ob er alle Berichte über David Ferrie gesehen habe, antwortete er: »David wer?« Auf Grund von Interviews mit anderen FBI-Beamten, die sich gut in der Weiterleitung von Berichten über den Mord auskannten, kann man jedoch davon ausgehen, daß Direktor Hoover tatsächlich alles sah, es sei denn, daß Alex Rosen und seine Mitarbeiter ihm absichtlich bestimmte Berichte und Aussagen vorenthielten. Das muß nicht einmal aus finsteren Gründen oder bürokratischer Selbsterhaltung geschehen sein, sondern um dem Direktor die Last zu ersparen, Hunderte von Aussagen zu lesen, die Rosen und seine Mitarbeiter für dummes Zeug gehalten haben mochten.

Es ist meine Überzeugung, daß J. Edgar Hoover wußte oder zumindest argwöhnte, daß Carlos Marcello und seine kriminelle Organisation sowohl bei der Ermordung des Präsidenten als auch beim Mord an dessen verdächtigtem Mörder eine Rolle gespielt hatten und daß er daher in einer Mischung aus Angst und Egoismus absichtlich Beweise für diese Möglichkeit verheimlichte. Angst, daß er und das FBI in Ungnade fallen würden, weil es dem FBI nicht gelungen war, eine Mordverschwörung aufzudecken, in die Carlos Marcello verwickelt war. Egoismus, weil er bereit war, seinen Verdacht beiseite zu schieben und darauf zu verzichten, Wahrheit und Gerechtigkeit Genüge zu tun, sondern statt dessen einen Mann zu bezichtigen, dessen offenbarer Ruf als »Kommunist« Hoovers beharrliche Beteuerung rechtfertigte, daß der Kommunismus und nicht das organisierte Verbrechen Amerikas innerer Feind Nummer eins sei.

Es gibt noch eine weitere plausible Erklärung für J. Edgar Hoovers seltsam neutrale, fast passive, ja anscheinend sogar beschützende Einstellung zu Carlos Marcello: Hoovers seltsame Beziehung zu dem New Yorker Mafiaboß Frank Costello. Denn wie wir wissen, war Marcello Ende der dreißiger, Anfang der vierziger Jahre Costellos Schützling gewesen und bald seine rechte Hand in Louisiana geworden. Es wäre nicht einmal übertrieben, zu behaupten, daß Frank Costello Carlos Marcellos ungewöhnliche kriminelle Karriere möglich gemacht hatte.

Doch war irgend etwas daran an den Gerüchten, daß Costello und Hoover häufig Kontakt miteinander hatten? William G. Hundley zufolge, dem ehemaligen Leiter der Abteilung »Organisiertes Verbrechen« des Justizministeriums unter Justizminister Kennedy, entsprachen sie der Wahrheit. Hundley sagte mir, er habe den Gerüchten über eine Beziehung zwischen Costello und Hoover so lange skeptisch gegenübergestanden, bis er unvermutet Gelegenheit hatte, aus erster Quelle etwas darüber zu erfahren.

Irgendwann in den fünfziger Jahren war Hundley in New York und wohnte bei seinem Freund Edward Bennett Williams. Einer von Williams' berühmteren Klienten war Frank Costello. Als Hundley dort war, erschien Costello selbst eines Morgens zum Frühstück.

Während sie aßen, sprach Hundley Costello auf die Gerüchte an, die er über ihn und den FBI-Direktor gehört hatte. Daraufhin rasselte der muskulöse Costello mit den behaarten Armen und der heiseren Stimme eine Reihe von Geschichten über seine Freundschaft mit Hoover herunter, die er, wie Hundley damals meinte, gar nicht so spontan hätte erfinden können. Hundley ließ sich schließlich überzeugen.

Wie Hundley an jenem Morgen beim Kaffee erfahren zu haben behauptet, pflegte Hoover, wenn er nach New York kam, Costello auf einer Bank im Central Park zu treffen, wo sie »sich aussprachen« und zu einer Art Modus vivendi kamen, der für beide bequem war. Anscheinend liebte sowohl Costello als auch Hoover die Rennbahn, und Hundley hatte erfahren, daß sie manchmal gemeinsam zum Rennen gingen. Als er Costello fragte, ob das wahr sei, lachte Costello und rief: »Die Pferderennen! Sie ahnen ja gar nicht, wie viele Rennen ich wegen Hoovers lausiger Zehn-Dollar-Wetten manipulieren mußte!«

Man kann sich vorstellen, was so eine Beziehung für Hoovers Einstellung gegenüber Carlos Marcello bedeutete. Marcello verdiente damals, in den Tagen von Costellos Glücksspielunternehmungen in Südlouisiana, eine Menge Geld für Costello. Die beiden blieben im Laufe der Jahre enge Freunde. Nach dem Kodex der Mafia bilden gegenseitige Verpflichtungen ein außergewöhnlich festes Band. Wenn man einmal die offenbar engen Beziehungen Hoovers zu Costello und die gegenseitigen Verpflichtungen, die sie eingegangen sein mochten, bedenkt, wäre Hoover da etwa geneigt gewesen, energisch gegen Costellos Schützling in Louisiana vorzugehen?

Die Warren-Kommission hinterließ eine gewaltige Menge Dokumente. Die meisten kamen ins Nationalarchiv. Einige wurden den 26 Bänden einverleibt, die den Schlußbericht der Kommission begleiteten. Im Jahre 1980 stellten zwei Privatleute, Sylvia Meagher und Gary Owens, die dem Studium des Kennedymords und seiner Untersuchung viel Zeit, Energie und Geld gewidmet hatten, ein Register des Warren-Berichts und aller veröffentlichten Anhörungen und Beweise der Warren-Kommission zusammen. In diesem vierundneunzigseitigen Register steht nirgends der Name Marcello. Dank J. Edgar Hoover gelangte er nie zur Kenntnis der Warren-Kommission. Aber in dem Register, das Meagher und Owens für die Untersuchung des Mordausschusses des Repräsentantenhauses zusammenstellten, die 15 Jahre nach der Veröffentlichung der Befunde der Warren-Kommission beendet wurde, gibt es eine ganze Spalte Stichworte über Carlos Marcello und Mitglieder seiner Familie. Wie ist das möglich? Die Antwort ist, daß J. Edgar Hoover tot war, als der Mordausschuß mit seiner Untersuchung des Kennedymords begann.

39

# Der Schlußbericht der Kommission

Die sieben berühmten Mitglieder der Warren-Kommission – vom Vorsitzenden Chief Justice Earl Warren über den ehemaligen CIA-Direktor Allen Dulles zu den Kongreßabgeordneten Gerald R. Ford und Hale Boggs – verkörperten die Elite des amerikanischen Establishments und bildeten ein herausragendes Gremium. Dennoch verrät eine genaue Analyse der Beratungen der Kommissionsmitglieder, des obersten Rechtsberaters und seiner Assistenten eine ausgesprochene Abneigung, dem Verbrechen auf den Grund zu gehen. Ihr Schlußbericht über die Ermordung Präsident Kennedys und die seines angeblichen Mörders erwies sich als wenig mehr als ein Abhaken der eiligen Schlüsse, die J. Edgar Hoover innerhalb einer Woche nach dem Mord gezogen hatte.

Die sieben Männer, die Lyndon Johnson für die Kommission ausgewählt hatte, verkörperten ein Spektrum des amerikanischen Establishments, das nicht geneigt sein würde, dunkle Verschwörungen aufzudecken, die das Seelenleben des amerikanischen Volkes erschüttern konnten. Jeder von ihnen stand für ein Gebiet des nationalen Lebens, das er gewiß gegen alle Beschuldigungen, irgendeine damit verbundene Person oder Vereinigung könne in den Mord verwickelt sein, verteidigen würde. Chief Justice Earl Warren, der den Vorsitz äußerst widerstrebend übernommen hatte, war der höchste Regierungsbeamte der Kommission und würde gewiß den Ruf der Regierung, der er diente, schützen. Der ehemalige CIA-Direktor Allen Dulles, der von Präsident Kennedy nach dem Fiasko in der Schweinebucht hinausgeworfen worden war, würde vermutlich die Interessen der Organisation, der er so viele Jahre gedient hatte, im Auge behalten. (Jahre später stellte sich heraus, daß er James J. Angleton, Leiter der CIA-Spionageabwehr, regelmäßig über die geheimen Beratungen der Kommission informierte.) Die Senatoren Richard Russell, ein

Demokrat aus Georgia, und John Sherman Cooper, ein Republikaner aus Kentucky, würden bestimmt nichts für Verschwörungshinweise übrighaben, die den Mord weißen Verfechtern der Rassentrennung aus den Südstaaten anhängen wollten. Aus Fairness gegenüber Russell muß jedoch erwähnt werden, daß er sich als das einzige Mitglied der Kommission entpuppte, das sich gegen das Urteil der Kommission – keine Verschwörung – sträubte. Er war auch das einzige Mitglied, das den Vorsitzenden Warren bat, seine Weigerung im Schlußbericht zu erwähnen. Warren schlug die Bitte ab.

Was den ehemaligen internationalen Bankier und Diplomaten John J. McCloy betraf, den Inbegriff des besonnenen, zuverlässigen, soliden Staats- und Geschäftsmannes, so würde dieser gewiß auf den Ruf des Militärindustriekomplexes aufpassen, dessen weitreichende Macht Kennedys Vorgänger im Oval Office so beunruhigt hatte. Desgleichen konnte man von dem Abgeordneten Gerald R. Ford, einem engen Freund J. Edgar Hoovers, erwarten, daß er jede Aussage rasch unschädlich machen würde, die Oswald oder Ruby oder irgendeinen anderen Verdächtigen in dem Mordfall mit dem FBI in Verbindung brachte. (Später schrieb William Sullivan, J. Edgar Hoovers Stellvertreter zur Zeit des Mordes, in seinen Memoiren: »Hoover war entzückt, als Gerald Ford in die Kommission berufen wurde. Der Direktor schrieb in einem seiner internen Memos, daß das Büro damit rechnen durfte, daß Ford ›sich um die Interessen des FBI kümmern würde‹. So geschah es auch. Er hielt uns genau auf dem laufenden über das, was hinter verschlossenen Türen geschah. Er war unser Mann, unser Informant bei der Warren-Kommission.«)

Schließlich war auch zu erwarten, daß der Abgeordnete Hale Boggs, ein Demokrat aus Louisiana, die Regierung von Lee Harvey Oswalds Heimatstaat nötigenfalls verteidigen würde. Wie sich herausstellte, trat dieser Notfall nicht ein, denn wie wir wissen, kümmerte sich J. Edgar Hoover darum, daß Carlos Marcello, Boggs' Hauptgeldgeber und graue Eminenz in der Regierung des Staates Louisiana, bei den Beratungen der Kommission nicht genannt wurde. Um Boggs Gerechtigkeit widerfahren zu lassen, sollte beachtet werden, daß er gegen Ende der Untersuchung mißtrauisch wurde gegenüber den Schlußfolgerungen der FBI-Ermittlung und dem Mann, der sie durchgeführt hatte. (Jahre später erinnerte sich ein ehemaliger Mitarbeiter des Kongreßabgeordneten aus Louisiana: »Hale kam immer wieder auf eines zurück: daß Hoover die Kommission wie gedruckt belogen hatte – über Oswald, über Ruby, ihre Freunde, die Kugeln, die Schußwaffen, was auch immer ...«)

Seltsamerweise übersah die Kommission durchweg, wie wenig Information durch Hoovers Sieb tröpfelte, die für eine Beteiligung des organisierten Verbrechens sprach. Auch zeigte sie große Mängel beim Verhör Jack Rubys und in der Bewertung seiner Persönlichkeit und Betätigungen. Im großen und ganzen glaubte die Kommission den Zeugen, denen sie glauben wollte, ganz gleich, wie überzeugend ihre Aussagen waren. Desgleichen akzeptierte sie nur die Beweise, die sie akzeptieren wollte, ganz gleich, wieviel sie wirklich wert waren.

Ein Beispiel dafür ist die Behandlung der Aussage des Journalisten Seth Kantor. Kantor war damals Korrespondent im Weißen Haus für die Zeitungen des Hauses Scripps-Howard, ein angesehener Reporter, der zuvor für den *Dallas Times-Herald* gearbeitet hatte. Jack Ruby sagte vor der Warren-Kommission aus, daß er am 22. November zu keiner Zeit im Parkland-Krankenhaus gewesen sei. Seth Kantor dagegen berichtete in seinen Zeitungen, informierte das FBI und sagte vor der Warren-Kommission aus, daß er Ruby an jenem Tag um 13.30 Uhr dort gesehen habe. Kantors Bericht wurde sogar noch von Wilma Tice, einer anderen Zeugin, bestätigt. Sie sagte aus, daß sie am Freitag nachmittag im Krankenhaus neben einem Mann gestanden habe, der genauso aussah wie die Fotos von Ruby, die später in den Zeitungen erschienen waren. Dennoch schloß die Warren-Kommission, daß Kantor unrecht habe und »verwirrt« sei, Ruby dagegen recht habe mit seiner Behauptung, das Krankenhaus nach dem Mord nicht betreten zu haben. Die Kommission nahm die Worte eines kleinen Gangsters ernster als die eines für seine genaue Berichterstattung bekannten Journalisten, weil sie einfach nicht glauben *wollte*, daß Ruby in dem Augenblick, da der Präsident starb, im Krankenhaus gewesen war. Das war zu verdächtig, zu schwer zu erklären.

Aber die Kommission beschränkte ihre Auslese beim Wägen von Beweisen nicht nur auf so verhältnismäßig belanglose Fragen. Sie verdrehte auch wichtige Beweise im Mordfall selbst. Das empörendste Beispiel dafür ist, wie sie mit der Wunde umging, die sich knapp unterhalb des rechten Schulterblatts des Präsidenten befand. In ihrem Schlußbericht behauptete die Kommission, daß die Wunde sich am Halsansatz des Präsidenten befand, das heißt 15 Zentimeter höher als in Wirklichkeit. Damit sollte eine gerade Linie zu der mutmaßlichen Austrittswunde am Hals des Präsidenten gezogen werden, die, wie die Ärzte in Dallas festgestellt hatten, oberhalb des Hemdkragens lag und wie ein Einschuß aussah – und all dies, obwohl das Protokoll der Beratung darauf schließen läßt, daß sowohl der Vorsitzende Warren als auch der Haupt-Rechtsberater Rankin die richtige Stelle der Rückenwunde genau kannten. Auf diese Weise konnte die Kommission Rücken- und Halswunde einer Kugel und einem Schützen zuschreiben und Hoovers Theorie von dem Einzeltäter rechtfertigen.

Ein weiteres Beispiel für das kuriose Ausleseverfahren der Kommission war die Folgerung, die sie über Jack Rubys Beziehung zum organisierten Verbrechen zog. Wir wissen, daß Hoover die Kommission bewußt nicht darauf hinwies, daß Ruby mit Joseph Civello, dem Mafiaboß von Dallas und Geschäftspartner Marcellos, verkehrte. Aber das FBI übergab der Kommission Aufzeichnungen über Rubys Telefongespräche in den Monaten Oktober und November. Drei der verdächtigsten gingen an Männer, die bekanntlich mit dem organisierten Verbrechen verbunden waren: Irwin S. Weiner, Strohmann des Chicagoer Mobs; Barney Baker, Exsträfling und Hauptvollstrecker für Jimmy Hoffa; und Nofio Pecora, einer von Carlos Marcellos engsten Mitarbeitern. Unglaublicherweise maß die Kommission diesen Telefongesprächen keine Bedeutung bei und schrieb in ihrem Schlußbericht, daß Jack Ruby keine wichtigen Beziehungen zum organisierten Verbrechen habe. Er sei bloß ein patriotischer Nachtklubbetreiber und Polizeifan, der am *Rande* der Unterwelt lebe.

Die Kommission hatte keine Schwierigkeiten, Rubys Aussage ernster zu nehmen als die von Seth Kantor. Doch als Ruby andeutete, daß er beim Mord an Oswald von jemandem für dessen Zwecke benutzt worden sei, überging sie ihn stillschweigend.

Als Chief Justice Warren Ruby im Kreisgefängnis von Dallas verhörte, sagte Ruby, er fürchte um sein Leben, wenn er in Dallas bleibe, und gab zu verstehen, daß er von jemandem manipuliert worden sei, als er Lee Harvey Oswald erschoß.

Es ist wohlbekannt, daß die Mafia mit Leichtigkeit ein Mitglied töten kann, das im Gefängnis sitzt. Ruby mag daran erinnert worden sein – sofern das überhaupt nötig war –, als ihn sein Freund Joe Campisi, der zweite Mann der Mafia von Dallas, kurz nach seiner Einlieferung im Kreisgefängnis von Dallas besuchte.

Es sieht so aus, als habe Ruby große Angst gehabt, zum Schweigen gebracht zu werden. Als er vor Chief Justice Warren aussagte, meinte er: »Vielleicht lebe ich morgen nicht mehr und kann keine weitere Aussage machen... Ich möchte der Öffentlichkeit offen und ehrlich mitteilen – und das kann ich hier nicht –, wie alles gewesen ist und warum ich die Tat begangen habe.« Ruby, der offenbar befürchtete, daß der Gefängnisraum abgehört wurde, bat Warren flehentlich, ihn in Washington aussagen zu lassen. Warren schlug Ruby die Bitte achtmal ab. Als die Vernehmung sich dem Ende näherte, bat Ruby Warren nochmals eindringlich: »Wenn Sie mich nicht nach Washington bringen, bekommen Sie nichts mehr aus mir heraus... Ich bin für einen Zweck benutzt worden.« Umsonst. Für Warren war Rubys Vernehmung beendet.

Etwas mehr als ein Jahr später konnte Ruby eine außergewöhnliche öffentliche Erklärung abgeben, als er gerade im Begriff war, das Gerichtsgebäude zu betreten, in dem der Mordfall Lee Harvey Oswald verhandelt werden sollte. Seine Worte wurden anschließend im CBS-Fernsehen gesendet. Nachdem er gebeten hatte, der Bundesgerichtsbarkeit unterstellt zu werden, rief er den Journalisten zu: »... totale Verschwörung... und der Mord ebenfalls..., wenn Sie die Tatsachen kennten, wären Sie erstaunt!«

Ruby wurde nicht der Bundesgerichtsbarkeit unterstellt und lebte auch nicht lange genug, um irgend jemandem seine erstaunlichen Tatsachen mitzuteilen. Im Dezember 1966, während er auf sein Wiederaufnahmeverfahren wartete, wurde er, tödlich an Krebs erkrankt, aus seiner Gefängniszelle in das Parkland-Krankenhaus verlegt, wo er am 3. Januar 1967 starb.

Warum kümmerte sich die Warren-Kommission nicht um Jack Rubys offensichtliche Verbindung mit dem organisierten Verbrechen und seine beharrliche Bitte, aus Dallas fortgeschafft zu werden, damit er die Wahrheit über die Ermordung Oswalds sagen könne?

Daß Ruby Teil einer Verschwörung der Mafia zur Ermordung des Präsidenten war – sofern dies überhaupt stimmte –, war offenbar das *letzte*, was sowohl die Kommission *als auch der Präsident* wissen wollten. Denn sowohl Präsident Johnson als auch mindestens drei Mitgliedern der Kommission wäre es äußerst peinlich gewesen, wenn Giancana, Trafficante oder Marcello wegen Teilnahme an einem Komplott, Präsident John F. Kennedy zu ermorden, vor Gericht gestellt worden wären.

Johnson wäre es peinlich gewesen, weil Bobby Baker, sein ehemaliger Schützling im Senat, der ihm auch acht Jahre als Sekretär gedient hatte, als Johnson Fraktionsführer war, eine Menge Geschäfte mit der Mafia in Las Vegas, Chicago, Louisiana und der Karibik getätigt hatte. Dies schildert G. R. Schreiber in seinem Buch *The Bobby Baker Affair* ausführlich. Johnson nannte Baker seinen Ersatzsohn und »einen meiner treuesten Freunde«. Dennoch brachte Baker, während er für Johnson arbeitete, seine Betätigung als Washingtoner Handlanger schließlich eine ein- bis dreijährige Gefängnisstrafe ein. Die Anklagepunkte waren Steuerhinterziehung, Diebstahl und Betrug, bei dem es um fast 100000 Dollar politisches Bestechungsgeld ging. Und das war nur die Spitze des Eisbergs. Wer weiß, was bei einem Prozeß gegen einen Mafiaboß wie Carlos Marcello, mit dem Johnsons Ersatzsohn so viele Geschäfte gemacht hatte, herauskommen würde? Johnson sagte John McCormack, dem Sprecher des Repräsentantenhauses, einmal in Anwesenheit des Washingtoner Lobbyisten Robert Winterberger (der die Begegnung in *The Washington Payoff* beschrieb), daß er glaube, Baker könne ihn ruinieren, vielleicht sogar ins Gefängnis bringen.

Doch wie wir wissen, waren Schützling Bakers Verbindungen zum organisierten Verbrechen nicht Johnsons einzige Sorge. Da lauerte auch noch der unheilvolle Schatten von Marcellos texanischem Geschäftsfreund und politischem Handlanger Jack Halfen. Wie der Enthüllungsjournalist Michael Dorman in seinem Buch *Payoff* beschrieb, hatte Halfen in den fünfziger Jahren angeblich einen Prozentsatz von Carlos Marcellos Gewinnen aus Rennsport-Informationsdienst und Glücksspielautomaten in Texas abgeschöpft und Lyndon Johnsons politischer Kampagne zugeführt. Das war gemäß Dorman die Gegenleistung für Johnsons Bemühungen im US-Senat, sowohl im Plenarsaal als auch in den Hinterzimmern, die Interessen des Mobs zu schützen. Johnson habe, weil er auf das Geld von Halfen beziehungsweise Marcello angewiesen war, alle gesetzlichen Maßnahmen gegen das organisierte Verbrechen, die Halfens und Marcellos Unternehmungen in Texas hätten schaden können, im Ausschuß abzuwürgen geholfen. 1964 befand sich Jack Halfen hinter Gittern, aber er besaß 260 Meter Filmaufnahmen, auf denen er und seine Frau auf einem Jagdausflug in Texas mit den Johnsons herumhüpften. Es gab auch eine Menge Leute in Texas, die bereit waren, gegen Bezahlung mit Beamten des Justizministeriums einschließlich Justizminister Robert F. Kennedys über die Beziehung Halfen–Marcello–Johnson zu reden. Ein ehemaliger Beamter des Justizministeriums erzählte mir sogar, daß zur Zeit des Kennedymords eine dicke Untersuchungsakte auf Robert F. Kennedys Schreibtisch im Justizministerium gelegen habe, in der die Verbindung Halfen–Marcello–Johnson ausführlich behandelt wurde. Man nimmt an, daß Justizminister Kennedy die Untersuchung dieser Verbindung und Bobby Bakers Beziehungen zum organisierten Verbrechen fortgesetzt hätte, wenn Präsident Kennedy nicht getötet worden wäre. Das hätte den heimlichen Bemühungen der Brüder Kennedy genützt, den Vizepräsidenten zu diskreditieren, damit sie ihn 1964 von der demokratischen Wahlliste streichen konnten. Nein, Lyndon Johnson hätte sich ganz gewiß nicht gewünscht, daß die Warren-Kommission eine Verschwörung zur Ermordung seines Vorgängers John F. Kennedy aufdeckte, hinter der sein ehemaliger Wohltäter Carlos Marcello stand.

Was das Kommissionsmitglied Allen Dulles betrifft, so haben wir bereits gezeigt, weshalb er nichts von der Möglichkeit eines Mafiakomplotts zur Ermordung des Präsidenten wissen wollte. Er selbst war ja der Schöpfer eines ausgeklügelten, von CIA-Agenten und Mafiaführern getragenen Komplotts, den Präsidenten von Kuba zu ermorden. Angenommen, die Existenz dieses Komplotts würde bekannt, und angenommen, es könnte bewiesen werden, daß es nach hinten losgegangen wäre und die Ermordung des Präsidenten der Vereinigten Staaten bewirkt hatte?

Es war natürlich ein großer Skandal, daß die Warren-Kommission nie von dem laufenden CIA-Mafia-Komplott zur Ermordung Castros erfuhr. Was hätte mehr Belang haben können? Die Sondergruppe des Weißen Hauses untersuchte die Angelegenheit, während die Warren-Kommission noch beriet. Und dennoch informierten die Schlüsselpersonen, die von den Komplotts wußten – der ehemalige CIA-Direktor Dulles, der amtierende Direktor McCone, FBI-Direktor Hoover und Justizminister Kennedy –, die Kommission nicht darüber.

Selbst Earl Warren, der Vorsitzende der Kommission, hatte Grund, die Untersuchung des Präsidentenmordes von allen Hinweisen abzulenken, daß das organisierte Verbrechen darin verwickelt sein könnte. Denn Murray Chotiner, Warrens guter Freund und erfolgreicher Leiter des Wahlkampfes um den Gouverneursposten von Kalifornien, war Anwalt mehrerer berüchtigter Mafiaführer. Besonders nahe stand er dem Mob-Strohmann D'Alton Smith, Bruder von Carlos Marcellos Privatsekretärin Frances Pecora und Schwager von Marcellos Spitzenmann Nofio Pecora. Nein, Earl Warren würde keinen Wert darauf legen, Frances Pecora beim Prozeß gegen ihren Boß wegen Verschwörung zur Ermordung des Präsidenten im Gerichtssaal aufstehen zu sehen und über die enge Beziehung ihres Bruders zu Earls Warrens gutem Freund und ehemaligem Wahlkampfmanager Murray Chotiner aussagen zu hören.

Zum Schluß war da noch Kommissionsmitglied Hale Boggs aus Louisiana, der Aaron Kohn zufolge tief in der Schuld von Carlos Marcello stand, weil dieser mehrere seiner politischen Kampagnen finanziert hatte. Hätte die Kommission die Möglichkeit einer Beteiligung des organisierten Verbrechens, insbesondere der Marcello-Organisation, an dem Mord in Betracht gezogen, dann hätte Boggs wahrscheinlich alles getan, um sie davon abzubringen. Was Boggs' Landsmann aus Louisiana Leon D. Hubert betraf, ein Mitglied des Anwaltsstabs der Kommission, der den besonderen Auftrag hatte, Jack Rubys Beziehungen zum organisierten Verbrechen zu untersuchen, so hatte auch er Gründe, die Möglichkeit einer Beteiligung seitens Carlos Marcellos lieber nicht in Betracht zu ziehen. Hubert war kurz vorher Stellvertretender Staatsanwalt in New Orleans gewesen, wo er Aaron Kohn zufolge den Ruf erworben hatte, sanft mit der Marcello-Organisation umzugehen.

So hatten also alle Hauptpersonen, die an der Untersuchung des Mordes beteiligt waren – sei es Präsident Johnson, FBI-Direktor Hoover, Kommissionsvorsitzender Warren, die Mitglieder Dulles und Boggs oder Rechtsberater Hubert –, gute persönliche Gründe, die Untersuchung von Beweisen abzulenken, die auf eine mögliche Beteiligung des organisierten Verbrechens an dem Mord hinwiesen.

Wie aber stand es um das Haupt des Justizministeriums, Justizminister Robert F. Kennedy? Würde er, der berühmte Verbrechensbekämpfer, nicht Himmel und Erde in Bewegung setzen, um eine Mafiaverschwörung zur Ermordung seines Bruders aufzudecken?

Wie wir sehen werden, sträubte sich Robert Kennedy trotz seines Verdachts und seines Kummers am Ende genausosehr wie Präsident Johnson und Chief Justice Warren, die Mafia hineinzuziehen. Denn niemand war anfälliger für peinliche Enthüllungen seitens des Mobs als er, das neue Haupt der Familie Kennedy, der zukünftige Kandidat für den Senat und das Amt des Präsidenten der Vereinigten Staaten.

## 40

# Das Schweigen Robert Kennedys

Als Robert Kennedy Justizminister war, verfolgte er vor allem zwei Ziele: die »Operation Mongoose«, den streng geheimen Krieg der Regierung gegen Castro und sein sowjetisch unterstütztes Regime in Kuba, und den Krieg des Justizministeriums gegen das organisierte Verbrechen.

Wir können uns daher gut vorstellen, wie er sich gefühlt haben muß, als er am 23. November erfuhr, daß der als Mordverdächtiger verhaftete Mann Mitglied des Fairplay-für-Kuba-Komitees war und in New Orleans für Castro demonstriert hatte, und was in ihm vorgegangen sein muß, als er einen Tag später erfuhr, daß der verdächtigte Mörder seines Bruders im »Unterweltstil« von einem Nachtklubbetreiber und Gangster aus Dallas erschossen worden war, der, wie die Zeitungen eilig berichteten, einst in seiner Heimatstadt Chicago als Laufbursche für Al Capone gearbeitet hatte.

Robert Kennedy war nicht dumm und nicht uninformiert. Er war einer der wenigen Männer auf höchster Regierungsebene, die das CIA-Mafia-Komplott zur Ermordung Castros kannten, und er wußte auf seiner Ebene fast ganz allein, wie mächtig die Mafia war.

Er muß daher rasch Verdacht geschöpft haben, wer oder was hinter Oswald und Ruby stand. In Anbetracht dessen, was am Nachmittag des 25. November, eines Montags, über die beiden bekannt war, muß ihm möglich erschienen sein, daß Castro-freundliche Kubaner hinter dem Mord an seinem Bruder standen und das organisierte Verbrechen hinter dem an dem verdächtigten Mörder. Für jemanden, der sich auf diesen beiden Gebieten so gut auskannte wie Robert Kennedy, muß die Verbindung zwischen Castro-freundlichen Kräften und dem Mob sehr seltsam ausgesehen haben, es sei denn, Oswald wäre von Castro-Feinden irgendwie als Castro-Freund vorgeschoben worden oder hätte sich selbst fälschlicherweise als Anhänger Castros dargestellt.

Wie dem auch sei, als sein Bruder in Arlington begraben wurde, muß Robert Kennedy schmerzlich bewußt geworden sein, daß Oswald und Ruby auf den beiden Gebieten tätig gewesen waren, die ihn als Justizminister am stärksten beschäftigt hatten: Kuba und das organisierte Verbrechen.

Dieses Bewußtsein muß ihm tiefe Pein bereitet und die sowieso schon schwere Last des Leids noch schwerer gemacht haben. Denn er konnte unmöglich den schrecklichen Verdacht abschütteln, daß seine aggressiven Feldzüge gegen Castro und den Mob auf seinen Bruder zurückgeschlagen hatten.

Viele Menschen haben bezeugt, wie stark Robert Kennedy nach der Ermordung seines Bruders demoralisiert war. Sein Freund LeMoyne Billings sagte, daß der Mord »ihm viel härter zusetzte als allen anderen«, daß er »nicht wußte, wo er war... Er hatte keinen Boden mehr unter den Füßen.« Robert Blakey, damals Anwalt im Justizministerium, der im Krieg der Kennedys gegen das organisierte Verbrechen mitgekämpft hatte, erzählte mir, Kennedy sei praktisch arbeitsunfähig gewesen. William Hundley, der unter Kennedy die Abteilung »Organisiertes Verbrechen« des Justizministeriums geleitet und im November 1963 Carlos Marcellos Prozeß überwacht hatte, berichtete mir 1988, Bobby Kennedy sei so zerschmettert gewesen, daß er ihn nicht einmal für die Fälle organisierten Verbrechens, die er damals verfolgte, interessieren konnte. Als Hundley es schließlich schaffte, Kennedy über Marcellos Freispruch vom 22. November zu informieren, schaute dieser ihn nur verständnislos an, als habe er es nicht registriert. Und Nicholas Katzenbach, der gleich nach dem Mord geschäftsführender Justizminister wurde, sagte mir, Kennedy sei »völlig erledigt« gewesen und habe seine Amtspflichten nicht erfüllen können.

Bobby Kennedy war seelisch so angegriffen, daß er nach der Ermordung seines Bruders zwei Monate keine anspruchsvolle Arbeit erledigen konnte. Als er sich Ende Januar wieder wohl genug fühlte, um seine Pflichten als Justizminister zu erfüllen, verwirrte er alle Welt, indem er sich anscheinend überhaupt nicht für die laufenden Untersuchungen über die Ermordung seines Bruders interessierte. Nachdem dann die Warren-Kommission ihren Schlußbericht herausgegeben hatte, akzeptierte Kennedy öffentlich den Befund der Kommission, obwohl er privat einräumte, daß er den Verlauf der Ermittlung nicht verfolgt und den Bericht nicht gelesen habe.

Wie können wir dieses anscheinend widersprüchliche Verhalten erklären? Aus welchen Gründen nahm der aggressive, rachgierige Verbrechensbekämpfer unterwürfig die Lösung des Verbrechens hin, die der verhaßte Hoover gefunden hatte? Wieso fand er sich tatenlos ab mit den Folgerungen einer Untersuchung, die er nie verfolgt, und eines Berichtes, den er nie gelesen hatte?

Kummer allein, wie schrecklich er auch gewesen sein muß, ist keine ausreichende Erklärung für ein so untypisches Verhalten. Robert Kennedy war bekannt für seine Zähigkeit und Unverwüstlichkeit.

Heute zweifelt niemand, daß Robert Kennedy, gramgebeugt und voller Schuldgefühle, in den Wochen und Monaten nach dem Mord, in denen er von Hoover gänzlich übergangen wurde und kaum noch fähig war, seine Aufgaben als Justizminister zu erfüllen, allmählich Verdacht schöpfte, daß sein Bruder tatsächlich einer Verschwörung zum Opfer gefallen war, einer Verschwörung, in die eine oder beide Hauptzielscheiben seines Kampfes gegen das organisierte Verbrechen – Jimmy Hoffa und Carlos Marcello – verwickelt waren.

Diesen Argwohn verraten gewisse Kommentare, die Kennedy nach dem Mord gab.

Wie wir wissen, hielten Robert Kennedy und William Hundley am Mordtag im Justizministerium eine Konferenz über organisiertes Verbrechen und erwarteten am selben Morgen aus New Orleans die Nachricht, daß im laufenden Prozeß des Justizministeriums gegen Carlos und Joseph Marcello ein für sie günstiges Urteil gefallen sei. Wenn er das Urteil rechtzeitig erführe, wollte Kennedy es auf der Nachmittagssitzung verkünden. Es würde der Konferenz Auftrieb geben. Doch statt dessen erfuhr er in der Mittagspause auf seinem Landsitz in McLean, Virginia, daß sein Bruder in Dallas ermordet worden war. Kennedy sagte die Nachmittagssitzung im Justizministerium ab und sprach mit seinem Pressesekretär Edwin Guthman über den Mord. Guthman zufolge sagte Kennedy:

»Ich habe geahnt, daß sie einen von uns kriegen würden..., aber Jack war deshalb nicht besorgt, nach allem, was er durchgemacht hat... Ich glaubte, ich würde es sein.«

Wer waren »sie«? Es erscheint naheliegend, daß Kennedy sich auf gewisse Führer des organisierten Verbrechens bezog, vielleicht auf einen oder mehrere Mafiabosse und von der Mafia korrumpierte Gewerkschaftsleute, die er eingehend untersuchen und möglichst strafrechtlich verfolgen lassen wollte. Auf seiner morgendlichen Konferenz über das organisierte Verbrechen hatten er und seine Abteilungsleiter Walter Sheridan und William Hundley Vorträge über die Strafverfolgung Jimmy Hoffas in Nashville und Carlos Marcellos in New Orleans vor Staatsanwälten aus dem ganzen Land gehalten.

Etwas mehr als vierzehn Tage später, als Kennedy in Washington mit dem Historiker Arthur Schlesinger zu Abend aß, sprachen die beiden kurz über

Oswald. Kennedy bemerkte, es gebe anscheinend wenig Zweifel, daß Oswald schuldig sei. Man könne aber noch nicht sagen, ob er allein oder als Teil eines größeren Komplotts – »sei es von Castro oder von Gangstern organisiert« – gehandelt habe. Trotz all dieser Vermutungen wußte Robert Kennedy, daß er, falls Hoffa oder Marcello beteiligt waren, keine Ermittlungen über sie anstellen oder gar juristische Verfahren gegen sie einleiten konnte, obwohl er immer noch Justizminister war. Diese Erkenntnis muß in ihm ein so starkes Gefühl von Frustration und Sinnlosigkeit erweckt haben, daß ihm nichts anderes übrigblieb, als seinen Verdacht hinunterzuschlucken und sich den Erkenntnissen der Warren-Kommission der Form halber anzuschließen, obwohl er argwöhnte, daß sie nicht stichhaltig waren.

Um zu verstehen, warum Robert Kennedy sich machtlos fühlte, müssen wir uns überlegen, wie stark er und seine Familie in Beziehung auf das organisierte Verbrechen kompromittiert waren und wie er selbst folglich praktisch eine Geisel seiner Feinde, vor allem J. Edgar Hoovers, geworden war.

Wir wollen einmal betrachten, was Hoover wußte und was gewisse Mafiaführer wahrscheinlich ebenfalls wußten. Hoover wußte, daß Joseph P. Kennedy sich bei Sam Giancana um einen Beitrag zur Kampagne seines Sohnes um die demokratische Nominierung bemüht hatte und daß dieser, als Robert Kennedy ihn unter Druck setzte, verlauten ließ, er fühle sich ungerecht behandelt. Hoover war sich im klaren, daß die Brüder Kennedy die CIA-Mafia-Komplotts zur Ermordung des Präsidenten von Kuba kannten und nichts getan hatten, um sie zu verhindern. Er wußte von John F. Kennedys zahllosen Liebesaffären mit Frauen zweifelhaften Rufs, die sowohl vor als auch während seiner Ehe mit Jacqueline Bouvier stattgefunden hatten und deren unbesonnenste die beiden Affären mit Sam Giancanas Freundin Judith Campbell und der Schauspielerin Marilyn Monroe gewesen waren. Vor kurzem hatte er überzeugende Berichte von Scotland Yard erhalten, daß der Präsident sich mit einem Callgirl aus dem Ring eingelassen hatte, der John Profumo, den Verteidigungsminister Großbritanniens, zu Fall gebracht hatte. Und er hatte in seinen Akten auch Beweise für die kurze Affäre des Justizministers mit Marilyn Monroe sowie die Tonbandaufnahmen, die Jimmy Hoffas Abhörspezialist Bernard Spindell bei ihren Rendezvous heimlich gemacht hatte.

Was hätte Robert Kennedy in Anbetracht dessen, was Hoover über ihn und seine Familie wußte, denn anderes tun können, als die Lösung, die der FBI-Direktor in dem Mordfall gefunden hatte, zu akzeptieren? Hätte er als Justizminister die Schlußfolgerungen J. Edgar Hoovers, seines Untergebenen, in Zweifel ziehen können; ohne ernste persönliche und politische Konsequenzen befürchten zu müssen?

Nicholas Katzenbach sagte mir, daß Robert Kennedy sich Ende Januar, als er seine Pflichten als Justizminister wieder aufnahm, von der Untersuchung des Mordes zu distanzieren schien und ihm sogar erklärt habe, er hätte lieber gar keine Untersuchung. Katzenbach sagte mir auch, daß Hoover weder ihm noch Robert Kennedy jemals irgendwelche der FBI-Fernschreiben und -Berichte schickte – also die rohen Daten, auf denen die Mordermittlung des FBI beruhte. Das bedeutete natürlich, daß Katzenbach und Kennedy keine einzige der Aussagen erhielten, die auf eine Konspiration von Marcello-Genossen schließen ließen. Sie erhielten auch keine einzige Abschrift der Tonbandaufnahmen des FBI von Gesprächen diverser Mafiabosse, die das Leben der Brüder Kennedy 1962 und 1963 bedroht hatten. Mehr noch, Hoover schickte dem Justizminister und seinem Stellvertreter auch keine der unbearbeiteten Ermittlungsdaten über Ruby. Das heißt, daß Katzenbach und Kennedy nie die Aufzeichnungen über Rubys vor dem Mord geführte Telefongespräche mit mehreren Personen des organisierten Verbrechens erhielten. Alles, was sie schließlich bekamen, war Hoovers gewaltiger, fünfbändiger zusammenfassender Bericht, in dem Lee Harvey Oswald als alleiniger Mörder des Präsidenten und Jack Ruby als alleiniger »patriotischer« Mörder Oswalds bezeichnet wurden.

Robert Kennedy waren einige Namen vertraut, die in gewissen Aussagen auftauchten, die das FBI in den Wochen nach dem Mord erhielt. Aaron Kohn hatte Kennedy informiert, bevor dieser Marcello bei den Anhörungen des McClellan-Ausschusses vernahm, und Kennedy hatte Marcello bei den Anhörungen selbst nach einigen dieser Namen gefragt. Man kann daher ruhig sagen, daß Kennedy, wenn er vom FBI die Aussagen von Jack Martin, Eugene De Laparra, Gene Sumner und Bobby Gene Moore sowie die Aufzeichnungen über Jack Rubys Telefongespräche bekommen hätte, sofort das »Town & Country«-Restaurant und die Namen Vincent Marcello, Joseph Poretto, Anthony Marcello, Joseph Civello und Nofio Pecora wiedererkannt und voller Entsetzen Verdacht gegen die Marcellos geschöpft hätte.

Aber gab es eine Möglichkeit, daß er von irgend jemand anderem als Hoover oder einem Mitglied des Stabs der Warren-Kommission eine Kopie der Aussagen bekam, die diese Namen enthielten, oder daß er zumindest darüber unterrichtet wurde? An sich schon, denn Robert Kennedy hatte einen guten Freund und Verbündeten namens Courtney Evans im FBI und vermutlich einen zweiten namens Howard Willens im Stab der Warren-Kommission.

Als Justizminister Kennedy die FBI-Untersuchung des organisierten Verbrechens voranzutreiben befahl, gründete Hoover die Spezialabteilung für organisiertes Verbrechen und übertrug die Leitung Courtney Evans, einem seiner treuesten Agenten und erfahrenen Mitarbeiter seit 25 Jahren. Später machte er Evans zum Verbindungsmann zwischen FBI und Justizminister.

Robert Kennedy kannte Courtney Evans seit seiner Arbeit im McClellan-Ausschuß. Evans war damals Verbindungsmann zwischen FBI und Ausschuß. Kennedy hatte ihn respektiert und gemocht, und ihre Beziehung war fester und enger geworden, als Evans Verbindungsmann zwischen ihm und Hoover wurde. Wie sich der ehemalige Stellvertretende FBI-Direktor William Sullivan ausdrückte, wurde Evans »ein Kumpel von Jack und Bobby«. Es ging weithin das Gerücht, daß die Brüder Kennedy ihn nach Hoovers Zwangspensionierung 1964 zum Direktor des FBI zu machen beabsichtigten.

J. Edgar Hoover kannte dieses Gerücht, und so setzte er Evans sofort nach dem Mord von seinem Posten als Verbindungsmann zwischen FBI und Justizminister Kennedy ab und fing an, ihn kaltzustellen. Und nicht nur das. Obwohl Evans Leiter der FBI-Spezialabteilung für organisiertes Verbrechen war, schloß Hoover ihn gänzlich von den Untersuchungen über den Kennedymord aus und sorgte dafür, daß keine der Aussagen über eine Verschwörung, die das Hauptquartier erreichten, an ihn weitergeleitet wurde. Obwohl Evans mitten in dem hektischen Fernschreibverkehr über den Kennedymord saß, der von überall her im Hauptquartier zusammenlief, bekam er keinen einzigen Bericht zu Gesicht, in dem die Marcellos oder ihre Genossen erwähnt wurden. Als ich ihn im Herbst 1987 fragte, ob er irgendeinen Bericht über David Ferrie gesehen habe, sagte er: »David wer?« Und als ich ihn fragte, ob Robert Kennedy irgendeinen Bericht über Verschwörungsaussagen gesehen habe, meinte er: »Hoover schickte ihm nie etwas.«

Ein weiterer Freund Robert Kennedys, der in der Lage war, ihn über diese Aussagen zu informieren, war Howard Willens. Zur Zeit des Mordes war Willens 32 Jahre alt und Anwalt in der Kriminalabteilung des Justizministeriums, der Schaltzentrale von Robert Kennedys Krieg gegen das organisierte Verbrechen. Etwa zwei Monate später, am 21. Januar, begann Hoover, auf die Bitte der Warren-Kommission um noch nicht ausgewertete FBI-Daten, der Kommission Hunderte von FBI-Untersuchungsberichten zu schicken. Zu dieser Zeit bestimmte der geschäftsführende Justizminister Katzenbach Howard Willens zum Verbindungsmann zwischen Warren-Kommission und Justizministerium betreffs aller FBI-Dokumente, die der Kommission zugestellt wurden. Bald wurde er Assistent von J. Lee Rankin, dem Haupt-Rechtsberater der Kommission. Daher konnte Willens vermutlich alle Konspirationsaussagen prüfen, die dem FBI im Kielwasser des Mordes zugingen, einschließlich allen »dummen Zeugs« und der Aussagen von Jack Martin, Eugene De Laparra, Gene Sumner und Bobby Gene Moore. Etwa eine Woche nachdem

Willens seinen Verbindungsjob zu der Kommission antrat, kehrte Robert Kennedy ins Justizministerium zurück und nahm sein Amt als Justizminister wieder auf. Er kannte Howard Willens, und nun pendelte Willens zwischen dem Büro der Warren-Kommission in der Maryland Avenue 200 und dem Justizministerium hin und her und versuchte, den reißenden Strom der FBI-Dokumente, der die Kommission erreichte, weiterzuleiten. Man sollte annehmen, daß Robert Kennedy sich ein bißchen für diese Dokumente interessiert hätte, aber das war anscheinend nicht der Fall.

Sah Howard Willens die FBI-Berichte über die Aussagen, in denen die Marcellos erwähnt wurden? Und wenn, erkannte er ihre Bedeutung?

Da Howard Willens in der Abteilung des Justizministeriums gearbeitet hatte, die sich direkt mit Justizminister Kennedys Priorität, dem Krieg gegen das organisierte Verbrechen, befaßte, darf man billigerweise annehmen, daß Willens über die Marcello-Organisation in Louisiana Bescheid wußte. Das würde bedeuten, daß ihm die Namen David Ferrie, Carlos Marcello, Vincent Marcello, Joseph Marcello, Joseph Poretto, Joseph Civello und das »Town & Country«-Motel sofort hätten auffallen müssen, sofern es ihm gelungen wäre, diejenigen Aussagen aus den riesigen Stapeln verrückter Behauptungen herauszuzupfen, die Hoover geschickt hatte, um den Wunsch der Kommission nach »noch nicht ausgewerteten Akten« des FBI zu erfüllen.

Aber warum hat er diese Aussagen dann nicht der Warren-Kommission vorgelegt?

So bleibt uns nichts anderes übrig als die verblüffende Folgerung, daß Howard Willens es entweder nicht für angebracht hielt, den Mitgliedern der Kommission die Aussagen, in denen die Marcellos erwähnt wurden, zur Kenntnis zu bringen, oder daß er es tat, die Kommission die Aussagen aber ignorierte.

So beunruhigend und unsinnig die zweite Möglichkeit auch ist, es gibt einige Beweise, die sie erhärten.

Wir haben erwähnt, daß der FBI-Bericht über Bobby Gene Moores Darstellung die Warren-Kommission intakt erreichte und später dem veröffentlichten Beweismaterial der Kommission in radikal geänderter Form hinzugefügt wurde.

Der volle, ungekürzte FBI-Bericht über Bobby Gene Moores Aussage begann mit einer Beschreibung Moores, daß er in Dallas geboren und aufgewachsen war und einst in einer Pension hinter Hills Spirituosengeschäft gewohnt hatte. Er ging dann folgendermaßen weiter:

»Dieses Spirituosengeschäft war eine Deckadresse für ein buchmacherähnliches Unternehmen, wo Wetten für Pferderennen und alle Arten sportlicher Ereignisse angenommen wurden. Es wurde von einem Mann namens *Hill*, Vorname nicht bekannt, und seinem Sohn geführt. Dieses Spiellokal wurde von den meisten Glücksspielern von Dallas besucht. *Ruby* war häufig dort. Moore wußte nicht, ob *Ruby* an dem Unternehmen beteiligt oder nur ein Gast war.«

Moore berichtete weiterhin über seine Tätigkeit in der Importfirma italienischer Produkte von Joseph Cirello (sic) und seinem Partner Frank LaMonte, während der er den Verdacht geschöpft habe, daß die beiden »dunkle Geschäfte« machten, insbesondere die Einfuhr von Rauschgift, und erklärte, daß »Ruby auch ein häufiger Besucher und Geschäftsfreund von Cirello [sic] und LaMonte gewesen sei«. Nach der Erwähnung von zwei Polizisten und einem Richter aus Dallas, von denen Moore annahm, daß sie in illegale Geschäfte mit Civello verwickelt seien, ging es wie folgt weiter:

»Ruby war auch mit *Phil Bosco* befreundet ..., und Moore glaubte, daß auch *Bosco* kriminellen Betätigungen in Dallas nachgehe, obwohl er keine bestimmten Informationen besaß, um dies zu erhärten.«

Nachdem noch erwähnt wurde, daß Moore von Juni 1952 bis 1956 zeitweise als Klavierspieler in Jack Rubys »Vegas Club« in Dallas gearbeitet hatte, schloß der Bericht:

»Moore schloß aus *Rubys* Bekanntschaft mit *Hill, Cirello* [sic] und *Phil Bosco*, daß er der Unterwelt von Dallas angehörte.«

Der Bericht über Moores Aussage wurde schließlich als Dokument 84 der Warren-Kommission ungekürzt im Nationalarchiv abgelegt, doch als er in den Bänden der Anhörungen und Beweise der Kommission als Beweisstück 1536 erschien, war er radikal geändert: Nur die ersten beiden Absätze über Moores Lebenslauf und seine Kenntnis von Hills Spiellokal waren unversehrt; der ganze Rest fehlte, was natürlich bedeutete, daß der Hinweis auf Rubys Bekanntschaft mit Joseph Civello entfernt worden war, ebenso wie der Bericht über Moores Überzeugung, Ruby »gehöre der Unterwelt von Dallas an«. Angeheftet an den Aktendeckel von Beweisstück 1536 war ein undatierter, unsignierter Zettel mit der Aufschrift »Alles, was nach Absatz 2 kommt, streichen«.

Wer schrieb diesen Zettel? War es Howard Willens? Mindestens zwei zuverlässige Sachverständige des Kennedymords glauben es.

Es bleiben zwei Fragen. Erstens: Wenn Howard Willens die Bedeutung der Aussagen kannte, die auf die Möglichkeit einer Beteiligung der Marcellos hinwiesen – was anzunehmen ist –, warum wies er die Kommission dann nicht energisch darauf hin? Und zweitens: Machte er seinen Freund und Chef Robert Kennedy auf diese Aussagen aufmerksam?

Willens antwortete auf diese Fragen, daß er sich nicht an die speziellen Aussagen erinnere, doch sicher sei, der Warren-Kommission »jeden wichtigen FBI-Bericht« zur Kenntnis gebracht zu haben. Er glaube jedoch nicht, befugt gewesen zu sein, solche Berichte auch seinem Chef, Justizminister Robert F. Kennedy, zur Kenntnis zu bringen.

Im Jahre 1978 befragte der Mordausschuß des Repräsentantenhauses Howard Willens, ob die Warren-Kommission irgendwelche Berichte über Personen des organisierten Verbrechens erhalten habe. Haupt-Rechtsberater G. Robert Blakey wies Willens darauf hin, daß das FBI sich von 1959 bis 1964, wenn auch illegal, mit einem umfangreichen Programm zur elektronischen Überwachung von Persönlichkeiten des organisierten Verbrechens beschäftigt habe. Das Büro habe fast 100 Abhörgeräte in den Wohnungen und Büros wichtiger Persönlichkeiten der Unterwelt installiert. Dann führte Blakey folgendes Gespräch mit Willens:

BLAKEY Erfuhr die Warren-Kommission jemals von der Existenz dieses Programms oder seiner Resultate?

WILLENS Ich erinnere mich nicht. Ich wußte, daß bezüglich des organisierten Verbrechens ein weitreichendes Ermittlungsprogramm lief. Ich hatte allen Grund, anzunehmen, daß FBI und Kriminalabteilung, die für die ganzen Ermittlungsbemühungen verantwortlich waren, der Warren-Kommission alle Informationen aus allen Quellen, die die Arbeit der Kommission betrafen, zur Kenntnis bringen würden...

BLAKEY Wissen Sie etwas über Anstrengungen der Kommission, des Justizministeriums oder des FBI, diese elektronische Überwachung auszuwerten, um festzustellen, ob es direkte oder indirekte Hinweise gab, daß irgendwelche wichtigen Persönlichkeiten des organisierten Verbrechens Motive, Möglichkeiten oder Mittel besaßen, den Präsidenten zu ermorden...?

WILLENS Ich weiß nicht, ob solche Anstrengungen gemacht wurden. Ich glaube nicht.

Einige Gespräche, die Mitglieder des organisierten Verbrechens über die Kennedys führten und die das FBI vermittels angezapfter Leitungen und versteckter Abhörgeräte aufnahm, zeigten, wie sehr sie den Präsidenten und den Justizminister haßten.

Am 9. Februar 1962 wurde folgende Unterhaltung zwischen Angelo Bruno, Haupt der führenden Familie des organisierten Verbrechens in Philadelphia, und Willie Weisburg, einem seiner *capiregime*, abgehört:

WEISBURG Sieh, was Kennedy getan hat. Da sollte man doch wie einer dieser anderen Kerle ein Messer nehmen und den Scheißkerl umbringen, wo er jetzt ist. Irgendwer sollte den Scheißkerl umbringen. Ich meine es ernst. Wirklich. Bei Gott. Aber ich sag' dir was. Ich hoffe, man läßt mir eine Woche Zeit. Ich bringe ihn um. Direkt in dem beschissenen Weißen Haus. Irgendwer muß diesen Scheißkerl umlegen.

Angelo Bruno stimmte Weisburg zu, riet ihm jedoch zur Vorsicht und meinte, daß der Mann, der einem beseitigten Mann nachfolge, manchmal noch schlimmer sei.

Am 2. Mai 1962 hörte das FBI ab, wie Michelino Clemente, ein *capiregime* aus der Familie Genovese, ähnliche Gefühle ausdrückte:

CLEMENTE Bob Kennedy wird nicht aufhören, bis er uns alle ins Gefängnis gebracht hat. Die Sache wird ruhen, bis die Kommission zusammentritt und energisch wird. Wenn wir uns treffen, müssen wir uns alle die Hände schütteln, nur hinsetzen und reden, und wenn es irgendwelchen Ärger mit einem speziellen Regime gibt, muß es geheimgehalten werden. Nur die Häupter dürfen es wissen, sonst kriegt irgendein Frauenzimmer es heraus und schließlich auch die Zeitungen.

Etwa zur selben Zeit hörte das FBI mit an, wie ein unbekanntes Mitglied der Familie Genovese sagte:

»Ich will, daß der Präsident angeklagt wird, weil ich weiß, daß er all diese Frauenzimmer vernascht hat. Sinatra hat sie ihm gebracht. Ich möchte Kennedy umlegen. Ich würde dafür mit Freuden den Rest meines Lebens ins Gefängnis gehen, glaub mir.«

Am 31. Oktober 1963 hörte das FBI ein Gespräch zwischen zwei Brüdern Maggadino aus Buffalo ab:

| | |
|---|---|
| PETER MAGGADINO | Präsident Kennedy sollte tot umfallen. |
| STEFANO MAGGADINO | Sie sollten die ganze Familie umbringen, die Mutter und den Vater auch. |

Und trotzdem hatte J. Edgar Hoover es nicht für angebracht gehalten, entweder den Justizminister oder die Warren-Kommission über die Existenz dieser Tonbänder zu informieren.

So traf Howard Willens also vermutlich keine Schuld, daß jene FBI-Berichte über Aussagen, die auf die Möglichkeit einer Beteiligung der Marcellos an dem Mord hinwiesen, die Warren-Kommission nicht erreichten. Denn heute, da uns so viele einschlägige Dokumente vorliegen, herrscht kein Zweifel mehr, daß die Schuld für diese Unterlassung fast allein J. Edgar Hoover trifft.

Wenn wir vom überlegenen Standpunkt fünfundzwanzigjähriger Untersuchungen auf den Kennedymord blicken, fällt dies uns als höchst empörend auf. Hoover wußte ganz genau, wie Robert Kennedy reagiert hätte, wenn er FBI-Berichte über Aussagen gelesen hätte, die auf eine Verschwörung bei dem Mord an seinem Bruder hinwiesen und in denen die Namen Joseph Poretto, Joseph Civello, »Town & Country«-Motel, Carlos, Joseph, Vincent und Anthony Marcello vorkamen. Kennedy hätte die Marcello-Organisation sofort verdächtigt, an einer Verschwörung zur Ermordung seines Bruders beteiligt zu sein.

Aber Robert Kennedy selbst war ebenfalls schuld an dieser Ungeheuerlichkeit. Er hätte sich etwa der Warren-Kommission freiwillig als Zeuge zur Verfügung stellen können. Dann hätte er die Kommission auf seinen Verdacht gegen Jimmy Hoffa und Carlos Marcello aufmerksam machen und bitten können, auf FBI-Berichte über Aussagen zu achten, die für eine mögliche Verwicklung der beiden in den Mord an seinem Bruder sprachen. Er tat nichts dergleichen. Ferner hätte er der Kommission mitteilen können, was er über die CIA-Mafia-Komplotte zur Ermordung Fidel Castros wußte, aber auch das tat er nicht. Statt dessen akzeptierte er die Untersuchungsergebnisse der Warren-Kommission, wie die folgende Korrespondenz bestätigt.

Howard Willens entwarf den Briefwechsel zwischen Kommissionsvorsitzendem Earl Warren und Justizminister Robert F. Kennedy, der Robert Kennedys Kapitulation vor denjenigen besiegelte, die für die Untersuchung des Mordes an seinem Bruder verantwortlich waren.

Die folgende Aktennotiz von Howard Willens an J. Lee Rankin, den Haupt-Rechtsberater der Kommission, erzählt die Geschichte:

AKTENNOTIZ

AN: Mr. J. Lee Rankin, Haupt-Rechtsberater

VON: Howard P. Willens

BETRIFFT: Geplanter Briefwechsel zwischen der Kommission und dem Justizminister.

Beigefügt finden Sie Entwürfe für einen beabsichtigten Briefwechsel zwischen dem Vorsitzenden dieser Kommission und dem Justizminister. Wie ich bereits erwähnte, empfehle ich dieses Verfahren auf Grund meiner jüngsten Besprechungen im Ministerium mit dem Stellvertretenden Justizminister Katzenbach und dem Justizminister. Der Justizminister zieht vor, seinen Verpflichtungen gegenüber der Kommission auf diese Weise nachzukommen, anstatt als Zeuge aufzutreten.

Die vorgeschlagene Antwort des Justizministers wurde natürlich bisher weder von ihm noch von seinem Stellvertreter genehmigt. Sie ist eine Überarbeitung eines früheren Schreibens, das ich Ihnen auf der heutigen Konferenz zeigte. Zur gleichen Zeit teilte der Justizminister mir mit, daß er vom Direktor des Federal Bureau of Investigation keine Berichte über die Untersuchung des Mordes erhalten habe und daß er seine Informationen hauptsächlich dem Chief Justice, dem stellvertretenden Justizminister und mir verdanke. Das erklärt die besondere Erwähnung dieser Personen im zweiten Absatz seines Schreibens an den Chief Justice.

BEIFÜGUNGEN

Die von Willens entworfenen Briefe, die von Warren an Kennedy und umgekehrt gingen und später von beiden Parteien unterzeichnet wurden, lauteten wie folgt:

*Von Warren an Kennedy:*

An den Ehrenwerten Robert F. Kennedy
Justizminister der Vereinigten Staaten
Justizministerium
Washington, D.C. 20530

Sehr geehrter Herr Justizminister!

Die Kommission dankt dem Justizministerium für die prompte Übermittlung von Informationen, die für die Untersuchung der Kommission sachdienlich waren.

Die Kommission steht nun kurz vor dem Abschluß ihrer Untersuchung. Vor der Veröffentlichung ihres Berichts möchte die Kommission jedoch gern wissen, ob Ihnen irgendwelche zusätzliche Informationen über die Ermordung Präsident John F. Kennedys bekannt sind, die der Kommission nicht übersandt wurden. Angesichts der weitverbreiteten Aussagen zu diesem Thema möchte die Kommission gern erfahren, ob Ihnen irgendwelche Informationen vorliegen, die darauf hindeuten, daß die Ermordung Präsident Kennedys durch eine in- oder ausländische Verschwörung bewirkt wurde. Sollten Sie irgendwelche Vorschläge bezüglich der Untersuchung dieser Aussagen oder irgendeines anderen Aspekts der Arbeit der Kommission haben, sind wir selbstverständlich bereit, uns danach zu richten.

Im Namen der Kommission möchte ich Ihnen und Ihren Mitarbeitern für die uns geleistete Hilfe danken.

Mit freundlichen Grüßen

Vorsitzender

*Von Kennedy an Warren:*

ENTWURF
An den Ehrenwerten Earl Warren
Chief Justice der Vereinigten Staaten
Oberstes Bundesgericht
Washington, D.C. 20543

Sehr geehrter Mr. Chief Justice!

In Beantwortung Ihres Schreibens vom ... möchte ich Ihnen versichern, daß alle dem Justizministerium vorliegenden Informationen bezüglich der Ermordung Präsident John F. Kennedys der Kommission des Präsidenten zur angemessenen Überprüfung übermittelt wurden.

Wie Sie wissen, kenne ich die Ergebnisse der eingehenden Untersuchung, die das Federal Bureau of Investigation durchgeführt hat, nicht in allen Einzelheiten. Ich habe jedoch von Ihnen, vom Stellvertretenden Justizminister Katzenbach und von Mr. Willens, der in den letzten Monaten für die Kommission arbeitete, regelmäßig Berichte über die Arbeit der Kommission erhalten. Ich bin daher überzeugt, daß die Kommission des Präsidenten keine Mühe scheut, gemäß Durchführungsverordnung Nr. 11130 alle mit dem Mord in Verbindung stehenden Fakten gründlich zu untersuchen.

In Beantwortung Ihrer speziellen Frage möchte ich feststellen, daß ich keinen glaubhaften Beweis kenne, der die Behauptung stützt, eine in- oder ausländische Verschwörung sei schuld an der Ermordung Präsident Kennedys. Ich habe der Kommission zur Zeit keine Vorschläge zu machen bezüglich zusätzlicher Untersuchungen, die sie vor der Veröffentlichung ihres Berichts durchführen sollte. Falls die Mitglieder glauben, ich könne der Untersuchung durch mein Erscheinen als Zeuge auf irgendeine Weise nützen, stehe ich jederzeit zu ihrer Verfügung.

Mit freundlichen Grüßen

Justizminister

Welcher Grund steckte hinter Robert Kennedys passiver Reaktion auf die Ermordung seines Bruders und seinem stillschweigenden Einverständnis mit den Ergebnissen der von FBI und Warren-Kommission durchgeführten Untersuchung des Verbrechens?

Heute sieht es so aus, als wäre der Grund im wesentlichen politisch gewesen. Denn Robert Kennedy wußte: Wenn wirklich eine Mafiaverschwörung hinter dem Mord an seinem Bruder stand, speziell eine Verschwörung, an der die Marcello-Organisation beteiligt war, dann wäre es für ihn selbst und den postumen Ruf seines Bruders politisch sehr peinlich, wenn die Hintergründe eines solchen Komplotts und die dazugehörigen Nebeninformationen in einem Gerichtssaal herauskommen würden, viel peinlicher, als wenn man die Finger von der Sache ließe.

Was hätte denn bei einem Prozeß gegen Carlos Marcello wegen Verschwörung zur Ermordung des Präsidenten der Vereinigten Staaten herauskommen können, das so peinlich für den Ruf der Kennedys gewesen wäre?

Zuerst einmal die Existenz der CIA-Mafia-Komplotts, den Präsidenten von Kuba zu ermorden. Wie hätte das amerikanische Volk auf die Enthüllung reagiert, daß die Administration seines getöteten Präsidenten versucht hatte, den Präsidenten eines benachbarten Staates zu ermorden?

Und zweitens die Beziehungen der Brüder Kennedy zu Judith Campbell und Marilyn Monroe.

Wie wir heute wissen, waren die Bosse der Unterwelt 1963 genau unterrichtet, daß John Kennedy Liebesaffären mit Sam Giancanas Freundin Judith Campbell *und* der Schauspielerin Marilyn Monroe hatte und daß auch Robert Kennedy mit Marilyn Monroe verbunden gewesen war.

Edward Becker, der Privatdetektiv, der aussagte, er habe gehört, wie Carlos Marcello drohte, Präsident Kennedy zu ermorden, um seinen Bruder Robert kaltzustellen, stand der Unterwelt von Las Vegas und San Francisco Anfang der sechziger Jahre nahe. Er berichtete mir, daß sein Freund Johnny Roselli zu äußern pflegte, »im Mob« hätten »alle von Jack Kennedys Affäre mit Sams Mädchen« gewußt, die damals ein beliebtes Klatschthema in der Unterwelt gewesen sei. Und Joseph Hauser, der wegen Betrugs Verurteilte und spätere Zeuge der Regierung, den das FBI 1979 in einer Geheimoperation gegen Carlos Marcello einsetzte, bestätigte Beckers Bericht. Hauser erzählte mir im Herbst 1987, daß er Sam Giancana Anfang der Sechziger gekannt habe und daß Giancana ständig über Präsident Kennedys Beziehung zu Judy Campbell zu scherzen pflegte. Hauser sagte, daß es wahrscheinlich nicht einen einzigen Mafiaboß im ganzen Land gegeben habe, der nichts von der Affäre wußte.

Was Kenntnisse der Mafia von Robert Kennedys Beziehung zu Marilyn Monroe betrifft, so wissen wir heute, daß Jimmy Hoffas Abhörspezialist Bernard Spindell einige Rendezvous des Justizministers mit der Schauspielerin in ihrem Haus in Brentwood abhören konnte und daß Hoffas Verbündete in der Unterwelt, Carlos Marcello eingeschlossen, über die Affäre unterrichtet waren. Das bestätigt die kürzlich freigegebene Abschrift einer elektronischen Überwachung durch das FBI.

Am 20. August 1962 nahm ein Abhörgerät des FBI ein Gespräch zwischen drei wohlbekannten Mafiapersönlichkeiten auf, das sich auf Robert Kennedys Affäre mit der berühmten Schauspielerin bezog. Die drei machten sich offenbar Sorgen wegen einer Strafverfolgung durch den Staat und gedachten, Druck auf Robert Kennedy auszuüben, indem sie ihm drohten, sein skandalöses Verhältnis mit Marilyn Monroe publik zu machen. Teile des FBI-Berichts über die auf Band aufgezeichnete Unterhaltung lauten wie folgt:

»Die freuen sich über jeden Namen... außer wenn der Bruder – die Sache ist groß genug, um ihnen Schande zuzufügen. Würde es ihm gefallen, eine Schlagzeile über Marilyn Monroe zu lesen? Weißt du nicht?... Er ist viele Male da drinnen gewesen. Es war eine heftige Affäre – und diese (unleserlich gemachter Name einer Freundin von Marilyn) sagte, sie wäre immer mit ihm drinnen gewesen – glaubst du, es wäre ein Geheimnis?«

Es gab aber noch einen anderen Grund, weshalb es Robert Kennedy peinlich gewesen wäre, wenn man Carlos Marcello wegen Verschwörung vor Gericht gestellt hätte: die genauen Einzelheiten seiner Abschiebung würden herauskommen.

Wir wissen nicht genau, wann Robert Kennedy über das Ergebnis des Prozesses von November 1963 gegen Carlos und Joseph Marcello informiert wurde. William Hundley berichtete mir, es könne am Nachmittag des Mordtages gewesen sein. Wahrscheinlich geschah es aber erst zwei Monate später, als Kennedy an seinen Schreibtisch im Justizministerium zurückkehrte und Hundley selbst ihm die unerfreuliche Nachricht brachte. Bei dem Prozeß hatte Jack Wasserman überzeugend darauf hingewiesen, daß Kennedys Abschiebung seines Klienten im »Kidnap-Stil« wohl von vornherein gesetzwidrig gewesen sei. Jedenfalls wurde Kennedy vermutlich von seinen Beratern im Justizministerium darauf aufmerksam gemacht, daß die Art und Weise, wie er Carlos Marcello abgeschoben hatte, schlecht geplant, unfair und wohl auch gesetzwidrig gewesen sei.

In seinem Buch *The Enemy Within* hatte Kennedy gemahnt: »Wenn wir die organisierten Verbrecher nicht mit Waffen und Techniken bekämpfen, die ebenso wirksam sind wie ihre eigenen, werden sie uns zerstören.« Doch war die »Technik«, einen Mann zu überrumpeln, in ein Flugzeug zu stecken, ohne ihn mehr mitnehmen zu lassen als die Kleidung, die er auf dem Leib trug, und das Bargeld, das er in der Brieftasche hatte, und in Guatemala hinauszuwerfen, ohne ihm zu sagen, wo er sich melden solle, tatsächlich »wirksam« gewesen?

Bei einer Strafverfolgung Carlos Marcellos wegen Verschwörung, Präsident Kennedy zu ermorden, würden all die peinlichen Einzelheiten von Justizminister Kennedys stümperhafter Abschiebeaktion ans Licht kommen. Presse und Öffentlichkeit würden den unvermeidlichen Schluß ziehen, daß Carlos Marcello sich nur für die unfaire und gesetzwidrige Abschiebung durch den Justizminister gerächt hätte, sofern er tatsächlich an einer Verschwörung zur Ermordung von dessen Bruder beteiligt gewesen wäre. Daher würde man den Mord indirekt dem Bruder des Präsidenten anlasten.

Das hilft sehr, Robert Kennedys auffällige Gleichgültigkeit gegenüber den Morduntersuchungen des FBI und der Warren-Kommission zu erklären. In seiner Frustration und Verzweiflung erkannte er, daß Schweigen die einzige vernünftige Haltung war. Unglücklicherweise beraubte er damit seinen Bruder eines heroischen Todes.

Aber Robert Kennedy beschränkte sich, wie uns heute scheint, nicht darauf zu schweigen, sondern wirkte offenbar aktiv mit bei der Vertuschung bestimmter äußerst wichtiger Beweise. Es gibt überzeugende Hinweise, daß er an einer Verschwörung zur Unterdrückung von Schlüsselbeweisen beteiligt war, die hätten zeigen können, daß Präsident Kennedy durch Schüsse von mehr als einem Schützen getötet wurde. Hierbei handelt es sich um von der Autopsie herstammendes Material, das, wie der Mordausschuß des Repräsentantenhauses 1979 schloß, 1965 von Robert Kennedy beschlagnahmt und später vernichtet oder »anderweitig unzugänglich gemacht worden war«.

Dieses Autopsiematerial bestand aus schwarzweißen und farbigen Negativen und Abzügen von Autopsiefotos, 119 Objektträgern mit Schnitten von bestimmten Geweben, darunter viele Exemplare von John F. Kennedys Wundrändern, 58 Objektträgern mit Blutproben, die zu verschiedenen Zeiten in Kennedys Leben entnommen worden waren, und seinem in Formalin konservierten Gehirn.

Unglaublicherweise prüfte weder das FBI noch die Warren-Kommission die Gewebe- und Blutproben bei ihren Untersuchungen des Mordes, obwohl sie der Schlüssel zur Feststellung von Herkunft und Flugbahn der Kugeln waren, die den Präsidenten und Gouverneur Connally trafen, und zur Identifizierung der verwendeten Waffen und Munition. Man nimmt heute an, daß Robert Kennedy viel dazu beigetragen hat, die Warren-Kommission an der Prüfung dieses Materials zu hindern.

Unmittelbar nach der Autopsie wurden die Fotos, Röntgenaufnahmen, Gewebe- und Blutproben vom US-Marinehospital in Bethesda, wo die Autopsie ausgeführt wurde, in den Gewahrsam der Geheimdienstabteilung des Weißen Hauses übergeben, die sich in einem neben dem Weißen Haus gelegenen Verwaltungsgebäude befindet. Das Material wurde in einem verschlossenen Geheimdienst-Aktenschrank untergebracht, der von Präsident Kennedys ehemaligem Arzt im Weißen Haus, Vizeadmiral George C. Burkley, bewacht wurde, der in gewissem Sinn den rechtmäßigen Besitzer des Materials – die US-Marine – vertrat.

Und dort, in jenem Geheimdienst-Aktenschrank, ruhte das wichtige Beweismaterial, entweder vergessen oder bewußt ignoriert, bis ein Jahr nach der Veröffentlichung des Schlußberichts der Warren-Kommission. Am 22. April

1965 beauftragte Senator Robert F. Kennedy Dr. Burkley, das, wie er sich in seinem Brief an Burkley ausdrückte, »Material von Präsident Kennedy, das Sie kennen«, persönlich an einen anderen Ort zu schaffen, ohne zu erwähnen, daß das, was fortgeschafft werden sollte, das Autopsiematerial war. Es sollte von der Obhut des Geheimdienstes in die von Evelyn Lincoln, Präsident Kennedys ehemaliger Privatsekretärin, »zur sicheren Verwahrung« im Nationalarchiv übertragen werden, wo Mrs. Lincoln vorübergehend ein Büro hatte.

Was veranlaßte Robert Kennedy am 22. April 1965, Dr. Burkley so plötzlich und heimlich zu beauftragen, die Autopsiebeweise aus der Obhut des Geheimdienstes zu entfernen? Es scheint, als habe Kennedy als Kongreßmitglied erfahren, daß der Kongreß den Erlaß eines Gesetzes erwog, demzufolge die Vereinigten Staaten innerhalb eines Jahres nach dem für Herbst 1965 vorgesehenen Inkrafttreten des Gesetzes bestimmte Beweisstücke aus dem Mordfall erwerben konnten. So blieb Kennedy nur wenig Zeit.

Es ist ein Skandal, daß Robert Kennedy dieses Autopsiematerial kontrollieren durfte, da er ja ein Mitglied der Familie war und seine Interessen mit der Strafverfolgung jeder Person, die des Verbrechens angeklagt wurde, kollidieren konnten. Genaugenommen war das Material Eigentum der US-Marine, die die Autopsie vorgenommen hatte. Mrs. Lincoln war zu der Zeit, als sie das Autopsiematerial empfing, keine Angestellte des Nationalarchivs. Sie benutzte dort vorübergehend ein Büro, um die Papiere des verstorbenen Präsidenten in das Archiv eingliedern zu können. Mrs. Lincoln verstaute die verschiedenen Behälter mit Autopsiematerial, die sie von Dr. Burkley erhalten hatte, in einer kleinen Feldkiste in einem sicheren Schrank in ihrem Büro. Und dort blieben sie etwa einen Monat, bis Robert Kennedy sie anrief und ihr mitteilte, daß er Angela Novello, seine Privatsekretärin, schicke, um die Feldkiste abzuholen. Evelyn Lincoln sagte später aus, daß Angela Novello die Feldkiste und die beiden Schlüssel tatsächlich abholte, und zwar in Begleitung von Herman Kahn, Hilfsarchivar der Präsidentenbibliothek. Sie war nicht sicher, wohin Novello und Kahn die Kiste brachten, hatte jedoch den Eindruck, daß Angela Novello sie in einem Robert Kennedy freundlicherweise vom Nationalarchiv zur Verfügung gestellten Lager unterbrachte.

Etwas später, im Jahre 1966, trat Lyndon Johnsons Justizminister Ramsey Clark an Senator Kennedy heran und bat ihn, dem Gesetz Folge zu leisten, das der Kongreß am 2. November 1965 erlassen hatte. Gemäß diesem Gesetz konnte die US-Regierung bestimmte Beweisstücke erwerben, die den Mord an Präsident Kennedy betrafen, darunter auch das Autopsiematerial. Wie Clark später vor dem Mordausschuß aussagte, behandelte Senator Kennedy die Bitte der Regierung höchst unfreundlich. Hitzige Diskussionen folgten, und schließlich, im Herbst 1966, stimmte Kennedy zu, das Autopsiematerial freizugeben. Clark sagte aus, daß er mit Kennedy nur über die Autopsiefotos und -röntgenaufnahmen gesprochen habe, nicht aber über die Gewebe- und Blutproben.

Am 29. Oktober 1966 traf Burke Marshall, Familienanwalt der Kennedys, im Namen der Erbschaftsverwalter Präsident Kennedys, zu denen Jacqueline und Robert F. Kennedy gehörten, eine offizielle Vereinbarung mit der US-Regierung, das Autopsiematerial, das zum Nachlaß gehörte, urkundlich dem Nationalarchiv zu übertragen. Die Vereinbarung wurde begleitet von einem vollständigen Bestandsverzeichnis des gesamten Materials einschließlich der Autopsiefotos und -röntgenaufnahmen, der Objektträger mit den Gewebeproben der Wundränder und des Gehirns des Präsidenten.

Am 31. Oktober versammelte sich eine Anzahl hoher Beamter der General Services Administration und des Nationalarchivs im Archivgebäude, um das Autopsiematerial offiziell von Vertretern des Kennedy-Nachlasses zu übernehmen und ein Bestandsverzeichnis anzufertigen. Nachlaßvertreter waren Burke Marshall und Angela Novello. Staatsvertreter war William H. Brewster, Spezialassistent des Haupt-Rechtsberaters der General Services Administration. Angelo Novello überreichte Brewster einen Schlüssel, mit dem er die Feldkiste öffnete. In diesem Augenblick verließen Marshall und Novello das Zimmer und das Archivgebäude.

Dem Autopsiematerial beigefügt waren ein Durchschlag des Briefes von Robert Kennedy an Dr. Burkley vom 22. April 1965 und der Originalbrief von Burkley an Evelyn Lincoln vom 26. April 1965, die jedes damals übermittelte Stück einzeln aufführten, darunter auch die Gewebe- und Blutproben. Dann nahmen William Brewster und die anderen Beamten alles Material aus der Kiste und prüften es. Sie verglichen jedes Stück mit dem Verzeichnis und entdeckten mit Erstaunen, daß viele Gegenstände fehlten.

Die meisten aufgeführten Schwarzweiß- und Farbfotos und Röntgenaufnahmen von der Autopsie waren da, aber alle Gewebe- und Blutproben waren verschwunden. Es fehlten Fotos vom Inneren des Brustkorbs des Präsidenten ebenso wie die meisten Fotos vom Gehirn, die bei einer zusätzlichen, nach der offiziellen Autopsie durchgeführten Untersuchung aufgenommen worden waren. Diese zeigten natürlich die Stellen von Kennedys Schußwunden. Drei Kunststoffkästen mit Objektträgern von Gewebeschnitten, drei Holzkästen mit 58 Objektträgern von Blutproben und »ein rostfreier Stahlbehälter, 17,5 auf 20 Zentimeter groß, mit grobem Material« fehlten ebenfalls. Das »grobe Material« war das Gehirn des Präsidenten.

Die Regierungsbeamten waren entsetzt, denn sie wußten genau, daß die Gewebe- und Blutproben sowie das Gehirn entscheidende Beweisstücke in dem Mordfall waren. Wer hatte sie aus der Feldkiste herausgenommen und warum?

Als der Mordausschuß 1978 das höchst verdächtige Verschwinden dieses Autopsiematerials untersuchte, kam er nach angestrengten Bemühungen zu dem Schluß, daß »Indizienbeweise darauf hinweisen, daß Robert Kennedy dieses Material entweder vernichtete oder sonst irgendwie unzugänglich machte«.

Es ist natürlich denkbar, daß jemand anderes das Autopsiematerial »vernichtete oder sonst irgendwie unzugänglich machte«, wenn es ihm möglich gewesen war, sich Zugang zu der Feldkiste mit dem Material zu verschaffen, deren beide Schlüssel, wie es scheint, nur Robert Kennedys Sekretärin Angela Novello hatte. Harold Weisberg, Anführer der Ermittler des Kennedymords, argwöhnt, das FBI habe das Material aus der Feldkiste gestohlen, indem es einfach das Schloß knackte. Es ist jedoch sehr viel wahrscheinlicher, daß die Schlußfolgerungen des Mordausschusses richtig waren.

Warum hätte Robert Kennedy diese entscheidenden Beweise vernichten oder unzugänglich machen sollen? Der Ausschuß spekulierte, Kennedy könne besorgt gewesen sein, daß die Gewebeproben und das Gehirn seines Bruders eines Tages vom Nationalarchiv oder einer anderen Institution ausgestellt würden. Doch das ist eigentlich keine überzeugende Erklärung, da die Schenkungsurkunde von Kennedys Erbschaftsverwaltern genau festsetzte, daß »keines der Materialien öffentlich ausgestellt werden soll« und daß sie nur solchen Personen zugänglich gemacht werden durften, die »berechtigt sind, für ein Komitee des Kongresses, ein Präsidentenkomitee oder eines, das sich auf den Tod des verstorbenen Präsidenten bezieht«, zu handeln. Ferner durften sie bestimmten qualifizierten Forschern, vorzugsweise auf dem Gebiet der Gerichtsmedizin, überlassen werden, deren Bitte von bestimmten überlebenden Mitgliedern der Familie Kennedy genehmigt werden mußte.

Überdies hätte, wie Henry Hurt in seinem 1985 erschienenen Buch *Reasonable Doubt* über den Mord aufzeigt, ein hypothetischer Anforderer viel eher einige der schrecklichen Fotos von dem zerfetzten Gesicht des Präsidenten auszustellen gewünscht – diejenigen Fotos, die, wie Chief Justice Warren einräumte, ihm drei aufeinanderfolgende Nächte den Schlaf raubten – als Objektträger mit Gewebeproben und konservierte Gehirnmasse, die man nicht von denen irgendeines anderen Toten unterscheiden konnte.

Meiner Meinung nach ist es wahrscheinlicher, daß Robert Kennedy die Objektträger mit den Gewebeproben von den Wundrändern und das von Kugeln durchsiebte Gehirn vernichtete oder unzugänglich machte, um die letzten wichtigen Beweisstücke dafür zu beseitigen, daß sein Bruder nicht von dem Einzeltäter Lee Harvey Oswald, sondern von einer Schützenmannschaft umgebracht wurde, der Oswald angehört haben mochte oder auch nicht.

Robert Kennedys gesetzliches Recht, die Obhut des Autopsiematerials zu verlangen, ganz zu schweigen von seinem Recht, sie zu vernichten oder unzugänglich zu machen, wurde von den Beamten des Nationalarchivs und der General Services Administration, die am 31. Oktober 1966 zu ihrer größten Verwunderung entdeckten, daß die Blut- und Gewebeproben sowie das Gehirn fehlten, nie bezweifelt. Rätselhafterweise gibt es keine Dokumente, aus denen hervorgehen würde, daß Robert oder andere Mitglieder der Familie Kennedy davon unterrichtet wurden, daß einige in der Schenkungsurkunde an das Nationalarchiv verzeichnete Gegenstände fehlten. Mit anderen Worten, wenn Robert Kennedy tatsächlich die Objektträger mit den Gewebeproben, die Blutproben und das Gehirn vernichtete oder versteckte, dann ließ ihn die Regierung mit der Zerstörung oder Einziehung hochwichtiger Beweise davonkommen, die den Mord an seinem Bruder, dem Präsidenten, betrafen.

Uns bleibt der beunruhigende Schluß, daß Robert Kennedys öffentliches Schweigen zum Mord an seinem Bruder und seine heimliche Vernichtung wichtiger Beweise darauf hindeutet, daß er höchstwahrscheinlich die ganze Zeit argwöhnte, es habe eine Mordverschwörung gegeben, ja vielleicht sogar ahnte, wer die Verschwörer waren. Aber er wollte anscheinend nicht riskieren, daß die Einzelheiten bekannt wurden, weil dies seinem Ruf und dem seines ermordeten Bruders schaden würde.

An dieser Stelle sollte hinzugefügt werden, daß Robert Kennedy nicht nur wichtige Beweise unterdrückte, indem er einen Teil des Autopsiematerials unzugänglich machte, sondern daß er und seine Schwägerin Jacqueline Kennedy, wie der Autopsiechirurg Dr. Pierre Finck aussagte, auch teilweise verantwortlich für die äußerst mangelhaft ausgeführte Autopsie des Präsidenten waren. Denn Robert und Jacqueline standen von ihrer Turmsuite im 17. Stock des Marinehospitals aus in ständiger telefonischer Verbindung mit gewissen hohen Offizieren, die der Autopsie beiwohnten – insbesondere die Präsidentenberater Admiral George Burkley und General Godfrey McHugh –, mit deren Hilfe sie die Autopsiechirurgen unauffällig manipulierten.

Dr. Finck sagte bei dem 1969 in New Orleans gegen Clay Shaw stattfindenden Prozeß wegen Verschwörung zur Ermordung Präsident Kennedys aus, daß er, Finck, von einem der hohen Offiziere, die der Autopsie beiwohnten, den Befehl erhalten habe, den Schußkanal der Kugel im Rücken des Präsidenten nicht zu sezieren. Finck nehme an, daß der Befehl von der »Familie Kennedy« ausgegangen sei, womit er natürlich Jacqueline und Robert Kennedy meinte, die den Ablauf der Autopsie verfolgt hatten.

Warum wollten die beiden nicht, daß der Verlauf der Rückenwunde seziert wurde? Jahrelang hatte die Familie Kennedy verheimlicht, daß Jack Kennedy an der Addison-Krankheit litt, einer Erkrankung der Nebennierenrinde. Man nimmt an, daß die beiden jungen Kennedys den Chirurgen nicht erlaubten, eine volle Autopsie vorzunehmen, um zu verhindern, daß die Krankheit entdeckt wurde. Deshalb konnten die Ärzte von Bethesda auch nicht feststellen, ob die Kugel, die in den Rücken eingedrungen war, tatsächlich am Hals des Präsidenten wieder herausgekommen war. Dort hatten die Ärzte des Parkland-Krankenhauses in Dallas einmütig eine Einschußwunde registriert.

So kam es, daß der 38jährige Robert Kennedy und seine 34jährige Schwägerin mit ihrem völlig verständlichen Wunsch, das Familienimage und den postumen Ruf ihres getöteten Bruders und Ehemannes zu schützen, nach dem Mord unabsichtlich zu Mitschuldigen wurden. Ihre offensichtliche Einmischung in die Autopsie, die mit der Manipulierung der Chirurgen begann und mit der Beseitigung der Proben endete, führte dazu, daß die wichtigsten Beweise in dem Fall zuerst entstellt und unterdrückt und dann unwiderruflich vernichtet wurden.

Nicht nur Robert Kennedy schwieg still über die Marcellos und den Kennedymord; das taten auch einige seiner engsten Mitarbeiter und sogar Arthur M. Schlesinger junior, der berühmte Hofhistoriker der Kennedys. In seiner umfangreichen »definitiven« Biographie *Robert Kennedy and His Times*, mit der er 1978 den National Book Award gewann, steht nichts davon, daß Robert Kennedy Marcello vorrangig vom Justizministerium unter Druck setzen lassen wollte, nichts von Marcellos Deportation und seiner trotzigen Rückkehr, nichts von den Gerichtsverfahren, die das Justizministerium einen Monat vor der Ermordung des Präsidenten gegen ihn eingeleitet hatte. Dennoch war Robert Kennedys Jagd auf Carlos Marcello eine der wichtigsten und vielleicht sogar verhängnisvollsten Unternehmungen seiner kurzen Laufbahn als Justizminister.

Wenn man Schlesingers Ruf als Historiker und Gewinner des Pulitzer-Preises bedenkt, kann man kaum glauben, was man beim Lesen des Registers von Schlesingers Buch über Kennedy realisiert: Nirgendwo auf den 1163 Seiten des Buches taucht der Name Marcello auf.

Robert Kennedys Demoralisierung in den Wochen nach dem Mord an seinem Bruder wurde verschlimmert durch die brutale und gefühllose Behandlung, die J. Edgar Hoover ihm nach dem Mord angedeihen ließ. Ein Mitarbeiter Kennedys drückte es so aus: »Um 12.10 Uhr am 22. November fingen sie an, auf den Justizminister zu scheißen.« Hoover entfernte das direkte Telefon zu Kennedys Büro von seinem Schreibtisch, zog den Stecker heraus und ließ den Apparat von seiner Sekretärin in einen Schrank stellen. Als Jack Miller, Assistent des Justizministers, zuständig für Kriminalangelegenheiten, am Nachmittag des Mordtages nach Dallas flog, um die Ermittlung zu übernehmen, wurde er von Hoovers Agenten dreist ignoriert. Als Kennedy Ende Januar in sein Büro im Justizministerium zurückkehrte, erstattete Hoover nicht mehr ihm Bericht, sondern wandte sich direkt ans Weiße Haus. Courtney Evans wurde seines Postens als Verbindungsmann enthoben und durch Cartha »Deke« DeLoach ersetzt, einen engen Freund von Lyndon Johnsons Berater Walter Jenkins. Das FBI ließ Kennedy bei seinen Reisen durch das Land nicht mehr mit einem Dienstwagen abholen. Und wie wir wissen, schloß Hoover Robert Kennedy deutlich von den Untersuchungen des FBI über den Mord an seinem Bruder aus. Jahre später prahlte Hoover, daß er während Kennedys letzten sechs Monaten als Justizminister kein einziges Mal mit ihm gesprochen habe.

Robert Kennedy, der seinen Einfluß auf das FBI unwiederbringlich verloren und ein gespanntes, unproduktives Verhältnis zum neuen Präsidenten hatte, war erfolgreich kaltgestellt worden. Bald sollte auch sein Krieg gegen die Mafia schwächer werden, und er sollte das Interesse verlieren, die Mafiabosse zu verfolgen, deren Vernichtung er einst geschworen hatte.

Wie nicht anders zu erwarten, schätzte Hoovers FBI seine Prioritäten im Kielwasser des Mordes neu ab, was Kennedys Feldzug gegen das organisierte Verbrechen schadete. Stets auf der Hut vor der wechselnden Taktik der Regierung, ahnte der Mob rasch, welche neue Haltung das FBI ihm gegenüber einnehmen würde. Zehn Tage nach dem Mord nahm ein Abhörgerät des FBI auf, wie Charles »Chuckie« English (geb. Inglese), einer von Sam Giancanas Unterbossen, seinem Chef gegenüber die Erleichterung des Mobs ausdrückte:

»Ich will Ihnen mal was sagen. In zwei Monaten wird das FBI genauso sein wie vor fünf Jahren. Es wird sich nicht mehr um uns kümmern. Man sagt, das FBI wird sie [die Untersuchung des Kennedymords] bekommen. Es wird Fairplay-für-Kuba, Fairplay-für-Matsu aufstöbern. Die hält es für schädlicher für das Land als uns Typen.«

# 41

# Carlos Marcellos Triumph

Bis zum 15. Dezember 1963, ungefähr drei Wochen nach der Ermordung des Präsidenten, waren nicht weniger als 12 Personen, die mit Carlos Marcello oder einigen seiner engsten Mitarbeiter Umgang pflegten, in Verbindung mit dem Mord entweder verhaftet oder verhört worden.

Zu ihnen zählten Lee Harvey Oswald, der verdächtigte Mörder des Präsidenten; Jack Ruby, Mörder des verdächtigten Mörders; David Ferrie, ein Freund Oswalds und Ermittler für einen von Marcellos Rechtsanwälten; Ben Tregle, ein Geschäftsfreund von Bruder Vincent Marcello; Frank Caracci, Harold Tannenbaum und Nick Graffagnini, Bekannte von Jack Ruby und Geschäftsfreunde Carlos Marcellos im Nachtklubgeschäft von New Orleans; Joe Campisi, ein Freund von Jack Ruby und Geschäftsfreund der Marcellos in Dallas; Joe Civello, ein Freund und Geschäftspartner von Jack Ruby und Bevollmächtigter Carlos Marcellos in Dallas; Joe Poretto und Nofio Pecora, zwei von Carlos Marcellos wichtigsten Mitarbeitern in New Orleans; und Carlos' Bruder Anthony Marcello.

Berichte über diese Verhaftungen und Verhöre müssen Carlos beunruhigt haben, aber machte er sich Mitte Dezember Gedanken, ob etwa er selbst das nächste Mitglied seiner Organisation sei, das verhört würde?

Schwer zu sagen, aber wahrscheinlich war er nicht übermäßig besorgt. Denn eine Woche zuvor, am 9. Dezember, hatten Rundfunk, Presse und Fernsehen des Landes das Ergebnis der »erschöpfenden Untersuchung« des FBI über den Mord herausposaunt und behauptet, Lee Harvey Oswald sei der alleinige Mörder des Präsidenten und Jack Ruby wiederum dessen alleiniger Mörder.

Blieb noch die kürzlich begonnene Untersuchung des Mordes durch die neu gegründete Präsidentenkommission unter dem Vorsitz von Chief Justice Earl

Warren. Was würde mit all diesen FBI-Berichten über die Verhöre mit seinem Bruder Anthony, David Ferrie, Joe Poretto, Ben Tregle, Nofio Pecora und Joe Civello geschehen, wenn die erst einmal in den Händen der Warren-Kommission waren? Man darf wohl annehmen, daß Carlos ein wenig besorgt war.

Wie wir heute wissen, brauchte Carlos sich dank seines unwissentlichen Beschützers J. Edgar Hoover wenig Sorgen zu machen (der vielleicht gar nicht so unwissentlich war, wenn wir seine enge Beziehung zu Marcellos Freund Frank Costello bedenken).

Ende Januar also, anderthalb Monate nachdem Joe Civello, der letzte seiner Leute, vom FBI verhört worden war, muß Carlos Marcello sich so gefühlt haben, wie er sich oft um die Mittagszeit in Churchill Farms fühlte, wenn die Morgennebel über seinem Sumpfland verdunstet waren und er endlich einen Blick auf den strahlend blauen Himmel werfen konnte. Es sah nun so aus, als wären er und seine Leute aus der Sache heraus. Erst in 14 Jahren würde er selbst zu den Verdächtigen im Mordfall Kennedy zählen.

Carlos Marcello mag aus der Sache mit dem Kennedymord heraus gewesen sein, aber was die Sache mit dem Justizministerium anging, war er es noch nicht ganz.

Denn nicht lange nach seinem Freispruch vom 22. November im Prozeß der Regierung gegen ihn und seinen Bruder Joseph wegen Meineids und Verschwörung bereitete das Justizministerium einen neuen Fall gegen ihn vor, der schließlich auf eine Anklage wegen »Verschwörung zur Behinderung der Justiz durch Bestechung eines Geschworenen und Einschüchterung eines Regierungszeugen durch Morddrohungen« hinauslief. Der bestochene Geschworene Rudolph Heitler hatte Anfang August 1964 das Büro des US-Staatsanwalts in New Orleans aufgesucht und gebeichtet, daß er als Geschworener in dem Prozeß vom November 1963 gegen die Brüder Marcello wegen Verschwörung und Meineids für »nicht schuldig« gestimmt habe als Gegenleistung für die von ihm erhoffte hohe Summe von 25000 Dollar. Joe Matassa, der Vermittler, der angeblich die Marcellos vertrat, habe sein Wort gebrochen und ihm nur zweimal je 500 Dollar gezahlt. Wenn man ihm strafrechtliche Immunität zusichern würde, sagte Heitler dem US-Staatsanwalt, würde er gegen Marcello aussagen, falls es zu einem Prozeß wegen Beeinflussung von Geschworenen käme.

Rudolph Heitler glaubte, er habe berechtigten Grund zur Klage gegen Marcello und seinen Schmiergeldmann Joseph »Baby« Matassa, den Präsidenten der Pelican Tomato Company. Er hatte wiederholt versucht, sein Geld von Matassa zu bekommen, und Matassa hatte ihn immer wieder hingehalten und gesagt, er habe Schwierigkeiten, Carlos Marcello zu erreichen, der sich, wie man annimmt, in der Zeit nach dem Mord in seinem Schlupfwinkel in Churchill Farms versteckte. Schließlich, nach ständigem Bohren, gab Baby Matassa Heitler zweimal je 500 Dollar und riet ihm, sich damit zufriedenzugeben, da er ja nun in Carlos Marcello einen »Freund fürs Leben« habe. Außerdem sei er nicht als einziger Geschworener beeinflußt worden, sondern es habe auch noch andere gegeben.

Doch obwohl Heitler damals nichts sagte, war er nicht zufrieden und versuchte mehrere Monate später erneut, die ursprünglich verlangte Summe zu bekommen. Schließlich, im Juni 1964, setzte sich sein alter Freund George Alamilla für Heitler ein, schrieb Baby Matassa aus Belize und versuchte, ihm das Versprechen abzunehmen, Heitler 25000 Dollar auszuzahlen. Der Versuch schlug fehl. Am 6. August, als Heitler sah, daß seine Chancen den Bach hinunterschwammen, machte er sich auf und erzählte im Büro des US-Staatsanwalts in New Orleans die ganze Geschichte von der Geschworenenbestechung.

Bald darauf stattete Carl Noll, der Hauptzeuge der Anklage, dem Büro des Justizministeriums in New Orleans einen Besuch ab und teilte dem US-Staatsanwalt mit, daß Herbert Hubert aus Meridian, Mississippi, einer von Carlos Marcellos Handlangern an der Golfküste, im November 1963 bei dem Prozeß an ihn herangetreten sei und gedroht habe, ihn zu töten, wenn er nicht seine Aussage gegen die Brüder Marcello unterlassen würde.

Die Nachricht von diesen Aussagen erreichte das Justizministerium in Washington etwa zur gleichen Zeit, als Robert F. Kennedy als Justizminister zurücktrat und verkündete, er würde von New York aus für einen Sitz im Senat kandidieren. Es ist nicht bekannt, ob Kennedy davon erfuhr. (William Hundley sagte mir, daß wahrscheinlich nur Nicholas Katzenbach informiert worden sei.) Robert Kennedy hatte inzwischen die Verfolgung der Mafia aufgegeben und konzentrierte sich ganz auf seine bevorstehende politische Kampagne.

Es blieb Justizminister Katzenbach überlassen, am 6. Oktober 1964 zu verkünden, daß Carlos Marcello und Joe Matassa wegen Verschwörung zur Behinderung der Justiz durch »Bestechung eines Geschworenen und Einschüchterung eines Regierungszeugen durch Morddrohungen« angeklagt seien. Im Falle einer Verurteilung mußte Marcello mit einer Gefängnisstrafe von bis zu 35 Jahren und einer Geldstrafe von bis zu 60000 Dollar rechnen.

Wie im Protokoll der Verhandlung zu lesen ist, »fand die verschwörerische Zusammenkunft zur Bestechung Rudolph Heitlers an einem Wochentag vier Tage vor der Ermordung des Präsidenten in der Pelican Tomato Company statt«.

Die Einzelheiten dieser Verschwörung stehen in einer Gerichtsakte und könnten etwas Licht auf eine weitere Verschwörung werfen, an der Carlos Marcello möglicherweise beteiligt war und die sich genau zur gleichen Zeit abspielte: diejenige zur Ermordung Präsident Kennedys in Dallas am 22. November.

Bei der Verschwörung zur Geschworenenbestechung hielt sich Carlos in weiter Entfernung vom Ort des Verbrechens. Der Mann, der ausgewählt war, das Verbrechen zu verüben, das heißt, dem Geschworenen das Bestechungsgeld anzubieten – George Alamilla –, stammte noch nicht einmal aus New Orleans. Er war mitten bei Marcellos Prozeß aus Belize (Britisch-Honduras) herbeigeholt worden. Während der ganzen acht Tage kam Carlos Marcello kein einziges Mal in direkten persönlichen Kontakt mit Alamilla, Heitler oder Matassa. Wer als Vermittler zwischen Carlos Marcello und den anderen fungierte, wurde niemals festgestellt.

Wenn Carlos Marcello tatsächlich in eine gleichzeitige Verschwörung zur Ermordung Präsident Kennedys verwickelt war, könnten wir davon ausgehen, daß er auf dieselbe Art und Weise vorging. Die Personen, die den Mord ausführten, wären von außerhalb des Staates oder Landes gekommen und hätten nicht den geringsten Kontakt mit Marcello gehabt. Sie hätten ihren Auftrag ausgeführt und danach rasch das Land verlassen.

Doch wie steht es in diesem Fall mit Lee Harvey Oswald, David Ferrie und Jack Ruby? Welche Rollen könnten sie in einer von Marcello inspirierten Mordverschwörung gespielt haben?

Wenn es tatsächlich eine solche Verschwörung gegeben hat, sieht es so aus, als wäre Ferries Hauptaufgabe gewesen, Marcello zu beraten und Lee Harvey Oswald vorzuschieben. So wäre er dafür verantwortlich gewesen, Oswald und seinen Doppelgänger zu manipulieren, damit es nach dem Mord sofort so aussah, als ob Oswald den Präsidenten getötet habe. Da Ferrie sich um Oswald kümmern sollte, wäre er auch dafür verantwortlich gewesen, dafür zu sorgen, daß Oswald gleich nach seiner Identifizierung als Mordverdächtiger ausgeschaltet wurde. Ferries letzter Auftrag wäre gewesen, Jack Ruby durch Marcellos Netzwerk in Dallas die nötigen Anweisungen zukommen zu lassen. Das wäre die Erklärung für David Ferries Reise nach Texas am Tag nach dem Mord, sein R-Gespräch aus Houston mit dem »Town & Country«-Motel an jenem Nachmittag und seinen langen Aufenthalt am öffentlichen Telefon auf der Winterland-Kunsteisbahn später am Tag.

Was geschah mit David Ferrie, als nach seiner Rückkehr aus Texas am 24. November und seinem Verhör durch FBI und Geheimdienst in Verbindung mit dem Kennedymord endlich Ruhe eingekehrt war?

Es ist bekannt, daß David Ferrie bis mindestens Ende 1966 weiter für Marcello arbeitete. Nach dem Kennedymord verließ er seine Stellung bei Marcellos Anwalt G. Wray Gill und fing in der United Taxi Corporation an, die Marcello gehörte. Später arbeitete er für einen wohlbekannten Marcello-Gefährten namens Jacob Nastasi in einem von Marcello finanzierten Luftfrachtdienst in New Orleans.

Doch gewisse erst kürzlich freigegebene FBI-Dokumente weisen darauf hin, daß Ferrie diese Stellungen nicht als ausreichendes Entgelt für die Dienste betrachtete, die er Carlos Marcello geleistet hatte. Wie Rudolph Heitler begann er sich bei Leuten, die dem Boß nahestanden, darüber zu beklagen. Denn ein wenig später erfuhr das FBI in New Orleans von seinen Informanten, daß Ferrie plötzlich als Besitzer einer einträglichen Markentankstelle in einer erstklassigen Vorstadtgegend von New Orleans aufgekreuzt sei. Als das FBI dies untersuchte, erfuhr es, daß die Franchise von Carlos Marcello finanziert worden war.

Eine mögliche Erklärung dafür bietet ein FBI-Bericht von 1967 aus New Orleans über gewisse Informationen, die Layton Martens, Ferries ehemaliger Zimmergenosse, gegeben hatte. Dieser war einst Verbindungsmann zwischen Carlos Marcello und dem Kubanischen Revolutionsrat, an dessen Spitze Sergio Arcacha Smith stand. In dem FBI-Bericht steht:

»*Martens* gab an, daß *David Ferrie* einst für *Ray* [sic] *Gill* gearbeitet habe, der *Carlos Marcellos* Anwalt ist. *Ferrie* war ein Bekannter von *Bannister* [sic], und *Bannister* übernahm einige Ermittlungsarbeiten für *Marcello*. Wie verlautet, mochte *Marcello* Ferrie nicht. Nachdem *Ferrie Gills* Dienst verlassen hatte, ging er ins Tankstellengeschäft, das, wie verlautet, von *Marcello* finanziert war. *Martens* merkte an, daß er glaube, *Marcello* sei zur Finanzierung dieses Geschäfts genötigt worden, weil Ferrie belastendes Material gegen *Marcello* bekommen habe.«

Was für ein »belastendes Material gegen Marcello« konnte David Ferrie bekommen haben? Waren es Informationen über Carlos Marcellos Rolle im Kennedymord? Hatte Marcello Ferrie mit der einträglichen Markentankstelle bestochen, damit er seinen Mund hielt? Die Frage blieb unbeantwortet, denn als sie schließlich gestellt wurde, war David Ferrie tot. Aber das ist eine andere Geschichte.

Die Anklage des Justizministeriums vom 6. Oktober 1964 gegen Carlos Marcello lautete, daß Marcello und seine Leutnants zwei heimliche Zahlungen an einen Geschworenen gemacht hätten, »mit der Absicht, sein Handeln und Votum, seine Meinung und Entscheidung zu beeinflussen«, und daß Marcello im November 1963 danach getrachtet habe, »die Justiz dadurch zu beeinflussen und zu behindern, daß er Carl I. Noll, einen Hauptzeugen der Regierung, durch Morddrohungen einschüchterte«.

Auf die Verkündigung der Anklage hin verschwand Carlos, was untypisch für ihn war und dazu führte, daß nicht weniger als zehn FBI-Agenten in der Gegend von New Orleans ausschwärmten, um ihn zu suchen. Nachdem das FBI alle seine Schlupfwinkel – das Landhaus in Churchill Farms, das »Town & Country«-Motel, die Jefferson Music Company, die Restaurants seiner Brüder – kontrolliert hatte, war es nahe daran, ihn als Flüchtling vor der Justiz aufzugeben. Am 8. Oktober tauchte Carlos plötzlich auf und stellte sich im Bundesgerichtsgebäude, wo er nach Zahlung der erforderlichen 100000 Dollar Kaution bald auf freien Fuß gesetzt wurde.

So hieß es im Bundesgericht in New Orleans also wieder einmal *Die Vereinigten Staaten gegen Carlos Marcello*.

Der Fall kam erst im folgenden Jahr vor Gericht und wurde erst am 17. August 1967 entschieden. Er war das letzte Aufbäumen in Robert Kennedys Feldzug zur Zerstörung von Carlos Marcellos Macht. Inzwischen hatte Kennedy als Senator aus New York die Verfolgung der Mafia aufgegeben und sich Anliegen wie Bürgerrechte für Minderheiten, Stadterneuerung und Rückzug aus dem Vietnamkrieg zugewandt.

Bei dem Prozeß wurde Carlos von seinem hervorragenden Washingtoner Deportationsanwalt Jack Wasserman vertreten. Wie die Protokolle zeigen, gelang es Wasserman, zu beweisen, daß, obwohl tatsächlich eine Verschwörung zur Bestechung des Geschworenen Heitler stattgefunden hatte, absolut kein Beweis vorlag, daß Carlos Marcello dahintersteckte.

Wasserman räumte ein, daß Rudolph Heitler, George Alamilla und Joseph Matassa konspiriert hatten, um die Justiz beim Prozeß gegen die Marcellos zu behindern, indem sie Heitler als Gegenleistung für sein »Nicht schuldig« Geld gaben. Er forderte die Staatsanwaltschaft jedoch auf, ein Beispiel für konspirativen Kontakt zwischen Heitler, Alamilla, Matassa und Marcello beizubringen. Es zeigte sich, daß die Staatsanwaltschaft den Kontakt nicht beweisen konnte. Carlos' Politik, sich völlig von seinen Verbrechen zu isolieren, hatte sich wieder einmal bezahlt gemacht. Die Geschworenen befanden ihn für nicht schuldig der »Verschwörung zur Behinderung der Justiz durch Bestechung eines Geschworenen«.

Es sieht so aus, als hätten sich die Marcello-Streitkräfte um die Anklage wegen Einschüchterung eines Regierungszeugen durch Morddrohungen gekümmert, indem sie Carl Noll durch heftigen Druck bewegten zu bestreiten, daß sein Leben durch einen Handlanger Marcellos bedroht gewesen sei. Zu diesem Zweck veranlaßten sie den angeblichen Handlanger Herbert Huber, eine eidliche Erklärung abzugeben, daß die Regierung ihn zwingen wollte, bei dem Prozeß gegen Marcello auszusagen. In der eidlichen Erklärung, die Huber vorlegte, stand unter anderem:

»Am Sonnabend, dem 17. Oktober 1964, besuchten mich US-Staatsanwalt John Diuguid und ein weiterer Anwalt aus dem Justizministerium in meiner Wohnung in Meridian, Mississippi.

John Diuguid ersuchte mich in Abwesenheit des anderen Anwalts, gegen Carlos Marcello auszusagen und fälschlich zu behaupten, daß Carlos Marcello mich aufgefordert habe, Carl Noll loszuwerden.

Carlos Marcello hat mich niemals aufgefordert, Carl Noll oder irgend jemand anderen zu verletzen oder zu ermorden.«

Die eidliche Erklärung wurde am 19. Oktober 1964 vor Marcellos Anwalt Jack Wasserman und Marcellos Sohn Joseph C. Marcello abgelegt und hatte offenbar den gewünschten Erfolg. Die Geschworenen erkannten auch in dem Punkt für »nicht schuldig«, daß Carlos versucht habe, die Justiz zu behindern, indem er »Carl I. Noll, den Hauptzeugen der Regierung, durch Morddrohungen eingeschüchtert habe«.

Carlos hatte die Regierung der Vereinigten Staaten wieder einmal besiegt. Es war sein dritter großer Sieg gegen das Justizministerium. Jetzt bestand kaum noch die Möglichkeit, daß er jemals abgeschoben würde, und so konnte er sich, endlich befreit von den Kennedys und den Belästigungen des Justizministeriums, mit ungeteilter Kraft der Vermehrung des Reichtums seiner wachsenden Familie und der Erweiterung seines Geschäftsimperiums widmen. Es dauerte nicht lange, und die siegreichen Marcellos beherrschten den Staat Louisiana. Carlos Marcello wurde der reichste Mafiaboß der Vereinigten Staaten.

# 6. Teil

## Eine prekäre Macht
## 1965–1977

# 42

## Carlos Marcellos unsichtbare Regierung

»Man braucht Zeit, bis man da ist, wo ich bin. All diese Leute zu kennen – Gouverneure, die Geschäftswelt, der Justizminister, sie kennen mich.«

»Mit (Gouverneur) Jimmy Davis konnte ich Geschäfte machen. Mit (Gouverneur) Earl Long und, äh, Jimmy Davis, Earl Long.«

»(Gouverneur) McKeithen hatte ich acht Jahre in meiner Macht. Der Scheißkerl bekam 168000 Dollar von meinem Geld...«

»(Gouverneur) Edmund [sic] (Edwin Edwards) und ich verstehen uns recht gut, aber ich kann ihn nicht jeden Tag sehen...«

Carlos Marcellos prahlerische Worte über seine politischen Verbindungen, die er einem jungen Anwalt aus New Orleans gegenüber äußerte, wurden von einem kleinen Mikrophon aufgenommen, das das FBI 1979 an der Decke seines »Town & Country«-Büros angebracht hatte.

Dieses Mikrophon sowie Anzapfungen an allen Telefonen und diverse Abhörgeräte am Leib von drei Undercover-Agenten waren nötig, um das Justizministerium schließlich über das Ausmaß der unsichtbaren Regierung zu informieren, deren Oberhaupt der Boß der Mafia von Louisiana war.

Das Justizministerium hatte längst den Verdacht, daß Marcellos politischer Einfluß sich bis auf die höchsten Ebenen bundesstaatlicher und nationaler Regierungsstellen erstreckte, konnte diesen Verdacht jedoch nie erhärten, bis es endlich Anfang 1979 das FBI bevollmächtigte, gründliche elektronische Überwachungsmaßnahmen gegen ihn zu ergreifen.

Ironischerweise ergaben sich bei dem Abhören und Anzapfen bald Hinweise, daß Marcello Einfluß im Justizministerium selbst hatte, darunter auch eine Andeutung, daß er eine Verbindung besaß, die bis hinauf zum damaligen Justizminister der Vereinigten Staaten reichte.

Der erste Hinweis dieser Art entstammte einem vom FBI abgehörten Telefongespräch zwischen Marcello und seinem langjährigen Freund und gelegentlichen Geschäftspartner Irving Davidson, einem in Washington stationierten Lobbyisten, der sich darauf spezialisiert hatte, »Leute zusammenzubringen«. Davidson erklärte Marcello, wie er einen hohen Beamten der Einwanderungs- und Naturalisierungsbehörde dazu bringen werde, sich um eine bestimmte Angelegenheit in Carlos' nicht enden wollendem Deportationsfall zu kümmern.

| | |
|---|---|
| DAVIDSON | Er [der INS-Beamte] sagte mir, daß er mitmachen würde, aber er muß sich noch an eine Stelle außerhalb der Behörde wenden. Selbst wenn sie [unhörbar] sind, wollen Sie wissen, daß es sich um die Kriminalabteilung des Justizministeriums handelt. |
| MARCELLO | Ja. |
| DAVIDSON | Ich kenne den Namen des Herrn und habe ihn schon angerufen. Irgendwann werden wir einen Termin bekommen. |

Ein anderes Mal nahm die FBI-Wanze in Carlos' »Town & Country«-Büro eine Unterhaltung zwischen ihm und Joseph Hauser auf, einem Undercover-Agenten der Regierung und überführten Verbrecher, in der Carlos diesem mitteilte, daß er jemanden kenne, der den damaligen Justizminister Benjamin R. Civiletti bewegen könne, Hausers bevorstehende Gefängnisstrafe aufzuschieben. Civiletti hatte soeben den zurückgetretenen Griffin Bell abgelöst.

| | |
|---|---|
| MARCELLO | Vielleicht kann er den Justizminister anrufen. Ich sag' nicht, daß ich es tun kann. Ich hab' jemanden dafür. Gib mir all das da, und wir rufen ihn an. |
| HAUSER | Wieviel wird es kosten, die Sache mit Civiletti zu regeln?... |
| (später) | |
| | *(Marcello legt einen Finger an die Lippen)* |
| HAUSER | O.k., ich sag' nichts mehr. O.k., wir sprechen draußen weiter. |

Es ist nicht bekannt, ob Marcello tatsächlich einen Kontaktmann hatte, der den Justizminister der Vereinigten Staaten erreichen konnte. Es ist jedoch bekannt, daß er solide Verbindungen zu vielen anderen Männern in hohen Ämtern besaß.

Die Führung der Teamster-Gewerkschaft war eine davon. »Die Teamsters gehören uns«, sagte er zwei Undercover-Agenten des FBI in einem aufgezeichneten Gespräch von 1979. Mit »uns« meinte er sich selbst, Chicago-Boß »Joey Doves« Aiuppa, Kansas-City-Boß Joe Civella und Florida-Boß Santos Trafficante. Wie wir später aus Gesprächen erfahren werden, die das FBI aufnahm, planten Carlos und seine drei Mitbesitzer der Teamsters, mehr als nur das Management der Gewerkschaft zu beherrschen. Sie planten auch, ein großes Stück des gewaltigen, viele Milliarden Dollar schweren Gesundheits-, Wohlfahrts- und Pensionsfonds der Teamsters unter ihren Einfluß zu bringen.

Wie weit reichte Carlos Marcellos Arm sonst noch? Es war längst ein offenes Geheimnis, daß Marcello bis in den Senat der Vereinigten Staaten hinein Einfluß ausübte. Dazu bediente er sich einer der mächtigsten politischen Familien des Südens, der Longs aus Louisiana.

Ohne die Longs hätte es das Phänomen Carlos Marcello nie gegeben. Denn es war Huey Long gewesen, der Gouverneur von Louisiana und legendäre »Kingfish«, der Carlos zukünftigen Förderer, den New Yorker Spielautomatenkönig Frank Costello, nach Louisiana geholt hatte. Und es war Costello gewesen, der später dem jungen Carlos die erste große Chance seines Lebens gab, als er ihm die Leitung seines Spielautomatenbetriebs am Westufer anvertraute.

Seit damals bestand, wie die Zeitschrift *Life* 1970 in einem Enthüllungsartikel aufzeigte, eine enge, für beide Seiten nützliche Partnerschaft zwischen den Marcellos und den Longs. Carlos half Huey Longs Bruder Earl bei seinen politischen Abenteuern und trug reichlich zu den Senatskampagnen von Hueys Sohn Russell bei, der Carlos' Hauptkontaktmann im US-Senat wurde. Kurz bevor Robert Kennedy Justizminister wurde, reiste Carlos nach Washington, um sich Senator Longs Beistand zu sichern. Er rechnete nämlich damit, daß Bobby Kennedy mit aller Macht versuchen würde, ihn zu deportieren. Und nach der Deportation und Carlos' trotziger Wiedereinreise erhielt das FBI am 16. Juni 1961 einen Bericht eines zuverlässigen Informanten, daß Senator Russell Long sich im Justizministerium für Marcello einsetzte und sogar »einen Beamten aus Louisiana förderte, der im INS eine Schlüsselposition einnehmen sollte, um Marcello von dort aus Hilfe zu leisten«.

Aber Russell Long war nicht der einzige Politiker im Kongreß, den Marcello unterstützte. Da war auch noch der Abgeordnete Hale Boggs, dessen politische Kampagnen Aaron Kohn zufolge kräftig von Carlos Marcello finanziert wurden und dem Präsident Johnson einen Ehrenplatz in der Warren-Kommission gegeben hatte.

Carlos hatte auch nicht versäumt, seiner schlagkräftigen Politikermannschaft einige wichtige Vertreter der Justiz von Louisiana hinzuzufügen.

Wie wir wissen, stand er auf ungewöhnlich gutem Fuße mit Jim Garrison, in den sechziger Jahren Staatsanwalt von New Orleans, der zwar als unerbittlicher Ankläger bekannt war, aber die Eigenheit hatte, nichts Böses zu hören und zu sehen, was die Betätigungen der Marcello-Organisation in New Orleans betraf.

Als Reaktion auf Druck der Öffentlichkeit ließ der Zweimetermann Garrison, eine interessante, etwas seltsame, in New Orleans aber wohlgelittene Persönlichkeit, mehrmals gerichtlich untersuchen, ob es organisiertes Verbrechertum gebe. Jedesmal wurde seine vorgefaßte Meinung bestätigt, daß dies in New Orleans nicht der Fall war. Während eine seiner Anklagejurys zu diesem Schluß kam, klagte, wie *Life* 1970 enthüllte, eine gleichzeitig in Houston berufene Jury drei von Marcellos führenden Buchmachern – Sam DiPiazza, Eugene Nolan und Frank Timphony – wegen Betreibung illegaler Geschäfte in New Orleans und Houston an. Doch selbst als DiPiazza und Nolan wegen Annahme von Wetten in Millionenhöhe direkt vor Garrisons Nase verurteilt wurden, drückte der hochgewachsene, schlaksige Staatsanwalt aus New Orleans beide Augen zu.

Gemäß *Life* wies Garrison Mitte bis Ende der sechziger Jahre 84 gegen Marcellos Leute erhobene Klagen ab, darunter 22 wegen verbotener Glücksspiele, eine wegen versuchten Mords, drei wegen Kidnapping und eine wegen Totschlags.

Inzwischen sah Garrison, wie der Mordausschuß des Repräsentantenhauses 1979 berichtete, nichts Unrechtes darin, von Marcellos Bevollmächtigtem Mario Marino einen kostenlosen Urlaub plus Spielkredit in Höhe von 5000 Dollar im »Sands Hotel« in Las Vegas anzunehmen. Auch gestattete er einem von Marcellos Spitzenleuten, ihm ein Haus in einem Vorort zu einem lächerlich niedrigen Preis zu verkaufen. Besonders geschickt vertuschte Garrison den Tod Vic Coronas, eines führenden Schmiergeldmannes von Marcello, der eines Nachts in Garrisons von Marcello finanziertem Haus an einem Herzschlag starb. Anlaß des Besuches war, wie Garrison sich ziemlich lahm ausdrückte, eine »politische Versammlung« gewesen.

Diejenigen, die Kenntnis von der gemütlichen Beziehung zwischen Garrison und den Marcellos hatten – er stand nämlich auch mit Carlos' drei Brüdern Sammy, Vince und Joe auf sehr gutem Fuße –, waren nicht überrascht, als er 1967, bei der Wiederaufnahme der Untersuchung des Kennedymords, deutlich alle Aussagen überging, die auf eine Beteiligung der Mafia hinwiesen. Die ganze Angelegenheit erwies sich am Ende als ein in die Länge gezogener Versuch, der Central Intelligence Agency die Schuld an dem Mord in die Schuhe zu schieben.

Aber Jim Garrison war nicht der einzige hohe Gesetzeshüter, den Carlos Marcello kannte. Wie er 1979 zwei mit Abhörgeräten ausgestatteten Undercover-Agenten bekannte, stand er auch mit mehreren Bundesrichtern in New Orleans auf sehr gutem Fuße:

»Wenn du einen Bundesrichter hast, dann ist Geld nicht das Richtige... Ich, äh, ich kenne die Hälfte von ihnen hier, genau hier, sie sind meine persönlichen Freunde.«

Ferner verfügte er angeblich über eine Verbindung – die ihm eine dritte Person vermittelte – zum Justizminister der Vereinigten Staaten, eine Verbindung zum zweithöchsten Beamten der Einwanderungs- und Naturalisierungsbehörde, solide Verbindungen zur Führung der größten und mächtigsten Gewerkschaft des Landes, persönliche Freundschaften mit einem hervorragenden US-Senator aus Louisiana und einem Mitglied des US-Repräsentantenhauses aus Louisiana, direkte Beziehungen zum Gouverneur von Louisiana und zum Staatsanwalt von New Orleans und Freundschaften mit mehreren Bundesrichtern in New Orleans.

Wohin reichte die lange Kette von Carlos Marcellos Verbindungen sonst noch? Unter anderem zu den Bossen mehrerer führender Mafiafamilien in den Vereinigten Staaten. Obwohl Marcello Bundesbehörden gegenüber stets bestritten hatte, mit der Mafia verbunden zu sein, wurde er im Herbst 1966 von der Polizei in einem Restaurant in Queens, New York, überrascht, als er sich gerade zum Mittagessen hinsetzen wollte. In dem Raum befanden sich Carlo Gambino, Boß der mächtigsten New Yorker Mafiafamilie, Florida-Boß Santos Trafficante und mehrere hochrangige Mitglieder der Familien Colombo, Gambino und Genovese. Und 1979 verzeichneten Abhörgeräte, wie er einräumte, daß er dem Chicago-Boß »Joey Doves« Aiuppa und dem Kansas-City-Boß Joe Civella nahestand. Ferner gestand er zwei Undercover-Agenten, daß er in der Mafia sei, und zeigte sich sehr besorgt um den bevorstehenden Prozeß gegen zwei seiner Mafiafreunde von der Westküste, Dominick Brooklier, Boß des Mobs von Los Angeles, und dessen Unterboß Sam Sciortino. So groß war seine Besorgnis um seine Mafiagenossen in Kalifornien, daß er, gemäß einer 1979 vom FBI aufgezeichneten Unterhaltung, sogar bereit war, »innerhalb von 24 Stunden 250000 Dollar in bar« lockerzumachen, um den Richter zu schmieren, der den Vorsitz über den Prozeß gegen seine Freunde führte.

Unter diesen hochrangigen Verbindungen in Regierung, Justiz, Gewerkschaft und organisiertem Verbrechen darf Carlos' alter Freund I. Irving Davidson, der König der Washingtoner Lobbyisten, nicht fehlen. Ebenfalls 1979 erfuhr das FBI zum erstenmal, daß Davidson und Marcello seit Ende der fünfziger Jahre in engem, ständigem Kontakt standen. Hauptsächlich Davidson verdankte Marcello seinen Zutritt zu den Behörden der Bundesregierung einschließlich der CIA, bei denen Davidson auf dem Capitol Hill als Lobbyist tätig war, sowie zur Welt der Washingtoner Politik, zum internationalen Big Business und zur Hochfinanz. Alle beide waren interessiert an den Diktaturen der Karibik und Mittelamerikas. Man nimmt an, daß Davidson, anerkannter Lobbyist der Trujillos aus der Dominikanischen Republik, der Duvaliers aus Haiti und der Somozas aus Nicaragua, Marcello höchstwahrscheinlich seinen Zutritt zu diesen drei Diktaturen verschaffte. Und schließlich hatte Marcello dank Davidson die Reichweite seines Einflusses auf die Ölmagnaten Murchison aus Dallas, mit denen er umfangreiche Geschäfte tätigte, und gewisse unangenehme Mitglieder aus Lyndon Johnsons Lager ausdehnen können, Männer wie Bobby Baker und Billie Sol Estes. Dazu kamen dann noch mehrere Mitglieder aus Richard Nixons Gefolge, einschließlich eines politischen Beraters namens Murray Chotiner, dem Nixon eine Aufgabe im Weißen Haus anvertraut hatte, und mindestens zwei Watergate-Einbrecher. (1963 kam heraus, daß Davidson der Bestechungsgeldbote der Ölfamilie Murchison an Bobby Baker gewesen war.)

Davidson und Marcello waren 1961, zur Zeit der Abschiebung, so eng befreundet, daß Davidson sich als der einzige Mensch in Washington erwies, der Carlos' Telefonnummer in Guatemala besaß, nachdem Bobby Kennedy ihn dort abgeladen hatte. Das gab Anlaß zu der Vermutung, daß vielleicht Davidson – mit Hilfe seines guten Freundes Präsident Rafael Trujillo – Marcellos illegale Wiedereinreise in die Vereinigten Staaten mit einem Düsenflugzeug der dominikanischen Luftwaffe arrangiert hatte.

Zu Davidsons umfangreicher Sammlung von Leuten in hohen Stellungen, Leuten, die möglicherweise Schlüsselpositionen in Carlos Marcellos unsichtbarer Regierung einnehmen konnten, zählte auch niemand anders als FBI-Direktor J. Edgar Hoover, der wiederum ein guter Freund von Davidsons und Marcellos Freund Clint Murchison war. Der FBI-Direktor und der Lobbyist waren eng befreundet. Man sah die beiden gelegentlich, wie sie in Washingtoner Restaurants speisten, und in späteren Jahren leitete Davidson persönlich Kampagnen zur Geldbeschaffung für die J. Edgar Hoover Foundation.

Ist es möglich, daß Carlos Marcello über seinen guten Freund Irving Davidson eine Verbindung zu J. Edgar Hoover hatte, mit allem, was das mit sich brachte? Der Gedanke ist nicht absurd in Anbetracht unserer beinahe sicheren Kenntnis, daß der FBI-Direktor sich privat mit Frank Costello, Marcellos erstem wichtigem Förderer, im Central Park und anderswo zu treffen pflegte. Wenn unter Davidsons Schirmherrschaft eine Verbindung zwischen Marcello und Hoover bestand, wäre sie eine gute Erklärung für die sonderbare Pflichtvergessenheit des FBI von New Orleans, das hinlänglich versäumte, Marcellos Betätigung in den Monaten vor der Ermordung Präsident Kennedys zu überwachen, und für Hoovers noch sonderbarere Pflichtvergessenheit nach dem Mord, als er bewußt versuchte, alle Aussagen, die für eine Beteiligung der Marcellos sprachen, zu verheimlichen.

Doch wie stand es um die geringeren Chargen in Carlos Marcellos unsichtbarer Regierung? Die Leute, mit denen er werktags zusammenkam? Die FBI-Aktion von 1979 förderte Legionen von ihnen zutage: »Ja, die hab' ich alle da, wo ich sie haben will«, versicherte Marcello einem Undercover-Agenten auf die Frage, ob er irgendwelchen Einfluß auf den Stadtrat von New Orleans habe. »Ja, ich hab' die Hafenarbeiter und das Baugewerbe auch«, sagte er den Undercover-Agenten bei einer anderen Gelegenheit.

Einmal ließ Carlos bei denselben Agenten durchblicken, daß er auch die Staatspolizei von Louisiana dort habe, wo er sie haben wolle. Die drei fuhren mit hoher Geschwindigkeit von Lafayette nach New Orleans. Carlos saß am Steuer seines Wagens. Als einer der Agenten anbot, ihn abzulösen, sagte Carlos: »Mann, lassen Sie das lieber. Wenn die Bullen uns erwischen, kommen Sie ins Gefängnis, ich aber nicht.«

Einmal sagte Carlos einem jungen befreundeten Anwalt im Zusammenhang mit einem Bestechungsgeld, das er dem Leiter der Verwaltungsbehörde des Staates Louisiana zahlen wollte: »Mann, der hüpfte vor Freude, als ich ihm sagte, daß wir ihm innerhalb von 90 Tagen 129000 Dollar in bar geben könnten, wenn er alles richtig macht.«

»Ich pflegte Polizeichef Beauregard Miller jedesmal 50000 Dollar zu geben«, erzählte Carlos seinem jungen Freund eines Tages in seinem »Town & Country«-Büro. Er fuhr fort, daß er wichtigen örtlichen Politikern und Polizeioffizieren im Kreis Jefferson und St. Charles, in Raceland, Thibodaux, Morgan City, Franklin, Abbeville und Lake Charles regelmäßig jeweils zwischen 5000 und 10000 Dollar zu zahlen pflegte – um nur ein paar Gemeinden in Louisiana zu nennen, die Carlos, wie er prahlte, »kontrollierte«.

Wie wir wissen, war die Aktion des FBI von 1979 keinesfalls die einzige Untersuchung der Marcello-Organisation, die durchgeführt wurde, seit Carlos 1947 die Kontrolle über die Unterwelt der Golfstaaten übernommen hatte. Sie war nur die gründlichste und aufschlußreichste. Der Kefauver-Ausschuß von 1951 hatte den größten Teil der mühevollen Vorarbeit geleistet und dabei vor allem den Umfang von Marcellos illegalen Glücksspielunternehmungen in Südlouisiana aufgedeckt. Ihr war die Metropolitan Crime Commission von New Orleans unter Aaron Kohn Mitte der fünfziger Jahre mit einer umfassenden Ermittlung gefolgt, und dann hatte der McClellan-Ausschuß von 1959 unter der eifrigen Führung seines obersten Rechtsberaters, Robert Kennedy, auf Kohns Resultaten aufgebaut, um dem Justizministerium ein genaueres Bild von dem blühenden kriminellen Imperium der Marcellos zu geben.

Dann kam die mutige und gründliche Untersuchung der Zeitschrift *Life* vom 10. April 1970, die sich mit Marcellos Herrschaft über die politische Maschinerie und den Vollstreckungsapparat des Staates Louisiana beschäftigte. Die Rechercheure von *Life*, angeführt von Sonderkorrespondent David Chandler, stellten fest, daß Carlos dank eines ausgefeilten Systems von Verbindungen, die er mit wichtigen Beamten in seinem Kreis und Baton Rouge geknüpft hatte, Ende der sechziger Jahre in Louisiana praktisch schalten und walten konnte, wie es ihm gefiel.

*Life* entdeckte, daß Carlos durch seinen guten Freund D. M. »Sammy« Downs, den zweitmächtigsten Beamten in Gouverneur John McKeithens Regierung, direkten Zutritt zum Parlamentsgebäude in Baton Rouge hatte. Die Zeitschrift entdeckte auch, daß Carlos Roland Coppola, den Chef der Staatspolizei von Louisiana, unter Kontrolle hatte und daß er Frank Landridge, dem Staatsanwalt des Kreises Jefferson, so nahestand, daß er sich mit diesem die Dienste desselben Mafiavollstreckers, des berüchtigten Joseph »Zip« Chimento, teilte, der Schlägerjobs für den Staatsanwalt erledigte und gleichzeitig der gefürchtetste Kassierer des Jukebox-, Flipper- und Spielautomatengeschäfts der Marcellos war.

Außerdem fanden die Rechercheure von *Life* heraus, daß Marcello das Finanzamt des Staates Louisiana beherrschte. Marcellos Macht über diese Behörde war so groß, daß er die Steuereinnehmer kontrollieren und auch »die Revisionsverfahren des Staates nach Belieben manipulieren« konnte. Das hatte zur Folge, daß seine Familie praktisch keine Staatssteuern zu zahlen brauchte, wodurch der Staat Hunderte von Millionen Dollar an Staatseinkünften verlor.

Wie empörend und unverfroren Marcello seine Macht über Beamte ausübte, wird dadurch veranschaulicht, daß er die Regierung zwingen konnte, Steuergelder in die Erschließung seines 2590 Hektar großen Sumpflandbesitzes Churchill Farms zu stecken.

Marcello hatte das riesige Gebiet im Jahre 1959 für rund eine Million Dollar gekauft. Das unerschlossene Sumpfgelände mit seinen kleinen, rustikalen Gebäuden, die hier und dort zwischen den sich windenden Bayous verstreut standen, diente Carlos und seinen Leuten als Zuflucht und Versteck zugleich. Dank seiner verschlungenen Wasserwege war es auch ein sicherer Hafen für kleine, mit Schmuggelware beladene Schiffe, die aus dem Golf von Mexiko heraufkamen. Aber letzten Endes war es als Kapitalanlage gedacht.

Carlos' Grundstücksberater waren zu dem Schluß gekommen, daß Churchill Farms eines Tages, wenn es erst einmal voll eingedeicht und trockengelegt wäre, als erstklassiges Vorortgrundstück glatt 60 Millionen Dollar wert sein könnte, vor allem wenn eine Hauptstraße durch das dem Wasser abgerungene Sumpfland führte.

Obwohl es abgelegen wirkte, war das Grundstück von New Orleans und dem Ostufer aus über zwei Mississippibrücken leicht erreichbar. Doch das Eindeichen und Trockenlegen eines so großen Sumpfgebiets würde eine Riesenmenge Geld kosten. Da Marcello nicht Millionen seines eigenen Vermögens investieren wollte, terrorisierte er die Regierung des Kreises Jefferson und die einschlägigen Behörden von Louisiana so lange, bis sie versprachen, das Grundstück auf Kosten der Öffentlichkeit zu erschließen.

Folglich bewegte Carlos seinen alten Freund, den aus dem Amt scheidenden Gouverneur Jimmie Davis, einen Vertrag zu unterschreiben. Eine regionale Hochwasserschutzbehörde wurde ermächtigt, sich mit dem Kreis Jefferson die Kosten für den Bau eines riesigen Damms zu teilen, der die Ostgrenze von Churchill Farms vor den Fluten des Mississippi schützen sollte. Darüber hinaus sollte Carlos als Entschädigung für die »Unbequemlichkeit«, die er dadurch erlitt, daß der Staat sein Land für die Öffentlichkeit erschloß, die Summe von 500000 Dollar erhalten.

Den Damm zu bauen kostete den Staat Louisiana und den Kreis Jefferson vier Jahre und eine Million Dollar. Als die Arbeit 1968 beendet war, war es Zeit, mit der Trockenlegung zu beginnen. Unglaublicherweise konnte Carlos den Staat einschüchtern, daß er zwei riesige Pumpen aufstellte, die die Steuerzahler von Louisiana am Ende ungefähr 3,5 Millionen Dollar kosteten. Dann begann Carlos, Pläne für eine Autobahn von Baton Rouge nach Jefferson zu entwerfen, die vom Staat gebaut und durch Churchill Farms führen sollte. Wie *Life* in seinem Ermittlungsbericht von 1970 aufzeigte, hatte am Ende niemand außer Carlos Marcello Vorteile aus all den Mühen und Kosten, die erforderlich waren, um Churchill Farms mit öffentlichen Mitteln einzudeichen und trockenzulegen. Wie 1959 von seinen Grundstücksberatern vorausgesagt, war Carlos' ursprüngliche Kapitalanlage von einer Million Dollar Anfang der siebziger Jahre auf annähernd 22 Millionen gestiegen, obwohl seine Pläne für die Autobahn noch nicht genehmigt waren.

Wie nicht anders zu erwarten, wuchsen Marcellos Reichtum und politischer Einfluß in Louisiana nicht ohne Gewalttätigkeit. Wie *Life* 1970 aufzeigte, wurden Menschen, die Carlos oder seinen Leuten in die Quere kamen, gnadenlos getötet. 1967 wurde Harry Bennett, einer von Carlos' besseren Syndikatsglücksspielern, von unbekannten Killern erschossen – kurz zuvor hatten Marcello-Gehilfen entdeckt, daß Bennett sich bereit erklärt hatte, einem Bundesstaatsanwalt bei der Ermittlung der Regierung gegen die Marcello-Organisation zu helfen.

Rund zwei Jahre später wurde Donald »Jimmie« James, einer von Bennetts ehemaligen Partnern in einem von den Marcellos kontrollierten Spielkasino an der Golfküste, erwischt, wie er einen von Carlos' engen Freunden um 10000 Dollar beschwindeln wollte. Marcello ließ den Missetäter in sein »Town & Country«-Büro kommen und befahl ihm, das Geld sofort zurückzuzahlen, andernfalls würde er etwas erleben. James tat, wie ihm befohlen, und Carlos vergewisserte sich, daß die Nachricht davon in seiner ganzen Organisation verbreitet wurde. Als ob die Marcello-Organisation die Lektion erteilen wollte, daß die einfache Zurückzahlung erschwindelten Geldes keine ausreichende Sühne für eine Respektlosigkeit sei, ergriff sie Endmaßnahmen: Eines Nachmittags fand die Polizei des Kreises Jefferson Jimmie James' von Kugeln durchsiebten Leichnam am selben Ort, wo sein ehemaliger Partner Harry Bennett zwei Jahre zuvor gefunden worden war.

Marcello sah keine Ursache, die von *Life* erhobenen Beschuldigungen öffentlich abzustreiten.

Ja, Carlos Marcello machte nie ein Hehl daraus, daß derjenige, der ihm drohte, dies auf große persönliche Gefahr tat. Carl Noll wurde davon angeblich unterrichtet, bevor er bei dem Prozeß von 1964/65 wegen Geschworenenbestechung gegen Carlos aussagen sollte. Die Folge war, daß er das Gedächtnis verlor, als er den Zeugenstand betrat.

Wie wir wissen, wurde Marcello am 17. August 1965 von der Anklage freigesprochen, die eine Anklagejury im Oktober 1964 gegen ihn erhoben hatte: »Verschwörung zur Behinderung der Justiz durch Bestechung eines Geschworenen und Einschüchterung eines Regierungszeugen durch Morddrohungen.«

Mit diesem Freispruch, der viele aufmerksame Beobachter des Prozesses empörte, war Marcello endlich befreit von den Anklagen, die von seiner Abschiebung nach Guatemala und gesetzwidrigen Wiedereinreise in die Vereinigten Staaten herrührten. Mit anderen Worten befreit von allen Anklagen, die sein Widerstand gegen Robert Kennedy ausgelöst hatte.

Die dreieinhalb Jahre, die er als Angeklagter hatte verbringen müssen, lagen nun hinter ihm, ebenso wie – zumindest vorübergehend – die Gefahr der Abschiebung und das Schreckgespenst Bobby Kennedys; Carlos konnte sich nun ganz darauf konzentrieren, sein Unterweltimperium zu verwalten und Freunden und Bekannten zu helfen, die in Schwierigkeiten geraten waren.

Wie die Tonbänder von Marcellos Gesprächen des Jahres 1979 zeigten, fungierte Carlos nun als eine Art oberster Verwaltungs- und Regierungsbeamter eines unsichtbaren Staates. Wenn bei Carlos das Telefon läutete, war zum Beispiel ein millionenschwerer Ölschwindler aus Oklahoma daran, gegen den das FBI gerade ermittelte und der Carlos bat, zwei potentielle Belastungszeugen verhaften zu lassen. Carlos sagte, er werde sehen, was er tun könne. Oder das Telefon läutete, und daran war der in New Orleans ansässige Vetter eines Mob-Unterbosses aus Los Angeles, der fragte, ob Carlos wisse, wie man einen Bundesrichter schmiert. Carlos antwortete, er werde sehen, was er tun könne. Oder das Telefon läutete, und diesmal kam der Anruf vom Anführer einer Bande Rauschgiftschmuggler, die gerade mit 400 Kilo Marihuana und 200000 Tabletten Quaalude verhaftet worden waren; sie brauchten Onkel Carlos, um ihre Freilassung gegen Kaution zu erwirken. Carlos versprach ihnen, sich etwas auszudenken.

Eine Verhaftung veranlassen, einen Bundesbeamten schmieren, eine Bande Rauschgiftschmuggler aus dem Gefängnis holen. Nach dem Vertrauen zu urteilen, das Carlos geschenkt wurde, mußten seine Anhänger glauben, er könne sich alles erlauben, und das hatte Carlos selbst ja auch immer geglaubt.

Anfang 1966 war Carlos Marcello auf dem Wege, der reichste und einflußreichste Mafiaboß der Vereinigten Staaten zu werden, eine Stellung, die er Anfang der siebziger Jahre auch erreichen sollte. Sein Sieg über das Justizministerium und die Brüder Kennedy hatte ihm gewaltigen Respekt in der ganzen Unterwelt verschafft. Seine kriminelle Organisation hatte nun ein Jahreseinkommen von schätzungsweise fast zwei Milliarden Dollar, womit sie das bei weitem größte Gewerbe in Louisiana war. Als Oberhaupt der ältesten Mafiafamilie der Vereinigten Staaten – »der ersten Familie der Mafia«, wie es in Mobkreisen hieß – erfreute Marcello sich außergewöhnlicher Privilegien im nationalen Syndikat. Wie ein FBI-Informant in dieser Zeit erfuhr, durfte Carlos »eigene wichtige Entscheidungen treffen, ohne die nationale Kommission zu Rate zu ziehen«. Er konnte »von sich aus neue Mitglieder aufnehmen. Aber da Carlos Marcello taktvoll und diplomatisch war, bat er die Kommission um Genehmigung, wenn er neue ›Soldaten‹ aufnehmen wollte, die sie ihm natürlich gewährte.«

Doch so mächtig und autonom Marcello und seine unsichtbare Regierung auch geworden waren, stand er immer noch unter dem Kodex, dem er 1947 auf der turbulenten Versammlung im »Black Diamond Club« Treue geschworen hatte. Wenn ihn also die anderen Bosse riefen, um einen Streit schlichten zu helfen, versäumte er nicht, seine Pflicht zu erfüllen.

Eine solche Gelegenheit ergab sich im Herbst 1966, als Carlo Gambino, der damals mächtigste Mafiaführer des Landes und sogenannte Boß der Bosse, Carlos und seinen Bruder Joe nach New York rief. Wie sich herausstellte, lief diese Zusammenkunft von 13 Mafiosi auf eines der seltsamsten Ereignisse in Carlos' Laufbahn hinaus, ein zweifelhaftes Vergnügen, das ihn einerseits in ernsthafte Schwierigkeiten brachte und andererseits seine Macht in einem Nachbarstaat gewaltig vergrößerte.

# 43

## Gipfel im »La Stella«

Am 22. September 1966 fiel zwei aufmerksamen New Yorker Polizisten ein ungewöhnliches Aufgebot schwarzer Limousinen auf, die vor dem Restaurant »La Stella« in Forest Hills, Queens, parkten. Sie stürmten in das Lokal und stießen in einem privaten Speisesaal im Keller auf die größte Versammlung wichtiger Mafiabosse seit dem Konklave von 1957 in Apalachin. An einem langen, mit Weinflaschen, Brotkörben und Antipasti-Platten bedeckten Tisch saßen 13 Männer, die gerade ihr Mittagessen beginnen wollten. Fünf davon zählten, wie sich herausstellte, zu den mächtigsten Mafiaführern der Nation.

Unter den 13 befanden sich vier Männer aus New Orleans: Carlos Marcello und sein Bruder Joe, Anthony Carolla, Sohn von Sam »Silver Dollar« Carolla, dem ehemaligen Mafiaboß von New Orleans, und Frank Gagliano, Sohn eines deportierten Mafioso aus der Ära Carolla. Die übrigen waren Carlo Gambino, der hagere, adlernasige Boß der New Yorker Verbrecherfamilie Gambino, die damals als mächtigste Mafiafamilie der Vereinigten Staaten galt; Joseph N. Gallo und Aniello Dellacroce, zwei seiner *capiregime*; Joseph Colombo, Oberhaupt der New Yorker Familie Colombo, der fünf Jahre später im Central Park von der Kugel eines Mörders getroffen werden sollte; und vier Mitglieder der großen, mächtigen New Yorker Familie Genovese: der amtierende Boß Thomas »Tommy Ryan« Eboli, der *consigliere* Michael Miranda und die Soldaten Dominick Alongi und Anthony Carillo. Der dreizehnte Anwesende war der berüchtigte Santos Trafficante junior, Freund der Marcellos, Boß des Golfküstenmobs aus Florida und ehemaliger Komplize der CIA bei den Plänen zur Ermordung Fidel Castros. Die Polizei schätzte, daß alle 13 zusammen wahrscheinlich für mehr als 200 Morde auf Bestellung verantwortlich waren.

Mit Hilfe rasch herbeigeholter Verstärkungstruppen verhaftete die Polizei alle 13 Männer, bezichtigte sie des »Umgangs mit bekannten Verbrechern«, legte ihnen Handschellen an, sperrte sie ein und verlangte 1300000 Dollar Kaution, das heißt 100000 Dollar pro Kopf. Am folgenden Tag wurden die 1300000 Dollar übergeben und die schändlichen 13 freigelassen. Tags darauf trafen sich Carlos Marcello, sein Anwalt Jack Wasserman und Bruder Joe mit Anthony Carolla, Frank Gagliano, Santos Trafficante junior und dessen Anwalt und kehrten ins »La Stella« zurück, um beim Mittagessen ihre Freiheit zu feiern. Diese Geste war typisch für Marcello. Sein ganzes Leben lang hatte er der Polizei erfolgreich getrotzt und seinen Trotz dabei auch noch zur Schau gestellt. Nun wollte er der New Yorker Polizei zeigen, daß sie einen Kreis alter Freunde nicht davon abhalten konnte, in einem italienischen Restaurant in Queens Mittag zu essen.

Dennoch erwies sich seine Anwesenheit bei einem Mafiatreffen auf höchster Ebene – einem »Minigipfel« oder »Mini-Apalachin«, wie einige Journalisten es nannten – als persönlich nachteilig sowohl für ihn selbst als auch für seinen Bruder. Carlos hatte Vollstreckungsbehörden gegenüber stets behauptet, er verkehre mit niemandem, der mit dem organisierten Verbrechen in Verbindung stehe, und sei kein Mitglied der Mafia. Jahrelang hatten ihm Polizisten, Politiker und, wie wir wissen, sogar FBI-Agenten in New Orleans diese Behauptung abgenommen. Jetzt sah alles anders aus. Carlos und sein Bruder waren erwischt worden, als sie sich mit einigen der mächtigsten Mafiabosse des Landes trafen. Wie würde er das erklären? Wie sich herausstellte, hätte die Ausrede, die er den Behörden gab, gar nicht fauler sein können:

»Ich wollte einige meiner alten Freunde wiedersehen, und so trafen wir uns zum Mittagessen. Klar, ein paar dieser Typen waren an Gaunereien beteiligt... Doch ob sie in der Mafia sind, weiß ich nicht. Dies war bloß ein gesellschaftliches Zusammentreffen, weiter nichts... Was ist schon dabei, wenn sich ein paar alte Freunde zum Mittagessen treffen?«

Niemand ließ sich von dieser faulen Ausrede täuschen. Jetzt wußten die Behörden von Louisiana und das FBI, daß das, was sie längst geahnt hatten, stimmte: daß Carlos Marcello tatsächlich ein Mafiaboß war und mit einigen der größten Verbrecher im landesweiten Netz der Mafia in Verbindung stand.

Was war der Anlaß des Gipfels im »La Stella«? FBI-Spezialagent Harold Hughes vom Büro in New Orleans untersuchte die Versammlung und fand durch zuverlässige Informanten heraus, daß ein Streit geschlichtet werden sollte, der zwischen den Marcellos und den Carollas wegen Anthony Carollas Stellung in der Unterwelt von New Orleans ausgebrochen war. Dem Mittagessen war eine offizielle Versammlung an einem anderen Ort vorausgegangen.

Offenbar glaubte Anthony Carolla als Sohn und Erbe von Carlos' Vorgänger, daß er das Recht auf einen größeren Anteil an den Unternehmungen der Marcello-Organisation habe und als Carlos' Nachfolger in Betracht komme. Nach den Informationen, die Hughes einholen konnte, entschieden die New Yorker Bosse zugunsten von Carlos und seinem Bruder: Anthony Carolla hatte kein Recht auf größere Beteiligung an Marcellos Geschäften und durfte sich auch nicht Carlos' Nachfolger nennen; das war allgemeiner Übereinstimmung zufolge Joe junior. Die Anwesenheit von Santos Trafficante bei der Versammlung war notwendig wegen seiner Freundschaft mit Carlos und seines ureigenen Interesses an dem, was in seinem Nachbargebiet geschah.

Carlos und Joe gingen als Sieger aus der Zusammenkunft im »La Stella« hervor. Carlos war noch überheblicher geworden, als er acht Tage nach seiner Verhaftung nach New Orleans zurückkehrte. Berauscht vom Triumph, verlor er prompt die Beherrschung.

Carlos' Teilnahme am Gipfel im »La Stella« hatte in den Zeitungen von New Orleans Schlagzeilen gemacht, und so wartete eine große Menge von Journalisten, Fotografen und Schaulustigen am Flughafen, um seine triumphale Rückkehr mitzuerleben.

Von dem, was dann geschah, gibt es drei Versionen. Diejenige, an die Carlos sich hielt, lautet, daß irgend jemand, den er nicht kannte, ihm in die Quere kam, als er sich seinen Weg durch die Menge der Reporter und Fotografen bahnte. Carlos verlor die Nerven und versetzte ihm einen Schlag.

Das Opfer des tätlichen Angriffs, der von einem Journalisten fotografiert und von Bruder Joe miterlebt wurde, war Carlos jedoch durchaus nicht unbekannt. Es war Patrick Collins, der FBI-Agent, der nach der Pensionierung von Regis Kennedy beauftragt worden war, Marcello zu beschatten. Collins war zum Flughafen gekommen, um ihn wissen zu lassen, daß er immer noch ein Auge auf ihn habe. Nach Collins' Version rief Carlos ihm zu, als er auf ihn zutrat, um ihn in New Orleans zu begrüßen: »Ich bin der Boß hier!« Dann holte er aus und versetzte ihm einen Schlag.

Das bringt uns zur dritten Version. Patrick Collins hatte eine heimliche Liebesaffäre mit Joe Marcellos Ehefrau Bootsie, die ihn mit Informationen über die Marcellos versorgte. Als Carlos sich einen Weg durch die unruhige Menge bahnte, trat Collins, ein für seine Frechheit bekannter Agent, auf ihn zu und brüllte: »He, Carlos, weißt du was? Ich hab' die Frau deines Bruders Joe gebumst!« Worauf Carlos ihm spontan eins versetzte.

Ganz gleich, welche Version richtig war, Carlos wurde am folgenden Tag vom FBI verhaftet und wegen Angriffs auf einen FBI-Agenten angeklagt, ein Fall, der unter die Bundesgerichtsbarkeit fiel. Carlos wurde am 20. Mai 1968 in Laredo, Texas, vor Gericht gestellt. Wegen des großen Aufsehens, den der Fall in New Orleans erregt hatte, war es seinen Anwälten gelungen, den Gerichtsstand verlegen zu lassen. Der stark besuchte Prozeß in Laredo wurde zu einer Art lokalen Medienzirkus; jeden Tag versammelten sich Haufen junger Mädchen vor dem Gerichtsgebäude und kreischten, wenn Carlos' gutaussehender Sohn Joseph erschien, der von Presse und Öffentlichkeit wie ein Filmstar behandelt wurde. Inmitten weitverbreiteter Gerüchte über Beeinflussung der Geschworenen endete der Prozeß damit, daß sich die Geschworenen nicht entscheiden konnten, und wieder einmal durfte Carlos im Triumph nach New Orleans zurückkehren. Das gewaltige Aufsehen, das der Prozeß in ganz Texas erregte, führte später zu einer beachtlichen Erweiterung von Marcellos Aktivitäten in diesem Staat. Plötzlich, so schien es, wollte in Texas jedermann mit ihm Geschäfte machen.

Aber die kurz zuvor vom Justizministerium in New Orleans aufgestellte Streitmacht gegen das Verbrechen wollte die Angelegenheit nicht auf sich beruhen lassen. Überzeugt, daß Marcellos Handlanger die Geschworenen von Laredo beeinflußt hatten, stellte der Bundesstaatsanwalt in New Orleans Marcello erneut wegen des Angriffs auf Collins unter Anklage. Am 9. August 1968 wurde er in Houston, Texas, angeklagt und für schuldig erklärt. Obwohl Carlos zu zwei Jahren Bundesgefängnis verurteilt wurde, brauchte er nur knapp sechs Monate im US-Krankenzentrum für Bundesgefangene in Springfield, Missouri, abzusitzen, wo er gründlich untersucht, medizinisch behandelt und auf eine strenge Diät mit körperlichen Übungen gesetzt wurde.

Aaron Kohn sah Carlos sowohl vor als auch nach seinem Aufenthalt im Krankenzentrum von Springfield und meint, daß er niemals besser ausgesehen habe als bei seiner Entlassung. Er war nicht mehr so aufgeschwemmt wie früher (Berichten zufolge hatte er fast 20 Kilo abgenommen) und schonte auch sein gichtkrankes rechtes Bein nicht mehr. Die amerikanischen Steuerzahler hatten Carlos Marcello wieder in Form gebracht.

Die Affäre Patrick Collins verschaffte Marcello enorm viel Aufmerksamkeit in der Presse von New Orleans und eine Menge Sympathie im ganzen Staat. Während der Prozesse in Laredo und Houston strömten Legionen von Anhängern zu seiner Verteidigung herbei. Der Kriminalkommission von New Orleans zufolge zählten zu denen, die um Milde für Carlos baten, »ein Sheriff, ein ehemaliger Sheriff, ein Mitglied einer gesetzgebenden Körperschaft, zwei ehemalige Mitglieder einer gesetzgebenden Körperschaft, zwei ehemalige hohe Offiziere der Staatspolizei, ein Vorsitzender einer Hafengewerkschaft, ein Bankpräsident, zwei Vizebankpräsidenten, ein ehemaliger Stellvertretender Staatsanwalt, ein leitender Bewährungshelfer, ein ehemaliger Steuerbeamter, drei leitende Versicherungsangestellte, fünf Grundstücksmakler, fünf Ärzte, ein Beerdigungsunternehmer und sechs Geistliche«. Es war ein Querschnitt durch Carlos' unsichtbare Regierung. Obwohl sie seine Verurteilung und Haft nicht verhindern konnten, herrscht allgemeine Übereinstimmung, daß sie das Ihre taten, um Carlos' Haft um anderthalb Jahre zu verkürzen, und dafür sorgten, daß er die restlichen sechs Monate praktisch in einem Kurort verbringen konnte.

Es sieht jedoch so aus, als wäre ein dunkles Geheimnis an der Affäre Patrick Collins gewesen, von dem keiner von Carlos' Anhängern etwas wußte. Vor und während des Prozesses blieb Carlos bei seiner Geschichte, daß er die Person nicht gekannt habe, auf die er an jenem Tag losgegangen war. Er habe nur nach jemandem geschlagen, der ihm den Weg versperrte. Es war eine lahme Ausrede, und Carlos wußte das. Doch offenbar blieb er dabei, um die Ehre seiner Familie zu schützen. Denn gemäß zuverlässigen Informanten aus New Orleans, die ich gründlich ausfragte, hatte Collins tatsächlich eine Affäre mit Bootsie Marcello und bahnte sich tatsächlich einen Weg durch die Menge, um Marcello damit zu verhöhnen.

Carlos Marcello war im Grunde ein vernünftiger Mann. Er wußte genau, daß es ein schweres Verbrechen war, einen FBI-Agenten anzugreifen. Er konnte Collins gar nicht für einen Zuschauer halten, denn er hatte den FBI-Agenten Dutzende von Malen getroffen. Und er hätte ihn niemals geschlagen, nur weil er ihm in die Quere kam, sondern höchstens, wenn Collins die Ehre der Familie beleidigt hätte. Das allerdings tat Collins mit der Prahlerei, er habe mit Carlos' Schwägerin geschlafen, und dies traf einen Nerv tief in Carlos' sizilianischem Inneren. Sollte er, Carlos Marcello, etwa tatenlos zuschauen und seinen Bruder von einem Feind beleidigen lassen?

Carlos Marcello hätte sich ziemlich gut gegen die Anklage verteidigen können, wenn er dem Gericht den wahren Grund für seinen Angriff gegen Patrick Collins erzählt hätte. Es besteht kaum Zweifel darüber, daß die Geschworenen Verständnis für seine impulsive Reaktion auf Collins' beleidigende Bemerkung gehabt hätten. Doch um Joes Ehre und des Rufes der Familie willen konnte Carlos nicht alle Welt erfahren lassen, daß ein FBI-Agent mit seiner Schwägerin schlief. Anstatt seine Schande in Schlagzeilen verkündet zu sehen, riskierte er lieber, wegen des Angriffs ins Gefängnis zu kommen. Es war eine typisch sizilianische Entscheidung. Schlagzeilen über angebliche Verbrechen oder die Verachtung von Senatsausschüssen verletzten Stolz und Ehre einer Familie nicht, Schlagzeilen über die Untreue der Frau eines Familienmitglieds aber um so mehr, vor allem, wenn der Ehebruch in den Armen eines Todfeinds stattgefunden hatte.

# 44

## Nachhall einer Verschwörung: 1967

Am 13. Februar 1967 berichtete James J. Rowley, Chef des US-Geheimdienstes, FBI-Direktor J. Edgar Hoover, daß Chief Justice Earl Warren kürzlich über die Versuche der CIA, Fidel Castro zu ermorden, informiert worden sei. Eine der in den Fall verwickelten Unterweltpersönlichkeiten habe ausgesagt, daß Castros Agenten gemeinsam mit dem CIA-Mafia-Verschwörer Santos Trafficante Vergeltung geübt hätten, indem sie Präsident Kennedy ermordeten. Zwei Tage später informierte Hoover Rowley, daß das FBI »keine Untersuchung« der Aussage durchführe, »freiwillige Informationen« jedoch gern entgegennehme.

Am folgenden Tag, dem 16. Februar, las Hoover einen Artikel in der Zeitung *States-Item* aus New Orleans, dem zu entnehmen war, daß Staatsanwalt Jim Garrison eine erneute Untersuchung der Ermordung John F. Kennedys startete und daß einer seiner Hauptverdächtigen David Ferrie war, ein ehemaliger Ermittler für Carlos Marcello und Freund von Lee Harvey Oswald. Bei dem Artikel der Reporterin Rosemary James hatte es sich um eine sensationelle Erstmeldung gehandelt; er war noch vor Garrisons geplanter Pressekonferenz erschienen. Telegramme des FBI aus den letzten zwei Februarwochen zeigen, daß die Nachricht von Garrisons Untersuchung Hoover erschütterte. Im unauffälligen und heimlichen Bemühen, Garrison schlechtzumachen und seine Arbeit zu behindern, ließ er sofort seine Verbündeten in Regierung und Medien antreten.

Am Tag nach den Enthüllungen des Artikels im *States-Item* bestätigte Staatsanwalt Garrison, ein hochgewachsener, schlaksiger Mann mit einer dröhnenden Stimme, öffentlich, daß er die Untersuchung des Kennedymords neu eröffne und David Ferrie, einen seiner Hauptverdächtigen, in Schutzhaft nehme.

Ferrie wurde von Mitarbeitern des Staatsanwalts in einem Hotel in New Orleans untergebracht und erhielt einen Leibwächter. Kurz darauf teilte Garrison der Presse mit, daß er plane, David Ferrie bald wegen Teilnahme an einer Verschwörung zur Ermordung Präsident Kennedys strafrechtlich zu verfolgen. Am 21. Februar wurde Ferrie aus ungeklärten Gründen aus der Schutzhaft entlassen und durfte in seine Wohnung zurückkehren.

Am nächsten Tag, dem 22. Februar, wurde David Ferrie frühmorgens tot in seiner Wohnung gefunden. Es handelte sich offenbar um Selbstmord.

Die Nachricht von Ferries plötzlichem Tod verbreitete sich rasch. Kaum hatte sie den ehemaligen FBI-Informanten Eugene De Laparra erreicht, der damals in New Jersey lebte, ging er am 23. Februar geradewegs in das FBI-Büro in Newark und bot den diensttuenden Agenten eine neue, erweiterte Version der Aussage, die er dem FBI-Büro in Philadelphia am 27. November 1963 gegeben hatte, nämlich daß Ben Tregle offenbar vorherige Kenntnisse von dem Kennedymord gehabt hatte.

Diesmal offenbarte De Laparra, wie wir wissen, daß es Carlos Marcellos Bruder Tony gewesen sei, der Tregle Andeutungen über einen bevorstehenden Mord gemacht habe. Er fügte hinzu, daß Tregle Lee Harvey Oswald gekannt habe und daß Vincent Marcello, Tregles Hintermann, häufig in einem von David Ferrie gesteuerten Flugzeug nach Dallas gereist sei. Hoover hatte jedoch nicht viel Zeit, um über De Laparras neueste Nachrichten nachzudenken. Bald wurde seine Aufmerksamkeit wieder von der Aussage des ehemaligen CIA-Mafia-Verschwörers in Anspruch genommen. Am 4. März rief Senator Robert Kennedys Sekretärin Hoover an und verlangte eine Kopie der Aktennotiz, die CIA-Sicherheitsdirektor Sheffield Edwards Hoover am 7. Mai 1962 geschrieben hatte, um ihn von den CIA-Mafia-Mordkomplotten gegen Castro zu unterrichten. Kennedy hatte von dem Washingtoner Kolumnisten Drew Pearson von der Aussage der geheimnisvollen Unterweltpersönlichkeit gehört, der am 7. März darüber eine Spalte veröffentlichte.

Hoover hatte bezüglich der Aussage nichts unternommen, doch als sie Präsident Lyndon Johnson zur Kenntnis gelangte, befahl dieser Hoover sofort, eine Untersuchung durchzuführen. Folglich interviewten am 20. März FBI-Agenten den Anwalt der bis dahin namenlosen Unterweltpersönlichkeit und erfuhren, daß diese 1961 von der CIA angeworben worden war, um die Ermordung Fidel Castros zu planen und durchzuführen. Später kam heraus, daß es sich bei dem geheimnisvollen Ränkeschmied um Johnny Roselli handelte. Nachdem Präsident Johnson Hoovers Bericht von dem Interview erhalten hatte, befahl er der CIA sofort, ihn über ihre Mordpläne gegen Fidel Castro zu informieren.

Inzwischen kam Staatsanwalt Garrisons erneute Untersuchung des Kennedymords in Schwung. Am 28. März erhielt J. Edgar Hoover eine Aussage von einem Informanten des FBI aus New Orleans; er hieß Gordon Novel, besaß ein Restaurant im French Quarter und war ein Bekannter von Jim Garrison:

»Novel gab an, daß Garrison plane, Carlos Marcello in Verbindung mit der Verschwörung zur Ermordung Kennedys anzuklagen, weil Garrison glaube, daß Marcello irgendwie mit Jack Ruby verbunden sei. Novel gab an, daß er nicht sicher sei, ob der Staatsanwalt Beweise für eine Verbindung zwischen Marcello und Ruby habe. Irgendwie spielten dabei jedoch Nachtklubs in der Bourbon Street und eine Stripperin namens ›Jada‹ eine Rolle.«

(Es ist daran zu erinnern, daß Janet Conforto, Bühnenname »Jada«, 1963 sowohl in Pete Marcellos »Sho-Bar« in New Orleans als auch in Jack Rubys »Carousel Club« in Dallas aufgetreten war.)

Nicht lange nachdem Hoover diese Nachrichten in sich aufgenommen hatte, wurde Johnson von den CIA-Mafia-Komplotten zur Ermordung Castros unterrichtet. Nachdem er diese erstaunlichen Enthüllungen verdaut hatte, beauftragte er seinen Sonderassistenten Marvin Watson, Cartha DeLoach, Hoovers Verbindungsmann im Weißen Haus, zu informieren, daß er nun überzeugt sei, John F. Kennedy sei einer Verschwörung zum Opfer gefallen.

Man sollte annehmen, daß Hoover nach alledem eine gründliche Untersuchung von Johnny Rosellis Hinweis auf eine Verschwörung durchgeführt hätte. Statt dessen informierte er fröhlich das Weiße Haus, daß das FBI keine weitere Untersuchung von Rosellis Aussage plane. Es ist nicht schriftlich belegt, ob Johnson später in der Angelegenheit nachhakte.

Die »Affäre Roselli« war kaum vorbei, als J. Edgar Hoover einer weiteren Aussage über eine Verschwörung im Mordfall Kennedy gegenüberstand. Um den 15. Mai erfuhr das FBI von dem Schriftsteller Ed Reid von Edward Becker. Statt eine Untersuchung anzuordnen, befahl Hoover seinen Gehilfen sofort, Reid zu bewegen, Beckers Geschichte über Churchill Farms aus seinem Buch zu streichen, und einen Weg zu suchen, Becker in Mißkredit zu bringen.

Kaum war Becker unschädlich gemacht, erregte Garrisons Untersuchung einen Monat später erneut Hoovers Aufmerksamkeit. Am 10. Juni erhielt er einen Bericht, in dem ein Talkmaster aus Lafayette namens Bob Hamm zitiert wurde. In einer Show mit dem Titel »Garrison und die Mafia« hatte er folgendes gesagt:

»Staatsanwalt Garrison glaubt, daß das organisierte Verbrechen für den Mord verantwortlich sei. Der Grund: Das organisierte Verbrechen wollte, daß der Mord so aussah, als ob er auf Betreiben Castros verübt worden wäre. Das würde die Vereinigten Staaten hoffentlich so stark aufrütteln, daß Castro in Kuba abgesetzt würde, wodurch die Spielkasinos und anderen Gangsterbetriebe wieder eröffnet werden könnten.«

Natürlich war jedermann in Louisiana, der Hamms Sendung gehört hatte, klar, daß mit »organisiertem Verbrechen« Carlos Marcello gemeint war.

Es war wirklich ein sonderbares Phänomen. Während das organisierte Verbrechen und der Name Marcello bei der ersten Untersuchung des Mordes und der darauffolgenden Sondierung der Warren-Kommission nur flüsternd mit dem Verbrechen in Verbindung gebracht wurden, schienen jetzt, zweieinhalb Jahre später, von überall her Aussagen herbeizuströmen, die auf eine Beteiligung Marcellos hinwiesen, obwohl Staatsanwalt Garrison seine erneute Untersuchung des Kennedymords deutlich in eine völlig andere Richtung zu steuern versuchte.

Die Aussagen vom Frühjahr 1967, die auf eine Beteiligung Marcellos hindeuteten, schienen J. Edgar Hoover nicht wenig beunruhigt zu haben, denn ein kürzlich freigegebenes, als *»dringend«* gekennzeichnetes Fernschreiben vom 8. August 1967, mit dem das FBI-Büro in New Orleans offenbar einen Anruf Hoovers vom 7. August beantwortete, zeigt, daß der Direktor sich plötzlich wieder für all die einst so beharrlich unterdrückten Aussagen vom November 1963 interessierte, in denen Genossen der Marcellos erwähnt wurden. Denn das Fernschreiben aus New Orleans bestätigte dem Direktor, daß »Anthony Marcello, Manager des ›Town & Country‹-Motels«, und »Joseph Albert Poretto, Besitzer des ›Town & Country‹-Restaurants«, am 27. November von Spezialagent Jensen in Verbindung mit der Behauptung von SVT-1, daß Oswald im »Town & Country«-Motel Geld erhalten habe, interviewt worden waren. Ferner informierte das Fernschreiben ihn, daß Spezialagent Jensen auch Ben Tregle und Norman LeBlanc interviewt hatte, und zwar in Verbindung mit Eugene De Laparras Aussage, daß Tregle offenbar vorherige Kenntnis von dem Kennedymord gehabt habe.

Das Jahr 1967 war soweit ziemlich aufregend für J. Edgar Hoover gewesen. Nach zwei relativ ruhigen Jahren an der Mordfront war seine Lösung des Verbrechens, nämlich daß ein einsamer Schütze der Täter gewesen sei, unter anhaltenden Beschuß geraten. Nun mußte er sich mit immer neuen unangenehmen Hinweisen auf eine Verschwörung auseinandersetzen. Was mochte wohl dahinterstecken?

Dahinter steckte wachsender Zweifel an den Schlußfolgerungen der Warren-Kommission, die sich, wie wir wissen, fast gänzlich auf Hoovers Untersuchung des Mordes stützten.

Nach Beendigung der Morduntersuchung der Warren-Kommission hatte der Fall zweieinhalb Jahre mehr oder weniger geruht. Obwohl reichlich Zweifel an der offiziellen Erklärung des Verbrechens aufgestiegen und mehrere Bücher erschienen waren, die die Erkenntnisse der Warren-Kommission überzeugend in Frage stellten – darunter an erster Stelle Mark Lanes *Rush to Judgment* und Harold Weisbergs *Whitewash* –, hatte es bis 1967 keine aufregenden neuen Entwicklungen gegeben.

Dann schien der Fall plötzlich an einigen Stellen zu wanken. Zum erstenmal standen weite Teile der Öffentlichkeit den offiziellen Erkenntnissen skeptisch gegenüber. Es folgten weitere Bücher, die etwas am Warren-Bericht auszusetzen hatten – Josiah Thompsons *Six Seconds in Dallas*, Richard Popkins *The Second Oswald* und Sylvia Meaghers *Accessories after the Fact* –, die Wiederaufnahme des Falles durch Jim Garrison und viele neue Aussagen, die darauf hinwiesen, daß Präsident Kennedy nicht von einem einsamen Spinner getötet worden war, sondern infolge einer geplanten Verschwörung.

Gleichzeitig mit diesen Ereignissen bemühten sich Jimmy Hoffas Verbündete bei Teamsters, Unterwelt und Bundesregierung gemeinsam, Hoffa vor dem Gefängnis zu bewahren beziehungsweise ihn später, als diese Bemühungen fehlschlugen und Hoffa am 7. März ins Bundesgefängnis von Lewisburg kam, daraus zu befreien. Walter Sheridan, ehemaliger Leiter von Robert Kennedys »Kriegt Hoffa-Kommando«, der Garrisons Untersuchung für NBC verfolgte, gewann sogar die Überzeugung, daß Garrisons Arbeit bald nicht mehr war als ein von Mob und Teamsters unterstütztes Mittel, Hoffa aus dem Gefängnis zu holen. Wie sich herausstellte, war Carlos Marcello eine Schlüsselfigur der Bewegung, Hoffa zu befreien, assistiert von seinem Haupthandlanger D'Alton Smith und seinem besten Kontaktmann in Washington, dem Lobbyisten Irving Davidson. Dieser benutzte die Garrison-Untersuchung sogar dazu, dem Hauptbelastungszeugen der Regierung anzuhängen, er habe an einem Komplott, Präsident Kennedy zu ermorden, mitgewirkt.

Es war am 15. März, als J. Edgar Hoover in Form einer Aktennotiz über den Regierungszeugen Edward Partin die Nachricht von Irving Davidsons schändlicher List zugunsten Hoffas erhielt. Der FBI-Bericht über die Aktennotiz lautet wie folgt:

»Davidson gab an, über Verbindungen mit dem Teamsters-Hauptquartier in Washington erfahren zu haben, daß Edward G. Partin wegen seiner möglichen Beteiligung an der Ermordung Präsident Kennedys in naher Zukunft vor eine Anklagejury gestellt werde. Davidson behauptete, gehört zu haben, daß es ein Foto gebe, auf dem Partin und Ruby abgebildet sind. Er konnte jedoch weder zusätzliche Einzelheiten über das Foto noch seine Quelle für diese Information angeben.«

Und so mußte sich Hoover am 15. März, während er mit den Verschwörungshinweisen von Jim Garrison, Eugene De Laparra und Johnny Roselli rang, auch noch mit seinem alten Freund Irving Davidson befassen. Es war jedoch die Aussage Rosellis, die Hoover letztlich am meisten beschäftigte.

Die Regierung erhielt im Januar 1967 zum erstenmal Kenntnis von der Aussage des ehemaligen CIA-Mafia-Verschwörers, als dessen Anwalt Edward P. Morgan den Washingtoner Kolumnisten Drew Pearson dazu bewegte, sich damit an Chief Justice Warren zu wenden. Warren überwies die Aussage dann an den Chef des Geheimdienstes, der sie an J. Edgar Hoover und schließlich auf den Schreibtisch von Präsident Johnson weiterleitete. Roselli behauptete, er habe von zuverlässigen Quellen aus der Unterwelt erfahren, daß Kennedy von Agenten Fidel Castros im Verein mit dem ehemaligen CIA-Mafia-Verschwörer Santos Trafficante ermordet worden sei. Rosellis Darstellung zufolge war Oswald als Lockvogel an den Ort der Schießerei gestellt worden. Jack Ruby hatte ihn kurz nach dem Mord ausgeschaltet, damit er die Einzelheiten des Komplotts nicht verraten konnte.

Warum sollte ein Mafia-Don, der so bekannt war wie Johnny Roselli, den sicheren Tod riskieren, indem er so viel ausplauderte? Roselli steckte damals, als er diese Aussage machte, tief in Schwierigkeiten. Er saß im Gefängnis, weil er ahnungslose Geschäftsleute und Hollywood-Stars mit falschem Kartenspiel um Hunderttausende von Dollars betrogen hatte. Außerdem erwartete er einen Ausweisungsbefehl der Einwanderungs- und Naturalisierungsbehörde.

Roselli hatte nur noch einen Trumpf in seinem Kampf gegen die Regierung: seine ehemalige Beteiligung an den Mordkomplotten gegen Castro. Wenn er die Regierung überzeugen konnte, daß diese Komplotte sich als Bumerang erwiesen und in ein von Kuba und der Mafia geschmiedetes Komplott zur Ermordung Präsident Kennedys verwandelt hatten, entließ die Regierung ihn vielleicht zum Dank für sein Schweigen aus dem Gefängnis und hob den Ausweisungsbefehl auf. Vielleicht bewegte das Schweigen die Regierung auch, Milde gegenüber Rosellis Freund Jimmy Hoffa walten zu lassen.

Es ist gut möglich, daß Rosellis Hinweis Hand und Fuß hatte. Wenn die Mafia tatsächlich in das Verbrechen verwickelt war, hätte Roselli durchaus etwas darüber erfahren können. Dieselbe Geschichte (die sein Anwalt dem

FBI erzählte) erzählte Roselli einigen alten Freunden. Einer davon, ein Zeitungsverleger aus dem Mittleren Westen, berichtete mir im Laufe einer allgemeinen Unterhaltung über den Kennedymord spontan davon. Ein Grund dafür, Rosellis Aussage zurückhaltend Glauben zu schenken, rührt von der Tatsache, daß einige Elemente in Rosellis Mordszenario zu dem Szenario zu passen scheinen, das der Mordausschuß des Repräsentantenhauses 12 Jahre später erstellte: die Möglichkeit, daß Trafficante ein Mörderteam aus »Lateinamerikanern« aus Miami nach Dallas hinaufschickte; daß Marcello den verrückten Neffen eines seiner Glücksspielgefährten als Lockvogel beziehungsweise Sündenbock etablierte, um ihn dann von Jack Ruby, seinem Handlanger in Dallas, beseitigen zu lassen.

Wie auch immer, wir dürfen sicher sein, daß die Unterwelt bald Wind von Rosellis Aussage bekam, da sie schließlich von den Washingtoner Kolumnisten Drew Pearson und Jack Anderson gründlich breitgeschlagen wurde. Obwohl die Kolumnisten Rosellis Namen nicht nannten, verrieten sie seine Identität denjenigen, die in Mob und CIA Bescheid wußten, durch die Enthüllung, daß die Aussage von einem ehemaligen Teilnehmer an den CIA-Mafia-Komplotten zur Ermordung Castros stammte. Vielleicht wußte die Unterwelt sogar schon früher als 1967 von Rosellis Behauptung, da Hank Greenspun von der *Las Vegas Sun* bereits 1966 in einem Artikel über die CIA-Mafia-Komplotte – dem ersten, der über dieses Thema erschien – darauf hingewiesen hatte.

Man darf daher mit einiger Gewißheit sagen, daß die Unterwelt und ihre politischen Schachfiguren und Vertreter Anfang 1967 wußten, daß Edward Becker mit dem Finger auf Carlos Marcello als mögliches Mitglied einer Verschwörung zur Ermordung Präsident Kennedys gezeigt hatte und Johnny Roselli auf Marcellos Freund Santos Trafficante.

Ausgerechnet in diesem Augenblick kam Jim Garrison, der Staatsanwalt von New Orleans und anerkannte Freund Marcellos, mit seinen abenteuerlichen Aussagen, die nicht auf eine Verschwörung durch das organisierte Verbrechen hinwiesen, sondern auf eine, an der hauptsächlich die CIA beteiligt war.

Inzwischen haben Sachverständige des Kennedymords aufgezeigt, daß Garrison, der sich stets einer für beide Seiten nützlichen Beziehung zu Carlos Marcello erfreute, gute Gründe hatte, das organisierte Verbrechen nicht mit in den Mord hineinzuziehen. Garrison hatte Marcello glücklich gemacht, indem er öffentlich behauptete, daß es in New Orleans kein organisiertes Verbrechen gebe, und über Marcellos weitgespanntes, offen daliegendes Glücksspiel-Netzwerk hinwegsah. Und Marcello hatte Garrison zufriedengestellt, indem er ihm ebenfalls einen Gefallen tat. Er sorgte dafür, daß Mario Marino, sein

Geschäftspartner in Las Vegas, den Staatsanwalt aus New Orleans umsonst in seinem Hotel wohnen ließ und ihm einen beträchtlichen Kredit im Spielkasino gewährte, wenn er sich am Wochenende in Nevada amüsieren wollte. Er half ihm auch, Frank Occhipinti, einem der wichtigsten Marcello-Geschäftsfreunde, ein teures Haus in einem reichen Vorort von New Orleans zum herabgesetzten Preis abzukaufen.

Wie kam es also, daß Garrison ausgerechnet dann beschloß, eine Untersuchung des Kennedymords in Gang zu setzen, als man einem Zusammenhang mit dem organisierten Verbrechen auf die Spur zu kommen schien?

Es gibt deutliche, von den Betreffenden jedoch nie bestätigte Hinweise, daß zwei Carlos Marcello nahestehende Politiker Jim Garrison bewegten, den Fall wieder zu eröffnen: der Abgeordnete Hale Boggs und Senator Russell Long. Wie der ehemalige Beamte des Justizministeriums Walter Sheridan meint, veranlaßte Long Garrison, zu glauben, daß entweder die CIA oder die kubanische Regierung ihre Hand bei dem Mord im Spiel hatte, indem er Garrison von einigen vertraulichen Mitteilungen erzählte, die er als Senator aus geheimen Quellen erhalten hatte und die Oswald sowohl mit Castro-freundlichen Kubanern als auch mit der CIA in Verbindung brachten. Der Abgeordnete Boggs, der der Warren-Kommission angehört hatte, soll Garrison gegenüber angeblich Verdächtigungen bezüglich einer Mittäterschaft der CIA geäußert haben. Er war der Überzeugung, daß die CIA der Kommission wesentliche Informationen vorenthalten hatte. War es ein reiner Zufall, daß sich sowohl Senator Long als auch Abgeordneter Boggs enger persönlicher Beziehungen zu Carlos Marcello erfreuten und im Laufe der Jahre großen Nutzen aus dessen großzügigen Beiträgen zu ihren politischen Kampagnen gezogen hatten?

Jim Garrison richtete nun seinen Blick auf die Möglichkeit einer Mittäterschaft der CIA, indem er schließlich zur allgemeinen Verwirrung Clay Shaw, einen prominenten Geschäftsmann aus New Orleans mit ehemaligen Verbindungen zur CIA, wegen Verschwörung zur Ermordung Präsident Kennedys anklagte, ohne stichhaltige Gründe vorweisen zu können. Garrison behauptete, Shaw, Direktor im Ruhestand des New Orleans International Trade Mart, habe sowohl Lee Harvey Oswald als auch David Ferrie gekannt und sei von nicht weniger als 14 ehemaligen Beamten der CIA unterstützt worden, allen voran von General Charles P. Cabell, einem ehemaligen Stellvertretenden Direktor der CIA, der von Präsident Kennedy wegen seiner Rolle in dem Fiasko in der Schweinebucht gefeuert worden war.

Als Garrison diesen total verrückten Schritt vollzog, war David Ferrie, sein zweiter Mordverdächtiger, gerade tot in seiner Wohnung in New Orleans gefunden worden.

Dieses merkwürdige Zusammentreffen warf brennende Fragen auf.

Garrison wußte, daß Ferrie seit langem eng mit Carlos Marcello verbunden war. Er wußte zum Beispiel, daß der normalerweise mittellose Ferrie 7093,02 Dollar auf sein Bankkonto eingezahlt hatte und daß ihm irgend jemand nicht lange nach dem Mord eine einträgliche Tankstellen-Franchise in einem Vorort von New Orleans gekauft hatte. Wenn Garrison das wußte – und in seinem Buch *Heritage of Stone* kann man lesen, daß er es tat –, muß er auch gewußt haben, daß Ferrie unmittelbar vor dem Mord nur eine einzige Einnahmequelle gehabt hatte, und zwar seine Arbeit als Ermittler bei Carlos Marcellos Anwalt G. Wray Gill, und daß Marcello ihm die Tankstellen-Franchise nach dem Mord gekauft hatte. Darüber hinaus muß er auch gewußt haben, daß Marcello Ferrie nicht lange nach dem Mord eine feste Arbeit bei einem Luftfrachtdienst beschafft hatte, die von Jacob Nastasi, einem seiner Genossen, kontrolliert wurde und die Ferrie mindestens bis Ende 1966 behielt. Trotz allem waren Ferries Verbindungen zu Marcello offenbar bedenkenswert: Für Garrison war Ferrie ein Werkzeug der CIA gewesen.

Aber was mochte Marcello über diese Angelegenheit gedacht haben? Wir können nur spekulieren: Wenn Marcello tatsächlich mit Ferrie in ein Komplott zur Ermordung Präsident Kennedys verwickelt war, hätte ihn die Aussicht, Ferrie in einem Gerichtssaal im Kreuzverhör zu erleben, keineswegs erheitert.

David Ferrie wurde in den frühen Morgenstunden des 22. Februar von einem jungen Mann, der den kahlen homosexuellen Abenteurer in seiner Wohnung besuchen wollte, tot aufgefunden. Als er das Schlafzimmer mit seinen Stapeln von Zeitungen, Zeitschriften und Büchern, seinen Tischen voller Medizinflaschen und chemischen Laborgeräten betrat, fand er Ferries unbekleidete Leiche mit einem Bettuch bedeckt auf dem Bett liegen. Auf einem Nachttisch lagen zwei kurze maschinegeschriebene »Abschiedsbriefchen« mit getippter Unterschrift. Eines der Briefchen lautete: »Dieses Leben zu verlassen ist eine angenehme Aussicht für mich. Ich finde nichts begehrenswert, sondern im Gegenteil alles widerlich.« Leute, die Ferries geheimnisvollen Tod erforschten, fragten sich immer wieder, warum er seine beiden Abschiedsbriefe nicht mit der Hand geschrieben hat, wenn er wollte, daß sie glaubwürdig wirkten.

Dr. Nicholas Chetta, der Coroner von New Orleans, nahm die Autopsie an Ferrie vor und gab an, daß er eines natürlichen Todes gestorben sei, bewirkt durch ein »Beeren-Aneurysma«, das heißt eine krankhafte Arterienerweiterung an der Gehirnbasis. Ferries Gehirnblutung, mutmaßte Dr. Chetta, sei wahrscheinlich eine Folge von Streß gewesen.

Ferries Tod löste großen Aufruhr aus und machte weltweit Schlagzeilen in den Zeitungen. Schriftlichen Belegen zufolge sagte Jim Garrison, er glaube, daß die CIA Ferrie ermordet habe, um zu verhindern, daß er bei dem bevorstehenden Prozeß gegen Clay Shaw aussagte. In einem Buch fügte er später hinzu, daß »nach Ferries Tod höchstwahrscheinlich keine Möglichkeit mehr bestand, in unmittelbarer Zukunft die volle Bedeutung des Mordes zu entdecken«. Die Presse, ob national oder international, stand dem Autopsiebericht fast einmütig skeptisch gegenüber. Die meisten ernsthaften Beobachter des Falles, den Garrison in New Orleans aufrollte, meinten, David Ferrie sei absichtlich zum Schweigen gebracht worden, genauso wie es gut drei Jahre zuvor mit Lee Harvey Oswald geschehen war.

Aber wie wurde David Ferrie zum Schweigen gebracht, und wer steckte dahinter? Medizinische Experten stellten die Vermutung an, ein Karatekämpfer mit schwarzem Gürtel hätte Ferrie einen Schlag in den Nacken versetzen können, der ein Blutgefäß an der Gehirnbasis zum Platzen gebracht hätte, ohne einen Fleck auf der Haut zu hinterlassen.

Es wurde auch über andere Methoden spekuliert, eine Gehirnblutung auszulösen, ohne verdächtige Spuren zu hinterlassen. In seinem Buch *Assassin* über das korrupte Regime Rafael Trujillos, des Diktators der Dominikanischen Republik, berichtete der britische Journalist Christopher Robbins eingehend, wie Carlos Evertze, ein Folterknecht und Henker Trujillos, einen des Aktivismus verdächtigten Studenten tötete. Er betäubte ihn mit Chloroform und stach ihm dann von unterhalb des rechten Ohrläppchens eine 10 Zentimeter lange, extradünne Nadel ins Gehirn, zog sie rasch wieder heraus und wischte den winzigen Bluttropfen mit Alkohol ab. »Die Nadelmethode hinterläßt keine Spur«, schrieb Robbins. »Bei der Autopsie scheint es, als hätte das Opfer eine Gehirnblutung gehabt. Der Nadelstich sieht genau wie eine Pore aus.«

Aaron Kohn war 1967 in New Orleans, um seine nicht enden wollende Ermittlung gegen Carlos Marcello weiterzuführen, und erinnert sich heute, daß auch er der offiziellen Version von Ferries Tod skeptisch gegenüberstand. »In Louisiana sind fast alle Coroner korrupt«, sagte er mir. »Dr. Nicholas Chetta, Ferries Coroner, war da keine Ausnahme. Er hatte schon mehrere fragwürdige Autopsieberichte verfaßt. Wer immer Grund hatte, David Ferrie zu töten, hätte Dr. Chetta ohne weiteres Geld geben können, damit er berichtete, daß Ferrie eines natürlichen Todes gestorben sei.«

Aber wer hätte Grund gehabt, Ferrie am Vorabend seiner Zeugenaussage in Garrisons Prozeß gegen Clay Shaw zu töten? Die CIA? Wohl kaum. Garrisons Beweismaterial gegen die CIA war bekanntlich schwach, und Ferrie hatte nie enge Bande zum Geheimdienst gehabt. Er hatte höchstens hie und da als Informant fungiert; der Geheimdienst bestritt, jemals etwas mit ihm zu tun gehabt zu haben. Wenn Carlos Marcello und David Ferrie in eine Verschwörung zur Ermordung Präsident Kennedys verwickelt waren, hätte Marcello unter zwei anderen Voraussetzungen am meisten zu verlieren gehabt: wenn Ferrie in den Zeugenstand getreten wäre oder wenn er sich durch ein Schuldgeständnis eine milde Strafe erwirkt hätte. Es wäre Marcello nicht schwergefallen, in seiner Organisation jemanden zu finden, der gewillt war, Ferrie zu erledigen, und er hätte den richtigen Mann gekannt, der Dr. Chetta dazu gebracht hätte, den Autopsiebericht zu fälschen. Es lohnt sich, zu beachten, daß Dr. Chetta etwas mehr als ein Jahr nach Ferries Tod angeblich an einem Herzanfall starb.

Das Schicksal, das zwei sehr enge Freunde Ferries bald nach dessen Tod ereilte, erhärtet die Vermutung, daß Ferrie ermordet wurde. Der Exilkubaner Eladio del Valle war einst David Ferries Kamerad im Kubanischen Revolutionsrat von New Orleans gewesen. Am Tag nach Ferries Tod wurde del Valle mit eingeschlagenem Schädel und einer Schußwunde im Herzen tot auf einem Parkplatz in Miami gefunden. Drei Monate danach fand man Dr. Mary Stults Sherman, Ferries engste Freundin, ermordet in ihrer Wohnung in New Orleans. Wenn wir Lee Harvey Oswald einschließen, war sie die dritte Person aus Ferries Freundeskreis, die nach dem Kennedymord getötet wurde.

Jim Garrison mag guten Glaubens gewesen sein mit seinem Verdacht, daß die CIA hinter dem Kennedymord steckte. Er mag auch guten Glaubens gewesen sein, als er seine eigene Untersuchung in Gang setzte, um dies zu beweisen. Dennoch bleibt der starke Verdacht, daß er unwissentlich von anderen manipuliert wurde, eine Untersuchung durchzuführen, die die Aufmerksamkeit von einer möglichen Mittäterschaft des organisierten Verbrechens, insbesondere Carlos Marcellos, ablenken sollte.

Dies wird von einem Vorfall untermauert, der sich mitten in Garrisons Anklage gegen seinen Hauptverdächtigen Clay Shaw ereignete.

Wie wir wissen, hatten sich die Teamsters und ihre Verbündeten in Politik und organisiertem Verbrechen gewaltig angestrengt, Jimmy Hoffas Verurteilung umzustoßen und seine Freilassung aus dem Gefängnis zu erwirken. Hoffas Leute wußten, daß sie einen Weg finden mußten, Edward G. Partin, Leiter der Ortsgruppe 5 der Teamsters-Gewerkschaft in Baton Rouge und Hauptbelastungszeuge der Regierung, durch Drohung oder Bestechung dahin zu bringen, seine erdrückende Zeugenaussage gegen Hoffa zu ändern. Und wenn weder Drohung noch Bestechung wirkte, würden sie einen Weg finden müssen, ihn öffentlich zu diskreditieren.

Wie sich herausstellte, schlugen alle Einschüchterungsversuche von Hoffas Streitkräften fehl. Sie reichten von Drohungen, Partin Verbrechen anzuhängen, die er gar nicht begangen hatte, bis zu Morddrohungen. Partin, ein zäher, mutiger Mann, wußte zu viel über Hoffa, um sich durch Drohungen einschüchtern zu lassen. Partin wußte unter anderem, daß Hoffa im Sommer 1962 ernstlich in Erwägung gezogen hatte, Robert Kennedy zu ermorden, und zwar aus erster Hand, weil Hoffa ihm seinen Mordplan im Teamster-Hauptquartier in Washington einmal direkt erläutert hatte. Was würden Hoffa und seine Verbündeten sagen, wenn das in dem kritischen Augenblick öffentlich bekannt würde? Edward Partin dachte nicht daran, klein beizugeben, nur weil Hoffa, Marcello oder sonst irgend jemand ihm Gewalt androhte.

Aber vielleicht konnte man Partin kaufen. Es war bekannt, daß Partin, der zwei kleine Kinder hatte und von seiner Frau getrennt lebte, finanziell nicht sehr gut gestellt war. Walter Sheridan, der ehemalige Chef von Robert Kennedys »Kriegt Hoffa«-Kommando im Justizministerium, blieb der Intrige, die gesponnen wurde, um Hoffa zu befreien, dicht auf den Fersen, ebenso der Aktion selbst, da er von der NBC den Auftrag erhalten hatte, aus New Orleans über die Garrison-Untersuchung zu berichten. Sheridan zufolge war der Mann, der Partins Käuflichkeit zu eruieren hatte, der wegen seiner eigenmächtigen Methoden bekannte Schwindler D'Alton Smith, einer von Marcellos wichtigsten Beratern und Handlangern, dessen Schwestern mit Marcellos Leuten Joseph Poretto und Nofio Pecora verheiratet waren.

In *The Fall and Rise of Jimmy Hoffa* schrieb Sheridan, daß Smith gern prahlte, er habe es geschafft, Russell Long zum Senatsgeschäftsführer wählen zu lassen. Zu diesem Zweck sei er mit einem Koffer voll Marcello-Geld von New Orleans nach Washington gereist und habe es an sieben bis dahin unentschlossene Senatoren verteilt, die daraufhin Long ihre Stimme gaben.

Wir wissen nicht, ob dies stimmt und wieviel es Marcello gekostet haben mag, seinen Freund Russell Long zum Senatsgeschäftsführer zu machen, aber wir wissen aus Partins eigener beeideter Erklärung, daß Marcello ihn über D'Alton Smith bat, seine Prozeßaussage gegen Hoffa zurückzuziehen. Das erste Angebot über 25000 Dollar pro Jahr während zehn Jahren lehnte er als zu niedrig ab. Dann bot Smith Partin eine glatte Million, und Partin, der ihn nur gefoppt hatte, sagte ihm, er solle sich zum Teufel scheren.

Als ihre Drohungen und Bestechungen sich als vergeblich erwiesen, entdeckten Hoffas Verbündete einen Weg, Partins Leumund zu schädigen. Wie sich herausstellte, fanden sie in Jim Garrisons turbulenter Untersuchung des Kennedymords das, was sie für die perfekte Methode hielten. Wie würde Partin dastehen, wenn Garrison der Öffentlichkeit weismachen könnte, daß

Partin an einem Komplott zur Ermordung Präsident Kennedys beteiligt gewesen war? So brachten also Carlos Marcellos Streitkräfte, angeführt von D'Alton Smith, Staatsanwalt Garrison Ende Juni 1967 dazu, die absurde Idee aufzutischen, daß Partin im Sommer 1963 in New Orleans mit Oswald und Ruby Umgang gehabt habe, und zwar um den Mord zu planen. Die sensationelle Nachricht wurde am 23. Juni 1967 vom Sender WJBO in Baton Rouge verbreitet. Der Versuch, Partin öffentlich zu diffamieren, war damit gestartet.

Ebenfalls gegen Partin verbündete sich Carlos Marcellos Washingtoner Lobbyist Irving Davidson, der, wie wir wissen, schon am 15. März versucht hatte, Partin als Verdächtigen im Kennedymord zu brandmarken.

Zu Partins Glück äußerten die Medien und Vollstreckungsbehörden des ganzen Landes bald so starke Zweifel an Garrisons Anklage gegen Clay Shaw, daß Garrison selbst jegliche Glaubwürdigkeit verlor und deshalb nicht mehr in der Lage war, Edward G. Partin zu diffamieren. Nach dem Freispruch Clay Shaws in allen Anklagepunkten geriet Garrison noch tiefer in Verruf. Unter den aufmerksamen Beobachtern des Falles herrschte praktisch Übereinstimmung, daß Garrisons Untersuchung des Kennedymords ein gewaltiger Betrug, ein schändlicher Mißbrauch seines Amtes als Staatsanwalt gewesen war.

Trotz alledem und trotz der Tatsache, daß er Dutzende unverantwortlicher Anschuldigungen erhob und erlaubte, daß seine Untersuchung von den kriminellen Helfern Jimmy Hoffas benutzt wurde, gelang es Garrison, aufzuzeigen, daß das FBI eine Menge wichtiger, den Mordfall betreffender Beweise unterdrückt hatte. Er konnte schlüssig beweisen, daß eine wichtige Verbindung zwischen Oswald und Ferrie existiert hatte. Ferner gereicht ihm zur Ehre, daß er einer der ersten Mordermittler war, die darauf hinwiesen, wie wichtig der Zapruder-Film war und wie stark hochrangige Offiziere und Mitglieder der Familie Kennedy sowie deren Berater die Autopsie des Präsidenten manipuliert hatten.

Am Ende erreichte Garrisons mißglückte Untersuchung dennoch beinahe, was ihre Initiatoren erhofften. Sie hätte nämlich fast die Bestrebungen zunichte gemacht, dem Kennedymord auf den Grund zu gehen, und sie lenkte die Aufmerksamkeit erfolgreich von Carlos Marcello ab.

Es sollte nun, da die Garrison-Untersuchung in Trümmern lag und J. Edgar Hoover sich weigerte, die Aussagen Beckers und Rosellis zu prüfen, noch elf weitere Jahre dauern, bis der Fall des Kennedymords neu eröffnet und Carlos Marcello als Hauptverdächtiger des Falles genannt wurde, der inzwischen als Verbrechen des Jahrhunderts galt.

# 45

# Von Memphis nach Los Angeles

| | |
|---|---|
| MARCELLO | Der Bürgermeister hier ist ein Nigger. Er ist schwarz... Er will selbst bestimmen... Er ist ein Nigger, und ein Nigger bleibt ein Nigger, selbst wenn man ihm ein bißchen Macht gibt. |
| UNDERCOVER-AGENT | Wie kommt es, daß ein Nigger zum Bürgermeister gewählt wurde? |
| MARCELLO | Weil diese Arschlöcher geschlafen haben. |

Carlos Marcellos Bemerkungen über Ernest Morial, den ersten schwarzen Bürgermeister von New Orleans, aufgezeichnet im Jahre 1979 von einem Undercover-Agenten des FBI, faßt zusammen, was Carlos von Schwarzen hielt. Für den Mafiaboß von Louisiana waren Schwarze Untermenschen, Leibeigene, die ausgebeutet werden mußten.

Man wird sich daran erinnern, daß Carlos' geschäftliche Laufbahn damit begonnen hatte, daß er im »Schwarzen Bomber«, seiner »farbigen« Bar in Gretna, arme, junge schwarze Arbeiter ausbeutete. Dort verkaufte er minderjährigen Schwarzen billiges Bier und billigen Whisky und verführte die Uneingeweihten zum Marihuana, indem er ihnen zu den Getränken kostenlose Joints anbot. Später, als er in Orts- und Staatspolitik aktiv wurde, bot sich ihm wieder die Möglichkeit, Schwarze auszubeuten, diesmal als Stimmvieh, das er für seinen augenblicklichen Kandidaten kaufen konnte. 1979 erwischte die Wanze des FBI im »Town & Country«-Büro den Boß beim Prahlen, wie viele schwarze Stimmen er in seinem heimatlichen Kreis kontrollierte:

»Ich hab' hier einen Haufen Nigger beisammen... fünfzehnhundert Stück. Ich meine natürlich fünfzehnhundert Familien... Alle Nigger ringsumher. Die

Schwarzen drüben in Jefferson. Highway 90. Da hab' ich 1500 Schwarze, und in Avondale Homes hab' ich 4500... Ich versuche, die ganze Sache in den Griff zu kriegen...«

Aber das war noch nicht alles. Wie die Aufnahmen von 1979 beweisen und die Undercover-Agenten, die sie machten, bestätigten, war Carlos ein eingefleischter und intoleranter Rassist, der die Bürgerrechtsbewegung der sechziger Jahre mit aller Macht bekämpfte und ihre Führer, allen voran Dr. Martin Luther King und Justizminister Robert F. Kennedy, seinen weißen Fürsprecher, haßte. Die ganzen sechziger Jahre hindurch leistete er großzügige Beiträge an bürgerrechtsfeindliche Organisationen, und er war bekannt als begeisterter Anhänger des Ku-Klux-Klan.

J. Edgar Hoover, der Anfang der sechziger Jahre in seiner Behörde einen intensiven und oft illegalen Feldzug zur Diffamierung der Führer der Bürgerrechtsbewegung in Gang gesetzt hatte, teilte Marcellos rassistische Einstellung und seinen Haß gegen Martin Luther King. Obwohl Hoovers Sprache nicht ganz so grob und ordinär war, hätten einige seiner Bemerkungen über Dr. King und Schwarze im allgemeinen auch von Marcello stammen können.

Als Hoover ein Vorausexemplar der Zeitschrift *Time* erhielt, in dem stand, daß Dr. King zum »Mann des Jahres« 1962 gewählt worden war, schrieb er an den Rand: »Um den da zu finden, mußten sie tief im Müll graben.« Bei einer Pressekonferenz nannte er Dr. King einst »nichtswürdig«, »einen notorischen Lügner« und »einen der übelsten Charaktere im Lande«. Bei einer anderen Gelegenheit sagte Hoover seinen Mitarbeitern: »King ist ein Kater mit zwanghaft übersteigertem Sexualtrieb.« Und Tom Clark, Richter am Obersten Bundesgericht, erzählt, daß Hoover ihm einmal gesagt habe: »Ich schicke doch nicht jedesmal das FBI hin, wenn irgendein Niggerweib vergewaltigt wurde.«

Am Abend des 4. April 1968 hörten Carlos Marcello und J. Edgar Hoover mit Genugtuung, daß Dr. Martin Luther King junior erschossen wurde, als er auf dem Balkon seines Zimmers im zweiten Stock des »Lorraine«-Motels in Memphis stand.

Gleich nach den Schüssen bemerkten zwei Mieter in Bessie Brewers Pension, die Dr. Kings Zimmer im »Lorraine« ungefähr gegenüberlag, wie ein Mann einen Korridor entlang floh. Er trug ein Bündel, das ein Gewehr enthalten konnte.

Ein paar Minuten später hörte Guy Canipe, der Besitzer eines Amusement

Store in der Nähe des Hotels, wie jemand vor seinem Geschäft mit einem Plumps ein Bündel fallen ließ. Nachdem er sich vergewissert hatte, daß das Bündel ein Gewehr enthielt, rief er die Polizei. Als die Polizei das Bündel öffnete, fand sie ein Gewehr des Kalibers 30-06, zwei Dosen Schlitz-Bier, die Ausgabe vom 18. April des *Memphis Commercial Appeal*, eine Plastikflasche mit Rasierwasser, etwas Munition, einen Feldstecher und ein Kofferradio mit einer zerkratzten Kennziffer. Das FBI rekonstruierte die teilweise verstümmelte Kennziffer später und fand heraus, daß sie einem Häftling des Staatsgefängnisses von Missouri namens James Earl Ray gehörte.

Dann erfuhr das FBI, daß Ray ein etwa vor einem Jahr aus dem Staatsgefängnis von Missouri entflohener bewaffneter Räuber war. Nach einer intensiven, von der Royal Canadian Mounted Police unterstützten Fahndung – Ray war nämlich ursprünglich nach Kanada geflohen – spürte das FBI Ray in London auf und ließ ihn am 7. Juni wegen Mordes an Dr. King verhaften.

Vier Tage nach dem Mord suchte John McFerren, ein Bewohner von Memphis, das dortige FBI-Büro auf und berichtete dem diensthabenden Agenten, daß er am Nachmittag des Mordes an Dr. King beim Einkaufen im Liberto, Liberto, and Latch Produce Store in Memphis gehört habe, wie ein »untersetzter Weißer« jemandem am Telefon befohlen habe, vorwärtszumachen und den »Scheißkerl auf dem Balkon zu töten« und »den Job zu erledigen«. »Du kriegst deine 5000 Dollar«, fuhr der Mann fort. »Komm nicht her. Geh nach New Orleans und hol dir dein Geld. Du kennst meinen Bruder.«

McFerren, im FBI-Bericht als »männlicher Neger« beschrieben, war nicht sicher, wer der »untersetzte Weiße« war, glaubte jedoch, es sei Frank Liberto gewesen, einer der Besitzer des Ladens, der einen Bruder in New Orleans hatte.

Als das FBI die Aussage überprüfte, stellte es fest, daß Frank Libertos Bruder in New Orleans Salvatore Liberto war, ein Mitarbeiter Carlos Marcellos. Das genügte offenbar, um das FBI zu bewegen, die Aussage nicht weiter zu bearbeiten.

Später hörte William Sartor, ein angesehener Journalist aus New Orleans, der früher einmal für *Time* geschrieben hatte, daß das FBI McFerrens Aussage verworfen habe. Er beschloß, sie privat zu untersuchen. Er legte die Ergebnisse seiner Ermittlung in einem Manuskript nieder, dessen Veröffentlichung er jedoch nicht mehr erlebte.

Sartor kam zu dem Schluß, daß mit hoher Wahrscheinlichkeit das organisierte Verbrechen eine Rolle in dem Mord an Dr. King gespielt hatte. Er stützte seine Folgerung hauptsächlich auf einen Bericht über eine Zusammenkunft, die James Earl Ray um den 17. Dezember 1967 mit Charles Stein, einem Freund aus New Orleans, und gewissen Mitarbeitern Carlos Marcellos in New Orleans gehabt hatte. Die Zusammenkunft, behauptete Sartor, habe entweder in Marcellos »Town & Country«-Motel oder im »Provincial Motel«, einem weiteren Treffpunkt des Mobs, stattgefunden, dessen Melderegister bestätigte, daß Ray dort vom 17. bis 19. Dezember gewohnt hatte.

Gemäß Sartor hatten sich Carlos Marcellos Mitarbeiter Salvatore »Sam« DiPiazza, Dr. Lucas A. DiLeo und Salvadore LaCharda mit Ray und Stein getroffen. Sartor stellte die Vermutung an, Ray habe bei dieser Gelegenheit erfahren, daß Carlos Marcello ihm nach dem Mord Schutz gewähren wolle.

Um seine Behauptung zu stützen, zitierte William Sartor in seinem Manuskript, was James Earl Ray dem Autor William Bradford Huie gesagt hatte. Ray hatte New Orleans am 19. Dezember, ungefähr drei Monate vor dem Mord an Dr. King, mit 2500 Dollar in bar verlassen, die ihm jemand gezahlt hatte, dessen Namen er nicht preisgeben wollte. Ferner besaß er das Versprechen auf weitere 12000 Dollar, wenn er »in zwei bis drei Monaten einen letzten großen Job« erledigen würde.

Als Sartors Manuskript verspätet J. Edgar Hoover vorgelegt wurde, der innerhalb weniger Tage nach dem Mord entschieden hatte, daß James Earl Ray der alleinige Mörder Dr. Kings sei, tat er es, wie nicht anders zu erwarten, kurzerhand ab und beschloß, keine Untersuchung der darin enthaltenen Behauptungen durchzuführen.

Der Mordausschuß des Repräsentantenhauses fand jedoch 1978, daß sowohl McFerrens als auch Sartors Behauptungen eine Untersuchung verdienten. Er entdeckte, daß James Earl Ray tatsächlich vom 17. bis 19. Dezember 1967 im »Provincial Motel« in New Orleans gewohnt hatte und daß dieses im Rufe stand, Gäste aus der Unterwelt zu beherbergen. Ferner wies er nach, daß Sam DiPiazza ein bedeutender, mit Carlos Marcello verbundener Glücksspieler und Buchmacher war. Lucas DiLeo war ein praktizierender Arzt aus einem Vorort von New Orleans mit einem Strafregister wegen Störung der öffentlichen Sicherheit und Ordnung, Widerstands gegen die Staatsgewalt und Überfalls (er darf nicht mit einem Arzt gleichen Namens verwechselt werden, der heute in New Orleans praktiziert), und Salvadore LaCharda, ein ehemaliger Bewährungshelfer, hatte drei Monate nach der Ermordung Kings Selbstmord begangen. Ferner kam bei der Untersuchung der Aussage McFerrens heraus, daß Salvatore, Frank Libertos Bruder aus New Orleans, tatsächlich mit der Marcello-Organisation verbunden war.

Sowohl DiPiazza als auch DiLeo sagten später vor dem Mordausschuß aus, daß sie James Earl Ray nicht kannten. Und Carlos Marcello und Charles Stein behaupteten, nachdem ihnen strafrechtliche Immunität gewährt worden war, vor demselben Ausschuß, daß sie nichts von einem Treffen wüßten, wie Sartor es in seinem Manuskript beschrieb. Salvatore Liberto wurde nicht von dem Ausschuß interviewt. Angesichts dieses Walls von Leugnungen kam der Mordausschuß zu dem Schluß, es gebe keinen Beweis für Sartors Behauptung, daß James Earl Ray sich vor der Ermordung Dr. Kings in New Orleans mit Personen getroffen habe, die mit dem organisierten Verbrechen zu tun hatten.

Der Ausschuß stieß jedoch auf einen beunruhigenden FBI-Bericht von Oktober 1961: William Hugh Morris aus New Orleans, ein prominentes Mitglied des Ku-Klux-Klan, hatte im Oktober 1961 bei einer Klan-Versammlung in seiner Eigenschaft als »Imperial Wizard« und »Emperor« der »Federated Knights of the Klan« (etwa: »kaiserlicher Hexenmeister und Kaiser der verbündeten Ritter des Klans«) gesagt, daß die Rassenprobleme der Südstaaten nur durch die Ermordung Dr. Kings gelöst werden könnten und daß er jemanden in der Unterwelt von New Orleans kenne, der »für Geld jeden töten würde«. Als Morris diese Worte bestritt, beschloß jedoch der Ausschuß, dem Bericht nicht allzuviel Bedeutung beizumessen. Und damit war der Fall einer etwaigen Beteiligung Marcellos an Kings Ermordung erledigt.

Die Ergebnisse meiner begrenzten Untersuchung der Aussagen McFerrens und Sartors legten nahe, daß der Mordausschuß vielleicht nicht tief genug geschürft hatte. Ich entdeckte nämlich, daß Salvatore, Frank Libertos Bruder in New Orleans, der dem Mörder Dr. Martin Luther Kings angeblich 5000 Dollar hatte zahlen sollen, einer Familie sizilianischen Ursprungs angehörte. Sie spielte in New Orleans eine große Rolle auf den von der Mafia beherrschten Warenmärkten, die wiederum in engen Geschäftsbeziehungen mit Carlos Marcellos Leuten auf dem French Market standen. Ich folgerte auch, daß der Sam DiPiazza, mit dem sich gemäß Sartor Ray getroffen hatte, kein anderer war als der Sam DiPiazza aus der Marcello-Organisation, der in Texas wegen verbotenen Glücksspiels in Millionenhöhe angeklagt war. DiPiazza war ein überführter Verbrecher, der sich gegen Kaution auf freiem Fuß befand, als er angeblich mit Ray zusammentraf. Wegen der hohen Summen, die er Carlos Marcellos Organisation einbrachte, war er damals als hochgeschätzter Freund des Bosses bekannt.

Angesichts der erwiesenen Tatsachen, daß James Earl Ray vom 17. bis 19. Dezember 1967, knapp drei Monate vor der Ermordung Dr. Martin Luther Kings, im »Provincial Motel« in New Orleans gewohnt hatte, daß das »Provincial Motel« ein bekannter Treffpunkt des Mobs war, daß Ray damals an Geldmangel litt und William Bradford Huie später erzählte, er habe 2500 Dollar erhalten und weitere 12000 für »einen letzten großen Job« versprochen bekommen, und daß Carlos Marcello bekanntlich Schwarze und Dr. Martin Luther King verachtete, den Ku-Klux-Klan dagegen schätzte, scheint es nicht mehr unmöglich, daß Marcello gewissen Untergebenen befahl, James Earl Ray ein paar tausend Dollar zu zahlen, damit er Dr. King von einer Stadt zur anderen verfolgte, und ihm Schutz und mehr Geld zu versprechen für den Fall, daß er den verhaßten King schließlich erledigte.

Was J. Edgar Hoover betraf, den die Beseitigung Dr. Kings noch mehr gefreut haben muß als Marcello, so behandelte er den Mord an dem Bürgerrechtsführer annähernd genauso wie den Mord an John F. Kennedy. Wie einst bei Harvey Lee Oswald verkündete er mit seinem üblichen Dogmatismus, daß James Earl Ray der alleinige Mörder Dr. Kings sei.

Oberflächlich betrachtet hatte Hoover gute Gründe, die für die Alleinschuld Rays sprachen. Genau so, wie es eine Überfülle unmittelbarer Beweise für Oswalds Schuld gegeben hatte, war da im Falle James Earl Rays das Bündel, das so demonstrativ auf die Schwelle von Canipes Amusement Store geworfen wurde und fein säuberlich alles Nötige enthielt, um den Täter zu identifizieren und zu belasten: die mit James Earl Rays Fingerabdrücken übersäte Mordwaffe, dazu passende Ersatzmunition, diverse Toilettenartikel von der Art, wie der Mordverdächtige sie zu benutzen pflegte, zwei leere Bierdosen mit dessen Fingerabdrücken, ja sogar ein Kofferradio, das die Gefängniskennziffer des angeblichen Mörders trug.

Doch anders als bei Oswald, der einen scharfen Verstand hatte, scheint es, als sei James Earl Ray so dumm gewesen, die Beweise seines Verbrechens nicht zu vernichten, sondern in auffälliger Weise nahe am Tatort fallenzulassen. Genau diese Dummheit könnte der überzeugendste Beweis sein, daß er nicht allein gehandelt hat. William Sullivan, zur Zeit der Ermordung von King die Nummer drei des FBI, drückte dies folgendermaßen aus:

»Ich war überzeugt, daß James Earl Ray Dr. Martin Luther King getötet hat, aber ich war nicht sicher, ob er es allein getan hat. Ray war so dumm, daß er meiner Meinung nach nicht einmal ein Billigkaufhaus hätte berauben können. Er war nicht nur dumm, sondern auch schlampig ... Ich bin sicher, daß irgend jemand Ray beibrachte, wie man sich einen falschen kanadischen Paß verschafft und aus dem Land schlüpft. [Zwei Fachgebiete Carlos Marcellos.] Und wie bezahlte Ray den Paß und die Flugscheine?«

Doch daß James Earl Ray bei dem Mord an King vielleicht vorgeschoben wurde oder mit Unterstützung von Komplizen handelte, fiel Direktor Hoover anscheinend nie ein. Ray hatte King ganz allein getötet. Fall erledigt.

Zehn Jahre später revidierte der Mordausschuß des Repräsentantenhauses die ursprüngliche Feststellung des FBI und kam zu dem Schluß, daß »der Ausschuß auf Grund der verfügbaren Indizienbeweise glaubt, es bestehe die Wahrscheinlichkeit, daß James Earl Ray Dr. Martin Luther King junior infolge einer Verschwörung tötete«. Entscheidend dafür war die Feststellung des Ausschusses, daß Ray, ein überführter Verbrecher und flüchtiger Rechtsbrecher, niemals die riskante Aufgabe übernommen hätte, den berühmtesten und angesehensten Bürgerrechtsführer der Nation aus persönlichen rassistischen Gefühlen zu ermorden. Er hätte es nur für Geld getan. James Earl Rays Bruder sagte dem FBI kurz nach dem Mord: »Mein Bruder hätte nie etwas getan, es sei denn für viel Geld.« Angesichts dieser Beurteilung von Rays Charakter war der Ausschuß genötigt, Rays Geständnis ernst zu nehmen, daß er drei Monate vor dem Mord von jemandem aus New Orleans 2500 Dollar bezahlt und weitere 12000 versprochen bekommen habe.

In seinem Schlußbericht über die Untersuchung des Mordes an King übte der Mordausschuß des Repräsentantenhauses scharfe Kritik an Hoovers FBI. In dem vielleicht härtesten offiziellen Tadel, der jemals gegen J. Edgar Hoover und seine Behörde ausgesprochen wurde, erklärte der Ausschuß, daß die Aktivitäten des FBI im Hinblick auf Dr. Martin Luther King junior und seine Bürgerrechtsbewegung »einen Angriff auf Dr. King begünstigten«. In der Folge bezeichnete der Bericht das Verhalten des FBI gegenüber dem Bürgerrechtsführer vor dem Mord als »moralisch verwerflich, rechtswidrig, verbrecherisch und verfassungswidrig«.

# 46

# Von Los Angeles nach Watergate

Zwei Monate nachdem Martin Luther King in Memphis ermordet worden war, ereilte Senator Robert F. Kennedy, seinen wichtigsten Fürsprecher in der Regierung, das gleiche Schicksal.

Wie wir wissen, hatten das organisierte Verbrechen und seine Handlanger in den Gewerkschaften es seit Sommer 1962 auf Robert Kennedy abgesehen. Nicht lange nach der Ermordung Präsident Kennedys brütete Frank Chavez, der Boß der puertoricanischen Teamsters, Ortsgruppe 901, offenbar einen Plan aus, auch Robert zu töten, aus dem jedoch nichts wurde. Es war Kennedys Berater Walter Sheridan, der ehemalige Anführer von Kennedys »Kriegt Hoffa«-Kommando im Justizministerium, der aus Geheimdienstquellen innerhalb der Teamsters Wind von Chavez' Plänen bekommen hatte. Offenbar sollte Chavez von Puerto Rico nach New York fliegen, um Robert Kennedy während seiner Senatswahlkampagne von 1964 zu erledigen, hatte sich jedoch im letzten Augenblick davon abbringen lassen. Im März 1967, als Jimmy Hoffa kurz vor der Inhaftierung stand, erfuhren dann Bundesinformanten, daß Chavez plante, Robert Kennedy, Walter Sheridan und Edward Partin zu töten, wenn Hoffa ins Gefängnis käme. Als der 7. März, der Tag, an dem Hoffa eingesperrt werden sollte, näherrückte, stellte das FBI Chavez Tag und Nacht unter Bewachung und gewährte Kennedy, Sheridan und Partin Polizeischutz. Auch diesmal machte Chavez einen Rückzieher.

Aber das war noch lange nicht das Ende. Als Kennedy ein Jahr später, am 16. März 1968, verkündete, er wolle für die Präsidentschaft kandidieren, lief ein Schauder durch die Unterwelt.

Im Mai 1968, als Robert Kennedys Kampagne in Schwung kam, berichtete ein Informant dem FBI, daß er im Bundesgefängnis in Lewisburg mit angehört habe, wie Jimmy Hoffa und der New Yorker Mafiaboß Carmine Galante, ein

Verbündeter Carlos Marcellos, über einen »Auftrag der Mafia, Bob Kennedy zu töten«, gesprochen hätten.

Etwa am 1. Juni erhielt das FBI von einem Informanten die Nachricht, daß »ein reicher Viehzüchter aus Kalifornien, der Verbindungen zu den Minutemen hatte und Robert Kennedy wegen seiner Unterstützung des Landarbeiter-Organisators Cesar Chavez haßte, angeblich gelobt habe, 2000 Dollar zu den von der Mafia für den Mord an Robert Kennedy ausgesetzten 500000 bis 750000 Dollar beizusteuern, für den Fall, daß dieser von den Demokraten als Präsidentschaftskandidat nominiert würde«.

Obwohl es keine direkten Beweise gibt, daß Carlos Marcello an der Vergabe eines Mordauftrags gegen Robert Kennedy beteiligt war, hatte er ganz gewiß ein starkes Motiv: Er konnte sich darauf verlassen, daß Kennedy im Fall seiner Wahl zum Präsidenten das abgewürgte Deportationsverfahren neu belebt hätte. Ferner war anzunehmen, daß Kennedy als Präsident die Ermittlung über den Mord an seinem Bruder wieder aufgreifen würde. Obwohl er das nie verlauten ließ und sich öffentlich den Schlußfolgerungen des Warren-Berichts anschloß, wissen wir, daß er sie privat mit Skepsis betrachtete.

Kennedy hatte sich diesbezüglich einmal Arthur Schlesinger junior gegenüber geäußert, als er im Oktober 1966 in »P. J. Clarkes Saloon« in New York mit ihm zusammentraf. Schlesinger zufolge sagte Kennedy damals, daß er den Warren-Bericht für eine »schlampige Arbeit« halte und sich frage, wie lange er darüber »noch stillschweigen könne«.

Nachdem Jim Garrison seine erneute Untersuchung des Mordes angekündigt hatte, vertraute Kennedy Schlesinger an, daß er glaube, »Garrison habe etwas vor«. Und als später Frank Mankiewicz, einer seiner Mitarbeiter, ihn über einige Einzelheiten der Garrison-Untersuchung ins Bild setzen wollte, unterbrach ihn Kennedy: »Ich glaube, ich will es gar nicht wissen.« Was wollte Kennedy gar nicht wissen? War es Mankiewiczs Information über Lee Harvey Oswalds Verbindung mit David Ferrie und David Ferries Verbindung mit Carlos Marcello?

Zur Zeit von Robert Kennedys Ermordung besaß Marcello auch mächtige Verbindungen zur Unterwelt von Los Angeles. Seit den Tagen, da er und der Westküsten-Mafioso Mickey Cohen 1959 auf einer der Anhörungen des McClellan-Ausschusses über das organisierte Verbrechen gemeinsam auf der Zeugenbank gesessen hatten, war er Cohen freundschaftlich verbunden geblieben. An jenem Tage hatte sowohl Marcello als auch Cohen Robert Kennedy zum erstenmal persönlich getroffen. Als oberster Rechtsberater des Ausschusses hatte Robert Kennedy die beiden nacheinander in die Mangel genommen und aus seiner Verachtung keinen Hehl gemacht. Als Justizminister hatte

Kennedy Cohen als vorrangiges Ziel einer strafrechtlichen Verfolgung ausgewählt und eine großangelegte Ermittlung gegen ihn in Gang gesetzt. 1968 war Cohen der König der Unterwelt von Los Angeles und profilierte sich insbesondere auf dem Gebiet des Glücksspiels. Er kontrollierte die Rennbahnen von Santa Anita und Del Mar. Beide Rennbahnen waren dem Rennsport-Informationsdienst und Buchmacher-Netzwerk der Marcellos angeschlossen. Ausgerechnet auf der Rennbahn von Santa Anita hatte Sirhan Sirhan, Robert Kennedys überführter Mörder, als Pferdepfleger und Trainergehilfe gearbeitet und in seiner Freizeit mit Pferdewetten eine Menge Schulden gemacht. Cohen war auch ein Freund von Oswalds Killer Jack Ruby gewesen, mit dem er sich die Gunst der berüchtigten vorbestraften Nachtklubstripperin Juanita Slusher Dale Phillips Sahakian, bekannt als Candy Barr (»Schokoriegel«), geteilt hatte. Sie war einst auch in Pete Marcellos »Sho-Bar« in New Orleans aufgetreten.

Ruby prahlte oft mit seiner Freundschaft mit dem legendären Mickey Cohen und war stolz darauf, daß er eine Affäre mit einer Frau gehabt hatte, die mit dem Mafioso aus Los Angeles verlobt gewesen war. Daß Robert Kennedy in einer Stadt erschossen wurde, deren Unterwelt von einem Freund Carlos Marcellos und einem Freund Jack Rubys beherrscht wurde, muß als bedeutungsvoll betrachtet werden.

Ferner stand Marcello auf gutem Fuße mit Sam Sciortino, einem jungen, aufsteigenden Stern in den Unternehmungen, die die kalifornische Mafia in San Francisco betrieb, und mit dem er sich 1979 verschwören sollte, einen Bundesrichter zu bestechen. Während diese Verschwörung heranreifte, zeichnete ein Undercover-Detektiv der Regierung eine hitzige Diskussion zwischen Sciortino, Marcello und Phillip Rizzuto, einem Vetter Sciortinos aus New Orleans, auf. Daraus ging hervor, daß der kalifornische Mob möglicherweise etwas mit der Ermordung Robert Kennedys zu tun hatte. Es mag sich dabei aber auch nur um Prahlerei gehandelt haben.

Die Diskussion, die später in diesem Buch genauer behandelt wird, fand in Anthony Marcellos Jagdhütte in Lacombe nördlich von New Orleans statt. Der Undercover-Detektiv und die drei Mafiosi besprachen, wie sie den kalifornischen Richter bestechen könnten. In einer Pause erwähnte Rizzuto Teddy Kennedy und meinte, dieser wolle sich um die demokratische Nominierung bewerben. Der Name Kennedy löste einen Wutausbruch bei den drei Mafiosi aus, in dem auch Bobby Kennedys Name fiel und Sciortino bemerkte: »Der Bastard glaubt, er könne uns alle arbeitslos machen.« Darauf sagte Rizzuto: »Ja, deshalb müssen wir *ihn* arbeitslos machen«, worüber alle lachten.

Bei der elektronischen Überwachung Carlos Marcellos von 1979 durch das

FBI erfuhr das Justizministerium definitiv, daß Marcellos Haß auf Bobby Kennedy noch immer nicht erloschen war. Als zwei Undercover-Agenten eines Tages mit Marcello von Lafayette nach New Orleans fuhren, kam die Rede auf die Kennedys, und Carlos brach in eine Schimpfkanonade gegen Bobby aus. Er gab einen zwanzigminütigen Bericht über seine »Entführung« durch Kennedy und seine Leiden im Dschungel von El Salvador und Honduras, nachdem Bobby ihn »ohne Geld, ohne Kleidung, ohne alles« in Guatemala-Stadt ausgesetzt hatte.

Wo war Carlos Marcello zur Zeit von Robert Kennedys Ermordung? Zufällig im Gerichtssaal, genau wie damals bei John F. Kennedys Ermordung. Diesmal stand er in Laredo, Texas, wegen seines Angriffs auf den FBI-Agenten Patrick Collins vor Gericht. Ebenfalls zufällig deuten Berichte des Justizministeriums darauf hin, daß hinter den Kulissen in Laredo die Geschworenen intensiv beeinflußt wurden, genauso wie damals in New Orleans bei Carlos' Deportationsprozeß zum Zeitpunkt der Ermordung Präsident Kennedys.

Nach einem FBI-Bericht hatte Carlos sein Hauptquartier zeitweilig in einer luxuriösen Suite im Hotel »Hamilton« in Laredo aufgeschlagen, wo er, wenn er sich nicht im Gerichtssaal befand, einen stetigen Strom von »Besuchern aus New York und San Francisco« empfing. Aus dem Bericht ging nicht genau hervor, wer diese Besucher waren. Während er sich mit seinem großen Gefolge in seiner Suite im Hotel »Hamilton« befand, erfuhr Carlos kurz nach 1 Uhr am Morgen des 6. Juni 1968, daß seine einstige Nemesis und ständige Bedrohung in Los Angeles von Schüssen getroffen und vielleicht sogar schon tot war. Es ist nicht überliefert, was Marcello sagte oder tat, als er diese Nachricht erhielt.

Wer hätte sonst viel zu verlieren, wenn Robert Kennedy Präsident würde? Auf jeden Fall Jimmy Hoffa. Nixon als Präsident würde ihn fast mit Gewißheit durch eine Amnestie aus dem Gefängnis befreien. Kennedy als Präsident dagegen würde ihn wahrscheinlich seine volle dreizehnjährige Gefängnisstrafe absitzen lassen.

Mickey Cohen hätte ebenfalls viel zu verlieren, wenn Kennedy es ins Weiße Haus schaffte. Kennedy hatte ihn schon 1961 für eine intensive Ermittlung mit nachfolgender Strafverfolgung bestimmt, mußte seinen Feldzug gegen ihn jedoch nach der Ermordung seines Bruders aufgeben. Besonders empört war Kennedy über Berichte, die Cohens Praxis schilderten, Filmstars durch seine Handlanger sexuell kompromittieren zu lassen und dann zu erpressen. Es bestand die Möglichkeit, daß Präsident Robert F. Kennedy seinen Justizminister beauftragen würde, der Jagd auf Cohen im Justizministerium oberste Priorität einzuräumen.

Aber es gab noch viele andere, die eine Menge zu verlieren hatten, wenn Bobby ins Weiße Haus kam. Darunter befanden sich die Oberhäupter der großen Mafiafamilien und die vom Mob kontrollierten Gewerkschaften, vor allem die Teamsters und die Hafenarbeiter, die Erdölmultis, weil Kennedy ihnen die Abschreibungsmöglichkeiten für Substanzverringerung wieder abnehmen wollte, die Rüstungsindustrie, weil er sich aus dem Vietnamkrieg zurückziehen wollte, und die weißen Anhänger der Rassentrennung.

Und wer wurde dann des Mordes angeklagt? Ein Palästinenser aus Israel, dessen Familie Jerusalem wegen israelischer Schikanen hatte verlassen müssen. Ein Palästinenser, der gleich nach dem Mord bei seiner ersten Vernehmung durch Polizei und FBI anscheinend nichts gegen Kennedy hatte, später aber plötzlich behauptete, von Kennedy »betrogen« worden zu sein. Kennedy habe die Absicht geäußert, fünfzig Phantom-Bomber nach Israel zu schicken, um die jüdische Nation vor ihren arabischen Feinden zu schützen.

Daß Sirhan Sirhan Robert Kennedy aus freien Stücken ermordet hatte, wirkte ziemlich unglaubwürdig. Bei der Reichweite und der Macht von Kennedys bekannten Feinden kam es vielen Menschen gelinde gesagt sonderbar vor, daß Kennedy wegen seiner Israel-Freundlichkeit umgebracht worden sein sollte. War Sirhan Sirhans Rolle bei der Ermordung Robert Kennedys nur die eines Gimpels, Sündenbocks und Köders, um Zeugen und Ermittlungsbehörden vom echten Mörder abzulenken? Und wer stand wirklich hinter dem Verbrechen?

Heute stellen sich die Tatsachen der Ermordung Robert Kennedys wie folgt dar:

Nachdem Robert Kennedy am Abend des 5. Juni 1968 seinen Sieg in der kalifornischen Vorwahl mit einer Rede im »Embassy Ballroom« des Hotels »Ambassador« in Los Angeles gefeiert hatte, wurde er aus dem Ballsaal in den Anrichteraum des Hotels geleitet, den seine Berater als Abkürzung in den »Colonial Room« gewählt hatten, wo Kennedy planmäßig eine mitternächtliche Pressekonferenz abhalten sollte.

Karl Uecker, der stellvertretende Maître d'Hôtel, führte den siegreichen Kandidaten in den Anrichteraum und hielt ihn dabei an der rechten Hand. Vor ihnen steuerten etwa 20 Personen auf die Pressekonferenz zu. Im Anrichteraum gesellte sich Thane Cesar, ein Wachmann, zu Kennedy, der ihn mit seiner linken Hand am rechten Ellbogen berührte. Ihnen folgten rund 50 weitere Personen.

Als die Gruppe sich durch den Anrichteraum bewegte, ertönte plötzlich eine Salve Gewehrschüsse, die auf viele Anwesenden wie Knallfrösche wirkten. Sie trafen Kennedy vielleicht und fünf andere bestimmt. Nach dem Treffer wirbelte Kennedy herum und griff nach dem Hals des Wachmannes, wobei er ihm die Ansteckkrawatte abriß und damit zu Boden stürzte. Der tödlich verwundete Robert Kennedy starb 24 Stunden später im Good Samaritan Hospital in Los Angeles.

Kennedys augenscheinlicher Angreifer hatte seine achtschüssige Pistole des Kalibers 22 in die allgemeine Richtung des Senators abgefeuert. Das Ganze machte den Eindruck einer zufälligen, ziellosen Schießerei, denn außer Kennedy fielen in anderen Teilen des Anrichteraums fünf weitere Personen zu Boden, Opfer der Schüsse des jungen Palästinensers.

Trotz eindeutiger Beweise, daß in dem Anrichteraum noch mindestens eine weitere Schußwaffe abgefeuert wurde, während Sirhan mit seiner 22er Pistole schoß, wurde von all denen, die sich damals in dem Anrichteraum befanden und Schußwaffen trugen, allein er verhaftet. Später wurde er vor Gericht gestellt, für schuldig erklärt und wegen Mordes an Senator Kennedy zum Tode verurteilt.

Aus zahlreichen Quellen kamen Aussagen, daß in dem Anrichteraum mindestens eine weitere Waffe abgefeuert wurde.

Don Schulman, ein Mitarbeiter der CBS-Nachrichten, der im Augenblick der Schießerei hinter Kennedy und dem Wachmann gestanden hatte, bezeugte, daß er gesehen habe, wie der Wachmann seine Pistole zog und auf Kennedys Angreifer schoß, wobei er Kennedy, offenbar aus Versehen, zwei- oder dreimal traf. Und ein französischer Journalist berichtete in *France Soir*, daß er gesehen habe, wie der Leibwächter »aus der Hüfte, wie in einem Western«, auf Kennedy schoß.

In ihrem Autopsiebericht folgerten Coroner Thomas Noguchi aus Los Angeles und Polizeiprüfer Wayne De Wolfer, daß die tödliche Wunde an Kennedys Hinterkopf unter dem rechten Ohr von einer Waffe stammte, deren Lauf im Augenblick des Schusses nicht einmal 2,5 Zentimeter vom Kopf des Opfers entfernt gewesen war. Ihre Folgerung beruhte auf einer Untersuchung der Pulverspuren an Kennedys Kopf, an anderen Teilen des Körpers und an seiner Jacke, denn Kennedy war von drei weiteren Kugeln getroffen worden, die von hinten aus kürzester Entfernung und steil aufwärts abgefeuert worden waren.

Dennoch behaupteten praktisch alle Zeugen der Schießerei, daß Sirhan Sirhan nicht dichter als 60 Zentimeter bis einen Meter an Kennedy herangekommen sei und alle Schüsse von vorn abgegeben habe. Karl Uecker sagte vor Gericht aus, daß Sirhan sich Kennedy von vorn nicht dichter als 60 Zentimeter genähert habe und daß er, Uecker, Sirhan nach dem zweiten Schuß über eine Warmhaltetheke gestoßen habe, so daß der Palästinenser vom dritten Schuß an nicht mehr richtig zielen konnte.

Später fand William Harper, ein bekannter kalifornischer Kriminologe, daß »zwei Schußwaffen des Kalibers 22 beim Mord verwendet worden waren«, da die 22er Kugel, die aus Kennedys Hals entfernt wurde, nicht vom selben Typ war wie diejenige, die aus einem der fünf anderen Verwundeten herausoperiert wurde.

Im Jahre 1976 entnahm der Washingtoner Anwalt Bernard Fensterwald junior gewissen FBI-Dokumenten über die Ermordung Robert Kennedys, die er auf Grund des Informationsfreiheitsgesetzes angefordert hatte, daß im Augenblick des Mordes zehn bis zwölf Kugeln abgeschossen worden waren. Da Sirhans 22er Pistole nur acht Kugeln faßte, mußten die übrigen Kugeln desselben Kalibers aus einer anderen Waffe gekommen sein.

Da die Autopsie zeigte, daß alle Schüsse, die Kennedy getroffen hatten, praktisch aus kürzester Entfernung von hinten abgegeben worden waren, und zwar in Aufwärtsrichtung leicht schräg von rechts nach links, müssen sie, einschließlich des Todesschusses, von jemandem gekommen sein, der sich direkt hinter Kennedy befand, als Sirhan zu feuern begann.

Spätere Ermittlungen zeigten, daß Thane Cesar zur Tatzeit tatsächlich einen 22er Revolver besaß, obwohl er der Polizei gesagt hatte, er habe ihn vor dem Mord verkauft.

Cesar sagte der Polizei auch, daß die Waffe, die der Zeuge Schulman ihn im Augenblick des Mordes hatte ziehen sehen, sein 38er Dienstrevolver gewesen sei. Für den Wachmann Cesar wäre es jedoch ein leichtes gewesen, eine 22er in der Handfläche oder in einem weiteren Pistolenhalfter, vielleicht im Fußknöchel, verborgen und Kennedy damit aus einer kauernden Stellung, etwas unter dessen rechter Schulter, erschossen zu haben, kaum daß Sirhan sein Feuer eröffnet hatte. Allem Anschein nach reagierte Kennedy in dem Sekundenbruchteil des Bewußtseins, das ihm blieb, nachdem ihn die ersten Kugeln getroffen hatten, instinktiv auf seinen Angreifer, denn ein Film von dem darauffolgenden Handgemenge zeigt, wie er nach dem Hals seines Bewachers greift, bevor er mit dessen Ansteckkrawatte zu Boden stürzt.

Später gestand Cesar in einem Interview des kanadischen Journalisten Theodore Charach, der als erster private Ermittlungen über das Verbrechen anstellte, seinen 38er Dienstrevolver während der Schießerei aus dem Halfter gezogen, aber nicht damit geschossen zu haben. Charach behauptete, nach dem Interview sei ein unbekannter Revolverheld auf ihn zugetreten und habe ihm befohlen, alle Beweise auszuliefern, sonst würde ihm etwas passieren. Charach weigerte sich. Nichts passierte. Charach setzte seine Ermittlungen fort.

Es war Charach, der als erster in Erwägung zog, die Mafia könnte in den

Mord verwickelt sein, denn bei seinen Ermittlungen über den Mord fand er heraus, daß am Hotel »Ambassador« jahrelang Investoren beteiligt gewesen waren, die Verbindungen zum organisierten Verbrechen hatten. Nach und nach wurde er auch der Unterweltverbindungen sowohl Sirhans als auch Cesars gewahr. Charach entdeckte auch, daß der Sicherheitsdirektor des Hotels nicht lange nach dem Kennedymord verschwunden war und daß die Akten des Hotels für das Jahr 1968 nicht mehr existierten.

Obwohl Thane Cesar niemals offiziell des Mordes an Robert Kennedy angeklagt wurde, glauben fast alle, die sich ernsthaft mit dem Verbrechen beschäftigten, darunter Gerichtspathologen, Kriminologen, Universitätsprofessoren und eines von Sirhans anderen Opfern, daß Cesar in der Tat Kennedys alleiniger Mörder war.

Seit Sirhans Verurteilung haben Nachforschungen über den einstigen Umgang von Sirhan und von Cesar gezeigt, daß der Hintergrund beider Männer unverkennbare Anzeichen für Beziehungen zum organisierten Verbrechen aufweist.

Als Sirhan auf der vom Mob kontrollierten Rennbahn von Santa Anita als Trainergehilfe arbeitete, nahm sich ein Pferdetrainer namens Frank Donneroumas seiner an, der ihm schließlich einen Job als Stallbursche auf einer Pferdezuchtranch in Corona besorgte. Diese Ranch gehörte zum Teil dem mit der Mafia verbundenen Sänger, Schauspieler und Exilkubanerführer Desi Arnaz, der Mickey Cohen zu seinem Bekanntenkreis zählte. In seinem Tagebuch erwähnte Sirhan Donneroumas wiederholt als guten Freund, der ihn glücklich machte, indem er ihm Geldsummen für diverse nicht einzeln aufgeführte Jobs zahlte.

Frank Donneroumas ergriff einige Zeit vor dem Mord die Flucht von der Corona-Ranch. Als das FBI ihn schließlich zehn Monate nach dem Verbrechen einholte, stellte sich heraus, daß er in Wirklichkeit Henry Ramistella hieß und ein kleiner Gangster aus New Jersey war (mit einem Strafregister, das Berichte über Verhaftungen wegen Diebstahls, Verletzung der Bankgesetze, Besitzes von Rauschgift und Meineids enthielt), dem der Zutritt zu mehreren Rennbahnen des Ostens verboten war. Außerdem stellte das FBI fest, daß sowohl Ramistella als auch Sirhan Sirhan eng befreundet mit Desi Arnaz gewesen waren, dem Besitzer der Corona-Ranch, der bekanntlich Umgang mit Mickey Cohen pflegte.

Weitere Ermittlungen über Sirhans Hintergrund zeigten, daß er zwar bei seinem Prozeß leidenschaftliche araberfreundliche Erklärungen abgegeben hatte, vor dem Mord aber seinen Freunden und Bekannten niemals als besonders araberfreundlich aufgefallen war, ja daß er häufig sogar seiner Abneigung gegenüber arabischen Speisen, arabischer Kleidung und Religion Ausdruck gegeben hatte. Was ihn zu interessieren schien, fanden Ermittler heraus, war Geld, leichtverdientes Geld, die Sorte Geld, die Mafiosi für gewisse Jobs zu zahlen pflegten. Auf den Rennbahnen von Santa Anita und Del Mar hatte er zufällig einen Haufen Glücksspieler und kleine Gangstertypen kennengelernt, für die er gegen Bezahlung Gelegenheitsarbeiten erledigte. Zum Zeitpunkt von Robert Kennedys Ermordung steckte er wegen seiner Pferdewetten tief in Schulden.

An der Spitze der Pferdewettpyramide Südkaliforniens saß der berüchtigte Mickey Cohen. Eine seiner bevorzugten Gaunereien war die sexuelle Kompromittierung von Filmschauspielerinnen, den großen Stars jener Tage, die er heimlich filmte und auf Tonband aufnahm, wenn sie mit einem der italienischen Sexprotze aus seinem Stall schliefen. Dann verkaufte er die Kopien der Filme und Bänder entweder unter der Hand zu astronomischen Preisen oder erpreßte Geld von den Schauspielerinnen. Dieses Geschäftsgebaren führte zum Beispiel unerwarteterweise dazu, daß Lana Turners von Cohen eingeschleuster Liebhaber Johnny Stompanato eines Nachts von der Tochter der Schauspielerin in deren Schlafzimmer umgebracht wurde. Ein weiteres Opfer Cohens war Marilyn Monroe, die Mickey etwa zu der Zeit, als die Brüder Kennedy sich mit der Schauspielerin eingelassen hatten, mit George Piscitelle und Sam LoCigno, zwei seiner jungen Hengste, in eine Falle lockte.

Rennbahn-Gangster wie Mickey Cohen schauten stets nach großen und kleinen Glücksspielern aus, die in Geldnöten steckten und ihre Schulden bezahlen mußten. Sie waren nützlich, wenn man jemanden brauchte, der eine schmutzige Arbeit erledigen sollte. In Anbetracht von Cohens fast völliger Kontrolle über Rennbahnen und Pferdewetten von Los Angeles und seiner beinahe täglichen Anwesenheit in Santa Anita oder Del Mar darf man wohl annehmen, daß einer seiner Leute ihn auf diesen arabischen Trainergehilfen aufmerksam machte, der so viele Schulden hatte. Als Jude mochte Cohen besser als die meisten anderen gewußt haben, wie er sich den glühenden Haß des jungen Palästinensers auf Israel für seine Zwecke zunutze machen konnte.

Aber was war mit Thane Cesar? Wie hing er mit dem Mob zusammen? In seiner eingehenden Ermittlung entdeckte Theodore Charach, daß Cesar eng mit dem kalifornischen Gangster John Alessio verbunden war, einem Freund Mickey Cohens und Glücksspielkönig von San Diego, der drei Jahre nach dem Mord zu einer Freiheitsstrafe in einem Bundesgefängnis verurteilt werden sollte, weil er Millionenbeträge von den Einnahmen der Rennbahn von San Diego abgeschöpft hatte. Charach wies auch nach, daß Thane Cesar kein regulärer Wachmann im Hotel »Ambassador« gewesen war, sondern von der

Hotelleitung nur gelegentlich als Aushilfe eingestellt wurde. 1978 erzählte Cesar in einem Interview mit dem Reporter Dan Moldea, daß er seit vier Monaten nicht mehr im »Ambassador« gearbeitet hatte, als er plötzlich von der Hotelleitung angefordert wurde, am Abend des 5. Juni die Sicherheit für Robert Kennedy zu verstärken.

In Anbetracht von Sirhans Verbindungen zu Bekannten von Mickey Cohen, Cesars Verbindung zu John Alessio, Cohens seit langer Zeit bestehender Beziehung zum Hotel »Ambassador«, seiner Furcht vor einer Präsidentschaft Robert Kennedys und seiner Freundschaft mit so erbitterten Kennedy-Feinden wie Carlos Marcello und Jimmy Hoffa kann man sich unschwer vorstellen, wie sich eine Mafiaverschwörung zur Ermordung Robert Kennedys entwickelt haben könnte, in der Sirhan als Köder angeworben wurde und der Meisterschütze Thane Cesar den Todesschuß abgab.

Folgendes spricht dafür, daß Sirhan möglicherweise angeheuert wurde, um eine Rolle zu übernehmen: Als der normalerweise mittellose Rennbahngehilfe von der Polizei von Los Angeles verhaftet wurde, trug er vier nagelneue Hundertdollarscheine, aber keinerlei Ausweispapiere bei sich. Daß vielleicht auch Thane Cesar von außen beauftragt wurde, dafür spricht seine plötzliche Anwerbung in letzter Minute, als offenbar geworden war, daß Kennedy die Vorwahl in Kalifornien gewinnen würde und somit Aussichten hatte, zum demokratischen Präsidentschaftskandidaten nominiert zu werden.

Warum versäumte Sirhans Verteidigungsmannschaft, nachdrücklich darauf hinzuweisen, daß ihr Klient dem Autopsiebericht zufolge den Todesschuß auf Kennedy nicht abgegeben haben konnte?

Sirhans Anwälte benahmen sich so verdächtig, daß sie den Eindruck verstärkten, Robert Kennedy sei als Ergebnis einer Mafiaverschwörung getötet worden. Grant Cooper, Sirhans Hauptrechtsbeistand, war damals damit beschäftigt, den Gangster Johnny Roselli aus Las Vegas und mehrere seiner Mitangeklagten in dem berüchtigten »Friar's Club«-Fall zu verteidigen, in dem es um Betrug beim Kartenspiel ging. Cooper selbst sollte bald wegen Meineids in Verbindung mit diesem Prozeß verurteilt werden. Bei Sirhans Prozeß gab Cooper sich keine Mühe, die Ergebnisse des Autopsieberichts zu benutzen, um seinen Klienten zu entlasten. Er war sogar einverstanden, daß in dem Bericht stand, der Todesschuß sei aus Sirhans Waffe abgefeuert worden.

Russell Parsons, Sirhans anderer Rechtsbeistand, leistete seinem Klienten auch keine besseren Dienste als Cooper. Parsons, ein bekannter Mafiaanwalt, war einst wegen seiner Verbindungen zum organisierten Verbrechen überprüft worden, als Robert Kennedy Chefrechtsberater beim McClellan-Ausschuß war. Außerdem hatte er einmal ein Empfehlungsschreiben für niemand anderen als Mickey Cohen verfaßt. Eine Analyse seiner Verteidigung Sirhans zeigt, daß er der Anklage so sehr in die Hände spielte, daß es aussah, als wollte er absichtlich den Prozeß für seinen Mandanten verlieren. Er gab sich keine Mühe, zu beweisen, daß Sirhan irgend jemandem als Werkzeug gedient haben konnte, und spielte seine Leidenschaft für Pferdewetten hinunter. Am schlimmsten aber war, daß er sich der Behauptung der Anklage, die tödliche Kopfverletzung sei von Sirhan beigebracht worden, willig anschloß, obwohl sowohl der Coroner von Los Angeles als auch der Maître d'Hôtel des Hotels »Ambassador« unter Eid ausgesagt hatten, daß Sirhan sich nicht am richtigen Ort für den Todesschuß befunden habe.

Aber wenn Sirhan an einer Mob-Verschwörung beteiligt gewesen war und glaubte, den tödlichen Schuß nicht abgegeben zu haben (bei seiner Verhandlung behauptete er, sich überhaupt nicht erinnern zu können, Kennedy erschossen zu haben), warum sagte er dazu nichts? Die Antwort ist einfach. Er wußte, was Oswald im Hauptquartier der Polizei von Dallas widerfahren war, und wollte am Leben bleiben. Dasselbe wünschte er auch seiner geliebten Mutter und seinen Brüdern und Schwestern.

Lassen Sie uns zum Schluß die Polizei von Los Angeles genauer betrachten. Warum vernichtete sie wichtige Beweisstücke wie die von Kugeln beschädigten Deckenfliesen, Türrahmen und Pendeltürpfosten, die sie kurz nach dem Mord aus dem Anrichteraum des »Ambassador« entfernen ließ? Tat sie es, weil diese Gegenstände, wie FBI-Fotos später zeigen sollten, Einschüsse enthielten, die klar bewiesen, daß in der Nacht des 5. Juni im Anrichteraum mehr als acht Schüsse gefallen waren? Und warum versiegelte die Polizei alle Berichte ihrer Ermittlungen über den Mord und enthielt sie zwanzig Jahre lang der Öffentlichkeit vor? (Sie wurden erst am 19. April 1988 freigegeben, und dann entdeckte man, daß über 2000 Schlüsseldokumente fehlten.) Geschah dies wegen des Verdachts, sie habe zur Zeit des Mordes freundschaftliche Beziehungen zu Mickey Cohen und seinen Handlangern unterhalten, Beziehungen, die schon bei einer Anhörung des McClellan-Ausschusses im März 1959 zur Sprache gekommen waren?

Diese traurige Geschichte wäre unvollständig ohne die Reaktion J. Edgar Hoovers auf den Mord an Robert Kennedy, die erwartungsgemäß ausfiel.

In Anbetracht seiner wohlbekannten Abneigung gegen Robert Kennedy und seiner Kenntnis der diversen Verschwörungstheorien, die einen Zusammenhang zwischen ihm selbst und der Ermordung Präsident Kennedys herzustellen versuchten, wollte Hoover den Fall so bald wie möglich abschließen und die Öffentlichkeit beruhigen, daß es keine Verschwörung zur Ermordung des aufstrebenden Präsidentschaftskandidaten gegeben hatte.

So verkündete Hoover wenige Tage nach dem Mord, daß der palästinensische Einwanderer Sirhan Sirhan Senator Kennedy ermordet habe und daß es keine Beweise für eine Unterstützung oder Beeinflussung durch Komplizen gebe, obwohl dem FBI Berichte zuverlässiger Informanten vorlagen, daß der eingekerkerte Jimmy Hoffa mit einem Mithäftling über ein Komplott zur Ermordung Robert Kennedys gesprochen und daß ein Rancher aus Südkalifornien sich verpflichtet hatte, zu einem Mordauftrag der Mafia, der über 500000 bis 750000 Dollar lief und dessen Opfer Kennedy sein sollte, einen Geldbeitrag zu leisten. Damit war der Fall erledigt.

In den folgenden Monaten las Hoover den Autopsiebericht, der besagte, daß Kennedy den tödlichen Schuß aus kürzester Entfernung von hinten empfangen hatte, und Karl Ueckers Zeugenaussage, daß Sirhan Kennedy nicht näher gekommen sei als 60 Zentimeter von vorn. Und zehn Monate nach dem Mord erhielt Hoover endlich den Bericht seines Büros über Sirhans engsten Freund und Wohltäter auf der Rennbahn in Santa Anita und Desi Arnaz' Ranch in Corona und erfuhr, daß dieser kein anderer als Frank Ramistella war, ein Gangster aus New Jersey, der in Kalifornien unter falschem Namen gearbeitet hatte, weil ihm unter seinem richtigen der Zutritt zu den meisten Rennbahnen des Landes verboten war.

Ferner hatte Hoover Edward Partins Aussage von 1962 über Jimmy Hoffas Plan, Robert Kennedy zu ermorden, geprüft und ihn sogar an Robert Kennedy und seinen Bruder, den Präsidenten, weitergeleitet. Und im Frühjahr 1967 hatte man ihm Ed Reids Manuskript über das organisierte Verbrechen gezeigt, in dem dieser Edward Beckers Geschichte von Carlos Marcellos Drohung aufgeschrieben hatte, Präsident Kennedy zu ermorden, um seinen Bruder kaltzustellen. Trotzdem blieb der FBI-Direktor bei seiner ursprünglichen Lösung des Verbrechens: Sirhan, der einsame, verrückte Revolverheld, hätte ganz allein gehandelt.

Hoover konnte gar nicht darum herumkommen, sich mit der Möglichkeit einer Verschwörung zu beschäftigen, was ihn mit Schrecken erfüllt haben muß: die Möglichkeit einer Hoffa-Marcello-Cohen-Verschwörung zur Ermordung des Mannes, der J. Edgar Hoover während seiner Amtszeit als Justizminister befohlen hatte, sich um diese drei Personen zu kümmern. Was für ein Drama! Jede Lösung des Verbrechens hätte ihm besser gepaßt als diese. Und so verkündete der unfehlbare Direktor der größten Polizeiorganisation der Welt das Dogma eines weiteren einsamen, verrückten Mörders, des dritten, der das Land innerhalb von fünf Jahren heimgesucht hatte.

Inzwischen war Beobachtern der drei Morde klargeworden, daß die Vereinigten Staaten einer wohldurchdachten Mordverschwörung der Mafia völlig hilflos gegenüberstanden. Die schreckliche Wahrheit war, daß die Mafia zu viele Menschen in hohen Ämtern kompromittiert hatte – zu viele Politiker, zu viele Vollstreckungsbehörden – und, wie wir bereits gesehen haben, durch den gemeinsamen Plan der CIA und hoher Mafiaführer, den Präsidenten von Kuba zu ermorden, sogar die Regierung der Vereinigten Staaten selbst. Die Enthüllung einer Mafiaverschwörung zur Ermordung einer hochgestellten öffentlichen Persönlichkeit würde zwangsläufig zu viele wichtige Leute in eine peinliche Lage bringen und, wie man sich vorstellen konnte, den amerikanischen Staat als Ganzes.

Peter Dale Scott, der bekannte Sachverständige des Kennedymords, schrieb 1979, daß der Mord »so geplant schien, daß seine Aufklärung wichtige Regierungsinteressen bedrohen würde und folglich zu einer Vertuschung führte«.

Die Ausschaltung Robert F. Kennedys aus dem Präsidentschaftsrennen von 1968 und allen zukünftigen Rennen muß für Carlos Marcello eine ebenso große Erleichterung gewesen sein wie für Richard Nixon. Nun konnte Carlos' Lieblingspolitiker, der Kandidat, dessen Wahlkampagne er 1960 mit einem Beitrag in der Größenordnung von 500000 Dollar unterstützt hatte, 1969 mit Gewißheit ins Weiße Haus einziehen.

Wenn es jemals einen Präsidentschaftskandidaten gab, den der Mob gewählt sehen wollte, dann war es Richard Nixon. Seit den frühesten Tagen seiner politischen Karriere in Kalifornien schien Nixon Hand in Hand mit der Mafia marschiert zu sein und mit den Familienbossen in einer Symbiose gelebt zu haben, die bis zu seinem Rücktritt vom Präsidentenamt im Jahre 1974 und wahrscheinlich noch darüber hinaus andauerte.

Bevor Nixon 1960 in seinem Rennen gegen Kennedy von Carlos Marcello unterstützt wurde, hatte er seit seinem ersten Eintritt ins öffentliche Leben ständig Unterstützung vom Mob erhalten. Es war Mickey Cohen, der in den vierziger und fünfziger Jahren in Kalifornien die Hilfsmaßnahmen des Mobs bei Nixons Kampagnen um Sitze in Kongreß und Senat geleitet hatte. 1946 steuerte Cohen zu Nixons erster Kongreßkampagne 5000 Dollar von seinem eigenen Geld bei, und 1950 sammelte er 75000 Dollar bei Glücksspielern aus Las Vegas für Nixons Senatskandidatur. Zu Nixons Geldgebern zählten 1968 Allen Dorfman, der mit dem Mob verbundene »Finanzberater« der Teamsters aus Chicago, Tony Provenzano, der von der Mafia unterstützte Vizepräsident der Teamsters, und John Alessio, eine Mafiapersönlichkeit aus Südkalifornien, der, wie verlautet, zu Nixons Präsidentschaftskampagne von 1968 26000 Dollar beisteuerte.

Als Richard Nixon am 20. Januar 1969 sein Amt als Präsident antrat, erstreckte sich Carlos Marcellos unsichtbare Regierung endlich bis hinein ins Weiße Haus.

Eine von Nixons ersten Amtshandlungen als Präsident war, einen seiner engsten Berater, den kalifornischen Mob-Anwalt Murray Chotiner, zum Sonderassistenten mit eigenem Büro im Executive Mansion zu machen. Chotiner hatte Nixons Kongreß- und Senatskarrieren in Kalifornien geleitet und Eisenhower überredet, Nixon 1952 als Kandidaten für die Vizepräsidentschaft zu akzeptieren. Inzwischen verdienten Chotiner und sein Bruder ihren Lebensunterhalt damit, daß sie in Kalifornien 221 Persönlichkeiten des organisierten Verbrechens gegen Anklagen der Regierung verteidigten.

Wie sich herausstellte, konnte Carlos Marcello durch Chotiner, der auch ein Freund Mickey Cohens und John Alessios war, seinen Einfluß bis ins Weiße Haus ausdehnen. Denn Chotiner stand auf besonders gutem Fuße mit Marcellos Spitzenhandlanger und Faktotum D'Alton Smith, dessen beide Schwestern mit Nofio Pecora und Joseph Poretto, zwei von Carlos' wichtigsten Gefolgsleuten, verheiratet waren. Chotiner hatte eine Hauptrolle gespielt bei Marcellos und Smiths Aktion, Jimmy Hoffa aus dem Gefängnis zu holen. So hatten also, obwohl dies damals kaum jemand wußte, der Boß der Mafia von Louisiana und drei seiner ranghöchsten Mitarbeiter in Murray Chotiner einen Kontaktmann im Zentrum der politischen Macht der Vereinigten Staaten. Dazu kamen dann noch Irv Davidsons verbindungsreiches Büro in der Innenstadt von Washington und Russell Longs Hauptquartier im Amtsgebäude des Senats, so daß Carlos Marcello sich als bestens vertreten in der Hauptstadt der Nation betrachten durfte.

Als Carlos Marcello seine Einflußsphäre endlich auf Chotiners Büro im Weißen Haus ausgedehnt hatte, sah er einer zweijährigen Gefängnisstrafe entgegen, zu der er am 9. August 1968 wegen seines Angriffs auf einen Bundesbeamten, den FBI-Sonderbevollmächtigten Patrick Collins, verurteilt worden war.

Während Nixons ersten anderthalb Amtsjahren zogen Carlos Marcello und seine Anwälte alle ihnen zur Verfügung stehenden Register, um die zweijährige Haftstrafe zu verkürzen. Endlich, unter Nixons Justizminister John Mitchell (dem ersten Mann seit Gründung des FBI im Jahre 1908, der das Amt des Justizministers ohne vorherige Überprüfung durch das FBI bekleidete, was er einer besonderen Bitte des neuen Präsidenten an J. Edgar Hoover verdankte), setzte ein Bundesrichter Carlos' Gefängnisstrafe auf sechs Monate herab und sorgte dafür, daß er diese Zeit im Krankenzentrum für Bundesgefangene in Springfield, Missouri, verbringen durfte.

Marcello wurde am 12. März 1971 aus Springfield entlassen, gerade rechtzeitig, um den Bemühungen, Jimmy Hoffa aus dem Gefängnis zu holen, die Unterstützung seiner unsichtbaren Regierung zu gewähren. Anführer dieser Bemühungen war Murray Chotiner, der laut Walter Sheridan zuerst einmal Hoffas Entlassung mit den Teamsters und den Familien aus Detroit und Chicago klären mußte, bevor Nixon die offizielle Begnadigung aussprechen konnte.

Bis Dezember 1971 hatte Chotiner endlich alle auf Vordermann gebracht, und Richard Nixon konnte Hoffas Freiheitsstrafe durch eine Amnestie von dreizehn auf fünf Jahre senken, so daß Hoffa vor Weihnachten freikam. So wurden also Robert Kennedys Bemühungen, den Teamster-Chef für mindestens ein Jahrzehnt hinter Gitter zu bringen, durch seinen Tod zunichte. Hoffas und Marcellos Rache gegen Kennedy war nun komplett.

Dank Richard Nixons zuvorkommender Administration waren Jimmy Hoffa und Carlos Marcello nun freie Männer. Während Hoffa dazu bestimmt war, durch die Hand seiner ehemaligen Mafiakollegen in einer Schrottpresse zu verschwinden, begann für Marcello die erfolgreichste Zeit seines Lebens, die siebziger Jahre. In diesem Jahrzehnt wurde er der reichste und mächtigste Mafiaboß der westlichen Hemisphäre.

Wie alle Welt weiß, gilt für Carlos' Wohltäter, den Präsidenten, nicht dasselbe. Ein Jahr nachdem Carlos das Krankenzentrum von Springfield verließ, wurde eine Bande von Söldnern Nixons – allesamt Veteranen des Unternehmens in der Schweinebucht von 1961 – beim Einbruch in das Wahlkampf-Hauptquartier der Demokraten in Washingtons riesigem Watergate-Komplex erwischt. Obwohl dies damals nicht erkannt wurde, sollte der Watergate-Einbruch einen Skandal und eine Krise auslösen, die einen Justizminister hinter Gitter brachten und einen Präsidenten der Vereinigten Staaten zum Rücktritt von seinem hohen Amt in Schimpf und Schande zwangen.

# 47

# Von Watergate zur Church-Kommission

| | |
|---|---|
| NIXON | Wieviel brauchst du? |
| DEAN | Ich würde sagen, diese Leute werden in den nächsten zwei Jahren eine Million Dollar kosten. |
| NIXON | Das könnten wir bekommen. |
| DEAN | Hm! |
| NIXON | Ich glaube, du könntest eine Million Dollar bekommen. Und in bar. Ich weiß, wo man es herbekommen könnte. |
| DEAN | Die Leute hier sind keine Profis für so etwas. Das können die Leute von der Mafia tun: Geld waschen, sauberes Geld besorgen und so weiter. Wir verstehen davon einfach nichts, weil wir... keine Verbrecher sind und uns in diesem Geschäft nicht auskennen. |

Die Besprechung vom 21. März 1972 zwischen Präsident Richard Nixon und seinem jungen Rechtsberater im Oval Office wurde im Anfangsstadium der Watergate-Krise für die Nachwelt aufgenommen, als der Anführer der Einbrecherbande versuchte, den Präsidenten der Vereinigten Staaten zu erpressen.

John Dean hatte so getan, als wüßte er nicht, wie man das bewerkstelligt, was die Leute von der Mafia tun: »Geld waschen, sauberes Geld besorgen und so weiter«, weil »wir keine Verbrecher sind und uns in diesem Geschäft nicht auskennen«. Aber sein Boß, der Präsident, wußte genau, was zu tun war und wo er eine Million Dollar in sauberem Bargeld herbekommen konnte, weil er es schon einmal erlebt hatte. Carlos Marcello war 1960 mit 500000 Dollar für seinen Wahlkampf gegen Kennedy dahergekommen und hatte das Geld in Anwesenheit von Irving Davidson persönlich Jimmy Hoffa überreicht, der es in die Nixonsche Kriegskasse stecken sollte. Höchstwahrscheinlich wußte

Nixon auch, daß Carlos Marcello 1967 500000 Dollar sauberen Bargelds beschafft hatte, um einen Versuch, Jimmy Hoffas Gefängnisstrafe zu verkürzen, zu finanzieren. Marcello hatte sogar dem Regierungszeugen Edward Partin durch seinen Handlanger D'Alton Smith ein Schmiergeld in Höhe von einer Million Dollar anbieten lassen, um ihn zu bewegen, seine Aussage gegen Hoffa zu widerrufen. Ja, Richard Nixon wußte, von wem er große Summen sauberen, gewaschenen Bargelds erhalten konnte, um seine Erpresser zu bezahlen. Und er wußte auch, wie er im Nu an so eine Quelle herankam. Er brauchte bloß in das Büro im Ostflügel hinüberzugehen, das er für seinen und D'Alton Smiths Freund Murray Chotiner eingerichtet hatte, oder Irv Davidson anzurufen, den guten Freund, den er mit Carlos Marcello teilte und dessen Büro nur einen Steinwurf vom Weißen Haus entfernt lag.

Daß Carlos Marcello im Nu große Summen sauberen Bargelds beschaffen konnte, verriet er selbst in einem Gespräch, das ein Undercover-Agent des FBI 1979 aufnahm. Im Zusammenhang mit Plänen, einen Bundesrichter zu bestechen, versicherte Marcello dem Agenten, er könne »250000 Dollar in 24 Stunden beschaffen«, um den Richter zu bezahlen.

Durch einen merkwürdigen Zufall war Carlos Marcello in Washington, um vor dem Sonderausschuß des Repräsentantenhauses zur Untersuchung des organisierten Verbrechens auszusagen, kurz bevor sich der Vorfall ereignete, der die sogenannte Watergate-Krise heraufbeschwor.

Dieser Vorfall ereignete sich am 17. Juni 1972. Fünf Männer wurden im Hauptquartier des Nationalen Demokratischen Komitees, das sich im Washingtoner Watergate-Wohn- und Bürokomplex befand, verhaftet und angeklagt, im Begriff gewesen zu sein, die Akten des Komitees zu stehlen. Später stellte sich heraus, daß alle fünf Einbrecher an der Operation in der Schweinebucht, die CIA und Exilkubaner 1961 unternommen hatten, beteiligt gewesen waren und daß mindestens zwei von ihnen, Frank Sturgis (geborener Frank Anthony Fiorini) und Bernard Barker, in enger Beziehung zum organisierten Verbrechen standen, insbesondere zu Meyer Lansky und Santos Trafficante junior, zwei Freunden Carlos Marcellos.

Kurze Zeit nach der Verhaftung der Watergate-Einbrecher stellte sich heraus, daß sie in Wirklichkeit eine Bande von Söldnern waren, die ihre Befehle vom Personal des Weißen Hauses und von Mitgliedern des Wiederwahlkomitees erhielten, die als »Klempner« bekannt waren und ihre Befehle ihrerseits von Präsident Richard M. Nixon entgegennahmen.

Zuerst wußte niemand, welchen Zweck der Watergate-Einbruch gehabt haben mochte. Doch als sich die Fäden zu entwirren begannen und herauskam, daß die Nixon-Administration dahintersteckte, rückten die drei Hauptzwecke des Einbruchs allmählich in den Brennpunkt.Der eine war, aus den Akten von Larry O'Brien, dem Vorsitzenden des Demokratischen Nationalen Komitees, so viele nachteilige Informationen wie möglich über Senator Edward Kennedy herauszuholen. Denn 1972 war ein Präsidentschaftswahljahr, und trotz seines Sündenfalls in Chappaquiddick von 1969 galt Edward Kennedy immer noch als sehr wichtiger Bewerber um die demokratische Nominierung. Aus diesem Grund betrachtete Richard Nixon, der die Kennedys stets innig gehaßt hatte, Edward fast als tödliche Bedrohung. Obwohl der Ruf des jungen Mannes bereits angeschlagen war, und zwar hauptsächlich aus eigener Schuld, wollte Nixon ihn für immer zerstören.

Der zweite, lose mit dem ersten verbundene Zweck war, herauszufinden, welche streng gehüteten Familiengeheimnisse der Republikaner die Demokraten in den Akten ihres Vorsitzenden O'Brien besaßen, damit Richard Nixon sich schon nach geeigneten Waffen umschauen konnte, um sich zu verteidigen, falls diese Geheimnisse herauskommen sollten.

Der dritte Zweck war der rätselhafteste. Er wurde von dem Watergate-Einbrecher Frank Sturgis in einem Interview mit dem Journalisten Andrew St. George verraten, das 1974 in der Zeitschrift *True* erschien. Sturgis erzählte St. George, daß er nicht nur »Dreck über Spitzendemokraten ausgraben« sollte, sondern von Nixons Klempnern auch den Befehl erhalten hatte, eine »dicke geheime Akte von der Castro-Regierung« zu suchen, »ein streng geheimes, 130seitiges Dokument« aus dem Büro Fidel Castros selbst, das einen eingehenden Bericht über die Versuche der CIA, die Castro-Brüder zu ermorden, enthielt.

Der Pakt mit dem Teufel von 1960/61 war wieder an die Oberfläche gekommen.

Daß der Watergate-Einbruch womöglich etwas mit den CIA-Mafia-Komplotten zur Ermordung Fidel Castros zu tun hatte, deutete auch E. Howard Hunt an, der führende Kopf der Watergate-Verschwörung, ein ehemaliger CIA-Beamter, der mitgeholfen hatte, die Invasion in der Schweinebucht zu koordinieren.

Unter den auf Band aufgenommenen Gesprächen zwischen Richard Nixon und seinen Leuten, die dazu beigetragen hatten, den Rücktritt des Präsidenten zu erzwingen, befand sich auch eines mit dem Präsidentenberater H.R. Haldeman (John Dean?), aus dem hervorging, daß Hunt etwas mit den CIA-Komplotten gegen Castro zu tun gehabt haben könnte.

NIXON (ZU JOHN DEAN) ... dieser Hunt; dabei wird eine Menge herauskommen. Kratze an der Wunde, und du findest eine verdammte Menge

> Dinge... Das hat mit diesen Kubanern zu tun, mit Hunt und einer Menge faulem Zauber...
> ... schlimm, daß es diesen Kerl Hunt gibt, ah, er weiß zu viel, wenn er darin verwickelt war – weißt du das zufällig? Wenn herauskommt, daß all dies damit zu tun hat, mit der Kuba-Sache, wäre es ein Fiasko. Es würde ein schlechtes Licht auf die CIA werfen, auf Hunt, und es wird wahrscheinlich die ganze Schweinebucht-Sache aufdecken, was wir für sehr ungünstig halten – sowohl für die CIA als auch für das Land...

War »die ganze Schweinebucht-Sache« ein beschönigender Ausdruck für die CIA-Mafia-Komplotte zur Ermordung des Präsidenten von Kuba?

Einige Sachverständige, die die rätselhafte Anspielung hörten, glauben dies. Aber ein Beobachter, der Präsident Nixon damals sehr nahestand, der Berater im Weißen Haus H.R. Haldeman, glaubt, die Anspielung gehe sogar noch über die CIA-Mafia-Komplotte gegen Castro hinaus. In seinem Buch *The Ends of Power* schrieb Haldeman, daß es ihm schien, als ob Nixon »jedesmal, wenn er die Schweinebucht erwähnte, in Wirklichkeit den Kennedymord meinte«.

Offenbar hatte Haldeman gewünscht, daß Nixon die Untersuchung des Kennedymords wieder aufnahm, und Nixon hatte ihn abgewiesen. Später unternahm Haldeman einige eigene Nachforschungen. Er erfuhr, daß Castro die ganze Zeit über die Versuche von CIA und Mafia, ihn zu ermorden, Bescheid gewußt und in einer zweieinhalb Monate vor dem Mord in Dallas gehaltenen Rede sogar gedroht hatte, Vergeltung an Präsident Kennedy und seinem Bruder Robert zu üben. Und er erfuhr, daß »die CIA nach dem Mord eine phantastische Vertuschung startete. Sie radierte buchstäblich jede Verbindung zwischen Kennedymord und CIA aus.« Die Ergebnisse seiner privaten Ermittlung führten Haldeman zu dem Schluß, daß der Kennedymord mit den CIA-Mafia-Komplotten zur Ermordung Castros zusammenhing und daß Nixon dies wußte. Daher also Nixons panische Angst, E. Howard Hunt könnte »die ganze Schweinebucht-Sache ausposaunen, was wir für sehr ungünstig halten – sowohl für die CIA als auch für das Land«. Daher Nixons dringendes Bedürfnis, Hunt ruhigzuhalten und ihm die Million sauberer, gewaschener Dollars Schweigegeld in die Hand zu stecken.

Der geheime Bund der CIA mit gewissen Mafiabossen zum Zweck der Ermordung Fidel Castros war das schmutzigste Regierungsgeheimnis in der Geschichte der Vereinigten Staaten. Weil alles, was damit zusammenhing, politisch zu explosiv war, waren die verhältnismäßig wenigen Männer in Regierung, Mafia und Exilkubanergruppen stets bestrebt, es niemals herauskommen zu lassen.

Nach dem Zwischenbericht des Senatsausschusses zur Untersuchung der Geheimdienste von 1975 wurde das ursprüngliche Regierungskomplott zur Ermordung Castros ohne Hilfe der Mafia im letzten Jahr der Eisenhower-Präsidentschaft von CIA-Direktor Allen Dulles und J. C. King, dem Leiter der Abteilung für die westliche Hemisphäre, ersonnen. Gleichzeitig mit dem Anschlag auf Castros Leben sollte eine von der CIA geförderte Streitmacht aus Exilkubanern die Insel angreifen. Die ganze Initiative war der Aufsicht Vizepräsident Richard Nixons unterstellt, der den Posten einer Führungskraft erhalten hatte. So darf man wohl sagen, daß Nixon vom ersten Augenblick an an den Komplotten gegen Castro beteiligt war, die sich unter Kennedy zu dem Fiasko in der Schweinebucht auswuchsen.

Inzwischen hatten verschiedene Mafiabosse, begierig, ihre verlorenen Investitionen zurückzugewinnen, ein eigenes Komplott geschmiedet, um den neuen kubanischen Präsidenten zu töten. Führend unter ihnen waren Santos Trafficante und Meyer Lansky, zwei Freunde Carlos Marcellos, und Marcello selbst. FBI-Berichten zufolge hatte Marcello einen Handel mit dem Exilkubanerführer Sergio Arcacha Smith abgeschlossen. Smith sollte Marcello als Gegenleistung für seine finanzielle Unterstützung gewinnbringende Konzessionen in Havanna überlassen, wenn er eines Tages Nachfolger des besiegten Castro als Präsident von Kuba werden würde.

Später hatte eine glaubwürdige Quelle gemeldet, daß der Glücksritter und zukünftige Watergate-Einbrecher Frank Sturgis an den ersten Mafiakomplotten gegen Castro beteiligt gewesen war.

Im Spätsommer 1960 hatte die CIA Wind von den Mafiakomplotten bekommen und beschlossen, sie in ihre eigenen Pläne, den kubanischen Führer zu beseitigen, zu integrieren. Also überredete die CIA Robert Maheu, einen Mitarbeiter von Howard Hughes mit Mafiabeziehungen, sich in dieser Angelegenheit an John Roselli zu wenden. Später schaltete Roselli Sam Giancana mit in die Planung ein, woraufhin dieser seinen Freund Santos Trafficante mit hineinzog, vor allem deswegen, weil dieser immer noch wertvolle Kontakte in Kuba besaß. Das CIA-Mafia-Bündnis zur Ermordung des Präsidenten von Kuba war geboren. Die entscheidende Versammlung der Verschwörer fand im Oktober 1960 in Florida statt. Bald nach John F. Kennedys Einzug ins Weiße Haus Ende Januar 1961 begannen die Verschwörer, konkrete Pläne zur Ermordung Castros zu entwerfen. Der erste Anschlag auf sein Leben sollte kurz vor dem geplanten Überfall der Exilkubaner auf die Südküste Kubas Mitte

April 1961 stattfinden. War es Zufall oder Absicht, daß Präsident Kennedy in dieser entscheidenden Phase des Komplotts durchschnittlich zweimal in der Woche von der Freundin Sam Giancanas, eines der Mafiaverschwörer, angerufen wurde?

Aus den Unterlagen des Senatsausschusses zur Untersuchung der Geheimdienste geht nicht hervor, ob Carlos Marcello am ursprünglichen CIA-Mafia-Komplott beteiligt war. Wie jedoch bereits erwähnt, erzählte Marcello 1979 einem Undercover-Agenten der Regierung, daß er es gewesen sei. Da er 1960 und Anfang 1961 Arcacha Smith, einem der Exilkubanerführer, die im April an der Landung in der Schweinebucht teilnahmen, reichlich Geld spendete, ist es möglich, daß sich seine Beteiligung allein darauf beschränkte. Wie auch immer, man darf wohl annehmen, daß Carlos genau über das CIA-Mafia-Komplott zur Ermordung Castros Bescheid wußte und wahrscheinlich in Form von Rat und finanzieller Unterstützung eine Menge dazu beitrug.

Wußte Präsident Kennedy Bescheid über die Komplotte gegen Castro im Winter und Frühjahr 1961? Nach den Berichten des Senatsausschusses zur Untersuchung der Geheimdienste von 1975 sieht es so aus, als habe Kennedy genau gewußt, daß in Verbindung mit der Invasion der Exilkubaner ein Anschlag auf Castros Leben erfolgen sollte, aber es gibt keine Unterlagen, aus denen hervorgeht, daß ihm auch bekannt war, daß Mafiaführer an den Komplotten beteiligt waren.

Daß Kennedy über das später so genannte Schweinebucht-Mordkomplott Bescheid wußte, bestätigt die Aussage des damaligen Stellvertretenden CIA-Planungsdirektors Richard Bissell, der einem Senatsausschuß berichtete, daß der designierte Präsident Kennedy von ihm und CIA-Direktor Allen Dulles Ende November 1960 genau über die geplante Invasion Kubas durch die CIA und Exilkubaner unterrichtet worden sei. Ferner glaubte Bissell, Dulles habe Kennedy »indirekt« in den Plan eingeweiht, Castro unmittelbar vor der Invasion zu töten. »Was heißt hier ›indirekt‹?« fragte ich einen CIA-Beamten, der damals an der Planung der Invasion teilgenommen hatte. Er antwortete: »Nun, Dulles sagte wahrscheinlich etwas Ähnliches wie: ›Und mach dir keine Sorgen wegen Castro, Jack, um den kümmern wir uns schon.‹«

Daß Kennedy den Plan kannte, Castro in einer »Zusatzoperation« zur Invasion der Schweinebucht zu töten – wie Bissell sich ausdrückte –, wurde auch in dem Zwischenbericht des Senatsausschusses zur Untersuchung der Geheimdienste angedeutet. Darin stand, daß Kennedy unmittelbar nach dem Scheitern der Invasion im Weißen Haus mit »dem Kubaner, der in das Mordkomplott der Unterwelt und die Invasion der Schweinebucht verwickelt war«, zusammentraf.

Man nimmt an, daß dieser Kubaner der »Aktivposten« war, den Trafficante für die CIA angeworben hatte, um Castro zu töten. Aber wußte Kennedy damals, als er im Weißen Haus mit ihm zusammentraf, von seiner Anwerbung durch den Gangster Trafficante?

Nicht durch offizielle Kanäle, wie es scheint. Aber wenn wir den Enthüllungen Judith Campbell Exners, der Freundin, die Kennedy sich mit Giancana teilte, Glauben schenken, hätte Kennedy sehr wohl von Giancana selbst erfahren haben können, welche Rolle Trafficante in der Verschwörung zur Ermordung Castros spielte. Im Februar 1988 brach Frau Exner ihr siebenundzwanzigjähriges Schweigen und berichtete der Zeitschrift *People* durch ihre Mitautorin Kitty Kelley, daß sie zur Zeit der Planung und Ausführung der Schweinebucht-Operation und danach als Kurier zwischen Kennedy und Giancana gedient und daß Kennedy sich zur selben Zeit auch persönlich mit Giancana getroffen habe. Obwohl Frau Exners Enthüllungen bestätigten, was viele Kenner der Kennedy-Administration ahnten, ist nicht gewiß, ob ihre Darstellung der Dreierbeziehung der Wahrheit entspricht.

Wie auch immer, ab April 1961 konnte jeder, der über die CIA-Mafia-Verschwörung zur Ermordung Castros Bescheid wußte, die Regierung nach Belieben erpressen. Es war das große Staatsgeheimnis, das die USA um fast jeden Preis zu verbergen suchten.

Daß Carlos Marcello das Geheimnis kannte, ist einigermaßen sicher. Wie er 1979 einem Undercover-Agenten des FBI erzählte, gehörte er selbst, zusammen mit seinem Freund Santos Trafficante, zu den CIA-Mafia-Verschwörern. Und wie wir wissen, war er ein enger Freund und Förderer des Exilkubanerführers Sergio Arcacha Smith und anderer auf den Umsturz des Castro-Regimes versessener Exilkubaner.

Wer sonst noch aus Marcellos enger Umgebung kannte das Geheimnis? David Ferrie, sein Verbindungsmann zu Arcacha Smith, kannte es zweifellos. Desgleichen Guy Banister, sein Privatdetektiv in New Orleans, und Ferries und Banisters gemeinsamer Freund Lee Harvey Oswald, der angeblich im Oktober 1963 in der Kubanischen und Sowjetischen Botschaft in Mexiko-City über die Pläne gesprochen hatte. Notfalls waren auch sie in der Lage, die Regierung zu erpressen.

Auch E. Howard Hunt, der führende Kopf des Watergate-Einbruchs, kannte das schmutzige Geheimnis. Hunt, damals CIA-Beamter, war es gewesen, der an der Koordination der Invasion der Schweinebucht mitgewirkt und Richard Bissell geraten hatte, »Castro vor oder gleichzeitig mit der Invasion zu töten«.

Natürlich kannte Präsident Richard Nixon, unter dessen Ägide als Vizepräsident die CIA-Mafia-Komplotte zur Ermordung Castros geboren wurden, das Geheimnis. Und er wußte, daß auch E. Howard Hunt und seine Bande von Watergate-Einbrechern es kannten. So wurde es also für Richard Nixon eine Angelegenheit von äußerster Dringlichkeit, Hunt und seine Leute stillzuhalten, und zwar nicht nur was die Watergate-Geschichte betraf, sondern auch das schmutzige Geheimnis.

Der Präsident der Vereinigten Staaten mußte sich also vor doppelter Erpressung durch den Mann fürchten, der die Invasion der Schweinebucht mit koordiniert, an einem Mordkomplott gegen Fidel Castro teilgenommen und hinter dem Watergate-Einbruch gestanden hatte. E. Howard Hunt hatte Richard Nixon genau da, wo er ihn haben wollte. Er würde schweigen über *Nixons* Plan, Castro in Zusammenarbeit mit dem Mob zu töten, und er würde seine Watergate-Söldner verpflichten, den Mund zu halten, wer letzten Endes hinter dem Versuch stand, das Hauptquartier der Demokraten zu berauben. Die Kosten dieser Kapitulation des Präsidenten würden mit den Worten John Deans »120000 Dollar jetzt und viel mehr in den kommenden Jahren« betragen. Dean hatte auch dem Präsidenten in dem fatalen Gespräch vom März 1973 diese unerfreulichen Nachrichten von Hunt überbracht:

NIXON — Du sagst, daß wir diesen Weg beschreiten müssen, damit es keine Erpressung und all das mehr gibt... Es ist besser, die Sache auszufechten... Bist du nicht auch der Meinung, wir sollten die Hunt-Angelegenheit erledigen? Ich glaube, das ist im Augenblick wichtig..., du solltest dich verdammt noch mal darum kümmern, aber schnell.

DEAN — Ja, aber...

NIXON — Verdammt noch mal, *erledige sie!*

Wie und von wem John Dean schließlich das Schweigegeld bekam, ist immer noch unklar. Bevor Nixon sich persönlich des Problems der Bestechungsgelder annahm, war die Watergate-Einbrecherbande von dem Exilkubanerführer Manuel Artime finanziert worden, einem der Verschwörer des AM/LASH-Plans, Castro und E. Howard Hunts engsten Mitarbeiter zu ermorden.

Nachdem Nixon die Verteilung des Schweigegeldes übernommen hatte, ließ er durch John Dean aufrechterhalten, daß Artimes »Kubanischer Verteidigungsfonds« weiterhin als die Quelle galt, aus der die Erpresser bezahlt wurden, wandte sich aber wegen des nötigen Bargelds anderen Quellen zu. Soweit bekannt ist, war in dem Ausschuß zur Wiederwahl des Präsidenten, dessen Finanzmanager Maurice Stans gewesen war, ein bißchen Geld übriggeblieben.

Am 8. September 1970 sagt Carlos Marcello (links) in New Orleans vor einem Ausschuß der Legislative von Louisiana aus, der Vorwürfe untersucht, daß die Regierung des Staates unter dem Einfluß der Mafia stehe. Dean Andrews (hinter Marcello, mit Sonnenbrille), einer von Marcellos Anwälten, hatte 1964 ausgesagt, daß er am Tage des Kennedymords einen anonymen Anruf erhalten habe mit der Aufforderung, Lee Harvey Oswald zu vertreten. *(AP/Wide World Photos)*

Die Beerdigung von Carlos Marcellos Mutter in Gretna, Louisiana, im September 1971. Auf dem Foto sind folgende Mitglieder der Familie Marcello zu sehen (oben von links nach rechts): die Brüder Anthony, Sammy und Vincent; die Töchter Louise und Florence sowie Carlos. Carlos' Sohn Joseph befindet sich unten links. Die Sargträger auf der rechten Seite sind Carlos' Neffen. *(AP/Wide World Photos)*

New Orleans, 1. Februar 1975. Nach seinem Freispruch von der Anklage, an einer Verschwörung zur gewaltsamen Übernahme eines Nachtklubs in New Orleans teilgenommen zu haben, verläßt Carlos Marcello mit seiner Tochter Jacqueline das Bundesgericht. *(AP/Wide World Photos)*

FBI-Spezialagent Harold Hughes (links) nimmt die Glückwünsche des ehemaligen FBI-Direktors Clarence Kelley (1973–1978) für seine erfolgreiche zehnjährige Ermittlung gegen Carlos Marcello entgegen. Hughes koordinierte 1979 die Geheimoperation, die zu Marcellos Verurteilung und Haftstrafe führte. *(FBI Photo)*

Carlos Marcello (rechts) und der altgediente Washingtoner Lobbyist Irving Davidson, Angeklagte im BRILAB-Prozeß, verlassen am 9. Dezember 1980 nach einer Vorverhandlungs-Anhörung das Bundesgericht in New Orleans.
Die Geheimoperation BRILAB enthüllte, daß Davidson, ein Freund von Lyndon Johnson und Richard Nixon, seit 1959 in engem Kontakt mit Carlos Marcello stand.
*(AP/Wide World Photos)*

Carlos Marcello am 26. Dezember 1980 beim Verlassen des Bundesgerichts in New Orleans, wo sich ein Richter geweigert hatte, Einspruch gegen die Anklage zu erheben. Es ging um die Operation BRILAB des FBI.
*(UPI 12/26/80 Jerry Lodrgues)*

Joseph Hauser, Hauptzeuge der Regierung gegen Carlos Marcello im BRILAB-Prozeß. Hauser war der wichtigste Geheimmitarbeiter des FBI. Carlos Marcello wurde in zwei Prozessen für schuldig erklärt und sitzt jetzt eine Gesamtstrafe von 17 Jahren in einem Bundesgefängnis ab. *(AP/Wide World Photos)*

Die Hauptpersonen der Geheimoperation des FBI von 1979/80 gegen Carlos Marcello treffen sich zum Mittagessen in »Impastato's Restaurant« in Metairie, Louisiana. Es sind von rechts nach links: Anwalt Vincent Marinello, Carlos Marcello, die FBI-Geheimagenten Larry Montague und Mike Wacks und der Regierungsinformant Joseph Hauser. Sie besprechen gerade die Bestechung eines louisianischen Beamten. *(Byron Humphrey)*

Carlos Marcello am 30. Mai 1981 im Bundesgericht von New Orleans nach dem Anhören von Tonbändern, die das FBI von seinen Gesprächen aufgenommen hatte. *(AP/Wide World Photos)*

John Volz, Staatsanwalt des Ostbezirks von New Orleans, siegreicher Ankläger gegen Carlos Marcello im BRILAB-Prozeß des Sommers 1981. *(AP/Wide World Photos)*

New Orleans, 3. August 1981. Carlos Marcello verläßt das Bundesgericht nach seinem Schuldspruch wegen Verschwörung, Bestechung und Gangstertums. Neben ihm geht seine Frau Jacqueline. *(AP/Wide World Photos)*

Irving Davidson albert am 3. August 1981 mit einem Aufkleber der New Orleans Saints auf dem Rücken herum. Er wurde soeben von der Anklage wegen Verschwörung und Gangstertums freigesprochen. *(AP/Wide World Photos)*

Niedergeschlagen verläßt Carlos Marcello am 25. Januar 1982 mit Jacqueline das Bundesgericht, nachdem Richter Morey Sear ihn zu zehn Jahren Gefängnis verurteilt hat. Rechts sieht man Marcellos Anwalt Russel Schonekas. *(AP/Wide World Photos)*

G. Robert Blakey, Anwalt im Justizministerium unter Justizminister Robert F. Kennedy (1960–64) und oberster Rechtsberater des Sonder-Mordausschusses des Repräsentantenhauses (1978/79). Blakey entwarf das RICO-Gesetz (Gesetz betreffend von Gangstern beeinflußte und korrupte Organisationen), das die Strafverfolgung von Persönlichkeiten des organisierten Verbrechens wie Carlos Marcello vereinfachte. *(Mit freundlicher Genehmigung von G. Robert Blakey)*

»Lenfants« Restaurant und Nachtklub am Rande der Innenstadt von New Orleans. Es gehört heute Joseph Marcello. *(John Olivier)*

Das Restaurant »La Louisiane« im French Quarter von New Orleans, das Joseph und Sammy Marcello gehört. Zwei Häuser weiter liegt »Felix's Oyster Bar«. *(John Olivier)*

Carlos Marcellos einziger Sohn Joseph 1987 in einem Sport- und Gesellschaftsklub in einem Vorort von New Orleans. »Little Joe« war erst Mitte Zwanzig, als sein Vater ihm Vermögenswerte in Höhe von drei Millionen Dollar übertrug. *(A. J. Valenti)*

So sieht das Haus von Carlos und Jacqueline Marcello in Metairie im Kreis Jefferson im Jahre 1988 aus. Hier versammelt sich die ganze Familie Marcello jeden Sonntag zum Mittagessen. *(Charles Nes © 1988)*

Einiges kam von Bebe Rebozo, Nixons kubanischem Freund aus Key Biscayne, der Verbindungen zu Komplizen von Jimmy Hoffa, Meyer Lansky und John Alessio und wahrscheinlich auch zu Santos Trafficante und Carlos Marcello hatte.

Ob auch ein Teil des Schweigegelds von Carlos Marcello kam, dessen Unternehmungen in New Orleans von der *Saturday Evening Post* einst als »Wall Street der Cosa Nostra« bezeichnet wurden, ist nicht bekannt, wird jedoch angenommen. Eine ganze Menge Nixon nahestehender Leute sprachen den Verdacht aus, daß der Präsident damals kräftig von der Mafia unterstützt wurde. Charles Colson, Sonderrechtsberater des Präsidenten, berichtete der *Village Voice* 1976, daß die Mafia »Bebe Rebozo besitze und Nixon schon früh am Haken gehabt habe«. Justizminister Mitchells Frau Martha erzählte der Nachrichtenagentur UPI: »Nixon hat mit der Mafia zu tun. Die Mafia hatte mit seiner Wahl zu tun.« Und 1976 verkündete die *Washington Post*, daß General Alexander Haig, Nixons Personalchef, wegen des Verdachts, daß Nixon von der Mafia kontrolliert werde, der Kriminalabteilung der Armee befohlen habe, zu untersuchen, ob der Präsident in Verbindung zum organisierten Verbrechen stehe.

Und dazu kam im Dezember 1972, nicht lange nach Nixons Wiederwahl, die sensationelle und beispiellose Amnestie des Präsidenten für den Mafiaboß Angelo »Gyp« DeCarlo aus New Jersey. DeCarlo war dem Justizministerium als ungewöhnlich brutaler Killer bekannt, der bei der Ausführung seiner Mordaufträge Foltermethoden anwandte, indem er Fleischerhaken verwendete und Bäuche aufschlitzte. DeCarlo besaß wirklich keinen einzigen einnehmenden Zug, und kein Mensch im Justizministerium konnte verstehen, warum Nixon ihn nach der Wahl von 1972 so plötzlich begnadigte. Heute nimmt man an, daß dies entweder geschah, weil er weiteres Schweigegeld für die Erpresser des Präsidenten besorgen konnte oder einen hohen Beitrag zu Nixons Wiederwahlkampagne geleistet hatte.

Nach Nixons Rücktritt vom Präsidentenamt im Juli 1974 begannen diverse Sachverständige und Reporter, die enorme Dokumentation der Watergate-Verschwörung und ihrer Vertuschung sorgfältig zu untersuchen. Sie fanden einige beunruhigende Hinweise auf mögliche Verbindungen zwischen der Watergate-Verschwörung und der Ermordung von Präsident John F. Kennedy.

Zuerst einmal entdeckten sie, daß alle Watergate-Einbrecher und ihr Anführer E. Howard Hunt in die mißglückte Invasion der Schweinebucht verwickelt waren, die dem Ansehen der Administration John F. Kennedys so schweren Schaden zugefügt und bewirkt hatte, daß die Exilkubaner und diverse Mafiabosse, die verzweifelt ihre verlorenen Konzessionen in Havanna zurückzugewinnen trachteten, nach Kennedys Blut lechzten. In den Wochen nach dem Kennedymord erhielt das FBI Berichte von drei Informanten aus Florida, daß der künftige Watergate-Einbrecher Frank Fiorini Sturgis in Miami mit Lee Harvey Oswald wegen der Lage Kubas zu tun gehabt hatte und in eine einseitige Mafiaverschwörung zur Ermordung Castros verwickelt gewesen war. Es wurde ebenfalls entdeckt, daß der Watergate-Einbrecher Bernard Barker sehr enge Beziehungen zum Kubanischen Revolutionsrat in Miami unterhalten hatte, einer Exilkubanergruppe, die wiederum eng mit der Kubanischen Revolutionären Demokratischen Front in New Orleans verbunden war. Diese louisianische Gruppe wurde von Carlos Marcello unterstützt, der ihrem Führer Sergio Arcacha Smith seine finanziellen Beiträge durch David Ferrie, seinen Hansdampf in allen Gassen, zufließen ließ. Ermittler fanden auch glaubwürdige Verbindungen zwischen Barker und Jack Ruby.

Was den Schweinebucht-Veteranen und Watergate-Kopf E. Howard Hunt betraf, so behauptete der Journalist Tad Szulc von der *New York Times*, unstreitige Beweise zu besitzen, daß dieser der CIA-Beamte gewesen sei, der sich zur Zeit von Oswalds Besuch in Mexiko-City im Oktober 1963 im dortigen CIA-Büro befunden habe. Szulc behauptete auch, daß Hunt wahrscheinlich die Antworten auf zwei interessante Fragen wisse: Warum vernichtete die CIA ihre Tonbandaufnahmen einiger abgehörter Telefongespräche zwischen der Sowjetischen Botschaft und einem Mann, der sich Lee Harvey Oswald nannte, es aber nicht war? Und wieso hatte sie einen Mann fotografiert, der als Oswald in den Botschaften ein- und ausging, der es aber ebenfalls, wie sich später anhand von Fotovergleichen herausstellte, ganz bestimmt nicht war?

Es gab aber noch andere beunruhigende Zusammenhänge zwischen den Hauptakteuren des Watergate-Skandals und Begleitumständen des Kennedymords. Das Komitee zur Untersuchung von Mordanschlägen, geführt von dem Washingtoner Anwalt Bernard Fensterwald junior, förderte die meisten dieser Verbindungen zutage.

Zuerst einmal stellte das Komitee fest, daß John Mitchell, Nixons Justizminister und Mitverschwörer im Fall Watergate, seinem Ministerium befohlen hatte, die Freigabe von hochwichtigen, den Kennedymord betreffenden ballistischen Beweisen zu verhindern – Beweisen, die das FBI aus Gründen »nationaler Sicherheit« nie der Warren-Kommission überlassen hatte. Die betreffenden Beweise hatten in Wirklichkeit nichts mit nationaler Sicherheit zu tun. Es waren ganz einfach Unterlagen über die spektrographischen FBI-Analysen der Kugeln und Kugelsplitter, die das FBI und andere nach der Schießerei gefunden hatten. Diesen Analysen konnte man genau entnehmen, ob mehr als eine

Schußwaffe auf Präsident Kennedy und Gouverneur Connally abgefeuert worden war. Daß das FBI diese Beweisstücke nie der Warren-Kommission überlassen hatte, war natürlich äußerst verdächtig. Aber vielleicht ebenso verdächtig war Justizminister Mitchells endgültige Entscheidung bezüglich der Freigabe der spektrographischen Beweisstücke durch das FBI. Nachdem Harold Weisberg, der Sachverständige des Kennedymords, eine Reihe erfolgloser Klagen gemäß dem Informationsfreiheits-Gesetz gegen das Justizministerium eingereicht hatte, in denen er die Freigabe der spektrographischen Analysen des FBI forderte, schockierte das Justizministerium mit dem Satz: »In diesem Fall hat der Justizminister der Vereinigten Staaten beschlossen, daß es nicht im nationalen Interesse liegt, die betreffenden spektrographischen Analysen preiszugeben.« Fall erledigt.

Der Watergate-Skandal flog in der zweiten Januarwoche 1973 auf, als Richard Nixon gerade feierlich in seine zweite Amtszeit eingeführt werden sollte. Es folgten verzweifelte Bemühungen des Präsidenten und seiner engsten Berater, die hinter dem Einbruch stehende Verschwörung zu vertuschen. Bernard Fensterwalds Komitee entdeckte mit Erstaunen, daß an der Verschwörung nicht weniger als *elf* ehemalige Mitglieder und Mitarbeiter der Warren-Kommission beteiligt waren. Zumindest an der Oberfläche wirkte alles so, als hätten sich Richard Nixon und Kompanie in ihrem Bemühen, die Watergate-Verschwörung zu vertuschen, instinktiv an die Männer gewandt, die, wenn auch vielleicht unbewußt, die Kennedymord-Verschwörung vertuscht hatten.

Das Komitee fand heraus, daß Nixon und Charles Colson, einer seiner Chefberater, am Abend des 23. März 1973, nicht lange nach Nixons Unterredung mit John Dean über die Beschaffung von Schweigegeld für den Erpresser E. Howard Hunt und die Watergate-Einbrecher, erwogen hatten, niemanden anders als J. Lee Rankin, den ehemaligen Hauptrechtsberater der Warren-Kommission, zum Sonderankläger im Fall der Watergate-Verschwörung zu bestellen. Obwohl Nixon damals beschloß, doch keinen Sonderankläger zu bestellen, bat er Rankin später, ihm bei der Herrichtung der Präsidententonbänder für die Watergate-Untersuchung zu helfen.

Fensterwalds Komitee fiel auch auf, daß die beiden weiteren Männer, die Nixon als Sonderankläger im Fall Watergate in Erwägung zog und von denen einer schließlich ernannt wurde, mit der Warren-Kommission in Verbindung gestanden hatten. Der eine war das Kommissionsmitglied John J. McCloy, der die Berufung ablehnte. Der andere war Leon Jaworski, der ehemalige Sonderrechtsberater der Warren-Kommission, der dazu beigetragen hatte, daß die Kommission die angebliche Verbindung zwischen Oswald und dem FBI nicht bis in alle Einzelheiten prüfte. Er nahm die Berufung an.

Ferner bemerkten Fensterwalds Ermittler, daß John Dean, der Rechtsberater des Präsidenten, Charles Shaffer, den Verwaltungsberater der Warren-Kommission, als seinen Verteidiger engagierte und daß John D. Ehrlichman, der Präsidentenassistent, Joseph A. Ball, den Seniorrechtsberater der Warren-Kommission, zu seinem Verteidiger wählte.

Schließlich fiel auf, daß Nixon nach dem erzwungenen Rücktritt von Vizepräsident Spiro Agnew (nachdem herausgekommen war, daß dieser als Gouverneur von Maryland Schmiergelder angenommen hatte) Gerald Ford zu seinem neuen Vizepräsidenten ernannte, der ebenfalls der Warren-Kommission angehört hatte und ein besonders starker Verfechter der These vom »alleinigen Mörder« war. Später, als sich alles gegen ihn wandte und sein Impeachment (die Amtsanklage gegen den Präsidenten zum Zweck der Amtsenthebung) sicher schien, bat Nixon Arlen Specter, einen ehemaligen Rechtsberater der Warren-Kommission und Urheber der Theorie von der »Zauberkugel«, einen Mann, der während seines Dienstes bei der Warren-Kommission entscheidende Beweise verdreht hatte, seine Verteidigungsmannschaft zu führen. Zum Impeachment-Rechtsbeistand wählte er Albert Jenner, den ehemaligen Seniorrechtsberater der Warren-Kommission. Jenner war damals beauftragt gewesen, Lee Harvey Oswalds »Lebensgeschichte, Bekanntschaften und Motive« zu untersuchen. Es war ihm nicht gelungen, die Verbindungen von Oswalds Familie zum organisierten Verbrechen in New Orleans zu entdecken, insbesondere die Tatsache, daß Oswald und sein Onkel zur Zeit des Kennedymords im Glücksspielnetz der Marcellos tätig gewesen waren.

Daß so viele Anwälte, die in der Warren-Kommission gearbeitet hatten, ein Jahrzehnt später an den Untersuchungen von Watergate teilnahmen, war nicht unbedingt verdächtig. Dieser Zufall hat vielleicht eine ganz einfache Erklärung: Da die Anwälte der Warren-Kommission bei ihrer Mitarbeit in Washingtons wichtigster Kriminaluntersuchungskommission der sechziger Jahre einzigartige Erfahrungen gesammelt hatten, war es nur vernünftig, sie auch in die der siebziger Jahre zu berufen. Und doch war zur Zeit des Watergate-Skandals wohlbekannt, daß die Warren-Kommission eine Vertuschung begangen hatte.

All dies führt uns zu Richard M. Nixon und seiner merkwürdig verdächtigen FBI-Aussage nach dem Mord.

Zur Zeit der Ermordung von John F. Kennedy war Richard Nixon, der knapp geschlagene republikanische Präsidentschaftskandidat, ein verbitterter Mann, der, wie er selbst zugab, »im Schatten« lebte. Im schmerzlichen Bewußtsein der fragwürdigen Taktik, die die Streitkräfte der Kennedys angewandt hatten, um ihn zu schlagen – so hatten sie zum Beispiel Sam Giancana zu Hilfe gerufen, um die entscheidenden Stimmen von Cook County, Illinois, zu gewinnen –, war Nixon ein rachsüchtiger Mann geworden, bereit, alles zu tun, um es den Kennedys heimzuzahlen.

Als Nixon wieder Anwalt geworden und in das New Yorker Anwaltsbüro Mudge, Rose, Guthrie und Alexander eingetreten war, wurde er Rechtsberater einer Reihe großer Gesellschaften, darunter auch Pepsi-Cola. Am 19. November 1963 war er nach Dallas geflogen, um an einer Tagung von Abfüllern kohlensäurehaltiger Getränke teilzunehmen. Er war zweieinhalb Tage und zwei Nächte in der texanischen Stadt geblieben. Dann, am Morgen des 22. November, etwa drei Stunden vor dem Mord an Präsident Kennedy, war er mit einem Flugzeug der American Airlines nach New York zurückgekehrt.

Ungefähr drei Monate später, am 28. Februar 1964, interviewte das FBI den ehemaligen Vizepräsidenten wegen einer Behauptung Marina Oswalds, daß ihr Mann ihr gesagt habe, er wolle Nixon im Frühjahr 1963 erschießen. Das Büro leitete einen kurzen Bericht über das Interview an die Warren-Kommission weiter.

»Mr. Nixon gab an, 1963 nur einmal in Dallas, Texas, gewesen zu sein, und zwar zwei Tage vor der Ermordung von Präsident John F. Kennedy.«

Drei Jahre später, bei einem Interview mit dem Journalisten Charles Witcover, gab Nixon eine etwas andere Version über seinen Aufenthalt am Tage des Mordes an seinem ehemaligen Rivalen. Er sei am Tag vor dem Mord nach Dallas geflogen und früh am nächsten Morgen nach New York zurückgekehrt, obwohl er in Wirklichkeit zwei Tage vor dem Mord nach Dallas geflogen war.

Was den Ermittlern natürlich zu denken gab, ist der Umstand, daß gemäß dem FBI-Interview ausgerechnet Richard Nixon vergessen hatte, wo er sich am 22. November 1963 aufgehalten hatte! Und drei Jahre danach sagte Nixon wieder etwas Falsches über seine Reise nach Dallas vom 20. bis 22., diesmal zu einem Journalisten. Warum diese beiden Lügen über die Reise nach Dallas? Wollte Richard Nixon irgend etwas verbergen?

Als Sachverständige des Kennedymords von Nixons widersprüchlichen Aussagen bezüglich seines Aufenthalts in Dallas vom 20. bis 22. November erfuhren, nahmen sie zur Kenntnis, daß der von Marcello finanzierte Politiker sich in den Tagen und Stunden vor der Ermordung seines ehemaligen Rivalen auf Marcellos Gebiet befunden hatte. Auch verbrachte Edward Meyers, ein Pepsi-Cola-Abfüller aus New York und Tagungskollege Nixons, einen Teil des Abends des 21. November in der Gesellschaft Jack Rubys. Auch bei dieser

Begegnung handelte es sich höchstwahrscheinlich um einen reinen Zufall, aber dennoch um einen, der Experten aus einleuchtenden Gründen neugierig machte.

Es kann kein reiner Zufall sein, daß so viele Personen, die mit der Invasion der Schweinebucht, den CIA-Mafia-Komplotten zur Ausschaltung Castros, der angeblichen Mafiaverschwörung zur Ermordung Präsident John F. Kennedys und Präsident Nixons Watergate-Verschwörung und -Vertuschung zu tun hatten, in Zusammenhang standen. Was war das letzte Bindeglied zwischen diesen vier Verschwörungen? Obwohl wir noch nicht wissen, was es war, muß es so etwas gegeben haben.

Dieser Eindruck wird noch verstärkt durch die alarmierenden Enthüllungen des Senate Select Committee to Study Government Operations with Respect to Intelligence Activities (der Sonderkommission des Senats zur Untersuchung von Regierungsschritten im Hinblick auf Geheimdienstaktivitäten), die nach seinem Vorsitzenden, Senator Frank Church aus Idaho, als Church-Kommission bekannt ist. Dieser Kommission verdankte die Welt endlich die Enthüllung des schmutzigen Geheimnisses der CIA-Mafia-Komplotte zur Ermordung Fidel Castros. Zwar glaubte die Kommission nicht, daß die Brüder Kennedy die CIA beauftragt hatten, mit Gangstern zusammenzuarbeiten, um Castro zu ermorden, aber sie bewies, daß die Brüder Kennedy dem Geheimdienst ausdrücklich befohlen hatten, »Castro loszuwerden« und, wie Robert Kennedy sich ausdrückte, »weder Zeit, Geld, Mühe oder Arbeitskraft zu sparen, um das Castro-Regime zu stürzen«.

Spätere Forschungen haben das Thema, wie weit die Brüder Kennedy in die Komplotte zur Ermordung Castros verwickelt waren, ein paar Schritte weitergebracht. Gemäß Aussagen, die ich von einem unmittelbar an den Mordkomplotten gegen Castro beteiligten CIA-Beamten erfuhr, ist heute einigermaßen sicher, daß sowohl Präsident Kennedy als auch sein Bruder, der Justizminister, dem sogenannten AM/LASH-Komplott von 1963 gegen den kubanischen Präsidenten ihre volle Billigung gaben. Und gemäß der immer noch unbestätigten Aussage des Jahres 1988 von Judith Exner, Präsident Kennedys ehemaliger Mätresse, könnte sogar auch er von den CIA-Mafia-Komplotten gewußt haben.

Bei ihrer Untersuchung der Mordpläne der CIA entdeckte die Church-Kommission, daß weder FBI noch CIA, noch Robert Kennedy die Warren-Kommission über die CIA-Mafia-Komplotte zur Ermordung Castros informierten, als diese sich mit dem Mord an Präsident Kennedy beschäftigte. Ferner fand sie heraus, daß Präsident Kennedy während seiner Präsidentschaft eine Freundschaft oder heimliche Liebesaffäre mit der Freundin von Sam Giancana, einem der Mafiaverschwörer in dem Komplott der CIA, unterhalten hatte.

Die Senatoren sahen sich veranlaßt, einen Unterausschuß zu gründen, um die Reaktionen von FBI und CIA auf die Ermordung Präsident Kennedys zu untersuchen. Er hatte praktisch zur Folge, daß das Vertrauen der Regierung in den Warren-Bericht zerbrach.

Die Senatoren Richard Schweiker und Gary Hart waren die treibenden Kräfte hinter dem Unterausschuß. Sie entdeckten, kurz gesagt, daß sowohl FBI als auch CIA die Warren-Kommission in so hohem Maße belogen, irregeführt und unzureichend informiert hatten, daß sie die Ermittlungen abwürgten und es der Kommission praktisch unmöglich machten, die Wahrheit zu finden.

Während sich die Ermittlungen der Church-Kommission entwickelten und immer mehr Büchsen der Pandora öffneten, wurden zwei ihrer wichtigsten Zeugen ermordet, einer unmittelbar bevor er zum erstenmal vor der Kommission aussagen sollte, der andere vor seinem zweiten planmäßigen Auftritt.

Sam Giancana, der CIA-Mafia-Verschwörer gegen Castro und Mafiaboß von Chicago, wurde am 19. Juli 1975, dem Tag bevor er sich mit Mitarbeitern der Church-Kommission zu Vorbesprechungen verabreden wollte, in seinem Arbeitszimmer im Keller seines Hauses in einem Vorort von Chicago erschossen.

Fast ein Jahr nach Giancanas Tod traf sich Johnny Roselli, einer von Giancanas Partnern in der CIA-Mafia-Operation gegen Castro, mit Senator Schweiker und anderen Mitgliedern der Church-Kommission im Washingtoner Hotel »Carroll Arms« und meinte, er habe gute Gründe, zu glauben, daß mit Castro und Trafficante verbundene Kubaner hinter dem Kennedymord stünden und daß er bei seinem nächsten planmäßigen Erscheinen vor der Kommission in diesem Sinn aussagen werde. Drei Monate später und etwa zehn Tage nach einem Abendessen in Miami mit Trafficante wurde Roselli an Bord einer Jacht ermordet, die einem Freund von Trafficante gehörte. Seine zerstückelte Leiche wurde in ein mit Ketten beschwertes Ölfaß gesteckt und über Bord geworfen. Es war das erste Mal in der Geschichte des Senats der Vereinigten Staaten, daß ein Zeuge eines Senatsausschusses ermordet wurde.

Zwischen den Morden an Giancana und Roselli mußte die Kommission auch mit dem Schock von Jimmy Hoffas Verschwinden fertig werden. Obwohl nicht geplant war, daß Hoffa vor der Kommission auftreten sollte, kannte er Giancana, Roselli und Trafficante und hatte die Bemühungen der Mafia, das Castro-Regime zu stürzen, unterstützt. Ferner argwöhnten viele informierte

Beobachter, er habe vielleicht eine Rolle bei einem oder beiden Kennedymorden gespielt. Sein Verschwinden am 30. Juli 1975 bedeutete, daß die Kommission einen wichtigen potentiellen Zeugen verloren hatte. Hoffas Leiche wurde nie gefunden.

Dennoch hatte der Senat zu seinem ewigen Ruhm das schmutzigste Geheimnis in der ganzen Geschichte der Regierung der Vereinigten Staaten entdeckt, bewiesen und der Welt enthüllt: daß die CIA, der US-amerikanische Geheimdienst, ursprünglich auf Grund eines noch unter der Eisenhower-Administration gefaßten Beschlusses einseitig eine geheime Verbindung mit einigen der übelsten Mafiabosse eingegangen war, um den Präsidenten eines Nachbarlandes zu ermorden.

Das Bindeglied zwischen den vier größten Verschwörungen – der Invasion der Schweinebucht, der CIA-Mafia-Operation zur Ermordung Castros, dem angeblichen Mafiamord an Präsident Kennedy und dem von Nixon veranlaßten Einbruch in das Büro der Demokratischen Partei im Watergate-Komplex – nahm endlich Formen an. Es war das längst verdächtigte finstere Bündnis zwischen der Mafia, der CIA und dem Exekutivorgan der Regierung der Vereinigten Staaten.

Nachdem der Kongreß den Pakt der Vereinigten Staaten mit dem Teufel entdeckt und enthüllt hatte, war es nun an ihm, seine Entdeckung mit dem Verbrechen des Jahrhunderts in Zusammenhang zu bringen. Es war an der Zeit, sich auf die Suche zu machen, welche Kräfte hinter der Ermordung Präsident John F. Kennedys steckten.

Zum Erstaunen vieler, aber nicht aller, sollte die Spur direkt zu Carlos Marcello führen.

# 48

# Eine prekäre Macht

»Carlos Marcello, 60, beherrscht nicht nur weiterhin Louisiana, sondern wird jährlich reicher auf Kosten der Öffentlichkeit.« Das verkündete ein langer Artikel über Marcello, der am 10. April 1970 in der Zeitschrift *Life* erschien.

»Carlos Marcello ist nun der zweitmächtigste Mafiaführer der Vereinigten Staaten. Er kommt gleich nach Carlos Gambino aus New York«, schrieb der Ermittlungsjournalist Victor Riesel in seiner in mehreren Zeitungen zugleich erscheinenden Kolumne.

»Wir glauben, daß Carlo Marcello eine große Gefahr für die Regierung und das Volk der Vereinigten Staaten geworden ist«, erklärte das House Select Committee on Crime (der Sonderausschuß des Repräsentantenhauses zur Untersuchung von Verbrechen) im Juni 1972.

Von Ende der sechziger bis Mitte der siebziger Jahre wurde Carlos Marcello sowohl von der nationalen Presse als auch von der Bundesregierung immer genauer beobachtet und heftiger angegriffen. Daraus ergab sich, daß er seine Geschäfte in einem ständigen Belagerungszustand führen mußte.

Jeder Tag brachte Carlos Scharmützel unterschiedlicher Heftigkeit mit Feinden, die vom Kongreß der Vereinigten Staaten über die Einwanderungs- und Naturalisierungsbehörde bis zu einem FBI-Agenten namens Harold Hughes reichten, der geschworen hatte, ihn zu kriegen. Alles in allem konnte Carlos mehr Siege als Niederlagen verzeichnen. Mitte der siebziger Jahre war es ihm tatsächlich gelungen, seinen persönlichen Reichtum gewaltig zu vermehren und seine Macht über die politische Maschinerie seines Staates weiter zu verstärken.

Dennoch gab es gewisse Mächte und Umstände, die außerhalb von Carlos'

Reichweite standen und eines Tages zu seinem plötzlichen und demütigenden Sturz führen sollten. Reich wie Krösus und politisch so einflußreich, daß er sich der Regierung der Vereinigten Staaten widersetzen konnte, befand sich Carlos Marcello Mitte der siebziger Jahre, wenn auch ohne sein Wissen, in einer prekären Machtposition.

Seit Ende der sechziger Jahre hatte Carlos etlichen Herausforderungen standzuhalten gehabt.

Zuerst einmal wissen wir, daß er Staatsanwalt Garrisons erfolglose Untersuchung des Kennedymords relativ unbemerkt und gänzlich unversehrt überstand, obwohl drei von Garrisons Hauptverdächtigen – Oswald, Ruby und Ferrie – Verbindungen zu seiner kriminellen Organisation besaßen. Zum zweiten überlebte er – wie, wissen wir noch nicht – die stärkste Bedrohung seiner Macht seit dem Einzug John F. Kennedys ins Weiße Haus: Robert Kennedys Bewerbung um das Präsidentenamt von 1968. Und dann waren da das Buch und all die Zeitungs- und Zeitschriftenartikel. Glücklicherweise erreichte Ed Reids Schilderung von Edward Beckers Behauptung, die 1969 in *The Grim Reapers* veröffentlicht wurde, kein sehr breites Publikum und hatte dank J. Edgar Hoovers Weigerung, sich damit zu beschäftigen, auch keine unmittelbaren Auswirkungen. Aber der große Artikel in *Life* über Marcello und sein kriminelles Netz lähmte vorübergehend seinen Einfluß im Parlamentsgebäude in Baton Rouge, so daß er sich nicht recht entfalten konnte.

Unter Marcellos Siegen der siebziger Jahre gibt es einen, der auf keinen Fall ignoriert werden darf: Er hatte den Kongreß der Vereinigten Staaten zum drittenmal zum Narren gehalten. Als er im Juni 1972, kurz vor dem Watergate-Einbruch, als einer der Hauptzeugen vor dem Verbrechensausschuß des Repräsentantenhauses auftrat, der damals die Unterwanderung des Profisports durch das organisierte Verbrechen untersuchte, setzte Marcello wieder seine Maske als halbgebildeter Einfaltspinsel auf, die in der Vergangenheit stets Möchtegernermittler von seiner Spur abgelenkt hatte. Der Veteran des Gipfels im »La Stella« erzählte seinen verblüfften Untersuchungsbeamten aus dem Kongreß, daß er »sich in keiner Mafia nicht befinde«, nicht wisse, was ein Gangster sei, keine Geschäftsinteressen außerhalb Louisianas habe, niemals Politikern Geld gespendet habe, um Einfluß zu gewinnen, außer Frank Costello und Santos Trafficante keinen Gangster kenne und das Opfer »falscher Behauptungen« in der Presse sei. Kurz gesagt, er habe »nichts mit Gangstertum und organisiertem Verbrechen zu tun«.

Was Marcellos endlosen Kampf gegen den laufenden Deportationsbefehl der Einwanderungs- und Naturalisierungsbehörde betraf, so konnte er auch sie ständig zum Narren halten, solange er den gerissenen Jack Wasserman, den einflußreichen Irving Davidson und den gefälligen Senator Russell Long hinter sich hatte. Seit 1953 versuchte der INS, ihn abzuschieben, und 20 Jahre später, mit einem Aufwand von Millionen Dollar auf beiden Seiten, war sie immer noch nicht dichter daran, ihn aus dem Lande zu werfen, als damals, als sie ihren ersten Ausweisungsbefehl erteilt hatte. Carlos Marcello war offiziell immer noch ein illegaler Ausländer, obwohl er sich am amerikanischen System um viele Millionen Dollar bereichert hatte.

Mitte der siebziger Jahre konnte Marcello mit Befriedigung feststellen, daß er alle großen Anschläge auf seine Macht überlebt hatte. Todfeinde wie Aaron Kohn erinnern sich, daß er sich in dieser Zeit genauso frech und anmaßend wie immer benahm. Wenn Kohn ihn gelegentlich traf, was in dem Kleinstadtmilieu von New Orleans nichts Ungewöhnliches war, trat Marcello munter auf ihn zu, reichte ihm die Hand und sagte mit allerherzlichster Stimme: »Hallo Kohn!«

Doch trotz Carlos' Siegen, trotz seiner scheinbar durch nichts zu erschütternden Selbstsicherheit hatten Mächte Stoßkraft gewonnen, die ihren Höhepunkt Ende der Siebziger erreichen und Carlos' Welt mit einer Wucht treffen sollten, denen selbst seine gewaltigen Verteidigungsmittel nicht standhalten konnten.

Zuerst einmal verstärkte das FBI in den frühen siebziger Jahren endlich seine Ermittlung gegen Marcello und seine kriminelle Organisation. 1970, als Carlos wegen versuchten Angriffs auf Patrick Collins nach Springfield geschickt wurde, gründete das Justizministerium eine neue, verstärkte Streitkraft gegen das organisierte Verbrechen in New Orleans. Im Juni 1971, etwa zwei Monate nach Marcellos Entlassung aus Springfield, beauftragte das FBI einen zähen, brillanten jungen Agenten in New Orleans, Marcello zu schnappen. Sein Name war Howard Hughes. Hughes gelobte sofort, Carlos Marcello eines Tages hinter Gitter zu bringen.

Bis zur Ankunft von Howard Hughes zeigte das FBI-Büro von New Orleans, wie wir wissen, den deutlichen Hang, im Zusammenhang mit Carlos Marcello ein Auge zuzudrücken. Doch vom Sommer 1971 an beobachtete das FBI von New Orleans den Mafiaboß von Louisiana ständig.

Um Carlos merken zu lassen, daß er es ernst meinte, schaute Hughes von Zeit zu Zeit unangemeldet in Marcellos »Town & Country«-Büro herein. Wenn Marcellos Sekretärin Hughes in das Büro führte, begrüßte der untersetzte Mafiaboß ihn mit einem dröhnenden »Hallo *Hughes*!« und bat ihn, sich zu setzen. Dann beugte er sich über seinen Schreibtisch, blickte Hughes starr in die Augen und machte ihn darauf aufmerksam, daß er »in keine Falle nicht« laufen würde.

Der Tod J. Edgar Hoovers am 2. Mai 1972, ungefähr sechs Wochen vor dem Watergate-Einbruch, räumte das letzte Hindernis für den Feldzug des FBI gegen Marcello aus dem Weg, und dieser geriet unter zunehmenden Druck seitens der Regierung. Im Sommer 1972 bestätigte der INS nochmals ihren Ausweisungsbefehl gegen Marcello. Ein Ausschuß des Repräsentantenhauses begann, sich mit der Unterwanderung des Profisports durch die Marcello-Organisation zu beschäftigen. Und 1974 schließlich ging Harold Hughes' Streitmacht scharf gegen Marcellos Versuche vor, sich widerrechtlich mehrere Bars und Nachtklubs in New Orleans anzueignen.

Inzwischen gab es auch neue Entwicklungen an der Kennedymord-Front. 1973 veröffentlichte Peter Noyes, ein Fernsehberichterstatter von der Westküste, sein Buch *Legacy of Doubt*, das erste, das deutlich von der Möglichkeit sprach, Carlos Marcello habe eine wichtige Rolle bei dem Verbrechen gespielt. Ed Reids 1969 erschienenes Buch *The Grim Reapers* hatte diese Möglichkeit bloß angedeutet, und zwar in einem Kapitel eines voluminösen Werks, das sich mit dem organisierten Verbrechen von Küste zu Küste befaßte. Obwohl Noyes' Buch keine große Leserschaft gewann, machte es großen Eindruck auf die Kritiker des Warren-Berichts, deren Zahl trotz des Garrison-Debakels Legion war. Im Jahre 1976 kam ein italienischer, in Rom produzierter Dokumentarfilm mit dem Titel »Die beiden Kennedys« heraus, der die Schuld an der Ermordung der Kennedys ausdrücklich der Mafia, insbesondere den Brüdern Marcello, zuschrieb, und das zu einer Zeit, da sich der Verdacht auf eine Beteiligung der Marcellos an den Verbrechen in den Vereinigten Staaten auf verhältnismäßig wenige Menschen beschränkte. Die dokumentarischen Nachweise des Films über Marcello und Mickey Cohen waren überraschend gut. Er enthielt Material, das noch nie in einem Fernsehfilm gezeigt worden war.

Im Jahre 1973 ereignete sich der Watergate-Skandal, und im Juli des folgenden Jahres wurde Nixon zum Rücktritt gezwungen. Bei der Watergate-Untersuchung erfuhr das amerikanische Volk zum erstenmal, daß FBI und CIA durchaus fähig waren zu lügen, um ihre Haut zu retten, und daß beide Behörden in der Vertuschung krimineller Betätigungen erfahren waren.

Dieses neue Bewußtsein der Öffentlichkeit, daß es an höchsten Stellen Korruption gab, wurde durch die Enthüllungen der Church-Kommission von 1975 und 1976 noch sensibilisiert. Nun erfuhren die Amerikaner, daß ihr Geheimdienst mehrere Mordkomplotte geschmiedet hatte, und zwar zuerst einmal gegen Patrice Lumumba, den Präsidenten des Kongos, dann, gemeinsam mit oppositionellen Kräften der Dominikanischen Republik, gegen Rafael Trujillo, den Präsidenten dieses Landes, und schließlich, zusammen mit einer Reihe von US-Mafiabossen, gegen Fidel Castro.

Verknüpft mit diesen Berichten über finstere CIA-Unternehmungen war ein weiteres Gerücht, dem die Senatoren auf den Grund gehen wollten: daß die CIA, zusammen mit dem FBI, die Warren-Kommission bei ihrer Ermittlung über den Mord an Präsident Kennedy belogen, irregeführt und ihr wichtige Informationen vorenthalten hatte.

Die schockierenden Watergate-Enthüllungen über Korruption auf höchster Regierungsebene, die Entdeckung des Senatskomitees zur Untersuchung der Geheimdienste, daß CIA und Mafia sich verschworen hatten, Castro zu ermorden, und daß FBI und CIA die Warren-Kommission betrogen hatten, sowie der plötzliche Tod bestimmter Schlüsselzeugen – die Morde an den Mafiabossen Sam Giancana und Johnny Roselli und der angebliche Herzanfall William Harveys, des Beamten, der die CIA-Mafia-Komplotte geleitet hatte –, all diese Ereignisse beunruhigten mehrere Kongreßmitglieder so sehr, daß zum erstenmal seit Erscheinen des Warren-Berichts im Kongreß Maßnahmen ergriffen wurden, die Ermordung John F. Kennedys erneut zu untersuchen.

Zu denjenigen, die sich am intensivsten an diesen Maßnahmen beteiligten, zählten die Senatoren Gary Hart und Richard Schweiker sowie die Abgeordneten Thomas Downing und Henry Gonzales. Ihnen schlossen sich dann Führer des Congressional Black Caucus an, einer Versammlung von farbigen Parteiführern des Kongresses, die bestrebt waren, auch den geheimnisvollen Mord an Martin Luther King durch einen angeblichen »Einzeltäter« zu untersuchen, der für einen entflohenen Sträfling ohne eigenes Einkommen allzu wohlhabend wirkte.

Diesen müssen dann noch die Stimmen der bestinformierten und beharrlichsten Kritiker des Warren-Berichts hinzugefügt werden: Mark Lane, Harold Weisberg, Richard Popkin, Sylvia Meagher, Josiah Thompson, Peter Noyes, Bernard Fensterwald junior, Peter Dale Scott und Paul L. Hoch. Sie alle hatten als besorgte Privatleute wichtige Entdeckungen gemacht, die starke Zweifel an den Feststellungen der Warren-Kommission auslösten.

Endlich, nach heftigen Debatten, gründete der 94. Kongreß im September 1976 das House Select Committee on Assassinations (den Sondermordausschuß des Repräsentantenhauses), um die Morde an King und Kennedy zu untersuchen. Zu seinem Vorsitzenden wurde der Abgeordnete Thomas Downing ernannt, unter der Bedingung, daß ihn 1977, zu Beginn der neuen Sitzungsperiode, der Abgeordnete Henry Gonzales ablösen würde. Oberster Rechtsberater des neuen Mordausschusses wurde Richard A. Sprague, der brillante Staatsanwalt aus Philadelphia, der den Prozeß gegen Tony Boyle, den Präsidenten der Vereinigten Minenarbeiter, wegen des Mordes an dem rivalisierenden Gewerkschaftsführer Jake Yablonski, dessen Frau und Tochter geführt und eine Verurteilung erreicht hatte. Sprague machte sich sofort ans Werk, engagierte einen Mitarbeiterstab aus 170 Anwälten, Ermittlern und Forschern und beantragte beim Repräsentantenhaus für das Jahr 1977 ein Riesenbudget in Höhe von 6,5 Millionen Dollar, von dem auch die allermodernsten Abhörgeräte angeschafft werden sollten.

Es folgten erbitterte Debatten zwischen Downing und Gonzales über Spragues Budget, den Umfang seines Mitarbeiterstabs und die Durchführung der Untersuchungen. All dies führte zu solcher Uneinigkeit unter den übrigen Ausschußmitgliedern, daß das Überleben des Ausschusses eine Weile ernstlich gefährdet war.

Am Ende mußte Downing als Vorsitzender zurücktreten. Gonzales nahm seine Stelle ein, mußte dann aber selbst zurücktreten, weil er unbedingt darauf bestand, den umstrittenen Richard Sprague als obersten Rechtsberater zu behalten. Das Repräsentantenhaus ernannte dann den Abgeordneten Louis Stokes aus Ohio an Gonzales' Stelle. Stokes, ein führendes Mitglied des Black Caucus, warf Sprague prompt hinaus und wählte statt seiner G. Robert Blakey, Rechtsprofessor an der Universität Cornell und eine landesweit anerkannte Autorität auf dem Gebiet des organisierten Verbrechens. Am 30. März 1977 genehmigte das Repräsentantenhaus die Wiedereinsetzung eines Mordausschusses, der bis zum 3. Januar 1979, das heißt für die Dauer des 95. Kongresses, bestehen sollte. Der neue Ausschuß begann seine Arbeit im April mit einem stark herabgesetzten Budget von 2,5 Millionen Dollar.

April 1977 erwies sich als schicksalhafter Monat für Carlos Marcello und den neuen Mordausschuß. Zu diesem Zeitpunkt nämlich empfahl Stabsrechtsberater Robert Tannenbaum, der gewisse, von Hoovers FBI und der Warren-Kommission übergangene Mordaussagen geprüft hatte, dem Ausschuß, er solle einmal untersuchen, ob Verbindungen zwischen Carlos Marcello und dem Mord an John F. Kennedy bestünden. Es war das erstemal seit den Ereignissen vom 22. November 1963, daß Marcello von einem offiziellen Ermittlungsorgan als möglicher Verdächtiger genannt wurde.

# 7. Teil

## Carlos Marcellos Sturz
## 1978–1988

## 49

# Der Kongreß untersucht das Verbrechen des Jahrhunderts

Am 11. Januar 1978 trat Carlos Marcello in einer Geheimsitzung als Zeuge vor dem Sondermordausschuß des Repräsentantenhauses auf, um gewisse Fragen zu beantworten, die sich auf die Ermordung Präsident John F. Kennedys bezogen. Marcello war als Zeuge, nicht als Verdächtiger aufgerufen worden. Bei seiner eidlichen Aussage stand er unter strafrechtlicher Immunität.

Der kleine, dicke, mittlerweile 68 Jahre alte Mafiaboß erschien im Verhandlungssaal des Kongresses in seiner für Auftritte vor Ermittlungskomitees der Regierung üblichen Uniform: dunkle Brille und gutgeschnittener, wenn auch etwas zu enger, doppelreihiger Anzug. Der erfahrene Ausschußzeuge, der den Senatoren Estes Kefauver und John McClellan und Justizminister Robert F. Kennedy die Stirn geboten hatte, ganz zu schweigen von zahllosen Sonderermittlern der Einwanderungs- und Naturalisierungsbehörde, stand nun vor G. Robert Blakey, dem obersten Rechtsberater des Mordausschusses, einem 42jährigen Professor der Universität Cornell, ehemaligen Anwalt des Justizministeriums unter Justizminister Robert F. Kennedy und Urheber des RICO-Gesetzes, das eines Tages dazu beitragen sollte, Marcello ins Gefängnis zu bringen.

Carlos Marcello war nicht der erste Mafiaboß, der von dem Mordausschuß verhört wurde. Am 16. März 1977 hatte der ehemalige oberste Rechtsberater Richard A. Sprague bei einer öffentlichen Anhörung in Washington Santos Trafficante junior, den Mafiaboß aus Florida, ohne Gewährung strafrechtlicher Immunität verhört und eine schallende Ohrfeige erhalten.

Mit seinem berühmten finsteren Blick à la Humphrey Bogart fragte der zähe Staatsanwalt aus Philadelphia, der Tony Boyle, den Präsidenten der Vereinigten Minenarbeiter, wegen der Yablonski-Morde lebenslänglich ins Gefängnis geschickt hatte, den alternden Mafiaboß: »Mr. Trafficante, haben

Sie vor Präsident Kennedys Ermordung jemals mit irgend jemandem über einzelne Pläne gesprochen, diesen zu ermorden?«

Sprague bezog sich natürlich auf José Alemans Ende September 1962 gegenüber dem FBI gemachte Behauptung, Trafficante habe ihm bei einer Unterhaltung in Miami gesagt, Präsident Kennedy würde es nicht bis zur nächsten Wahl schaffen, sondern vorher »umgelegt« werden.

Als Antwort zog Trafficante einen Zettel aus der Tasche und las ab: »Ich weigere mich höflich, diese Frage zu beantworten, unter Bezugnahme auf meine verfassungsmäßigen Rechte gemäß der 1., 4., 5. und 14. Ergänzung.«

Alle übrigen Fragen, und es waren viele, beantwortete der Veteran der CIA-Mafia-Komplotte zur Ermordung Fidel Castros genauso. Immer wieder zitierte er seine verfassungsmäßigen Rechte und machte sich lustig über den Sondermordausschuß des Repräsentantenhauses, der nicht die Macht eines Gerichtshofes hatte.

Als Carlos Marcello ungefähr ein Jahr später vor dem Mordausschuß in den Zeugenstand trat, gab er eine reife Marcello-Vorstellung, in der er in seiner unnachahmlichen, fehlerhaften, langgezogenen sizilianisch-südstaatlichen Sprechweise eine Lüge nach der anderen auftischte.

Da er unter strafrechtlicher Immunität aussagte, brauchte er den Ausschuß nicht mit wiederholten Hinweisen auf die 5. Ergänzung wütend zu machen.

Auf die Frage, ob er irgendeine Verbindung zum organisierten Verbrechen habe, antwortete er: »Nein, davon weiß ich nichts.« (Anderthalb Jahre später sollte er sich in diesem Punkt gegenüber einem Undercover-Agenten des Bundes verraten, indem er beiläufig einräumte, daß er »Maf« sei und sich väterlich besorgt um einige Freunde »aus der Organisation« in Los Angeles zeigte, die »in Schwierigkeiten geraten waren«.)

Als Marcello gefragt wurde, ob er auf einer Versammlung in Churchill Farms im September 1962 das Leben Präsident Kennedys bedroht habe, antwortete er dem Ausschuß: »Bestimmt nicht, so was habe ich nie gesagt.« Dann bestritt er, daß er sich überhaupt mit Becker und Roppolo in Churchill Farms getroffen habe: »So wie die Zeitung schreibt und das Buch da, sieht es aus, als ob eine Art Geheimsitzung stattgefunden hätte. Ich hab' nämlich in dem Buch gelesen, was Sie mir da sagen.« Dann erklärte Carlos, daß Churchill Farms nicht der rechte Ort für eine Geschäftssitzung sei, daß das riesige Sumpfgrundstück voller Unterstände für die Entenjagd sei und daß er nur zur Jagd dorthin gehe. (Daß dies nicht stimmte, war bereits bei einer Aussage herausgekommen, die David Ferrie dem FBI drei Tage nach dem Mord gemacht hatte. Darin sagte er, daß er die beiden Wochenenden vor dem Mord mit Marcello in Churchill Farms verbracht und die juristische Strategie bei Carlos' bevorstehendem Verschwörungs- und Meineidsprozeß vor dem Bundesgericht besprochen habe. Dasselbe sollte anderthalb Jahre später noch einmal von einem Undercover-Agenten des Bundes aufgedeckt werden, der mir berichtete, daß er sich mit Marcello in Churchill Farms getroffen habe, um wichtige geschäftliche Angelegenheiten zu besprechen. Dem Agenten fiel auf, daß das Bauernhaus ein Zimmer mit einem Konferenztisch enthielt, an dem sechs bis acht Personen Platz nehmen konnten.)

Auf die Frage nach seiner Beziehung zu David Ferrie gab Marcello zu, daß Ferrie für seinen Anwalt G. Wray Gill gearbeitet und ihm geholfen habe, die Verteidigung gegen die Anklagen der Regierung vorzubereiten. Er bestritt jedoch, daß Ferrie ein Freund gewesen sei. Als man ihn nach den 7093 Dollar fragte, die nach dem Mord plötzlich auf dem Bankkonto des normalerweise mittellosen Ferrie aufgetaucht waren, gab Marcello zu, sie Ferrie für seine mit dem Prozeß verbundenen Dienste gezahlt zu haben, genauer gesagt für den Job, die Glaubwürdigkeit eines Regierungszeugen zu überprüfen, der bei dem Prozeß gegen ihn aussagen sollte. (Marcello erklärte nicht, warum hierfür zwei Reisen nach Guatemala notwendig waren.)

Nur einmal verlor Carlos bei der Vernehmung die Beherrschung, und das geschah, als der Name Robert Kennedy fiel.

Auf die Frage, ob er von Robert Kennedys Absicht gewußt habe, die Ermittlung des Justizministeriums gegen die Führer des organisierten Verbrechens zu beschleunigen, sobald er Justizminister sei, antwortete Marcello:

»Yeah, aber ich hab' dem damals keine Beachtung geschenkt.«
»Wann begannen Sie, dem Beachtung zu schenken?«
»Als er Justizminister wurde ... Er wollte das organisierte Verbrechen und all das Zeug kriegen. Aber das einzige Mal, als ich wirklich etwas davon mitbekam, war, als er mich verhaftete und aus dem Land warf.«

In diesem Augenblick verlor Carlos die Fassung. Als Edward Beckers Behauptung zur Sprache kam, Carlos sei über seine Deportation empört gewesen und habe beabsichtigt, sich dafür an den Kennedys zu rächen, bekam dieser plötzlich ein rotes Gesicht, erhob die Stimme und schrie fast:

»Ich brauchte keinem nichts davon zu erzählen ... Jedermann in den Vereinigten Staaten wußte, daß ich entführt wurde und daß das illegal war. Ich brauchte mit niemand nicht darüber zu reden. Ich hab' der ganzen Welt gesagt, daß das unfair war. Alle haben mir zugestimmt!«

Danach war nicht mehr viel zu sagen. Nach einigen weiteren Fragen und Antworten verließ Carlos Marcello den Saal, und der Mordausschuß war kein bißchen schlauer, welche Rolle er, wenn überhaupt, bei der Ermordung Präsident John F. Kennedys gespielt haben mochte.

Obwohl Marcellos Vernehmung durch den Ausschuß zugegebenermaßen nutzlos war, da nichts, was er gesagt hatte, bei einem Prozeß als Beweis gegen ihn verwendet werden konnte, wirkt es trotzdem unglaublich, daß er nie gefragt wurde, ob er Lee Harvey Oswald oder seinen Onkel »Dutz« Murret gekannt habe, der über zehn Jahre in Marcellos Glücksspielnetz gearbeitet hatte, oder Oswalds Mutter Marguerite, die mit mehreren ehemaligen Geschäftspartnern von Marcello befreundet gewesen war. Vielleicht war eine gewisse Verschleppungstaktik seitens des FBI schuld an dieser Unterlassung, denn zur Zeit von Marcellos Aussage hatte das FBI dem Ausschuß den größten Teil der Akten über den Kennedymord noch nicht überlassen, und der Ausschuß selbst hatte noch nicht alle Verbindungen Oswalds und Murrets mit Genossen von Carlos Marcello entdeckt. Der Ausschuß hätte Marcello viel später in seiner Untersuchung verhören sollen, als er mehr über ihn wußte.

Bei ihrer Rückkehr nach New Orleans am Tag nach der Anhörung wurden Carlos und seine Familie von einer Schlagzeile in der *Times-Picayune* begrüßt, die folgendermaßen lautete: »*Verbindung zwischen Marcello und JFK?*« Sie wurde begleitet von einem Artikel, der verkündete: »Der Mordausschuß des Repräsentantenhauses prüft, ob eine Verbindung zwischen Carlos Marcello und dem Mord an Präsident Kennedy besteht.« Danach zog er ausführlich finstere Folgerungen aus der Beziehung zwischen Oswald, Ferrie und Marcello. Von nun an sollte die Familie Marcello unter dem Verdacht leben, für die Ermordung eines amerikanischen Präsidenten verantwortlich zu sein.

Die Aufgabe, die vor dem Mordausschuß des Repräsentantenhauses und G. Robert Blakey, seinem obersten Rechtsberater, lag, hatte ein gewaltiges Ausmaß und möglicherweise eine enorme geschichtliche Bedeutung. Seit der Ermordung Präsident Kennedys vor rund 15 Jahren waren überzeugende Aussagen über Verschwörungen gemacht worden, die auf die Teilnahme Fidel Castros oder Mitglieder seiner Regierung, Castro-feindlicher Exilkubaner, der Sowjetunion, der CIA, des FBI, des Geheimdienstes und des organisierten Verbrechens hindeuteten. Es war Blakeys Aufgabe, all diese Möglichkeiten zu prüfen und seinen Befund dem amerikanischen Volk und der Welt mitzuteilen.

Wie sich herausstellte, zeigte Professor Blakey sich seltsam zwiespältig in der Durchführung seiner Untersuchung. Einerseits neigte er dazu, die Grundfeststellungen der Warren-Kommission zu bestätigen – vor allem, was die Anzahl und Herkunft der am Ort des Verbrechens abgefeuerten Schüsse und die Anzahl und Art der Wunden, die sie verursachten, betraf –, andererseits aber suchte er den Hauptschluß der Warren-Kommission anzufechten, daß Lee Harvey Oswald der einzige Mörder des Präsidenten war, der ohne Verbündete gehandelt hatte.

Im Gegensatz zu seinem Vorgänger, der überzeugt gewesen war, daß Lee Harvey Oswald nicht als Schuldiger betrachtet werden sollte, sondern als einer von mehreren Verdächtigen, stellte Blakey nicht in Frage, daß Oswald mindestens zwei Schüsse auf den Präsidenten abgefeuert und diesen getroffen habe.

In den fünfzehn Jahren seit dem Mord hatte sich eine große gutinformierte Gemeinde gebildet, die der Meinung war, daß Oswald am 22. November 1963 niemanden getötet hatte, sondern absichtlich und geschickt vorgeschoben worden war. Eine ganze Menge überzeugenden Beweismaterials stützte diese Ansicht.

Zum Beispiel hatten ernsthafte Erforscher des Verbrechens praktisch die Gewißheit gewonnen, daß in den Monaten vor dem Mord irgend jemand, der Oswald imitierte, das sogenannte Oswald-Double (auch der zweite oder falsche Oswald genannt), vorsätzlich eine Spur belastender Beweise gelegt hatte. Sie sollte die offiziellen Untersuchungen zu dem Schluß führen, daß der echte Oswald den Präsidenten auf Befehl Fidel Castros oder der kubanischen Regierung erschossen hatte, vielleicht mit stillschweigender Duldung der sowjetischen Regierung.

Ferner waren im Laufe der Jahre zwingende Beweise herausgekommen, die dafür sprachen, daß Oswald Kennedy gar nicht erschossen haben konnte. So sollte Oswald angeblich um 12.20 Uhr aus einem Fenster im sechsten Stockwerk des texanischen Schulbuchdepots auf den Präsidenten geschossen haben, obwohl Bonnie Ray Williams, eine Arbeitskollegin, aussagte, sie habe ihn um 12.15 Uhr im sechsten Stock ganz allein sein Mittagessen verzehren gesehen. Carolyn Arnold, eine weitere Zeugin, die Sekretärin des Vizepräsidenten des Schulbuchdepots, sagte aus, sie habe Oswald um 12.15 im Speiseraum allein essen gesehen. Der nächste, der Oswald danach sah, war Marrion Baker, ein motorisierter Polizist, der, begleitet vom Aufseher des Schulbuchdepots, Oswald zufällig im Speiseraum im zweiten Stockwerk entdeckte, wo er nur anderthalb Minuten nach Ausbruch der Schießerei friedlich eine Coca-Cola trank. Im Grunde war es unvorstellbar, daß Oswald (der nicht wissen konnte, daß die Limousine des Präsidenten genau um 12.30 Uhr am Schulbuchdepot vorbeifahren würde) innerhalb von 15 Minuten in den sechsten Stock hinaufgestiegen, sich aufgestellt, mindestens zwei tödliche, genau gezielte Schüsse auf den Präsidenten abgefeuert, sein Gewehr versteckt, in den Speiseraum zurückgekehrt und eine Coca-Cola aus einem Automaten gezogen hatte.

Als die Warren-Kommission zu dem Schluß kam, daß Oswald um 12.30 Uhr auf den Präsidenten geschossen hatte, kannte sie Carolyn Arnolds genaue Zeugenaussage noch nicht, und zwar weil das FBI sie entstellt hatte. Der Zeitpunkt, an dem sie Oswald gesehen hatte, war willkürlich von 12.15 in 12.35 verändert worden. Doch als sich der Mordausschuß 1978 mit dem Problem beschäftigte, lag ihm Carolyn Arnolds akkurate Aussage vor. Trotzdem schloß er sich der Meinung der Warren-Kommission an. Viele Mitglieder der Gemeinde, die den Kennedymord untersucht haben, glauben, der Mordausschuß sei den Überzeugungen der Warren-Kommission nur deshalb gefolgt, weil sein oberster Rechtsberater dies von Anfang an gewollt habe.

Privat sagte Robert Blakey mir jedoch, daß er die Möglichkeit, Oswald sei vorgeschoben worden, nicht ausschließen wolle.

Zur Verteidigung von Blakey, einem Mann, dem vorgeworfen wurde, er habe die Schlußfolgerungen der Warren-Kommission tragbar machen wollen, muß auch gesagt werden, daß er zweifellos viele Fehler in der Untersuchung der Kommission fand.

Auf dem immer noch umstrittenen Gebiet der genauen Lage der vier Wunden des Präsidenten widerlegte Blakeys gerichtsmedizinisches Gremium zum Beispiel die Entscheidung der Warren-Kommission, daß der erste Schuß den Präsidenten hinten rechts am Halsansatz getroffen habe. Statt dessen entschied der Ausschuß, der Schuß sei an der rechten oberen Seite von Kennedys Rücken eingetreten, knapp unter dem Schulterblatt, volle 15 Zentimeter unterhalb der Stelle, wo die Kommission die Wunde angesetzt hatte (um sich der Erklärung anzupassen, ein einsamer Schütze sei der Täter gewesen). Auch widersetzte sich Blakey der Ansicht der Warren-Kommission, wo der Kopf des Präsidenten getroffen worden sei. Der Mordausschuß, der sich auf Röntgenaufnahmen und Autopsiefotos stützte, die die Warren-Kommission wahrscheinlich nicht gesehen hatte, ortete die Wunde an der rechten Seite des Hinterkopfes volle 10 Zentimeter höher als die Kommission.

Ungeachtet dieser erfolgreichen Einwände des gerichtsmedizinischen Gremiums gegen die Feststellungen der Warren-Kommission erwies sich der Ausschuß jedoch als unfähig, ein großes Hindernis zu überwinden: einen ausgeprägten Hang, gewisse geheiligte Grundsätze des Warren-Berichts zu schützen. Und so akzeptierte der Ausschuß, obwohl die Gerichtsmediziner die Rückenwunde des Präsidenten 15 cm tiefer verlegten und entschieden, daß der Kanal der Kugel durch den Körper des Präsidenten praktisch horizontal, ja sogar leicht aufwärts verlief, trotzdem die umstrittene »Zauberkugel«-Theorie des Warren-Berichts: Eine aus dem am weitesten südöstlich gelegenen Fenster im sechsten Stock des Schulbuchdepots abgeschossene Kugel sei in Kennedys »Genick« (in Wirklichkeit in seinen Rücken) eingetreten, an der Kehle wieder herausgekommen (obwohl dieser Schußkanal nie seziert wurde), dann habe sie Gouverneur Connally an drei Stellen verwundet – oben am Rücken, am Handgelenk und an der Hüfte – und sei schließlich wieder ausgetreten. Die Kugel überstand das ganze Chaos praktisch unbeschädigt. (All dies trotz Connallys energischer Aussage sowohl vor der Warren-Kommission als auch vor dem Mordausschuß, daß er absolut sicher sei, von einem zweiten Schuß und nicht von dem in Kennedys Rücken getroffen worden zu sein.)

Aus der Synthese der verschiedenen Untersuchungen ergab sich eine unmögliche Situation: Eine im Winkel von 45 bis 60 Grad von oben abgeschossene Kugel konnte praktisch gar nicht am Hals des Präsidenten über dem Kragenrand ausgetreten sein, ganz zu schweigen, daß sie dann noch plötzlich nach oben rechts umgeschwenkt und Gouverneur Connally im Rücken neben seiner rechten Achselhöhle getroffen haben sollte. So eine Flugbahn war nicht denkbar, es sei denn, Präsident Kennedy habe sich im Augenblick des Einschlags der Kugel vornübergebeugt und seine Schnürsenkel gebunden. Fotos von der Schießerei, die Zuschauer Sekunden vor und nach dem Einschlag machten, zeigen, daß dies nicht der Fall war.

Um das Unmögliche möglich zu machen, was die Absicht des Ausschusses zu sein schien (anstatt den Irrtum zuzugeben und mit der Analyse des Schusses und der Wunde noch einmal von vorn anzufangen), engagierte der Ausschuß einen NASA-Ingenieur, einen Experten für Geschoßflugbahnen.

Der NASA-Wissenschaftler gab folgende Punkte in einen Computer ein: die angeblichen Stellen von Kennedys und Connallys Wunden, die Position, die die beiden Männer im Augenblick des Schusses in der Limousine eingenommen hatten, die Neigung der Straße, die Körperhaltungen der beiden zum Zeitpunkt des Einschlags der Kugel sowie diverse weitere Informationen, und Hokuspokus! der Computer spuckte eine Flugbahn aus, die »paßte«. Eine Flugbahn, die die umständliche Theorie der Warren-Kommission bestätigte, daß eine einzige, aus einem Fenster im sechsten Stock des Schulbuchdepots abgefeuerte Kugel beiden Männern mehrere Wunden zugefügt hatte, ohne wesentlich an Substanz zu verlieren. Daß der Ausschuß sein Plazet dazu gab, erboste und enttäuschte viele kampferprobte Sachverständige des Mordes – Leute wie Harold Weisberg, Mark Lane und David Wrone – und führte dazu, daß sie jeglichen Respekt vor Blakeys Untersuchung verloren. Später erfuhren die Kritiker, daß der NASA-Ingenieur die Rückenwunde des Präsidenten 5 bis

7,5 Zentimeter weiter nach oben verlegte (die Autopsiefotos hielt er für irreführend), die Flugbahn 20 Grad abwärtsgerichtet veranschlagte (was in direktem Widerspruch zur Feststellung des gerichtsmedizinischen Gremiums stand, sie verlaufe leicht aufwärts) und auf Grund eines Zuschauerfotos behauptete, daß der Präsident im Augenblick des Einschlags der Kugel vornübergebeugt gesessen habe. Diese Behauptung wurde, wie wir wissen, von den Fotos zweier anderer Zuschauer widerlegt, die Sekunden vor und nach dem Schuß entstanden, und sogar von dem Foto, das der NASA-Ingenieur ausgewählt hatte, um seine Flugbahnanalyse zu stützen.

Damit war den meisten erfahrenen Beobachtern klar, daß der Mordausschuß nicht die Absicht gehabt hatte, die »Zauberkugel«-Theorie der Warren-Kommission anzufechten, sondern notfalls sogar Beweise verdrehte, um sie zu bestätigen. Wie der NASA-Mann selbst vor dem Ausschuß zugab, enthielt seine Flugbahnanalyse einen Irrtumsspielraum, der es dem Mörder oder den Mördern erlaubt hätte, aus unzähligen anderen Heckenschützenstellungen zu schießen, einschließlich der unteren Stockwerke des Schulbuchdepots und eines Teils des nahegelegenen vierstöckigen Dal-Tex-Gebäudes. So war es unmöglich, genaue Schlüsse über die Herkunft des Schusses zu ziehen, der Kennedy die Rückenwunde zugefügt hatte.

Desgleichen war das gerichtsmedizinische Gremium emotional unfähig, von der Entscheidung der Warren-Kommission abzuweichen, daß eine Kugel aus Oswalds Mannlicher-Carcano-Gewehr den Präsidenten tödlich am Kopf verletzte. Röntgenaufnahmen dieser Wunde zeigen, daß das Geschoß im Kopf des Präsidenten explodierte und in unzählige winzige Splitter zerplatzte, die in Gehirn und umgebendem Gewebe steckenblieben.

Da der in einem Carcano-Gewehr verwendete Munitionstyp unzerbrechlich ist und so angelegt, daß er mehrere menschliche Körper nacheinander durchdringen kann, ohne viel Substanz zu verlieren, konnte die im Schädel des Präsidenten explodierte Kugel, die seinen Tod bewirkt hatte, nicht aus einem Carcano-Gewehr stammen. Sie mußte aus einem automatischen Gewehr wie der M-15 gekommen sein. Solche trugen die Geheimagenten, die im Begleitfahrzeug direkt hinter der Limousine des Präsidenten saßen. Im Gegensatz zu Carcano-Munition explodieren Kugeln aus diesen Gewehren beim Aufprall. Genau das tat die Kugel, die Kennedy in den Hinterkopf traf.

Da die tödliche Kopfwunde des Präsidenten durch einen Schuß aus einem automatischen Gewehr verursacht wurde, dessen Bahn von vorn nach hinten, von links nach rechts und leicht aufwärts, ja sogar fast horizontal verlief, mußte der Schuß aus einer viel niedrigeren Position als dem sechsten Stockwerk des Schulbuchdepots abgefeuert worden sein.

Ungeachtet dieser Tatsachen entschied der Mordausschuß, daß die tödliche Kopfwunde von einem Schuß stamme, den Lee Harvey Oswald mit einem Carcano-Gewehr aus einem Südwestfenster im sechsten Stockwerk des texanischen Schulbuchdepots abgegeben hatte.

Die Schlußfolgerungen von Warren-Kommission und Mordausschuß – was Zahl, Stelle und Herkunft der Wunden der Opfer betraf – unterschieden sich nur in einem Punkt: in der Anzahl der Schüsse, die am Tatort gefallen waren. Die Warren-Kommission sprach von drei Schüssen, alle von Oswald, von denen einer danebenging; der Mordausschuß dagegen ging von vier Schüssen aus, zwei von Oswald, die den Präsidenten trafen, und einem, der danebenging, sowie einem von einem unbekannten Schützen auf dem Grashügel, der ebenfalls sein Ziel verfehlte.

Wie sich herausstellte, war nur ein Mitglied des gerichtsmedizinischen Gremiums anderer Meinung, und das war Dr. Cyril Wecht, der bekannte Chefpathologe des Pittsburgher Krankenzentrums, der sowohl intern als auch öffentlich erklärte, daß die Mitglieder des gerichtsmedizinischen Gremiums, die alle der konservativen, etablierten American Society of Clinical Pathologists (der Amerikanischen Gesellschaft klinischer Pathologen) angehörten, Angst gehabt hätten, Schlüsse zu ziehen, die mit dem Warren-Bericht kollidierten. Am Ende seiner Erklärung bemerkte Dr. Wecht, daß »die Untersuchung des Sondermordausschusses des Repräsentantenhauses kein objektiver, durch einen unparteiischen Stab ausgeführter Auftrag gewesen sei«, sondern ein Versuch, die fundamentalen Schlußfolgerungen der Warren-Kommission über die Schüsse des Mörders und die Wunden, die sie dem Präsidenten und dem Gouverneur zugefügt hatten, zu untermauern – jedenfalls was die Behandlung der forensischen Beweise betraf.

In der Verschwörungsfrage jedoch bildete sich Richard Blakey eine völlig andere Meinung als die Warren-Kommission. Während sich die Warren-Kommission, J. Edgar Hoover hörig, die größte Mühe gab, dogmatisch zu behaupten, daß der Präsident von einem einsamen, seelisch gestörten »kommunistischen« Schützen, der ohne Komplizen gearbeitet habe, getötet worden sei, gewann Blakey schon ziemlich bald die Überzeugung, der Kennedymord sei das Ergebnis einer Verschwörung gewesen. Unter den Faktoren, die zu der Schlußfolgerung des Mordausschusses führten, es handle sich um eine »mutmaßliche Verschwörung«, befand sich die akustische Analyse einer Tonbandaufnahme, die darauf hinzuweisen schien, daß insgesamt vier Schüsse gefallen waren, von denen einer von dem Grashügel gekommen war. (Der Wert des akustischen Beweisstücks wurde inzwischen stark bezweifelt.) Ferner die vielen Augen- und Ohrenzeugen, deren Aussagen, daß mindestens ein Schuß von dem Hügel herab gefallen sei, von der Warren-Kommission verworfen worden waren, die aber dem Mordausschuß nun sowohl plausibel als auch überzeugend erschienen; der unanfechtbare Beweis, daß FBI und CIA die Warren-Kommission in mehreren wichtigen Punkten getäuscht, ja ihr gelegentlich sogar wichtige Informationen vorenthalten hatten; die eingehende Untersuchung des Ausschusses von Jack Rubys zahlreichen Verbindungen zum organisierten Verbrechen, insbesondere zu engen Freunden von Jimmy Hoffa und Carlos Marcello; und schließlich die Entdeckung vieler auf Band aufgenommener Gespräche zwischen Führern des organisierten Verbrechens, in denen sie ihrem Haß gegen die Brüder Kennedy, ihrer Wut über Robert Kennedys Feldzug gegen sie und ihrem Wunsch nach dem Tod beider Brüder Ausdruck gaben und die sich Undercover-Agenten des FBI vor und unmittelbar nach dem Mord verschafft hatten.

Auf Grund seiner Prüfung der Untersuchung, die das FBI vor der Warren-Kommission angestellt hatte, kam der Ausschuß zu dem Schluß, daß das FBI in so geringem Maß nach der Möglichkeit einer Verschwörung geforscht hatte, »daß es nicht einmal dann darauf gestoßen wäre, wenn es eine gegeben hätte«. Hier fehlt nur noch der Hinweis darauf, daß Hoover in diesem Falle wahrscheinlich alle Beweise unterdrückt hätte.

Der Mordausschuß sah sich einer verblüffenden Reihe von Behauptungen gegenüber, die auf konspirative Betätigungen hinwiesen. Die meisten fielen in sieben Verdachtskategorien: die Sowjetunion, Fidel Castro beziehungsweise die kubanische Regierung, die Organisationen der Castro-feindlichen Exilkubaner, das FBI, die CIA, der Geheimdienst und das »nationale Syndikat des organisierten Verbrechens«.

Der Ausschuß stieß auf keine Beweise, daß die CIA als Behörde der US-Regierung in eine Verschwörung zur Ermordung Präsident Kennedys verwikkelt sein könnte. Dafür fand er überzeugende Beweise, daß möglicherweise abtrünnige Elemente der CIA, entweder auf eigene Faust oder im Einvernehmen mit Mitgliedern des organisierten Verbrechens, daran beteiligt waren. Diese Beweise hatten mit Lee Harvey Oswalds Reise nach Mexiko-City vom 27. September bis 3. Oktober 1963 zu tun.

Seit langem gab es schlagende Beweise, die darauf hinwiesen, daß jemand, der sich als Lee Harvey Oswald ausgab, in Wirklichkeit aber ein Double war, zwischen dem 27. September und dem 2. Oktober mehrfach die kubanische und die Sowjetische Botschaft in Mexiko-City aufgesucht hatte. Dieser Mann hatte sich so auffällig benommen, daß seine Besuche in den beiden Botschaften, wie Ermittler später annahmen, nicht so bald vergessen würden. Besonders beunruhigend war ein CIA-Bericht vom 10. Oktober, daß ein Mann, der vorgab, Lee Henry (sic!) Oswald zu sein, die Sowjetische Botschaft in Mexiko-City am 1. Oktober besuchte und mit Vizekonsul Waleri Wladimirowitsch Kostikow sprach. Wie sich später herausstellte, spielte Kostikow eine Doppelrolle als Leiter der Abteilung des KGB für terroristische Aktivitäten in der westlichen Hemisphäre, einschließlich Mords. Noch beunruhigender war ein CIA-Bericht, daß die Person, die sich Oswald nannte, Beamten der Kubanischen Botschaft tatsächlich angeboten hatte, Präsident Kennedy zu töten. Das wurde später von FBI-Doppelagent »Solo« bestätigt, dem Fidel Castro sagte, daß der Mann, der die Kubanische Botschaft besucht und behauptet hatte, Oswald zu sein, dieses Angebot tatsächlich gemacht hatte und abgewiesen worden war.

Als wären diese Berichte nicht schon beunruhigend genug, erwiesen sich die CIA-Überwachungsfotos des Mannes, der die Kubanische und die Sowjetische Botschaft mindestens sechs-, wenn nicht siebenmal besucht hatte, als Oswald völlig unähnlich. Auch die Tonbandaufnahmen seiner angezapften Telefongespräche mit Beamten der Sowjetischen Botschaft ähnelten Oswalds Stimme nicht im geringsten und verrieten auch nicht, daß er gute russische Sprachkenntnisse hatte. Daß es der CIA nie gelang, die Person auf den Fotos zu identifizieren, und daß sie die Originalaufnahmen seiner Stimme vernichtete, komplizierte die Sache noch mehr.

Es schien, als habe ein Verschwörer absichtlich versucht, US-Regierungsbeamte mit dem Sicherheitsrisiko eines Treffens zwischen Oswald und Kostikow und einem Angebot Oswalds an kubanische Beamte, Präsident Kennedy zu ermorden, in Angst und Schrecken zu versetzen, damit sie den bevorstehenden Mord vertuschten.

Zusätzlich zu diesen alarmierenden Berichten aus Mexiko-City kam dann noch ein weiterer, den ein Konsul an der dortigen Amerikanischen Botschaft gleich nach dem Mord von einer Person mit dem Kodenamen »D« bekommen hatte. Diese behauptete, bei einem Besuch im kubanischen Konsulat am 18. September gesehen zu haben, »wie Kubaner Oswald Geld gaben und mit ihm darüber sprachen, daß er irgend jemanden ermorden solle«. Es gab auch eine äußerst beunruhigende Meldung von Antonio Veciana, Leiter von Alpha 66, einer zum Sturz Castros entschlossenen Exilkubanergruppe, daß er Oswald Ende August oder Anfang September 1963 in Dallas mit einem hohen, als Maurice Bishop bekannten CIA-Beamten gesehen habe.

Nachdem der Mordausschuß diese und andere Aussagen, die ihm zur Kenntnis gekommen waren, überprüft hatte, gelangte er zu einigen ziemlich flauen Entlastungen, die bei rückblickender Betrachtung Hauptrechtsberater

Blakeys Wunsch widerzuspiegeln scheinen, dem organisierten Verbrechen die Schuld an dem Verbrechen zuzuschieben. Dies zeigt zum Beispiel die Art und Weise, wie der Ausschuß Oswalds Reise nach Mexiko-City Ende September, Anfang Oktober 1963 behandelte.

Ein Ermittler des Mordausschusses fuhr 1978 nach Mexiko-Stadt und interviewte die beiden Beamten der Kubanischen Botschaft, mit denen Oswald angeblich zusammengetroffen war. Er kam zu dem Schluß, daß nicht Oswald dort gewesen war, sondern jemand, der sich für ihn ausgegeben hatte.

Derselbe Ermittler las die bisher geheime Akte der CIA über die Überwachungsfotos und fand, daß von den 12 Fotos eines den richtigen Lee Harvey Oswald dargestellt hatte und 11 eine unbekannte Person und daß das von dem echten Oswald entweder verlorengegangen oder vernichtet worden war. Der Ermittler sah sich auch die vorhandenen Fotos des Mannes an, bei dem es sich angeblich um Oswald gehandelt haben sollte, und entdeckte, daß sie bei sechs, vielleicht sogar sieben verschiedenen Gelegenheiten gemacht worden waren.

Schließlich las der Ermittler des Mordausschusses die bisher geheime CIA-Akte über die Tonbandaufzeichnungen von »Oswalds« Telefongesprächen mit Beamten der Sowjetischen Botschaft und erhielt die Bestätigung, daß die Originalaufnahmen vernichtet worden waren. Es gab acht Abschriften der Tonbänder. Zwei waren auf spanisch und die übrigen in einem so gebrochenen Russisch, daß die Worte nicht von Lee Harvey Oswald stammen konnten, der bekanntlich fließend russisch sprach.

Der Ermittler schrieb einen 300 Seiten langen Bericht über diese Erkenntnisse. Doch am Ende wurden sie im Schlußbericht des Mordausschusses über seine Untersuchung des Kennedymords entstellt.

Der Ausschuß berichtete, daß die Fotos der CIA die Folge schlichten menschlichen Irrtums seien, obwohl »Oswald« zu sechs verschiedenen Zeiten und bei sechs verschiedenen Gelegenheiten beim Betreten der Kubanischen Botschaft fotografiert wurde. Das bedeutete, daß die CIA bei ihrer fotografischen Überwachung der Kubanischen und Sowjetischen Botschaft während Lee Harvey Oswalds angeblichem Besuch in Mexiko-City im Herbst 1963 nicht einen, sondern sechs menschliche Irrtümer begangen hatte. (Im Schlußbericht des Ausschusses wurde die Vermutung geäußert, Oswald sei fotografiert worden, doch die Bilder seien »verlorengegangen oder vernichtet worden« – was nicht weiter erklärt wurde.)

Zusätzlich schloß der Ausschuß, nachdem er mehrere FBI-Agenten interviewt hatte, die sich zur Zeit des Mords in der Außenstelle in Dallas aufgehalten und vermutlich die Tonbandaufnahme der CIA von Oswalds Stimme bei einem Telefongespräch mit der Sowjetischen Botschaft angehört hatten, daß die CIA dem FBI von Dallas niemals eine Aufnahme von Oswalds Stimme überlassen hatte.

Im Schlußbericht des Ausschusses stand nichts darüber, daß die Aussagen zweier interviewter FBI-Agenten früher einmal in Zweifel gezogen worden waren, und auch nichts über die vernichteten Tonbandaufnahmen und die acht Abschriften der Bänder, deren Gespräche nicht von dem echten Lee Harvey Oswald geführt sein konnten.

Personen, die sich mit diesem Punkt der Untersuchung des Mordausschusses beschäftigten, sehen Beweise, daß der Ausschuß, zumindest sein oberster Rechtsberater, nicht glauben wollte, daß in Mexiko-City ein falscher Oswald aufgetreten war. Solch ein Mann hätte fast mit Gewißheit mit einem Geheimdienst, nicht aber mit dem organisierten Verbrechen zu tun gehabt, und das hätte dem eventuellen Vorgehen des Ausschusses gegen die Mafia im Wege gestanden.

Der erfahrene Mordforscher Paul L. Hoch schreibt dazu folgendes:

»Solch ein Verschwörer würde kein Verrückter, kein ›Ausgestoßener der Gesellschaft‹ sein, sondern ein raffinierter Planer, der darauf zählte, daß die CIA bei ihrer Überwachung der Sowjetischen Botschaft in Mexiko-City seinen Kontakt mit dem KGB-Offizier Kostikow entdecken würde... Solch eine Person müßte höchstwahrscheinlich mit dem weltweiten Geheimdienstmilieu in Verbindung gebracht werden, ein Insider mit besonderen Kenntnissen über das Vorgehen der CIA.«

Doch was der Ausschuß und sein oberster Rechtsberater offenbar gar nicht schätzten, war, daß die Entdeckung eines Verschwörers mit Verbindungen zu, sagen wir einmal, abtrünnigen Elementen der CIA genau zu einer Mafiaverschwörung zur Ermordung des Präsidenten paßte. Hatte sich nicht die CIA kurz vorher mit der Mafia verschworen, Fidel Castro zu ermorden? Wir wissen, daß Carlos Marcello Joe Hauser erzählte, er sei an den CIA-Mafia-Komplotten zur Ermordung Castros beteiligt gewesen. Konnte ihm nicht jemand, der ebenfalls dabeigewesen war, bei einer möglichen Verschwörung, Präsident Kennedy zu töten, geholfen haben?

Bedauerlicherweise ist der 300 Seiten lange Untersuchungsbericht des Mordausschusses über Oswalds Aufenthalt in Mexiko-City geheim und wird es bis zum Jahre 2099 bleiben. Eine Bürgerinitiative versucht jedoch bereits, den Kongreß zu bewegen, den Bericht so bald wie möglich freizugeben.

Was »Ds« Aussage betrifft, so erhielt der Ausschuß überzeugende Beweise, daß »D« ein nicaraguanischer Falschinformant war, der versuchte, Kuba in den Mord hineinzuziehen. Und nach der Überprüfung von Antonio Veciana entschied der Ausschuß, daß dessen Aussage nicht glaubwürdig sei.

Hinsichtlich des Verdachts, das FBI sei in den Mord verwickelt, hielt sich ein hartnäckiges Gerücht, Oswald sei in den Monaten vor dem Mord ein FBI-Informant gewesen und habe vielleicht Informationen über ein Mordkomplott weitergeleitet, gegen das das FBI entweder mit Absicht oder aus Nachlässigkeit nichts unternahm. Der Ausschuß prüfte diese Behauptung und beschloß, sie sei nicht stichhaltig.

Am Ende seiner Ermittlung kam der Mordausschuß zu dem Schluß, daß weder die Sowjetunion noch die kubanische Regierung in eine Verschwörung zur Ermordung des Präsidenten verwickelt sei, obwohl es eine ganze Menge überzeugender, aber nicht gründlich genug ausgewerteter Indizienbeweise für eine Beteiligung von Castros Kuba gab. Der Ausschuß entlastete auch die Exilkubaner »als Gruppe«, das FBI, die CIA und den Geheimdienst vom Verdacht der Mittäterschaft. Den militärischen Geheimdienst entlastete er jedoch nicht von einer möglichen Beteiligung an dem Verbrechen, weil gegen Ende der Ermittlung herauskam, daß das Verteidigungsministerium 1973 seine gesamte Akte über Oswald vernichtet und sie nie der Warren-Kommission überlassen hatte. Daß ein Zweig des militärischen Geheimdienstes in den Mord verwickelt sein konnte, spricht auch nicht ipso facto gegen eine Beteiligung der Mafia.

Der Mordausschuß erfuhr, daß die US-Marine der Hauptkunde der Marcello-kontrollierten Pelican Tomato Company war, was bewies, daß zwischen Militär und Marcello doch Geschäftsbeziehungen bestanden. Und illegale Geschäftsbeziehungen obendrein, denn das Verteidigungsministerium war per Durchführungsverordnung gehalten, ausschließlich »amerikanische Waren« zu kaufen, wohingegen der größte Teil der Pelican-Tomaten aus Mexiko importiert wurden, wie Jack Wasserman, Marcellos Deportationsanwalt, 1972 bei einer INS-Anhörung ausgesagt hatte.

Wie sich herausstellte, richtete sich der stärkste Verdacht des Ausschusses gegen das organisierte Verbrechen.

Hauptsächlich weil die elektronische Überwachung des FBI von Mitgliedern der *commissione*, des nationalen Exekutivorgans der Mafia, auch nicht den geringsten Hinweis lieferte, daß ein Komplott zur Ermordung von Präsident Kennedy besprochen wurde, folgerte der Mordausschuß, daß »das nationale Syndikat des organisierten Verbrechens als Gruppe« nicht in eine Verschwörung zur Ermordung des Präsidenten verwickelt sei.

Der Ausschuß kam jedoch zu dem Schluß, daß es drei mit dem organisierten Verbrechen verbundene Männer gab, die, wie Indizienbeweise andeuteten, vielleicht an einem gemeinsamen Plan zur Ermordung des Präsidenten beteiligt waren, einem Plan, den die nationale Kommission nicht kannte und deshalb auch nicht gebilligt hatte. Diese Männer waren Jimmy Hoffa, Santos Trafficante junior und Carlos Marcello. Wie der Ausschuß betonte, wurden zur Zeit des Mordes alle drei von der US-Regierung, vor allem von Justizminister Robert F. Kennedy, bedrängt.

# 50

# Der Kongreß verdächtigt Marcello

Als der Sondermordausschuß des Repräsentantenhauses Jimmy Hoffa, Santos Trafficante junior und Carlos Marcello als Verdächtige in einer möglichen Mordverschwörung gegen Präsident Kennedy nannte, gründete er seine Meinung auf eine eindrucksvolle Reihe von Indizienbeweisen, die er über die drei Männer gesammelt hatte.

Wie wir sehen werden, waren viele dieser Indizienbeweise miteinander verflochten. Hoffa, Trafficante und Marcello waren Freunde und machten gelegentlich Geschäfte miteinander. So kam es, daß sich Beweise gegen die drei Männer oft überschnitten.

Was für Beweise hatte der Ausschuß im Fall von Jimmy Hoffa?

Zuerst einmal hatte er die Aussage von Edward Partin, dem Regierungszeugen und Teamster-Funktionär aus Louisiana, der dem Justizministerium berichtet hatte, daß Teamster-Boß Hoffa ihm anläßlich eines Besuches in seinem Washingtoner Büro im Juli 1962 lang und breit von seinen Plänen, Robert Kennedy zu ermorden, erzählt habe. Da Partin mit mehreren mächtigen Mitgliedern der Marcello-Organisation auf gutem Fuße stand, war Hoffa gewiß, Partin könne jemanden anwerben, der fähig sei, den Mord auszuführen. Hoffa gab Partin zu verstehen, daß er an zwei Verfahren dachte: entweder Kennedys Wagen mit Brandbomben zu bewerfen oder »einen einsamen Schützen mit einem Gewehr mit Zielfernrohr« einzusetzen. Als Partin das FBI über das Komplott informierte, unterzog dieser ihn einem Lügendetektortest. Der Teamster-Funktionär aus Louisiana bestand den Test.

Partin zufolge schlossen Hoffas Mordpläne auch Präsident Kennedy ein.

Der FBI-Ermittler Hawk Daniels, der ein Telefongespräch zwischen Partin und Hoffa abhörte, das nach dem Treffen vom Juli stattfand, bekräftigte Edward Partins Zeugenaussage. Daniels, der später Richter in Louisiana wurde, erzählte Anthony Summers 1978: »Ich glaube, Hoffa war fest entschlossen, die Drohungen auszuführen – ich bin sicher, daß er die Fähigkeit dazu hatte. Es ging nur darum, wie und wann, und nicht, ob es wirklich notwendig sei, zumindest Mr. Bobby Kennedy und vielleicht auch seinen Bruder auszuschalten.«

Etwa ein Jahr nachdem Hoffa Edward Partin seinen Mordplan verraten hatte, insbesondere im Spätsommer und Frühherbst 1963, begann Jack Ruby ohne sogleich erkennbaren Grund, eine Reihe von Gefährten Jimmy Hoffas anzurufen, von denen er einige gar nicht kannte. Wenn man diese Anrufe unter dem Aspekt von Hoffas Plänen, die Brüder Kennedy zu ermorden, betrachtet, erregen sie den Verdacht, daß Hoffa eine Rolle in einer Verschwörung zur Ermordung des Präsidenten oder zumindest in einer solchen, Lee Harvey Oswald zum Schweigen zu bringen, gespielt haben könnte. Der Ausschuß räumte jedoch ein, keinen direkten Verdacht gefunden zu haben, daß »Hoffa in ein Komplott gegen das Leben des Präsidenten verwickelt sei«. Im Schlußbericht des Ausschusses steht, daß »Hoffa im Gegensatz zu Marcello und Trafficante kein bedeutender Führer des organisierten Verbrechens war. Daher mag seine Fähigkeit, zu garantieren, daß seine Gefährten getötet würden, falls sie die Regierung informierten, nicht ganz so groß gewesen sein ...« Der Bericht fuhr fort: »Ein großer Teil der Beweise gegen Hoffa stammte sogar von Edward Grady Partin, einem Bundesregierungsinformanten«, womit er zu verstehen gab, daß Hoffa nicht fähig war, ein Mordkomplott zu vertuschen, da der Teamster-Funktionär Partin einer von Hoffas eigenen Männern war und trotz seiner Zusammenarbeit mit dem Justizministerium überlebt hatte. »Man darf daher stark bezweifeln, daß Hoffa etwas so Gefährliches wie ein Komplott gegen den Präsidenten gewagt hätte.«

Der Verdacht des Mordausschusses gegen Jimmy Hoffas Freund Santos Trafficante junior rührte in erster Linie von dessen Beziehung zu Hoffa her und bis zu einem gewissen Grade von der zu Carlos Marcello.

Am 12. März 1977, vier Tage vor dem ersten Interview des Ausschusses mit Trafficante, war José Aleman dran, der reiche Exilkubaner, der dem FBI im Herbst 1962 mitgeteilt hatte, von Trafficante erfahren zu haben, daß Präsident Kennedy »ermordet werden solle«. In diesem in Geheimsitzung geführten Interview erweiterte Aleman die ursprüngliche Aussage, die er dem FBI im Herbst 1962 gemacht und am Tage nach dem Mord wiederholt hatte, beträchtlich. Er teilte dem Mordausschuß mit, daß Trafficante ihm damals gesagt habe, Kennedy würde »kriegen, was er verdient hat«, weil seine Administration Hoffa so unnachgiebig verfolge. Ferner berichtete er dem Mordausschuß, Trafficante habe nicht etwa herumgeraten, daß der Präsident getötet werde. Er habe vielmehr *gewußt*, daß solch ein Verbrechen geplant sei. Im Schlußbericht des Ausschusses steht, Aleman »erklärte des weiteren, Trafficante habe ihm den deutlichen Eindruck vermittelt, daß Hoffa hauptsächlich mit der Planung des Präsidentenmordes betraut werden solle«.

Gut ein Jahr später wurde Aleman wieder vor den Mordausschuß gerufen, diesmal in öffentlicher Sitzung. Vor seinem Erscheinen bestätigte Aleman nochmals seinen ersten Bericht über sein Treffen mit Trafficante im September 1962, aber dann, kurz vor seinem Auftritt in der öffentlichen Sitzung, sagte er Mitgliedern des Ausschusses, daß er »um seine persönliche Sicherheit fürchte und Angst vor möglichen Vergeltungsmaßnahmen Trafficantes oder seiner Organisation habe«. Im Zeugenstand wiederholte er dann unter Eid, daß Trafficante gesagt habe, Kennedy »werde etwas abkriegen«, schränkte seine Aussage aber dadurch ein, daß er hinzufügte, Trafficante könne bloß gemeint haben, daß der Präsident in der Wahl von 1964 durch »eine Menge republikanischer Stimmen« etwas abkriegen könne, nicht aber, daß er ermordet werden solle.

Als Trafficante selbst am 28. September 1978 zum zweitenmal vor dem Mordausschuß stand, räumte er in seiner unter strafrechtlicher Immunität stehenden Aussage ein, daß er mit der CIA konspiriert habe, Fidel Castro zu ermorden, »bestritt jedoch jegliche vorherige Kenntnis oder Beteiligung an der Ermordung des Präsidenten«.

Fünf Jahre später beging José Aleman, mittellos, verzweifelt und zutiefst überzeugt, die Mafia sei hinter ihm her, Selbstmord. Vorher tötete er seine 69jährige Tante und verwundete drei Vettern und Kusinen schwer, von denen eine erst sechs Jahre alt war; dazu vier Polizisten des SWAT-Teams von Miami. (SWAT ist die Abkürzung für Special Weapons and Tactics, eine Sondereinheit der amerikanischen Polizei.)

Aleman, der einzige Sohn eines reichen Kubaners und ehemaligen Erziehungsministers aus der Zeit vor Batista, hatte ein Vermögen verloren, das einst auf rund 30 Millionen Dollar geschätzt wurde. (Zu seinen Kapitalanlagen gehörten das Stadion von Miami, das riesige Cape-Florida-Erschließungsgebiet in Key Biscayne und mehrere Luxushotels in Miami.) Aleman war zu der Überzeugung gekommen, daß seine Kongreßaussage von 1978 gegen Santos Trafficante seinen finanziellen Ruin bewirkt und ihn und seine Familie für den Rest ihres Lebens gebrandmarkt habe.

Gequält von diesen Gedanken, lief Aleman gleich nach dem Aufwachen am 1. August 1983 Amok und schoß wahllos auf jeden Menschen in seinem Hause. Dann, nach einem Schußwechsel mit dem SWAT-Team, schoß er sich selbst in die Schläfe und war auf der Stelle tot.

Alemans überlebende Verwandte berichteten später der Presse, daß Aleman von Angst verzehrt wurde wegen seiner Aussage von 1978 vor dem Sondermordausschuß des Repräsentantenhauses, in der er erklärt hatte, daß Santos Trafficante ihm 1962 gesagt habe: »Präsident John F. Kennedy wird 1964 nicht wiedergewählt, sondern ermordet.« – »Von diesem Tag an«, behauptete ein Verwandter, »glaubte er, daß er und seine Familie auf einer Todesliste der Mafia stünden.«

Das FBI hörte 1963 Telefongespräche ab, in denen Trafficante seiner Verzweiflung über das Vorgehen Robert Kennedys gegen sein kriminelles Imperium Luft machte. Sie zeigten, daß Trafficante Grund genug hatte, sich von den Brüdern Kennedy zu befreien. Und er stand in enger Verbindung mit zwei weiteren mächtigen Männern – Hoffa und Marcello –, die ebenso starke Motive hatten, sich der Kennedys zu entledigen. Angeblich hatten sie auch schon gedroht, einen oder alle beide zu töten. Trotzdem kam der Ausschuß, genau wie bei Hoffa, zu dem Schluß, daß es »unwahrscheinlich sei, daß Trafficante ein Komplott geschmiedet habe, den Präsidenten zu töten«. Schließlich gab es keine Beweise, daß Trafficante sich persönlich gegen den Präsidenten verschworen hatte. Es gab nur Hinweise, daß er vorher von der Ermordung gewußt hatte.

Der Mordausschuß schenkte der Möglichkeit, daß Carlos Marcello eine wichtige Rolle bei der Ermordung des Präsidenten gespielt hatte, viel mehr Glauben und Aufmerksamkeit. Wenn man zwischen den Zeilen des vorsichtig ausgedrückten Schlußberichts liest, erkennt man klar, daß der Ausschuß Marcello vor allen anderen verdächtigte. Im Schlußbericht steht nämlich: »Bei seiner Ermittlung gegen Marcello fiel dem Ausschuß ein entscheidendes Beweiselement auf, das bei den anderen Personen des organisierten Verbrechens, die der Ausschuß vernahm, fehlte: glaubwürdige Verbindungen, die sowohl Lee Harvey Oswald als auch Jack Ruby mit Personen hatte, die in, wenn auch flüchtigen, Beziehungen zu Marcellos Verbrecherfamilie oder -organisation standen.«

Wie wir sehen werden, drückte das Attribut »flüchtig« Ausmaß und Bedeutung jener Beziehungen nicht hinreichend aus.

Dank FBI-Direktor Hoovers bewußter Verheimlichung erhielt die Warren-Kommission nie auch nur den geringsten Hinweis auf eine Verbindung zwischen Oswald und dem organisierten Verbrechen. Der Mordausschuß aber entdeckte, daß Oswalds Onkel und Ersatzvater »Dutz« Murret Buchmacher im Glücksspielnetz der Marcellos war und als Kassierer für Marcellos Topmann Sam Saia gearbeitet hatte. Ferner bewies der Ausschuß, daß Oswalds

Mutter Freundschaften mit Sam Termine und Clem Sehrt, zwei Mitarbeitern Marcellos, pflegte. Auch entdeckte er, daß Oswald wegen der Bande, die zwischen den Familien Oswald und Murret einerseits und Freunden Marcellos andererseits bestanden, im Sommer 1963 gegen Kaution aus dem Gefängnis geholt wurde, und zwar von Emile Bruneau. Dieser war eng befreundet mit Nofio Pecora, Marcellos hochrangigem Berater, und Joe Poretto, dem Chef von Marcellos Rennsport-Informationsdienst und gleichzeitigen Manager des »Town & Country«-Restaurants. Am wichtigsten war jedoch, daß der Ausschuß aus FBI-Berichten, die die Warren-Kommission nie erhalten hatte, überzeugend nachwies, daß David Ferrie, einer von Oswalds Bekannten aus New Orleans, in dessen Gesellschaft Oswald von mehreren zuverlässigen Zeugen in den Monaten vor dem Mord gesehen wurde, als Ermittler für G. Wray Gill, Carlos Marcellos Anwalt in New Orleans, gearbeitet und dem FBI gestanden hatte, die beiden Wochenenden vor dem Mord mit Carlos Marcello auf dessen Besitz Churchill Farms verbracht zu haben.

Das waren also die Personen, mit denen Lee Harvey Oswald Kontakt hatte und die, wie sich der Mordausschuß ausdrückte, in »flüchtigen« Beziehungen zur Marcello-Verbrecherfamilie standen.

Der Mordausschuß entdeckte aber nicht, daß Oswald in den Monaten vor dem Mord tatsächlich für die Marcello-Organisation als Laufbursche in deren Glücksspielnetz gearbeitet und dabei so wichtige Freunde der Marcellos wie Joe Poretto und Ben Tregle kennengelernt hatte. Ziemlich wahrscheinlich traf Oswald auch zwei von Carlos' Brüdern – Anthony und Vincent –, wenn er seine Runden als Laufbursche und Kassierer für seinen Onkel Dutz durch die Marcello-kontrollierten Lokale wie das »Town & Country«-Motel und Ben Tregles »Lounnor«-Restaurant machte. Der Ausschuß schien auch nicht zu wissen, daß Dean Andrews einer von Carlos Marcellos Anwälten war. Er hatte die Warren-Kommission informiert, daß Oswald ihm gesagt habe, er würde für Castro-freundliche Demonstrationen bezahlt, und behauptet, daß irgend jemand ihn am Tage nach dem Mord angerufen und gebeten habe, Oswald als Verteidiger gegen die Anklagen, die die Polizei von Dallas gegen ihn erhoben hatte, zu vertreten.

Und was bekam der Mordausschuß über Jack Rubys Verbindungen zur Marcello-Verbrecherfamilie heraus?

Zuerst einmal die Ruby-Marcello-Verbindungen in Dallas. Der Mordausschuß bewies, daß Jack Ruby ein Freund und Geschäftspartner von Joseph Civello war, Carlos Marcellos Bevollmächtigtem in Dallas und Boß der relativ kleinen Mafiafamilie dieser Stadt, eine Tatsache, die J. Edgar Hoover der Warren-Kommission vorzuenthalten versucht und die die Kommission selbst verheimlicht hatte, indem sie sie weder in ihrem Bericht noch in anderen Veröffentlichungen erwähnte. Ferner bewies er, daß Ruby auf sehr freundschaftlichem Fuße mit Joseph Campisi stand, der, wie der Ausschuß entdeckte, als die Nummer zwei der Mafiahierarchie von Dallas galt und sich so gut mit den Brüdern Marcello verstand, daß er der Familie jede Weihnachten 120 Kilo selbstgemachte Wurst schickte.

Campisi berichtete dem Ausschuß, daß er alles über die Brüder Marcello wisse und oft nach New Orleans gereist sei, um mit Vincent, Anthony und Sammy Golf zu spielen und auf die Rennbahn zu gehen. Seine Bekanntschaft mit Carlos und Joe verdankte er Vincent, und Carlos hatte eine so große Zuneigung zu ihm gefaßt, daß er ihn mehrmals in sein Angellager in Grand Isle einlud, wo Campisi Spaghetti für Carlos und alle Brüder und ihre Freunde zu kochen pflegte.

Wie wir wissen, besaß und leitete Joe Campisi die »Egyptian Lounge«, ein berüchtigtes Mafiastammlokal in Dallas. Bei seiner Befragung gab er vor dem Mordausschuß zu, daß Jack Ruby am Abend vor der Ermordung Kennedys mit ihm in der »Lounge« gegessen habe. Er bekannte auch, daß er Ruby acht Tage nach dem Mord im Gefängnis von Dallas besucht habe.

Es gehört zu den Gewohnheiten der Mafia, ein Mitglied, das für ein Verbrechen im Gefängnis sitzt, an dem die Bruderschaft beteiligt war, bald nach der Einlieferung zu besuchen. Solch ein Besuch dient unter anderem dem Zweck, den eingesperrten Kollegen daran zu erinnern, daß er besser den Mund hält, wenn er nicht will, daß ihm oder einem Mitglied seiner Familie etwas Unangenehmes zustößt. Das geschieht im allgemeinen auf raffinierte Weise.

Joe Campisi war Rubys erster Besucher nach seiner Inhaftierung wegen Ermordung des angeblichen Präsidentenmörders. (Unglaublicherweise zeichnete die Polizei von Dallas die zehnminütige Unterhaltung zwischen Oswalds Mörder und einem Mann, der als enger Verbündeter von Carlos Marcellos Bevollmächtigtem in Dallas bekannt war, nicht auf.) Campisis Frau war mit dabei – ein ungewöhnlicher Schritt, weil Mafiosi ihre Frauen so gut wie nie zu Zusammenkünften mitnehmen, bei denen dringende Angelegenheiten besprochen werden, auch wenn dies noch so verblümt geschieht. Der ehemalige oberste Rechtsberater Blakey spekuliert, daß Campisi seine Frau mitbrachte, um nicht den Verdacht der Polizei zu erregen. Als Campisi gefragt wurde, was Ruby bei ihrer Zusammenkunft gesagt habe, konnte Campisi sich nicht an viel erinnern, um so lebhafter aber an Rubys mittlerweile stereotype Antwort auf die Frage, warum er Oswald getötet habe: um Jacqueline Kennedy und ihren Kindern die Schmerzen eines eventuellen Gerichtsverfahrens gegen Lee Harvey Oswald zu ersparen. (Später wurde eine handschriftliche Notiz Rubys an einen seiner Anwälte entdeckt, in der er zugab, gelogen zu haben. Tom Howard, ein ehemaliger Anwalt und Freund Campisis, habe ihm geraten, die Jacqueline-Kennedy-Story als Alibi zu benutzen.)

Campisi berichtete dem Ausschuß weitgehend dasselbe, was er dem FBI drei Wochen nach dem Mord berichtet hatte: daß er und seine Frau Ruby beim Betreten der Zelle weinend angetroffen hätten. »Hier kämpfe ich um mein Leben und bemitleide mich selber, wo mir doch in Wirklichkeit Mrs. Kennedy und die Kinder leid tun«, soll Ruby gejammert haben.

Campisis ursprüngliche Aussage beim FBI über seine Zusammenkunft mit Ruby im Gefängnis, die dann der Warren-Kommission übermittelt wurde, war eine meisterhafte Vorstellung gewesen. Sie hatte den Eindruck hinterlassen, daß Mr. und Mrs. Campisis Besuch bei Jack Ruby nichts weiter als ein Besuch bei einem lieben, alten Freund gewesen sei, der ein bißchen in Schwierigkeiten geraten war. Sie hob Rubys patriotische Entrüstung und sein Mitleid mit Jacqueline Kennedy und ihren Kindern hervor. Aber 14 Jahre später nahm der Sondermordausschuß des Repräsentantenhauses Campisi nicht mehr ab, daß sein Besuch bei dem Häftling Ruby einem so unschuldigen Zweck gedient habe. Der Ausschuß nahm zur Kenntnis, daß Jack Ruby am Abend vor dem Mord mit einem in Dallas ansässigen Mitglied der Marcello-Organisation zu Abend gegessen hatte und daß genau diese Person auch die erste war, die Ruby besuchte, nachdem er wegen Ermordung des angeblichen Präsidentenmörders ins Gefängnis gesperrt worden war. Der Ausschuß hatte kaum eine andere Wahl, als die Beziehung zwischen Ruby und Campisi und die zwischen Campisi und Marcello als ein weiteres Verbindungspaar zu betrachten, das den zunehmenden Verdacht des Ausschusses stärkte, die Verbrecherfamilie Marcello sei in eine Verschwörung verwickelt, mit deren Hilfe Präsident Kennedy oder sein angeblicher Mörder oder alle beide getötet werden sollten.

Dieser Verdacht wurde erhärtet, als der Ausschuß auf einen weiteren Freund von Jack Ruby stieß, der eine Verbindung zur Marcello-Organisation besaß. Er hieß James Henry Dolan und vertrat die Ortsgruppe Dallas der unter der Kontrolle der Mafia stehenden American Guild of Variety Artists. Der Ausschuß fand heraus, daß Dolan ein enger Freund von Carlos Marcellos Leutnant Nofio Pecora war und sich zwei Monate vor dem Mord mehrere Tage mit Ruby in Dallas beraten hatte.

Was Rubys Verbindungen mit der Marcello-Organisation in New Orleans betraf, so sollte der Ausschuß einige davon bestätigen, die dem FBI zur Zeit des Mords bekannt waren, die er aber der Warren-Kommission nicht energisch zur Kenntnis gebracht hatte. Der Ausschuß konnte bestätigen, daß Ruby sich im Juni und Oktober 1963 mit den Nachtklubbetreibern und Marcello-Geschäftspartnern Harold Tannenbaum, Frank Caracci, Cleeve Dugas und Nick Graffagnini (einem von Pete Marcellos Managern in der »Sho«-Bar an der Bourbon Street) getroffen und am 30. Oktober mit dem Büro des Marcello-Mitarbeiters Nofio Pecora in New Orleans telefoniert hatte, dessen Genosse Emile Bruneau Lee Harvey Oswald in jenem Sommer gegen Kaution aus dem Gefängnis geholt hatte.

Es gab aber auch noch andere Beziehungen zwischen Jack Ruby und Mitarbeitern von Carlos Marcello in New Orleans, die der Mordausschuß nicht herausbekam und die alles andere als »flüchtig« waren. Sie kamen gleich nach einem direkten Kontakt mit dem Boß selbst. Denn gemäß zuverlässigen Quellen in New Orleans und in Dallas sieht es ganz so aus, als habe Jack Ruby mindestens zwei von Carlos Marcellos Brüdern gekannt – Vincent und Tony –, die das Spielautomaten-Pachtgeschäft der Marcellos in Dallas leiteten, und vielleicht auch noch einen dritten – Pete –, der den von Jack Ruby im Juni besuchten Nachtklub der Familie im French Quarter führte. Zu jener Zeit trat die berüchtigte Stripperin Jada in der »Sho«-Bar auf, die Ruby später für seinen eigenen Klub in Dallas engagierte; am Tag des Mords stand sie bei Ruby unter Vertrag.

Nach dem Mord erhielt das FBI eine Aussage von William Abadie, einem ehemaligen Teilzeitangestellten Rubys, die darauf hinwies, daß Ruby durch die gemeinsamen Interessen am Spielautomatengeschäft mit einem oder zwei Marcello-Brüdern in Kontakt gekommen sein könnte. Es scheint praktisch sicher, daß Jack Ruby in seiner Doppelrolle als Spielautomaten-Lagerverwalter und Buchmacher Geschäfte mit Vincent Marcello, dem Präsidenten der Jefferson Music Company, machte und vielleicht auch mit seinem jüngeren Bruder Tony, zu dessen Aufgaben damals gehörte, die von den Marcellos an diverse Bars und Restaurants verpachteten Spielautomaten und Jukeboxes zu warten.

Wenn auch all diese Verbindungen zwischen Oswald, Ruby und Marcello verdächtig waren, so wies Hauptrechtsberater Blakey doch mit Recht darauf hin, daß sie keinen Grund für die Annahme boten, Carlos Marcello sei schuld an dem Mord. »Wir müssen uns hüten, aus zufälligen Verbindungen eine Verschwörung abzuleiten«, schrieb er im Schlußbericht. »Solche Analysen können nur einen Verdacht, aber keinen Beweis ergeben.«

Durfte man nach alledem als gegeben annehmen, daß Carlos Marcello in eine Mordverschwörung verwickelt war?

Bevor wir uns dieser Frage zuwenden, sollten wir einmal darüber nachdenken, was über die Beziehung zwischen Carlos Marcello und Jimmy Hoffa, dem zweiten Hauptverdächtigen des Ausschusses, bekannt ist.

Es wurde nachgewiesen, daß Hoffa und Marcello sich kannten und zumindest in Louisiana, wo Marcello großen Einfluß sowohl auf die Teamster- als auch auf die Longshoremen(Dockarbeiter)-Gewerkschaft ausübte, Geschäfte miteinander machten, als die Kennedy-Brüder an die Macht kamen. Da Robert Kennedy die beiden in seinem Krieg gegen das organisierte Verbrechen zu seinen Hauptzielscheiben gewählt hatte, müssen sie miteinander sympathisiert haben, seit sie unter dem Beschuß des jungen Justizministers standen.

So mag Jimmy Hoffa, als er anfing, ernsthaft an einen Anschlag auf das Leben Robert Kennedys zu denken, seinen Blick nach Süden, nach Louisiana, gerichtet und versucht haben, die Mitwirkung Edward Partins zu gewinnen, eines Funktionärs der Teamsters in Louisiana mit zahlreichen Verbindungen zu Freunden und Geschäftspartnern Carlos Marcellos.

Daß die Beziehung zwischen Carlos Marcello und Jimmy Hoffa besonders eng war, zeigte sich nach dem Mord, als der Teamster-Boß in den Jahren 1965 bis 1967 einer Gefängnisstrafe gegenüberstand und Carlos Marcello ihm mehr als jeder andere half. Denn in seiner dunkelsten Stunde wandten sich Hoffa und das nationale Syndikat des organisierten Verbrechens an Marcello und dessen Freund Irving Davidson, um einen nationalen Feldzug zur »Rettung« Hoffas zu koordinieren. Der Geheimdienst des FBI entdeckte, daß der Mob Marcello eine Million Dollar zur Verfügung gestellt hatte, um Partin, den Zeugen der Anklage, zu bestechen und, falls nötig, Richter, Staatsanwälte und Staatsbeamte zu schmieren, die in der Lage waren, Hoffas Gefängnisstrafe abzuwenden. Als Marcello dieses große Risiko auf sich nahm, revanchierte er sich da bei Hoffa für die Dienste, die dieser ihm beim Kennedymord geleistet haben mochte?

An führender Stelle unter diesen Diensten mag die Lieferung nützlicher Informationen gestanden haben (zum Beispiel über die außerehelichen Liebesaffären der Brüder Kennedy), die Marcello vielleicht zu der Annahme ermutigt hatten, er könne sich den Mord an John Kennedy erlauben. Das Wissen um die leichtsinnigen sexuellen Abenteuer der Brüder Kennedy könnte Marcello zu der Überzeugung verleitet haben, daß Justizminister Robert Kennedy keine gründliche Untersuchung des Mordes an seinem Bruder durchführen würde, aus Angst, dessen Tändeleien mit Frauen wie Marilyn Monroe und Judy Campbell könnten dabei ans Tageslicht kommen.

Carlos Marcello kannte die Macht, die man hatte, wenn man etwas über andere Menschen wußte. Als junger Sträfling im Staatsgefängnis in Angola hatte er schon Macht über den Gefängnisdirektor, einen verheirateten Mann, gewonnen, indem er durchblicken ließ, daß er über dessen Verhältnis mit einer Gefängnisköchin Bescheid wußte. Und nun war Marcello bekannt, daß Präsident Kennedy in ein Liebesabenteuer mit einer Freundin des Chicagoer Mafiabosses Sam Giancana verstrickt gewesen war, den die CIA engagiert hatte, um bei der Koordinierung eines Plans zur Ermordung Fidel Castros zu helfen.

Die endgültige Meinung, die der Mordausschuß zu der Möglichkeit äußerte, daß die Marcello-Organisation Beihilfe am Kennedymord geleistet haben könne, war zurückhaltend, verschwommen und in ein oder zwei Punkten völlig falsch.

Über das Scheitern des FBI, Carlos Marcello angemessen elektronisch zu überwachen, steht im Schlußbericht des Ausschusses:

»Marcellos raffiniertes Sicherheitssystem und die dichte Organisationsstruktur mag ein Faktor gewesen sein, der solch eine Überwachung verhinderte... Ein ehemaliger FBI-Beamter, der das Überwachungsprogramm kannte, berichtete dem Ausschuß: ›Das war unsere größte Lücke... Marcello war die einzige große Ausnahme in unserer damaligen Arbeit. Es gab eben keine Möglichkeit, in dieses Gebiet vorzudringen. Er war einfach zu schlau.‹«

Spätere Ereignisse haben bewiesen, daß es nicht Marcellos Schlauheit war, die verhinderte, daß das FBI Wanzen bei ihm anbrachte; es lag vielmehr an der Nachlässigkeit, der Unfähigkeit und vielleicht auch der Korruptheit der FBI-Außenstelle in New Orleans. Denn als das FBI 15 Jahre nach dem Mord seine große Undercover-Operation gegen Carlos Marcello in Gang setzte, bot die Installierung von Wanzen bei Marcello keinerlei Probleme. »Wir hatten überhaupt keine Schwierigkeiten, die Wanzen anzubringen«, erzählte mir ein Agent. »Es war relativ leicht.« 1979 konnte das FBI sogar ein Abhörgerät in die Decke von Carlos Marcellos innerem Heiligtum, seinem Büro im »Town & Country«-Motel, einbauen.

Eine andere Schlußfolgerung des Ausschusses war ebenfalls falsch, und zwar die Einschätzung der Möglichkeit, daß Carlos Marcello in den Mord verwickelt war. In den abschließenden Bemerkungen über Marcello kann man lesen, daß dessen Ruf, Vorsicht bei der Führung seiner Geschäfte walten zu lassen, »auf die Unwahrscheinlichkeit hinwies, daß er etwas so Gefährliches wie einen Präsidentenmord in Angriff nehmen würde. In Anbetracht dieses Rufes der Vorsicht und mangels direkter Beweise für eine Beteiligung kann man sagen, daß es unwahrscheinlich ist, daß Marcello tatsächlich in die Ermordung des Präsidenten verwickelt war.«

Aber war Carlos wirklich so vorsichtig bei der Führung seiner »Geschäfte« gewesen, zu denen man nicht nur seine rechtmäßigen Unternehmen, sondern auch seine kriminellen Aktivitäten zählen muß? Und würde er auch in Zukunft so vorsichtig sein?

Im Gegenteil, Marcello ging immer wieder enorme Risiken ein. War es nicht äußerst unvorsichtig, sich einem Deportationsbefehl der Regierung und dem Willen eines so entschlossenen Feindes wie Robert Kennedy zu widersetzen und aus dem von der Regierung verhängten Exil nach Mittelamerika illegal in die Vereinigten Staaten zurückzukehren? Und war es nicht unvorsichtig von Carlos, sich zwanzig Jahre später in das wilde, riskante Abenteuer hineinziehen zu lassen, das Undercover-Agenten der Regierung 1979 ausheckten und das am Ende zu seinem Sturz führte?

Der Mordausschuß gestattete sich jedoch am Ende die Meinung, daß Marcello vielleicht doch in den Kennedymord verwickelt gewesen war. In seinem Schlußbericht kommt der Ausschuß zu folgendem Ergebnis:

»Bei jeder Bewertung der Rolle, die Marcello möglicherweise in dem Mordfall gespielt hat, muß sein einzigartiger Status in La Cosa Nostra berücksichtigt werden. Das FBI stellte in den sechziger Jahren fest, daß Marcello wegen seiner Stellung als Haupt der Verbrecherfamilie von New Orleans (der ältesten in den Vereinigten Staaten, da sie schon in den achtziger Jahren des vergangenen Jahrhunderts hierher kam) und Boß des organisierten Verbrechens in Louisiana Sondervollmachten und -rechte besaß, die anderen Mitgliedern von La Cosa Nostra nicht zustanden. Gemäß Informationen des FBI genoß Marcello als Haupt der ›ersten Familie‹ der Mafia in Amerika das außergewöhnliche Vorrecht, Syndikatsunternehmungen zu betreiben, ohne die Zustimmung der nationalen Verbrechenskommission beantragen zu müssen.«

Und dann gab der Ausschuß seine abschließende Erklärung über die Möglichkeit einer Mittäterschaft Marcellos ab, eine Erklärung, die seinen vorherigen Schluß weitgehend abschwächte.

»Andererseits aber schlossen die Beweise, daß er ein Motiv hatte und über Freunde und Bekannte Verbindungen zu sowohl Oswald als auch Ruby besaß, sowie das Versäumnis der Untersuchung von 1963/64, sich eingehend mit möglicher konspirativer Aktivität in dem Mordfall zu beschäftigen, aus, daß der Ausschuß das Urteil fällte, Marcello und seine Genossen seien nicht beteiligt gewesen.«

Ironischerweise kam der Ausschuß ausgerechnet deshalb zu diesem vorsichtigen, etwas verschwommenen Schluß, weil nicht gründlich genug untersucht wurde, ob Marcello an dem Mord beteiligt war. Der Ausschuß berücksichtigte die zur Verfügung stehenden Indizienbeweise, die auf eine Mittäterschaft Marcellos hinwiesen, nicht genügend und ließ mehrere vielversprechende Spuren unerforscht. Für dieses Versäumnis gab es zwei Hauptgründe:

Erstens enthielt das FBI, getreu seinen alten Tricks, dem Ausschuß die ungeheuer dicken Akten aus Dallas und New Orleans so lange vor, daß Hauptrechtsberater Blakeys Mannschaft sie nicht mehr gänzlich durchsehen konnte. So kam es, daß der Ausschuß sich nie mit den Behauptungen De Laparras vom 27. November 1963 und 23. Februar 1967 und denjenigen von SVT-1 vom 26. November 1963 beschäftigte.

Unglaublicherweise entgingen also diese beiden potentiell bedeutsamen Behauptungen sowohl der Aufmerksamkeit der Warren-Kommission als auch der des Sondermordausschusses des Repräsentantenhauses. Die eine wies auf vorherige Kenntnis vom Kennedymord seitens eines Marcello-Mannes hin, die andere auf eine Verbindung zwischen Oswald und der Marcello-Organisation.

Ein zweiter Grund, warum der Ausschuß sich nicht gründlich genug mit den Beweisen für eine Mittäterschaft Marcellos beschäftigte, war der Zeitmangel. Der Kongreß hatte den Einsatz des Mordausschusses zeitlich so stark begrenzt, daß dieser sich einfach nicht genügend mit jedem Gebiet einer möglichen Verschwörung beschäftigen konnte. Das führte dazu, daß viele Mordforscher den Hinauswurf des ehemaligen Hauptrechtsberaters Sprague bedauerten, der sich so energisch für eine zeitlich unbegrenzte, mindestens für fünf Jahre finanzierte Untersuchung eingesetzt hatte.

So schenkte der Ausschuß in der Frage, ob Jack Ruby Verbindung zu den Marcellos hatte, Bobby Gene Moores Aussage keine Beachtung, die Ruby über Joseph Civello, Carlos Marcellos Beauftragten in Dallas, mit Marcello in Zusammenhang brachte. Und irgendwie entging ihm William B. Abadies Behauptung, derzufolge Ruby in zweien der Hauptgeschäftszweige der Marcellos in Dallas tätig war.

Ferner versäumte er, Rubys mögliche Beziehung zu Carlos Marcellos Brüdern zu untersuchen. Desgleichen beschäftigte sich der Ausschuß nie gründlich mit der Frage, in welcher Beziehung Lee Harvey Oswald denn nun wirklich zur Marcello-Organisation stand. Auch interviewte er bezüglich Edward Beckers Aussage nur diesen und Carlos Marcello, obwohl er ja auch noch Carlo Roppolo und »Liverde«, die anderen beiden Teilnehmer an der Zusammenkunft, hätte befragen können. Letzterer, glaubt Becker, war ein Mann namens Liberto. Er könnte aus der Familie Liberto aus New Orleans stammen, von der ein Mitglied verdächtigt wurde, mit Carlos Marcello konspiriert zu haben, Martin Luther King zu ermorden. Obwohl der Ausschuß Carlos Marcello stärker verdächtigte als jede andere Person, untersuchte er auch nicht, was die Brüder Marcello in den Monaten unmittelbar vor und nach dem Mord getrieben hatten; er hätte zum Beispiel Telefongespräche, Zusammenkünfte und andere Betätigungen überprüfen können. Und schließlich versäumte er nachzuforschen, ob J. Edgar Hoover absichtlich Beweismaterial manipuliert und verheimlicht hatte, aus dem hervorgehen könnte, daß die Familie Marcello Beihilfe zu den Morden an Kennedy und Oswald geleistet hatte.

Aber das wichtigste Versäumnis, ein Versäumnis des Kongresses der Vereinigten Staaten ebenso wie des von ihm geschaffenen Mordausschusses, war die unverzeihliche Einwilligung in die Ausgangsbedingungen des Auftrags: die Untersuchung auf jeden Fall im Januar 1979, bei Ablauf des 93. Kongresses, abzuschließen.

Denn als Ende 1978 die Zeit knapp wurde, hatte der Ausschuß immer noch nicht die ganze FBI-Akte über den Mord und die ganze CIA-Akte über Oswald gelesen und konnte aus Mangel an Zeit und Geld den ständig zutage tretenden neuen Spuren nicht folgen.

Was die FBI- und CIA-Akten betrifft, so scheint es, als hätte der Ausschuß viel zu sehr auf die Bereitschaft dieser Behörden vertraut, ihm bei seiner Untersuchung zu helfen. Am Ende begingen alle beide Ermittlungsbehörden Verrat am Vertrauen des Ausschusses und damit auch an dem der Bevölkerung der Vereinigten Staaten. Wie wir gesehen haben, verzögerte das FBI die Auslieferung von rund 100000 Seiten Mordunterlagen, so daß den Mitgliedern des Ausschusses nicht genug Zeit für die Prüfung blieb. Dasselbe gilt für die CIA. Eine 1981 gemäß dem Informationsfreiheits-Gesetz angestrengte Klage gegen die CIA förderte eine Aktennotiz zutage, aus der hervorging, daß die Mitglieder des Mordausschusses die CIA-Akte über Oswald nicht gänzlich inspizieren konnten, weil sie nämlich 16 Aktenschubladen Material über Oswald gar nicht zu Gesicht bekamen.

So gelangten schließlich mehrere 100000 Seiten Regierungsdokumente, die sich auf das Verbrechen bezogen, das zu klären Auftrag der Untersuchung war, nie in die richtigen Hände.

Und nun zu den nicht verfolgten Spuren... Am 27. November 1978, als sich der Ausschuß dem Ende seiner Wirkungszeit näherte, entdeckten Earl Goltz und Gary Mack, in Dallas stationierte Ermittler, einen Film von der Mordszene, den ein Amateurfotograf sechs Minuten vor den Schüssen auf Präsident Kennedy belichtet hatte. Er schien zu zeigen, daß sich im sechsten Stock des texanischen Schulbuchdepots zwei Männer befunden hatten. Der Film, nach seinem Besitzer Charles Bronson, einem Einwohner von Dallas, Bronson-Film genannt, hatte eine seltsame Geschichte. Kurz nach dem Mord übergab Bronson seinen Film dem FBI zur Prüfung, der ihn jedoch, wie aus einer 1978 entdeckten freigegebenen FBI-Aktennotiz hervorgeht, für wertlos hielt und seinem Besitzer zurückgab. Dort blieb er, bis Goltz und Mack ihn fanden, als die entsprechende FBI-Aktennotiz entdeckt wurde.

Nach dem Mord hatten mehrere Augenzeugen dem FBI berichtet, daß sie kurz vor der Ankunft der Wagenkolonne des Präsidenten auf der Dealey Plaza zwei Männer gesehen hätten, die sich im sechsten Stock des Schulbuchdepots bewegten. Carolyn Walther sagte einem FBI-Agenten, sie sei sicher, zwei Männer an dem Fenster im sechsten Stock gesehen zu haben, aus dem Lee Harvey Oswald, der einsame Schütze, angeblich auf den Präsidenten geschossen hatte. Auch Ruby Henderson teilte dem FBI mit, sie habe zwei Männer am Fenster gesehen, und zwar am selben, an dem die verächtlich abgewiesenen Augenzeugen Richard Carr, Arnold Rowland und Johnny Powell zwei Männer gesehen hatten. Und ein Insasse des dem Schulbuchdepot gegenüberliegenden Kreisgefängnisses von Dallas sagte einem recherchierenden Reporter, daß er und mehrere seiner Mithäftlinge kurz vor Ausbruch der Schießerei zwei Männer an einem Fenster im sechsten Stock gesehen hätten, von denen einer sein Zielfernrohr einstellte. Der Häftling hatte angenommen, es handle sich um Geheimdienstagenten.

Es gab aber noch einen zweiten Film. Diesen hatte der Amateurfotograf Robert Hughes fünf Sekunden vor dem ersten Schuß aufgenommen. Auch er schien zwei Personen zu zeigen, die an Fenstern im sechsten Stock des Schulbuchdepots standen. CBS ließ diesen Film 1975 von der Firma ITEC untersuchen, die feststellte, daß sich Sekunden vor dem Mord tatsächlich zwei Männer im sechsten Stock befanden.

Das FBI hatte sich nicht um die Aussagen dieser Augenzeugen gekümmert, weil es als Ketzerei galt, von zwei Männern zu reden, die auf dem »Heckenschützensitz« im texanischen Schulbuchdepot, den Hoover ausschließlich für Oswald reserviert hatte, gesehen wurden. Der Bronson-Film schien jedoch die häretischen Aussagen der Augenzeugen zu bestätigen. Der Mordausschuß ließ ihn von dem Fotoexperten und Berater Robert Groden analysieren, und Groden versetzte den Ausschuß in letzter Minute in Aufruhr. Er berichtete, daß der Film deutlich menschliche Gestalten und Bewegungen zeige, und zwar gleichzeitig an zwei Fenstern des sechsten Stocks, was darauf hinwies, daß sich kurz vor dem Mord zwei Männer im sechsten Stock befunden hatten.

Wenn im Mordausschuß nur ein Funke Kampflust und Zielstrebigkeit übriggeblieben wäre, hätte er sich angestrengt, den neuen Kongreß zu bewegen, seine Wirkungszeit zu verlängern, wenn auch nur für ein paar Monate, um den Bronson-Film angemessen auswerten zu können. Statt dessen empfahl er nur dem Justizministerium, den Film zu untersuchen. Es sieht so aus, als habe das Justizministerium die Empfehlung des Mordausschusses bis heute nicht befolgt.

Und so stand der Mordausschuß des Repräsentantenhauses, während er seine Ermittlung abschloß und seine historische Erkenntnis von einer »möglichen Verschwörung« veröffentlichte, praktisch am Anfang einer völlig neuen Untersuchung, der er nicht nachgehen konnte. Hunderttausende FBI- und CIA-Dokumente über den Mord waren noch nicht geprüft. Mehrere interessante Spuren, die darauf hinwiesen, daß die Marcello-Verbrecherfamilie eine Rolle bei der Ermordung Präsident Kennedys und Lee Harvey Oswalds gespielt haben könnte, konnten nicht verfolgt werden. Äußerst überzeugende Beweise, daß sich Minuten vor den Schüssen auf den Präsidenten zwei Schützen im sechsten Stock des Schulbuchdepots aufgehalten hatten, konnten nicht ganz ausgewertet werden.

Doch trotz all dieser unerledigten Angelegenheiten wandte sich der Ausschuß nicht an die neue Leitung des Kongresses, um sie zu bitten, seine Mandatszeit zu verlängern. Zugegeben, der Ausschuß empfahl dem Justizministerium, die akustischen Beweise genauer zu prüfen, die auf die Anwesenheit zweier Schützen an zwei Orten hinwiesen. Zugegeben, er empfahl, den Bronson-Film genauer zu analysieren und zu bewerten. Doch offenbar schlug er nie präzise vor, die Möglichkeit einer Beihilfe der Verbrecherfamilie Marcello zu dem Mord zu untersuchen.

Im März 1988 veröffentlichte das Justizministerium in aller Stille seine längst fällige Antwort auf die Empfehlung des Mordausschusses, weitere Nachforschungen anzustellen. In einer undatierten, unsignierten Aktennotiz an Peter Rodino, den Vorsitzenden des Justizausschusses des Repräsentantenhauses, schrieb der Stellvertretende Justizminister William F. Welt, das Justizministerium habe »entschieden, daß es keinen überzeugenden Beweis gibt, der die Theorie einer Verschwörung im Kennedymord stützt«.

Die Aktennotiz wurde damals weder vom Justizministerium noch vom Repräsentantenhaus publik gemacht. Wahrscheinlich wäre sie bis heute nicht ans Tageslicht gekommen, wenn nicht ein Arzt aus Kalifornien sie gemäß dem Informationsfreiheits-Gesetz losgeeist und sich im August 1988 damit an die Presse gewandt hätte.

In der Aktennotiz steht ausdrücklich, daß das Justizministerium nicht in der Lage war, sich den Bronson-Film zu beschaffen. Es wurde nie erwähnt, ob es die Möglichkeit einer Beteiligung des organisierten Verbrechens an dem Mord untersuchte. Man darf daher wohl annehmen, daß das Ministerium die Empfehlungen des Mordausschusses einfach ignorierte.

Und so blieb der Versuch, Licht in den Fall zu bringen, einzelnen privaten Forschern überlassen. Drei Beispiele für diese fortgesetzten Bemühungen sind die Betrachtungen, die in diesem Buch über die Behauptungen von De Laparra und SVT-1 angestellt werden, die Reaktion des FBI und – wie wir sehen werden – Joseph Hausers Berichte über seine Gespräche mit Carlos und Joe Marcello über den Mord.

Da die Behandlung, die das Justizministerium diesem Fall, der sicherlich der bedeutendste Mordfall der amerikanischen Geschichte ist, angedeihen ließ, gibt kaum Anlaß zur Hoffnung, daß das Justizministerium ihn wieder aufgreifen wird.

Und so kann nur die Folgerung gezogen werden, daß die Regierung der Vereinigten Staaten entweder nicht wissen will, wer hinter der Ermordung des Präsidenten steckte, oder nicht wünscht, daß die Nation und die ganze Welt es erfahren.

Es war eine Sache, der Welt zu verkünden, daß ein geistesgestörter Einzelgänger den Präsidenten tötete und dann rasch von einem patriotischen Bürger, der das Gesetz in die eigenen Hände nahm, umgebracht wurde, und eine ganz andere, zuzugeben, daß eine der mächtigsten Verbrecherfamilien der Nation fähig gewesen war, den Lauf der amerikanischen Geschichte mit Mitteln der Gewalt zu ändern und ungestraft davonzukommen.

Wie reagierte Carlos Marcello auf den öffentlich erklärten Verdacht des Sondermordausschusses des Repräsentantenhauses, daß er oder seine »Verbrecherfamilie oder -organisation« eine Rolle bei der Ermordung Präsident Kennedys gespielt haben könnten?

Es gibt handfeste Beweise, daß er ziemlich beunruhigt war, denn im Sommer 1979, als dieser Verdacht endlich von der Regierungsdruckerei veröffentlicht wurde, übergab er die Angelegenheit offenbar seinem treuesten Anwalt, dem brillanten Jack Wasserman, zur Bearbeitung. Wasserman ging sofort daran, sich die verfügbaren FBI-Akten über den Kennedymord zu verschaffen, darunter die umfangreichen Unterlagen über David Ferrie und einige, aber nicht alle Dokumente über die Behauptungen von Eugene De Laparra und SVT-1 sowie Edward Beckers Bericht über Marcellos Drohung, Kennedy zu töten.

Diese Akten mit einem Umfang von mehr als 220000 Seiten waren auf Grund eines langen und teuren Prozesses gemäß dem Informationsfreiheits-

Gesetz freigekommen, den Harold Weisberg, anerkannter Kennedymord-Forscher und Autor mehrerer Bücher zu diesem Thema, gegen das Justizministerium angestrengt hatte. Es waren die Akten, die dem Mordausschuß gleich zu Anfang seiner Untersuchung hätten vorliegen müssen, die er aber erst zu spät erhielt. Jetzt wurden sie Carlos Marcellos Anwalt zur Verfügung gestellt.

Aus einem Briefwechsel zwischen Wasserman und Weisberg, den ich gelesen habe, geht hervor, daß Jack Wasserman offenbar den ganzen Sommer und Herbst 1979 mit den FBI-Akten arbeitete, die auf Weisbergs Betreiben der Öffentlichkeit zugänglich gemacht worden waren. Er bemühte sich, jedes Dokument herauszufischen, dem man hätte entnehmen können, sein Klient sei in den Mord verwickelt.

Diese hektische Reaktion von Marcellos bestem Anwalt läßt sicher darauf schließen, daß diese Dokumente Carlos Marcello zutiefst beunruhigten.

Erwartete Marcello, daß das Justizministerium untersuchen würde, ob er der Beihilfe zum Mord schuldig sei – was vielleicht zur Einberufung einer Anklagejury und in der Folge zur Erhebung einer Anklage wegen Verschwörung zur Ermordung des Präsidenten der Vereinigten Staaten führen würde?

In diesem Fall hätte Carlos gar nichts Besseres tun können, als seine Verteidigung in Jack Wassermans Hände zu legen. Da Wasserman ihn seit über dreißig Jahren erfolgreich gegen die Einwanderungs- und Naturalisierungsbehörde verteidigt hatte, und zwar im längsten und teuersten Deportationsfall der amerikanischen Geschichte, würde er gewiß auch dem in einem solchen Fall die Anklage führenden Staatsanwalt in New Orleans eine heiße Schlacht liefern.

Aber Jack Wasserman kam nicht mehr dazu, seinen Klienten zu verteidigen. Kurz nachdem Wasserman sich auf den unerwarteten Prozeß vorzubereiten begonnen hatte, starb er plötzlich an einem Herzinfarkt.

Wie sich jedoch herausstellte, hatte das Justizministerium, als Jack Wasserman 1979 starb, gar nicht vor, Carlos Marcello wegen Verschwörung zur Ermordung Präsident Kennedys anzuklagen. Statt dessen startete es ein geheimes »Schwindel«-Unternehmen gegen ihn, das, wie die Regierung hoffte, den Mafiaboß von Louisiana für den Rest seines Lebens ins Gefängnis bringen würde.

Das Unternehmen begann, natürlich ohne Wissen Wassermans, kurz nachdem der Mordausschuß sich aufgelöst hatte. Ironischerweise konnte fast genau zur selben Zeit ein ehemaliger Sträfling, der nun für das Justizministerium arbeitete, das Vertrauen der Marcellos so weit gewinnen, daß Carlos und sein Bruder Joe mit ihm über den Kennedymord sprachen. Der ehemalige

Sträfling war Joseph Hauser, den das Justizministerium angeworben hatte, um ihm bei der Durchführung der geheimen Operation BRILAB gegen Marcello zu helfen. Wenn der Mordausschuß seine Untersuchung um ein Jahr hätte verlängern dürfen, dann hätte er Joseph Hauser in einer Geheimsitzung als Zeugen aufrufen und die private Reaktion seines Hauptverdächtigen und dessen Bruder auf den vorsichtigen Verdacht, sie könnten sich verschworen haben, den Präsidenten der Vereinigten Staaten zu ermorden, erfahren können.

51

# Operation BRILAB: Der Plan, Marcello zu fassen

Im Juni 1976 berichtete der kampferprobte Washingtoner Lobbyist Isaac Irving Davidson seinem Freund Joseph Hauser, einem Versicherungsagenten und vorbestraften Betrüger aus Los Angeles, der seine Geschäftsbeziehungen gern bis nach Louisiana ausdehnen wollte, daß er ihn mit Carlos Marcello bekanntmachen würde, »dem Mann, der in Louisiana die Kontrolle hat, dem Mann mit den besten Verbindungen in Amerika«.

Sodann teilte Davidson Hauser mit, daß er Marcello seit Jahren kenne und wisse, daß dieser die Teamsters und die Longshoremen in Louisiana kontrolliere und dazu weitere, kleinere Gewerkschaften. Marcello könne Hauser jedes gewünschte Versicherungsgeschäft im Staat beschaffen. Davidson würde Marcello aus dem Fonds von 600000 Dollar bezahlen, den Hauser ihm zur Verfügung gestellt hatte, damit er sich um die richtigen Leute kümmern konnte. Hauser, der mit Davidson bereits ein verheißungsvolles Versicherungsprojekt bearbeitete, war nur allzu erpicht, Geschäfte mit dem legendären Mafiaboß zu machen, den Davidson von Angesicht zu Angesicht gewöhnlich »Boß« nannte, privat dagegen »Onkel Snookems«.

I. Irving Davidson war ein Spezialist im »Zusammenbringen von Leuten«. Zu seinen engen Freunden zählte er so völlig verschiedene Menschen wie Carlos Marcello, J. Edgar Hoover, Jimmy Hoffa und Richard Nixon. Er hatte Joseph Hauser Ende 1975 zum erstenmal getroffen, als er zwischen diesem und gewissen Verwaltern des Teamsters-Sozialversicherungsfonds vermittelte, um Hausers Firma Farmers National Life Insurances in Miami einen Versicherungsvertrag, bei dem es jährlich um viele Millionen Dollar ging, mit dem Central States, Southeast and Southwest Teamsters-Kranken- und Sozialversicherungsfonds zuzuschanzen. Ebenfalls in den Plan verwickelt waren Santos Trafficante junior, der Mafiaboß aus Florida, und Richard Nixons ehemaliger

Justizminister Richard G. Kleindienst, dem Hauser seinen eigenen Worten zufolge 250000 Dollar Erfolgshonorar für seine Hilfe, den Vertrag mit den Teamsters an Land zu ziehen, gezahlt hatte.

Als Davidson die beiden Männer in Carlos Marcellos »Town & Country«-Büro formell miteinander bekannt machte, sagte Marcello zu Hauser:

»Ich hab' Sie schon von meinen Leuten überprüfen lassen und weiß, daß Sie gut sind... Ich weiß, daß Sie Ihr Wort halten.«

Hauser verstand sofort, was die Kodeworte »Ihr Wort halten« bedeuteten: daß Marcello bereits etwas von dem Geld bekommen hatte, das er selbst Davidson gegeben hatte.

Am folgenden Tag konnte Hauser dank ein paar Telefongesprächen, die Marcello mit Schlüsselpersonen in seinem unsichtbaren Netz führte, Geschäfte in Louisiana machen.

In den nächsten 30 Tagen trafen sich Hauser und Marcello zehnmal. Marcello mochte Hauser und vertraute ihm trotz seines schlechten Rufes als Betrüger. Es wurden mehrere Vereinbarungen geschlossen. Carlos versprach, Joe Hauser und Irv Davidson zu helfen, durch seine Freunde Jules und Rodger Le Blanc Kontrolle über die National American Life Insurance Company (NALICO) zu gewinnen, und dafür zu sorgen, daß Hauser das ganze Versicherungsgeschäft mit der Baugewerbe-Gewerkschaft bekam. Ferner versprach Marcello Hauser, er könne ihm weitere Kranken- und Sozialversicherungsverträge mit Gewerkschaften besorgen, sobald diese fällig würden, insbesondere die lukrativen Teamsters- und Longshoremen-Verträge. Wie sich herausstellte, konnte Hauser wenige Tage nach Marcellos Vermittlung für 24 Millionen Dollar die Kontrolle über NALICO kaufen. Für diese Anfangsdienste, die größtenteils aus Telefongesprächen mit Freunden und Geschäftsverbindungen bestanden, zahlte Davidson dem Boß 250000 Dollar.

Bald zeigte sich, daß die Bekanntschaft, die Irving Davidson zwischen dem Mafiaboß von Louisiana und dem berüchtigten Versicherungsbetrüger gestiftet hatte, äußerst fruchtbar für alle Beteiligten war. Nicht umsonst trug Davidsons Geschäftskarte den Aufdruck »Türöffner und Arrangeur«.

Was die drei damals jedoch nicht wußten, war, daß die Bekanntschaft sich später als äußerst verhängnisvoll erweisen sollte, vor allem für Marcello. Mehrere Jahre danach drehte Joe Hauser den Spieß um und lockte seinen bis dato unbesiegbaren Freund listig in eine Falle, aus der er nicht entkommen konnte und die ihn schließlich für den Rest seines Lebens ins Gefängnis brachte.

Wann und wie ging die Liebesaffäre zwischen Marcello und Hauser kaputt?

Nicht lange nachdem Joe Hauser NALICO gekauft hatte, begann die Securities and Exchange Commission (SEC) zu untersuchen, wie es Hauser gelungen war, Kontrolle über die Firma zu erringen, und wie er sie anschließend leitete. Als die SEC auf Unregelmäßigkeiten stieß, erließ sie eine einstweilige Verfügung gegen NALICO und stellte die Firma unter Zwangsverwaltung. Anfang 1977 verlor Hauser die Kontrolle über die Firma und verwickelte sich in einen Rechtsstreit mit den Le Blancs, den ehemaligen Eigentümern der Firma, die ihm noch Geld schuldeten, sich aber bankrott erklärt hatten. Von da an war es für Hauser natürlich aus mit Marcellos Gewerkschaftsverträgen.

Inzwischen war das Justizministerium auf Hausers und Davidsons Plan aufmerksam geworden, sich den Lebensversicherungsvertrag des Teamsters-Southeast-and-Southwest-Kranken- und Sozialversicherungsfonds durch Bestechung der Verwalter zu verschaffen. 1978 wurden die beiden in Phoenix, Arizona, wegen Gangstertums angeklagt. Nach einem langen Prozeß bekannte sich Hauser am 5. Februar 1979 der Verschwörung, Bestechung und des Gangstertums schuldig.

In dem Moment trat FBI-Sonderagent William Fleming, ein Spezialist für Geheimoperationen mit einem wachen Auge für verurteilte Verbrecher, die gewillt waren, Regierungsinformanten zu werden, wenn sie dafür ein milderes Urteil bekamen, an Joseph Hauser heran. Er schlug vor, der verurteilte Betrüger solle an einer Geheimoperation gegen seinen ehemaligen Geschäftspartner Carlos Marcello teilnehmen. Diese Operation gehörte zu dem landesweiten Schwindelunternehmen des Justizministeriums namens BRILAB (nach *bribery*, Bestechung, und *labor*, Arbeiterschaft), in dem Gewerkschaftsfunktionäre, die im Verdacht standen, mit Führern des organisierten Verbrechens illegale Aktivitäten zu betreiben, in »kriminelle Handlungen hineingezogen« werden sollten. Zum Dank für seine Teilnahme sollte Hauser bei seinem Prozeß den Beistand von Anwälten aus dem Justizministerium erhalten, dazu reichliche Vergütungen, Erstattung aller Kosten und Berücksichtigung im Bundesprogramm zum Schutz von Zeugen. Da Hauser nach einer Möglichkeit gesucht hatte, durch ein Schuldbekenntnis eine mildere Strafe zu erhalten, stürzte er sich auf Flemings Vorschlag. Dank seiner Zusammenarbeit mit der Regierung entging er schließlich der Strafe für seine 10-Punkte-Verurteilung wegen Betrugs der Teamsters um 3,5 Millionen Dollar.

So tat sich Joe Hauser Ende Februar 1979 mit dem FBI zusammen, und die Geheimoperation, Carlos Marcello in die Falle zu locken, kam in Gang.

Kurioserweise machte der Sondermordausschuß des Repräsentantenhauses genau zur selben Zeit publik, daß er bei seiner Untersuchung des Kennedymords auf die Möglichkeit einer Verschwörung gestoßen sei, und die *Times-*

*Picayune* verkündete in Schlagzeilen den Verdacht des Ausschusses, daß Marcello in das Verbrechen verwickelt sei.

Um Carlos Marcello nach Jahrzehnten vergeblicher Versuche endlich zu schnappen, plante die Regierung, nach dem Vorbild Hausers ein fingiertes Maklergeschäft an der Westküste zu gründen. Es sollte den Namen Fidelity Financial Consultants erhalten und in Louisiana durch Joe Hauser und zwei junge Mitarbeiter vertreten werden, die in Wirklichkeit Undercover-Agenten des FBI waren. Hauser, dessen Status jetzt der eines auf Kaution freigelassenen verurteilten Verbrechers war, und seine Männer sollten Marcello veranlassen, seinen Einfluß auf hohe Beamte aus Louisiana geltend zu machen, so daß diese bedeutende US-, Bundesstaats- und Gemeinde-Versicherungsverträge an die Firma Fidelity vergaben und dafür an den riesigen Provisionen auf die Verträge beteiligt wurden, die monatlich bis zu 100000 Dollar betragen konnten. Carlos' Gespräche mit Hauser, seinen beiden Assistenten und den diversen Staatsbeamten, die er zu bestechen versuchen würde, sollten von elektronischen Abhör- und Anzapfgeräten aufgenommen werden, die FBI-Techniker in seinem Büro und seinem Haus installieren, und von den Körpermikrophonen und Tonbandgeräten, die Hauser und seine Leute bei sich tragen sollten. Man hoffte, Marcello auf frischer Tat zu ertappen, wenn er Beamten, die Verträge an Joe Hausers Fidelity Financial Consultants vergaben, Schmiergelder in Form von Anteilen an den lukrativen Versicherungsprovisionen anbot.

Das FBI hatte sich für diesen Weg entschieden, weil alle normalen Ermittlungstechniken – persönliche Beschattung und Aushorchen von Informanten – beim Mafiaboß von Louisiana versagt hatten. Das FBI glaubte, das liege daran, daß allfällige Informanten Vergeltungsmaßnahmen seitens der Marcellos fürchteten, aber auch, wie sich ein an der Operation BRILAB beteiligter Agent ausdrückte, an »Marcellos äußerst raffinierter Verfahrensweise, die ihn selbst von Gesetzesvollstreckungsbehörden und seinen eigenen kriminellen Handlungen fernhielt«. Das FBI hatte nämlich erfahren, daß Marcello niemals mit Leuten verhandelte, die außerhalb seines Kreises treuer Mitarbeiter standen. Seine Berater und ihre Untergebenen handelten für ihn. So lief zum Beispiel Marcellos Geschäftsverkehr mit Hauser in den Anfangsstadien ihrer Beziehung stets über Irv Davidson.

Es war daher unumgänglich, bei der Ermittlung gegen Marcello elektronische Überwachungsinstrumente zu verwenden. Es gab keine andere Möglichkeit, ins Innerste seines kriminellen Unternehmens einzudringen. So ergab sich die Notwendigkeit, zum Schein eine Firma zu gründen, mit der Marcello vermutlich viele Geschäfte telefonisch abwickeln würde.

Unter der Leitung das FBI-Koordinatoren William Fleming und William Weichert wurde nun rasch die Scheinfirma gegründet und ihr funkelnagelneues Büro in Beverly Hills eröffnet. Das FBI druckte Visitenkarten und Briefpapier und übergab sie Joseph Hauser, dem Repräsentanten von Fidelity, und seinen beiden Assistenten, seinem »Neffen« und dessen »Freund«, bei denen es sich in Wirklichkeit um die FBI-Undercover-Leute Michael Wacks und Larry Montague handelte. Die Papiere verkündeten, daß Hauser, Wacks und Montague eine Firma vertraten, die mit der Prudential Insurance Company of America verbunden war, einer der größten Versicherungsgesellschaften der Welt. Die Größe der Lettern auf Karten und Briefpapier unterstrich die Bedeutung der Verbindung mit Prudential: »Prudential Insurance Company« war mindestens doppelt so groß und fett gedruckt wie »Fidelity Financial Consultants«.

Mit diesen eindrucksvollen Referenzen ausgestattet und mit Körpermikrophonen und Aktenkoffern, in denen unter doppelten Böden Tonbandgeräte steckten, machten sich Joe Hauser und später auch Mike Wacks und Larry Montague auf nach New Orleans in die Höhle des Löwen.

Inzwischen bereiteten sich unter der Leitung von Harold Hughes FBI-Agenten und -Techniker in New Orleans vor, ein Abhörgerät in Marcellos Büro zu installieren und seine Telefone anzuzapfen. Das geschah mit Ermächtigung des Justizministers und mittels eines von einem Bundesbezirksgericht aus New Orleans unterzeichneten 30tägigen Gerichtsbeschlusses.

Das FBI richtete seine Telefonmithörstation schließlich in zwei Wohnungen in einem Wohnkomplex namens Chateaux Dijon in Metairie ein. Dort standen sechs Tonbandgeräte, die Tag und Nacht die Telefongespräche aufnahmen, die Marcello in seinem »Town & Country«-Büro und seinem Haus in Metairie führte. Sechs FBI-Agenten hörten schichtweise rund um die Uhr mit. Jedesmal wenn bei Marcello irgend jemand den Hörer aufnahm, erklang in der Überwachungsanlage des FBI ein Signalton, und ein Lämpchen leuchtete auf. Dann setzten die Agenten Kopfhörer auf und lauschten der Unterhaltung, die gleichzeitig von den Geräten aufgezeichnet wurde.

Bevor das FBI das verborgene Mikrofon in Marcellos Büro einbaute, hatten FBI-Agenten ein Zimmer im »Village-Inn« gemietet, einem Motel, das neben Marcellos Büro lag und Ausblick auf den Büroeingang gewährte. Von dort aus überwachten FBI-Agenten das Kommen und Gehen des Mafiabosses und anderer und nahmen es auf Videoband auf. Außerdem notierten die Agenten die Nummernschilder an den Autos der Besucher und verfolgten gelegentlich auch Personen, wenn sie gingen.

Die Wanze in Marcellos innerem Heiligtum anzubringen erwies sich als schwierig. Trotzdem war es sehr viel leichter, als das FBI-Büro in New Orleans zur Zeit des Kennedymords behauptet hatte. Damals hatte Marcellos FBI-Betreuer beharrlich beteuert, Marcello sei nur ein Tomatenhändler, der zufällig ein undurchdringliches Sicherheitssystem besitze.

Wie wir wissen, bestand das »Town & Country«-Motel aus drei verschiedenen Bauten: dem Hauptgebäude mit dem Motelbüro und den Apartments, dem Restaurant, einem langen, niedrigen Gebäude in Gestalt eines typischen Passantenspeiselokals, und einem kleinen Backsteinhaus hinter dem Restaurant, in dem sich Carlos' Büroräume befanden. Eine Auffahrt rechts vom Restaurant führte nach hinten zum Büro, das etwas abseits von den anderen Gebäuden des Komplexes stand.

Mitten in einer besonders dunklen Nacht verließ ein 12 Meter langer Tankwagen mit einer Mannschaft von FBI-Agenten, einige in Straßenanzügen, andere in typischer Fernfahrerkleidung, den Airline Highway, fuhr auf das Motelgrundstück und hielt vor der Auffahrt zu Marcellos Büro, die er völlig blockierte. Dort stiegen die Männer aus, und die beiden Agenten in Arbeitskleidung öffneten die Motorhaube des Tankwagens und taten so, als reparierten sie den Motor.

Achtzehn weitere Agenten schlichen sich dann mit gezogener Waffe die Auffahrt zu dem kleinen Bürogebäude hinter dem Restaurant hinauf, bereit, wie Koordinator Harold Hughes sich ausdrückte, »zu tun, was sie tun mußten«, falls sie auf einen von Marcellos Leuten stießen.

Zum Glück waren keine Wachmänner in der Gegend, und sie erreichten ohne Schwierigkeiten das kleine, niedrige Gebäude. Drei Agenten gingen sofort in Carlos' Büro, während die übrigen fünfzehn am Eingang Wache hielten.

Die FBI-Techniker wollten die Wanze hinter einer Platte in der Zwischendecke direkt über Carlos' Schreibtisch anbringen. Während sie im Licht von Taschenlampen rasch arbeiteten, stellten sie fest, daß sie mit einem »harten Draht« nicht hindurchkamen und vorläufig einen kleinen UKW-Sender einbauen mußten. Die Techniker brauchten fast drei Stunden, um die Deckenplatte zu entfernen, den Sender einzubauen, die Platte wieder einzusetzen und sauberzumachen, damit keine Spuren ihre Anwesenheit verrieten, wenn Marcello pünktlich um 8 Uhr morgens zur Arbeit kam.

Obwohl Marcello so gut wie gar keine Sicherheitsmaßnahmen getroffen hatte, bestand immer die Möglichkeit, daß der Wachmann des Motels die FBI-Mannschaft auf seiner Runde entdeckte. Aber der Wachmann blieb bei den Apartments. Einmal trat der Nachtportier des Motels heraus, um zu sehen, was sich bei dem offenbar zusammengebrochenen Tankwagen tat, von dem ein heimkehrender Motelgast ihm berichtet hatte. Die Agenten, die so taten, als arbeiteten sie fieberhaft unter der Motorhaube, dankten dem Portier für sein Interesse und sagten, der Motor sei sehr bald repariert. Daraufhin wünschte der Portier ihnen Glück und kehrte in sein Büro zurück.

Drei Tage danach betrat die FBI-Mannschaft wiederum die Höhle des Löwen, wiederholte das Ganze, entfernte den UKW-Sender von der Decke und setzte die richtige Wanze ein. Das Unternehmen war ein ausgesprochener Erfolg.

Als die Agenten Marcellos Büroräume zum zweitenmal verließen, bemerkte einer von ihnen an der Eingangstür etwas, was er beim ersten Einbruch nicht bemerkt hatte: das Schild mit der Aufschrift *Drei können ein Geheimnis bewahren, wenn zwei tot sind.*

Bei der Heimfahrt im Tankwagen auf dem Highway erzählte einer der Agenten den anderen davon.

»Mann«, antwortete einer, »du hast wohl zu viele Filme wie den ›Paten‹ gesehen.« Alle lachten, während der große Tankwagen den Highway entlangrollte.

Nun waren alle Voraussetzungen geschaffen für das größte und erfolgreichste Schwindelunternehmen, das das FBI jemals gegen einen Mafiaführer in Gang gesetzt hatte.

# 52

# Falle Nummer eins

»Alle wollen Geld... Nichts als Geld... Jeder will Geld... Jedesmal wenn ein Politiker dort hineingeht, will er Geld...«

So äußerte sich Carlos Marcello zu Anfang des FBI-Schwindelunternehmens in einem auf Tonband aufgenommenen Gespräch mit Joe Hauser und den Undercover-Agenten Mike Wacks und Larry Montague.

Das einjährige Geheimunternehmen fiel zeitlich mit dem Wahlkampf und der Wahl des Gouverneurs von Louisiana von 1979 zusammen, und während es sich entwickelte, verschlangen sich FBI-Schwindel und Louisiana-Wahlpolitik zu einem unentwirrbaren Knäuel.

Damals war der extravagante Demokrat Edwin Edwards Gouverneur von Louisiana, ein ehemaliger Südstaaten-Farmerjunge, der sich mit Ellenbogen und Charme von der untersten Lokalpolitik bis zur höchsten Macht in seinem Staat durchgeschlagen hatte.

In einem anderen Gespräch, das die Geheimmannschaft während der Operation BRILAB aufgenommen hatte, gab Marcello seiner Meinung über den Gouverneur folgendermaßen Ausdruck:

»Edmund [sic] und ich kommen ganz gut miteinander aus, aber ich kann ihn nicht jeden Tag sehen... Er ist der größte Scheißkerl von einem Gouverneur, den wir jemals hatten. Er bumst Weiber und spielt Würfel, aber er trinkt nicht. Wie findet ihr das?«

Edwards Vizegouverneur war 1979 James Fitzmorris, über den Marcello in einem anderen Gespräch mit den Undercover-Agenten bemerkte:

»Fitzmorris? Der kann nichts weiter, als um Gefallen zu bitten. Er ist keinen Scheißdreck wert.«

»Fitzmorris ist seit 1948 ein Scheißkünstler. Er hat die Öffentlichkeit beschissen, und damit wird er vielleicht auch noch gewählt... Aber er hat nicht genug Grips, um das Rechte zu tun.«

Edwin Edwards hatte beschlossen, sich 1979 aus dem Rennen um den Gouverneursposten zurückzuziehen, und damit Fitzmorris den Weg bereitet, in der Vorwahl der Demokraten gegen Louis Lambert anzutreten, den State Public Service Commissioner (Leiter des öffentlichen Dienstes von Louisiana).

Auf der Seite der Republikaner spielte sich die Vorwahl zwischen dem Reformkandidaten David Treen und Staatssenator Edgar G. »Sonny« Mouton ab. Die Vorwahl von Louisiana sollte am 27. Oktober stattfinden, die Endwahl am 8. Dezember.

Während die Operation BRILAB gegen Marcello in Gang kam, erwarteten die Hauptakteure beider Seiten das Ergebnis des politischen Wettstreits mit großer Besorgnis, denn ihr Plan konnte nur dann gelingen, wenn die Regierungsbeamten, die Hauser von Marcello bestechen lassen wollte, einem Kandidaten nahestanden, der eine Chance hatte, 1980 Gouverneur zu werden.

Carlos Marcello war nicht die einzige Person, die das Justizministerium mit der Operation BRILAB von Joe Hauser jagen lassen wollte. BRILAB war breit angelegt. Bei ihrer Planung hatte man darauf geachtet, daß sie für die Untersuchung einer Vielzahl krimineller Aktivitäten geeignet war.

Da die Regierung glaubte, daß Hausers Freund Irv Davidson eng mit Carlos Marcello befreundet war, beauftragte sie Hauser, auch Davidson heimlich zu verfolgen, sich von ihm bei Geschäftsabschlüssen für Fidelity-Prudential helfen zu lassen und durch ihn die Bekanntschaft mit Marcello zu vertiefen. Hauser stimmte dem Wunsch des Justizministeriums zu, auch Irv Davidsons Gespräche aufzunehmen. Um Davidson noch genauer zu überwachen, besorgte sich das FBI vom Justizminister die Erlaubnis, die Telefone des Lobbyisten anzuzapfen.

Das Justizministerium wollte bei Davidson die Ohren offenhalten, weil dieser im Gegensatz zu Hauser in den letzten zwanzig Jahren ständig mit Marcello in Verbindung gestanden hatte. Wie sich herausstellte, bemühte sich Davidson damals, die Einwanderungs- und Naturalisierungsbehörde zu bewegen, ihren seit langem bestehenden Deportationsbefehl gegen Marcello zu mildern, indem er dem zweithöchsten Beamten der Behörde einen Gefallen anbot.

Wer war I. Irving Davidson, der Mann, der indirekt und unbewußt den Sturz seines alten Freundes aus Louisiana bewirkte?

Mit seinen eigenen Worten war er »das Öl für die Maschinen«, ein Mann, der sich sein Leben lang »auf einem Seil ohne Netz eigenwilliger Methoden bedient hatte«. Davidson war die Verkörperung des Washingtoner Lobbyisten, ein Intrigant und Anstifter mit einem riesigen Netz internationaler Verbindungen. Von Sultanen und Scheichs bis zu mittelamerikanischen Tyrannen und US-Mafiabossen fühlte er sich in fast jedermanns Gesellschaft wohl und war ein Mann, der aus irgendeinem Grund mehr Geheimnisse kannte als sonst irgend jemand in Washington. Als Marcello von Bobby Kennedy kurz und bündig nach Guatemala deportiert wurde und als Jimmy Hoffa vom Erdboden verschwand, war Irv Davidson der erste Mensch, den der Washingtoner Kolumnist Jack Anderson anrief, um sich vertrauliche Informationen zu holen.

Davidson wurde 1920 in Pittsburgh als Sohn eines Fleischereibesitzers osteuropäisch-jüdischer Herkunft geboren. Er war ein kleiner, schmächtiger, flinker Mann mit einem ständigen Grinsen im Gesicht, das von einer riesigen Kartoffelnase beherrscht wurde. Oft als »koboldhaft« beschrieben, war er für seine Leichtfüßigkeit bekannt. Einem Beobachter zufolge bewegte er sich »wie eine Katze auf Eiern«. Davidsons typischste Angewohnheit war, aus dem Mundwinkel heraus einen Fetzen vertraulicher Informationen ins Ohr eines Bekannten zu flüstern. Er war in Washington ungeheuer beliebt und schmeichelte den Menschen, indem er bei jedem den Eindruck erweckte, ein Geheimnis nur mit ihm und niemand anderem zu teilen.

Die Interessen, die Davidson in Washington vertrat, waren etwas anrüchig. Er war offizieller Lobbyist der Teamsters und war mit Jimmy Hoffa befreundet gewesen. Er war offizieller Lobbyist der Somozas aus Nicaragua, der Duvaliers aus Haiti, der Trujillos aus der Dominikanischen Republik und der reichen Murchisons aus Dallas, Besitzer der Dallas Cowboys, um nur einige seiner mächtigsten Kunden zu nennen. Seine enge Freundschaft mit den Murchisons teilte er mit J. Edgar Hoover, einem weiteren guten Freund, der auf Davidson baute, wenn er vertrauliche Informationen brauchte, die ihm niemand anders liefern konnte. Max Kampelman, der heute die Abrüstungsverhandlungen der Vereinigten Staaten in Genf leitet, auch ein Dauerlächler, war in Davidsons Blütezeit ebenfalls Lobbyist in Washington, und man konnte die beiden oft in Washingtoner Restaurants tratschen sehen.

Irv Davidsons Aktivitäten umspannten den ganzen Globus. Einmal verkaufte er 70 in Israel hergestellte Staghound-Panzer an Nicaragua. Er wirkte für die CIA im Kongreßhaus in Washington. Er vertrat Fidel Castros Interessen in den Vereinigten Staaten. Als offizieller Lobbyist für Coca-Cola begleitete er Gruppen dieses Herstellers auf Reisen in der ganzen Welt. Er machte eine Menge Geschäfte mit dem Sultan von Oman und half Carlos Marcello, Geschäftsbeziehungen mit Oman und anderen Staaten des Persischen Golfes aufzunehmen. Mit Jimmy Hoffas Hilfe arrangierte er einen riesigen Kredit aus der Teamsters-Pensionskasse an die Murchisons, und er war stark an einem Geschäft der Murchisons beteiligt, aus dem Bobby Baker, Lyndon Johnsons Kassierer, Geld zufloß. Edward Partin zufolge war Davidson Zeuge einer geheimen Zusammenkunft zwischen Marcello und Hoffa Ende 1960, bei der eine »500000 Dollar hohe Bargeldauszahlung an Nixons Wahlkampagne erfolgte«. Wie wir bereits gesehen haben, tat Davidson sich mit Carlos Marcello zusammen, um Jimmy Hoffa vor dem Gefängnis zu bewahren, und nachdem dieser eingesperrt wurde, half er Marcello bei der Koordinierung der Bemühungen, »Hoffa herauszuholen«, die schließlich mit Hoffas Begnadigung durch Richard Nixon endeten, einen weiteren engen Freund Davidsons.

Als Vertreter all dessen, was Jack und Bobby Kennedy bekämpften – Trujillo, Hoffas Teamsters, das Nicaragua der Somozas, die texanischen Reichen, die CIA, Castro, Nixon, die Mafia –, stand Davidson unzweifelhaft in hohem Ansehen bei all den Interessen, die am meisten vom Tod der Brüder Kennedy profitierten.

Es ist nicht schwer zu verstehen, warum Irv Davidson und Joe Hauser so gut miteinander auskamen. Sie waren beide aus demselben Holz geschnitzt. Auch Hauser war klein und flink, jüdischer Abstammung und ein gewitzter Intrigant und Maschinenschmierer mit einer umfangreichen Sammlung nützlicher und mächtiger – und potentiell gefährlicher – Bekanntschaften, die erpicht waren, ihm und sich selbst Geld verdienen zu helfen.

Obwohl Joe Hauser in dem Dorf Barnow in Polen geboren war, waren sein Teint und Gesichtsschnitt so mediterran – dunkle Haut, buschige schwarze Augenbrauen, schwarzes Haar, lebhafte Züge –, daß die Leute ihn oft eher für einen reichen lateinamerikanischen oder südeuropäischen Geschäftsmann hielten als für den polnischen Flüchtling vor dem Holocaust, der er in Wirklichkeit war. Hauser behauptete, seine Familie sei die einzige aus Barnow, die den Gaskammern entkommen sei. Er selbst hatte im Nazi-Konzentrationslager Mauthausen gesessen und war bereits in die tödlichen Duschräume abkommandiert gewesen. Seine kühne Flucht, einen Tag bevor er vergast werden sollte, führte ihn nach Amerika. Dort kam er an, als sich der Zweite Weltkrieg seinem Ende näherte. Am Leib trug er tatsächlich nichts als die sprichwörtliche Kleidung.

Bevor Hauser ein großverdienender Versicherungsspekulant wurde, hatte er sich herumgetrieben und hier und da versucht, einen Dollar zu ergattern. Er hatte in New York als Fleischer gearbeitet, in einem Chicagoer Schlachthaus, einer Schmuckfabrik und einem kleinen Versicherungsmaklergeschäft in Los Angeles. Begierig, so viel und so schnell wie möglich Geld zu verdienen, entschied er sich für das Versicherungsgeschäft als ideale Möglichkeit, das große Geld zu machen, von dem er zugab, Tag und Nacht zu träumen.

Nachdem er seine ersten Millionen als unabhängiger, skrupelloser Versicherungskaufmann verdient hatte, kaufte Hauser für 750000 Dollar eine herrschaftliche Villa in Beverly Hills, gleich neben Kirk Douglas, und begann, ein ungeheuer verschwenderisches Leben zu führen. Er gab sein Geld aus und verspielte es, als würde der Geldsegen kein Ende nehmen. Unter den Verbindungen, die er damals anknüpfte, befanden sich der Obermafioso Johnny Roselli aus Las Vegas und der örtliche Mafiaboß Jack Dragna.

Einem Journalisten sagte er 1981: »Sehen Sie, ich habe eben nichts im kleinen getan. Gewiß, ich habe gespielt. Gewiß, ich habe Leuten eine halbe Million Schmiergelder gezahlt, als wäre es nichts. Ja, ich habe 60 Tausender an einem Nachmittag verspielt. Ja, ich habe maßgeschneiderte italienische Anzüge für 2000 Dollar getragen. Was erwarten Sie von einem Kerl, dessen einzige realistische Zukunft einmal die Gaskammer war? Seit ich den Nazis entkommen bin, war mein Leben sowieso ein einziger Traum.«

Joe Hauser konnte seine Extravaganzen finanzieren, indem er Firmen kaufte und ausweidete. Dabei ging er folgendermaßen vor: Er erwarb die Kontrolle über eine Versicherungsgesellschaft und bestach über seine Kontaktleute bei der Mafia Gewerkschaftsfunktionäre und Regierungsbeamte, seiner Gesellschaft die Versicherungsverträge ihrer Organisationen zu überlassen. Wenn sich auf den Konten der Gesellschaft genug Aktivposten angesammelt hatten, leitete er sie weiter in seine und seiner Genossen Taschen und ließ die Gesellschaft auf dem trockenen, während er sich rasch auf neue Weidegründe begab.

Bevor Hauser diese Masche mit Carlos' Segen in Louisiana anwandte, hatte er sie in Florida mit katastrophalen Ergebnissen ausprobiert. Dort hatten er und Irv Davidson den in Tampa ansässigen Mafiaboß Santos Trafficante junior bewegt, ihm Geschäfte mit Gewerkschaften zu besorgen, indem er Gewerkschaftsfunktionären gewaltige Schmiergelder anbot. Aber diesmal hatte Hauser nicht so viel Glück. Das FBI hatte Trafficante scharf beobachtet, und so wurde Trafficante, Hauser und Davidson bald vorgeworfen, mit den Fingern in die scheinbar bodenlose Keksdose des Teamsters-Southeast-States-Kranken- und Sozialversicherungsfonds gelangt zu haben. (Alle drei wurden angeklagt, aber die Anklage gegen Davidson wurde schließlich fallengelassen.)

Wenn man Hausers Ruf als Betrüger bedenkt und die Tatsache, daß er kurz zuvor in Phoenix wegen versuchter Bestechung und Gangstertums verurteilt worden war und dort angeblich versucht hatte, sich beim FBI durch ein Schuldgeständnis eine mildere Strafe zu verschaffen, dann ist es erstaunlich, daß der gerissene Carlos sich hereinlegen ließ. Doch wie wir sehen werden, schluckte Marcello den Köder seines Freundes so vertrauensvoll wie ein Mississippi-Katzenfisch den Wurm.

Daß Hauser auch seinen Washingtoner Kumpan Irv Davidson hereinlegen konnte, einen gerissenen Fuchs, wie er im Buche steht, war ein weiterer Beweis für sein meisterhaftes Täuschungsvermögen.

Joe Hausers erstes persönliches Zusammentreffen als Geheimagent der Regierung mit Carlos Marcello fand am 2. April 1979 in Hausers Suite im Hotel »Maison Dupuy« in New Orleans statt. Der vom FBI entwickelte Aktenkoffer mit einem Tonbandgerät im doppelten Boden stand bereit; außerdem hatte das FBI ein Abhörgerät in Hausers Hoteltelefon eingebaut.

Marcello begrüßte Hauser freundlich und setzte sich dann an einen Couchtisch, auf dem der magische Aktenkoffer stand.

Zuerst sprach Marcello über die ärgerlichen Probleme mit NALICO und den Le Blancs, die er für »Spitzel« hielt, weil sie einmal jemanden zu ihm geschickt hatten, der ein Aufnahmegerät trug.

Nach ein paar Minuten Geplänkels über Spitzel und Aufnahmegeräte rief Hauser auf Marcellos Drängen Irv Davidsons Büro in Washington an. Carlos wies Hauser an, Davidson zu sagen, daß sie vom Hoteltelefon aus anriefen und reden konnten. Dann nahm Marcello den Hörer und teilte Davidson mit, daß sie alle drei bald in ein wichtiges neues Geschäft einsteigen würden. Nach dem Telefongespräch erklärte Carlos, er wünsche, daß Davidson in alles eingeweiht werde.

Den abgehörten Gesprächen zwischen Hauser, Marcello und Davidson konnte das FBI sowohl entnehmen, wie sehr Marcello und Davidson sich vor elektronischer Überwachung fürchteten, als auch, wie umständlich Marcello sich von den Verbrechen, die er plante, zu isolieren pflegte.

In einer Unterhaltung verriet Davidson Hauser, daß Marcello glaube, er befinde sich unter »Dauerüberwachung«. In einer anderen sprach Davidson von seiner Befürchtung, entweder er oder Hauser befänden sich »an einem Draht«. Bei seinen fast täglichen Telefongesprächen mit Davidson gab Marcello sich große Mühe, Abhörgeräten des FBI aus dem Wege zu gehen. Davidson rief in Marcellos »Town & Country«-Büro an und sagte Carlos' Sekretärin, daß er Marcello sprechen wolle. Die Sekretärin, die Davidsons Stimme kannte, bat ihn dann, eine bestimmte Nummer zu einem bestimmten Zeitpunkt anzurufen. Wenn er dort anrief, sagte ihm eine unbekannte Person, er möge eine weitere Nummer anrufen, und erst dann sprach er mit dem Boß.

Selten teilte Marcello Hauser telefonisch etwas Wichtiges mit, obwohl er sich ja mit ihm zusammengetan hatte, um Beamte zur Beschaffung von Versicherungsverträgen zu bestechen. Eine Kontaktaufnahme geschah fast immer über Davidson, wobei er seine ureigene Geheimsprache verwendete. Dann mußte Davidson Hauser in seiner Geheimsprache mitteilen, worum es sich handelte.

Bei ihrer ersten Zusammenkunft im Hotel »Maison Dupuy« kam der aggressive Hauser bald auf das bevorstehende Geschäft zu sprechen. Mit eingeschaltetem Tonbandgerät fragte er Carlos, ob dieser ihm bald zu einigen Versicherungsverträgen verhelfen könne. Sein neuer Laden würde gern Geschäfte in Louisiana machen. Dann versicherte er Marcello, daß Davidson »sich gut um ihn kümmern werde«.

Danach sprach Carlos über die Möglichkeit, daß Hauser dem Stadtrat von New Orleans, der seinen Krankenversicherungsschutz für 22000 städtische Angestellte von Blue Cross auf einen anderen Träger übertragen wollte, ein Angebot unterbreitete. Hausers doppelbödiger Aktenkoffer nahm die folgende Unterhaltung auf:

| | |
|---|---|
| HAUSER | Ihr habt also eine Menge Saft da unten? |
| MARCELLO | Ja, ich hab' sie alle dort, wo ich sie haben will. Ich brauch' ihnen bloß zu sagen: »Wendet euch an diese Firma hier und laßt sie ihr Angebot machen.« Können Sie jetzt anbieten? |
| HAUSER | Ja, das könnten wir morgen tun. |
| MARCELLO | Sie können? O.K., dann weiß ich jetzt, was ich zu tun habe. Wieviel springt für mich heraus, wenn Sie Bescheid wissen? |
| HAUSER | Ich muß erst einmal wissen, was für Leistungen sie erwarten. Wieviel Geld sie ausgeben können. |
| MARCELLO | In Ordnung. Die Stadt New Orleans. |
| HAUSER | Ich muß mit jemandem darüber reden. |
| MARCELLO | In Ordnung, ich werde Ihnen alle Informationen besorgen und Ihnen sagen, was sie augenblicklich bezahlen, welchen Gewinn sie machen und alles. |

Carlos teilte Hauser mit, er könne ihm auch alle Krankenversicherungsverträge der Arbeitnehmer des Kreises Jefferson besorgen. Über Doug Allen, den

Kreisratsvorsitzenden von Jefferson, sagte Carlos, sowohl dieser als auch Harry Lee, der führende Anwalt des Rates, seien »die richtigen Leute«. Sobald der Vertrag unter Dach und Fach sei, würden er und Hauser »diejenigen bezahlen, die bezahlt werden müssen«.

Etwas später bei dem Gespräch im »Maison Dupuy« fragte Marcello Hauser, ob es ihm je gelingen würde, die Teamsters zurückzugewinnen. Und Hauser antwortete: »Das liegt an dir, mein Freund.«

Dann meinte Carlos zu Hauser, daß Teamster-Vorsitzender Fitzsimmons sein Amt niederlegen und sein Nachfolger »ein Kerl aus Kansas City oder St. Louis« sein werde.

Hauser wollte wissen, wie Marcellos Verbindungen seien, und dieser antwortete, nach Fitzsimmons Rücktritt werde alles »in Ordnung« sein.

»Wer steht Ihnen näher, der Kerl aus Kansas City oder der aus St. Louis?« fragte Hauser.

»Das ist egal«, antwortete Marcello. »Eine reine Routinesache. Damit werde ich schon fertig.«

»Dann haben Sie also die Teamsters unter Kontrolle?«

»Sobald Fitzsimmons draußen ist.«

Zwei Tage später rief Davidson Hauser im »Maison Dupuy« an und sagte, sich auf Marcello beziehend: »Die Zusammenkunft und das Gespräch mit Ihnen haben unserem Freund gefallen.« Davidson teilte mit, er habe sich vor dieser Zusammenkunft mit Marcello getroffen. »Er ist sehr interessiert«, meinte Davidson zu Hauser. »Es ist alles gut.«

In den folgenden beiden Monaten telefonierten Marcello, Davidson und Hauser ständig miteinander. Marcello versuchte, die beiden über seine Fortschritte auf dem laufenden zu halten, indem er alle erreichbaren Informationen über die Versicherungsverträge der Arbeitnehmer der Stadt New Orleans und des Kreises Jefferson sammelte. Endlich, etwa Mitte Juni, glaubte Carlos, konkrete Pläne machen zu können, und ließ Hauser und Davidson nach New Orleans kommen.

Die Zusammenkunft fand am 22. Juni in Marcellos »Town & Country«-Büro statt. Zum erstenmal seit Beginn der Geheimoperation traf Hauser persönlich mit beiden Männern zusammen, die er verriet. Später gestand er Journalisten, daß sich ihm »der Magen umdrehte« und sein offenes Magengeschwür verrückt spielte, als er den Aktenkoffer auf Carlos' Schreibtisch stellte.

Einmal langte Carlos quer über den Schreibtisch, steckte die Hand in den Aktenkoffer, blätterte in Hausers Papieren und erkundigte sich: »Was ist denn da drinnen? Doch wohl keine Wanze oder so was?«

»Machen Sie Witze?« fragte Hauser.

»Ja, ich mache bloß Witze«, antwortete Marcello.

Bald machten die drei sich ans Geschäft. Carlos erklärte Hauser, daß alles über Davidson gehen müsse, daß er selbst nicht direkt hineingezogen werden wolle. »Wenn Sie mit Irv sprechen, sprechen Sie mit mir«, betonte Marcello.

Dann teilte er Hauser und Davidson mit, daß er ihnen die Versicherungsverträge von New Orleans und Jefferson besorgen könne und dazu vielleicht den Lebensversicherungsvertrag der staatlichen Arbeitnehmer von Louisiana und die Avondale-Schiffswerft, was so viel bedeutete wie die Longshoremen. Aber dann müßten sie mit »einer Menge Geld daherkommen, damit alle etwas abbekommen«.

Davidson meinte, darüber brauche Carlos sich keine Sorgen zu machen. »Kein Problem«, sagte er zum Boß, »kein Problem.« Darauf folgte ein Gedankenaustausch zwischen Marcello und Hauser:

| | |
|---|---|
| MARCELLO | Ich werde versuchen, Ihnen erst Jefferson zu besorgen und dann New Orleans. Oder vielleicht zuerst New Orleans. |
| HAUSER | O.K. |
| MARCELLO | In New Orleans müssen Sie sich nur um den Bürgermeister und den Rat kümmern. |
| HAUSER | Wieviel? |
| MARCELLO | Das weiß ich noch nicht. Das muß ich noch rauskriegen. Aber der Bürgermeister, der tut, was ich sage. |
| HAUSER | Ja. |
| MARCELLO | Wir kriegen den ganzen beschissenen Staat, wenn es nötig ist. Ich halte zu Ihnen... Wir nehmen es von oben, und was es auch ist, wir schneiden es in drei Stücke. |
| HAUSER | Sie sind der Boß, Carlos. |

Die Zusammenkunft wurde voller Optimismus abgeschlossen. Carlos versicherte den »Jungen«, daß alles klappen würde.

Inzwischen führte Irv Davidson eine eigene kleine Geheimoperation bei »Onkel Snookems« durch, die nichts mit BRILAB zu tun hatte und sich als Glücksfall für das Justizministerium erwies. Denn während das Schwindelunternehmen des FBI gegen Marcello Formen annahm, bemühte sich Davidson in aller Stille, einen hohen Beamten der Einwanderungs- und Naturalisierungsbehörde zu bewegen, die Reisebeschränkungen und die Meldepflicht, denen Marcello unterworfen war, zu lockern.

1979 schwebte über Marcello immer noch der Deportationsbefehl, der 1956 in Kraft gesetzt und 1961 bestätigt wurde – hauptsächlich auf Betreiben von Justizminister Robert Kennedy. Marcello hatte über zwanzig Jahre ständig dagegen gekämpft. Gemäß diesem Befehl mußte er sich »auf Anweisung zur Deportation melden«, »sich vierteljährlich persönlich beim INS melden« und »den INS informieren, sobald er Louisiana länger als 48 Stunden verließ«.

Während Davidson versuchte, für Carlos zu intervenieren, prozessierte dieser am Kreisgericht von New Orleans gegen den INS. Er wollte erreichen, daß der Fall an die Berufungskommission der Einwanderungsbehörde verwiesen wurde, um feststellen zu lassen, ob der ursprüngliche Deportationsbefehl rechtmäßig gewesen war.

Im Jahre 1979 war der Deportationsfall Marcello der längste und teuerste der Geschichte der Vereinigten Staaten. Kompliziert wurde er durch das von Kennedy angeregte Deportationsunternehmen im »Kidnap-Stil«, das wohl gesetzwidrig gewesen war, und die damit verbundene Anklage gegen die Marcellos wegen Verschwörung und Meineids, die Carlos' trotzige Wiedereinreise in das Land ausgelöst hatte. Obwohl der Druck der Regierung auf Marcello nach der Ermordung Präsident Kennedys etwas nachgelassen hatte, schleppte sich der Fall dahin, wobei es Marcello dank der Brillanz seines Anwalts Jack Wasserman immer wieder gelang, die Regierung zu überlisten. Man schätzt, daß die Honorare, die Marcello Wasserman allein für seine Arbeit in dem Deportationsfall gezahlt hatte, sich bis 1979 auf rund 2 Millionen Dollar beliefen.

Die Überwachung von Marcellos und Davidsons Telefonen bewies, daß die beiden Männer praktisch täglich Verbindung aufnahmen. Dabei ging es sowohl um die Versicherungsverträge als auch um die Zugeständnisse des INS. Abschriften der aufgenommenen Dialoge zeigen, daß die beiden eine Art Kode benutzten, um die FBI-Leute irrezuführen, mit deren Lauschertätigkeit sie rechneten.

Zusammengefaßt war den endlosen Dialogen zu entnehmen, daß Irv Davidson versuchte, Mario Noto, den stellvertretenden Leiter der Einwanderungsabteilung, zu bewegen, die Reisebeschränkungen zu erleichtern, die der INS Marcello auferlegt hatte. Dafür bot er Noto einen feudalen Job bei Coca-Cola an, einer Firma, die Davidson als Lobbyist vertrat, den Noto gleich nach seinem Ausscheiden aus der Behörde antreten konnte. Für seine Bemühungen zugunsten Marcellos sollte Davidson gewisse Vergütungen erhalten, die Marcello in den aufgenommenen Gesprächen »genug für euch alle« und »die Garnelen« nannte, und Davidson »eine kostenlose Tasse Kaffee«.

Eines der aufschlußreichsten Gespräche zwischen Davidson und Marcello betreffs des INS wurde am 14. Mai 1979 aufgezeichnet:

DAVIDSON Er [Mario Noto] sagte mir, die Behörde würde mitmachen, aber da ist noch eine Stelle, äh, außerhalb der Behörde, an die sie sich wenden müssen. Selbst wenn du [unhörbar] bist, sollst du wissen, daß es sich um die Kriminalabteilung des Justizministeriums handelt.

MARCELLO Ja.

DAVIDSON Und ich kenne den Namen des Herrn. Ich habe ihn schon angerufen. Wir können jederzeit einen Termin bekommen.

So gab es also auch in der Kriminalabteilung des Justizministeriums jemanden, der dem Mafiaboß von Louisiana helfen wollte, Beschränkungen zu überwinden, die ihm der INS auferlegt hatte, eine Behörde seines eigenen Ministeriums, das gerade hinter Marcello her war.

Was die lange und enge Beziehung zwischen Irv Davidson und Carlos Marcello so bedeutsam macht, sind die Interessen von Davidsons anderen langen und engen Beziehungen. Männer wie Jimmy Hoffa, Santos Trafficante, Johnny Roselli, Luis Somoza, Rafael Trujillo, Clint Murchison, Bobby Baker, Lyndon Johnson, Richard Nixon und J. Edgar Hoover.

Etwa zur selben Zeit wie Irv Davidsons Machenschaften im Justizministerium schrieb der in mehreren Zeitungen zugleich veröffentlichende Kolumnist Jack Anderson, ein weiterer Freund Davidsons, eine ganze Kolumne über Marcello, in der er ihn als »den mächtigsten Mafioso der Nation« und »Hauptverdächtigen des Mordausschusses in dem Komplott zur Ermordung John F. Kennedys« bezeichnete.

Wenn man sich einmal überlegt, wie eng und lange Davidson und Marcello zur Zeit des Kennedymords befreundet waren und welche Personen Davidson damals gut kannte, dann muß man einfach spekulieren, ob Carlos Marcello nicht zur Mordzeit über diesen an Mitverschwörer auf hoher Ebene herangekommen war, die alle Erzfeinde der Kennedys waren: den geschlagenen Präsidentschaftskandidaten Nixon, den frisch vereidigten Präsidenten Johnson und FBI-Direktor J. Edgar Hoover, den Mann, dem Johnson die Untersuchung des Kennedymords anvertraut hatte.

Jack Andersons Kolumne über Carlos Marcello und seine angenommene Rolle im Kennedy-Mordkomplott wurde Mitte Juli 1979 in der *Times-Picayune* veröffentlicht.

FBI-Undercover-Agent Larry Montague erinnert sich, von dem Artikel gehört, aber damals nicht mit Marcello darüber gesprochen zu haben. »Ich wollte Marcello nicht aus der Fassung bringen«, sagte er mir acht Jahre später. »Ich wollte ihn damals nicht mit solchen Themen wie dem Kennedymord mißtrauisch machen. Ich erwog es, kam jedoch zu dem Schluß, daß die ganze Operation auffliegen könnte, wenn ich mit ihm darüber sprach... Außerdem mußte ich vom rechtlichen Standpunkt her meine Gespräche mit Carlos streng auf die laufende Operation beschränken. Wir hatten nur dazu die Genehmigung.«

Joe Hauser war nicht so umsichtig. Die Feststellungen und Verdächtigungen des Mordausschusses des Repräsentantenhauses standen im Frühling und Sommer 1979 ständig in den Zeitungen von New Orleans, und Hauser erwähnte sie gelegentlich in den zahllosen Gesprächen, die er mit Marcello in den Restaurants von Metairie und New Orleans führte.

Hauser behauptet, von Carlos beiläufig das Zugeständnis erhalten zu haben, daß sowohl Lee Harvey Oswald als auch sein Onkel Dutz Murret in seinem Buchmachernetz in der Innenstadt gearbeitet hatten und daß Oswald im Sommer 1963 als »Laufbursche« für Sam Saia und Dutz Murret tätig gewesen war. Ausgangspunkt war eines von Saias Buchmacherunternehmen gewesen, das »Felix Oyster House«, ein Restaurant, das Saia in der Iberville Street im French Quarter gleich um die Ecke von Pete Marcellos »Sho«-Bar besaß.

Hauser rekonstruiert Marcellos Bemerkung über die Beziehung seiner Organisation zu Oswald, die er nicht schriftlich niederlegte, weil sie in einer inoffiziellen Unterhaltung fiel, ungefähr wie folgt:

»Oswald? Ich kannte seine verdammte Familie. Sein Onkel, der arbeitete für mich. Der Junge ebenfalls. Er arbeitete für Sam von dessen Laden in der Innenstadt aus, wissen Sie, der ›Felix Oyster Bar‹ oder so ähnlich. Die FBI-Leute kamen her ins Motel, um sich nach ihm zu erkundigen, aber meine Leute haben ihnen nichts gesagt. Als hätten wir nie von dem Kerl gehört.«

Hauser behauptet, er habe auch Carlos' Bruder Joe eine Andeutung entlockt, daß die Marcellos womöglich mit dem Kennedymord zu tun hatten. Eines Tages brachte Hauser die Kennedys zur Sprache, als er in Joes Anwesenheit einen Bericht über Teddy Kennedys Wahlkampf von 1980 um die Nominierung als Präsidentschaftskandidat der Demokraten las. Von der Zeitung aufblickend, sagte Hauser etwa: »Die Kennedys sind schon wieder fleißig, Joe. Jetzt ist es Teddy. Mann, seine Brüder haben es dem ollen Carlos damals mit der Deportation ganz schön schwer gemacht.« Darauf hatte Joe geantwortet: »Keine Sorge, denen haben wir es gezeigt, oder etwa nicht?«

Der FBI-Undercover-Agent Mike Wacks erzählte mir acht Jahre später, er könne sich erinnern, daß Hauser ihm über diese Worte Joe Marcellos berichtet habe.

Wacks und Montague erinnern sich auch, daß Marcello einen langen Monolog über seine »Entführung durch Bobby Kennedy« von 1961 hielt. Als sie im Sommer 1979 einmal in Marcellos Wagen von Lafayette nach New Orleans fuhren, ließ er sich mindestens eine halbe Stunde über seine Leiden in Guatemala, El Salvador und Honduras aus.

Etwa zur selben Zeit, als Jack Anderson seine Kolumne über Marcello und den Kennedymord veröffentlichte, erhielt Irv Davidson einen Anruf von Carlos, in dem dieser ihm mitteilte, daß er bereits die erforderlichen Vereinbarungen für den Versicherungsvertrag der Arbeitnehmer des Kreises Jefferson getroffen habe und »New Orleans bald in Ordnung bringen werde«. Aber Ende Juli hatte Carlos New Orleans immer noch nicht in Ordnung gebracht. Daher mußte er Davidson in Washington anrufen und ihm sagen, er möge Hauser bitten, »abzuwarten«.

August ist überall im tiefen Süden ein träger Monat, aber in Louisiana ist er wahrscheinlich noch träger als anderswo; das Geschäftsleben kommt in der stickigen Hochsommerhitze praktisch zum Erliegen. Die Straßen der Innenstadt von New Orleans sind im August fast völlig verlassen, denn die Menschen leben lieber klimatisiert und wagen sich so selten wie möglich hinaus in die schwüle Hitze einer Gegend, die unter dem Meeresspiegel liegt. In dieser entnervenden Atmosphäre konnte Carlos Marcello wenig mit Ernest N. Morial, dem schwarzen Bürgermeister von New Orleans, anfangen – den er in seinen Gesprächen mit Hauser meistens »diesen Nigger« nannte und von dem er gegenüber Hauser und Davidson behauptete, er »kontrolliere« ihn (was sich als unwahr erwies) – und noch weniger mit dem Stadtrat von New Orleans. So schaute sich Carlos nach einem neuen Geschäft um. Bald rückte er mit einem Plan heraus, das ganz große Geld zu machen.

Carlos hatte sein Auge auf den Gruppen-Lebensversicherungsvertrag der Arbeitnehmer des Staates Louisiana geworfen. Wenn er diesen Vertrag für Fidelity-Prudential ergattern könnte, würden dabei Provisionen von fast 100000 Dollar pro Monat herauskommen. Die eine Hälfte davon würde er dem Staatsbeamten von Louisiana, der ihm den Vertrag verschaffen konnte, als Schmiergeld anbieten, die andere Hälfte würde an ihn selber, Hauser und Davidson gehen.

Carlos erfuhr, daß Charles E. Roemer II., der Leiter der Verwaltung des Staates Louisiana und Wahlkampfmanager für Staatssenator Edgar G. »Sonny« Mouton, den Kandidaten für den Gouverneursposten, derjenige war, den er würde schmieren müssen. Als Leiter der Verwaltung war Roemer der unmittelbare Vorgesetzte von Joe Terrell, dem Vorsitzenden des Treuhänderausschusses des Gruppen-Leistungsprogramms der Arbeitnehmer des Staates Louisiana, dessen Mitglieder die endgültige Entscheidung über die Vergabe der Gruppen-Lebensversicherungsverträge fällen würden.

Dann erzählte Marcello Aubrey Young, einem Freund in der Staatsregierung, ein bißchen von seinem Plan und bat ihn, Roemer vorgestellt zu werden. Young tat ihm den Gefallen, und Roemer und Marcello verabredeten sich Ende des Monats in New Orleans.

Marcello, der sich selten direkt an jemanden wandte, der außerhalb seiner Organisation stand, um eine kriminelle Verschwörung zu planen, weihte Roemer in den Gesamtplan ein, sich die Versicherungsverträge des Staates zu verschaffen. Sie trafen sich am 28. August im »St. Ann« in New Orleans, einem bescheidenen Hotel im French Quarter, das Sonny Mouton als Wahlkampf-Hauptquartier benutzte. Dort, im Café des Hotels, teilte Carlos Roemer mit, daß Fidelity-Prudential monatlich rund 86000 Dollar Provisionen verdienen würde, wenn Roemer ihr den Versicherungsvertrag der Arbeitnehmer des Staates verschaffte. Davon würde Roemer monatlich 43000 Dollar bekommen, Marcello und seine Partner den Rest. Carlos fügte hinzu, daß er Roemer 129000 Dollar, das heißt einen Vorschuß in Höhe von drei Monatsanteilen, geben könne, wenn dieser Fidelity-Prudential den Vertrag in 30 bis 90 Tagen besorgte. Inzwischen würde Carlos ihm einen Vorschuß von 25000 Dollar zahlen. Zuvor aber sollte Roemer förmlich versprechen, dazu beizutragen, daß Fidelity den Vertrag bekam, und zwar bei einem Treffen, das Carlos Mitte September mit den übrigen Beteiligten plante: Davidson, Hauser und dessen beiden Assistenten Wacks und Montague.

Später sollte Carlos Vincent Marinello, einem jungen befreundeten Anwalt, den er mit in die Verschwörung hineinzog, berichten, daß Roemer »einen Luftsprung tat«, als Carlos ihm sagte, Fidelity-Prudential könne ihm, wenn alles klappte, innerhalb von 30 bis 90 Tagen 129000 Dollar auf die Hand zahlen.

Nach einem FBI-Tonband war es Aubrey Young, der das entscheidende Treffen aller Verschwörer am 10. September im Hotel »St. Ann« arrangierte. Er und Marcello beschlossen, daß sie alle zu verschiedenen Zeiten im Hotel eintreffen würden. Roemer sollte die Suite beziehen, die als Sonny Moutons Wahlkampf-Hauptquartier benutzt wurde, Marcello würde als erster ankommen und in das Café gehen. Dann würde Davidson Hauser und die beiden Agenten zu dem Treffen mit Charlie Roemer in Moutons Hauptquartier im »St. Ann« begleiten. Zuerst wollten sie sich im Café kurz mit Marcello treffen. Dann würde Davidson bei Marcello bleiben, während Hauser, Wacks und Montague zu Roemer gehen würden. In Moutons Suite sollte eine Abmachung getroffen werden, die einer der Beteiligten an Marcello und Davidson im Café übermitteln würde, um ihre Zusage oder Ablehnung einzuholen.

Als der 10. September herangekommen war, brach Panik aus im Lager Hauser, Wacks und Montague. Die drei wohnten im Hotel »Royal Orleans«, nicht weit vom »St. Ann«. Aber man hatte sie glauben lassen, daß das Treffen in Marcellos »Town & Country«-Büro stattfinden würde, das bekanntlich elektronisch überwacht wurde. Als sie erfuhren, daß die entscheidende Zusammenkunft im »St. Ann« gehalten werden würde, standen sie plötzlich vor der Frage, wie sie sie aufnehmen sollten. Mehrere Wochen davor hatten Hauser, Wacks und Montague ein schauriges Erlebnis mit Irv Davidson in Washington: Davidson nahm Hauser plötzlich den Aktenkoffer mit dem Tonbandgerät aus der Hand, tat so, als zöge ihn das Gewicht zu Boden, und sagte: »Da muß ein Aufnahmegerät drinstecken, er ist so verdammt schwer.«

Seit diesem Vorfall trugen Hauser und die Agenten ungern einen Aktenkoffer, wenn Davidson in der Nähe war. So beschlossen sie also kurz vor dem Treffen im »St. Ann«, auf ihre Aktenkoffer zu verzichten und statt dessen Hauser zu verdrahten. Doch als sie das kleine Aufnahmegerät innen an Hausers Oberschenkel befestigten, stellten sie fest, daß sich Draht und Gerät wegen Hausers ziemlich muskulösen Beinen auf der Hose abzeichneten. Sie beschlossen, auch auf das Körpermikrophon zu verzichten, was bedeutete, daß sie ohne Aufnahmegerät zu dem Treffen gehen mußten. Und das war ausgerechnet das Treffen, bei dem sie Roemer dazu bringen wollten, mündlich eine Bestechung anzunehmen.

Als Roemer, Hauser, Wacks und Montague in der Mouton-Suite versammelt waren, teilte Roemer den drei falschen Versicherungsleuten mit, daß er als Leiter der Verwaltung des Staates Louisiana tatsächlich befugt sei, die Verträge zu vergeben. Dann erklärte er, wie die Vergabe von staatlichen Versicherungsverträgen vor sich ging, und erklärte sich einverstanden, ein Treffen zwischen seinem Untergebenen Joe Terrell und Hauser zu arrangieren, um Einzelheiten zu besprechen. Dann bat Roemer, mit einem der drei »von Mann zu Mann« unten in einer Herrentoilette reden zu dürfen. Es wurde beschlossen, daß Mike Wacks der entscheidende Mann sein sollte, weil er genaugenommen »Präsident« von Fidelity Financial Consultants war.

Roemer und Wacks zogen sich in eine Herrentoilette in der Nähe der Eingangshalle zurück. In einer Ecke der Toilette teilte Roemer Wacks offen und sachlich mit, daß er bereit sei, Fidelity im Austausch gegen die Hälfte der monatlichen Provisionen einen Lebensversicherungsvertrag der staatlichen

Arbeitnehmer zu übertragen. Hätte ich doch ein Mikrophon! dachte Mike Wacks, als er das Geschäft mit Handschlag besiegelte.

Am folgenden Tag teilte Roemer seinem Untergebenen Joe Terrell seinen Plan mit, den Lebensversicherungsvertrag der staatlichen Arbeitnehmer von CNN auf Fidelity-Prudential umzustellen. Nachdem er offenbar Terrells Zustimmung erhalten hatte, traf er sich dann mit Joe Hauser im Hotel »Hilton« in Baton Rouge, wo er ihm sagte, daß der Vertrag in 30 bis 90 Tagen arrangiert werden könne.

Vierzehn Tage später rief Marcello Joe Hauser in seinem Zimmer im Hotel »Royal Orleans« an und wies ihn an, Charles Roemer 15000 Dollar in bar zu zahlen und 10000 Dollar als »Reserve« für »den, der aus New Orleans ist«, zurückzubehalten. Marcellos Worte wurden zum Entzücken von Harold Hughes, dem Koordinator der Operation in New Orleans, von einem FBI-Abhörgerät aufgenommen. Hughes hörte sich die Aufnahme kurz danach an. Nun hatten sie wenigstens etwas gegen Marcello in der Hand: eine Anweisung, einen Beamten zu bestechen.

Später am selben Tag ging Hauser ins »Hilton« in Baton Rouge mit 15000 Dollar in bar für Verwaltungsleiter Roemer und der Bitte Carlos Marcellos um fünf Eintrittskarten für das am Sonnabend in Baton Rouge stattfindende LSU-Footballspiel.

Als Hauser mit Roemer allein im Zimmer war, nahm sein Aufnahmegerät folgendes Gespräch auf:

| | |
|---|---|
| HAUSER | Ich sage Ihnen, was ich hier habe. Ich habe 15000 Dollar hier und die übrigen 10000 am Montag.<br>Ich habe aber eine Bitte. Carlos sagte, er möchte fünf Eintrittskarten. |
| ROEMER | Jesus Christus! |
| HAUSER | Fünf Eintrittskarten. |
| ROEMER | Jesus Christus! |

Dann holte Hauser die 15000 Dollar Bargeld aus seinem Aktenkoffer und übergab sie Roemer, der die Scheine sogleich in seine Hosentaschen stopfte und sagte: »Danke, aber ich brauche weitere 25000 Dollar.«

| | |
|---|---|
| HAUSER | Ich werde sehen, was ich tun kann, aber zuerst einmal brauche ich die Eintrittskarten für Carlos. |
| ROEMER | Jesus Christus! Er will sie unbedingt haben, nicht wahr? |
| HAUSER | Ja. |

Man trennte sich freundschaftlich. Leicht besorgt versprach Roemer, dem »Quarterback« (einem weiteren Spitznamen Marcellos) die Karten zu besorgen, obwohl er noch nicht wußte, wie.

Als Hauser Marcello von Roemers Bitte um weitere 25 000 Dollar berichtete, nahm eine FBI-Wanze folgende Unterhaltung auf:

| | |
|---|---|
| HAUSER | Können Sie sich das vorstellen?... So eine Dreistigkeit! |
| MARCELLO | O ja. Ich hab' ihnen gesagt, daß er keine fünf oder zehn nimmt. Ich hab' es Ihnen schon gesagt. |
| HAUSER | Allerdings. |
| MARCELLO | Äh, sehen Sie... Ganz gleich, wer reinkommt... Ich werde schon einen verdammten Weg finden, an ihn ranzukommen. Egal, wer..., selbst wenn es Treen ist. |

Carlos hatte begonnen, sich wegen der bevorstehenden Vorwahl um den Gouverneursposten Sorgen zu machen, die am 27. Oktober stattfinden sollte. Charles Roemer würde wahrscheinlich seinen Posten in der Regierung des Staates Louisiana verlieren, wenn Sonny Mouton David Treen unterlag. Das würde natürlich die Vergabe des Staatsvertrags an Fidelity gefährden.

So beschloß Carlos, sich abzusichern, indem er dem damaligen Vizegouverneur James Fitzmorris, dem wahrscheinlichen Gegenkandidaten der Republikaner, der bald in der Vorwahl gegen Louis Lambert antreten würde, ein verlockendes Angebot machte. Carlos glaubte, daß Fitzmorris Fidelity-Prudential möglicherweise bestimmte Versicherungsverträge verschaffen könnte, die sie noch nicht hatten: unter anderen die Stadt New Orleans und die Avondale-Schiffswerft.

Folglich rief Carlos am 26. September seinen jungen Rechtsanwaltsfreund Vincent Marinello – den »Italienerjungen«, wie er ihn nannte – in sein »Town & Country«-Büro. Die Deckenwanze des FBI über Carlos' Schreibtisch zeichnete auf, wie Carlos Marinello ausführlich seinen ganzen Plan beschrieb, Roemer zu bestechen, um den Staats-Versicherungsvertrag an Land zu ziehen. Carlos erklärte, daß Gedeih und Verderb vom Ergebnis der Vorwahl abhingen und er sich deshalb durch ein Angebot an Fitzmorris absichern müsse.

Am Ende seiner Sprüche wies Carlos Marinello an, Fitz ein Angebot zu machen. Er schärfte ihm ein, Fitzmorris nichts von den Plänen zu verraten, durch Roemer an die Staatsversicherung heranzukommen, weil Fitzmorris womöglich »verrückt spielen und mit dem Mann da sprechen... und alles verraten würde, was ich auf der anderen Seite mache«.

Danach erklärte er Marinello noch folgendes: Wenn Fitzmorris zustimmte, ihnen zu helfen, die Verträge der Stadt New Orleans und der Avondale-Schiffswerft zu bekommen, solle er ihm sagen, daß 10000 Dollar zur Verfügung stünden, sobald die Verträge unterzeichnet und Provisionen in Höhe von über 100000 Dollar pro Monat hereinzufließen begännen.

Marinello, offenbar leicht eingeschüchtert von den Zahlen, die Marcello nannte, bestätigte diesem, daß es um »eine Menge Geld« gehe, und rief sofort in Fitzmorris' Büro an, um einen Termin zu vereinbaren.

Was folgte, war ein dreimonatiger Eiertanz, an dem Carlos Marcello, Joe Hauser, Irving Davidson, Larry Montague, Michael Wacks, Charles Roemer, Vincent Marinello, James Fitzmorris und zwei abstrakte Gestalten – die Regierung der Vereinigten Staaten und die Bevölkerung von Louisiana – teilnahmen. Die US-Regierung war Choreographin und Regisseurin, die Bevölkerung von Louisiana, die den nächsten Gouverneur des Staates wählen sollte, verkörperte die Schicksalsgöttin.

Für alle Tänzer stand viel auf dem Spiel. Wenn alles gutging, rechneten fünf damit, sich mehrere Jahre lang zwischen 200000 und 500000 Dollar pro Monat an Versicherungsprovisionen teilen zu können. Für die übrigen drei ging es um ihre Laufbahn beim FBI beziehungsweise um eine mildere Strafe.

Marinello machte Vizegouverneur und Gouverneurskandidat James Fitzmorris sein Angebot im Auftrag von Marcello und Fidelity-Prudential. Für die Verträge mit der Stadt New Orleans und der Avondale-Schiffswerft bot er ihm 10000 Dollar auf die Hand, 100000 Dollar später und dann 50000 Dollar monatlich für die Laufzeit der Verträge.

Fitzmorris zeigte sich zurückhaltend geneigt. Er wollte mitmachen, meinte jedoch:

»Die Edwards-Administration hat ihre Karten so gut verdeckt, daß ich verdammt noch mal nicht weiß, was los ist ..., aber wenn wir erst einmal drinnen sind, reden wir über Regierungsprogramme ..., wenn wir erst einmal drinnen sind, werden wir sehen, was sie haben.«

Carlos beauftragte Marinello, Fitzmorris zu fragen, ob er mit Marcello zusammenarbeiten würde, wenn er Gouverneur wäre, schärfte ihm jedoch wiederum ein, kein Wort von der Abmachung mit Roemer zu verraten. Auch schlug er vor, Fitzmorris gleich ein Unterpfand von vielleicht 10000 Dollar zu geben.

Bei diesem Treffen mit Fitzmorris sagte Marinello dem Vizegouverneur in Anwesenheit von Michael Wacks, daß dieser »ein bißchen Kleingeld ... ein paar Dollar« für ihn habe. Je nach dem Ergebnis der Wahl und seiner Leistung würde es »mehr« geben.

Am folgenden Tag, dem 27. September, rief Marcello Hauser an und bat ihn, sich mit ihm und den anderen in »Impastatos Restaurant« in Metairie zu treffen und die »Zeitungen« mitzubringen. Marcello, Marinello, Hauser, Wacks und Montague trafen sich. Als sie ihr Mittagessen beendet hatten, forderte Marcello Hauser auf, Marinello die »Zeitungen« zu geben, damit dieser sie später am Tage an Fitzmorris weitergeben könne.

Carlos' Aufforderung an Marinello wurde von einem der Agenten aufgezeichnet:

| | |
|---|---|
| MARCELLO | Joe hat, was Sie brauchen. |
| MARINELLO | O.K., Sir. |
| MARCELLO | Heute abend, morgen, wann immer Sie es tun werden. |
| MARINELLO | Ich erledige es. Ich erledige es heute abend, Sir. |

Nachdem er Marcello im »Town & Country«-Motel abgesetzt hatte, gab Hauser Marinello die 10000 Dollar Bargeld und sagte ihm, er solle sich um Fitzmorris kümmern. Marinello antwortete, er werde alles tun, was Mr. Marcello ihm sage.

Nach Erledigung seines Auftrags rief Marinello Hauser an und berichtete, er habe »die Zeitungen abgegeben« und »alles in Ordnung gebracht«.

Am 8. Oktober traf Carlos sich in seinem »Town & Country«-Büro mit Mike Wacks, den er mittlerweile liebevoll als »Sohn« bezeichnete. Nachdem sie die augenblickliche Lage im Hinblick auf Roemer und Fitzmorris erörtert hatten, kam Marcello darauf zu sprechen, daß er vor dem Kreisrat von Jefferson erscheinen mußte wegen einer Meinungsverschiedenheit über die Entsorgung des Klärschlamms des Kreises auf seinen Ländereien in Churchill Farms. Wacks' Tonbandgerät lief die ganze Zeit:

»Ich muß dem Scheißkerl gleich was geben, Mann. Das ist meine Angelegenheit, verstehst du. Ich habe jetzt gleich zehn für jemanden, aber das ist eine andere Sache. Hat nichts mit uns zu tun. Diese Scheißpolitiker. Du weißt, was sie mögen.«

Wacks zufolge stand Marcello dann auf, griff in seine Gesäßtaschen, zog zwei dicke Geldscheinbündel heraus und sagte: »Ich bin bereit für sie, verstehst du? Ich bin bereit für sie!« Und beide lachten.

Inzwischen hatte Charles Roemer bei Joe Terrell genügend Fortschritte gemacht, um Carlos zu bewegen, die restlichen 10000 Dollar, die er ihm versprochen hatte, herauszurücken. Auf Anordnung des Bosses händigte Hauser Roemer das Geld am 11. Oktober im Hotel »Hilton« in Baton Rouge aus. Bei ihrer Zusammenkunft im »Hilton« wiederholte Roemer, daß Hauser ihm weitere 25000 Dollar geben müsse, die als Wahlkampfspende für Sonny Mouton verwendet werden sollte.

Die Vorwahlen für den Gouverneursposten kamen schnell heran, und Marcello verfolgte sie aufmerksam. Er unterstützte James Fitzmorris gegen Louis Lambert bei den Demokraten und Mouton gegen David Treen bei den Republikanern. Falls Fitzmorris verlor, würde er Louis Lambert bei der Hauptwahl unterstützen. Jeden, nur nicht den Republikaner David Treen. Wenn Treen gewann, würde er die Ämter neu besetzen und höchstwahrscheinlich Charlie Roemer nicht als Leiter der Verwaltung übernehmen. »Treen ist unser Feind, Mann«, zeichnete ein FBI-Tonbandgerät aus Carlos' Mund auf. »Dieses Arschloch wird für keinen Menschen was tun... Er und seine Leute sind Aristokraten. Er wird nichts für unsereinen tun. Aber untereinander treiben diese Scheißkerle ihre Machenschaften, Mann.«

Da Carlos das Gefühl hatte, Fitzmorris würde Lambert aus dem Rennen werfen, wies er Marinello an, »Maßnahmen zu ergreifen«, »Fitzmorris zu erklären, was los ist«, und ihm eine feste Zusage zu entlocken, daß er die Versicherungsverträge »für seine Freunde« bekäme, wenn Fitz zum Gouverneur gewählt würde.

Inzwischen hatte Marcello sich in der Vorwahl aktiv für Mouton eingesetzt. Das FBI nahm im Herbst 1979 mehrere Bemerkungen Marcellos über den Wettkampf zwischen Mouton und Treen auf:

»Ich reiß mich in Stücke für diesen Kerl Mouton.«
»Ich glaube, dieser Mouton wird es weit bringen.«

In einer auf Tonband aufgezeichneten Unterhaltung mit Roemer sagte Marcello, er werde Mouton im Kreis Jefferson wahrscheinlich rund 6000 schwarze Wähler verschaffen können. Ein paar Tage später erzählte er Roemers Mitarbeiter Aubrey Young:

»Ich krieg' da einen ganzen Haufen Nigger zusammen... 1500 Stück. Ich meine natürlich, 1500 Familien... Alle Nigger in der Gegend. Die Schwarzen drüben in Jefferson. Highway 90. Da habe ich 1500 Schwarze und in Avondale Homes 4500... Ich versuche, die ganze Sache unter Dach und Fach zu bringen.«

Wie sich herausstellte, endeten die Vorwahlen vom 27. Oktober mit Lamberts Sieg über Fitzmorris und Treens Sieg über Mouton. Für Carlos war das eine besorgniserregende Entwicklung.

Er schickte Marinello sofort zu Fitzmorris, um festzustellen, ob dieser Chancen habe, Roemers Nachfolger als Leiter der Verwaltung zu werden, wenn Lambert zum Gouverneur gewählt wurde. Fitzmorris versicherte ihm, daß Lambert ihn aller Voraussicht nach dazu ernennen werde.

Carlos wandte seine Aufmerksamkeit nun wieder Roemer zu. Es erschien ihm praktisch gewiß, daß Treen, wenn er die Wahl gewann, Roemer nicht wieder zum Leiter der Verwaltung ernennen würde. Es war daher eine äußerst eilige Angelegenheit, Roemer das Angebot von Fidelity-Prudential zu übermitteln, damit er es so bald wie möglich den Treuhändern des Gruppen-Sozialversicherungsprogramms der staatlichen Arbeitnehmer unterbreiten konnte. Carlos wies Hauser und seine Assistenten darauf hin, daß Roemer immer noch 30 bis 90 Tage hatte, um seinen Anteil an dem Geschäft zu erfüllen. Wenn sie den Vertrag durch Roemer sicherten, hätten sie zumindest einen Fuß in der Tür und könnten Provisionen für fünf bis sechs Monate abschöpfen, bevor der nächste Gouverneur einen neuen Leiter ernannte. Eilig brachte Hauser den Vorschlag von Fidelity-Prudential hinüber in Roemers Büro. Er enthielt unter anderem einen Brief, der bestätigte, daß der Staat durch die Übertragung des Sozialversicherungsvertrags seiner Arbeitnehmer an Fidelity über eine Million Dollar pro Jahr sparen würde.

Was Fitzmorris betraf, so befahl Marcello Marinello, Hauser, Wacks und Montague, zum Vizegouverneur zu gehen und sich irgendeine feste Zusage von ihm geben zu lassen. Nach dem Zusammentreffen rief Marinello Marcello an und sagte ihm, Fitzmorris werde sich mit seiner Niederlage gegen Lambert abfinden und habe bereits mit Treen abgemacht, den Posten als Leiter der Verwaltung zu übernehmen, wenn Treen die Wahl gewänne. Fitz habe hinzugefügt, daß er mehr Geld brauche.

Als Marinello Carlos dies berichtete, meinte Carlos, er wolle Fitzmorris nicht noch mehr Geld geben, weil Roemer hart an dem Geschäft arbeite und den Vertrag vermutlich in 30 Tagen liefern werde. Außerdem, fügte er hinzu, würde Roemer, falls Treen siegte, vielleicht sogar seinen Job behalten.

Doch dann geschah etwas, was Carlos aufrüttelte. Sonny Mouton, Roemers Favorit, der in der Vorwahl gegen Treen verloren hatte, verkündete plötzlich, er werde Treens Kandidatur in der Endwahl unterstützen. So ging Roemers Mann also mit dem verhaßten Treen. Carlos teilte Hauser und Montague seine Beunruhigung mit, als sie sich am 13. November in seinem »Town & Country«-Büro trafen:

| | |
|---|---|
| MARCELLO | Wir haben 'ne Menge Ärger, das kann ich euch sagen. |
| HAUSER | Was ist los? |
| MARCELLO | Scheiße. Nichts ist los. Bloß Mouton, der geht mit Treen. |
| HAUSER | Was ist mit unserer Wette? Wir stehen wie verdammte Idioten da. |
| MARCELLO | Laßt uns mal sehen, was mit Fitz los ist. Der Junge [Marinello] ist drüben in Fitz' Büro. Er wird herausfinden, wem Fitz sich anschließt, Lambert oder Treen. |
| HAUSER | Ja, laßt uns sehen ... Aber Sie wissen doch, daß Fitz so ehrlich ist. |
| MARCELLO | Er ist ehrlich. Er ist ein ehrlicher, ehrlicher Mann. Der Bursche macht sich nichts aus Geld. |
| HAUSER | Ja, Sie haben recht. |
| MARCELLO | Sie werden es nicht glauben, aber das ist die Wahrheit. Er ist ein 58jähriger Scheißkerl – wie sagt man, kein Geld. Er hatte nie großes Geld. Das ist alles. Es war schon viel, wenn er 20000, 25000 Dollar hatte. Vielleicht – ich glaube, so viel Geld hat er nie in seinem Leben gehabt. |

Am 9. Dezember besiegte David Treen Louis Lambert in der Gouverneurswahl – ein weiterer Schlag für Marcello, Marinello und Konsorten.

Am nächsten Tag sagte Carlos zu Marinello, er solle sich an die Arbeit machen und das Geschäft mit Roemer abschließen. Er fügte hinzu, daß am 19. Dezember im Parlamentsgebäude eine wichtige Versammlung wegen des staatlichen Versicherungsvertrags stattfinden werde. Marinello und Marcello waren beide der Ansicht, daß sie lieber mit Roemer als mit Fitzmorris zu tun haben würden, und zwar, mit Marcellos Worten, aus folgendem Grund:

»Wenn das FBI kommt, Mann, und Fitzmorris schüttelt, verrät der wahrscheinlich alles. Er weiß dies, er weiß das.

Nein, ich werde Fitz kein verdammtes Geld mehr nachwerfen. Auf keinen Fall.«

Zu Marcellos großer Genugtuung brachten die folgenden 14 Tage nur gute Nachrichten von Roemer. Der Leiter der Verwaltung hatte eine befriedigende Unterredung mit dem Treuhänderausschuß des Gruppen-Sozialversicherungsprogramms der staatlichen Arbeitnehmer, und Marcellos Vorschlag würde den Treuhändern am 18. Januar 1980 vorgelegt werden. Carlos gab diese Nachricht später an Mike Wacks weiter und fügte hinzu, daß dies der

Tag sein würde, »an dem sie es uns bestimmt geben werden oder nicht oder was«.

Aber was war mit Fitzmorris geschehen, der Marcello über Marinello mitgeteilt hatte, daß er in der neuen Treen-Administration Roemers Job übernehmen würde? Carlos befahl Marinello, der mittlerweile praktisch sein Laufbursche war, hinzugehen und sich zu informieren.

Am 18. Januar erfuhr Marcello zu seiner Befriedigung von Roemer, daß die Treuhänder des Sozialversicherungsprogramms der Arbeitnehmer seinen Vorschlag günstig aufgenommen hatten und am 31. Januar ihren endgültigen Entschluß treffen würden.

Etwa zur selben Zeit berichtete Marinello Carlos, daß Fitzmorris bestimmt nicht der neue Leiter der Verwaltung unter Treen werden würde, ihn also getäuscht habe. Marinello meinte, er bedaure, ihm die 10000 Dollar gegeben zu haben, sei jedoch dankbar, auf Carlos gehört und »Fitz nicht all das Geld nachgeworfen zu haben«.

Die Nachricht über Fitzmorris' falsches Spiel führte zu folgendem Dialog zwischen Marinello und Marcello:

| | |
|---|---|
| MARCELLO | Er ist ein Feigling, der größte Feigling, den ich je erlebt habe. |
| MARINELLO | Er hat nicht genug Mumm ... dieser verlogene Scheißkerl. Ich bin zum falschen Mann gegangen, verdammt noch mal. |
| MARCELLO | Wie alt bist du? |
| MARINELLO | 43. |
| MARCELLO | Dann hast du jetzt also etwas gelernt. Wenn du so alt bist wie ich, wirst du schlauer sein als der verfluchte Präsident der Vereinigten Staaten. |

Am Spätnachmittag des 31. Januar 1980 rief Carlos Marcello in Hochstimmung Vincent Marinello und die beiden »Jungen« Larry Montague und Mike Wacks zu einer wichtigen Besprechung in sein »Town & Country«-Büro. Es war das erste Mal, daß Wacks und Montague ohne Hauser an einer so wichtigen Besprechung teilnahmen.

Als die drei jungen Männer in den Büroräumen hinter dem »Town & Country«-Restaurant ankamen, saß der Boß an seinem riesigen Schreibtisch und strahlte fast noch mehr Autorität als gewöhnlich aus. Vor ihm auf dem sonst aufgeräumten Schreibtisch lag ein hübscher Stoß amtlich aussehender Dokumente.

Während die Tonbandgeräte der beiden Undercover-Agenten liefen und die Deckenwanze jedes einzelne Wort aufnahm, teilte Carlos seinen Leuten triumphierend mit, daß er von Roemer erfahren habe, der Versicherungsvertrag gehe an Fidelity-Prudential. Dann schob Carlos den Stoß Dokumente über den Schreibtisch zu den beiden Agenten und teilte ihnen mit, es seien wichtige Papiere, die die Bedingungen des Staates spezifizierten und die er am Vortag von Roemer erhalten habe. Sie sollten sie mitnehmen und studieren.

Dann sagte er Wacks und Montague, sie sollten einmal darüber nachdenken, wie der monatliche Provisionsanteil von 43000 Dollar verteilt werden solle. Er fügte hinzu, daß Wacks und Montague zwar ursprünglich kein Anteil zugedacht gewesen sei, daß er aber finde, sie sollten trotzdem etwas abbekommen.

»Ich finde, Sie sollten den größten Teil nehmen, Sir«, sagte Larry Montague. »Schließlich haben Sie sich das Geschäft ausgedacht. Sie haben die meiste Arbeit geleistet. Sie verdienen das Geld.«

»Nein«, meinte Marcello. »Es geht mir nicht um das Geld. Ich bin genauso stolz auf das Geschäft wie Sie. Mir genügt es, stolz zu sein, daß ich so etwas zuwege bringe.«

# 53

# Falle Nummer zwei

»Ich tue dies für Freunde in Kalifornien. Sie sind Maf wie ich, persönliche Freunde.«

Diese Worte äußerte Carlos Marcello zu Hauser in einem Gespräch, das Hauser am 9. Oktober 1979 aufnahm, gerade als der Vorwahlkampf um den Gouverneursposten von Louisiana die heiße Phase erreichte. Carlos' Äußerung hatte jedoch nichts mit den Vorwahlen in Louisiana zu tun. Sie bezog sich auf den Prozeß, dem einige Freunde Marcellos an der Westküste entgegensahen.

Carlos erwähnte diese Freunde nochmals in einem anderen Gespräch mit Hauser, das jedoch nicht aufgenommen wurde, weil Hausers Gerät nicht mehr funktionierte. Hauser machte sich folgende Notizen:

»Diese Leute aus Kalifornien... sie sind gute Leute. Sie gehören zur Familie. Ich will nicht, daß ihnen etwas passiert.«

Dank einer seltsamen Schicksalswendung sollten der bevorstehende Prozeß gegen einige von Carlos' »guten Leuten« an der Westküste, in den Carlos in letzter Minute mit hineingezogen wurde, dem FBI eine neue Gelegenheit bieten, ihn heimlich zu verfolgen. Er konnte ihm in gewissem Sinn eine zweite Falle stellen, eine Falle, die ironischerweise schlimmere Folgen für den alternden Mafiaboß haben sollte als die erste, die sich im Oktober 1979 ihrer kritischsten Phase näherte.

Sie lieferte der Regierung auch gewisse Informationen über Carlos Marcello, um die sie sich seit Jahren bemüht hatte: ein Eingeständnis Marcellos, daß er in das organisierte Verbrechen verwickelt war.

Viele Jahre lang hatte Marcello bei unzähligen Prozessen und Kongreßanhörungen öffentlich erklärt, daß er nichts mit der Mafia zu tun habe.

»Ich bin kein Gangster. Ich habe nichts mit organisiertem Verbrechen zu schaffen.«

So lautete, in mehreren Varianten, Carlos' ewiger Kehrreim.

Nun aber, in einem heimlich aufgenommenen Gespräch mit einem Undercover-Agenten des FBI, gab er ahnungslos zu, daß er »Maf« sei, daß gewisse Freunde in Kalifornien ebenfalls »Maf« seien und »zur Familie gehörten«, seiner Familie, einer Familie, die sich bis in jede größere Stadt der Vereinigten Staaten ausgebreitet hatte.

Und es sollte noch ärger kommen. Bei dieser zweiten Fallenoperation erfuhr das FBI endlich aus Marcellos abgehörten Gesprächen, daß der angebliche Mafiaboß aus Louisiana landesweit mit dem organisierten Verbrechen verbunden war und für die Schwierigkeiten seiner vier »Maf«-Freunde aus Kalifornien, die zufällig den Mob von Los Angeles anführten, genauso viel Teilnahme empfand wie für die Schicksalsschläge seiner kriminellen Verbündeten in seinem heimatlichen Revier.

Die Lage stellte sich wie folgt dar: Sechs Mitglieder der Mafia von Los Angeles, darunter vier Freunde Marcellos, waren am 20. Februar 1979 in Los Angeles von einer Anklagejury wegen Gangstertums, Verschwörung, Erpressung, Verdunkelung und Mordes angeklagt worden. Es handelte sich um Dominick Brooklier, seit 1974 Boß der Mafia von Los Angeles, seinen Unterboß Sam Sciortino, Capo Michael Rizzitello und die Soldaten Jack Lo Cicero, Thomas Ricciardi und Louis Tom Dragna, den Sohn des ehemaligen Bosses Jack Dragna. Sam Sciortino hatte in New Orleans einen Vetter namens Phillip Rizzuto, der ein Freund und Mitarbeiter Carlos Marcellos und Besitzer des »Café de la Paix« im French Quarter war.

Die Anklage gegen den Brooklier-Mob war ein Meilenstein in dem Krieg des Justizministeriums gegen das organisierte Verbrechen. Die *Los Angeles Times* berichtete: »Dies ist das erstemal in der Geschichte, daß der gesamte Führungsstab einer großen Mafiafamilie angeklagt wurde.«

Phillip Rizzuto hatte Carlos in den Fall Brooklier hineingezogen.

Am 4. Oktober belauschten FBI-Agenten, die Carlos Marcellos Telefone abhörten, ein Gespräch zwischen Marcello und Rizzuto, in dem Marcello ungewöhnliches Interesse an einem Zeitungsartikel ausdrückte, den er gerade gelesen hatte. Er handelte von einem kalifornischen Richter, der den Vorsitz über den bevorstehenden Prozeß gegen seine Freunde in Los Angeles führen sollte. Carlos, der sich auf eine frühere Diskussion mit Rizzuto über den Richter bezog, fragte, was man »mit diesem Mann in Kalifornien« tun könne.

Das FBI informierte Joseph Hauser sofort über Marcellos Interesse an Richter Pregerson und dem Prozeß, dem er in Los Angeles vorsitzen sollte. Hauser erhielt den Auftrag, auf einen möglichen Anruf Marcellos in dieser Sache so zu reagieren, als ob sich ein Versuch, den Richter zu bestechen, lohnen würde.

Wie vorausgesagt, rief Carlos Hauser später am selben Tag an und erzählte ihm von »diesem Richter, der nächste Woche über Freunde präsidieren wird«.

Der hellwache Hauser, der nie zuvor von Richter Pregerson gehört hatte, versicherte Marcello rasch und ohne eine Sekunde zu zögern, daß er den Richter gut kenne und »vielleicht etwas tun könne«.

Später rief Carlos seinen Freund Rizzuto an und berichtete, er kenne jemanden, der Richter Pregerson kenne, und fragte, ob Rizzuto sich vielleicht einmal mit ihm unterhalten wolle.

Nun waren die Voraussetzungen geschaffen, daß das FBI Marcello bei einem Versuch, einen Bundesrichter zu bestechen, erwischen konnte.

Sofort nach seinem Gespräch mit Marcello am 4. Oktober unterrichtete Hauser die übrigen Undercover-Agenten in New Orleans über seine letzten Unterredungen. Diese wiederum informierten die Sonderagenten John Barron und William Fleming vom FBI in Los Angeles, die die Verantwortung für die Überwachung von Hausers Geheimaktivitäten trugen. Da Fleming und Barron das Gefühl hatten, daß Marcello versuchen würde, »etwas gegen den Richter zu unternehmen«, machten sie sich ans Werk, ihm dies zu erleichtern. Sie baten Hauser, Marcello zu informieren, daß er einen guten Freund habe, der Richter Pregerson sehr nahestehe. Die beiden Agenten erfanden eine Person, die sie George Ashley nannten. Dieser sei, so erzählten sie Hauser, ein millionenschwerer Kunsthändler und besonders guter Freund von Richter Pregerson, weil Pregerson ein Kunstkenner sei, der wertvolle Gemälde sammle.

Zwischen dem 4. und 11. Oktober unterhielt Hauser sich öfter mit Marcello über den Richter und den Prozeß gegen seine Mafiafreunde in Los Angeles. Am 9. Oktober erzählte Marcello Hauser alles über den Prozeß gegen Brooklier, Sciortino, Rizzitello, Lo Cicero und Dragna. Er gab zu, daß die Angeklagten »Maf wie ich« und gute Freunde seien.

Am 11. Oktober, auf einer Fahrt nach Lafayette mit Hauser, Wacks und Montague, kam Marcello auf Richter Pregerson und den Prozeß in Los Angeles zu sprechen, über den er sich große Sorgen machte. Die Agenten nahmen die Unterhaltung auf:

MARCELLO Das einzige, was man tun kann, äh, das habe ich immer wieder erfahren, ist, daß Geld nichts nützt, wenn man mit einem Bundesrichter zu tun hat. Es nützt einfach nichts. Es sei denn, du hättest deinen Bruder da drinnen. Man kann ihnen nicht so viel Geld geben, daß sie es nehmen, verstehen Sie?

MONTAGUE Ich glaube, Sie haben recht.

WACKS Ja. Das finde ich auch.

MARCELLO Sie nehmen es einfach nicht. Ich kenne die Hälfte von ihnen hier, sie sind persönliche Freunde von mir. Ich bitte lieber nicht um so etwas. Sie wären beleidigt. Weil sie nämlich einen Job auf Lebenszeit haben... Was soll man ihnen geben? 10000 Dollar? 25000? 50000?... Kaum hat man es ihnen gegeben, weiß jeder, daß sie bestochen wurden. Es spricht sich herum, daß der Mann Geld nimmt. Glaubt mir, es gibt keine Geheimnisse. Je mehr man gibt, um so mehr Leute wissen es.

Etwa einen Tag später, beim Mittagessen mit Hauser, Wacks und Montague, wiederholte Marcello seine Bedenken hinsichtlich der Bestechung eines Bundesrichters und fügte dem Thema noch einige neue Gedanken hinzu:

»Man kann nicht ein kleines bißchen zahlen. Vielleicht 200000, 300000, 500000 Dollar. Das ist der Unterschied. Der Mann macht 50000 Dollar Spesen im Jahr. Warum zum Teufel sollte er 10000 Dollar nehmen?«

Am Tag darauf, in seinem »Town & Country«-Büro, riet Marcello Hauser, vorsichtig zu sein:

»Sie müssen in dieser Sache sehr vorsichtig sein, vor allem, was Ihre Angelegenheit und meinen Namen angeht.«

Dann zeigte er zur Decke, als ob er wüßte, daß dort eine Wanze saß, und sagte:

»In Ordnung. Wir haben genug geredet. Ich möchte nichts mehr sagen.«

Mehrere Tage registrierte das FBI wenig oder gar nichts hinsichtlich der Maßnahmen, die Marcello – wenn überhaupt – im Falle Richter Pregersons und des Prozesses seiner Mafiafreunde in Kalifornien ergreifen würde.

Am 25. Oktober spitzte sich die Sache dann zu, und zwar bei einer Zusammenkunft, die Carlos in der Jagdhütte seines Bruders Anthony in Lacombe am Nordostufer des Lake Pontchartrain einberufen hatte.

Dies sollte Joe Hausers gefährlichster Auftrag werden. Anthony Marcellos Jagdhütte lag an einem einsamen Seeufer. Eine lange Auffahrt trennte sie von der Hauptstraße. Wenn Hauser dort erwischt wurde, würde er nicht fliehen können. Er würde mit drei Mafiosi zusammensitzen – Marcello, Sciortino und Rizzuto –, die vor nichts haltmachten, wenn sie das Tonbandgerät in seinem Aktenkoffer entdeckten. Hausers FBI-Hilfstruppen konnten den Treffpunkt nicht sehen, sondern mußten sich ganz und gar auf den Sender in Hausers Aktenkoffer verlassen, um seine Tätigkeit zu verfolgen.

Unmittelbar vor der Zusammenkunft sprachen Carlos Marcello und Hauser beim Mittagessen in »Impastatos Restaurant« kurz über die Möglichkeit, Richter Pregerson zu bestechen. Nachdem Carlos nochmals darauf zurückgekommen war, daß es sehr viel Geld sein müsse, wenn es sich für Richter Pregerson, der einen lebenslangen Arbeitsplatz zu schützen habe, lohnen solle, teilte er Hauser mit, daß er innerhalb von 24 Stunden 250000 Dollar in bar für den Richter besorgen könne. Hauser, entzückt, das Angebot aufzeichnen zu können, sagte Carlos, sie könnten sich bei ihrer nächsten Begegnung über diese Möglichkeit unterhalten.

Nach dem Mittagessen setzte Marcello Hauser bei seinem Bruder ab und kehrte 20 Minuten später mit Sam Sciortino und Phillip Rizzuto zurück, die er Hauser als seine »Leute aus Kalifornien« vorstellte. Hausers Hilfstruppen bezogen dann Stellung am Eingang zu Anthony Marcellos Auffahrt.

Auf der Fahrt die enge, holperige Auffahrt hinauf in Carlos' Wagen bemerkte Hauser, daß Anthonys Jagdhütte gänzlich von Sumpfland umgeben war und daß es in der Nähe keine weiteren Gebäude gab. Den Spezialaktenkoffer umklammernd und innerlich vor Angst schlotternd, betrat Hauser die kleine, rustikale Hütte mit ihren Jagdtrophäen, die aus ausgestopften Vögeln bestanden. Als die übrigen hinzukamen, fühlte er, daß seine Nerven auf das äußerste gespannt waren.

Es wurde eine stürmische Sitzung. Sciortino, Nummer zwei im Mob von Los Angeles und als Mörder bekannt, hatte eine lange Gefängnisstrafe zu erwarten, wenn er im Brooklier-Prozeß verurteilt wurde. Er kochte vor Wut und Angst. Carlos war sich der Notlage deutlich bewußt, teils, weil Sciortinos Vetter Rizzuto ein treues Mitglied von Carlos' innerem Kreis war, und teils, weil die Brooklier-Anklage ein so gefährlicher Präzedenzfall für jedes Mitglied seiner weitverbreiteten Familie war. Hauser war überrascht, den Boß so nervös zu sehen.

Die drei Mafiosi und der Regierungsinformant setzten sich an einen niedrigen Tisch, Hausers Aktenkoffer mit dem Tonbandgerätsender deutlich vor Augen.

Anfangs beherrschte Hauser die Diskussion. Er sagte Marcello, Sciortino und Rizzuto, er glaube, die ganze Angelegenheit regeln zu können. Er habe einen sehr guten Freund namens George Ashley in Los Angeles, einen millionenschweren Kunsthändler, der eng mit Richter Pregerson befreundet sei. Da der Richter Gemälde sammle, hielt Hauser ihn für empfänglich für das, was ein Mann von Ashleys Ansehen in der Kunstwelt ihm sagen würde. Sciortino, der großen Respekt vor Richter Pregersons Sinn für Gerechtigkeit hatte, gab zu bedenken, Ashleys Eingreifen könnte den Richter veranlassen, den Fall abzugeben. Das wäre schlecht für Sciortino, der sich eine Bewährungsfrist erhoffte. Hauser sagte, er solle sich »in dieser Hinsicht« keine Sorgen machen, weil er sicher sei, daß Pregerson nichts gegen Ashleys Vorschlag haben würde.

Dann zermarterten sich Sciortino und Rizzuto die Köpfe, was sie tun sollten. Plötzlich rief Sciortino aus:

»Mann, wäre es nicht schön, wenn wir irgendeinen verdammten Mexikaner auftreiben könnten, der Frattiano umlegt! Das würde all unsere Probleme lösen.«

Sciortino bezog sich auf James »Jimmy, das Wiesel« Frattiano, den berüchtigten, zur Regierung übergelaufenen Mafiakiller, dessen Aussage dazu beigetragen hatte, daß die Anklagejury sich mit Brooklier, Sciortino und anderen befaßte, und dessen Aussage bei dem bevorstehenden Prozeß verheerende Folgen für die Angeklagten zu haben drohte. Sciortino fuhr fort mit den Worten, Frattiano habe »versucht, dasselbe mit uns zu machen«. Dann prahlte er, daß er selbst an rund zwanzig Morden beteiligt gewesen sei.

Kurz darauf löste eine Bemerkung Rizzutos eine Schimpfkanonade gegen die Kennedys aus. In einer Gesprächspause informierte Rizzuto die Gruppe, er habe gerade in der Zeitung gelesen, daß Teddy Kennedy sich als Präsidentschaftskandidat der Demokraten aufstellen lassen wolle.

»Das sollte er lieber lassen!« rief Carlos. »Er sollte verdammt noch mal lieber draußen bleiben!«

»Was für ein Scheißkerl war doch sein Bruder Bobby«, fügte Sciortino hinzu. »Dieses Schwein glaubte doch, er könne uns alle arbeitslos machen.«

»Ja«, meinte Rizzuto, »da haben wir ihn arbeitslos gemacht.« Und alle lachten.

Draußen am Eingang zu Anthonys Auffahrt lauschte der FBI-Hilfstrupp aufmerksam den Gesprächen, die drinnen im Haus geführt wurden. Plötzlich verlor er den Funkkontakt mit Hausers Aktenkoffer. Entweder hatte der Sender keinen Strom mehr, oder er war entdeckt worden, und Hauser befand sich in Schwierigkeiten. Die Agenten fuhren näher an Marcellos Auffahrt heran und warteten.

Die Zusammenkunft näherte sich ihrem Ende. Hausers Sender war verstummt, aber Hauser befand sich immer noch wohlauf und im Mittelpunkt der Aufmerksamkeit. Er hatte großartige Arbeit geleistet. Marcello und Sciortino wandten sich nun an ihn. Mit einem Hauch von Verzweiflung in der Stimme versprachen sie, ihm so viele Versicherungsaufträge wie noch nie zu besorgen, so daß er eine eigene Firma gründen könne und nicht mehr auf Prudential angewiesen sei, wenn er den Richter bestechen könne, Sciortinos Strafe zur Bewährung auszusetzen. Hauser versprach, sein möglichstes zu tun.

Nach der Zusammenkunft bestand Marcello darauf, Hauser in sein Hotel in New Orleans zurückzufahren. Hausers FBI-Hilfstrupp war erleichtert, seinen Schützling vorn neben Carlos sitzen zu sehen, als der Wagen Anthonys Auffahrt verließ. Gemäß Hausers mündlicher Aussage beim Prozeß – sein Gerät war defekt geblieben – sagte Carlos ihm auf dem Weg in die Stadt, daß die Beeinflussung von Richter Pregerson für ihn und »die Organisation« äußerst wichtig sei und daß Geld keine Rolle spiele. Carlos wiederholte, daß er innerhalb von 24 Stunden 250000 Dollar für den Richter besorgen könne. Darauf versicherte er Hauser, daß diese »Leute aus Kalifornien« »gute Leute« seien, daß sie »zur Familie gehörten« und daß er nicht wolle, daß ihnen irgend etwas »passiere«. Er fügte hinzu, daß auch Rizzuto »ein guter Mensch« sei, der draußen in Kansas eine Menge »wichtiger Arbeit für die Familie« erledige.

Als Marcello vor Hausers Hotel angelangt war, sagte er noch:

»Ich werde alles tun, was nötig ist. Alles.

Wenn Sie den Richter nicht herumkriegen können, wie wäre es mit dem Kerl, der den Fall bearbeitet?«

Darauf antwortete Hauser, als er sich verabschiedete: »Ich werde prüfen, wie es um ihn steht, welche Ansprüche er stellt und ob er dringend Geld benötigt.«

Nachdem Fleming und Barron, die Agenten aus Los Angeles, sich das Tonband von der Zusammenkunft vom 25. Oktober angehört hatten, beauftragten sie Hauser, eine Begegnung mit Sciortino in Kalifornien zu arrangieren. Dabei sollte Hauser Sciortino mitteilen, daß Richter Pregerson als Gegenleistung für sein Versprechen, nicht von dem Fall zurückzutreten, und für eine Bewährungsgarantie im Falle einer Verurteilung ein Kunstobjekt im Wert von 125000 Dollar annehmen würde, und zwar von Sciortino über Ashley.

Am Abend des 29. Oktober traf Hauser sich auf dem Parkplatz des »Holiday Inn« in West Covina außerhalb von Los Angeles mit Sciortino und sagte ihm geradewegs, daß er »eine unglaubliche Besprechung« mit Ashley gehabt habe. Die Tonbandaufnahme zeigte, wie meisterhaft Hauser täuschen konnte:

| | |
|---|---|
| HAUSER | Folgendes hat er mir versprochen. Der Richter verlangt etwas, O.K.? Er traut Ihnen nicht, aber er verlangt etwas. Wenn er es nicht bekommt, wandern Sie ins Gefängnis. |
| SCIORTINO | Ja? |
| HAUSER | Er hat garantiert, daß er den Fall nicht niederlegen wird. Garantiert, daß Sie unbegrenzte Bewährung bekommen. Ich fragte: »Und was muß ich garantieren?« Er antwortete: »Daß der Mann das Seine tut, wenn es soweit ist.« ... Geld hat er nie genommen. Aber ein Gemälde, ein hübsches Gemälde. Das würde er akzeptieren ... Ich wollte keine Verpflichtung eingehen, ohne vorher mit Ihnen gesprochen zu haben. |
| SCIORTINO | Er sagt, daß er das garantiert? |
| HAUSER | Das garantiert er. |
| SCIORTINO | Das ist schön. Bloß für mich? Was ist mit den anderen? |
| HAUSER | Ich sprach mit ihm im Namen von allen dreien. |
| SCIORTINO | Das ist super. |

Danach teilte Hauser Sciortino mit, es sei geplant, Pregerson ein Gemälde von Paul Gauguin im Wert von 125000 Dollar zu geben, das bei einer Kunstgalerie in Los Angeles zu haben sei. Er beendete seine Farce mit der Feststellung, dies sei nicht das erstemal, daß Richter Pregerson eine Bestechung annehme. Er habe schon einmal Geld genommen, um einen Drogenfall zu regeln. Das war natürlich gelogen.

Am 1. November rief Hauser Carlos Marcello aus Los Angeles an, um ihm den Plan zu erklären. Die FBI-Agenten Fleming und Barron hörten mit:

| | |
|---|---|
| HAUSER | Ashley hat mir fest zugesagt, daß a) der Richter den Vorsitz über den Fall nicht abgibt und b) Sciortino Bewährung erhält, wenn er schuldig gesprochen wird. Ashley möchte dem Richter nun ein Gemälde geben, weil er verrückt nach Kunst ist. Sam |

| | |
|---|---|
| | [Sciortino] hat das versprochen. Kann man sich auf ihn verlassen? |
| MARCELLO | Scheiße, ja. Man kann sich auf ihn verlassen. Ja. Wieviel kostet das Bild? Was glauben Sie? |
| HAUSER | Es handelt sich um eine beträchtliche Summe. |
| MARCELLO | Wieviel denn? |
| HAUSER | 110000, 125000 Dollar. |
| MARCELLO | Haben Sie Sam das mitgeteilt? |
| HAUSER | Ja, das habe ich. |
| MARCELLO | Was sagt er? |
| HAUSER | Er sagte: Machen Sie unbedingt weiter, und tun Sie es. |
| MARCELLO | Machen Sie sich deshalb keine Sorgen, Mann. Ich gebe es Ihnen selber, O.K.? |
| HAUSER | Wenn Sam nun das Geld nicht liefert... |
| MARCELLO | Ich gebe es Ihnen, O.K.? Ich stehe dafür gerade. Hundertprozentig. O.K.? |
| HAUSER | O.K., ich werde es ihm sagen. |

Ein paar Wochen nach diesem meisterhaften Täuschungsmanöver trat Joe Hauser in einem Bundesgefängnis in Arizona eine wesentlich verringerte Strafe für seine Verurteilung vom Februar 1979 an.

In seinem letzten aufgenommenen Gespräch mit Hauser bestand Marcello unnachgiebig darauf, daß George Ashley das Geld für das Gemälde erst dann erhalten solle, wenn Richter Pregerson seine Verpflichtung erfüllt und seinem Freund Sam Sciortino Bewährung gegeben habe. Das hörte sich so an:

»Ich will nicht, daß Sie der Dumme sind... Und ich selbst will auch nicht der Dumme sein.«

Am 15. November informierte das Justizministerium Richter Pregerson über die Scheinverschwörung, ihn zu bestechen, von der er nichts gewußt hatte. Er legte den Fall Brooklier erst dann nieder, als das FBI seine Operation beendet hatte.

Inzwischen hatte das FBI unten in Louisiana bereits begonnen, die Dienststelle des Leiters der Verwaltung wegen Verdachts auf Korruption einzukreisen, indem es den Gouverneur des Staates unter Strafandrohung vorlud.

# 54

# Das große Ding

»Die Teamsters gehören uns«, hatte Carlos einmal in einer auf Tonband aufgenommenen Unterhaltung vor Hauser, Wacks und Montague geprahlt. Damit bezog er sich auf die Kontrolle, die die Mafia über die größte Gewerkschaft der Nation mit ihren Milliarden Dollar schweren Pensions-, Kranken- und Sozialversicherungskassen ausübte. »Ich habe den einzigen Mann in den Vereinigten Staaten, der ihnen [den führenden Teamster-Funktionären] sagt, was zum Teufel sie zu tun haben«, bemerkte Carlos in einem anderen aufgezeichneten Gespräch.

Der Mann, auf den Carlos sich bezog, war Joseph »Joey Doves« Aiuppa, der große alte Mann und derzeitige Boß von Chicagos mächtiger, »The Outfit« genannter Mafiaorganisation. Carlos und Joey Doves hatten sich immer gut verstanden. Joey Doves freute sich jeden Herbst darauf, nach Louisiana hinunterzureisen, um in Churchill Farms oder Carlos' Jagd- und Angellager auf Grand Isle Enten und Tauben zu schießen. Dann redeten die beiden von dem Tag, an dem sie zuschlagen und die Kontrolle über Amerikas reichste und mächtigste Gewerkschaft übernehmen würden, die International Brotherhood of Teamsters (Internationale Bruderschaft der Lastwagenfahrer).

Joe Hauser glaubte stets, es sei nur eine Frage der Zeit, wann Marcello sich die Teamsters vornehmen würde. Carlos hatte oft davon gesprochen. Es war kein Geheimnis, daß er längst ein Auge auf die Kranken- und Sozialversicherungsfonds und die Pensionskassen der Teamsters geworfen hatte, die zwei Milliarden Dollar enthielten und deren Hauptquartiere beide in Chicago lagen. Aber er wußte auch, daß er den richtigen Augenblick für den großen Schritt abwarten mußte. Dieser Augenblick kam im Dezember 1979, als sich die beiden Operationen der Regierung gegen ihn rasch ihrem Ziel näherten: der Zerstörung seiner Macht in den Vereinigten Staaten.

Die Regierung hatte wieder eine Glückssträhne. Gerade als das FBI glaubte, es habe über Carlos Marcello genug gesammelt, um ihn für den Rest seines Lebens hinter Gitter zu schicken, kam der alte Mafiaboß plötzlich mit etwas daher, was sein größtes Geschäft zu werden versprach: einem ausgeklügelten Plan, die beiden größten Versicherungsverträge der Teamsters der Firma Fidelity-Prudential zuzuschanzen. Carlos hatte sich ausgerechnet, daß dies Geschäft monatlich eine Million Dollar Provisionen einbringen würde. Er sagte Wacks und Montague, daß er den Teamster-Funktionären, die es ermöglichten, Fidelity den Vertrag zukommen zu lassen, monatlich eine halbe Million Dollar Schmiergeld zahlen müsse. Die zweite halbe Million Dollar werde zwischen ihm selbst, Aiuppa, Fidelity-Prudential und denjenigen »Familien«, die ihm halfen, den Vertrag unterzubringen und zu behalten, geteilt. Er dachte an zwei weitere: Santos Trafficantes Verein in Tampa und Joe Civellas Leute in Kansas City.

Mike Wacks und Larry Montague pflegten diesen grandiosen Plan »Das große Ding« zu nennen, wann immer Carlos darauf zu sprechen kam, was im Sommer und Herbst 1979 häufig der Fall war. Sie hofften, er würde zuschlagen, bevor das FBI ihre Operation beendete. Es war eine Art Witz für sie. Wie Wacks mir acht Jahre später erzählte, unterhielten sich er, Hauser und Montague in ihrer Freizeit gern darüber, wie zum Teufel sie Marcello von seinem Thron hinunter krachend auf sein Hinterteil befördern könnten.

Irgendwann im Dezember, gleich nachdem Joe Hauser ins Bundesgefängnis gegangen war, um die Strafe für seine Verurteilung von 1979 abzusitzen, erhielt Carlos aus seinen Nachrichtenquellen genügend Zusicherungen, daß die Zeit, sich an die Teamster-Fonds heranzumachen, gekommen sei. In einem aufgenommenen Gespräch teilte Carlos Wacks und Montague mit, daß Frank Fitzsimmons, der Teamster-Vorsitzende, zu krank sei, »um irgend etwas dagegen zu unternehmen«, und Allen Dorfman, Finanzberater und Versicherungsexperte der Teamsters mit langjährigem beherrschendem Einfluß auf die beiden großen Gewerkschaftsfonds, »in Schwierigkeiten geraten« sei und bald seines Postens enthoben werde. (Dorfman sollte bald darauf von zwei mit Skimützen maskierten Killern achtmal in den Kopf geschossen werden.) So befanden sich die Teamsters also fast völlig unter der Kontrolle »des einzigen Mannes in den Vereinigten Staaten, der ihnen sagt, was zum Teufel sie zu tun haben«: Carlos' gutem Freund Joey Doves Aiuppa.

Carlos beschloß Anfang Dezember, an Aiuppa, Trafficante und Civella heranzutreten, um ihre Unterstützung für seinen Plan zu gewinnen. Er berichtete Montague und Wacks, daß alle drei nach seinen einleitenden Worten »begeistert« gewesen seien.

Wie Carlos den beiden Undercover-Agenten ferner mitteilte, hatte Joey Doves versprochen, nach New Orleans hinabzukommen, um mit ihm in Churchill Farms die Einzelheiten des Plans auszuarbeiten und ein paar Tauben zu schießen. Dem Taubenschießen verdankte Aiuppa seinen Spitznamen. Da Aiuppas Wort in den höheren Rängen der Teamster-Funktionäre nun praktisch Gesetz war, erwartete Carlos »keine Probleme« bei der Ausarbeitung einer befriedigenden Vereinbarung mit seinem guten Freund aus Chicago.

Marcello erklärte »seinen Jungs« Mike und Larry, daß dies »das größte Geschäft aller Zeiten« werde. »Eine Million Dollar im Monat! Was sagt ihr dazu?« Wacks und Montague waren außer sich vor Freude. Endlich sollte das »große Ding« stattfinden.

In Erwartung des Marcello-Aiuppa-Gipfels in Churchill Farms brauste das FBI los, um in Carlos' beiden sumpfigen Schlupfwinkeln Wanzen anzubringen. Da war das Farmhaus in Churchill Farms, aber auch noch eine Hütte neben einem Unterstand für die Entenjagd, in der Carlos sich gelegentlich mit wichtigen Gästen traf. Und die Hütte in Carlos' Jagd- und Angellager auf Grand Isle durften die Agenten auch nicht übergehen.

Für Wacks und Montague war die Aussicht fast zu schön, um wahr zu sein. 1988 sagte Montague zu mir: »Können Sie sich vorstellen, daß der Mafiaboß von Louisiana und der Mafiaboß von Chicago sich dort draußen in einer Hütte in Carlos' Sumpf treffen, um einen so großartigen Plan zu besprechen wie den, den Carlos sich ausgedacht hatte? Würde das amerikanische Volk glauben, daß zwei alternde Mafiosi in einem louisianischen Sumpf aushecken, wer in Zukunft die Kontrolle über die mächtigste Gewerkschaft der Nation ausüben soll?«

Aber leider blieb Wacks und Montague der Kitzel versagt, die Diskussionen zwischen Carlos und Joey Doves zu belauschen. Joey Doves mußte in letzter Minute absagen, weil seine Frau krank wurde.

Doch das war noch längst nicht das Ende des großen Dings. Die Zusammenkunft wurde einfach auf Mitte Februar verschoben, in die Karnevalszeit, in der auch Trafficante und Civella nach New Orleans hinunterkommen konnten, um an den Besprechungen teilzunehmen. »Das wird Geschichte machen«, meinte Wacks zu Montague, »ein Mardi-Gras-Mafiagipfel, zu Ihrer Unterhaltung aufgenommen vom Federal Bureau of Investigation.«

Laut Wacks und Montague wirkte Carlos sehr selbstzufrieden, als der Februar herankam. Am 31. Januar hatte er sich mit ihnen getroffen und ihnen mitgeteilt, daß das Versicherungsgeschäft mit Roemer klappen werde. Er hatte auch geglaubt, Sam Sciortinos Problem in Los Angeles gelöst zu haben, indem er sich verpflichtete, zwischen 125000 und 250000 Dollar für die Bestechung

Richter Pregersons bereitzustellen. Und nun hatte er eine Zusammenkunft mit Aiuppa, Trafficante und Civella arrangiert, die, wie er mit einiger Gewißheit annahm, auf »das größte verdammte Geschäft aller Zeiten« hinauslaufen würde.

Obwohl Mike Wacks und Larry Montague verständlicherweise stolz auf die Operation waren, die sie und Joe Hauser »an vorderster Front«, wie Mike Wacks zu sagen pflegte, durchgeführt hatten, tat es ihnen fast leid, daß das FBI Carlos' Machenschaften bald auffliegen lassen würde. Sie konnten den munteren kleinen Mann mit seinen unnachahmlichen Redewendungen (die Wacks sammelte) nämlich gut leiden. Sie mochten ihn viel lieber als die Empfänger seiner Bestechungsgelder. »Roemer war ein richtiger Hai«, meint Wacks heute, »ein eiskalter, berechnender Bürokrat, dem der Charme von Mr. Marcello völlig fehlte.«

»Hören Sie mal«, sagt Larry Montague, »man kann Carlos nicht die ganze Schuld an dieser Art von Korruption geben. Jeder verdammte Politiker, an den wir uns wegen Versicherungsgeschäften wandten, spitzte sofort die Ohren, wenn wir den Namen Marcello erwähnten und Andeutungen von Schmiergeldern machten. Keiner von ihnen hat uns je die Tür gewiesen.«

Und so geschah es, daß sie Carlos nicht ohne ein gewisses Bedauern anriefen, um ihm mitzuteilen, daß sie sich auf eine dringend benötigte Urlaubsreise nach Hawaii begäben. Wenige Tage bevor das FBI seine Operation einstellte, machten sie sich auf den Rückweg nach Los Angeles.

# 55

# Der Schlußstrich

Am 8. Februar 1980 betraten Bundesagenten Irving Davidsons Washingtoner Büro und teilten ihm mit, daß im vorigen Jahr in Verbindung mit einer Geheimoperation gegen Carlos Marcello gegen ihn ermittelt worden sei, und zwar einschließlich 24stündiger elektronischer Überwachung. Nach diesen Worten verhörten sie den überraschten und empörten Lobbyisten vier Stunden über sein Verhältnis zu dem Mafiaboß aus Louisiana und dem hohen INS-Beamten Mario Noto.

»Hören Sie mal!« rief Davidson aus, als die Agenten ihre erste Vernehmung beendeten, »wenn mir etwas passiert, wird dieses Land darunter leiden! Ich bin in einige sehr heikle Sachen in Übersee verwickelt. Ich spreche mit Leuten, mit denen unsere eigenen Leute nicht sprechen können.«

Die BRILAB-Ermittlung hatte ihr Endstadium erreicht.

Später erzählte Davidson der *Washington Post*: »Ich habe diesen FBI-Leuten gesagt, sie sollten nicht Superagent mit mir spielen... Sehen Sie hier meinen Terminkalender: 4. Januar, National Security Council (Nationaler Sicherheitsrat). Glauben Sie etwa, das hätte ich mir ausgedacht? Ich sage Ihnen, ich habe Tag und Nacht mit diesen Jungen zu tun.«

Carlos Marcello erfuhr zum erstenmal von Aubrey Young, dem Freund und ehemaligen Staatsbeamten, der ihn mit Charles E. Roemer bekannt gemacht hatte, daß etwas schiefgegangen war. Marcellos Versicherungsplan befand sich damals in einer ruhigen Phase. Joe Hauser war im Gefängnis, wo er seine Strafe für das Urteil in Phoenix absaß. Charles Roemer hielt im Parlamentsgebäude still die Fäden in der Hand. Und die Agenten Wacks und Montague hatten, wie wir wissen, ihre Koffer gepackt und waren heimgekehrt. Carlos glaubte, sie machten Urlaub auf Hawaii.

Aubrey Young rief Carlos gegen Mittag in seinem »Town & Country«-Büro an. Er teilte ihm mit, von Charlie Roemer erfahren zu haben, daß Gouverneur Edwards gerade vom FBI unter Strafandrohung vor eine Anklagejury geladen worden sei, die untersuchte, ob bei staatlichen Versicherungsfällen Korruption im Spiel gewesen sei. Das FBI hat das Gespräch vom 8. Februar aufgezeichnet:

| | |
|---|---|
| YOUNG | Edwards hat gerade Roemer angerufen und ihm von der Vorladung berichtet. Er sagte, er weiß nicht, was er in dieser Angelegenheit tun soll. Er weiß nicht, ob Louis Lambert gesungen hat oder ob dieser Bursche, wer auch immer er ist, vielleicht ein ... |
| MARCELLO | Das sind nicht meine Leute. Machen Sie sich deshalb keine Sorgen. Ich bin froh, daß Sie uns Bescheid sagen. Falls man die beiden also vorlädt, werden sie wissen, was sie zu tun haben. Sie sind nämlich augenblicklich in Hawaii. Und woher wissen Sie, daß es sich um die Versicherung handelt? |
| YOUNG | Roemer sagte es ihm [Edwards]. |
| MARCELLO | Was haben sie [das FBI] ihm gesagt? |
| YOUNG | Das weiß ich nicht. Er hat es mir nicht gesagt. |
| MARCELLO | Nun, das ist nicht schlimm. |
| YOUNG | Nein. Aber da ist die Sache, die ihn beunruhigte. |
| MARCELLO | Was beunruhigt ihn?... *Sagen Sie es mir!* |
| YOUNG | Daß dieser Bursche Hauser vielleicht ein Spitzel war. Er weiß natürlich, daß Lambert ihn nicht leiden mag ... |
| MARCELLO | Was? |
| YOUNG | Roemer glaubt, daß es Lambert sein könnte. Er macht sich Sorgen wegen dieses Burschen [Hauser], der vielleicht irgendwann einmal im Gefängnis war und ein Geschäft mit dem FBI gemacht hat. |
| MARCELLO | Unmöglich, Mann. Wie ich schon sagte. Nein, nein, nein. Das hätte ich erfahren. Sie [die Agenten Wacks und Montague] haben mich gestern angerufen. Sie sagten: »Wir fliegen nach Hawaii.« Ich antwortete: »In Ordnung.« Ich sagte ja, weil sie herkommen wollten. »Ja«, sagte ich, »ich hab' augenblicklich nichts, kommt nächste Woche.« |
| YOUNG | In Ordnung. Nun zu den Papieren, die Roemer Ihnen gegeben hat. Er sagte, sie sollten sie bitte vernichten. |
| MARCELLO | Was für Papiere? |
| YOUNG | Er meint wohl diese Versicherung. Er sagte, er hätte Ihnen vorige Woche einige Papiere gegeben. Um Ihnen zu zeigen, wie man anbietet. Wie es funktioniert. |

MARCELLO Oh, Mann, ich habe den Scheißkram vernichtet. So was brauch' ich nicht.

YOUNG Er [Roemer] hat Angst. Sie wissen ja, daß so was zu einer Vorladung oder sonstwas führen kann. Er sagte, wenn man ihn nach Ihnen fragen würde, dann würde er antworten: »Verdammt. Ja, ich kenne ihn.« Er sagte: »Ich spreche mit ihm [Marcello] über Öl und Abfall.« Ich sagte: »Nun, Scheiße, sie haben nichts gegen ihn in der Hand.«

MARCELLO Sie haben nichts gegen ihn in der Hand. Weil es verdammt noch mal nichts gibt.

YOUNG Aber er wollte, daß ich es Ihnen mitteile. Wissen Sie, sie sind wieder hinter ihm her. Sie lassen ihn auffliegen.

MARCELLO Er hat nichts bekommen... Sagen Sie, sagen Sie Roemer, daß wir ihm kein Geld gegeben hätten. Niemand hat ihm was gegeben. Sagen Sie ihm bloß, es sei kein Geld in Umlauf. Nichts. Kein Geld. O.K.?

YOUNG Sie haben übers Geschäft geredet. Öl und Abfall.

MARCELLO Ja. Wir haben über unser Müllgeschäft geredet.

YOUNG Öl.

MARCELLO Wenn er ihnen das sagen will, sagen Sie ihm, was mich betrifft, ich werde ihnen nichts sagen. Auch nicht, wenn sie hundertmal hierherkommen. Sagen Sie ihm, Carlos macht es nichts aus, hundertmal unter Strafandrohung vorgeladen zu werden... Ich bin schon vor den Präsidenten, den Vize, die, die Vereinigten Staaten geladen worden...

YOUNG Hab' ich ihm gesagt.

MARCELLO ... Staatsanwalt, ich meine den Justizminister und so weiter. Sagen Sie ihm, ich zitiere den 5. Zusatzartikel, und das wär's dann. Die kriegen nichts aus mir raus.

YOUNG Das hab' ich ihm gesagt. Jetzt will ich Ihnen mal was sagen. Er [Roemer] weiß nicht, wer es ist. Er weiß, daß sie hinter ihm her sind. Sie stürzen sich wieder auf ihn nach seiner Scheiße in den Zeitungen über diese Werbung für den Kampf.

MARCELLO Ja, das hab' ich gesehen. Ja.

YOUNG Sie sind hinter ihm her, und sie zahlen, sie zahlen. Die Bundesregierung ist auch hinter Edwin her.

MARCELLO *Mann, ja!* Und dann kam Treen und hat verhindert, daß er [Roemer] diesen Job kriegt [eine Anspielung auf Roemers Hoffnung, unter Treen weiterhin Leiter der Verwaltung zu bleiben]. Er möchte den Job gern haben, und sie haben dem Mann den Job versprochen. Jetzt strengt er sich also an, man weiß nicht, was der Scheißkerl alles tut.

YOUNG — Sehen Sie, das ist es eben. Ohne daß er es wußte, geht unten beim FBI diese Sache mit der Weiße-Kragen-Kriminalität vor sich. Genau wie im Kongreß [eine Anspielung auf die sogenannte Abscam-Untersuchung]. Fallenstellen. Er, er weiß nicht, ob der Bursche es ist... Er denkt jetzt nach. Er liest dies und das. Vielleicht werden diese Scheißkerle...

MARCELLO — Wer das? Fallenstellen?

YOUNG — Fallenstellen, wissen Sie.

MARCELLO — O ja.

YOUNG — Wie bei diesen Mitgliedern des Repräsentantenhauses.

MARCELLO — Ja.

YOUNG — Er [Roemer] sagte, vielleicht versucht dieser Versicherungsmann, ihn kaltzumachen.

MARCELLO — Sagen Sie ihm [Roemer], für diesen Versicherungsmann lege ich meine Hand ins Feuer.

YOUNG — In Ordnung.

MARCELLO — Sehen Sie, der Mann ist im Gefängnis. Vergessen Sie ihn, Mann. Der wird nichts sagen. Und seine beiden Neffen... machen Sie sich da keine Sorgen. Sehen Sie, er kann kein Wahlkampfgeld geben. Hat auch nie welches gegeben. Alles, worüber sie reden, ist Versicherung. Und sie haben ihnen die Briefe gegeben, um zu zeigen, wie sie mit ihrer Hilfe eine Million Dollar einsparen können.

YOUNG — Nun, das entlastet ihn.

MARCELLO — Ja, so ist es. Das wirft ein gutes Licht auf ihn [Roemer].

YOUNG — Stimmt.

MARCELLO — Das ist alles. Mehr ist da nicht. Hat keinen Sinn, darüber zu reden. Machen Sie sich bloß keine Sorgen, O.K.? Und wenn ich irgendwas erfahre, rufe ich Sie sofort an und sage: »Sehen Sie, die sind auch vorgeladen worden, und ich weiß auch, was zu tun ist.«... Seien Sie unbesorgt.

YOUNG — Ich bin unbesorgt.

MARCELLO — Weil er nichts getan hat.

YOUNG — Ich weiß nicht recht.

MARCELLO — Ich glaube es nicht. Er [Roemer] hat keine Angst, was?

YOUNG — Nein, es beunruhigt ihn nicht.

MARCELLO Tut es nicht. Er hat keine Angst.

YOUNG Er, er hat eben Schneid.

MARCELLO Möchten Sie was essen?

YOUNG Ich weiß nicht recht. Wo wollen Sie denn essen? Ich muß nach Hause. Scheiße, Mann, ich hab's meiner Alten versprochen, tut mir leid.

MARCELLO Ich hab' den ganzen Tag noch nichts gegessen. Ich gehe zu »Impastato«, wenn Sie... [Man hört, wie Marcello »Impastatos Restaurant« in Metairie anruft.] He, Joe, wann ist geöffnet? Oh, den ganzen Tag. Nein, nein, nein, wir sind nur zu dritt. Wir kommen bloß für 'ne Stunde rüber, um zu essen. Dann muß ich gehen, weil ich zu einer Totenwache muß. In Ordnung. Wir wollen wahrscheinlich bloß ein Steak oder so was. Mach dir deshalb keine Sorgen.

YOUNG Nein, ich möchte einen Salat oder so was.

MARCELLO Wie? Ich bin in 20 Minuten da. [Er hängt den Hörer ein.] Lassen Sie uns gehen.

YOUNG Ich möchte Ihnen was sagen.

MARCELLO Haben Sie Hunger?

YOUNG Ich sagte, sehen Sie, Mann, ich weiß nicht viel darüber, aber wenn das stimmt, was Sie mir gesagt haben, brauchen Sie sich keine Sorgen zu machen. Sie haben den Brief, aus dem hervorgeht, daß Sie dem Staat Geld sparen helfen wollen.

MARCELLO So ist es.

YOUNG Und ich sagte, sagen Sie es ihnen. Sie haben ihnen gesagt, Sie seien... in irgendeinem Ölgeschäft. Sagen Sie ihnen das, wenn Sie gefragt werden. Sagen Sie, ja, ich mache Ölgeschäfte mit ihm [Marcello]. Ich mache Abfallgeschäfte mit ihm, Mann. Tun Sie's wie ich; wenn man mich fragt, ob ich ihn kenne, dann antworte ich: »Zum Teufel, ja, ich kenne ihn. Warum auch nicht?«

MARCELLO Ja, das ist nichts Schlimmes, Mann.

YOUNG Nun, das ist es, worüber er sich Sorgen macht, dieser andere.

MARCELLO Nein, tun Sie's nicht, machen Sie sich um sie [die Undercover-Agenten] keine Sorgen. Die Burschen sind stärker als ich, O.K.?

YOUNG Sehen Sie, er...

MARCELLO Das ist alles, was ich Ihnen sage.

YOUNG Er glaubt, er glaubt, daß Lambert versucht, ihn zu hängen.

MARCELLO Nun, es könnte Lambert sein. Sie wissen nicht, wer es sein könnte, verstehen Sie? Verstehen Sie? Sehen Sie. Sie haben eine Organisation. Sie wissen nicht, wer der Scheißkerl ist. Kommen Sie, lassen Sie uns essen gehen ...

Es blieb Sonderagent Harold Hughes überlassen, Marcello mitzuteilen, wer der Scheißkerl war. Das FBI hatte beschlossen, ein paar Tage zu warten, bevor es Marcello über die Operation informierte, und so konnte die Deckenwanze in Carlos' Büro ein paar letzte Gespräche zwischen ihm und, wie man hoffte, Leuten wie Aubrey Young, Charlie Roemer, Vince Marinello und Irving Davidson aufnehmen. Es stellte sich jedoch heraus, daß Aubrey Young der erste und einzige Verschwörer war, der am Tag des Schlußstrichs anrief. Danach führte Carlos von seinem Bürotelefon aus keine Gespräche mehr, es sei denn, um die alltäglichsten Mitteilungen zu machen.

Harold Hughes betrat Marcellos »Town & Country«-Büro ein paar Tage nach dem Schlußstrich. Nachdem er Carlos eine Vorladung unter Strafandrohung vor eine Anklagejury überreicht hatte, sagte er ihm die bittere Wahrheit. Der Mafiaboß saß aufrecht an seinem Schreibtisch und starrte seinen langjährigen Widersacher an, der ihm verriet, was Joe Hauser, Mike Wacks und Larry Montague in den letzten 10 Monaten getrieben hatten. Obwohl er schließlich die Tatsache akzeptierte, daß der »Versicherungsmann«, für den er seine Hand ins Feuer legen wollte, ein Überläufer und Polizeispitzel war, sträubte er sich immer noch zu glauben, daß Wacks und Montague Undercover-Agenten des FBI waren. »Nein, die beiden nicht; das sind meine Jungen«, meinte er zu Hughes. »Sie wollen mich wohl verscheißern.«

»Nein, Carlos, ich verscheißere Sie nicht«, erwiderte Hughes. »Ich sag' die Wahrheit, und ich bin hier, um Sie zu bitten, es ihnen nicht übelzunehmen. Es sind bloß zwei junge Burschen, die ihre Arbeit tun, die tun, was man ihnen aufgetragen hat. Deshalb sollten Sie nicht versuchen, ihnen oder ihren Familien zu schaden. Es war nicht persönlich gemeint, und ich will nicht, daß Sie Ihre Leute hinter ihnen herschicken, weil das, ganz abgesehen davon, was ihnen zustoßen könnte, die Sache für Sie nur noch verschlechtern würde.«

Carlos gab keine Antwort auf diese Ermahnung. Er ließ Hughes wissen, daß er nichts mehr sagen werde, bevor er nicht mit seinem Rechtsanwalt gesprochen habe, und bat seine Sekretärin, den FBI-Agenten hinauszuführen.

Nicht allzu lange nachdem Hughes das Büro verlassen hatte, erhielt Carlos einen Anruf aus Washington. Es war Irv Davidson. Die Deckenwanze nahm auf, wie Davidson sich mit einem Wortschwall entschuldigte, Carlos mit Joe

Hauser bekannt gemacht zu haben. Carlos verzieh ihm auf der Stelle und meinte, Davidson habe »nicht wissen können, was für ein beschissener Polizeispitzel Hauser gewesen sei«, weshalb sich also entschuldigen? »Mach dir bloß keine Sorgen«, beteuerte Carlos. »Wir sind noch Freunde.«

Selbstverständlich wurde der Mafiagipfel in New Orleans, der für die Mardi-Gras-Woche geplant war und an dem Marcello, Aiuppa, Civella und Trafficante teilnehmen sollten, abgesagt. Carlos' grandioser Plan, aus den Sozialversicherungs- und Pensionskassen der Teamsters monatlich eine Million Dollar abzuschöpfen, wurde auf unbestimmte Zeit verschoben. Wieder einmal war ihm das große Ding entwischt. Das einzige, was Carlos zu erwarten hatte, war eine Untersuchung durch eine Anklagejury.

Vielleicht sogar zwei Untersuchungen. Denn eine Woche nachdem das FBI die Operation in New York abgeblasen hatte, legten die Sonderagenten Fleming und Barron in Los Angeles die Westküsten-Operation offen, und Carlos Marcello erhielt die Nachricht, daß wegen Verschwörung zur Bestechung eines Bundesrichters gegen ihn ermittelt wurde.

Inzwischen waren FBI-Agenten bereits eifrig dabei, die 1400 Spulen Gespräche abzuschreiben, die Hauser, die Undercover-Agenten und die FBI-Abhörgeräte aufgenommen hatten.

Die 1400 Spulen, mehr als 11500 Meter Tonband, waren die umfangreichste Sammlung von Gesprächen eines Mafiafamilienbosses, die bis dahin in der Geschichte des FBI aufgezeichnet wurden. Sie waren eine wahre Goldgrube an Informationen, und zwar nicht nur über Carlos Marcello, sondern auch über Vergangenheit und gegenwärtigen Zustand des organisierten Verbrechens in Amerika.

Die elektronische Überwachung förderte neben den Beweisen, die sich auf die Operation BRILAB bezogen, im Zusammenhang mit Carlos Marcellos Aktivitäten mehrere interessante Nebenprodukte zutage.

So zeigte Marcello sich zum Beispiel bei einer Zusammenkunft mit Hauser am 1. November besorgt, der Versicherungsplan könne darunter leiden, daß Hauser am 30. November seine Gefängnisstrafe antrat. Er erstaunte Hauser mit der Nachricht, daß er möglicherweise einen Kontaktmann im Justizministerium habe, der einen Aufschub für Hausers Gefängnisstrafe erreichen könne:

»Vielleicht kann er den Justizminister anrufen. Ich sage nicht, daß ich es tun kann. Ich habe jemanden dafür. Sag mir alles genau, und wir rufen ihn an.«

Der damalige Justizminister war Benjamin R. Civiletti, der seinen Vorgänger Griffin Bell am 16. August 1976 abgelöst hatte. Es war Bell gewesen, der die endgültige Genehmigung für die Geheimoperation BRILAB gegen Marcello gegeben hatte. Es war auch Bell gewesen, dem die Feststellungen und Empfehlungen des Sondermordausschusses des Repräsentantenhauses zugeschickt worden waren, als das Unternehmen gegen Marcello in Gang gesetzt wurde. Doch da der Schlußbericht des Mordausschusses mit den Begleitbänden, die Anhörungen und Anhänge enthielten, erst im Hochsommer veröffentlicht wurden, erhielt sie der neuernannte Justizminister Civiletti. Nach Empfang des Schlußberichts mit seinem Verdacht gegen Marcello, in den Kennedymord verwickelt zu sein, gab Civiletti seinem Zweifel Ausdruck, daß das organisierte Verbrechen an dem Mord beteiligt gewesen sei. So wies er die Presse nachdrücklich darauf hin, daß er stark bezweifle, irgend jemand im organisierten Verbrechen würde eine so »labile« Person wie Jack Ruby bei einer so wichtigen Unternehmung beschäftigen.

Nachdem Hauser ihm alle Informationen über seine Verurteilung gegeben hatte, anerbot Marcello sich, seinen Einfluß auf die Kommission für bedingte Haftentlassung geltend zu machen, um Hauser früher aus dem Gefängnis zu holen. Danach nahm das FBI jedoch keine Telefongespräche Marcellos mit diesen angeblichen Verbindungsleuten auf, und Hauser kam zu dem Schluß, Marcellos Anerbieten sei nur ein Beispiel seiner unheilbaren Prahlsucht gewesen.

Eines der wichtigeren, nicht in Beziehung zur Operation BRILAB stehenden Gespräche, die das Abhörgerät des FBI im »Town & Country«-Büro aufnahm, führte Carlos im Januar 1980 mit dem berüchtigten Ölschwindler Robert Sutton. Sutton, ein Studienabbrecher, der aus dem Nichts ein 500 Millionen Dollar schweres Ölimperium aufgebaut hatte, war mit dem Gesetz in Konflikt geraten. Unter Ausnutzung des Ölpreis-Kontrollprogramms der Regierung hatte er einen illegalen Gewinn von rund einer Milliarde Dollar erzielt. Der Schwindel galt als der größte Verbraucherbetrug der amerikanischen Geschichte.

Obwohl sein Ölgeschäft in Tulsa, Oklahoma, stationiert war, lebten Sutton und einige seiner engsten Mitarbeiter lieber in Südlouisiana. Sutton selbst wohnte in einem palastartigen alten Herrenhaus namens Tara in der Stadt Breaux Bridge. Mehrere seiner Leute hatten sich die schönsten Häuser der Gegend gekauft.

Als das FBI ihm auf den Leib rückte, wandte Sutton sich hilfesuchend an den Boß der unsichtbaren Regierung des Staates Louisiana. Sein Hauptproblem waren zwei ehemalige Mitarbeiter, deren nahe bevorstehende Zeugenaussage vor einer Anklagejury in Tulsa ihm, wie er glaubte, schaden würde. Und so rief Robert Sutton eines Tages Marcellos »Town & Country«-Büro an, um eine Lösung zu finden. Das FBI-Abhörgerät nahm folgende Worte Suttons an den Boß auf:

»Nächsten Montag morgen werden sie [die beiden ehemaligen Mitarbeiter] vermutlich zum FBI müssen... Ich möchte, daß sie nicht erscheinen können... Ich will nicht, daß die Burschen jetzt zusammengeschlagen werden, weil man mich verdächtigen würde, wenn ihnen etwas geschieht. Sie sollen noch nicht verletzt, sondern nur von der Polizei verhaftet und ins Gefängnis gesteckt werden.«

Nachdem Sutton ihm eine anständige Belohnung versprochen hatte, teilte Carlos dem 48jährigen Ölschwindler mit, daß er ihm den gewünschten Dienst leisten könne. Später aber nahm ein Abhörgerät des FBI auf, wie er einem seiner Anwälte sagte: »Ich weiß nicht. Dieser Bursche kommt mir vor wie ein Schwätzer. Ich möchte nicht hineingezogen werden.«

Die Folge von Suttons Anruf bei Marcello war, daß er später von einer Anklagejury in Tulsa angeklagt wurde, und zwar in zwei Punkten wegen Gebrauchs von Gangsterverbindungen, um Zeugen an der Aussage zu hindern. Dazu kamen fünfzehn weitere Punkte wegen Betrugs und Gangstertums in bezug auf seinen monumentalen Ölschwindel.

Ein weiteres, nicht zur Operation BRILAB in Beziehung stehendes Tonband, das die Aufmerksamkeit des FBI erregte und heute noch viele Ermittler vor ein Rätsel stellt, enthält eine Unterhaltung zwischen Carlos und seinem Bruder Joe vom 23. Januar 1980 über die Ermordung von John Wood aus San Antonia, einem Bundesrichter, am 29. Mai 1979.

Carlos und Joe sprachen darüber, Kaution für 19 Personen zu stellen (wahrscheinlich Mitglieder ihrer Organisation, obgleich das nicht eindeutig feststeht), die gerade wegen Handels mit 400 Kilogramm Marihuana und 200000 Tabletten Quaalude angeklagt worden waren. An einer Stelle sagt Joe Marcello:

»Das sind die Leute, die mit dem Mord an dem Richter in El Paso [sic] zu tun hatten... Der Richter ist tot. Das waren ihre drei Leute.«

Später wurden sechs Männer wegen Mordes an Richter Wood angeklagt, darunter Charles V. Harrelson, ein Gangster aus Dallas, der bei seiner Verhaftung die Geschäftskarte von Russell D. Mathews bei sich trug, einem weiteren Gangster aus Dallas, der Anfang der sechziger Jahre ein enger Freund von Jack Ruby war und erwiesene Verbindungen zu Santos Trafficante und Carlos Marcello besaß.

Ein Jahr nach der Anklage gegen Harrelson entdeckte Gary Mack, ein Reporter aus Dallas und Forscher im Mordfall Kennedy, eine auffallende Ähnlichkeit zwischen Harrelson und einem der drei »Landstreicher«, die unmittelbar nach dem Mord auf der Dealey Plaza verhaftet worden waren. Mack erfuhr, daß Jack White, ein Graphikexperte aus Fort Worth, der 1978 vor dem Sondermordausschuß des Repräsentantenhauses über die Identität der Landstreicher ausgesagt hatte, vorbehaltlos zu dem Schluß gekommen war, daß Harrelson »der jüngere Landstreicher« gewesen sei. Gleichsam zur Bestätigung dieser Möglichkeit verbreiteten sich in Texas Gerüchte, daß Harrelson den Polizisten, die ihn verhafteten, erzählt habe, er sei in den Kennedymord verwickelt gewesen.

Als die Anklagejury den Mord an Richter Wood untersuchte, wurde Joe Marcello vorgeladen, um über seine auf Tonband aufgenommenen Bemerkungen vom 23. Januar auszusagen, denen zu entnehmen war, daß er drei Leute kannte, die mit dem Mord zu tun hatten. Joe bestritt kategorisch jegliche Kenntnis von der Angelegenheit und sagte, die Stimme auf dem Tonband sei nicht die seine. Später kamen Tonexperten und Bruce Kelton, der BRILAB-Ankläger aus Los Angeles, zu der Überzeugung, daß es doch Joe Marcellos Stimme sei, und Joe wurde im April 1982 wegen Meineids angeklagt. Bei seinem Prozeß in San Antonio wurde Joe vorzüglich von zwei der brillantesten Prozeßanwälte des Landes, Roy Cohn aus New York und Russell Schonekas aus New Orleans, vertreten, die ihm aufgrund einer technischen Einzelheit zu einem Freispruch verhalfen.

Aber die Rätsel, daß die Brüder Marcello offenbar den Mörder von Richter Wood kannten und Charles V. Harrelson möglicherweise Verbindungen zu den Marcellos und den Landstreichern besaß, die in Dallas am 22. November 1963 aufgefallen waren, sind immer noch ungelöst.

Harrelson wurde schließlich wegen Mordes an Richter Wood verurteilt und sitzt zur Zeit mit einer lebenslänglichen Freiheitsstrafe im Bundesgefängnis von Texarkana. Bei seinem Prozeß wurde nicht ermittelt, ob er einer der drei Männer war, die Joe Marcello auf dem FBI-Tonband vom 23. Januar 1980 in Verbindung mit der Ermordung Richter Woods erwähnte. Und der vorsitzende Richter in San Antonio untersagte bei dem Prozeß jegliche Zeugenaussage in bezug auf Harrelsons oft publizierte mögliche Verbindung mit den Landstreichern von der Dealey Plaza und dem Kennedymord.

Inzwischen lehnte die Bundes-Gefängnisbehörde den Antrag Gary Macks ab, Harrelson in Texarkana zu interviewen. Mack ist überzeugt, daß Harrelson einer der drei »Landstreicher« war. Sowohl die Gefängnisbehörde als auch der Häftling selbst hat das Recht, zu entscheiden, wer einen Häftling besuchen darf und wer nicht.

Bis Mai 1980 hatte das FBI die 1400 Spulen BRILAB-Tonbänder abgeschrieben und der Anklagejury in New Orleans übergeben, die die Betätigungen Carlos Marcellos, I. Irving Davidsons, Charles E. Roemers II., Vincent Marinellos und anderer in der Zeit zwischen Februar 1979 und Februar 1980 untersuchte.

Am 17. Juni 1980 eröffnete die Anklagejury das Verfahren gegen Marcello, Davidson, Roemer und Marinello in 12 Punkten wegen Gangstertums, Post- und Telefonbetrugs und »Verschwörung betreffs eines vorgeblichen Plans, sich in Louisiana durch Bestechung Versicherungsverträge zu verschaffen«. Bei der Anklage wegen Gangstertums handelte es sich um einen Verstoß gegen den Racketeer-Influenced and Corrupt Organizations Act (Gesetz betreffs von Gangstern beeinflußter und korrupter Organisationen), kurz RICO genannt, auf den eine Höchststrafe von zwanzig Jahren Gefängnis steht. Die anderen beiden Anklagen konnten zu Höchststrafen von je fünf Jahren führen. Der Fall sollte planmäßig im Sommer 1981 in New Orleans vor Gericht kommen.

Nach dem von G. Robert Blakey aufgesetzten und 1970 vom Kongreß als Bestandteil des Organized Crime Control Act (Kontrollgesetz gegen das organisierte Verbrechen) beschlossenen RICO können Bundesankläger ganze Korruptionsstrukturen und nicht nur einzelne kriminelle Handlungen gerichtlich verfolgen. Das Gesetz ermöglicht lange Gefängnisstrafen, die dem Schaden entsprechen, den das organisierte Verbrechen einzelnen Gemeinschaften und der Gesellschaft allgemein zugefügt hat. Aus diesem Grund war die RICO-Anklage für Marcello äußerst schwerwiegend. Die zweite Anklage gegen ihn wurde über ein Jahr später, am 5. August 1981, erhoben, als eine Bundes-Anklagejury ihm, Samuel Sciortino und Phillip Rizzuto vorwarf, sich verabredet zu haben, einen Richter zu bestechen. Der Fall sollte im November 1981 verhandelt werden. Im Falle einer Verurteilung müßte Marcello mit einer mindestens zehnjährigen Gefängnisstrafe rechnen.

Als der Sommer 1981 herankam, hatte der Boß der Mafia von Louisiana die Aussicht, möglicherweise den Rest seines Lebens hinter Gittern verbringen zu müssen.

Doch wie die BRILAB-Ankläger aus New Orleans heute bestätigen, hatte Carlos Marcello keine Angst vor dem Prozeß in New Orleans. Hier hatte er früher schon vor Gericht gestanden und stets gewonnen. Nein, Los Angeles war eine Sache, aber New Orleans war eine andere. Es war sein heimatliches Revier. Carlos glaubte fest, daß keine Jury in New Orleans ihn jemals zu irgend etwas verurteilen würde. Er war beliebt in New Orleans. Er hatte eine Menge Freunde, einflußreiche Freunde im ganzen Staat. Während der Tag des Prozesses sich näherte, überschwemmten wohlwollende und ermutigende Botschaften von Gönnern aus ganz Louisiana von Shreveport bis Morgan City Carlos' »Town & Country«-Büro. Freunde und Mitarbeiter fanden ihn so großspurig und herrisch wie eh und je.

»Die werden mich nicht kriegen, Mann«, sagte er einem Reporter von der *Times-Picayune* kurz vor Beginn des Prozesses. »Unmöglich. Dies hier sind meine Leute.«

# 56

# Prozeß Nummer eins: New Orleans

»Ich kann nichts einfach rums-bums und total im Arsch machen ... Ich muß wissen, was ich tue. Ich muß Vertrauen haben. Wenn ich kein Vertrauen habe, verzichte ich lieber aufs Geschäft. Ich muß wissen, daß ich mit jemandem zu tun habe, der mich nicht bescheißt. Ich will nicht in verdammte Scheißschwierigkeiten oder so was kommen.«

Carlos Marcellos Aussprüche, aufgenommen von Joe Hauser im Sommer 1979 und abgespielt vor einer Jury im Sommer 1981, lösten eine Welle der Erheiterung im überfüllten Gerichtssaal in New Orleans aus. Wieder einmal hatte die Regierung Carlos Marcello lächerlich gemacht. Bei diesem Prozeß sah es nicht gut aus für den Mafiaboß von Louisiana. Zum erstenmal wurden Tonbänder mit Marcellos Äußerungen in einem Gerichtssaal abgespielt. Sprache war nicht gerade Carlos' starke Seite. Unter anderem aus diesem Grund hatte er in der Öffentlichkeit stets den Mund gehalten. Nun, vor dem größten Publikum, das er je gehabt hatte – die Presse war in großer Zahl anwesend –, gab ihn seine gebrochene, verworrene, unanständige, arrogante Sprache immer wieder der Lächerlichkeit preis. Carlos Marcello war nicht gewöhnt, daß man über ihn lachte. Bis dahin war es ziemlich riskant gewesen, ihn auszulachen.

Die Tonbänder spielten weiter ...

Vor einer Jury, in der drei schwarze Frauen und ein schwarzer Ersatzmann saßen, erwiesen sich Marcellos Bemerkungen über Schwarze und Ernest Morial, New Orleans' ersten schwarzen Bürgermeister, die Joe Hauser vor zwei Jahren aufgenommen hatten, als Bumerang:

| | |
|---|---|
| MARCELLO | Der Bürgermeister hier ist ein Nigger. Er ist schwarz. Er will den Versicherungsvertrag seinem Bekannten übertragen. Er will selbst bestimmen.<br>Er ist ein Nigger, und ein Nigger bleibt ein Nigger, selbst wenn man ihm ein bißchen Macht gibt. |
| HAUSER | Wie kommt es, daß ein Nigger zum Bürgermeister gewählt wurde? |
| MARCELLO | Weil diese Arschlöcher geschlafen haben. |

Und dann waren da die abgehörten Bemerkungen des Mafiabosses über die schwarzen Wähler, die er zu kontrollieren prahlte:

»Ich hab' hier einen Haufen Nigger beisammen... 1500 Stück. Ich meine natürlich 1500 Familien... Alle Nigger ringsumher. Die Schwarzen drüben in Jefferson. Highway 90. Da hab' ich 1500 Schwarze, und in Avondale Homes hab' ich 4500... Ich versuche, die ganze Sache in den Griff zu kriegen...«

Als diese Worte in den Kopfhörern der Geschworenen erklangen, sah man, wie die vier schwarzen Geschworenen verbissen geradeaus starrten, während einige ihrer weißen Kollegen ein Lächeln zu unterdrücken schienen. Nicht einmal in seinen schlimmsten Angstvorstellungen hätte Carlos gedacht, daß sein Schicksal einmal zum Teil in den Händen eines »Haufens von Niggern« liegen würde.

Nein, es sah wirklich nicht gut aus für den Hauptangeklagten im Fall *Die Vereinigten Staaten gegen Carlos Marcello*. Das FBI hatte eine außergewöhnlich erfolgreiche Geheimoperation gegen ihn inszeniert, eines der glänzendsten Schwindellnternehmen seiner Geschichte. 1400 Spulen, 11500 Meter Tonband. Das bedeutete, daß der Mann, dessen Wahlspruch lautete: »Drei können ein Geheimnis bewahren, wenn zwei tot sind«, ein Jahr lang ununterbrochen Geheimnisse preisgegeben hatte.

Der Prozeß gegen Carlos Marcello, Irving Davidson, Charles E. Roemer II. und Vincent Marinello begann in New Orleans Ende März 1981 und dauerte 18 Wochen. US-Staatsanwalt John Volz, unterstützt von L. Eades Hogue, ehemals Staatsanwalt in Tampa, vertrat die Regierung. Russel Schonekas, seit Ende der sechziger Jahre kampferprobt in Carlos' juristischen Gefechten, und Henry Gonzales, ehemaliger Rechtsberater von Santos Trafficante, dem Mafiaboß aus Florida, vertraten Marcello. Für den 45jährigen John Volz, berufen von Präsident Jimmy Carter, war dies der bisher größte Fall seiner Laufbahn. Für Schonekas und Gonzales war es die entscheidende Kraftprobe mit der

Regierung in einem Krieg, der mit Unterbrechungen seit der Deportation ihres Klienten 1961 auf Befehl Justizminister Robert F. Kennedys tobte.

Starzeuge der Anklage war der überführte Betrüger und Regierungsinformant Joseph Hauser, unterstützt von den FBI-Agenten Michael Wacks und Larry Montague. Das Publikum von New Orleans, das den Fall seit der Untersuchung der Anklagejury von 1980 aufmerksam verfolgt hatte, freute sich auf die erste Gegenüberstellung zwischen Hauser, Wacks und Montague einerseits und Carlos Marcello andererseits.

Was die übrigen Angeklagten betraf – Davidson, Roemer und Marinello –, so schien nur Roemer tief in Schwierigkeiten zu stecken. In Anbetracht der auf Tonband aufgenommenen Beweise gegen ihn rechnete man mit einem harten Kampf des Leiters der Verwaltung, den die Anwälte Michael Fawer und Matthew Greenbaum aus New Orleans vertraten. Wohingegen die Presse von New Orleans den Angeklagten Irving Davidson, vertreten durch den Washingtoner Anwalt Thomas R. Dyson, und Vincent Marinello, vertreten durch Arthur A. »Buddy« Lemann III., Anwalt aus New Orleans, eine fünfzigprozentige Chance auf Freispruch einräumte.

Den Angeklagten wurde zur Last gelegt, sich verabredet zu haben, Bestechungsgelder an Beamte zu zahlen, um staatliche Versicherungsverträge zu erhalten. Die Anklagepunkte lauteten Verschwörung, Gangstertum, Reisen zwischen einzelnen Bundesstaaten, um sich an illegalen Geschäften zu beteiligen, sowie Post- und Fernmeldebetrug.

Die Wahl der Geschworenen war stürmisch und zeitraubend gewesen. Die Anklage hatte verständlicherweise etwas gegen Geschworene mit italienischen Namen. Die Verteidigung hatte verständlicherweise etwas gegen schwarze Geschworene, die unwillig auf Carlos' zahlreiche »rassistische Adjektive« reagieren würden, und solche, die seinen Ruf als Mafiaboß kannten.

»Wenn ich den Namen Marcello nenne, woran denken Sie?« fragte Verteidiger Michael Fawer einen angehenden männlichen Geschworenen.

»Er ist ein mächtiger Mann. Ich weiß, daß er eine Menge Land besitzt.«

»Woran denken Sie, wenn Sie den Namen Charles Roemer hören?« fragte Fawer denselben Mann.

»BRILAB«, antwortete dieser.

Der Mann wurde abgelehnt.

»Was fällt Ihnen ein, wenn Sie den Namen Carlos Marcello hören?« fragte Fawer eine angehende weibliche Geschworene.

»Ehrlich?« wollte die Frau wissen.

»Ja«, antwortete Fawer.

»Mafia«, sagte die Frau.

Sie fügte hinzu, daß sie eigentlich »nicht allzu viel über Mr. Marcello und die Mafia« wisse.

Sie wurde später genommen.

Eine potentielle weibliche Geschworene meinte, sie habe gehört, daß »Marcello in der Politik wohlbekannt sei und überall eine Menge Spione habe«.

Eine andere gestand, sie fürchte sich, Geschworene zu sein. Sie wurde abgelehnt.

Fawer fragte einen potentiellen Geschworenen, einen Schwarzen: »Was tun Sie, wenn die Worte auf den Aufnahmen mit Ihrer Hautfarbe zu tun haben? Was, wenn das Wort ›Nigger‹ fällt?«

Der Mann antwortete, daß er sich dadurch nicht beleidigt fühlen würde; er wurde genommen.

Eine prospektive Geschworene sagte, sie wisse von Behauptungen, daß Marcello in den Mord an Präsident John F. Kennedy verwickelt sei, und die Verteidigung bat, auf sie zu verzichten, da »ihre Anschuldigung, Mr. Marcello sei in die Ermordung Präsident Kennedys verwickelt, aufhetzend wirken könnte«.

Richter Morey Sear nahm sie trotzdem. Als Erklärung führte er an, daß die Frau diesen Behauptungen offenbar keinen Glauben schenke.

Und so schleppte sich die Geschworenenwahl dahin. Zwei Tage vor der Vereidigung der Jury verlangte Thomas Dyson, Irving Davidsons Anwalt, energisch, alle Geschworenen zu entlassen, weil die Anklage »systematisch alle Italiener aus der Jury entfernt hat«.

Richter Sear wies diesen Antrag ab mit den Worten: »Ich glaube fast, es gibt auch noch andere Nationalitäten, die nicht in der Jury vertreten sind.«

Am Ende der dreiwöchigen Auslese war allen Beteiligten klar, daß es unmöglich war, eine Jury zu finden, die gar nichts von Carlos Marcello wußte. Am Ende stellte sich heraus, daß jeder der zwölf gewählten Geschworenen Marcellos Ruf als Persönlichkeit der Unterwelt kannte.

Nach der Wahl der Geschworenen begann die nächste Schlacht. Sie ging um die Frage, ob die vom FBI aufgenommenen Tonbänder den Geschworenen bei Gericht vorgespielt werden durften. Die Verteidigung erhob nachdrücklich Einwand dagegen, daß die Geschworenen zum Beispiel hörten, wie Irving Davidson Marcello die »Nummer eins in der Mafia« nannte und ihn mit »Angelo Bruno, dem Paten von Philadelphia«, verglich. Solche Bemerkungen hielt sie für »überwältigend nachteilig«.

Die Verteidigung verlangte auch energisch, daß die Geschworenen keine auf

Tonband aufgenommenen Gespräche zwischen Marcello und den Undercover-Agenten über die Familie Kennedy oder den Mord an Präsident John F. Kennedy zu hören bekam, wiederum mit der Begründung, daß derartige Bezugnahmen »überwältigend nachteilig« seien.

Am Ende genehmigte Richter Sear diese beiden Anträge der Verteidigung und entschied, daß die Kennedy-Tonbänder nicht vor Gericht gespielt werden sollten, daß aber die Jury alle Tonbänder hören durfte, die speziell die Operation BRILAB betrafen. Der Richter entschied ebenfalls, daß Abschriften der Bänder, die der Jury als Beweise vorgelegt wurden, auch den Medien zur Verfügung gestellt werden sollten.

Obwohl die Presse dieses letzte Zugeständnis begrüßte, wird die große Mehrheit der auf Tonband aufgenommenen Gespräche wahrscheinlich unzugänglich bleiben und nicht einmal auf Antrag gemäß dem Informationsfreiheits-Gesetz freigegeben werden.

1987, nach hartnäckiger Opposition des Justizministeriums gegen einen Antrag auf Freigabe der Tonbänder, die mir von Rechts wegen zustanden – das heißt, derjenigen, die bei den beiden BRILAB-Prozessen als Beweisstücke zugelassen wurden –, verklagte ich das Justizministerium. Dabei erfuhr ich, daß zu den bei den Prozessen nicht als Beweise zugelassenen Tonbändern die drei gehörten, die Unterhaltungen zwischen Carlos Marcello, den Undercover-Agenten und anderen über die Ermordung John F. Kennedys und die Untersuchung des Sondermordausschusses enthielten. Nach einer Bestandsliste, die das Justizministerium meinem Anwalt schickte, hatte Richter Sear diese Bänder bei den Vorverhandlungen von 1981 gerichtlich versiegeln lassen, so daß ihre Freigabe gemäß den Bestimmungen des Informationsfreiheits-Gesetzes für immer verwehrt ist.

Der genaue Inhalt dieser drei Tonbänder ist auch heute, im Juli 1988, noch nicht bekannt, und weder der ehemalige Vorsitzende Stokes noch der ehemalige Hauptrechtsberater des Mordausschusses Blakey haben sie gehört oder Abschriften ihres Inhalts gelesen. In einem Interview vom Juli 1988 sagte Blakey mir, er sei von einem FBI-Agenten nach der Bekanntmachung der Operation BRILAB telefonisch über den ungefähren Inhalt informiert worden. Er fand nur eine der drei Unterhaltungen – die, wie sich herausstellte, gar keine Unterhaltung war – verdächtig.

Die Deckenwanze in Marcellos »Town & Country«-Büro hatte diese Blakey in groben Zügen geschilderte Unterhaltung aufgenommen. Eine unbekannte Person hatte eines Tages im Frühling 1979, als die Zeitungen von New Orleans gerade über die Ergebnisse der Untersuchung des Mordausschusses berichteten, Carlos' Büro betreten und ihn nach einigem einleitendem Geplänkel gefragt, wie er auf den Verdacht des Ausschusses gegen ihn reagieren würde. Carlos befahl dem Mann sofort zu schweigen; sie würden hinausgehen und draußen weiterreden. Man hörte an den Geräuschen, daß Carlos seinen Stuhl fortrückte und zwei Männer den Raum verließen.

Obwohl mehrere Beamte, die an der Operation BRILAB und den Prozessen teilgenommen hatten, mir ungefähr mitteilten, was auf den Bändern war, erfuhr ich nichts über das spezielle Band, das Blakey beschrieben worden war.

Am Anfang der Verhandlungen stellte die Verteidigungsmannschaft Anträge auf Einstellung aller Anklagen, da die Angeklagten Opfer von Tricks, selektiver Strafverfolgung und nachteiliger Publizität seien. Die Regierung sei Urheberin der Verschwörung gewesen, Beamte mit Schmiergeldern zu bestechen, um Versicherungsaufträge zu bekommen. Und die Regierung habe Carlos Marcello als Zielscheibe »selektiver Strafverfolgung« gewählt aus Enttäuschung, daß es ihr in der Vergangenheit nicht gelungen war, ihn erfolgreich zu belangen. Ferner habe Marcello wegen seines schlechten Rufes als angeblicher Mafiaboß und Verdächtiger in einem angeblichen Komplott zur Ermordung Präsident Kennedys eine so nachteilige Publizität, daß ihm unmöglich ein fairer Prozeß gemacht werden könne. Richter Morey Sear wies alle drei Anträge ab und befahl, den Prozeß fortzusetzen.

Gezwungen, sich eine neue Strategie auszudenken, starteten die Verteidiger einen massiven Angriff auf die Glaubwürdigkeit Joseph Hausers, des Regierungszeugen.

Die auf Tonband vorliegenden Beweise reichten nicht aus, um Zeugen zu diffamieren. Daher mußte die Verteidigung den Versuch machen, Beweise zu diffamieren, die auf Tonband hätten sein müssen, aber nicht dort waren, und Beweise, die zwar auf Tonband waren, aber so wirkten, als wären sie vorsätzlich gefälscht worden, um irgend jemanden zu belasten.

Einer der schwächsten Punkte in der Sache der Anklage war die Zusammenkunft der Verschwörer im Hotel »St. Ann« vom 10. September, denn es handelte sich um eine äußerst wichtige Zusammenkunft. Leider hatten die Undercover-Agenten sie wegen einer Reihe bereits erwähnter unerwarteter Umstände nicht auf Tonband aufnehmen können. So mußte die Jury sich auf Mike Wacks' Wort verlassen, daß Commissioner Roemer in einer Herrentoilette des Hotels zugestimmt hatte, ein Schmiergeld anzunehmen und dafür der Firma Fidelity Financial Consultants einen Versicherungsvertrag der staatlichen Arbeitnehmer zu besorgen. Sie tat es am Ende, weil die Geschworenen Michael Wacks mochten und vertrauten.

Bei Joe Hauser sah es anders aus. Als berüchtigter überführter Betrüger hatte er eine äußerst verwundbare Glaubwürdigkeit, die die Verteidigung im Laufe des Prozesses wiederholt in Frage stellte.

Aber Joe Hauser ließ sich nicht so leicht einschüchtern und überraschte die Vernehmenden oft mit seiner Offenheit und Schlagfertigkeit.

»Sind Sie ein Betrüger?« fragte ihn Henry Gonzales, einer von Marcellos Anwälten, einmal.

»Ich glaube nicht«, antwortete Hauser.

»Können Sie gut bestechen?« fuhr Gonzales fort.

»Ja, Sir«, erwiderte Hauser mit Überzeugung.

Hausers Glaubwürdigkeit geriet unter schwersten Beschuß, als die Verteidigungsmannschaft nach genauer Untersuchung gewisser Aufnahmen zu dem Schluß kam, daß er vorsätzlich Unterhaltungen gefälscht hatte, um wichtige Personen, darunter den Justizminister der Vereinigten Staaten und Carlos Marcello, zu belasten. Diese angeblichen Fälschungen wurden bei Gericht als »Hausers Monologe« bekannt.

Die Verteidigung behauptete, daß Hauser am Anfang der Geheimoperation, am 28. Juni 1979, in der Toilette von Carlos Marcellos Büro im »Town & Country«-Motel so einen Monolog gehalten habe. In einer Gesprächspause verließ Hauser für eine Minute das Büro des Bosses und ging den Gang entlang in eine Toilette, wo er seine eigenen Worte aufnahm:

»Carlos, ich höre. Und ich lese die Papiere. O.K. Ich werde lesen, was Sie mir gegeben haben. Sie wollen also sagen, daß Sie die ganze Familie übernehmen. Oh, dann können wir im ganzen Land Geschäfte machen. Ich, ich lese gerade. O.K., ich werde es lesen. Lassen Sie mich dies zu Ende lesen. Sie behaupten, so etwas wie dies wird per Post verschickt? Oh, ich sehe. Durch Boten ... ich habe nie gewußt, daß Zahlen so ein Riesengeschäft sind.«

Verteidiger Fawer spielte das betreffende Tonband und wies auf das Geräusch von Schritten und Türen hin, die geöffnet und geschlossen wurden. Dann forderte er Hauser auf, dem Gericht eine Erklärung für seinen »Toilettenmonolog« zu geben. Hauser sagte, daß er sich in Marcellos Anwesenheit äußerst nervös gefühlt habe und für eine Minute in die Toilette gegangen sei, um zu üben, was er Carlos als nächstes sagen würde. »Was werde ich ihn fragen? Mal sehen. Vielleicht dies ... Ich sah Dinge auf seinem Schreibtisch, die Dynamit waren.«

Verteidiger Fawer, der den Angeklagten Charles Roemer vertrat, verzichtete darauf, Hauser zu fragen, was er auf Carlos' Schreibtisch gesehen hatte.

Statt dessen fuhr er eilig fort und behauptete, Hauser habe im späteren Verlauf der Operation noch einen Monolog in Marcellos Büro gehalten und aufgenommen.

In bezug auf ein Angebot von Carlos, mit einem Kontaktmann im Justizministerium Verbindung aufzunehmen, um einen Aufschub für Hausers Gefängnisstrafe zu erlangen, hörte man Hauser sagen:

»Wieviel wird es kosten, die Angelegenheit mit Civiletti [dem damaligen amerikanischen Justizminister Benjamin R. Civiletti] in Ordnung zu bringen? O.K., ich sag' nichts mehr. O.K., wir reden draußen weiter.«

Die Verteidigung stellte die Behauptung auf, daß die Geräusche von einer sich öffnenden und schließenden Tür, die auf dem Tonband zu hören waren und kurz vor Hausers Worten erfolgten, darauf hinwiesen, daß Marcello den Raum für eine Weile verlassen hatte.

»War das nicht eine Fälschung von Beweisen?« fragte Fawer.

»Nein«, erwiderte Hauser. »Marcello war dabei. Vielleicht betrat in diesem Augenblick eine Sekretärin das Büro. Als ich Civilettis Namen nannte, legte Carlos den Finger an die Lippen, um mich zum Schweigen zu bringen. Ich stand kurz vor Antritt meiner Gefängnisstrafe, und Carlos hatte mir gesagt, er wisse einen Weg, wie man an Justizminister Civiletti, der wie er Italiener war, herankommen könne.«

Während das Gericht Hausers Erklärungen für seine beiden angeblichen Monologe im »Town & Country«-Büro vielleicht akzeptiert hätte, gab es einen, der von einem Zusammentreffen zwischen Hauser und dem Gouverneurskandidaten Louis Lambert stammte. Hier hatte das Gericht keine Zweifel.

Wie wir gesehen haben, hatte Marcello sich bei den Wahlen abgesichert. Als sein Kandidat James Fitzmorris, dem er 10000 Dollar Schmiergeld gezahlt hatte, in der Vorwahl der Demokraten gegen Louis Lambert verlor, hatte Carlos das Gefühl, daß er auch Lambert etwas geben müsse, für den Fall, daß er und nicht der republikanische Kandidat David Treen zum Gouverneur gewählt würde.

Lambert wollte die Wahlkampfspende lieber als Preis für Eintrittskarten zu einem Geldbeschaffungsessen entgegennehmen. Mitte November 1979 besuchte Hauser Lambert in seinem Büro und bot ihm 10000 Dollar in bar an. Hauser nahm das Gespräch auf:

LAMBERT Was wollen Sie zu meinem Wahlkampf beitragen?

HAUSER Ich möchte Ihnen jetzt gleich 10000 Dollar in bar geben.

LAMBERT Und ich gebe Ihnen, ich tue also, damit Sie... Halt, hier habe ich ein paar Eintrittskarten.

HAUSER Ach, lassen Sie mich in Ruhe, geben Sie sie L. G. Moore, lassen Sie mich in Ruhe.

LAMBERT Nehmen Sie die gottverdammten Karten, dann haben wir es richtig gemacht.

HAUSER O.K.

LAMBERT Das erschreckt Sie, aber Sie müssen wissen, daß wir eine neue Vorschrift haben.

In diesem Augenblick hört man das Geräusch von Schritten, vermutlich Lamberts, der den Raum verläßt, sowie die Geräusche einer sich öffnenden und schließenden Tür. Hauser, vorübergehend allein im Büro, benutzt die Gelegenheit, um in sein Tonbandgerät zu sprechen:

HAUSER Ich möchte, daß eines klar ist. Das gehört zum Geschäft. Ich, ich nenne es Schmiergeld, Sie können es nennen, wie Sie wollen.

Dann hört man auf dem Tonband laut und deutlich wieder die Geräusche einer sich öffnenden und schließenden Tür und Schritte, und Hauser, nun nicht mehr monologisierend, beendet seine Rede:

HAUSER ... Sie können es so nennen... Sie kriegen bloß... O.K.?

LAMBERT Hier, nehmen Sie die gottverdammten Eintrittskarten.

Obwohl Hauser im Zeugenstand bestritt, Beweise gefälscht zu haben – er behauptete, daß andere Personen das Büro betreten und verlassen hätten –, kam das Gericht zu dem Schluß, daß Hauser in Wirklichkeit allein war, als er die Bemerkung über Schmiergelder machte. Es kam auch zu dem Schluß, daß Hausers Betragen zwar übel gewesen sei, aber in keinem Verhältnis zu der strafbaren Handlung stand, wegen der Marcello und Roemer angeklagt waren.

Verteidiger Fawer verfolgte Joe Hauser jedoch hartnäckig weiter. Zur Unterstützung seiner Bemühungen, ihn zu diffamieren, ließ er den Geschworenen ein Tonband vom 23. September 1979 vorspielen. Es war ein Telefongespräch, in dessen Verlauf Hauser Marcello mitteilt, daß er am Vortag, einem jüdischen Feiertag, in der Synagoge gewesen sei.

| | |
|---|---|
| HAUSER | Ich ging zum Rabbi und sprach ein ganz besonderes Gebet für Sie. |
| MARCELLO | Vielen Dank, Joe... Das können wir gebrauchen. |
| HAUSER | Wir alle können es gebrauchen... Der Oberrabbi hat ein ganz besonderes Gebet für Sie gesprochen. |
| MARCELLO | Vielen Dank. |

»Gehörte das mit zu Ihrer Geheimoperation?« wollte Fawer wissen.

»Nein, das war die Wahrheit«, antwortete Hauser.

Dann versicherte Hauser Fawer, daß seine Betätigungen während der Geheimoperation »nicht das Angenehmste waren, das ich in meinem Leben getan habe«, bestand jedoch darauf, daß das Gebet für Marcello aufrichtig gemeint war.

Dazu bemerkte Fawer: »Und ein paar Stunden später gingen Sie zu dem Mann, für den Sie ein besonderes Gebet gesprochen hatten, und trugen ein Tonbandgerät bei sich.«

Aber sosehr die Verteidigungsanwälte auch auf Hausers Charakter und Glaubwürdigkeit herumhackten, sie konnten die Echtheit der Tonbänder, auf denen man zwei oder mehr Personen sprechen hörte, nicht bestreiten. Sie illustrierten genau die Rollen der Verschwörer und ihre Verbrechen. Sie zeigten, daß Carlos Marcello der oberste Boß und Planer der Verschwörung, durch Bestechung an lukrative staatliche Versicherungsverträge heranzukommen, daß er eindeutig der führende Kopf des kriminellen Unternehmens war. Auch zeigten die Tonbänder deutlich, daß es stets Marcello war, der die Anordnung zur Zahlung eines Bestechungsgeldes gab. Alle anderen – Davidson, die Undercover-Agenten, Hauser, Marinello – spielten gänzlich zweitrangige Rollen. Sie fungierten nur als Boten, Mittelsmänner, Sprachrohre, gelegentlich auch als Berater, und ergriffen keine eigene Initiative.

Außerdem bewiesen die Tonbänder zweifelsfrei, daß Charles Roemer durch Hauser ein Bestechungsgeld von Marcello annahm, das nur einen spezifischen Zweck hatte: Er sollte seinen Einfluß geltend machen, damit die von Joe Hauser vertretene Firma einen Versicherungsvertrag der staatlichen Arbeitnehmer bekam. Zu seiner Verteidigung sagte Roemer, daß er das Geld von Marcello als Beitrag zum Vorwahlkampf seines Freundes Sonny Mouton angenommen habe, aber dieser Zweck wird auf keinem der betreffenden Tonbänder erwähnt. Ferner verdeutlichte eines der Tonbänder, daß Commissioner Roemer äußerst bestrebt war, Marcello bei der Realisierung des Versicherungsplans gefällig zu sein.

Was Marcellos Argument betrifft, daß er das Opfer selektiver Strafverfolgung sei, so gelang es der Verteidigung nicht, Beweise zu erbringen, daß die Operation BRILAB in der Kriminalabteilung des Justizministeriums ausgeheckt wurde, um Marcello endlich zu »kriegen«. Marcellos Rechtsberater Russell Schonekas konnte dem FBI-Agenten Harold Hughes die Aussage entlocken, daß Marcello seit Jahren in einer offenen FBI-Akte geführt und vom FBI als eine führende Persönlichkeit des organisierten Verbrechens betrachtet wurde. Schonekas bewegte die Agenten Hughes und Fleming auch zu der Aussage, daß die Regierung äußerst frustriert war, weil es ihr nicht gelungen war, Marcello seit seinem Widerstand gegen den Deportationsbefehl von 1961, der von Justizminister Kennedy in die Wege geleitet worden war, erneut auszuweisen. Schonekas und seine Assistenten konnten jedoch nie überzeugende Beweise erbringen, um die Behauptung ihres Klienten zu stützen, daß BRILAB erdacht worden sei, um »Marcello zu kriegen«, oder daß Marcello strafrechtlich verfolgt werde, weil die Regierung frustriert sei. Wie die Anklage darlegen konnte, war Marcello nicht von vornherein zur Untersuchung und Strafverfolgung ausgewählt worden. Auf Grund von Aussagen von FBI-Sonderagent William Fleming und Joseph Hauser bewies die Anklage eindeutig, daß Hausers Entschluß, mit der Regierung zusammenzuarbeiten, Fleming Verbindungen zu mehreren Personen brachte, mit denen Hauser, wie er sagte, einst illegale Geschäfte betrieben hatte. Zufällig war Carlos Marcello eine dieser Personen. Die Entscheidung, ihm mit einer Geheimoperation nachzustellen, entsprang einem reinen Zufall: Joseph Hausers Entschluß, Regierungszeuge zu werden.

Alle, die als Geschworene oder Juristen an dem Prozeß teilnahmen, und alle, die ihn als Journalisten oder reine Zuschauer besuchten, waren sich einig, daß die auf Tonband aufgenommenen Aussprüche des Hauptangeklagten Carlos Marcello das Denkwürdigste daran waren.

Viele von Marcellos Perlen der Weisheit, verkündet in seiner typischen Südstaaten-Sprechweise mit dem sizilianisch-kreolischen Akzent, den schwerfälligen Sätzen und der Wortwahl aus der verschlüsselten Sprache der Mafia und den niedrigsten sozialen Rängen, waren wahrhaft unvergeßlich.

Über das Investieren in Grundbesitz sagte Carlos Marcello, Besitzer des 2590 Hektar großen Grundstücks Churchill Farms:

»Das ist was, was man nicht vermehren kann – Land. Es wird immer weniger. Besonders um Städte herum – New York, New Orleans und Lafayette...

Jeden Tag werden Babys gemacht, und jedes Baby, das geboren wird, sucht in 24 Jahren ein Grundstück. Sie bleiben nicht bei ihrer Mammi und ihrem Pappi.«

Über die snobistische Gemeinde Old Metairie am Westufer, wo er einst ein Haus besessen hatte, sagte Marcello:

»Ich mußte von da wegziehen. Die sind Aristokraten und halten sich für was Besseres. Ihre Frauen betrinken sich und haben kein Essen für ihre Männer fertig, wenn sie heimkommen... Und oft geben sie nur an und haben gar kein Geld.«

Über den Country Club von Metairie:

»Da kommt man erst rein, wenn man gestorben ist.«

Über Geld und Ernest Morial, den Bürgermeister von New Orleans:

»Der Nigger braucht Geld genauso dringend wie du, wie alle anderen. Verstehst du? Er nimmt es von den richtigen Leuten.«

Über David Treen, den Kandidaten für den Gouverneursposten:

»Er ist ein Aristokrat... Ich möchte ihm nicht begegnen. Er macht sich nicht aus jedem was... Wenn Treen gewählt wird, gibt's keine Verbindungen mehr.«

Über Reiher, die er auf dem Weg nach Lafayette mit den Agenten Wacks und Montague in den Sümpfen beobachtet hatte:

»Reiher, das ist so was Ähnliches wie ein Kranich. Man findet sie auf Müllkippen. Sie schmecken nicht gut.«

War das die Sprache eines Mannes, der angeblich riesige Gewerkschaften kontrollierte, der angeblich die politische Maschinerie eines ganzen Staates beherrschte und der von einem Kongreßausschuß verdächtigt wurde, das erdacht zu haben, was mittlerweile als das Verbrechen des Jahrhunderts galt?

Hierin lag eines der Geheimnisse von Carlos Marcellos Macht. Wie seine meisterhafte achtmonatige Leitung des Plans, sich durch Schmiergelder Versicherungsverträge des Staates Louisiana zu verschaffen, demonstrierte, war er imstande, ein riskantes, schwieriges, geheimes Unternehmen zu lenken, zu dem die Kontrolle über Beamte durch Bestechung und Bedrohung gehörte. Und so darf man mit einiger Berechtigung annehmen, daß er auch die politische Maschinerie eines Staates, die Führung einer der mächtigsten Gewerkschaften des Landes kontrollieren konnte. Aber wegen seiner restringierten Sprache gelang es ihm stets, Menschen zu täuschen – vor allem hochgebildete Vollstreckungsbeamte und Senatoren, die in Ausschüssen zur Untersuchung des organisierten Verbrechens saßen –, so daß sie glaubten, er sei nicht schlau genug, um die komplizierten Verbrechen zu planen, deren man ihn verdächtigte. Carlos Marcello war gewiß der am meisten unterschätzte Mafiaboß der amerikanischen Geschichte. Als freundlicher, geselliger Mann mit dem Geschäftsverstand und Unternehmergeist eines großen Firmengründers, dem Organisationsvermögen eines hohen Verwaltungsbeamten und dem Strategietalent eines Viersternegenerals konnte er Menschen soweit täuschen, daß sie glaubten, er sei nur ein einfacher Geschäftsmann, ein Landinvestor oder, wie sein FBI-Überwacher ihn in den sechziger Jahren nannte, ein schlichter »Tomatenhändler«.

Aber an dem Geheimnis von Carlos Marcellos Macht muß mehr daran gewesen sein als eine Verbindung von angeborenem Talent und irreführender Sprechweise.

Mike Wacks erzählte mir, daß er das denkwürdigste Erlebnis mit Marcello kurz nach seiner Ankunft in New Orleans, als er in die Geheimoperation BRILAB eintrat, gehabt habe. Es geschah, als er Marcello zum erstenmal in ein Restaurant in New Orleans begleitete.

»Kaum hatten wir den Speisesaal betreten und uns gesetzt, wurde es rundum still. Eine halbe Minute danach begannen die Gäste zu flüstern und uns heimlich zu betrachten. Ich bemerkte, daß der Maître d' und die Kellner in der Nähe des Eingangs eine Konferenz abhielten. Dann kam der Maître d' in Begleitung von zwei Kellnern an unseren Tisch. Soviel Ehrerbietung, wie Mr. Marcello erwiesen wurde, habe ich noch nie erlebt. Bald scharwenzelten alle Kellner des Restaurants um uns herum, und ich war sicher, daß alle Gäste über uns redeten.«

Ja, Carlos' Macht hatte noch einen weiteren Bestandteil: seinen Ruf. Es war der Ruf eines Mannes, dem man nicht in die Quere zu kommen wagte.

Irving Davidson erwähnte einen Aspekt davon, als er Mike Wacks und Larry Montague einige Ratschläge gab, bevor die beiden, die Davidson für

Versicherungsvertreter der Firma Prudential hielt, zum erstenmal nach New Orleans reisten:

»Wenn Sie mit Marcello zu tun haben, bedenken Sie, daß Loyalität und Zuverlässigkeit ihm alles bedeuten. Wenn Sie dagegen verstoßen, müssen Sie mit dem Schlimmsten rechnen.«

Als er dies sagte, fuhr Davidson sich langsam mit einem Finger quer über den Hals. Letzten Endes war der Kodex, nach dem Carlos Marcello lebte, das Geheimnis seiner Macht. Diesem alten Kodex zufolge entsprach das Ausmaß von Macht und Ansehen, dessen sich ein Mann erfreute, genau dem Ausmaß von Angst, das er auslösen konnte. Und die Grundlage dieser Angst war sein Ruf als Mann, der nicht zögern würde, einen Mord zu begehen, um seine Ziele zu erreichen.

Die Tonbänder leierten weiter...

In einer Reihe von Gesprächen mit Vince Marinello schwelgte Carlos in Erinnerungen, wie man in der guten alten Zeit Geschäfte gemacht hatte:

»Ja, Mann, es ist nicht mehr so, wie es einmal war... Ja, Mann, Sie wissen nicht, wie oft ich solche Geschäfte gemacht habe.«

Mit [Gouverneur] Jimmy Davis konnte ich Geschäfte machen. Mit [Gouverneur] Earl Long und, äh, Jimmy Davis, Earl Long.«

»Es ist nicht mehr wie früher, Mann... all die Spielsalons und alles... Ich pflegte [Polizeichef] Beauregard Miller jedesmal 50000 Dollar in bar zu geben.«

»Ich kannte alle Leute von der verdammten Grand Isle bis hin nach Raceland, Mann. Bis hin nach Houma, wissen Sie... Es würde drei Tage dauern, wenn ich an jedem Haus haltmachte, um guten Tag zu sagen. Ja... das muß man mal gesehen haben.

Ich hab', äh, den Kreis St. Charles. Ich hab' Raceland und Thibodaux, das ist Houma. Ich hab' Morgan City. Ich hab' zwei Italienerjungen.

Es sind Staatsvertreter, Guarisco und Siracusa. Und ganz oben in Franklin, die Leute in Abbeville und so. Lake Charles und weiter unten... Ich kenn' all diese Leute... Geh' hin und krieg' die richtigen Leute. Sag', hier sind 5000, 10000 Dollar... Es dauert lange, bis man da ist, wo ich bin. All diese Leute zu kennen – Gouverneure, Geschäftsleute, der Justizminister, sie kennen mich. Sie haben alle keine Angst.«

Aber in den letzten Jahren, berichtete Carlos, sei es ihm nicht gelungen, Gouverneure genauso zu kontrollieren wie früher. Bezugnehmend auf ein Schmiergeld von 168000 Dollar, das er Gouverneur McKeithen als Gegenleistung für sein Versprechen, einen staatlichen Highway durch Churchill Farms bauen zu lassen, gegeben haben wollte, sagte er Marinello in einem auf Tonband aufgenommenen Gespräch:

»Ich hasse den Scheißkerl..., nimmt mein Geld und tut nichts für mich... Ich hatte McKeithen acht Jahre. Er kriegte 168000 Dollar von meinem Geld, und dann hatte er zuviel Schiß, um mit mir zu reden. Was sagen Sie dazu?«

Ferner teilte er Marinello mit, daß er Gouverneur McKeithen kostenloses Land für das Superstadion angeboten habe. Er sagte dem jungen Anwalt, daß das Stadion billiger geworden wäre, wenn man es dort und nicht in der Innenstadt gebaut hätte:

»Ich wollte ihm 100 Hektar geben... Churchill Farms. Wir hatten alles für das Stadion vorbereitet. Es war schon alles geregelt, Mann. Er wollte nicht... Sie verlieren Geld, wo sie welches verdient hätten. Alles, was sie brauchten, waren acht Hektar für das Stadion. Der Zug hätte die Leute direkt dorthin bringen können. Wasser, alles. Ich habe die Pläne.«

...

»Er [McKeithen] kriegte eine Heidenangst, Mann. Sie alle. So zahlten sie 20 Dollar, manche 100 Dollar pro Quadratfuß.

...

»Es ist nicht gut für meinen Ruf, wenn jemand mich um 125000 Dollar betrügt.« (?)

Die Presse von New Orleans zitierte natürlich liebend gern Marcellos unbezahlbare Aussprüche von den vor Gericht abgespielten Tonbändern. Dank dem BRILAB-Prozeß konnten sich die Reporter endlich über Marcello amüsieren. Ein Reporter, der um Marcellos Wagen herumschnüffelte, entdeckte ein Buch auf der Ablage am Rückfenster und stellte fest, daß es »Der Pate« von Mario Puzo war. Nach der Sitzung folgte er Marcello zu seinem Wagen und fragte ihn, was er von dem Buch halte. Carlos blieb eine Sekunde stehen und antwortete:

»Das Zeug? Es ist wie eins von diesen Märchen. Wie Dornröschen und die sieben Zwerge.«

Außer über Ortspolitik und Politiker sprach Carlos auch gern über örtliche Restaurants und Speisen. Folglich erhielten die BRILAB-Geschworenen auch eine geballte Ladung kulinarischer Ratschläge und Ansichten von dem Mann, über dessen Schicksal sie bald entscheiden mußten.

Larry Montague erinnert sich, daß das Lokal, das Marcellos Familie einst in der alten »Willswood Tavern« am Westufer gegründet hatte, zu Carlos' Lieblingsrestaurants zählte. Das Lokal hieß nun »Mosca's«, nach seinem ersten Küchenchef Provino Mosca, der früher die Aufsicht über Al Capones Küche geführt hatte. Carlos sagte dazu auf Tonband:

»Ich hab' ihnen das Lokal da gegeben. Und sie haben Erfolg aus dem Scheiß gemacht. Freitags und sonnabends kann man da keinen Tisch mehr kriegen.«

Montague wußte noch, daß das ganze Lokal »zu feiern begann«, wenn Carlos eintrat, meistens von fünf oder sechs seiner »Leute« begleitet. Er wurde begrüßt wie ein König. Teller voll dampfender Spaghetti verließen in ununterbrochener Reihenfolge die Küche und dazu Schüsseln voll Salat, ganze Laibe italienisches Brot und flaschenweise Weißwein. Es war Carlos' persönliche Gewohnheit, nach dem Essen jedermann Strega in den doppelten Espresso zu gießen. »Hier, nimm dies«, sagte Carlos einmal zu einem Gast, als er den süditalienischen Likör in den »schwärzesten, dickflüssigsten Kaffee« goß, an den Montague sich erinnern konnte. »Das wird dich aufwecken.«

Wie alle Welt weiß, essen die Bewohner von New Orleans gern und sprechen unaufhörlich darüber. In diesem Sinne zeigten die BRILAB-Tonbänder, daß Carlos ein typischer New Orleanser war. Unter vielem anderem war ihnen auch zu entnehmen, daß Carlos die italienisch-kreolische Küche allen anderen vorzog. Seine Lieblingsrestaurants waren, geschätzt nach der Häufigkeit ihrer Erwähnung auf den Tonbändern, »Mosca's« am Westufer, »Broussard's« und »La Louisiane« im French Quarter und »Impastato's« in Metairie. Damals besaß und leitete Bruder Joe in Teilhaberschaft mit Sammy, dem jüngsten Bruder, »La Louisiane« und war an »Broussard's« beteiligt.

Es ist erwähnenswert, daß Sam Saias Lokal, die »Felix Oyster Bar«, von der aus Dutz Murret und sein Neffe Lee Harvey Oswald 1963 arbeiteten, zwei Türen neben »La Louisiane« lag, das bis vor kurzem von Sammy Marcello geleitet wurde.

Ja, Carlos Marcello aß gern.

In einem im September 1979 aufgenommenen Gespräch, das Lächeln auf den Gesichtern der BRILAB-Geschworenen hervorrief, sagte Joe Hauser mitten in der Planung von Versicherungsverträgen einmal zu Charlie Roemer:

»Carlos füttert mich zu Tode. Ewig diese Restaurants. Gestern hat er mich mit Garnelen gefüttert. Er hat sie genauso schnell gegessen, wie er sie für mich geschält hat. Er hat mich mit zwei oder drei auf einmal gefüttert.«

Hauser, ein Hypochonder, der sich ständig um seine Gesundheit – er hatte ein blutendes Magengeschwür – und sein Gewicht – er bekam allmählich einen dicken Bauch – sorgte, pflegte sich darüber zu beklagen, daß Carlos ihn zu Tode fütterte, gab jedoch stets nach, wenn der Boß darauf bestand, mit ihm essen zu gehen.

Grund, in sich hineinzulachen, hatte die BRILAB-Jury wieder einmal über eine Unterhaltung, die Hauser am 11. November mit Carlos führte:

| | |
|---|---|
| MARCELLO | Was möchten Sie heute abend tun? |
| HAUSER | Kümmern Sie sich heute abend nicht um mich. Gehen Sie nach Hause, und ich bleibe im Hotel. |
| MARCELLO | Nein, ich habe Vincent, ich habe mich selbst. Möchten Sie essen gehen? |
| HAUSER | Wie Sie wollen. Ich muß etwas Leichtes essen. |
| MARCELLO | In Ordnung. Aber wohin möchten Sie gehen? Wollen Sie rüber über den See, oder möchten Sie etwas Leichtes essen? Mit den anderen Jungs [Wacks und Montague]? |
| HAUSER | Wir könnten zu »Impastato« gehen. Ist das recht? |
| MARCELLO | Wohin Sie wollen. |
| HAUSER | »Impastato« ... da gibt's köstliche Fettuccine. |
| MARCELLO | [Plötzlich voll Begeisterung] Sie mögen Fettuccine, Mann? |
| HAUSER | [Mit einem Hauch von Resignation] In Ordnung. Was Sie wollen. |

Die BRILAB-Tonbänder zeigten, daß Carlos' Freunde und Bekannten immer neue Speisen für ihn entdeckten.

Aubrey Young, der ehemalige Beamte, der Marcello mit Roemer bekannt gemacht hatte, rief Carlos einmal an und sagte: »Ich habe herausgefunden, wo ich mehr von diesem Käse bekommen kann.«

»Mehr wovon?«

»Von diesem besonderen Käse. Jemand drüben in Lafayette hat ihn.«

Später rief Carlos Hauser an, um ihm mitzuteilen, daß er »etwas Preßkopf« habe. »Sie wissen. Mosca. Er hat mir gestern welchen gebracht.«

Einmal rief Vince Marinello an, um Carlos zu sagen, daß er ihm und seinem Bruder Joe ein Glas Caponata bringen werde, einer würzigen Beilage aus Auberginen, die seine Mutter zu Hause in Greenwood, Mississippi, zubereitete.

»Vergiß Joe«, antwortete Carlos. »Bring mir meine.«

Die Tonbänder leierten weiter... Die BRILAB-Geschworenen hörten immer wieder, daß Spaghetti Carlos Marcellos Leibgericht waren. In einem auf Tonband aufgenommenen Gespräch sagte er zu Hauser:

»Ich hab' Spaghetti mit meiner Tochter gegessen... Sie kommt morgen her mit ihren Schwestern und allen und wird Spaghetti kochen..., sie kocht gute Spaghetti, Mann... Sie dachte, ich wär' allein, aber ich muß heute abend woanders hingehen. Kennen Sie ›Mosca's‹? [Hauser hatte unzählige Male dort gegessen.] Haben Sie nicht letztes Mal bei »Mosca's« gegessen? Ich gehe heute abend mit ein paar Leuten zum Essen dorthin. Hab' ein Geschäft am Kochen... Wissen Sie, bei »Mosca«, da gibt's gute Spaghetti, Mann.«

Im November machte Hauser sich bereit, ins Gefängnis zu gehen, um seine Strafe aus Phoenix abzusitzen. Marcello riet dem Versicherungsbetrüger, er solle »diese Ziegenmilch von Schwegmann« gegen sein blutendes Magengeschwür trinken. »Ich werde Ihnen diese Milch besorgen«, versprach er und rief dann Marinello an, um mit ihm über Hausers Gesundheit zu reden. Wieder einmal mußten die Mitglieder der BRILAB-Jury schmunzeln:

MARCELLO Er hat geblutet... Wir haben ihm Ziegenmilch besorgt.
MARINELLO Ach ja?
MARCELLO Ja. Jetzt trinkt er also diese Ziegenmilch. Sehen Sie, er möchte Zigarren rauchen. Er ist nervös.
MARINELLO Er muß auch Pizza essen.
MARCELLO Er ißt alles.

Über das letzte Tonband, das der Jury vorgespielt wurde, gab es jedoch nichts zu lachen. Als der Juli zu Ende ging und die erstickende Hitze des Augusts herankam, verlor der BRILAB-Prozeß an Schwung. Es war Zeit, daß Anklage und Verteidigung ihre Schlußplädoyers hielten.

Eades Hogue, der Stellvertretende Staatsanwalt, sprach in diesem Fall das letzte Wort der Regierung gegen die Angeklagten. In dieser Rede hörten die Geschworenen ihr letztes Tonband, das einhundertsechzigste seit Beginn des Prozesses. Es war die Aufnahme des Telefongesprächs vom 8. Februar 1980 zwischen Aubrey Young und Carlos Marcello, das gleich nach Beendigung der einjährigen FBI-Geheimoperation stattgefunden hatte.

In dem Gespräch, das der Jury schon einmal vorgespielt worden war, berichtete Aubrey Young Marcello von der Untersuchung der Regierung. Er selber war früher am Tag von Charles Roemer darüber informiert worden und gab nun eine Nachricht von Roemer weiter, der Marcello bat, ein Versicherungsdokument zu vernichten, das er ihm vor kurzem zugesandt hatte:

»Sagen Sie Roemer, daß wir ihm kein Geld gegeben hätten«, waren Marcellos Worte.

»Aber in Wirklichkeit hatte Mr. Roemer doch Geld bekommen«, teilte Eades Hogue den Geschworenen mit. »Und Mr. Marcello wußte genau, daß dies zum Zweck der Beschaffung von Versicherungsverträgen geschehen war... Bedenken Sie dies, diesen offenkundigen Widerspruch zu den Tatsachen, so wie Sie sie kennen.«

»Was Roemer betrifft«, fuhr Hogue fort, »so reagierte er genau wie ein Schuldiger. Er fordert Young auf, Marcello zu bitten, die Papiere zu vernichten, und Marcello sagt: ›Oh, Mann, ich habe den Scheißkram vernichtet. So was brauch' ich nicht.‹«

»Mr. Marcello und Mr. Davidson hatten keine Bedenken, Mr. Roemer zu korrumpieren, und Mr. Roemer hatte keine Bedenken, sich korrumpieren zu lassen. Und verriet damit sein Amt.«

»In demselben Telefongespräch«, fuhr Hogue fort, »weigert sich Marcello, zu glauben, daß die Männer, die er für Versicherungsvertreter hielt, in Wirklichkeit für die Regierung arbeiteten.«

»Machen Sie sich um sie keine Sorgen«, beruhigt Marcello Young. »Die Burschen sind stärker als ich.«

»Das ist das Vertrauen, das er [Marcello] hatte«, bemerkte Hogue. »Daß seine Verschwörung nie ans Licht kommen würde. Sie tat es aber doch.«

Russel Schonekas' Schlußwort zu Marcellos Verteidigung dauerte nur zwei Stunden.

Ihm zufolge war die BRILAB-Untersuchung der letzte verzweifelte Versuch der Bundesregierung, Carlos Marcello zu schnappen, »einen netten, alten, sympathischen Mann, der nichts weiter wollte, als sein Leben friedlich zu beenden«.

»Er hat sich lange genug gegen sie gewehrt«, wandte sich Schonekas an die Geschworenen, »aber jetzt sind sie wieder hinter ihm her, weil sie keine Niederlage ertragen können.« Dann wies er auf Mike Wacks und Larry Montague und nannte sie »Geier, die auf den Kadaver warten«.

Darauf richtete er seine Aufmerksamkeit auf Harold Hughes, der vor Gericht ausgesagt hatte, daß er während der letzten zehn Jahre gegen Marcello ermittelt habe. Schonekas nannte ihn einen »Superschnüffler«, dem BRILAB die letzte Gelegenheit geboten habe, Marcello wegen eines schweren Verbrechens verurteilt zu sehen... »Mr. Marcello ist 71 Jahre alt«, bemerkte Schonekas, »und wenn Hughes ihn diesmal nicht erwischt, dann wird er ihn nie erwischen.« Schonekas nannte die Operation BRILAB »ein Kind, das aus Mutwillen geboren wurde – Mutwillen seitens der Regierung«.

»Ich behaupte, daß es gar kein Verbrechen gibt«, wandte Schonekas sich mit erhobener Stimme an die Geschworenen. »Aber wenn es eines gibt, in das Marcello verwickelt ist, dann ist es ein Verbrechen, das diese Leute sich ausgedacht haben«, schloß er und zeigte mit dem Finger auf die Staatsanwaltschaft.

Es war am 4. August 1981 um 16 Uhr. Im überfüllten Gerichtssaal wartete alles auf den Spruch der Geschworenen im Fall *Die Vereinigten Staaten gegen Carlos Marcello u.a.* Vorn in der Mitte des Gerichtssaals waren viele Mitglieder der Familie Marcello versammelt. In einer der ersten Reihen saßen Carlos' schluchzende Frau Jacqueline und ihre vier Kinder: die älteste Tochter Louise Hampton, eine dunkle italienische Schönheit und ehemalige Mardi-Gras-Königin, der Sohn Joseph, »Little Joe«, ein kleiner, lebhafter, drahtiger Mann von 39 Jahren, und die Töchter Florence Robards, 40, ebenfalls eine dunkle Schönheit, und Jacqueline, »Little Jackie« Dugas, 38. Sie wurden von ihren Ehegatten und mehreren Kindern begleitet. Direkt hinter ihnen saßen Carlos' sechs Brüder – Joe, Vincent, Anthony, Peter, Sammy und Pascal – und seine beiden Schwestern Rose und Mary, ebenfalls begleitet von ihren Ehegatten, Kindern und Enkeln. Alle Anwesenden waren sich einig, daß hier auf eindrucksvolle Weise Familiensolidarität vorgeführt wurde.

Kurz nach 16 Uhr betrat Richter Morey Sear den Gerichtssaal, nahm auf der Richterbank Platz und verkündete: »Ich verbitte mir jegliche Demonstration, wenn die Sprüche der Geschworenen verlesen werden.«

Etwa eine Minute lang war im Gerichtssaal nichts zu hören außer dem Summen und Rattern der Klimaanlage und dem Schluchzen der Frauen der Familien Marcello, Roemer und Marinello, insbesondere das laute Weinen Jacqueline Marcellos.

Die zwölf Geschworenen traten ein und versuchten, ihre Augen von den starren Blicken der vier Angeklagten abzuwenden.

Nachdem der Obmann der Geschworenen Richter Sear die Urteile überreicht und wieder zurückbekommen hatte, bat der Gerichtsdiener Carlos Marcello, sich zu erheben.

Der kleine, untersetzte, silberhaarige Mafiaboß stand auf und blickte den

Obmann der Geschworenen unverwandt an, während dieser die Urteile zu jedem der zwölf erhobenen Anklagepunkte verlas.

»Punkt eins, schuldig.« Das war der wichtigste: Verschwörung unter Verletzung des RICO-Gesetzes, worauf eine Strafe von bis zu 20 Jahren Gefängnis stand. Was die übrigen 11 Punkte betraf, so wurde Marcello in allen freigesprochen.

Charles Roemer wurde gebeten, sich zu erheben.

»Punkt eins, schuldig.« Der Leiter der Verwaltung machte ein zerknirschtes Gesicht.

I. Irving Davidson, in 12 Punkten angeklagt, wurde in allen freigesprochen; Vincent Marinellos Freispruch in allen drei Punkten kam zuletzt. Beide Männer hatten die Geschworenen überzeugen können, daß sie nur Zuschauer und keine Teilnehmer an der Bestechungsintrige gewesen waren.

Carlos Marcello, genauso entschlossenen Blickes wie immer, scharte seine Familie um sich und verließ rasch den Gerichtssaal. Wie üblich kümmerte er sich um alle, trat zu seiner Frau und den drei Töchtern, um zu sehen, wie sie sich fühlten, und wandte sich dann an seine Schwester Rose und ihre alte Freundin Cindy Marinello, Vinces Mutter, die herzzerreißend weinte. Carlos nahm die beiden Frauen am Arm und sagte: »Laßt uns irgendwo hingehen, wo wir allein sind.«

Dann holte Carlos Marcello seine vier Anwälte, seinen Sohn und seine sechs Brüder herbei, und die 12 Männer schirmten die Marcello-Frauen gegen Presse und Zuschauer ab. Mit dem Ausruf »Kein Kommentar!« an die hinterhereilenden Reporter bahnte sich der Marcello-Klan den Weg zu den parkenden Autos in der Magazine Street.

Irving Davidson, der seine Familie gebeten hatte, nicht zu dem Prozeß zu kommen, verließ das Gerichtsgebäude allein mit niedergeschlagener Miene. »Ich bin bestürzt«, sagte er einem Reporter, »bestürzt wegen der anderen«, und verschwand auf der Straße.

Draußen vor dem Gerichtsgebäude teilte der siegreiche John Volz der Presse mit: »Ich glaube, der Prozeß wird einen sehr starken Einfluß auf die louisianische Politik haben. Die Jury hat eine Botschaft verkündet. Die Botschaft, daß korrupte Beamte nicht länger geduldet werden.«

Dann verteidigte Ankläger Volz die Geheimoperation des FBI und meinte: »Dies ist die einzige Art und Weise, mit denjenigen umzugehen, die sich über das Gesetz erhaben dünken.«

Am folgenden Tag, dem 5. August, wurde der tief verletzte Carlos Marcello in seinem »Town & Country«-Büro benachrichtigt, daß er soeben von einer

Anklagejury in Los Angeles wegen Verschwörung, einen Bundesrichter zu bestechen, angeklagt worden war. Der Prozeß gegen ihn, Sam Sciortino und Phillip Rizzuto sollte Ende November stattfinden, bevor das Urteil wegen des Schuldspruchs, der soeben in New Orleans gegen ihn erlassen worden war, gesprochen wurde.

Carlos Marcello und seine Anwälte standen in Los Angeles vor einer sogar noch schwierigeren Aufgabe als in New Orleans, wo sie soeben unterlegen waren. Carlos hatte vergeblich gehofft, daß er von seinen eigenen Leuten, den Geschworenen in New Orleans, die ihn soeben so bitter enttäuscht hatten, ein Sympathievotum erhalten würde. Aber von einer Jury, die so weit von seinem heimatlichen Boden entfernt war wie Los Angeles, konnte er sich, sachlich betrachtet, überhaupt nichts erhoffen. Die meisten Beobachter waren sich einig, daß Marcello bei dem Prozeß in New Orleans anmaßend und selbstsicher gewirkt hatte. Doch in Los Angeles fanden sie, daß er sich verändert hatte. Es sah so aus, als habe er erst nach Beginn der Nervenprobe begriffen, welch schweres Schicksal ihn erwartete.

# 57

# Prozeß Nummer zwei: Los Angeles

Der Schuldspruch in New Orleans und die tags darauf folgende Anklage in Los Angeles machten den 71jährigen Mafiaboß Carlos Marcello zu einem gebrochenen Mann. Harold Hughes zufolge, der Carlos' Betätigungen nach dem Prozeß in New Orleans weiter verfolgte, war der Besucherstrom, der nach dem 5. August 1981 im »Town & Country«-Büro beobachtet wurde, gegenüber früher stark gesunken. Abgesehen von gelegentlichen Besuchen bei »Mosca« wurde Carlos in der Öffentlichkeit nicht mehr an seinen Lieblingsplätzen gesehen.

Nicht lange nach dem doppelten Schlag merkte Carlos in mancherlei Hinsicht, daß sein Einfluß im Staat und in der Mafia zerbröckelte. Hughes zufolge wollten nach seiner Verurteilung nur noch wenige Leute etwas mit Carlos zu tun haben. Kein Robert Sutton bat ihn mehr, eine falsche Verhaftung zu arrangieren, kein Mitglied der Familie, kein Phillip Rizzuto, ein paar Freunden aus der Klemme zu helfen. Seine Prahlereien, finsteren Pläne und Versprechungen hatten Leute wie Robert Sutton und Phillip Rizzuto nämlich in viel größere Schwierigkeiten gebracht, als sie vor dem Tag hatten, an dem sie Carlos Marcello ihre Sorgen anvertrauten. Wer konnte nun noch auf Carlos zählen? Achtzehn Wochen, in denen seine finsteren Pläne und seine Kommentare zu Schwarzen, Politikern und Reihern vor Gericht offengelegt und in den Zeitungen beschrieben wurden, war er dem Zorn und Spott der Öffentlichkeit ausgesetzt gewesen. Nun wußte alle Welt, daß Carlos einem berüchtigten Betrüger gestattet hatte, ihn hereinzulegen. Wer würde jetzt noch Geschäfte mit ihm machen?

Ja, wer? Die Nachricht von das FBI-Operation und Marcellos Verurteilung hatte die ganze Unterwelt erschüttert. Die Presse hatte berichtet, daß insgesamt 1400 Spulen Gespräche Marcellos mit Undercover-Agenten und anderen aufgenommen und nur 160 als Beweise bei seinem Prozeß abgespielt worden waren. Was war auf den übrigen 1240 Spulen? Das wollten Leute wie Joey Doves Aiuppa, Joe Civella und Santos Trafficante wissen, die in den Zeitungen von den Tonbändern lasen, die Carlos' Teamster-Versicherungsprojekt enthüllten, an dem auch sie beteiligt waren.

Sie wollten ebenfalls wissen, was für einen Handel Carlos vor seiner Verurteilung mit der Regierung abzuschließen versuchen würde. Carlos kannte eine Menge Geheimnisse. Konnte das FBI den alternden Boß überreden, seinen Kodex zu verraten, damit er nach Absitzen einer Alibistrafe das Gefängnis verlassen und wie ein guter Sizilianer in seinem eigenen Bett sterben konnte?

Kurz nach Verkündigung seines Schuldspruchs in New Orleans, als es so aussah, als würde er auch bei seinem bevorstehenden Prozeß in Los Angeles schuldig gesprochen werden, hörte das FBI zufällig von einem Mordauftrag der Mafia gegen Carlos, und Agenten der Außenstelle in New Orleans rieten ihm, seine Sicherheitsmaßnahmen zu verstärken.

Was einige von Carlos' größeren Projekten betraf – die Erschließung seines Grundstücks Churchill Farms und die Realisierung des großen Dings mit den Teamsters –, so durfte er nicht einmal an sie denken. Nun waren nur noch zwei Dinge für ihn wichtig: die Strategie für den bevorstehenden Prozeß in Los Angeles und die Berufung gegen sein Urteil in New Orleans.

Carlos und seine Freunde Phillip Rizzuto und Sam Sciortino sollten planmäßig am 30. November 1981 in Los Angeles vor Gericht gestellt werden. Harold Hughes zufolge war er entschlossen, »sich rauszuwinden«. Er machte sich also an die Arbeit und engagierte Vince Marinellos Anwalt Arthur A. »Buddy« Lemann III., der gerade für seinen Klienten einen Freispruch in allen Punkten erreicht hatte. Um in Los Angeles jemanden in der Nähe zu haben, der seine Sprache sprach, heuerte er dann Provino Mosca, seinen alten Freund aus alten Zeiten, zur Unterstützung Lemanns an. Russel Schonekas, Carlos' Verteidiger in dem BRILAB-Prozeß in New Orleans, hatte sich inzwischen entschlossen, ihn in Los Angeles nicht zu vertreten.

Es war Lemann, der in seinem glänzenden Schlußplädoyer für Marinello behauptet hatte, daß die Regierung mit ihrer Geheimoperation wie ein Mann gehandelt habe, der eine Frau verführen will. »Er lernt sie kennen, bewirtet sie fürstlich, schmeichelt ihr und verspricht ihr die Ehe«, sagte Lemann den Geschworenen. »Und wenn er sie verführt hat, springt er auf, reißt die Maske ab und ruft: ›Schamloses Frauenzimmer! Prostituierte!‹«

Ja, der einzige, der fähig war, ihn gegen die Anklage in Los Angeles zu verteidigen, die zu einer zehn- bis zwanzigjährigen Gefängnisstrafe führen konnte, war der schillernde, redegewandte »Buddy« Lemann.

Carlos Marcello war bekanntlich nicht gerade ängstlich, aber laut Bruce Kelton, dem dortigen Ankläger, graute ihm vor dem Prozeß in Los Angeles. Dies war nicht sein heimatlicher Boden. Die Jury würde nicht aus seinen Leuten bestehen. Wichtiger noch, er wollte unbedingt, daß seine Freunde Sciortino und Rizzuto freigesprochen wurden, weil hauptsächlich er für die Klemme verantwortlich war, in der sie steckten.

Marcello hatte allen Grund, sich wegen des Prozesses in Los Angeles Sorgen zu machen. Die FBI-Agenten John Barron und William Fleming, Urheber der Geheimoperation, hatten sich riesig über deren erstaunlichen Erfolg gefreut. Sie und die Vertreter der Anklage, die den Prozeß führen sollten, James D. Henderson und Bruce J. Kelton, beide von der Einsatztruppe Los Angeles, waren entschlossen, sich einen Namen zu machen, indem sie den berüchtigten Carlos Marcello schnappten.

John Barron prahlte gern mit der Operation BRILAB. Am 3. Februar 1980, etwa eine Woche bevor das FBI die Operation beendete, traf sich Barron mit Clarence Newton, einem inzwischen als Privatdetektiv tätigen ehemaligen FBI-Agenten, und berichtete ihm mit unverhohlenem Stolz, was er und das FBI in New Orleans trieben:

»Newt, ich habe da ein Geheimding, gegen das Abscam wie eine Kindergartenparty aussehen wird ... Ich habe zwei Agenten, die sich an Carlos Marcello herangemacht haben ... Ich meine, so nahe dran, daß er bereits plant, daß meine Burschen Schmiergelder an einen Haufen Scheißpolitiker zahlen, die kurz davor sind, diesen Undercover-Burschen das ganze Versicherungsgeschäft des Staates Louisiana zu übertragen ... Ich sage, so nahe, daß er glaubt, meine Burschen brächten es fertig, den Richter in dem Brooklier-Fall zu kaufen. So verdammt nahe, Newt, daß Marcello und Sciortino meine Burschen bereits gebeten haben, einen mexikanischen Killer zu besorgen, um Frattiano umzubringen ..., und alles ist auf Tonband!«

So verdammt nahe daran. Das war Carlos Marcellos Problem. Er hatte Hauser, Wacks und Montague so nahe an sich herangelassen, daß sie fast alles von ihm wußten. Und alles befand sich auf Tonband, so daß die Geschworenen in Los Angeles und die ganze Welt es hören konnten.

Marcello, Sciortino und Rizzuto waren in drei Punkten angeklagt worden: der erste lautete »Verschwörung, Richter Harry Pregerson zu bestechen, um eine günstige Behandlung Sciortinos und anderer in einer Strafverfolgung zu erwirken, deren Vorsitz Richter Pregerson führte«; der zweite, »einander Beihilfe geleistet zu haben in dem korrupten Bestreben, den Richter bei der

Erfüllung seiner Amtspflicht zu beeinflussen«, und der dritte »Benutzung interstaatlicher Telefondienste zum Zweck gesetzwidriger Betätigungen«.

Marcello und seine Anwälte hatten sich entschlossen, Marcello als unschuldiges Opfer der Bemühungen des Staates hinzustellen, ihn in eine Bestechungsaffäre hineinzuziehen. Das Verhalten einiger Staatsbeamter in Verbindung mit der Untersuchung des Falles sei »so schändlich gewesen, daß es die durch den 5. Zusatzartikel zur Verfassung gewährleisteten Rechte des Angeklagten auf ein ordentliches Verfahren verletzte«.

Als Marcello am 30. November das Bundesgerichtsgebäude in Los Angeles zum erstenmal betrat, fiel Ankläger Bruce Kelton, der bei dem Prozeß in New Orleans häufig anwesend gewesen war, sofort auf, daß Carlos irgendwie »reduziert« aussah. »Seine Großspurigkeit und sein herausforderndes Benehmen waren dahin«, berichtete Kelton mir sieben Jahre später. »Er sah kleiner aus, zahmer und viel bekümmerter.«

Und so mußte Carlos Marcello noch einmal ertragen, daß die auf Tonband aufgenommenen Gespräche zwischen ihm, Hauser und den Undercover-Agenten abgespielt wurden, mußte noch einmal in einem überfüllten Gerichtssaal mit anhören, wie dieser Scheißkerl Hauser ihn hereingelegt hatte.

»Ich tue dies für Freunde in Kalifornien. Sie sind Maf wie ich, persönliche Freunde.«

Bei den Vorverhandlungen griff Buddy Lemann als erstes die Auslegung an, die die Anklage Carlos Marcellos Bemerkung vom 9. Oktober 1979 hatte angedeihen lassen. Damals hatte er Hauser gegenüber durch die Verwendung der Abkürzung »Maf« angedeutet, daß er in der Mafia sei. Lemann behauptete, daß Marcello auf dem zugegebenermaßen etwas undeutlichen Tonband gesagt habe: »Sie sind meine Freunde« und nicht: »Sie sind Maf wie ich.« Nach mehrmaligem Abspielen des betreffenden Tonbands ließ Richter Edward J. Devitt sich zu der Entscheidung bewegen, daß der Inhalt des Tonbands so unklar und potentiell nachteilig sei, daß es nicht als Beweisstück zugelassen und daher nicht den Geschworenen vorgespielt werden könne. Buddy Lemann hatte die erste Runde gewonnen.

Doch zum Pech des Angeklagten war diese erste auch die letzte Runde, die Lemann gewann.

Buddy Lemann behauptete, daß die Regierung und nicht die Angeklagten die Verschwörung angezettelt hätten, und ließ dem Gericht zur Untermauerung seines Standpunkts zwei Tonbänder vorspielen.

Eines war die Unterhaltung zwischen Marcello und Hauser vom 4. Oktober, in der Marcello ihn zum erstenmal über »diesen Richter, der über kalifornische Freunde präsidieren wird«, informierte. Hauser log Marcello sofort und ohne eine Sekunde zu zögern vor, daß er den Richter gut kenne und »vielleicht etwas tun könne«.

»Warum erzählte Hauser diese Lüge?« fragte Lemann das Gericht. »Er erzählte sie, um Marcello zu einer Verschwörung zu verlocken, die noch gar nicht existierte, eine Verschwörung, die gerade von der Regierung ausgeheckt wurde.«

Dann ließ Lemann das Tonband vom 25. Oktober vorspielen, auf dem Hauser Marcello, Sciortino und Rizzuto »die freie Erfindung« von einem Freund Richter Pregersons auftischte, einem reichen Kunsthändler, der wußte, daß Pregerson »korrupt« war, sich durch teure Geschenke beeinflussen ließ und sogar schon einmal in einem Drogenfall eine Bestechung angenommen hatte. Hauser sagte den drei Angeklagten, daß sein Freund mit dem Richter über den Brooklier-Prozeß sprechen könne. Dieser würde als Gegenleistung für ein wertvolles Gemälde eine Bewährungsgarantie für Sciortino und Rizzuto erwirken.

Lemann zufolge hätte es keinen Bestechungsplan gegeben, wenn nicht das FBI den Kunsthändler erfunden hätte, der, wie Hauser behauptete, ein Freund des »korrupten und anfälligen« Richters Pregerson war. Es hätte auch keine Verschwörung zur Bestechung des Richters gegeben, fuhr Lemann fort, wenn nicht Hauser Sciortino bei ihrem Zusammentreffen vom 29. Oktober »die reine Erfindung« erzählt hätte, daß der Richter Sciortino nicht traue, sondern »etwas verlangt«, und daß Sciortino ins Gefängnis kommen würde, wenn er es nicht bekäme.

Um Lemanns Einwände zu widerlegen, wiesen die Staatsanwälte Henderson und Kelton darauf hin, daß der erste Kontakt zur Regierung wegen Richter Pregerson allein von Marcello in seinem Telefongespräch mit Hauser vom 4. Oktober aufgenommen und die entscheidende Sitzung vom 25. Oktober in Anthony Marcellos Jagdhütte, in der Gespräche über ein Herantreten an den Richter erwähnt wurden, von den Angeklagten und nicht von der Regierung anberaumt worden sei. Schließlich führte die Anklage als Präzedenzfälle ähnlich gelagerte Beispiele an, in denen in der Berufung entschieden wurde, daß es »statthaft sei, bei der Aufspürung krimineller Aktivität List und Tricks anzuwenden«.

Im Laufe dieser Ausführungen mußte sich der sehr gezähmte und manchmal unaufmerksame Marcello, der nun spürte, wie seine Macht täglich schwächer wurde, die beiden Tonbänder anhören, auf denen der verhaßte Hauser ihm die Zustimmung abrang, Richter Pregerson eine Bestechung anzubieten: das eine vom 25. Oktober aus »Impastatos Restaurant«, auf dem Marcello Hauser erklärte, er könne »in 24 Stunden 250000 Dollar in bar« beschaffen, um den Richter zu bestechen, und das andere vom 1. November mit dem kurzen Telefongespräch zwischen ihm und Hauser, von dem die Agenten Fleming und Barron, die damals mitgehört hatten, so begeistert gewesen waren:

| | |
|---|---|
| MARCELLO | Machen Sie sich deshalb keine Sorgen, Mann. Ich gebe es Ihnen selber, O.K.? |
| HAUSER | Wenn Sam nun das Geld nicht liefert ... |
| MARCELLO | Ich gebe es Ihnen, O.K.? Ich stehe dafür gerade. Hundertprozentig. O.K.? |
| HAUSER | O.K., ich werde es ihm sagen. |

Der Spruch der Geschworenen erfolgte am 11. Dezember 1981. Die Jury sprach Carlos Marcello in allen drei Punkten schuldig, Sciortino in einem Punkt und Rizzuto in zwei Punkten. Carlos hatte somit eine Gefängnisstrafe von 10 bis 20 Jahren in einem Bundesgefängnis zu erwarten.

Carlos und seine beiden Anwälte kehrten am selben Abend nach New Orleans zurück, wo sie einen Monat später – am 25. Januar 1982 – im Bundesgericht erschienen, um die Urteilsverkündung nach Carlos' Schuldspruch im BRILAB-Prozeß zu vernehmen.

Im überfüllten Gerichtssaal herrschte Spannung, und die Verhandlung erwies sich als besonders nervenaufreibend für Carlos' Frau und Töchter, die die ganze Zeit leise weinten. Bevor das Urteil verlesen wurde, erklärte der Ankläger Eades Hogue: »Marcello hat sich 50 Jahre ununterbrochen kriminell betätigt ..., den Tonbändern ist eindeutig zu entnehmen, daß Mr. Marcello dieselben Straftaten, denselben finsteren Versicherungsplan, in anderen Staaten ausführen würde, wenn er nicht zu einer Gefängnisstrafe verurteilt wird.«

Während Jacqueline Marcello und ihre drei Töchter laut schluchzten, verlas Richter Morey Sear Carlos' Urteil: sieben Jahre Gefängnis und 25000 Dollar Geldstrafe.

Bevor der Richter eine Kaution von 300000 Dollar für Marcello forderte, stellte er dem 72jährigen, silberhaarigen Mafiaboß ein paar Fragen:

| | |
|---|---|
| SEAR | Beanspruchen Sie die Staatsbürgerschaft irgendeines Staates? |
| MARCELLO | Nein, Sir. |
| SEAR | Sagen Sie mir, welchen Beruf Sie in den letzten 12 Monaten ausgeübt haben. |

MARCELLO Ich bin ein, äh, Grundbesitzinvestor.
SEAR Betreiben Sie irgendwelche anderen Geschäfte?
MARCELLO Ich bin Vertreter bei der Pelican Tomato Company.
SEAR Wieviel Geld haben Sie auf der Bank?
MARCELLO Schwer zu sagen, Euer Ehren.

Sich zum hundertstenmal dumm zu stellen war wieder einmal typisch Marcello. Als alles vorbei war, brauchten Marcello und seine Anwälte über eine Stunde, um die Kaution aufzutreiben. Schließlich stellten zwei Kautionsfirmen je 100000 Dollar, und Carlos' Sohn »Little Joe« unterschrieb einen persönlichen Scheck, ebenfalls über 100000 Dollar.

Nun fehlte noch das Urteil für den Schuldspruch in Los Angeles, das in drei Monaten gesprochen werden sollte.

Die Verurteilung Carlos Marcellos nach dem Schuldspruch in New Orleans zu sieben Jahren Gefängnis brachte die Operation BRILAB des FBI zu einem höchst erfolgreichen Ende. Endlich, nach über 30 Jahren erfolgloser Versuche, konnte die Regierung einen der mächtigsten und gerissensten Bosse des organisierten Verbrechens vor den Richter bringen. Zu diesem Zweck mußte das FBI die gewaltigste gegen eine einzelne Person gerichtete Geheimoperation seiner Geschichte inszenieren. Zeitweise arbeiteten rund 48 Agenten allein an der Operation in New Orleans. Für Harold Hughes, John Barron und William Fleming, die das Unternehmen überwachten, und Mike Wacks und Larry Montague, die Hauser bei der Ausführung halfen, war der BRILAB-Schlag gegen Marcello der damalige Höhepunkt ihrer FBI-Laufbahn. Doch wie Bruce Kelton mir acht Jahre nach Beginn der Operation klarmachte, gebührte fraglos Joe Hauser die höchste Anerkennung für ihren Erfolg. »Die Art und Weise, wie er Marcello manipulierte, der damals als eine der gerissensten und mächtigsten Mafiapersönlichkeiten der Nation, wenn nicht gar der Welt galt, war geradezu brillant«, sagt Kelton. »Ich kenne keinen anderen Geheimdienstmann, der mehr Grips und Nerven bewies als Joe. Immer wieder setzte er sein Leben aufs Spiel, wenn er Marcello allein in seinem ›Town & Country‹-Büro auf Tonband aufnahm. Und sein schnelles Schalten im Bestechungsfall Pregerson, als er Marcello vorlog, daß er den Richter kenne, war ein Meisterstück.«

Wie zur Bestätigung dieser Meinung wurde Carlos Marcello am 13. April 1982 wegen Verschwörung zur Bestechung eines Bundesrichters zu 10 Jahren Gefängnis und 25000 Dollar Strafe verurteilt. Bei der Urteilsverkündung sagte Richter Edward J. Devitt, der in Los Angeles über den Prozeß präsidiert hatte, zu Marcello: »Sie haben ein Leben voll Verbrechen geführt, das beweisen die Unterlagen. Ich glaube, offen sagen zu dürfen, daß Sie ein sehr schlechter Mensch sind.«

Wenn all seine Berufungen abgelehnt wurden, hatte der 72jährige Marcello nun eine Strafzumessung von insgesamt 17 Jahren Gefängnis zu erwarten.

Über die erste Berufung wurde am 15. April 1983 in New Orleans entschieden. Das war der Tag, an dem Carlos von Richter Morey Sear erfuhr, daß seine Berufung gegen die BRILAB-Schuldsprüche abgelehnt worden sei und er seine Gefängnisstrafe sofort antreten müsse.

Nach diesen Worten war Carlos Marcello kein freier Mann mehr. Er würde in die Arrestzelle des Gerichtsgebäudes gesteckt werden, um seine Überführung in ein Bundesgefängnis abzuwarten.

Und so erschienen, als Richter Sear die Sitzung geschlossen und Carlos dem Gewahrsam des Justizministers der Vereinigten Staaten übergeben hatte, zwei Bundesvollzugsbeamte an seiner Seite, um ihn in die Arrestzelle zu bringen.

Als die Beamten Marcello in den Fahrstuhl führten, stand zufällig Harold Hughes darin. Bei der Fahrt nach oben trafen sich ihre Blicke, und Carlos sagte: »Hallo, Hughes.« Hughes nickte. Jahre später berichtete er mir, daß Carlos zum erstenmal während der langen Verfolgungsjagd entmutigt ausgesehen habe. »An jenem Tag war die Luft aus ihm raus«, meinte Hughes. »Er sah aus, als wäre ihm nichts mehr geblieben. Er war ein geschlagener Mann.«

Am 1. Juni wurde Carlos Marcello in das ihm schon bekannte US-Krankenzentrum für Bundeshäftlinge in Springfield, Missouri, gebracht, wo er seine siebenjährige Haftstrafe antrat.

Zwei Monate später wurde Carlos in das Büro des Gefängnisdirektors gerufen und erfuhr, daß seine Berufungen gegen die Schuldsprüche von Los Angeles abgelehnt worden waren. Nun lagen insgesamt 17 Jahre hinter Gittern vor ihm.

Etwa zu dieser Zeit begannen die Insassen von Springfield, über den neuen Fahrstuhlführer in Abteilung D zu reden: den kleinen, stiernackigen alten Mann mit dem weißen Haar. Es ging das Gerücht, daß er Carlos Marcello sei, der Mafiaboß von Louisiana, aber der alte Mann tat den Mund nicht auf.

# 58

# Carlos im Gefängnis

Carlos Marcello blieb fast ein Jahr im Krankenzentrum von Springfield, wo er wegen eines nicht näher bezeichneten Krebsleidens, das während der Operation BRILAB ausgebrochen war, behandelt wurde. Als er nach Springfield kam, befand er sich jedenfalls in keiner sehr guten körperlichen Verfassung. Außer an Krebs litt er an den Unpäßlichkeiten und Gebrechen, auf die man bei einem 73jährigen gefaßt sein konnte, der nach einer Riesenportion Spaghetti mit Fleischklößchen einen doppelten Espresso mit Strega zu sich zu nehmen pflegte und einen Hang zu Unternehmungen hatte, die so anstrengend und nervenaufreibend waren, daß sie ihn nach Springfield gebracht hatten. Springfield hatte ihm einst gut gefallen – im Jahre 1971 hatte es ihm ein neues Leben geschenkt – und bekam ihm offenbar auch diesmal gut. Abgesehen von dem gesundheitlichen Nutzen, die die Anstalt bot, durften die dort einsitzenden Patienten mehr Besucher empfangen und mehr Telefongespräche führen als in einem normalen Gefängnis und konnten daher viel besser mit der Außenwelt Geschäfte betreiben.

Und Carlos Marcello hatte immer noch viele Geschäfte mit der Außenwelt zu betreiben. Denn gemäß dem ungeschriebenen Kodex der alten Tradition, der er angehörte, behält ein Mafiaboß, genau wie der Papst, seine Stellung fürs Leben. Zwar mögen in seiner Abwesenheit Untergebene die alltäglichen Aufgaben seiner kriminellen Organisation erledigen, aber der Boß trifft immer noch die Entscheidungen – selbst wenn er sie hinter Gittern trifft.

Als Carlos Marcello nach Springfield gekommen war, übernahm sein treuester Bruder Joe den Posten eines De-facto-Bosses der Reste der Marcello-Organisation, unterstützt von den Brüdern Anthony, Vincent und Sammy. Nun, da Carlos' politischer Einfluß nicht mehr spielte und sein Ruf in der Unterwelt ebenfalls ruiniert war, mußten sich seine Brüder hauptsächlich um die seit langem bestehenden Familienunternehmen kümmern: die Spielautomaten-Verpachtung, den Rennsport-Informationsdienst, das Buchmachernetz, die Restaurants und Motels und die Verwaltung von Carlos' immer noch umfangreichem Grundbesitz. An vorderster Stelle stand das 2590 Hektar große Grundstück Churchill Farms, dessen Zukunft inzwischen ungewiß war, weil kein Mensch und keine Firma mit dem berüchtigten Marcello Geschäfte machen wollte, so daß Churchill Farms keine Käufer fand. Da Carlos in dem Krankenzentrum einigermaßen leicht erreichbar war, konnte Joe sich in den wichtigsten Tagesfragen die Anweisungen seines Bruders holen.

Aber im April 1984 wurde Carlos, wahrscheinlich wegen einer Verbesserung seines Gesundheitszustands, plötzlich aus der Pflege und dem Komfort seines Kurorts Springfield herausgerissen und in die Bundesstrafanstalt der Sicherheitsstufe drei in Texarkana, Texas, nahe der Grenze zwischen Texas und Arkansas, verlegt, wo er fast zwei Jahre bleiben sollte.

Die Sicherheitsstufen der Bundesgefängnisse reichen von eins bis sechs; Stufe eins ist die niedrigste, Stufe sechs die höchste. Zwar steht eine Stufe-drei-Anstalt wie Texarkana noch immer drei Sprossen über der Hölle, ist aber immer noch weit entfernt von der paradiesischen Stufe eins.

Texarkana ist ein unheilvoll aussehender Ort mit einem dementsprechenden Ruf. Wenn man sich dem Gefängnis nähert, fällt einem sofort die 10 Meter hohe Mauer auf, überragt von Stacheldraht und Laufplanken, auf denen bewaffnete Wächter patrouillieren. Besucherautos werden gründlich durchsucht, bevor sie auf den Gefängnishof fahren dürfen, und Besucher müssen drei weitere Kontrollpunkte passieren, bevor sie einen Insassen sehen dürfen. Trotzdem herrschen im Tagesraum strenge Sicherheitsvorschriften. Bewaffnete Wächter bewachen sowohl Insassen als auch Besucher scharf.

Im Gegensatz zu der relativ offenen Atmosphäre des Krankenzentrums in Springfield ist den Insassen von Texarkana nicht viel Kontakt zur Außenwelt gestattet. Ein Gefangener darf pro Tag ein nicht mehr als 15 Minuten langes R-Ferngespräch führen und am Wochenende zwischen 8.30 und 15.30 Uhr eine begrenzte Zahl von Besuchern (in Marcellos Fall waren es 12) empfangen. Alle Insassen müssen in der Anstalt arbeiten oder am Unterricht teilnehmen. 1988 weigerte sich der Direktor von Texarkana, mir zu sagen, welche Arbeit Carlos Marcello zugewiesen war und wer auf seiner Besucherliste stand. Zweifellos konnte der Boß der Golfstaaten-Unterwelt in Texarkana viel weniger Geschäfte betreiben als in Springfield.

Anscheinend war das Justizministerium, dem die Gefängnisbehörde untersteht, beunruhigt über die Menge und Größe der Transaktionen, die Carlos hinter den Mauern von Texarkana durchführte. Carlos wurde in die 900-

Mann-Anstalt Stufe drei gesperrt, die auf dem Gelände von Texarkana lag, und nicht in das »Satellitenlager« Stufe eins, das in einem kleinen, weit offenen Komplex vor den Mauern des Hauptgebäudes 233 Weiße-Kragen-Insassen beherbergte. Da sich die Beamten des Justizministeriums jedoch angeblich Sorgen machten wegen eines von Trafficante veranlaßten Mordauftrags gegen Carlos, mögen Sicherheitsgründe hinter der Entscheidung gestanden haben, Carlos in Texarkanas furchterregende Anlage Stufe drei zu sperren.

Aber Marcellos Aufenthalt in Texarkana sollte nicht sehr lange dauern.

Die Bundesgefängnisbehörde darf von Rechts wegen nicht verraten, warum Häftlinge von einem Gefängnis in ein anderes verlegt werden. Wir können daher nur vermuten, daß Carlos' Verlegung am 19. Februar 1984 aus dem bedrückenden Texarkana, wo er etwas weniger als zwei Jahre gesessen hatte, in die verhältnismäßig freundliche Strafanstalt Stufe zwei in Seagoville, Texas, wegen guter Führung, Streichung des Mordauftrags oder infolge politischen Drucks erfolgte.

Wie auch immer, Seagoville muß eine willkommene Erleichterung für den alternden Mafioso gewesen sein. Die Strafanstalt, die fast auf der niedrigsten Sicherheitsstufe stand, war nur von einem Drahtzaun umgeben und machte eher den Eindruck eines Schulgeländes. Man erreichte das nichtssagende Hauptgebäude zu Fuß auf einer von Bäumen gesäumten Zufahrtsstraße. Die unbewachte Haustür ließ sich öffnen. Die meisten Insassen von Seagoville waren Profis – Anwälte, Ärzte, Buchhalter –, die sich der Veruntreuung und des Steuerbetrugs schuldig gemacht hatten. Sie brauchten nicht den ganzen Tag in ihren Zellen zu bleiben, sondern durften zu bestimmten Stunden auf dem Grundstück umherwandern und Besucher in einer sehr viel freieren Umgebung empfangen als in Anstalten der Stufe drei wie Texarkana.

Für Carlos war dies nur eine Station auf dem Weg in das Paradies des amerikanischen Gefängnissystems – die Anstalt mit der Sicherheitsstufe eins. Nach nur vier Monaten in Seagoville wurde Carlos am 2. Juni 1986 wiederum verlegt, diesmal in die heitere Atmosphäre der Bundesstrafanstalt Stufe eins in Fort Worth. Dort konnte er sich mit Besuchern sogar an einem Picknicktisch auf einem sauber gemähten Rasen treffen, weit entfernt von irgendeiner verdammten Wanze der Regierung.

Warum wurde Carlos Marcello, ein berüchtigter Mafiaboß, auf diese letzte, himmlische Sprosse des Bundesgefängnissystems versetzt? Es ging weithin das – allerdings unbestätigte – Gerücht, daß Carlos sich seinen restlichen politischen Einfluß zunutze machte, um die Regierung zu dirigieren. Joe Hauser spekulierte, daß Marcello bevorzugt behandelt wurde, weil er einfach zuviel über zu viele Politiker in hohen Ämtern wußte, darunter mindestens einen

Politiker, der dem Präsidenten der Vereinigten Staaten nahestand. Nach drei Jahren guter Führung in Springfield, Seagoville und Texarkana mochte Carlos das Gefühl gehabt haben, daß die Zeit gekommen war, seine Trümpfe auszuspielen.

Man kann nur Vermutungen anstellen, über wen Carlos nachteilige Informationen besessen haben mochte. Natürlich wußte er eine Menge über Edwin Edwards, den Gouverneur von Louisiana, aber Edwards hatte fast gar keinen Einfluß mehr im Justizministerium, das damals wegen verschiedener angeblicher Missetaten gegen ihn ermittelte.

Welcher von all den hohen Beamten, über die Carlos etwas gewußt haben mochte, verfügte denn nun über so viel Einfluß im Justizministerium, daß er ihn auf die Gefängnisbehörde ausdehnen konnte?

Zuerst einmal besaß Carlos immer noch die Loyalität und Freundschaft von Washingtons oberstem Kontaktmann, seinem einstigen Mitangeklagten im BRILAB-Prozeß in New Orleans, Irving Davidson. Trotz seines vorübergehend angeschlagenen Rufes hatte Davidson sich nach seinem BRILAB-Freispruch so weit erholt, daß er die gewohnte Arbeit wieder aufnehmen konnte. Wir wissen aus den BRILAB-Tonbändern, daß er 1979 wichtige Kontakte im Justizministerium besaß. Vielleicht besaß er sie immer noch oder hatte neue gewonnen und würde sie diesmal ein bißchen vorsichtiger auswerten.

Dann war da Präsident Reagans Wahlkampfmanager von 1980 und 1984 und angeblich »bester Freund«, Senator Paul Laxalt aus Nevada. Obwohl Laxalt jegliche unschickliche Verbindung mit der Mafia energisch bestreitet, nannte ihn Joseph Yablonsky, der ehemalige FBI-Stationschef von Las Vegas, einst ein »Werkzeug des organisierten Verbrechens«. Sehr wahrscheinlich wußte Carlos eine Menge über Laxalt durch ihre gemeinsame Verbindung mit den Teamsters. Die beiden, zusammen mit Irving Davidson und Murray Chotiner, hatten damals dabei mitgewirkt, Jimmy Hoffa aus dem Gefängnis zu holen. Und als jemand, der 1979 einem Undercover-Agenten des FBI mitgeteilt hatte, er und zwei oder drei weitere Mafiabosse »besäßen die Teamsters«, wußte Marcello wahrscheinlich auch eine Menge über Laxalts bekannte lange und enge Beziehung zu Allen Dorfman, einem »Manager« der Teamster-Pensionskasse, Mafiabankier, überführten Erpresser und Lieferanten von Teamster-Geldern an Reagans Präsidentschafts-Wahlkampf. (Dorfman war 1983 in Chicago im »Unterweltstil« brutal ermordet worden.) Als Mitglied des inneren Kreises des Präsidenten war Laxalt ein enger Freund von Reagans Justizminister Edwin Meese, der zur Zeit von Marcellos Verlegung nach Fort Worth Chef des Justizministeriums war.

Der Gerechtigkeit halber muß jedoch darauf hingewiesen werden, daß es auch noch einen viel harmloseren Grund für Marcellos Verlegung nach Fort Worth gegeben haben mag: seine schwache Gesundheit. Gefangene der Haftanstalt von Fort Worth durften sich in den privaten Einrichtungen des Gesundheitswesens und in Krankenhäusern behandeln lassen, wenn ihre Mittel es erlaubten.

Wie auch immer, die Bundesstrafanstalt in Fort Worth – der Inbegriff des »Country Club«-Gefängnisses – muß sehr nach Carlos' Geschmack gewesen sein.

Die Anstalt der Stufe eins, einst ein privates Hospital, liegt auf einem herrlichen parkähnlichen Gelände am Stadtrand von Fort Worth, wenige Kilometer von der Schnellstraße nach Dallas entfernt. Umgeben von sanft gewellten Rasenflächen und gepflegtem Gebüsch, liegt die Anstalt nicht hinter Mauern, sondern nur hinter einem einfachen Maschendrahtzaun, den man leicht überklettern könnte. Auf dem Grundstück gibt es Tennisplätze, ein Schwimmbecken und ein Softballfeld. Die allgemeine Atmosphäre ist freundlich, ja sogar reizvoll. Wenn sie nicht gerade die ihnen zugeteilten Arbeiten erledigen, dürfen die Häftlinge von 6.30 bis 21.30 Uhr frei herumgehen. Wenn man so eine Gruppe einen schattigen Pfad entlangwandern sieht, muß man eher an akademische Gefilde als an die düsteren Realitäten des Gefängnislebens denken.

In der Anstalt befinden sich rund 900 Häftlinge, die Hälfte davon Frauen (ein neues Phänomen, wie mir der Gefängnisdirektor sagte). Alle sind wegen Vergehen gegen Bundesgesetze, zumeist sogenannte Weiße-Kragen-Delikte, verurteilt. Jeder erhält einen Job und arbeitet im Durchschnitt 40 Stunden pro Woche. Einige Insassen arbeiten in einer Fabrik auf dem Gefängnisgrundstück, in der Verkehrsschilder für Bundesstraßen hergestellt werden. Andere arbeiten in einem Datenverarbeitungszentrum für US-Regierungsbehörden. Auf meinem Rundgang durch die Anstalt wollte Direktor Charles Turnbo mir nicht verraten, welchen Job Marcello hatte und in welcher Abteilung des Gefängnisses er untergebracht war. »Alles, was ich Ihnen sagen kann, ist, daß Mr. Marcello ein Mustergefangener war«, erklärte er.

Gelegenheiten für Kontakte mit der Außenwelt sind rar, aber dennoch viel größer als in einer Anstalt der Stufe drei. Die Insassen dürfen von 6.00 bis 10.00 Uhr R-Gespräche führen, aber keine Anrufe entgegennehmen, ausgenommen Notfälle in der Familie. Gefängnisdirektor Turnbo zufolge werden einige Anrufe überwacht, einige sogar auf Tonband aufgenommen. Er wollte mir jedoch nicht sagen, welche Anrufe zur Überwachung beziehungsweise Aufzeichnung ausgewählt werden und warum.

Die Insassen können an drei Abenden der Woche von 17.00 bis 20.30 Uhr Besucher empfangen und sonnabends und sonntags von 8.00 bis 20.00 Uhr. Pro Monat dürfen es höchstens 12 verschiedene Besucher sein. Die Besuche finden in einem großen, mindestens 200 Personen fassenden Versammlungssaal statt, wo es, wie mir schien, fast unmöglich ist, Gespräche zu überwachen.

Bei schönem Wetter treffen sich Gefangene und Besucher auf den wunderbar gepflegten Rasenflächen, wo wie auf einem Picknickplatz mehrere Holztische und -stühle unter schattigen Bäumen stehen, die Wanzen der einen oder anderen Art enthalten könnten. Direktor Turnbo sagte mir, daß »Mr. Marcello sich an Sonnabendnachmittagen oft mit Mitgliedern seiner Familie auf dem Rasen traf«. Carlos soll sich über die Besuche seines kräftigen kleinen Enkels, Carlos Marcello II., und seiner drei schönen Töchter, der »Mafiaprinzessinnen« Jacqueline, Louise und Florence, stets besonders gefreut haben.

Angeblich war Carlos Marcello, damals 76 Jahre alt und bei schwacher Gesundheit, in der Lage, von diesem minimal bewachten Gefängnis aus seine Geschäfte, sowohl legale als auch illegale, mit Hilfe seiner Brüder Joe und Sammy zu betreiben, die seine häufigsten Besucher in Fort Worth waren.

Der FBI-Undercover-Agent Mike Wacks berichtete mir, daß er gehört habe, gleich nach Joe und Sammy sei Carlos' Privatsekretärin am häufigsten gekommen. Wacks zufolge hatte Carlos für sie und ihre Familie in der Nähe ein Haus gemietet, so daß sie die Anstalt mühelos an drei Nachmittagen in der Woche besuchen und Diktate ihres Chefs aufnehmen konnte.

Joseph Hauser hatte ebenfalls einige Vorstellungen über Carlos' Leben in Fort Worth. Er sagte mir, er glaube, daß die Haft Carlos' Macht »enorm« verringert habe. Er fügte jedoch hinzu, daß er aus sicherer Quelle auch erfahren habe, Carlos sei in der Lage gewesen, von Fort Worth aus eine Menge wichtiger Geschäfte zu betreiben. Hauser glaubte, es sei Joe Marcello gewesen, der Carlos' Befehle an die Schlüsselpersonen seiner zerbröckelnden Organisation weitergeleitet habe.

Im Jahre 1986 beantragte Carlos Sozialleistungen, die ihm jedoch verweigert wurden. Da er angeblich Millionen Dollar besitzt, glauben Beobachter, daß sein Antrag etwas mit seinem laufenden Deportationsfall zu tun hatte. Die Gewährung von Sozialleistungen wäre gleichbedeutend mit seiner Anerkennung als amerikanischer Staatsbürger. Doch solange Carlos ein illegaler Ausländer ist, gegen den immer noch ein Deportationsbefehl der Einwanderungs- und Naturalisierungsbehörde vorliegt, kann er ohne weiteres nach seiner voraussichtlichen Entlassung am 18. Juni 1994 ausgewiesen werden.

Aus Gründen, die die Gefängnisbehörde nicht angeben will, fand Carlos' gemütlicher Aufenthalt in der Stufe-eins-Anstalt in Fort Worth am 21. Mai 1987, knapp ein Jahr nach seiner Einlieferung, abrupt ein Ende. Mitten in der Nacht wurde er von Bundesvollzugsbeamten aus seiner Zelle geholt und mit einer schwerbewaffneten Eskorte in das Bundesgefängnis in Texarkana transportiert, wo er, als ich dies schrieb, immer noch saß.

Warum wurde Carlos plötzlich in die Verliese von Texarkana, einem Gefängnis der Sicherheitsstufe drei, zurückgeschickt, nachdem er die frische Luft, Sonne und halbe Freiheit von Seagoville und Fort Worth, zwei Anstalten der niedrigsten Sicherheitsstufe, genossen hatte? Wiederum weigerte sich die Gefängnisbehörde, den Grund zu nennen. Und wiederum hat er vielleicht etwas mit Carlos' ständig schlechter werdenden Gesundheit zu tun. Denn nicht lange nachdem Marcello nach Texarkana zurückverlegt wurde, berichtete die *Mornings News* in Dallas, daß er wegen einer nicht näher bezeichneten Krankheit in das Gefängniskrankenhaus gekommen sei.

Während Carlos unter der erneuten Erniedrigung seiner Verlegung nach Texarkana litt und offenbar auch unter einer weiteren Verschlechterung seines Gesundheitszustands, machte er einen verzweifelten Versuch, seine Freiheit zurückzugewinnen. Im Oktober 1987 stellte sein Anwalt Arthur A. »Buddy« Lemann am Gericht von New Orleans den Antrag, seine BRILAB-Verurteilungen wegen Post- und Fernmeldebetrugs aufzuheben, wobei er sich auf einen kurz zuvor erfolgten Beschluß des Obersten Bundesgerichts berief, der vorhergehende Verurteilungen wegen Post- und Fernmeldebetrugs betraf. Wenn es Lemann gelänge, seinen Fall erfolgreich zu vertreten, würde Carlos 1989 aus dem Gefängnis entlassen.

Aber leider lehnte Richter Morey L. Sear, der sechs Jahre zuvor den Vorsitz über den BRILAB-Prozeß in New Orleans geführt hatte, das Gesuch im Februar 1988 ab und zerstörte damit Marcellos Hoffnung, vor seiner obligatorischen Entlassung im Juni 1994 zu seiner Familie zurückkehren zu können.

Etwa zur selben Zeit, als der kränkelnde Carlos diese zutiefst entmutigende Nachricht erhielt, erfuhr er, daß sein Bruder Sammy sich in New Orleans vor einer Anklagejury verantworten mußte, weil er angeblich in eine Geldwaschaffäre verwickelt sei, durch die Einnahmen aus Drogengeschäften vertuscht werden sollten.

Zwei Jahre lang hatten Undercover-Agenten der Finanzbehörde in bestimmten Städten im Süden und Südwesten ermittelt; sie hegten den Verdacht, daß eine ausgedehnte, eng verflochtene Drogen- und Geldwaschunternehmung im Gang sei. Die Agenten, die sich als Makler für große Drogenhändler mit haufenweise Geld zum Waschen ausgaben, konnten in Dallas, Tulsa, New Orleans, Atlanta, Baltimore und Miami in das Unternehmen eindringen und verschiedene verdächtigte Geldwäscher verlocken, ihr schmutziges Drogengeld in saubere, frischgedruckte Scheine zu verwandeln. Unter den in flagranti Ertappten – und auf Tonband und Video Festgehaltenen – befanden sich Thomas Gene Crouch aus Dallas, der ehemalige Präsidentenberater Nixons, und Salvadore Marcello, sonst als Sammy bekannt und von der *Morning News* in Dallas, die die Geschichte brachte, als »jüngster Bruder des bekannten Mafiahäuptlings Carlos Marcello« bezeichnet. Ironischerweise hatte es zu Crouchs Aufgaben in der Nixon-Administration gehört, Kandidaten des Präsidenten für das Justizministerium zu überprüfen.

In New Orleans waren der Finanzbehörde Sammy Marcello und sechs weitere, darunter David Levy, der langjährige Anwalt Marcellos, und seine Frau Rebecca, in die Falle gegangen. Dem Stellvertretenden Justizminister Albert Winters junior zufolge, der im BRILAB-Prozeß zu den Anklägern Carlos Marcellos gehört hatte, war Levy, »ein enger Freund der Familie Marcello, die Schlüsselperson der Verschwörung [in New Orleans]«. Ferner sagte Winters: »Es ist dem Bundesfinanzamt gelungen, in New Orleans dort einen Undercover-Mann einzusetzen, wo Leute Geld für ihn wuschen.« Angeblich hatte Levy den Informanten mit dem unglücklichen Sammy und den anderen Verdächtigen in New Orleans bekannt gemacht.

Gemäß der im Bundesgericht eingereichten Klage trafen sich David Levy und Sammy Marcello am 1. und am 23. November 1987 mit dem Undercover-Agenten der Finanzbehörde, um die Wäsche von Einnahmen aus Drogengeschäften zu besprechen.

Bei der zweiten Zusammenkunft, so das Justizministerium, teilte Sammy Marcello dem Undercover-Informanten mit, daß »er unter so starkem Druck von Bundesbehörden stehe, daß er glaube, die eigentliche Wäsche des Geldes nicht persönlich ausführen zu können, ihn aber mit seinem ›Mann‹ in Kalifornien in Kontakt bringen werde, der so viel Geld waschen könne, wie er [der Regierungsinformant] nur waschen wolle«. Marcello wurde auf Video und Tonband aufgenommen, wie er den Undercover-Agenten mit Nicholas Popich aus Los Angeles zusammenbrachte, der anschließend verhaftet und für den eine Kaution von einer Million Dollar verlangt wurde.

Wahrscheinlich wußte Carlos, daß sein jüngerer Bruder Sammy damals in tiefen finanziellen Schwierigkeiten steckte. Sammys Restaurant »La Louisiane« stand kurz vor dem Bankrott. Und nun, mit 58 Jahren, war Sammy genauso wie Carlos in eine Regierungsfalle geraten, die ihn wahrscheinlich mindestens 10 Jahre ins Gefängnis bringen würde.

Hatte Carlos im voraus von Sammy und seinem alten Freund David Levy von dem Geldwaschprojekt erfahren? Höchstwahrscheinlich, denn er war ja immer noch das Oberhaupt der Familie Marcello und hätte über alle wichtigen Geschäfte der Familie informiert werden müssen. Möglicherweise hatte er dem Plan sogar seinen Segen gegeben, weil er sich davon eine Verbesserung von Sammys schlechter finanzieller Lage erhoffte. Wenn dies der Fall war, mußte die Erkenntnis, daß sein Bruder durch sein Verschulden in den Strudel einer Regierungsoperation gerissen wurde, die genau so war wie die, die sein Leben ruiniert hatte, zutiefst demoralisierend gewesen sein.

Die Lichter gingen aus für Carlos Marcello. Richter Sears Ablehnung seiner Berufung hatte seine letzte Hoffnung auf Freiheit zerschlagen. Die Geldwaschunternehmung hatte sich als Reinfall erwiesen. Nun würde Carlos wahrscheinlich die gerichtliche Verteidigung seines Bruders bezahlen müssen. Ferner würde die Anklage gegen Sammy den Verdacht des Justizministeriums erregen, daß Carlos etwas mit der Geldwaschaffäre zu tun hatte, einen Verdacht, der seine Chance, vorzeitig aus der Haft entlassen zu werden, verringern würde. Von 1988 an waren Carlos' Aussichten zu trübe, um darüber nachzudenken. Er war 78 Jahre alt. Fünfeinhalb weitere Jahre in der teuflischen Isolierung von Texarkana lagen vor ihm. Es würde ein langer, langsamer, einsamer Tod werden, ohne auch nur eine der Annehmlichkeiten, für die er sein Leben lang so hart gekämpft hatte. Konnte er noch irgend etwas tun, um seinem Schicksal zu entgehen?

59

# Das Beweismaterial gegen Carlos Marcello

Ja, es gab möglicherweise noch eine letzte Karte, die Carlos Marcello ausspielen konnte, um nicht in die Hölle zu kommen, die ihn erwartete: Er konnte den Mund aufmachen. Er konnte anfangen zu singen. Die Regierung wußte, daß Marcello einige enorme Geheimnisse hatte, vielleicht sogar das größte von allen: War er an einem Komplott, Präsident Kennedy zu töten, beteiligt gewesen, und wie sahen die Einzelheiten dieses Komplotts aus?

Die Situation war in der Tat ironisch. Denn unter der unwahrscheinlichen Voraussetzung, daß Carlos Marcello unter Immunität über seine Rolle in einem Komplott, Präsident Kennedy zu ermorden, aussagen und als Gegenleistung seine Freiheit erhalten würde, müßte das Justizministerium ihn aus dem Gefängnis entlassen und dürfte ihn nicht weiter für seine Beteiligung an dem Verbrechen des Jahrhunderts verfolgen. Würde die Öffentlichkeit das schlukken? Aber Carlos Marcello würde niemals Geheimnisse an die Regierung verraten, um seine Haut zu retten. Verräter zu werden würde ihm völlig gegen den Strich gehen. Das hatte er Aubrey Young auf dem letzten BRILAB-Band unmißverständlich klargemacht:

»Was mich betrifft, ich werde ihnen nichts sagen. Auch nicht, wenn sie hundertmal hierherkommen. Sagen Sie ihm, Carlos macht es nichts aus, hundertmal unter Strafandrohung vorgeladen zu werden... Ich bin schon vor den Präsidenten, den Vize, die, die Vereinigten Staaten geladen worden... Staatsanwalt, ich meine den Justizminister und so weiter. Sagen Sie ihm, ich zitiere den 5. Zusatzartikel, und das wär's dann. Die kriegen nichts aus mir raus.«

Wenn Carlos tatsächlich an einem Mordkomplott beteiligt gewesen war und die Einzelheiten der Regierung mitteilen würde, drohte seiner Familie außerdem die Vergeltung der überlebenden Verschwörer – sofern es welche gab –, etwas, was Carlos natürlich um jeden Preis vermeiden wollte.

Für das Justizministerium wäre es äußerst peinlich, wenn Carlos Marcello sich zu dem Geständnis bewegen ließe, daß er eine wichtige Rolle im Kennedymord gespielt hatte, und dieses Geständnis an die Öffentlichkeit gelangte. Schließlich geht aus den Unterlagen zweifelsfrei hervor, daß das Justizministerium bestrebt war, diesbezügliche Beweise zu unterdrücken, seit es die Beziehung zwischen Marcello, Ferrie und Oswald knapp drei Tage nach der Ermordung des Präsidenten entdeckt hatte.

Wäre es da nicht für beide Seiten – die Marcellos und die Regierung – besser, Carlos einfach in Ruhe und seine Geheimnisse mit ins Grab nehmen zu lassen?

Diese Frage führt zwangsläufig zur nächsten, nämlich was das Justizministerium, wenn überhaupt, mit dem Material angefangen hat, das der Sondermordausschuß des Repräsentantenhauses dem Justizminister im Sommer 1979 zur Prüfung übersandte. Damals veröffentlichte die *New York Times* einen Artikel, in dem stand: »Quellen aus dem Ausschuß sagen, daß der veröffentlichte Bericht nicht eine lange Liste von Ermittlungsspuren einschloß, die der Stab des Ausschusses verfolgte. Diese Spuren sollen dem Justizministerium zur Verfügung gestellt werden, falls es die Ermittlung neu eröffnet.« Hat das Justizministerium irgend etwas unternommen, um die Empfehlungen des Mordausschusses zu befolgen? Hat es irgend etwas mit der »langen Liste von Ermittlungsspuren« unternommen? Anscheinend weiß niemand Bescheid, nicht einmal G. Robert Blakey, der Mann, der die Ermittlung des Ausschusses durchführte, oder der Abgeordnete Louis Stokes, einstmals Vorsitzender des Ausschusses.

Wie sieht denn 1988, nach 25 Jahren Ermittlungstätigkeit, das Beweismaterial gegen Carlos Marcello im Mordfall Präsident John F. Kennedy aus?

Zuerst einmal das Motiv. Die Ermordung des Präsidenten und seines angeklagten Mörders waren allem Anschein nach Verzweiflungstaten. Denn wer auch immer im November 1963 die Ermordung des Präsidenten plante und ausführte, es hieß: jetzt oder nie. Es war keine Zeit mehr zu verlieren. Und nach der Tat war sogar noch weniger Zeit zu verlieren, den Mordverdächtigen zum Schweigen zu bringen.

Unter diesen Voraussetzungen gab es im Herbst des Jahres 1963 keinen Feind der Kennedys, der unter stärkerem Druck stand als Carlos Marcello.

Denn Justizminister Robert F. Kennedy war im Herbst 1963, ganz simpel ausgedrückt, fest entschlossen, Marcellos Macht ein für allemal zu brechen, und das mit voller Unterstützung seines Bruders. Der Verschwörungs- und

Meineidsprozeß des Justizministeriums gegen Carlos und seinen Bruder Joe, der für November geplant war, sollte der erste Schritt sein, Carlos für immer aus den Vereinigten Staaten zu vertreiben. Carlos Marcellos mögliches Motiv, den Präsidenten zu töten, wäre also weit über Rache hinausgegangen; sein Überleben stand auf dem Spiel. Alles, was er im Laufe der Jahre aufgebaut hatte, ja sogar seine bloße Anwesenheit in den Vereinigten Staaten, stand unter Beschuß seitens der Kennedys, sobald Präsident Kennedy sich auf Marcellos Hoheitsgebiet begab.

Nun die Beweise. Allein der Umfang des Indizienbeweismaterials, das auf die mögliche Beteiligung der Marcello-Organisation hinweist und sich in den letzten 25 Jahren angesammelt hat, ist so überzeugend, daß es Bewertung und Maßnahmen seitens der Regierung verlangt. Wer andeuten will, wie es das Justizministerium durch seine Untätigkeit tat, daß dieses Material bedeutungslos ist, verlangt von uns, daß wir mindestens 18 Zeugen und Informanten entweder als Lügner, Verrückte oder beides brandmarken. In diesem Fall müßten wir auch die außergewöhnlich zahlreichen Verbindungen, die zwischen Lee Harvey Oswald, Jack Ruby und David Ferrie einerseits und Marcellos Leuten andererseits bestanden, als reinen Zufall betrachten.

Wir müßten glauben, daß der Regierungszeuge Edward Partin, der louisianische Teamster-Funktionär mit Kontakten zur Marcello-Organisation, log, als er von Jimmy Hoffas Mordplänen sprach, obwohl die Regierung seine Zeugenaussage gegen Hoffa bei dem Prozeß, der zu Hoffas Verurteilung führte, voll akzeptierte. Wir müßten glauben, daß Edward Becker in bezug auf Carlos Marcellos Mordpläne log, obwohl der Sondermordausschuß des Repräsentantenhauses Beckers Aussage als glaubwürdig gelten ließ. Wir müßten glauben, daß der kubanische Finanzier José Aleman in bezug auf Santos Trafficantes offenbare vorherige Kenntnis von dem Mord log, obwohl das FBI José Aleman stets als äußerst zuverlässig betrachtet hatte und am Tag nach dem Mord erneut wegen seiner Behauptung von 1962 interviewte. Wir müßten glauben, daß das FBI-Informant Eugene De Laparra log in bezug auf Tony Marcellos und Ben Tregles offenbare vorherige Kenntnis von dem Mord, obwohl in FBI-Berichten über De Laparras Aussagen steht, daß dieser dem FBI in der Vergangenheit »zuverlässige Informationen« geliefert hatte. Wir müssen glauben, daß das FBI-Informant Gene Sumner log, als er berichtete, er habe gesehen, wie Joe Poretto im »Town & Country«-Restaurant einem Mann Geld zusteckte, den er mit Sicherheit für Lee Harvey Oswald hielt, obwohl das FBI ihn nicht widerlegen konnte. Wir müssen glauben, daß mindestens zehn Zeugen logen, als sie aussagten, sie hätten Oswald und Ferrie im Sommer 1963 zusammen gesehen, obwohl das FBI die Aussagen von sechs

Zeugen aus Clinton, Louisiana, gelten ließ, die behaupteten, sie hätten Oswald in der Gesellschaft von Ferrie in ihrer Stadt gesehen.

Wir müssen glauben, daß Francis Fruge, Beamter der Staatspolizei von Louisiana, und Dr. Bowers und Dr. Victor Weiss, Ärzte des staatlichen Krankenhauses, logen, als sie berichteten, daß Rose Cheramie ihnen am 20. und 21. November erzählt habe, in der Unterwelt laute die Losung, Präsident Kennedy werde am 22. November in Dallas getötet. Und wir müssen glauben, daß Jack Martin log, als er am Tage nach dem Mord einem Freund des Stellvertretenden Staatsanwalts von New Orleans mitteilte, daß Ferrie und Oswald sich kannten und über die Ermordung des Präsidenten gesprochen hätten – obwohl dies von anderer Seite bestätigt wurde.

Wenn wir uns der skeptischen Einstellung des Justizministeriums anschließen, müssen wir glauben, daß mindestens fünf Bekannte von Carlos Marcello, die das FBI nach dem Mord verhörte, die reine Wahrheit sprachen, als sie Behauptungen von FBI-Informanten bestritten, daß mehrere Bekannte Marcellos in jenem Sommer Umgang mit Oswald gehabt hätten, daß einer oder mehrere Marcello-Brüder und ein wichtiger Mitarbeiter Marcellos schon im Frühjahr vorherige Kenntnis von dem Mord besessen und zwei Mitarbeiter Marcellos in Dallas und New Orleans mit Jack Ruby zu tun gehabt hätten. Wir müssen glauben, daß David Ferrie die Wahrheit sprach, als er dem FBI sagte, er kenne Oswald nicht und habe sich an den beiden Wochenenden vor dem Mord mit Marcello in Churchill Farms nur zu dem Zweck getroffen, über den bevorstehenden Prozeß zu sprechen. Wir müssen glauben, daß Joe Poretto und Tony Marcello die Wahrheit sprachen, als sie bestritten, jemanden, der Oswald ähnlich sah, im Frühjahr 1963 im »Town & Country«-Restaurant gesehen zu haben. Wir müssen glauben, daß Ben Tregle die Wahrheit sprach, als er bestritt, Besuchern seiner Bar gesagt zu haben, daß Präsident Kennedy getötet werde, wenn er in den Süden käme. Wir müssen glauben, daß Joe Civello, Carlos Marcellos Bevollmächtigter in Dallas, die Wahrheit sprach, als er dem FBI unmittelbar nach dem Mord mitteilte, er habe seit einem Jahr nichts von Jack Ruby gehört. Wir müssen glauben, daß Marcellos Spitzenmann Nofio Pecora die Wahrheit sprach, als er dem FBI sagte, er habe am 30. November keinen Anruf von Jack Ruby erhalten, obwohl Rubys Telefongesprächsliste einen Anruf an seine Nummer enthält.

Wir haben nachgewiesen, daß Carlos Marcello zwingende Motive hatte, den Präsidenten zu töten, und daß heute umfangreiches Indizienbeweismaterial vorliegt, das darauf hinweist, daß er und seine Mitarbeiter in das Verbrechen verwickelt waren.

Wenn Carlos Marcello nun tatsächlich eine Rolle in dem Mord spielte, wie gelang es ihm, ungestraft davonzukommen?

Ernsthaften Forschern auf dem Gebiet des organisierten Verbrechens ist wohlbekannt, daß Mafiabosse, wenn sie eine wichtige Hinrichtung planen und ausführen, sehr lange und gründlich abschätzen, wie die offizielle Reaktion auf das Verbrechen aussehen wird, und sich darauf vorbereiten.

Wenn man davon ausgeht, daß Carlos Marcello tatsächlich an einem Plan, Präsident Kennedy zu ermorden, beteiligt war, muß man seine Fähigkeit, die Reaktion der Ermittlungsbehörden vorauszusehen und Risiken einzuschätzen, in Erwägung ziehen.

Die BRILAB-Tonbänder zeigten, daß Marcello jedesmal, wenn es darum ging, einen Beamten zu bestechen, sorgfältig abschätzte, wie weit er den Betreffenden »kontrollierte«, bevor er ihm das Geld anbot. Als das Problem akut wurde, einen Bundesrichter in Los Angeles zu bestechen, einen Mann, von dem Carlos fast gar nichts wußte, ging er äußerst vorsichtig vor. Er erklärte den Undercover-Agenten ziemlich ausführlich, wie schwer es sei, einen Bundesrichter zu bewegen, Bestechungsgeld anzunehmen, und wiederholte immer wieder, daß die Summe sehr hoch sein müsse, das heißt mindestens 250000 Dollar, da Bundesrichter ja einen lebenslänglichen Arbeitsplatz hätten, hohe Gehälter verdienten und über Spesenkonten von bis zu 50000 Dollar verfügten. Und selbst dann noch verlangte Carlos, daß der betreffende Richter wegen des Vorschlags zuerst einmal von jemandem, dem sowohl er selbst als auch der Richter uneingeschränkt vertraute, ausgehorcht wurde.

Im Falle eines so ungeheuerlichen Verbrechens wie der Ermordung eines Präsidenten der Vereinigten Staaten ist es unwahrscheinlich, daß Marcello, ein Familienvater und Geschäftsmann mit großer persönlicher und finanzieller Verantwortung, sich auf ein so riskantes Unternehmen eingelassen hätte, ohne ganz sicher zu sein, wie die Reaktion der Ermittlungsbehörden aussehen würde und ob er sie überleben könne. Um ungestraft davonzukommen, müßte Carlos vorausgesehen haben, wie die Polizei von Dallas, das FBI und die CIA reagiert hätten, welche Art von Untersuchungsorgan Präsident Johnson berufen und was für eine Aufklärungsinitiative – unabhängig vom FBI – Justizminister Robert F. Kennedy möglicherweise entwickeln würde.

Die Mafia von Louisiana hatte ein Bündnis mit der Polizei von Dallas, das bis in die vierziger Jahre zurückreichte, als der Chicagoer Outfit versuchte, Dallas zu übernehmen, wobei er den jungen Jack Ruby als eines seiner Werkzeuge benutzte. Seit Carlos Marcellos Machtübernahme tat Joe Civello, sein Bevollmächtigter in Dallas, das Nötige, um der Mafia dort genügend Einfluß zu erhalten. Man wird sich erinnern, daß Wachtmeister Patrick Dean, einer der einflußreichsten Beamten der Polizei von Dallas, mit Joe Civello, dem Boß der dortigen Unterwelt, zu Abend aß, als dieser von seinem Auftrag, Carlos Marcello auf dem Gipfeltreffen von Apalachin zu vertreten, zurückkehrte, und daß Dean auch einmal behauptet hatte, die Polizei von Dallas »habe keine Schwierigkeiten mit den italienischen Familien«. Genau dieser Polizist war mit der Aufgabe betraut, für die Sicherheit im Keller des Hauptquartiers zu sorgen, als Jack Ruby hineinschlüpfte, um Präsident Kennedys angeblichen Mörder umzulegen. Wir wissen von FBI-Informanten, daß Civello Polizeioffizieren in Dallas regelmäßig Geld gab und daß sein Mitarbeiter Jack Ruby auf gutem Fuße mit mehr als fünfzig Mitgliedern dieser Behörde stand. Ja, Carlos wußte, daß er sich dort auf mindestens einigen Rückhalt verlassen konnte.

Was das FBI betrifft, so wurde immer deutlicher, daß Carlos Anfang der sechziger Jahre einigen Einfluß auf dessen Außenstelle in New Orleans gehabt haben mußte. Es gibt keine andere überzeugende Erklärung, warum die Agenten in New Orleans, die Marcello überwachen sollten, Justizminister Kennedys Befehl, ihre Überwachung zu verstärken und sogar Elektronik einzusetzen, so gänzlich mißachteten. Ferner wußte Marcello offenbar, wie ungeheuer peinlich es FBI-Direktor Hoover gewesen wäre, wenn man entdeckt hätte, daß Marcello hinter einem Komplott stand, den Präsidenten zu töten. Außerdem sollte man die Möglichkeit eines Bündnisses zwischen Hoover und Marcello nicht unberücksichtigt lassen. Auf Grund der Aussagen von William Hundley und anderen sind wir einigermaßen sicher, daß Hoover ziemlich oft mit Frank Costello, Marcellos Hauptgönner, zusammentraf, als dieser der mächtigste Unterweltchef des Landes war. Warum also sollte Hoover nicht auch mit Costellos Schützling ein Bündnis geschlossen haben? Waren denn nicht alle beide Freunde von Irving Davidson, dem selbsternannten Meister im »Leute-Zusammenbringen«?

Was das FBI betrifft, so wissen wir, daß Marcello zugab, an den CIA-Mafia-Komplotten zur Ermordung Fidel Castros beteiligt gewesen zu sein, und mindestens mit einem der Verschwörer, Santos Trafficante, befreundet war. Ferner war er ein Anhänger des von der CIA gestützten Exilkubanerführers Sergio Arcacha Smith, des Beauftragten des Kubanischen Revolutionsrats in New Orleans, Freundes von David Ferrie und Mitplaners der Invasion in der Schweinebucht. Da Marcello genau über die CIA-Mafia-Verschwörungen zur Ermordung Castros Bescheid wußte, kann man ohne weiteres sagen, daß Marcello die CIA dort hatte, wo er sie haben wollte. Die Behörde würde niemals eine gründliche Untersuchung der Ermordung von Präsident Kennedy durchführen, wenn die Hauptverdächtigen des Verbrechens Kenntnis von den

CIA-Mafia-Komplotten gegen Castro hatten, weil sie fürchtete, daß dann ihre dunkelsten Geheimnisse ans Licht kommen würden.

Wir kommen nun zu Präsident Johnson und dem Organ, das er mit der Untersuchung des Mordfalls beauftragen würde. Wußte Carlo genug über Johnson, so daß der neue Präsident nicht wollte, daß eine Ermittlung über Carlos Beweise für dessen Beteiligung zutage förderte? Aber ja. Carlos Marcellos Schmiergeldzahler in Texas in den fünfziger Jahren, der berüchtigte Jack Halfen, hatte Lyndon Johnsons Senatswahlkämpfe in Texas seit den späten vierziger Jahren finanziell kräftig unterstützt, und zwar so weit, daß man sagen konnte, daß illegale Gewinne aus Marcellos Spielautomaten in Dallas und Houston und aus Buchmacherabonnements bei seinem Rennsport-Informationsdienst in ganz Texas, die Halfen benutzte, um Johnson zu finanzieren, entscheidend für Johnsons Erfolg gewesen waren. Wie würde es aussehen, wenn in der Presse herauskäme, daß der Mann, der beschuldigt wurde, hinter dem Mord an Präsident Kennedy zu stecken, ein wichtiger Förderer des Mannes gewesen war, der am meisten von dem Mord profitiert hatte?

Blieb noch die Frage von Justizminister Robert Kennedys Reaktion auf die Ermordung seines Bruders. Edward Becker zufolge hatte Marcello im September 1962 in Churchill Farms behauptet, daß er glaube, die Ermordung Präsident Kennedys würde die Macht seines jüngeren Bruders zerstören.

Die Ereignisse bewiesen, daß die Marcello unterstellte Voraussage völlig richtig war. Nach dem Mord ließen sowohl Präsident Johnson als auch FBI-Direktor Hoover Robert Kennedy fallen und entmachteten ihn praktisch als Justizminister.

Aber mußten Robert Kennedy und seine schwerreiche Familie nicht den Wunsch haben, eine eigene Morduntersuchung durchzuführen? Gewiß hatten sie den Ansporn und die Mittel dazu. Carlos Marcello wußte jedoch, daß sie es nicht tun würden, dank John F. Kennedys zahlreichen Seitensprüngen und Robert Kennedys Affäre mit Marilyn Monroe im Todesjahr der Schauspielerin. Marcellos guter Freund Jimmy Hoffa hatte Marilyn Monroes Rendezvous mit Robert Kennedy von seinem Abhörspezialisten Bernard Spindell auf Tonband aufnehmen lassen. Und wir wissen, daß John F. Kennedy eineinhalb Jahre eine heimliche Beziehung zu einer Freundin des Chicagoer Unterweltbosses Sam Giancana unterhielt. Daß Carlos Marcello von diesen gefährlich kompromittierenden Affären wußte, bestätigte Joseph Hauser, der mir erzählte, er habe während der Operation BRILAB ein- oder zweimal mit Carlos darüber gesprochen.

Ja, bei der Abschätzung der offiziellen Reaktion auf die Ermordung des Präsidenten durfte Carlos sicher sein, daß er die Polizei von Dallas und die

Ermittlungsbehörden der US-Regierung genau dort hatte, wo er sie haben wollte. Schließlich hatte er ja sein ganzes Leben daran gearbeitet, sie in den Griff zu bekommen. Wie er Vincent Marinello während der Operation BRILAB sagte: »Es dauert lange, bis man da ist, wo ich bin.«

Damit wären wir wieder bei der Operation BRILAB und ihrer Bedeutung für die Frage, ob Marcello in den Kennedymord verwickelt war. Untermauerten oder verringerten die Tonbänder von Marcellos Gesprächen, die während der Geheimoperation des FBI von 1979 aufgenommen wurden, den Verdacht auf seine Beihilfe zu dem Mord?

Zweifellos bestätigten sie ihn. Zuerst einmal zeigten die Tonbänder einen diktatorischen, manipulierenden, intrigierenden Marcello, einen Mann, der uneingeschränkt fähig war, drei verzwickte kriminelle Verschwörungen auf einmal zu inszenieren: einen Plan, sich und seinen Kumpanen durch Beamtenbestechung einträgliche Versicherungsverträge zu verschaffen, einen zweiten, einen Bundesrichter zu bestechen, damit er einen Prozeß gegen die Führer der Mafia von Los Angeles in deren Sinn regelte, und einen dritten, noch größeren, sich und drei Mafiafreunden durch Zahlung hoher Schmiergelder an Treuhänder der Teamster-Pensionskassen gewaltige Pensionskassen-Versicherungsverträge zu verschaffen. Bis die Geheimoperation ans Tageslicht kam, führte Carlos ganz allein die Aufsicht über alle drei Verschwörungen. Offenbar war er stolz auf seine Fähigkeit, ein schweres Delikt, an dem mehrere Mittäter beteiligt waren, zu verüben und hohe Politiker manipulieren zu können. Wie er dem Undercover-Agenten Mike Wacks sagte, als er endlich sicher war, die großen staatlichen Versicherungsverträge ergattert zu haben: »Mir genügt es, stolz zu sein, daß ich so etwas zuwege bringe.«

Zweitens förderten die Tonbänder einen überzeugenden Überblick über die Reichweite von Marcellos längst erahnter, aber niemals bewiesener unsichtbarer Regierung zutage, eines Netzwerks, auf das er zählen konnte, wenn er Hilfe bei der Vertuschung eines Präsidentenmords brauchte. In diesem Punkt verplapperte Carlos sich immer wieder, wenn er vor den BRILAB-Undercover-Agenten und seinem Anwaltsfreund Vincent Marinello prahlte:

»Es dauert lange, bis man da ist, wo ich bin. All diese Leute zu kennen – Gouverneure, Geschäftsleute, der Justizminister, sie kennen mich.«

»Ja, ich hab' sie alle da, wo ich sie haben will.«

»Ich hatte Gouverneur McKeithen acht Jahre.«

»Vielleicht kann er den Justizminister anrufen. Ich sage nicht, daß ich es tun kann. Ich habe jemanden dafür.«

»Die Teamsters gehören uns.«

»Ich habe den einzigen Mann in den Vereinigten Staaten, der ihnen [den führenden Teamster-Funktionären] sagt, was zum Teufel sie zu tun haben.«

»Ganz gleich, wer reinkommt... Ich werde schon einen verdammten Weg finden, an ihn ranzukommen.«

Die BRILAB-Tonbänder zeigten auch, daß Marcellos unsichtbare Regierung dank seiner einflußreichen Kontaktleute bis hinauf auf die höchsten Stufen reichte. Der einflußreichste war sein Freund und Geschäftspartner seit zwanzig Jahren, der Meisterlobbyist Irving Davidson, der so prominente und mächtige Männer wie J. Edgar Hoover, Lyndon Johnson und Richard Nixon zu seinen Freunden zählte. Es gibt ein Tonband von Davidson, auf dem er Marcello verspricht, Kontakt zu einem hohen Beamten in der Kriminalabteilung des Justizministeriums aufzunehmen, der ihm bei seinem Kampf gegen die Ausweisung helfen könne.

Die BRILAB-Tonbänder erlauben uns aber nicht nur einen flüchtigen Blick auf Reichweite und Arbeitsweise von Marcellos unsichtbarer Regierung, sondern zeigen auch, wie eng Marcellos Beziehungen zur Politik waren. Diese Beziehungen waren natürlich völlig eigennützig. Carlos hatte keine politische Ideologie. Bei den Wahlen des Staates Louisiana wettete er genauso wie bei Pferderennen und unterstützte denjenigen Kandidaten, von dem er sich nach dem Wahlsieg Vergünstigungen erhoffte.

Im Präsidentschaftswahlkampf von 1960 zwischen John F. Kennedy und Richard Nixon wußte Marcello genau, wer ihm als Präsident Gefallen tun und wer versuchen würde, ihm Schaden zuzufügen. Er und sein Bruder Vincent hatten bei den Anhörungen des McClellan-Ausschusses im März 1959 die unmittelbare Geringschätzung der Brüder Kennedy zu spüren bekommen. Deshalb hatte Carlos eine hohe Summe auf Richard Nixon gesetzt – die inzwischen berühmte Wahlkampfspende von 500000 Dollar, deren Zeugen Edward Partin, Irving Davidson und Jimmy Hoffa waren. Und er hatte verloren.

Die Ermordung Präsident Kennedys mag ein Ausdruck der Rache und ein verzweifelter Überlebensversuch gewesen sein. Sie war aber auch eine politische Tat. Als Nixon verloren hatte, setzten die Sieger, wie nicht anders erwartet, einen Feldzug zur Vernichtung Marcellos in Gang. Aber man konnte auch nachträglich noch viel ändern. Als Marcello bei den Gouverneurswahlen von 1979 mitspielte, sagte er zu Hauser: »Ganz gleich, wer reinkommt... Ich werde schon einen verdammten Weg finden, an ihn ranzukommen. Egal, wer es ist.« Genauso konnte Carlos einen Weg finden, an das Weiße Haus heranzukommen, selbst wenn es Gewalttätigkeit bedurfte. Auch der Versuch, den

Mord einem Castro-Freund anzuhängen, wäre eine politische Tat gewesen. Im Erfolgsfall wäre durchaus denkbar gewesen, daß dies die US-Regierung zu dem Versuch provoziert hätte, das Castro-Regime zu stürzen und damit Leuten wie Marcello den Weg zu ebnen, ihre verlorenen Investitionen in Havanna zurückzubekommen.

Marcellos unausrottbarer Haß gegen die Kennedys wurde ebenfalls durch die BRILAB-Tonbänder bestätigt. Mindestens bei drei Gelegenheiten zeichneten die Undercover-Agenten Carlos' Schimpfkanonaden gegen Robert Kennedy und die ganze Familie auf.

Dann waren da noch die verschiedenen zufälligen und unerwarteten Enthüllungen der BRILAB-Tonbänder. Es waren Informationen, die sich nicht streng auf die Geheimoperation bezogen, sondern dafür sprachen, daß Marcello möglicherweise in den Kennedymord verwickelt war.

Wie man sich erinnern wird, deutete eines dieser Tonbänder an, daß Carlos und sein Bruder Joe möglicherweise einen der Mörder von Richter John Wood aus San Antonio kannten. Der Gangster Charles V. Harrelson aus Dallas stand in Verbindung mit Jack Ruby, mit mindestens einem Genossen der Marcellos und mit Santos Trafficante. Jack White, der Graphikexperte des Sondermordausschusses des Repräsentantenhauses, hatte Harrelson als möglicherweise einen der drei »Landstreicher« identifiziert, die von der Polizei in Dallas Minuten nach dem Mord auf der Dealey Plaza verhaftet worden waren.

Und schließlich, wenn wir Joe Hauser trotz des Schadens, den die BRILAB-»Monologe« seiner Glaubwürdigkeit zufügten, glauben, so gingen Carlos und sein Bruder Joe sogar so weit, Hauser und einmal auch Mike Wacks gegenüber anzudeuten, daß sie irgendwie in den Kennedymord verwickelt waren.

Die Einzelheiten dieser »verschleierten Schuldgeständnisse« – wie sie genannt wurden – sind nicht ganz klar, und der Mann, der aus dem Allerheiligsten des Bundeszeugen-Schutzprogramms heraus darüber berichtete, ist nicht gerade leicht zu erreichen. Dennoch müssen sie behandelt werden, wenn man eine Beteiligung Marcellos am Kennedymord in Erwägung zieht.

Man wird sich erinnern, daß einige dieser Gespräche herauskamen, als Schlagzeilen in der *Times-Picayune* in New Orleans im Frühling und Sommer 1979 verkündeten, der Sondermordausschuß des Repräsentantenhauses verdächtige Marcello, in die Ermordung John F. Kennedys verwickelt zu sein. Andere kamen heraus, als, wiederum in der *Times-Picayune*, Jack Andersons in mehreren Zeitungen zugleich veröffentlichte Kolumne über Carlos Marcello und seine verdächtige Rolle in einer angeblichen Verschwörung zur Ermordung Kennedys erschien. Wieder andere tauchten in Zeitungsartikeln auf, die über Teddy Kennedys Absicht berichteten, bei der Nominierung des Präsidentschaftskandidaten der Demokraten gegen den amtierenden Präsidenten Jimmy Carter anzutreten.

Joe Hauser traf sich hin und wieder mit Carlos zum Mittag- oder Abendessen. Dann verbrachten die beiden ein paar Stunden bei Riesenportionen dampfender Spaghetti und diskutierten, so Hauser, »über alles und jedes«, wobei sie die anstehenden Geschäfte manchmal kaum berührten. Bei einer dieser zwanglosen, nicht aufgezeichneten Sitzungen brachte Hauser Marcello dazu, über Lee Harvey Oswald und seine Familie zu sprechen, indem er beiläufig einen Artikel erwähnte, den er kürzlich auf der ersten Seite der *Times-Picayune* unter der Balkenüberschrift »*Verbindung Marcello–Oswald möglich*« gelesen hatte.

»He, Carlos, haben Sie das Zeug in der Zeitung über Sie und Oswald gelesen?« will Hauser Marcello gefragt haben.

Hauser zufolge gab Marcello offen seine Bekanntschaft mit Oswald und dessen Verwandten, den Murrets, zu, erwähnte jedoch nicht, Oswald in einem Komplott zur Ermordung des Präsidenten benutzt zu haben. Carlos sagte Hauser, daß Oswald im Frühling und Sommer 1963 als Laufbursche in seinem Buchmachernetz in der Innenstadt von New Orleans gearbeitet habe. Er sagte ihm auch, daß das FBI ein paarmal in sein »Town & Country«-Büro gekommen sei (wahrscheinlich nach dem Mord) und sich nach Oswald erkundigt habe. Seine Leute hätten den Agenten aber »nix« gesagt, »gerade so, als hätten wir nie von dem Burschen gehört«.

Dieses letzte bißchen Information paßte natürlich, ohne daß Hauser es wußte, zu dem, was tatsächlich ein paar Tage nach dem Mord geschah. FBI-Agenten betraten am 28. und 30. November 1963 das »Town & Country«-Motel und fragten Joe Poretto und Anthony Marcello, ob ihnen im März oder April im Restaurant des Motels irgend jemand aufgefallen sei, der Lee Harvey Oswald ähnlich sah.

Marcello verbreitete sich in diesem Gespräch mit Hauser nicht weiter über die Beziehung seiner Organisation zu Oswald, doch was er gesagt hatte und wie er es gesagt hatte, genügte, um Hauser zu überzeugen, daß Carlos wahrscheinlich irgendwie mit Oswald in den Mord verwickelt gewesen war.

Aber das, was Hauser schließlich überzeugte, daß der Mordausschuß mit seinem Verdacht, Marcello sei an dem Mord beteiligt, recht haben könne, war viel eher Joe Marcellos Reaktion in einem unbedachten Augenblick auf eine von Hausers beiläufigen Bemerkungen.

Joe Marcello war eine viel offenere und ausdrucksvollere Persönlichkeit als sein älterer Bruder Carlos. Er war als weniger zurückhaltend und gesprächiger bekannt. Trotzdem teilte er nicht Carlos' Ruf als Lügner. Die Vollstreckungsbehörden hatten den umgänglichen, rundlichen Joe stets als ziemlich anständigen Burschen betrachtet, der selten in ernsthafte Schwierigkeiten geriet. Gleichzeitig war wohlbekannt, daß er in der Mafia so angesehen war, daß er an den beiden wichtigsten Mafiagipfeln der letzten Zeit, dem gewaltigen Konklave in Apalachin von 1957 und der Versammlung im »La Stella« in Queens von 1966, teilgenommen hatte.

Dessen eingedenk nahm Joe Hauser Joe Marcello ernst, als dieser ihm mitten in einer zwanglosen Unterhaltung über die Brüder Kennedy einschließlich des damaligen Präsidentschaftskandidaten Ted sagte, er solle sich wegen der Kennedys keine Sorgen machen, und prahlte: »Um die haben wir uns gekümmert, nicht wahr?«

Hauser fragte sich damals, ob das reine Angeberei oder eine ehrliche, spontane Reaktion sei. Dann kam er zu dem Schluß, Joe Marcello »lasse durchblicken«, daß die Marcellos in den Mord verwickelt gewesen seien. Erklärend fügte er hinzu, daß es ihm damals sogar so vorgekommen sei, als hätten die Brüder Marcello vorausgesetzt, daß er als echtes Mitglied der Unterwelt gewußt habe, daß sie in die Beseitigung Präsident Kennedys verwikkelt gewesen seien.

Einen ähnlichen Eindruck hatte Joe Hauser auf der stürmischen siebenstündigen Marathonsitzung über den Fall Brooklier, die mit Carlos, Phillip Rizzuto und Sam Sciortino in Anthony Marcellos Jagdhütte stattfand. Als die Rede auf die Kennedys kam, wieder in Zusammenhang mit Teddys vor kurzem angekündigter Kandidatur, waren Marcello, Sciortino und Rizzuto in eine Haßtirade auf die Brüder Kennedy ausgebrochen. Sciortino zog gegen Bobby Kennedy vom Leder, warf ihm vor, versucht zu haben, sie alle arbeitslos zu machen, und Rizzuto sagte: »Ja, da haben wir ihn arbeitslos gemacht!«

Wieder interpretierte Hauser Rizzutos Bemerkung als Unterstellung, daß alle Anwesenden einschließlich Hausers wüßten, wovon er sprach, nämlich daß der Mob die Brüder Kennedy tatsächlich »arbeitslos« gemacht hatte.

Dann sind da noch die drei Tonbänder von Carlos Marcellos Gesprächen über den Kennedymord und die Untersuchung des Sondermordausschusses des Repräsentantenhauses, die Richter Morey Sear gerichtlich versiegeln ließ. Man wird sich erinnern, daß eines der Bänder zeigte, daß Marcello absichtlich sein »Town & Country«-Büro verließ, um die Angelegenheit mit einem Besucher zu besprechen, und daß Robert Blakey den Inhalt als »durch die Umstände bedingt verdächtig« bezeichnete. Zur Zeit, da ich dies schreibe, befinden sich die drei BRILAB-»Mordtonbänder« unter Verschluß.

Bleibt uns noch, über die Bedeutung – sofern es sie gibt – nachzudenken, die eine letzte Enthüllung aus der Operation BRILAB für den Kennedymord und besonders für den Tod Lee Harvey Oswalds und David Ferries hat: das Motto, das Sonderagent Larry Montague an der Tür von Carlos Marcellos »Town & Country«-Büro entdeckte:

*Drei können ein Geheimnis bewahren,*
*wenn zwei tot sind*

Obwohl die BRILAB-Tonbänder den Verdacht des Mordausschusses, Carlos Marcello habe möglicherweise am Kennedymord mitgewirkt, nicht bestätigten, erhärteten sie ihn doch. Erhärtet wurde er auch durch die Forschungen, die unabhängige Ermittler und Schriftsteller betrieben, seit der Mordausschuß des Repräsentantenhauses seine Untersuchung 1979 beendete und die BRILAB-Prozesse von 1981 und 1982 ihre Beiträge zu dem wachsenden Beweismaterial gegen Marcello leisteten.

Wir dürfen nun also mit ziemlicher Gewißheit sagen, daß zum fünfundzwanzigsten Jahrestag der Ermordung von Präsident John F. Kennedy keine andere Verschwörungsperspektive auch nur im entferntesten so plausibel ist wie die, die für die Beteiligung der Marcellos spricht. In den letzten 25 Jahren haben sich zu viele Indizienbeweise angesammelt, als daß sie ignoriert werden könnten. Aus den freigegebenen 220000 Seiten FBI-Dokumente über den Mord geht klar hervor, daß in den zahllosen Hinweisen auf eine Verschwörung, die Privatleute dem FBI nach dem Mord gaben, keine anderen angeblichen Verschwörer – von denen es Tausende gab – so oft von Informanten erwähnt wurden wie die Marcellos und ihre Genossen. Nicht weniger als vier Marcello-Brüder kommen in diesen Aussagen und den FBI-Berichten darüber vor: Carlos, Vincent, Joseph und Anthony. Innerhalb von fünf Tagen nach dem Präsidentenmord machten sich vier weit voneinander entfernte und nicht in Verbindung stehende Informanten die Mühe und gingen das Risiko ein, dem FBI von ihrem Verdacht gegen die Marcellos oder deren Genossen zu berichten. Einer von ihnen, Gene Sumner, der Informant aus Georgia, wußte anscheinend nicht, daß der Mann, den er beobachtet haben wollte, wie er jemandem, der Oswald ähnlich sah, im »Town & Country«-Motel Geld gab, mit den Marcellos in Verbindung stand. Und übersehen wir auch nicht, daß die vier Personen, die die Polizei in Verbindung mit der Ermordung des Präsidenten und seines angeblichen Mörders sogar verhaftete – Oswald, Ferrie, Brading und Ruby –, alle entweder mit Carlos Marcello oder einem oder mehreren seiner engen Freunde Kontakt hatten.

Wie sieht nun das Beweismaterial gegen Carlos Marcello im Mordfall Kennedy am fünfundzwanzigsten Jahrestag des Verbrechens aus?

Die Antwort lautet: überzeugender denn je, aber immer noch nicht überzeugend genug, um für eine Anklage zu reichen.

Die Indizienbeweise gegen Marcello waren genaugenommen immer handfest, und es erscheint heute einigermaßen gewiß – gestützt auf ehemals geheime FBI- und Geheimdienstberichte, vor allem über David Ferrie –, daß FBI und Geheimdienst dies auch von Anfang an wußten. Genau aus diesem Grund stellte Hoover die weiteren Ermittlungen gegen Ferrie ein und schob die Aussagen Jack Martins, Eugene De Laparras und Gene Sumners auf die lange Bank.

Wenn man sich 25 Jahre, nachdem FBI-Direktor Hoover dieser Sache bewußt auswich, mit der Möglichkeit beschäftigt, daß Carlos Marcello an dem Verbrechen des Jahrhunderts beteiligt war, dann stellt sich unvermeidlich die Frage: Paßt der Mord an Präsident Kennedy und seinem angeblichen Mörder in das traditionelle Muster einer Hinrichtung im Mafiastil? Und wenn ja, hätte ein mächtiger Mafiaboß, der sich bei klarem Verstand befand, jemals eine so schwache Mannschaft für die Ausführung einer so wichtigen Hinrichtung ausgesucht wie diese Schwachköpfe und Außenseiter Lee Harvey Oswald, David Ferrie und Jack Ruby?

Ja, die Ermordung des Präsidenten und seines verdächtigten Mörders paßte in das traditionelle Muster einer Hinrichtung im Mafiastil, und zwar aus mehreren Gründen.

Erstens geschah der Präsidentenmord in Form einer *öffentlichen* Hinrichtung, einer alten Tradition in der Mafia, vor allem wenn das Opfer als Todfeind des Vollstreckers gilt. Der Präsident wurde dreist niedergeschossen vor unzähligen Zeugen, auf einem öffentlichen Platz und bei einem öffentlichen Anlaß, so daß alle Welt es sehen konnte.

Zweitens setzte Lee Harvey Oswald, der rasch identifizierte Mordverdächtige, die altehrwürdige Mafiatradition des Sündenbocks fort. Er war offensichtlich ein Einzelgänger mit einem persönlichen Motiv für das Verbrechen: In Oswalds Fall war es der Wunsch, sich als ergebener Anhänger Fidel Castros an Präsident Kennedy zu rächen wegen seiner Castro-feindlichen Politik einschließlich der Versuche einer Administration, den kubanischen Führer zu ermorden.

Drittens war die rasche und außergewöhnlich wirksame *öffentliche* Beseitigung des Mordverdächtigen vor einem riesigen weltweiten Fernsehpublikum, bevor er noch die Einzelheiten des Mordkomplotts verraten konnte, ein Mafiabrauch, der bis an die Ursprünge der alten sizilianischen Bruderschaft zurückreichte. Der Zweck war, weitere mögliche Zeugen des Mordkomplotts warnend darauf hinzuweisen, was ihnen passieren würde, wenn sie zu reden begännen.

Aber würde ein Mafiaboß so völlig ungeeigneten Personen wie Oswald, Ferrie und Ruby ein so großes und schwieriges Verbrechen wie die Ermordung eines Präsidenten und die Vorschiebung und spätere Beseitigung seines verdächtigten Mörders anvertrauen?

Es waren genau ihre mangelnde Eignung und Unvereinbarkeit mit dem Klischee des professionellen Mafiakillers, die ihn bewogen haben mochten, Oswald, Ferrie und Ruby für eine so wichtige Hinrichtung zu benutzen. Wie Carlos Marcello Edward Becker »klar gesagt« hatte, »durften seine eigenen Leutnants nicht als Mörder identifiziert werden«, so daß »die Notwendigkeit bestand, daß sie jemand anderen benutzten oder manipulierten, der das tatsächliche Verbrechen ausführte«. Zwei junge nichtitalienische Christen und ein dickbäuchiger Jude in mittleren Jahren. Ein ehemaliger Überläufer in die Sowjetunion, der auf den Straßen Castro-freundliche Flugblätter verteilt, ein kahler ehemaliger Flugkapitän mit einigen Festnahmen wegen »unzüchtiger Handlungen« mit Knaben und ein kleiner Stripteaselokal-Betreiber – was für eine Mannschaft! Wer würde auf den Gedanken kommen, diese Amateure, diese Nullen mit Berufsverbrechern, mit der Mafia in Verbindung zu bringen?

Einen so völlig unprofessionellen Mörder wie Oswald zu wählen und solch einen Typ in einem Mordkomplott vorzuschieben, das war ebenfalls eine altehrwürdige Tradition in der Mafia.

Viele Mafiahinrichtungen der Vergangenheit illustrieren diesen Brauch. Das berühmteste Beispiel der letzten Jahre war der Versuch, den New Yorker Mafiaboß Joseph Colombo bei einer öffentlichen Kundgebung der Italoamerikanischen Bürgerrechtsliga 1971 in New York unter freiem Himmel umzulegen. Der sonderbare Killer war Jerome Johnson, ein junger schwarzer »Einzelgänger« ohne Beziehung zum organisierten Verbrechen, den wahrscheinlich Colombos Rivale Joey Gallo angeworben hatte, obwohl eine Verbindung mit Gallo nie bewiesen wurde. Minuten nachdem er auf Colombo geschossen hatte, wurde Johnson in dem nachfolgenden Gewühl von einem Unbekannten erschossen. (Colombo lebte sieben Jahre im Koma weiter.)

Vincent Teresa, einst die Nummer drei der Mafiafamilie aus Neuengland, deren Oberhaupt der verstorbene Raymond Patriarca war, schrieb in seinem Buch *My Life in the Mafia*, er habe gewußt, daß Carlos Marcello Killerteams aus anderen, weit von Louisiana entfernten Mafiafamilien anzuwerben pflegte, um in seinem Reich Morde auf Bestellung auszuführen, weil Marcello einmal ein Killerteam aus einer eigenen Verbrecherfamilie, den Patriarcas, herbeigeholt hatte.

Wir wissen aus FBI-Berichten, daß Jack Ruby in den 30 Tagen vor dem Mord Telefongespräche mit zwei von Jimmy Hoffas grausamsten Killern führte, die beide zum Chicagoer »Outfit« gehörten, ebenso wie mit einem berüchtigten gewerblichen Kautionssteller der Mafia, der für die Teamsters und die Chicagoer Unterwelt arbeitete.

Wir haben auch die eidliche Aussage eines Staatspolizisten aus Louisiana, daß Rose Cheramie ihm am 20. November 1963 berichtet habe, sie sei mit zwei »Italienern« aus Miami heraufgekommen, die unterwegs nach Dallas waren, um am 22. Präsident Kennedy zu erschießen.

Es ist also durchaus möglich, daß Carlos Marcello, wenn er eine Rolle im Kennedymord gespielt hat, sein professionelles Killerteam aus dem Chicagoer »Outfit« herbeiholte oder aus Trafficantes Organisation in Florida, während er David Ferrie seinen Freund Lee Harvey Oswald vorschieben ließ, damit dieser die Schuld auf sich nahm. Zu Ferries Aufgaben hätte auch gehört, einen falschen Oswald aufzubauen, möglichst jemanden mit Geheimdiensterfahrung, der eine Spur belastender Beweise legte, und die erforderlichen Vorkehrungen zu treffen, daß Oswald gleich nach dem Verbrechen zum Schweigen gebracht wurde.

Als diese letzten Vorkehrungen fehlschlugen, mußte Ferrie eine Möglichkeit finden, zu Oswald in das Hauptquartier der Polizei von Dallas vorzudringen. Der Polizeifan Jack Ruby war da genau der Richtige. Es sieht so aus, als habe Ferrie Ruby, möglicherweise durch Civello oder Campisi, nach dem Mord auf seiner geheimnisvollen Texasreise erreicht und ihm gesagt, was er zu tun habe.

Die vorliegenden Indizienbeweise sprechen für so ein Szenario, aber es fehlen uns immer noch die konkreten Fakten, um es zu bestätigen. Trotz der überwältigenden Indizienbeweislast, die für eine Beihilfe der Marcello-Organisation an der Ermordung John F. Kennedys spricht, und trotz des Umstands, daß dieser Mord in kaum verhüllter Form die Anzeichen einer traditionellen Mafiahinrichtung erkennen läßt, sind wir immer noch nicht sicher, wie die genauen Einzelheiten aussahen und wie weit Carlos Marcello in das Verbrechen verwickelt war.

Trotz dieser Vorbehalte gibt es mindestens ein wichtiges Element des Falles, dessen wir ganz sicher sein können: die Art und Weise, wie die Regierung auf den Mord reagierte. Die Regierung selbst hat uns diese Reaktion, vielleicht unabsichtlich, durch die Freigabe der zahllosen offiziellen Dokumente über die verschiedenen Untersuchungen des Mordes offenbart.

Diese Dokumente zeigen unmißverständlich, daß eine Regierungsbehörde der Vereinigten Staaten Carlos Marcello – wenn er tatsächlich eine Rolle bei dem Mord gespielt hat – »zum Wohle des Landes« ungestraft davonkommen ließ.

Diese Behörde war J. Edgar Hoovers FBI. Nicht das FBI des Justizministeriums der Vereinigten Staaten, sondern das FBI, das ein Mann für sein persönliches Eigentum hielt.

Aber J. Edgar Hoover war nicht der einzige, der Carlos Marcello ungestraft mit dem Verbrechen des Jahrhunderts davonkommen ließ – sofern er darin verwickelt war –, denn seine Reaktion auf den Mord teilten und unterstützten stillschweigend, »zum Wohle des Landes«, Chief Justice Earl Warren, Präsident Lyndon B. Johnson und Justizminister Robert F. Kennedy.

Wie Carlos Marcello einmal vor Joe Hauser prahlte: »Ja, ich hab' sie alle da, wo ich sie haben will.«

# 60

# Die Marcellos heute

Nach den BRILAB-Urteilen gegen Carlos Marcello und dem Antritt seiner Gefängnisstrafe im Juni 1983 war die Familie Marcello ernüchtert und führerlos, das kriminelle Netz der Marcellos zerrissen. Es sollte nun, da ihr politischer Einfluß praktisch wirkungslos, ihr Ruf in der Unterwelt eine Zielscheibe des Spottes war, nicht mehr lange dauern, bis die Marcello-Organisation dem Eindringen von Mafiafamilien aus dem Osten schutzlos ausgeliefert war.

Kein Mitglied der Familie Marcello hatte Carlos' Platz als Boß einnehmen oder den Schaden reparieren können, den die Operation BRILAB dem Ansehen der Familie zugefügt hatte. Und Carlos' Führungsqualitäten waren durch Krankheit und Haft stark beeinträchtigt worden. Allzu viele Geschäfte konnte der kränkliche Carlos nicht am überwachten Gefängnistelefon oder in den Wochenend-Besuchszeiten mit seinen Brüdern und Anwälten abwickeln.

Carlos' geduldige, beklagenswerte Ehefrau Jacqueline hatte die Familie mit ihren regelmäßigen Sonntagmittagseinladungen zu Spaghetti mit Fleischklößchen in dem großen Backsteinhaus mit den weißen Säulen in Metairie zusammenhalten können, zu denen gewöhnlich rund ein Dutzend Marcellos kamen. Doch als Frau, die sich stets aus den Geschäftsangelegenheiten ihres Mannes herausgehalten hatte, war sie machtlos, was die Leitung der Familie betraf, die eigentlich ihr Schwager Joe hätte übernehmen sollen.

Aber Joe, nun vermeintlich der Boß der Marcello-Organisation, ein Mann von Mitte Sechzig, hatte weder den Schwung noch den Ehrgeiz oder Killerinstinkt seines älteren Bruders. Im Gefolge von BRILAB schien ihn ein starkes Bedürfnis gepackt zu haben, Schwierigkeiten zu vermeiden und auf Nummer Sicher zu gehen. Unter Umgehung der Gaunereien, die seinen Bruder so angeregt hatten, wandte er sich dem Geschäft zu, das ihm in der Vergangenheit stets am besten gefallen hatte, der Gastronomie. Ihm und Carlos hatte einst das berühmte »Elmwood Plantation«-Restaurant am Westufer gehört. Mit Sammy zusammen war er Besitzer von »La Louisiane« im French Quarter. Jetzt vergrößerte Joe sich und eröffnete »Lenfants«, ein großes, lärmendes Restaurant mit Bar und Nachtklub im Las-Vegas-Stil im neuen Teil von New Orleans gleich neben der Hauptstraße nach Metairie. Dort nahm er jeden Mittwoch-, Freitag- und Sonnabendabend die Huldigungen der immer noch zahlreichen Freunde und Bewunderer der Marcellos entgegen. Ich beobachtete diesen Veteranen der Deportationsschlachten, des Kennedykriegs und der Gipfel von Apalachin und vom »La Stella« eines Abends, wie er Gastgeber im »Lenfants« spielte, und war beeindruckt, wie lustig, beliebt und glücklich er wirkte. Schöne Frauen begrüßten ihn mit Umarmungen und Küssen. Männer klopften ihm auf die Schulter. Er schien seine Rolle als bekannter Gastronom und kleine Berühmtheit von New Orleans zu genießen. Ich hatte den Eindruck, daß er wenig Lust zu den Risiken und Kämpfen hatte, die nötig waren, um das zu leiten, was von der kriminellen Organisation seines Bruders übriggeblieben war.

Auch von Carlos' anderen Brüdern bewies nach BRILAB keiner viel Ehrgeiz oder Führungsqualitäten. Der vornehme Vincent, der ebenfalls auf Mitte Sechzig zuging, beschäftigte sich fast ausschließlich mit dem Spielautomatengeschäft der Familie, der Jefferson Music Company – nun aber ohne verbotene Glücksspielautomaten. Dabei halfen ihm seine Brüder Sammy und Anthony, beide fast sechzig Jahre alt. Der einäugige Peter, nun Anfang Siebzig, hatte seine Stripteasespelunken in der Bourbon Street längst verkauft und lebte relativ zurückgezogen in einem kleinen Haus am Westufer in der Nähe von Gretna; und der stets verbindliche Pascal, nun ebenfalls in den Siebzigern, pflegte, wie schon seit einiger Zeit, nicht mehr viel Kontakte.

Außer seinen Pflichten in der Jefferson Music Company leitete der liebenswürdige Sammy, der jüngste und charmanteste der Brüder, auch »La Louisiane«, das Restaurant im French Quarter, das ihm und Joe gemeinsam gehörte. Es lag fast direkt neben der »Felix Oyster Bar« von Sam Saia, wo Lee Harvey Oswalds Onkel Dutz Murret einst seine Buchmachergeschäfte für die Marcellos betrieben und seinen hitzköpfigen jungen Neffen mit Mitteilungen und Zahlungsaufforderungen in die Bars und Wettbüros von New Orleans geschickt hatte.

Carlos' einziger Sohn, Joseph, »Little Joe«, nun Anfang Vierzig, hat sogar noch weniger Schwung und Ehrgeiz als seine Onkel. Little Joe brauchte nie für seinen Lebensunterhalt zu arbeiten, da er von seinem Vater Vermögenswerte in Höhe von drei Millionen Dollar, darunter auch ein Stück vom »Town & Country«-Motel, erhalten hatte, als er erst Mitte Zwanzig war. Trotz der großen Liebe, die er für seinen Vater empfand, verspürte der gutaussehende, sportliche Mann nie die geringste Neigung, in dessen Fußstapfen zu treten. Er spielte lieber eine anständige Runde Golf auf den Plätzen um New Orleans herum, als seinem Vater beim Ersinnen riskanter krimineller Verschwörungen zu helfen. Allem Anschein nach hat Little Joe nicht mehr zu den Unternehmungen der Marcellos beigetragen, als einen Sohn zu zeugen – Carlos Marcello II. –, dessen Besuche in Texarkana an Wochenenden angeblich seines eingesperrten Großvaters größte Freude und Tröstung waren.

Auch die Söhne von Carlos' Brüdern erhoben keine wesentlichen Ansprüche auf die Reste von ihres Onkels krimineller Organisation. Obwohl Vincents Sohn Vincent junior zur Zeit des BRILAB-Prozesses in New Orleans wegen Kokainhandels verurteilt wurde und auch einmal unter Mordverdacht geriet, haben seine kriminellen Impulse nichts mit den Geschäften seines Vaters und seines Onkels zu tun. Während ich dies schreibe, leitet Vince junior einen Nachtklub namens »Froggy's« im Einkaufszentrum eines Vororts von New Orleans, das seit kurzem abenteuerlustige Mitglieder der Jeunesse dorée der Stadt anzieht.

Allem Anschein nach gilt der alte sizilianische Mafiabrauch, die Gesellschaft, beziehungsweise das sogenannte Establishment, radikal zu bekämpfen, nicht mehr für Carlos' Kinder, Nichten und Neffen. Diese Marcellos der zweiten Generation möchten gern von der Gesellschaft von New Orleans akzeptiert, ja sogar selbst Teil des Establishments werden.

Man könnte jedoch einwenden, daß in den letzten dreißig Jahren in New Orleans zwischen Gesellschaft und Mafia viele Schranken gefallen sind. Es gibt nicht mehr so viele Unterschiede zwischen den beiden gesellschaftlichen Gruppen wie zum Beispiel in New York. In den Gesellschaftskolumnen der großen New Yorker Tageszeitungen werden Mitglieder von Mafiafamilien in der Regel selten erwähnt, während Sammy Marcellos Name Mitte der achtziger Jahre in Verbindung mit dem einen oder anderen Ereignis im »La Louisiane« auf der Gesellschaftsseite der *Times-Picayune* in New Orleans auftauchte. Im Jahre 1986 gab er dort ein großes Abendessen für den Kommunikations- und Kulturdirektor von El Salvador, ein Ereignis, das, wie verlautet, Vertreter sowohl der Spitzen der Gesellschaft von New Orleans als auch der regierenden Mafiafamilie der Stadt vereinte, darunter Carlos' schöne Tochter Louise, Mardi-Gras-Königin von 1956 und heute, als Mrs. Jefferson Hampton III., Mitglied einer vornehmen alten »White Anglo-Saxon Protestant«-Familie.

Und so führten die Brüder Marcello und ihre Nachkommen ab 1983 ein angenehmeres, weniger riskantes Leben als das, was ihnen sicher gewesen wäre, wenn der dominierende Carlos ihr Schicksal bestimmt hätte. Daraus ergab sich, daß das einst mächtige Marcello-Reich Anfang 1988, da der 78jährige Patriarch im trübsinnigen Texarkana immer mehr verfiel und der Einfluß der Familie auf politische Kreise und die Unterwelt in einem Dauertief steckte, nur noch ein führerloses Wrack war, das von einer Katastrophe in die andere trieb.

Das Jahr 1988 brachte den Marcellos viele Probleme. Es begann mit dem Bankrott von »La Louisiane«, gefolgt von Sammys Verhaftung und Anklage wegen Geldwäscherei. Nach diesen beiden Katastrophen lehnte Richter Morey Sear Carlos' Antrag, eines seiner BRILAB-Urteile aufzuheben, ab, was den Mafiaboß zu sechs weiteren Jahren hinter Gittern verdammte.

Sammys peinliche Verhaftung hatte sich eines Nachmittags im Restaurant »Lenfants« zugetragen, wo er seinem Bruder Joe seit dem Bankrott von »La Louisiane« als eine Art stellvertretender Leiter und Ersatzgastgeber half. Nicht lange nach der vielbeschriebenen Verhaftung machte auch »Lenfants« bankrott, und in New Orleans ging das Gerücht, daß Joe Marcello in großen finanziellen Schwierigkeiten stecke. Danach erfuhr man, daß David Levy, langjähriger Geschäftspartner und Anwalt der Marcellos und ebenfalls wegen Geldwäscherei angeklagt, Staatszeuge geworden war und unter strafrechtlicher Immunität gegen Sammy aussagen würde.

Etwa zur selben Zeit gab das Gericht von Ostlouisiana gewisse eidesstattliche Versicherungen frei, um Anträge des FBI, Telefone anzapfen zu dürfen, zu unterstützen. Aus ihnen ging klar hervor, daß die Marcellos seit Carlos' BRILAB-Verurteilungen von 1981 und 1982 fast ihre gesamte Macht in der Unterwelt von New Orleans verloren haben. Diese Unterlagen bewiesen schlüssig, daß sich das French Quarter von New Orleans 1986 fest in der Hand des ehemaligen Marcello-Geschäftsfreunds Frank Caracci und seines Partners Nick Karno befand, ohne daß Caracci und Karno irgendeinem Marcello Rede und Antwort stehen mußten.

(Man wird sich erinnern, daß das FBI Frank Caracci nach dem Kennedymord wegen seiner Beziehung zu Jack Ruby verhört hatte.)

Ferner wiesen die Unterlagen überzeugend darauf hin, daß von 1986 bis 1988 Personen, die zu der von John Gotti angeführten New Yorker Verbrecherfamilie Gambino und der von Nicodemo »Nicky« Scarfo angeführten Bruno-Scarfo-Verbrecherfamilie aus Philadelphia gehörten, offenbar mit dem Segen von Frank Caracci und Nick Karno begonnen hatten, sich in das organisierte Verbrechen von New Orleans hineinzudrängen, das seit Ende der vierziger Jahre die alleinige Domäne von Carlos Marcello und seinen kriminellen Untergebenen gewesen war. In einer der einschlägigen eidesstattlichen Versicherungen steht unter anderem:

»[Der FBI-Informant] CS-1 gab an, daß Frank Caracci und Nick Karno im Mai 1986 Vorkehrungen trafen, Erik Rasmussen und Bramer/Diamond aus Las Vegas, Nevada, beziehungsweise New York, in das Gebiet von New Orleans zu holen, um spielkasinoähnliche Glücksspiellokale und ein Kokainvertriebsnetz aufzubauen. Eine Durchsicht von FBI-Akten ergab zahllose Hinweise, daß Caracci und Karno Geschäftspartner des Cosa-Nostra-Bosses Carlos Marcello sind.«

Auf keiner der 352 Seiten Telefonanzapfungs-Unterlagen, die ich durchlesen konnte, steht irgend etwas von einem Kontakt zwischen Frank Caracci und Nick Karno einerseits und dem inhaftierten Carlos Marcello und seinen Brüdern in New Orleans andererseits.

Die Aussagen das FBI-Telefonanzapfungen waren eindeutig. Mächtige ehemalige Mitarbeiter von Carlos Marcello, wie zum Beispiel Frank Caracci und Nick Karno, waren immer noch unten im Fench Quarter tätig, inzwischen aber in eigener Regie und nicht mehr auf Befehl der Marcellos.

Die Telefonanzapfungs-Unterlagen des FBI wiesen ferner darauf hin, daß die Familien Gambino und Bruno-Scarfo, im Glauben, das Glücksspiel würde in New Orleans bald erlaubt, große Brocken wertvollen Grundeigentums im French Quarter aufkauften. Auch hatten sie sich, offenbar mit Frank Caraccis Segen, rücksichtslos in alle verbotenen Glücksspielunternehmungen hineingedrängt, die zum Rest der Marcello-Organisation gehörten, und das Fundament gelegt, aus New Orleans einen größeren Einfuhrhafen für Kokain und Grundsubstanzen für die Herstellung verbotener Amphetamine zu machen.

Einer vertraulichen Quelle zufolge, die ihre Informationen aus FBI-Telefonanzapfungen bezog, war folgendes geschehen: John Gotti, der Boß der Familie Gotti, hatte die Lücke bemerkt, die nach der Inhaftierung von Carlos Marcello in der Unterwelt von Louisiana entstanden war. So hatte er gewissen Mannschaften seiner eigenen und der Bruno-Scarfo-Familie die Erlaubnis erteilt, Frank Caraccis Ruf nach frischem Blut zu folgen.

Offenbar nachdem Frank Caracci den Scarfo-Capo Jack Diamond (alias Ronald Bramer) gebeten hatte, nach New Orleans herunterzukommen, um ihm bei der Gründung von »spielkasinoähnlichen Glücksspiellokalen und eines Kokainvertriebsnetzes« zu helfen, hielten Diamond und Albert »Reds« Pontani aus Trenton, ein weiterer Scarfo-Capo, in New York eine Konferenz mit John Gotti ab. Dort gab Gotti, das Haupt der größten und mächtigsten Verbrecherfamilie des Landes, ihnen die Erlaubnis, Caraccis Einladung anzunehmen.

Einer Quelle zufolge, die die aufgenommenen Telefongespräche kannte, hatte Gottis Nachrichtendienst in New Orleans ihn überzeugt, daß die Marcellos so schwach und unwichtig geworden waren, daß die Scarfo-Leute weder Carlos noch irgendeinen seiner Brüder um Erlaubnis für ihr Anrücken zu bitten brauchten. Da sie ja bereits den Segen von Frank Caracci und Nick Karno hatten, übergingen die Scarfos Joe Marcello und wandten sich an den alternden Mafioso Frank Gagliano, einen Veteranen aus Sam »Silver Dollar« Carollas Bande aus der Ära vor Marcello, und verlangten ein Zusammentreffen. Gagliano, der, wie man sich erinnern wird, als Verbündeter von Silver Dollars Sohn Anthony Carolla in dem Streit mit Carlos um die Macht in New Orleans am Gipfel im »La Stella« teilgenommen hatte, erteilte den Scarfo-Leuten gütig seinen offiziellen Segen. Angeblich sagte er zu Scarfo-Capitano Reds Pontani: »Nur zu! Kommt rein. Die Marcellos werden euch keinen Widerstand leisten. Sie sind erledigt. Sie haben hier nichts mehr zu sagen.«

Wie um dieses Urteil zu bestätigen, wurde berichtet, daß eine einjährige FBI-Abhörung der von Carlos Marcello in Texarkana benutzten Telefone »ergebnislos« beendet worden sei.

Einer vertraulichen Quelle in New Orleans zufolge, die über Carlos' fortwährende Überwachung durch das FBI Bescheid wußte, war einer der Gründe, weshalb die in die Länge gezogene Abhöraktion »ergebnislos« endete, die Verschlechterung von Carlos' Gesundheit in den Jahren 1987 und 1988. Personen, die Carlos Ende 1987 in Texarkana besuchten, berichteten, daß der 78jährige Verbrecherboß offenbar die Alzheimersche Krankheit hat. Sein Gedächtnis läßt nach. Er ist oft verwirrt und weiß manchmal nicht, wer oder wo er ist.

In Anbetracht seines schlechten Gesundheitszustands fragt man sich, ob Carlos Marcello jemals imstande sein würde, einen Prozeß wegen irgendwelcher vergangener Verbrechen durchzuhalten, falls genügend Beweismaterial für eine Anklage gefunden werden sollte.

Keine Chance, sagen diejenigen, die Carlos in Texarkana besucht haben. Sollte zum Beispiel überzeugendes Beweismaterial für eine Verschwörung zur Ermordung John F. Kennedys zusammengetragen werden, dann würde es Carlos wirklich schwerfallen, sich an Einzelheiten seiner Betätigungen aus dem Jahre 1963 zu erinnern.

1979 war das Justizministerium von einem Unterausschuß des Kongresses benachrichtigt worden, daß Carlos Marcello zu den Hauptverdächtigen einer von dem Ausschuß für möglich gehaltenen Verschwörung zur Ermordung von Präsident John F. Kennedy zählte.

Genau in diesem Augenblick führte das Justizministerium durch sein Ermittlungsorgan, das FBI, eine, wie sich herausstellte, äußerst erfolgreiche Geheimoperation gegen den Mann durch, den der Mordausschuß einen Hauptverdächtigen genannt hatte. Zu jener Zeit befand sich der Verdächtige bei verhältnismäßig guter Gesundheit und unzweifelhaft im vollen Besitz seiner geistigen Kräfte. Da Marcello sich im Laufe der Operation BRILAB als verwundbar erwies, hätten ihn die Undercover-Agenten durchaus zu Enthüllungen über seine Rolle bei dem angeblichen Komplott, Präsident Kennedy zu töten, verführen können – sofern er tatsächlich an einem solchen Komplott beteiligt war. Aber nichts geschah. Das Justizministerium gab sich nicht die geringste Mühe, diese laufende Operation zu benutzen, um aus Marcello Informationen über den Kennedymord herauszuholen. Das Justizministerium schlug den drei Undercover-Agenten nicht einmal vor, sich vorsichtig bei Marcello zu erkundigen, ob er irgendwelche Beziehungen zu Lee Harvey Oswald und/oder Jack Ruby gehabt hatte.

Wie sich herausstellte, blieb es dem Geheimbeauftragten Joe Hauser überlassen, in dieser Hinsicht etwas zu unternehmen und Marcello inoffiziell und außerhalb der Grenzen und des Zusammenhangs der Geheimoperation zu bewegen, über den Kennedymord zu reden.

Wenn wir Joe Hauser glauben dürfen, gelang es ihm tatsächlich, Carlos Marcello und seinen Bruder Joe dahin zu bringen, »durch die Blume« anzudeuten, daß sie eine Rolle in einem Mordkomplott gegen Präsident Kennedy gespielt hatten. Hauser berichtete dem Justizministerium nach Beendigung der Operation BRILAB, daß Carlos und Joe Marcello bei zwei verschiedenen Gelegenheiten »angedeutet« hätten, daß sie in eine Verschwörung zur Ermordung Präsident Kennedys verwickelt gewesen seien. Und trotzdem tat das Justizministerium nichts, um diese Möglichkeit zu untersuchen.

Nachdem Carlos Marcello endlich schuldig gesprochen, verurteilt und eingesperrt war, hatte das Justizministerium den Mann, der verdächtigt wurde, an einer Verschwörung zur Ermordung Präsident Kennedys beteiligt gewesen zu sein, unter seiner Kontrolle. Es konnte über die Gefängnisbehörde bestimmen, wen Marcello sehen durfte und wen nicht. Kein Vertreter der Medien konnte ihn interviewen. Nicht einmal Mitglieder des ehemaligen Sondermordausschusses des Repräsentantenhauses konnten bei Richter Morey Sear erreichen, daß die drei während der Operation BRILAB aufgenommenen Tonbänder mit Gesprächen zwischen Carlos Marcellos und den Undercover-Agenten über den Kennedymord entsiegelt wurden.

Ja, das Justizministerium hatte Carlos Marcello nun genau da, wo es ihn haben wollte. Abgeschnitten von allem Stochern in seiner Vergangenheit. Mit der Aussicht auf echten, durch Senilität oder gar Alzheimersche Krankheit hervorgerufenen Gedächtnisschwund, der das ausradieren würde, was noch in seinem Gedächtnis vorhanden war, so daß er sich nicht einmal dann an wichtige Geheimnisse würde erinnern können, wenn er welche hätte.

Da Lee Harvey Oswald, Jack Ruby und David Ferrie seit langem tot sind und Carlos Marcello das Gedächtnis verliert, gibt es kaum noch eine Chance, dem Mord an Präsident Kennedy auf den Grund zu kommen, falls Carlos Marcello oder irgendeiner seiner Genossen darin verwickelt gewesen wäre.

Es besteht kaum Zweifel, daß sich das Justizministerium gegenüber Carlos Marcello und dem Kennedymord 25 Jahre äußerst verdächtig verhalten hat.

Als J. Edgar Hoover und seine Außendienstmitarbeiter in New Orleans ein paar Tage nach dem Mord die Verbindungen zwischen Carlos Marcello, David Ferrie und Lee Harvey Oswald bemerkten, begann das FBI bewußt, Beweise für diese Verbindungen zu unterdrücken. Man wird sich erinnern, daß sie dem Warren-Ausschuß nie gemeldet wurden. Und wie wir gesehen haben, wandte das FBI diese Unterdrückungstaktik sogar noch vor kurzer Zeit an, als der Sondermordausschuß des Repräsentantenhauses seine Untersuchung des Kennedymords durchführte. Durch Verzögerung der Auslieferung seiner Mordakten an den Ausschuß verhinderte das FBI, daß dieser die Aussagen von Eugene De Laparra und Gene Sumner erhielt, die auf eine vorherige Kenntnis von dem Mord seitens der Marcellos und eine Verbindung zwischen der Marcello-Organisation und Lee Harvey Oswald hindeuteten.

Inzwischen sitzt die einzige Schlüsselfigur, die zumindest einige der größeren Geheimnisse des Kennedymords lüften könnte, einsam in einem texanischen Gefängnis und verliert langsam, aber sicher das Gedächtnis.

Vor kurzem legte Carlos Marcellos Hauptanwalt Arthur A. »Buddy« Lemann Berufung gegen Richter Morey Sears Beschluß ein, Marcellos Antrag auf Aufhebung seiner BRILAB-Verurteilungen wegen Post- und Fernmeldebetrugs abzulehnen. Damit gab er dem kränkelnden Carlos eine letzte Chance auf Freiheit und den Mordforschern eine letzte Chance, seine Geheimnisse zu ergründen. Wie ich aus informierter Quelle erfahren habe, besteht vielleicht eine kleine Chance, Richter Sears Spruch erfolgreich anzufechten, so daß Marcello die Möglichkeit erhält, wie ein guter Sizilianer in seinem eigenen Bett zu sterben. Doch bis diese Entscheidung gefallen ist, hat die Alzheimersche Krankheit vielleicht schon die Reste von Marcellos Gedächtnis zerstört, und der einst so mächtige Mafiaboß weiß nicht einmal mehr, wer er ist.

# Nachwort I

## November 1988: Der Kennedymord neu betrachtet

Am 22. November 1988 begingen die Vereinigten Staaten von Amerika den 25. Todestag von Präsident John F. Kennedy. Hier und in Großbritannien zeigten die Fernsehanstalten an diesem Tag beachtliche neue Dokumentarsendungen. So erfuhren weite Teile der Öffentlichkeit zum erstenmal von Carlos Marcello und dem Verdacht, den der Sondermordausschuß des Repräsentantenhauses 1979 vorsichtig äußerte, nämlich daß der Mafiaboß von Louisiana eine wichtige Rolle in einer Verschwörung zur Ermordung des Präsidenten gespielt haben könnte. In einigen Sendungen gab es Umfragen beim Publikum, ob Präsident Kennedy infolge einer Verschwörung getötet worden sei oder nicht. Jedesmal stimmte eine überwältigende Mehrheit für eine Verschwörung. Das steht im Widerspruch zu dem Schluß, den die Warren-Kommission 1964 zog: daß der Mordverdächtige Lee Harvey Oswald allein gehandelt habe.

Das war eine bemerkenswerte Änderung der öffentlichen Meinung im Hinblick auf den Kennedymord. Nie zuvor hatten so viele Amerikaner Zweifel an der offiziellen Lösung eines Falles geäußert.

Die wichtigsten neuen Fernsehdokumentarfilme über den Kennedymord, die im Herbst 1988 gesendet wurden, waren *The Kwitny Report*, den ausgewählte öffentliche Sender brachten; *American Expose: Who Murdered JFK?*, Berichterstatter Jack Anderson von der Fox-Sendergruppe; *Viewpoint '88: The Men Who Murdered JFK*, ein Dokumentarfilm der britischen Central Independent Televisions; *Who Shot President Kennedy?*, Berichterstatter Walter Cronkite, eine wissenschaftliche Serie des öffentlichen Senders Nova; und die beiden Sendungen der *Geraldo Show* über den Mord, ausgestrahlt von NBC mit dem Titel *The Killing of JFK: A Conspiracy of The Mob?*

Diese Sendungen zeigten der Öffentlichkeit so eingehend wie nie zuvor, welche Meinungsverschiedenheiten im Mordfall Kennedy herrschen. Zum erstenmal seit den Ereignissen vom 22. November in Dallas wurde ein großes Fernsehpublikum darauf aufmerksam gemacht, daß möglicherweise eine Verschwörung stattgefunden hatte.

Kam bei diesen Darbietungen der Medien, bei den Zeugenaussagen und Expertenmeinungen irgend etwas Neues, Bedeutendes und Zuverlässiges heraus?

Ja. Obwohl im Oktober und November 1988 einige abgedroschene, zweifelhafte Theorien über den Mord neu aufgelegt und mancher bare Unsinn als »aufsehenerregende neue Beweise« präsentiert wurden, kamen bei den neuen Fernsehdokumentarsendungen doch wertvolle neue Informationen ans Licht, darunter einige aus diesem Buch, da der Autor in den Kwitny-, Jack-Anderson- und Geraldo-Sendungen eingehend interviewt wurde.

In seinem Bericht über den Kennedymord sagte der Kommentator Jonathan Kwitny mit Recht, daß eine ganze Menge zwingender Beweise in dem Durcheinander gleich nach dem Mord verlorengegangen seien und daß die Untersuchung der Warren-Kommission »völlig ergebnislos« geendet habe. Ferner bemerkte Kwitny, heute sei bekannt, daß John F. Kennedys Seitensprünge mit Frauen wie Judith Campbell und Marilyn Monroe und die von seiner Administration erdachten CIA-Mafia-Komplotte zur Ermordung Fidel Castros unzweifelhaft zu Vertuschungen seitens gewisser Behörden und hoher Beamter geführt hätten. Sie hingen zwar nicht mit der zentralen Verschwörung zusammen, aber trugen dennoch dazu bei, Verwirrung zu stiften, und hinderten die Ermittler daran, dem Verbrechen auf den Grund zu gehen. Auf einige führende Mordverschwörungs-Theorien anspielend, verwarf Kwitny die Vorstellung, daß die CIA hinter dem Verbrechen gestanden haben könne, indem er darauf hinwies, daß sie überhaupt kein Motiv gehabt habe. Im Einklang mit den Wünschen der CIA führte Präsident Kennedy zur Zeit des Mordes energisch Geheimkriege gegen das kommunistische Nordvietnam und das kommunistische Kuba und hatte durch nichts erkennen lassen, daß er damit aufzuhören gedachte. Kwitny sprach auch Fidel Castro von einer Mittäterschaft an dem Mord frei, indem er darauf hinwies, daß Castro, ein besonnener, pragmatischer Politiker, bestimmt nicht riskiert hätte, einen Dritten Weltkrieg heraufzubeschwören, »um Lyndon Baines Johnson an die Macht zu bringen«. Nein, schloß Kwitny, die einzige Gruppe, die Motiv, Macht und Möglichkeit hatte, den Präsidenten zu ermorden, sei der Mob gewesen, dessen ganze Existenz von der Kriegserklärung der Kennedys an das organisierte Verbrechen bedroht wurde. Und von allen Führern der Verbrecherfamilien der Nation sei Carlos Marcello, Boß der Unterwelt der Stadt, aus der der Mordverdächtige kam, und der Stadt, in der sich der Mord ereignete, derjenige gewesen, der durch die Kennedys am meisten zu verlieren hatte.

Danach zeigte Kwitny eine Reihe Zeugen, deren Aussagen seine Schlußfolgerung mehr oder weniger erhärteten. Einer davon war Joseph Nellis, einst assistierender Rechtsberater des Kefauver-Senatsausschusses zur Untersuchung des organisierten Verbrechens von 1951, heute Anwalt mit eigener Praxis in Washington. Nellis sagte, daß Carlos Marcello eng mit Joseph Civello befreundet gewesen sei, dem Boß der Unterwelt von Dallas, der seinerseits Jack Ruby nahestand. Ruby sei schon bei der Kefauver-Untersuchung erwähnt worden, und zwar als ein Mann, der vor seinem Umzug nach Dallas unter der Kontrolle des Chicagoer Mobs gestanden habe. Ferner sagte Nellis, daß 1963 kein Mensch ohne die Erlaubnis Marcellos auf den Gebieten Glücksspiel und Drogen in Dallas tätig sein konnte, was bedeutet, daß auch Jack Ruby in Dallas unter Duldung von Carlos Marcello arbeitete. Um Rubys Verbindungen zum organisierten Verbrechen noch weiter hervorzuheben, zeigte Kwitny ein noch nie im Fernsehen gesendetes, auf Videoband aufgenommenes Gespräch zwischen dem Ermittlungsjournalisten Dan Moldea und James Hoffa junior, dem Sohn Jimmy Hoffas, in dem Hoffa junior behauptete, sein Vater kenne Ruby. Angesichts der Tatsache, daß Hoffa ein geschworener Feind der Kennedys war, beiden Brüdern Kennedy nach dem Leben trachtete und Carlos Marcello nahestand, gewinnt die Beziehung zwischen Ruby und Hoffa beträchtliche Bedeutung.

Zu der wichtigen Frage des falschen Oswald führte Kwitny ein bedeutsames Interview mit Edwin Lopez, einem Ermittler des Mordausschusses des Repräsentantenhauses, in dem dieser sagte, daß die CIA ihm gestattet habe, die Negativstreifen der geheimen Überwachungsfotos des angeblichen Oswald zu betrachten. Dieser hatte bei mindestens sechs verschiedenen Gelegenheiten die Kubanische Botschaft in Mexiko-City besucht. Die Bilder zeigten überzeugend, daß es sich bei dem Mann, der Ende September/Anfang Oktober 1963 die Kubanische Botschaft besuchte, nicht um Oswald, sondern um einen Doppelgänger handelte. Kwitny meinte dazu, daß die Existenz eines falschen Oswald eindeutig auf eine Verschwörung hinweise. In der Frage, wer denn nun für den Mord verantwortlich gewesen sei, schloß sich der Kwitny-Bericht dem Verdacht des Sondermordausschusses an, daß Carlos Marcello hinter dem Verbrechen steckte. In einem seiner überzeugendsten Interviews entlockte Jonathan Kwitny dem ehemaligen FBI-Agenten Aaron Kohn, dem vielleicht kenntnisreichsten Experten im Falle Carlos Marcellos, die Worte: »Es gibt Grund genug, Carlos Marcello wegen Verschwörung zur Ermordung Präsident Kennedys vor eine Anklagejury stellen zu lassen.«

Ein ganz anderes, stark auf Vermutungen beruhendes Mordszenario stellte im Oktober 1988 der Dokumentarfilm *Viewpoint '88: The Men Who Killed President Kennedy* des Senders British Central Television vor, der weitgehend auf Forschungen des Ermittlers Steve Rivele aus Los Angeles beruhte und von Nigel Turner produziert wurde. Diesem Film zufolge erhielt Steve Rivele von Christian David und Michel Nikoli, zwei vorbestraften französischen Drogenschmugglern, die Information, daß Kennedy von drei Männern erschossen wurde, die zur Marseille-Korsika-Mafia gehörten, und zwar auf Befehl gewisser nicht näher bezeichneter Bosse des organisierten Verbrechens aus Amerika, wahrscheinlich Carlos Marcello, Sam Giancana und Santos Trafficante junior. David und Nikoli nannten sogar die Namen der Präsidentenmörder: den inzwischen verstorbenen französischen Auftragsmörder Lucien Sarti und die beiden Drogenschmuggler Roger Bocognani und Sauveur Pironti.

Da Riveles Szenario sich ausschließlich auf die äußerst fragwürdige Aussage zweier berüchtigter vorbestrafter französischer Drogenhändler gründet, darf man es nur als hypothetisch betrachten und als ziemlich wacklig obendrein. Im großen und ganzen erhielt der Dokumentarfilm von British Central Television viel mehr Tadel als Lob, als er 1988 in England und Frankreich gesendet wurde. Heute gilt er als Schandfleck auf der Weste von sowohl Produzent Nigel Turner als auch von BCT. Bis jetzt hat kein amerikanischer Sender ihn übernommen.

Trotz dieses negativen Urteils brachte der Film doch drei oder vier einigermaßen glaubwürdige Zeugen bei, die potentiell wichtige Aussagen machten. Dazu zählte Beverly Oliver, Anfang der sechziger Jahre Sängerin im »Colony Club« in Dallas und inzwischen längst nicht mehr tätig, die dem britischen Sender berichtete, daß sie Jack Rubys Klub, »The Carousel«, oft zu besuchen pflegte. Eines Abends, zwei Wochen vor dem Mord, habe sie dort mit Jack Ruby und der Stripperin Jada an einem Tisch gesessen. Ruby stellte ihr einen Mann namens Lee vor, den sie später als Lee Harvey Oswald identifiziert habe. Man wird sich erinnern, daß Jada ein paar Monate früher in Marcellos »Sho«-Bar in New Orleans tanzte und sich zum Zeitpunkt des Mordes bei Ruby unter Vertrag befand.

Ein weiterer potentiell wichtiger Zeuge, der in dem britischen Dokumentarfilm interviewt wurde, war der ehemalige Polizeioffizier Don Ray Archer aus Dallas. Archer hatte Jack Ruby gleich nach der Erschießung Oswalds in Gewahrsam genommen. Während Ruby von Archer festgehalten und Oswald eilig ins Parkland-Krankenhaus geschafft wurde, hatte Ruby auf Archer einen äußerst erregten und nervösen Eindruck gemacht. Immer wieder fragte er, ob Oswald noch lebe oder nicht. Erst als ein weiterer Polizist, der Ruby wie viele seiner Kollegen kannte, hereinstürmte und meldete, daß Oswald tot sei, beruhigte Ruby sich. »Jack, es sieht so aus, als würdest du auf dem elektrischen Stuhl landen!« rief der Polizist aus. »Oswald ist tot!« Bei diesen Worten bemerkte Ray Archer, daß Ruby sofort ruhiger wurde und sogar ein schwaches Lächeln zustande brachte. Ruby wirkte damals auf ihn wie ein Mann, dessen Leben vom Erfolg seines Auftrags abhing. Dieses Szenario paßt natürlich genau zu dem eines klassischen Mafiamords. Nach dem eisernen Gesetz der Mafia wirst du selbst getötet, wenn du einen Mordauftrag ablehnst oder ihn nicht richtig ausführst.

Einige wichtige neue Informationen über den Kennedymord förderte auch die 90minütige Fernsehdokumentation des populären Kolumnisten Jack Anderson mit dem Titel *American Expose: Who Murdered JFK?* zutage, die am 2. November 1988 vor einem amerikanischen Publikum gesendet wurde. Aber das, was potentiell wichtig war, war eigentlich ein Nebenprodukt von Andersons Dokumentation. Diese verkündete erneut die weithin angezweifelte »Castro-Kehrtwendungs«-Lösung für den Kennedymord, die Anderson zum erstenmal im Jahre 1967 von Johnny Roselli, dem Mafioso aus Las Vegas und CIA-Mafia-Komplizen in dem Komplott zur Ermordung Castros, erfahren hatte. Diesem Szenario zufolge hatten unzufriedene Elemente der CIA-Mafia-Komplotte zur Ermordung Castros »eine Kehrtwendung gemacht« und waren mit dem Segen keines anderen als Fidel Castros auf Präsident Kennedy losgegangen anstatt auf ihn. Diese Theorie, für die es keine anderen Beweise als Johnny Rosellis »Geständnis« gibt, hielt der Sondermordausschuß des Repräsentantenhauses 1979 für unglaubwürdig. Einen weiteren Stoß erhielt sie 1980 durch die Aussage des Mafiakillers Jimmy Frattiano gegenüber dem Autor Ovid Demaris. Frattiano wies mit Recht darauf hin, daß Roselli damals, als er Jack Anderson und später, über seinen Anwalt, dem FBI seine Geschichte erzählte, unter einem Ausweisungsbefehl der Einwanderungs- und Naturalisierungsbehörde stand und wahrscheinlich alles mögliche erzählt und erfunden hätte, wenn er dadurch die Regierung losgeworden und die Ausweisung nach Italien verhindert hätte.

Aber welche nützlichen Nebenprodukte kamen bei der Jack-Anderson-Show heraus?

Mehrere. Zuerst einmal zeigte Anderson auf Videoband aufgenommene Interviews mit drei Zeugen, die behaupteten, daß sie Lee Harvey Oswald und Jack Ruby in den Wochen vor dem Mord zusammen gesehen hätten. (Die Warren-Kommission war zu dem Schluß gekommen, daß Oswald und Ruby sich nicht kannten.) Das waren Esther Ann Mash, eine Cocktailserviererin aus dem »Carousel«-Kub, die aussagte, daß sie sicher sei, Oswald und Ruby mehrmals gemeinsam im »Carousel« gesehen zu haben, Carroll Jarnigan, ein Anwalt aus Dallas, der die einst vor der Warren-Kommission gemachte Behauptung wiederholte, daß er am Abend vor dem Mord neben Oswald und Ruby im »Carousel«-Klub gesessen und mit angehört habe, wie die beiden darüber diskutierten, ob es ratsam sei, Gouverneur Connally bei seinem bevorstehenden Besuch mit Kennedy in Dallas zu erschießen, und Madeline Brown, eine Frau aus Dallas, die behauptete, 22 Jahre die Geliebte Lyndon Johnsons gewesen zu sein; auch sie wollte Lee Harvey Oswald und Jack Ruby mindestens einmal zusammen in Dallas gesehen haben. Bedeutet all dies, daß Lee Harvey Oswald und Jack Ruby sich tatsächlich kannten und irgendwie Partner in einer Verschwörung zur Ermordung Präsident Kennedys waren? Nicht unbedingt, aber das Gewicht der Zeugenaussagen spricht inzwischen eher dafür, daß im Herbst 1963 tatsächlich eine Beziehung zwischen Oswald und Ruby bestand.

Zu Andersons provokativeren Interviewpartnern zählte Malcolm Summers, ein pensionierter Polizeioffizier aus Dallas, der in einem äußerst lebendigen und überzeugenden, auf Videoband aufgenommenen Interview aussagte, daß er nach dem Schuß auf den Präsidenten auf den Grashügel gelaufen sei, von dem er mindestens einen Schuß gehört zu haben glaubte, und eine verdächtige Person getroffen habe, die ein Gewehr unter ihrem Mantel zu verbergen schien. Er habe sie angerufen und sei überrascht gewesen, als der Mann einen Geheimdienstausweis zückte und ihm befahl, sich zurückzuziehen. Später teilte der Geheimdienst Ermittlern mit, daß an jenem Tag keine Geheimdienstagenten auf der Dealey Plaza stationiert gewesen seien. Alle verfügbaren Agenten seien entweder in der Autokolonne mitgefahren oder im Trade Mart gewesen, wo Kennedy gleich nach der Rundfahrt eine Rede halten sollte.

Ein weiterer pensionierter Polizeioffizier aus Dallas, der für die Andersonsche Dokumentation vor der Kamera interviewt wurde, war Billy Grammar, derselbe, der am 21. November im Hauptquartier der Polizei von Dallas die telefonische Warnung erhalten hatte, daß Oswald am nächsten Tag getötet werde. Grammar war überzeugt gewesen, daß Ruby selbst ihn angerufen hatte, wollte damals aber nicht seinen Kopf dafür hinhalten. In seinem Interview in dem Andersonschen Dokumentarfilm sagte Grammar, daß der Mann, der die telefonische Warnung ausgesprochen habe, anscheinend alle Pläne für die Verlegung Oswalds am Sonntag vom Polizeihauptquartier ins Kreisgefängnis von Dallas kannte, daß er über das Ablenkungsmanöver und offenbar auch über den mehr oder weniger genauen Zeitpunkt der Verlegung Bescheid wußte.

Jack Andersons Dokumentarfilm brachte auch sogenannte »Neuinszenierungen« bestimmter Ereignisse, von denen Anderson und seine Produzenten annahmen, daß sie vielleicht mit dem Kennedymord in Verbindung standen. Dazu zählte die Dramatisierung eines der erfolglosen Versuche von CIA, Mafia und Exilkubanern, Fidel Castro zu ermorden, sowie Szenen der geheimnisvollen Exekutionen der Mafiosi Sam Giancana und Johnny Roselli, kurz bevor sie vor Frank Churchs Senatsausschuß über die gegen Castro gerichteten Komplotte aussagen sollten. Während es fraglich ist, ob diese Gewaltverbrechen irgend etwas mit dem Kennedymord zu tun hatten, gab es bei Anderson eine weitere Neuinszenierung, die tatsächlich etwas mit dem Mord zu tun haben könnte. Es war eine Dramatisierung des lauten nächtlichen Trinkgelages in Pat Kirkwoods Nachtklub »Cellar Door« in Fort Worth, das bis in die frühen Morgenstunden des 22. November dauerte und an dem neun Geheimdienstagenten teilnahmen, die den Auftrag hatten, Präsident Kennedy an jenem Tag zu schützen.

Sowohl die Warren-Kommission als auch der Sondermordausschuß des Repräsentantenhauses waren unterrichtet worden, daß zwei Agenten des Geheimdienst-Sonderkommandos des Weißen Hauses und fünf Agenten, die die Autokolonne des Präsidenten durch Dallas begleiten sollten, in der Nacht vor dem Mord sehr lange aufgeblieben waren und im »Cellar Door« gezecht hatten. Diese Agenten hatten ungewöhnlich langsam auf die Schüsse reagiert, die mehrere Stunden später auf der Dealey Plaza knallten. Aber keinem der beiden Untersuchungsgremien schien irgend etwas Verschwörerisches oder Finsteres daran aufgefallen zu sein, obwohl beide festgestellt hatten, daß W. C. Kirkwood, der Vater von Pat Kirkwood, dem damaligen Besitzer des »Cellar Door«, ein Bekannter Jack Rubys gewesen war.

Was Warren-Kommission und Mordausschuß offenbar nicht erfuhren, war, daß mehrere der verführerischen jungen Damen, die die Geheimdienstagenten bis in die frühen Morgenstunden mit Bier, Wein und Schnaps traktierten (die Party löste sich um 5.30 Uhr auf), Stripperinnen aus Jack Rubys »Carousel«-Klub waren. Diese potentiell wichtige Information kam in dem Bericht über das nächtliche Bacchanal heraus, den Pat Kirkwood, der ehemalige Besitzer des »Cellar Door«, der bei der Party anwesend gewesen war, in Jack Andersons Neuinszenierung lieferte. In seinem Bericht deutete Kirkwood an, daß Ruby vielleicht nicht nur aus patriotischen Gründen einige seiner Stripperinnen ins »Cellar Door« hinübergeschickt habe, um die Geheimdienstagenten zu unterhalten.

Aber das vielleicht zwingendste und potentiell wichtigste Nebenprodukt von Jack Andersons Dokumentation war das auf Videoband aufgenommene Interview mit Dr. Victor Weiss, Leiter der psychiatrischen Abteilung des

Staatlichen Krankenhauses von Ostlouisiana, der die verletzte Prostituierte Rose Cheramie am Mittwoch, dem 20. November, untersucht und ihre wirre Voraussage angehört hatte, daß Präsident Kennedy zwei Tage später in Dallas ermordet werden solle. Dr. Weiss, der nie zuvor in Radio oder Fernsehen interviewt worden war, sagte, daß Rose Cheramie absolut sicher gewesen sei, daß Präsident Kennedy am Freitag in Dallas ermordet werden würde: Sie hatte es den Ärzten und Krankenschwestern, die sie pflegten, immer wieder mitgeteilt. Dr. Weiss fügte hinzu, daß Rose Cheramie auch den Satz gesagt habe: »In der Unterwelt lautet die Parole, daß ein Preis auf Kennedys Kopf ausgesetzt ist.« Obwohl Dr. Weiss sich nicht erinnert, ob Rose Cheramie definitiv den Namen Carlos Marcello genannt habe, gab er rasch zu verstehen, daß Cheramie mit dem Ausdruck »die Unterwelt von New Orleans« die Marcello-Organisation gemeint hatte.

Für seinen Dokumentarfilm führte Jack Anderson auch ein eingehendes Interview mit Lee Harvey Oswalds Witwe Marina Oswald Porter. Vor Anderson hatte Marina Oswald der Zeitschrift *Ladies Home Journal* für die Novemberausgabe 1988 ein Exklusivinterview über den Kennedymord gegeben.

Vor der Warren-Kommission hatte Marina Oswald 1964 ihren toten Mann schwer belastet. Dann war sie rund 25 Jahre mehr oder weniger stumm geblieben und hatte nur ihren engsten Freunden und Verwandten gesagt, was sie über den Mord dachte. Endlich, 1988, wurde sie gegenüber dem *Ladies Home Journal* mitteilsam.

»Ich weiß, daß ich einst ausgesagt habe, ich hätte ihm in die Augen geblickt und gesehen, daß er schuldig sei«, erzählte Marina der Chefredakteurin Myrna Blyth. »Das sieht jetzt ganz anders aus. Ich erinnere mich und erkenne, daß der Ausdruck in seinen Augen Angst war.« – »Ich weiß nicht, wie sie mich durch Suggestivfragen lenkten«, fuhr sie fort, »ich wußte nicht, daß das verboten ist. Ich glaube, die Warren-Kommission benutzte mich als Sprachrohr, um ihre Theorie von einem einsamen Schützen zu untermauern, weil ich überzeugte. Die Ehefrau weiß ja immer alles. Es gab nur die Anklage und keine Verteidigung, und ich habe ihn begraben. Ich wurde als Zeugin vorgeladen und wurde seine Henkerin.«

Als man sie fragte, ob sie nun der Meinung sei, daß Lee an einer Verschwörung zur Ermordung des Präsidenten teilgenommen habe, antwortete sie, daß sie an eine Verschwörung glaube, aber nicht wisse, ob Lee daran beteiligt gewesen sei. »Er saß fest zwischen der Regierung und dem organisierten Verbrechen«, war alles, was sie dazu sagen konnte.

Bei Jack Anderson wurde Marina deutlicher. Sie glaubte, daß der Mob irgendwie in den Mord verwickelt sei, aber nicht John, sondern vielmehr seinen Bruder Robert Kennedy aus dem Weg habe räumen wollen. Da sie von ihrem Mann nur Gutes über die Kennedys gehört hatte, glaubt sie nun, daß Lee irgendwie manipuliert wurde, eine Rolle in dem Mordkomplott zu spielen. Vielleicht, spekulierte sie, arbeitete Lee insgeheim für die Regierung, als Informant, und wurde aus irgendeinem ihm unbekannten Grund manipuliert und benutzt. In dem Anderson-Interview wiederholte Marina, was sie dem *Ladies Home Journal* berichtet hatte: daß FBI und Warren-Kommission sie gezwungen hatten, gewisse Dinge zu sagen, die sie hören wollten, und sogar gedroht hätten, sie und ihre beiden Töchter nach Rußland zurückzuschicken, wenn sie nicht tue, was sie ihr sagten. Abschließend sagte sie, daß die Bücher, die sie im Laufe der Jahre gelesen habe, und die Beschäftigung mit den Ergänzungsbänden des Schlußberichts der Warren-Kommission sie zu der Überzeugung gebracht hätten, daß in den Monaten vor dem Mord Personen in Dallas aufgetreten seien, die sie, Lee und sogar ihre Töchter nachgeahmt hätten, offenbar im Bestreben, den Mord ihrem Mann anzuhängen. So führte sie speziell eine Episode an, die in einem der von der Warren-Kommission zusammengestellten Bände vorkommt und die sich in einem Laden in Irving abspielte, dem Vorort von Dallas, in dem Marina und ihre Kinder wohnten. Der Ladenbesitzer hatte der Polizei nach dem Mord berichtet, daß am 7. oder 8. November jemand, der Oswald ähnlich sah, hereingekommen und nach einem Teil für ein Gewehr gefragt habe. Der Mann verließ den Laden eine Minute und brachte dann seine Frau und zwei Töchter mit. Die Leute, die sich damals in dem Laden befanden, sagten später aus, daß »Oswalds« Frau und Töchter Marina und ihren beiden Mädchen sehr ähnlich gesehen hätten. Es stellte sich heraus, daß die echte Familie Oswald den fraglichen Laden nie betreten hatte.

Wie der Kwitny-Report vom 1. November konzentrierten sich auch Geraldo Riveras Sendungen vom 21. und 22. November, *The Killing of JFK: A Conspiracy of The Mob*, auf die zuerst vom Sondermordausschuß des Repräsentantenhauses geäußerte Möglichkeit, daß das organisierte Verbrechen an einem Komplott, Präsident Kennedy zu ermorden, beteiligt gewesen sei. Unter den interviewten Zeugen befanden sich die zuvor erwähnte Madeline Brown, angebliche Geliebte Lyndon Johnsons, Esther Ann Mash, Cocktailserviererin aus dem »Carousel«, die nun behauptete, die Geliebte Jack Rubys gewesen zu sein, und Gouverneur John B. Connally und seine Frau.

Bei der Vorstellung Madeline Browns verlas Geraldo, um ihre Glaubwürdigkeit als Geliebte LBJs zu untermauern, einen kurz zuvor in der Zeitschrift *People* veröffentlichten Brief von Präsident Johnsons Nachlaßanwalt an Frau Brown, in dem er sie informierte, daß der Johnson-Nachlaß sie auf Wunsch des verstorbenen Präsidenten weiterhin unterstützen werde. Diesmal fiel Madeline Browns Aussage etwas anders aus als in Jack Andersons Dokumentation. Bei Geraldo behauptete Frau Brown, daß sie nicht nur Ruby und Oswald zusammen in Dallas gesehen, sondern auch den vagen Eindruck erhalten habe, daß Lyndon Johnson im voraus über die Ermordung Kennedys Bescheid wußte. Natürlich war sie 1964 nicht in der Lage gewesen, der Warren-Kommission diesen Eindruck mitzuteilen.

Geraldos andere Überraschungszeugin, Esther Ann Mash, die Cocktailserviererin aus Dallas, die diesmal behauptete, 1963 Jack Rubys Geliebte gewesen zu sein, bestätigte Madeline Browns Überzeugung, daß Ruby und Oswald sich kannten, mit der Angabe, daß sie Oswald nicht nur einmal, sondern mehrmals in Rubys »Carousel«-Klub gesehen habe. Sie bejahte Geraldos Frage, ob sie glaube, daß Ruby mit dem organisierten Verbrechen, der Mafia, zu tun gehabt habe, und berichtete weiter, daß Ruby oft ihre Hilfe bei der Vorbereitung von Zusammenkünften zwischen ihm und seinen Mafiafreunden in Anspruch genommen habe. Woher wußte Esther Mash, daß Rubys Freunde in der Mafia waren? Weil Jack Ruby es ihr gesagt hatte.

Wahrscheinlich müssen wir die Aussagen Madeline Browns und Esther Mashs mit einer gewissen Skepsis betrachten, doch was Gouverneur John B. Connally und seine Frau, Geraldos Starzeugen, betrifft, so wirkt ihre klare und äußerst überzeugende Schilderung der Schüsse auf der Dealey Plaza sehr vertrauenerweckend.

Die Schlußfolgerung der Warren-Kommission, daß eine einzige, aus Oswalds Gewehr abgeschossene Kugel sowohl den Präsidenten (im Rücken) als auch Gouverneur Connally (in Rücken, Handgelenk und Oberschenkel) traf, gehört zu den Grundsteinen ihrer Theorie, Lee Harvey Oswald sei der einzige Schütze, der am 22. November auf die Wagenkolonne des Präsidenten schoß. »Stimmt nicht«, behaupteten sowohl John Connally als auch seine Frau Nell als Antwort auf Geraldos diesbezügliche Frage. Gouverneur Connally wiederholte dann, daß er absolut überzeugt sei, ein Gewehrschuß habe den Präsidenten getroffen und ein zweiter ihn, eine Überzeugung, die seine Frau teilte. Da Oswald unmöglich zwei Schüsse in dem kurzen Abstand von 1,5 Sekunden, der Kennedys gefilmte Reaktion auf seine Verwundung und Connallys gefilmte Reaktion auf die seine trennte, abgegeben haben konnte, mußten zwei Schützen von hinten auf die Wagenkolonne geschossen haben. Also konnte Oswald gar nicht der einsame Schütze gewesen sein, zu dem ihn die Warren-Kommission machte.

Gouverneur Connallys Aussage, daß er von einem anderen, zweiten Schuß getroffen wurde, erschien auch in der Sendung *Who Shot President Kennedy* aus der PBS-Serie *Nova*. Dort wurde versucht, Connallys Meinung mit Hilfe eines komplizierten Computermodells zu widerlegen und die sogenannte »Zauberkugel-Theorie« zu stützen, nach der eine einzige von einem einzigen Schützen abgefeuerte Kugel sowohl den Präsidenten als auch den Gouverneur traf. Im großen und ganzen trug die *Nova*-Sendung nichts Neues zum Mordfall Kennedy bei. Mit dem Hinweis, daß »moderne Gerichtsmedizin, Ballistik, akustische Analysen, chemische Tests, Fotografie und Autopsieberichte« nur zu einer Teilantwort führten, kam *Nova* zu dem Schluß, daß »eine endgültige Aufklärung wahrscheinlich außerhalb des Reiches der Wissenschaft liegt«.

Insgesamt betrachtet, beschäftigten sich die Fernsehdokumentationen, die zum 25. Jahrestag des Kennedymords gesendet wurden, viel stärker mit den Umständen, die den Mord umgaben, als mit den Versäumnissen der offiziellen Untersuchung des Verbrechens.

Es blieb David Scheim überlassen, dem Autor von *Contract on America – The Mafia Murder of President John F. Kennedy*, diesem Mangel abzuhelfen. In einem überarbeiteten Nachwort zu der Taschenbuchausgabe seines Werks, die im April 1989 erschien, berichtete er von einem im Oktober 1988 geführten Interview mit Richter Burt Griffin, einem ehemaligen Rechtsberater der Warren-Kommission, das deutlich aufzeigte, wie mangelhaft die Kommission Jack Ruby durchleuchtet hatte.

Burt Griffin arbeitete unmittelbar nach dem Studium für die Warren-Kommission und war mit der Untersuchung Jack Rubys beauftragt. Man wird sich erinnern, daß die Kommission fand, Ruby habe keine wesentlichen Verbindungen zum organisierten Verbrechen. Heute, 24 Jahre später, machte Richter Griffin David Scheim einige überraschende Geständnisse. Zuerst einmal erzählte Griffin, daß seine Untersuchung durch Mangel an Zeit, Mitarbeitern und Information schwer behindert worden sei. »Wir können diese Arbeit auf keinen Fall in so kurzer Zeit schaffen«, hatte er J. Lee Rankin, dem obersten Rechtsberater der Kommission, gesagt, der die Untersuchung der Kommission beschleunigte, ohne auf Griffins Beschwerde einzugehen.

Griffin erinnert sich, daß er sich äußerst entmutigt fühlte, weil FBI und CIA, die beiden Regierungsbehörden, auf die die Warren-Kommission am stärksten angewiesen war, fast gar keine Hilfe leisteten. Da wir heute wissen, daß J. Edgar Hoover der Warren-Kommission wichtige Dokumente vorenthielt, fehlten Griffin einfach die Informationen, die ihn zu dem Verdacht hätten führen können, daß eine Mafiaverschwörung im Spiel war. Offenbar war die CIA noch weniger kooperativ. Eine Aktennotiz an die CIA vom Februar 1964, in der Griffin einen Überblick über Rubys Unterweltkontakte gab und um weitere Informationen bat, wurde überhaupt nicht beantwortet.

(Später brachte ein Untersuchungsausschuß des Kongresses heraus, daß die CIA reichlich Informationen über Rubys Verbindungen zum Mob in ihren Akten führte.)

Am stärksten irritierte Griffin jedoch, daß er, der größte Ruby-Experte im Stab der Kommission, nicht dabeisein durfte, als Ruby endlich gründlich vernommen wurde. Dies taten im Juni 1964 Earl Warren, Vorsitzender, und Gerald R. Ford, Mitglied der Kommission, zwei Männer, die nichts über Ruby wußten. Im Rückblick sieht es so aus, als hätten sich FBI und CIA bewußt bemüht, der Warren-Kommission belegte Informationen über Jack Rubys Verbindungen zum organisierten Verbrechen vorzuenthalten. Darüber hinaus bemühten sich die höchsten Mitglieder der Kommission und ihres Stabs, Vorsitzender Earl Warren und oberster Rechtsberater J. Lee Rankin, ebenso bewußt, die Frage von Rubys Unterweltverbindungen zu umgehen. Warum? Aus heutiger Sicht wird evident, daß FBI, CIA und Chief Justice Warren intuitiv erkannten, Ruby könne der Schlüssel zu der Verschwörung der Unterwelt sein, der Präsident Kennedy zum Opfer gefallen war. Genau aus diesem Grund fürchteten sie sich, den Schlüssel umzudrehen.

Welche Schlüsse können wir aus den neuen Informationen ziehen, die uns die Fernsehdokumentationsfilme von Oktober und November 1988 gaben? Wir können sagen, daß die Mediendarbietungen einige glaubwürdige neue Beweise brachten, die den Verdacht bestärkten, daß sowohl bei der Ermordung des Präsidenten als auch bei der seines angeblichen Mörders eine Verschwörung des organisierten Verbrechens eine Rolle spielte. Wir können ebenfalls sagen, daß die überwältigende Mehrheit des amerikanischen Volkes nun glaubt, Präsident Kennedy sei auf Grund einer Verschwörung getötet worden. Von dieser überwältigenden Mehrheit sind viele für eine Neuuntersuchung des Verbrechens.

Ironischerweise verkündete das Justizministerium im selben Jahr, in dem das amerikanische Volk endlich die Überzeugung gewann, daß es eine Verschwörung zur Ermordung von Präsident Kennedy gegeben hatte, das Gegenteil. Ohne irgendeine amtliche Verlautbarung über den Fall sandte das Justizministerium im März 1988 einfach ein unsigniertes und undatiertes Memorandum an den Vorsitzenden des Richterausschusses des Repräsentantenhauses. Ihm zufolge wurde der Fall geschlossen, weil die Auswertung der Untersuchung des Mordausschusses keine überzeugenden Beweise gebracht habe, die für eine Verschwörung sprächen. Aber hatte das Justizministerium überhaupt eine ernsthafte Auswertung durchgeführt, die seinen Schluß, daß keine Beweise für eine Verschwörung vorhanden seien, überzeugend stützen würde? Die Antwort ist ein klares Nein.

Zuerst einmal empfahl der Sondermordausschuß des Repräsentantenhauses dem Justizministerium nachdrücklich, die Einzelbildfolge von dem Film der Wagenkolonne, auf dem im Hintergrund das Schulbuchdepot zu sehen ist, vom FBI unter Einsatz der modernsten fotografischen Techniken vergrößern und prüfen zu lassen. Den Film hatte Charles A. Bronson, ein Mann aus Dallas und Zuschauer auf der Dealey Plaza, ein paar Minuten vor den Schüssen aufgenommen. Robert Groden, ein Filmberater des Mordausschusses, hatte 90 Einzelbilder vergrößert, die die Fenster im sechsten Stock des Gebäudes zeigten, und war zu dem Schluß gekommen, daß sich kurz vor den Schüssen zwei Personen im sechsten Stock befunden hatten. Die eine ging hin und her, die andere bereitete anscheinend den sogenannten Heckenschützen-Hochsitz vor. Nachdem das Justizministerium neun Jahre lang auf der Empfehlung des Mordausschusses gesessen hatte, gab es schließlich bekannt, daß es den Originalfilm von Bronson nicht bekommen und daher auch nicht vom FBI prüfen lassen könne.

Aber das stimmte nicht ganz. Bronson und sein Anwalt hatten mit einiger Berechtigung – wenn man bedenkt, wie das FBI manche Beweismittel im Mordfall Kennedy behandelt hatte – gebeten, dabeizusein, wenn das FBI das Original vergrößerte und untersuchte. Das FBI lehnte die Bitte ab, und das Justizministerium fügte sich dem FBI. Doch wenn das Justizministerium die Empfehlung des Mordausschusses wirklich ernst genommen hätte, hätte es den Bronson-Film ohne weiteres bekommen können. Es hätte ihn nur unter Strafandrohung anzufordern brauchen. Daß es dies nicht tat, läßt Peter Groden, Berater des Mordausschusses, darauf schließen, daß es »gar nicht sehen wollte, was auf dem Film ist«.

Heute erscheint es äußerst unwahrscheinlich, daß das Justizministerium den Mordfall Kennedy jemals neu eröffnen wird. Es wird daher privaten Ermittlern überlassen bleiben, sich mit den Geheimnissen und Widersprüchen herumzuschlagen, die »das Verbrechen des Jahrhunderts« weiterhin umgeben und belasten.

# Nachwort II

## 20. Februar 1989: Das sechste Stockwerk

Wir werden vielleicht niemals eine endgültige Klärung des Mordfalls Kennedy erleben, woran vor allem das schwere Versäumnis des Justizministeriums der Vereinigten Staaten schuld ist. Dennoch dürfen wir etwas Trost aus der Tatsache schöpfen, daß die Versäumnisse, Geheimnisse, Widersprüche und Rätsel, die den Fall umgeben, nun endlich in einer umfassenden Ausstellung über den Mord an John F. Kennedy, die am 20. Februar 1989 im sechsten Stock des texanischen Schulbuchdepots eröffnet wurde, für die Nachwelt bewahrt werden.

Die Ausstellung, eine Art Museum des Mordes, trägt den angemessenen Namen »Das sechste Stockwerk« und ist die Schöpfung der Dallas County Historical Association, deren Räume nun im ehemaligen Gebäude des Schulbuchdepots liegen. Die Entwicklung der Ausstellung hat zehn Jahre gedauert und bis jetzt 2,2 Millionen Dollar gekostet; weitere 1,3 Millionen sollen noch dazukommen. Sie ist eine getreue Darstellung der bekannten Fakten und Umstände, die den Mord umgeben. Sie nimmt kein Blatt vor den Mund, sondern räumt den offiziellen Untersuchungen des Verbrechens und ihren Ergebnissen, aber auch den Versäumnissen und Unzulänglichkeiten dieser Ermittlungen und Ergebnisse breiten Raum ein. Sie weicht weder der Frage einer Verschwörung aus, noch nimmt sie die verschiedenen Verschwörungstheorien auf die leichte Schulter. Zu den Attraktionen der Ausstellung zählen eine genaue Nachbildung der südöstlichen Fensterecke im sechsten Stock des Schulbuchdepots, so wie sie am 22. November 1963 aussah, gleich nachdem angeblich Schüsse aus diesem Fenster auf die Wagenkolonne des Präsidenten gefallen waren, und eine Rekonstruktion des Treppenaufgangs in der Ecke, wo der Mörder vermutlich flüchtete und 55 Minuten später das Gewehr gefunden wurde, mit dem der Mörder angeblich geschossen hatte.

Wichtige Themen sind die vier offiziellen Untersuchungen des Verbrechens. Dazu kommt eine Abteilung zum Thema »Wer war es?«, in der »angebliche Verschwörer und ihre Motive behandelt werden«. In der Abteilung »Wer war es?« erfährt man, daß »fast 85 Prozent der amerikanischen Öffentlichkeit glauben, daß Präsident Kennedy infolge einer Verschwörung getötet wurde«. Dort werden auch Kritiken an den verschiedenen offiziellen Untersuchungen vorgestellt.

Ebenso wird der Name Carlos Marcello neben den Namen Lee Harvey Oswald, Jack Ruby, Guy Banister und David Ferrie bewahrt. Ohne anklagend mit dem Finger auf Marcello zu zeigen, wird hier einfach und fair gezeigt, daß der Sondermordausschuß des Repräsentantenhauses 1979 nach seiner Schlußfolgerung, Präsident Kennedy sei vermutlich auf Grund einer Verschwörung getötet worden, seinen Hauptverdacht auf das organisierte Verbrechen richtete und Lee Harvey Oswald, Jack Ruby, Guy Banister und David Ferrie mit der von Carlos Marcello geleiteten kriminellen Organisation in New Orleans in Verbindung bringen konnte.

Was die Ausstellung nicht zeigt, und mit Recht, weil es nicht ihr Auftrag oder ihre Befugnis war, ist das unverzeihliche Versäumnis, das sich das Justizministerium zuschulden kommen ließ. Nachdem 1979 der Sondermordausschuß den Mafiaboß von Louisiana zum erstenmal als Hauptverdächtigen bezeichnet hatte, sah er davon ab, sich mit ihm zu beschäftigen.

Die Ausstellung geht auch nicht auf das frühere Versäumnis des Justizministeriums ein, das sich in den Wochen gleich nach dem Mord, als die Spuren noch heiß waren, nicht gründlich mit der Beziehung zwischen Oswald, Ferrie und Marcello und der zwischen Ruby und Marcello beschäftigt hatte. Wie wir heute ja wissen, hatte FBI-Direktor J. Edgar Hoover innerhalb von drei Wochen nach dem Mord überzeugende Beweise, daß es Beziehungen zwischen Oswald, Ferrie, Banister und Marcello sowie zwischen Ruby, Civello und Marcello gab. Und was tat er? Er stellte die Ermittlung des FBI gegen Ferrie ein, nahm keine Notiz von Guy Banisters Verbindungen zu Oswald, Ferrie und Marcello, enthielt der Warren-Kommission Informationen über Oswalds und Rubys Beziehungen zur Marcello-Organisation vor und tat nichts, um Carlos Marcellos mögliche Beteiligung an der Ermordung des Präsidenten zu untersuchen, obwohl Marcello damals schon verdächtig gewesen sein muß.

# Nachwort III

## 1989: Carlos Marcello

Im November 1988, als die Fernseh- und Radiosendungen, die zum 25. Jahrestag des Kennedymords ausgestrahlt wurden, seinen Namen überall in den Vereinigten Staaten bekanntmachten, saß Carlos Marcello in seiner Zelle in der Bundesstrafanstalt Texarkana. Hin und wieder bekam er Besuch von einem Verwandten oder Anwalt. Er bekam wohl ein wenig mit von der Aufmerksamkeit, die er im ganzen Lande erhielt, war aber geistig nicht mehr frisch genug, um sie zu verstehen oder gar etwas dagegen zu unternehmen – wenn er denn überhaupt etwas dagegen hätte unternehmen können. Bücher und Artikel, in denen sein Name in Verbindung mit dem Mord stand, wurden ihm in die Zelle gereicht. Journalisten versuchten, ihn zu interviewen, und wurden abgewiesen. Das monotone Gefängnisleben ging weiter. Dann, kurz nach Neujahr, erlitt Carlos eine Reihe schwacher Schlaganfälle, die seiner Gesundheit sehr schadeten. Als die Ausstellung »Das sechste Stockwerk« in Dallas eröffnet wurde, war er so verwirrt, daß er das Gefängnis mit einem Hotel verwechselte, und bald erkannte er öfter nicht einmal mehr seine Verwandten, die ihn am Wochenende besuchten. Schließlich verlegte ihn die Gefängnisbehörde bis auf weiteres von Texarkana in das Krankenzentrum für Bundesgefangene in Rochester, Minnesota (in der Nähe der Mayo-Klinik).

Inzwischen wurde Marcellos Berufung gegen Richter Sears Beschluß vom Oktober 1988, seine BRILAB-Urteile wegen Post- und Fernmeldebetrugs nicht aufzuheben, abgelehnt, so daß er bis zum Juni 1994 im Gefängnis bleiben muß. Sein Anwalt Arthur A. »Buddy« Lemann will jedoch unverzagt weitere rechtliche Verfahren einleiten, damit sein Klient so bald wie möglich aus gesundheitlichen Gründen aus dem Gefängnis herauskommt.

Laut Vollstreckungsbehörden aus New Orleans sieht es so aus, als wäre auch der Rest der Familie Marcello für niemanden mehr eine Gefahr. Carlos' sechs Brüder haben die einstige Kontrolle über die Unterwelt von New Orleans, die nach Carlos' BRILAB-Verurteilungen von 1981 und 1982 zunichte war, Mitgliedern der Verbrecherfamilie Scarfo aus Philadelphia und der mächtigen Familie Gambino aus New York überlassen. Sie füllten die Lücke, die durch den Zusammenbruch der Marcello-Organisation entstand. (Inzwischen hat eine der erfolgreichsten Anti-Mafia-Operationen der Geschichte die gesamte Führungsriege der Familie Scarfo praktisch ausradiert. Alle 18 Mitglieder der obersten Hierarchiestufen, von Boß Nicky Scarfo abwärts, wurden 1988 vor Gericht gestellt, für schuldig erklärt und zu langen Gefängnisstrafen verurteilt.) Was nun noch von der Unterwelt von New Orleans übrig ist, steht unter Kontrolle von Frank Caracci, dem ehemaligen Marcello-Verbündeten und Nachtklubbetreiber im French Quarter.

Die Marcello-Boys haben dem Leben, das ihren ältesten Bruder einst so in Anspruch nahm, den Rücken gekehrt und sich wieder ihrer ehemaligen Hauptbeschäftigung, der Gastronomie, zugewandt. Nach einem Flirt mit der staatlichen Konkurshilfe haben Joe und Sammy es geschafft, »La Louisiane«, ihr berühmtes Restaurant im French Quarter, vor dem Bankrott zu retten, und sind jetzt wieder im Geschäft, so erfolgreich wie nie zuvor. Das Restaurant liegt im selben Häuserblock wie »Felix's Oyster Bar«, wo Lee Harvey Oswalds Onkel Dutz Murret einst seine Buchmachergeschäfte im Auftrag der Marcellos führte. Der Rest der Familie, die jetzt mit über 75 Mitgliedern eine ansehnliche Sippe ist, scheint sich – mit vielleicht einer Ausnahme – legalen Betätigungen zu widmen. Carlos' Kinder und Enkel erfreuen sich des Reichtums, den ihr kränkelndes 79jähriges Familienoberhaupt unter so schweren Kämpfen aufbaute. Zu den Vermögenswerten gehört Churchill Farms, Carlos' 2590 Hektar großer Besitz im Sumpfland auf dem Westufer.

Die kriminelle Organisation der Marcellos ist nun zerschlagen. Von der ältesten Mafiafamilie der Vereinigten Staaten ist nicht mehr viel übrig. Während das alte Netz aus Buchmachern, Schmugglern, Geldwäschern, Wucherern und Nepplokalbetreibern unzweifelhaft fortbesteht, kann man mit Gewißheit sagen, daß der Mafia von Louisiana nach über hundertjährigem Bestehen der Verfall droht. Was Carlos Marcello betrifft und die Frage, ob er in eine Verschwörung zur Ermordung Präsident Kennedys verwickelt war, so ist nun eines absolut sicher: Marcello selbst befindet sich jenseits aller Verhöre und Geständnisse. Wenn der Antrag seines Anwalts, ihn aus dem Gefängnis zu entlassen, bewilligt wird, wird der praktisch hilflose, kranke, alte Mafioso, der nicht mehr weiß, wer er ist, und seine Frau und Kinder nicht erkennt, wahrscheinlich gar nicht merken, daß er endlich wie ein guter Sizilianer in seinem eigenen Bett sterben darf.

# Dank

Bücher über die Mafia, den Kennedymord und das FBI lassen sich schwer recherchieren, weil kaum jemand mit dem Autor reden will. Nicht nur in der Mafia gilt das Gelübde der *omertà*. Genauso dicke Mauern des Schweigens umgeben die Vergangenheit der Kennedys und die Akten des Federal Bureau of Investigation. Unter anderem aus diesem Grund bin ich all denen besonders dankbar, die mir unbeirrt Informationen für dieses Buch lieferten.

Auch ist es teuer, Recherchen für solche Bücher anzustellen, weil man, wie in meinem Fall, Risiken eingehen und vielversprechenden Spuren folgen muß, die nur allzu oft ins Leere führen. Dann heißt es wieder ganz von vorn anfangen. Aus diesem Grund bin ich außer dem Verleger all denen ganz besonders dankbar, die mir bei der Finanzierung dieses Buches halfen.

Unter diesen steht die Harry Frank Guggenheim Foundation an erster Stelle, deren Vorstand mir eine Forschungsbeihilfe gewährte, ohne die dieses Buch in dieser Form gar nicht hätte geschrieben werden können. Ich möchte sowohl dem Vorstand der Stiftung, dessen Vorsitzender Peter Lawson-Johnston ist, als auch ihrer Programmdirektorin Karen Colvard für ihren Glauben an mein Projekt danken, für ihre Bereitschaft, es zu unterstützen, und die Ermutigung, die sie mir damit gaben. Ich hoffe, dieses Buch läßt der Vision des verstorbenen Harry Frank Guggenheim Gerechtigkeit widerfahren, der seine Stiftung ins Leben rief, um die Forschung auf dem Gebiet menschlicher Gewalttätigkeit, Aggression und Herrschaft voranzubringen.

Da, wie ich bereits erwähnte, Mauern des Schweigens die drei wesentlichen Handlungsträger dieses Buches umgeben, mußte ich mich hauptsächlich auf schriftliche Quellen stützen. Daher schulde ich den Verwaltern der vier wichtigsten Dokumentensammlungen großen Dank, die prompt und großzügig und oft weit über ihre Pflicht hinaus auf meine stets dringenden Anfragen reagierten. Dies waren Bernard Fensterwald junior und James H. Lesar, Präsident beziehungsweise Vizepräsident des Assassination Archives und Research Center in Washington; Paul L. Hoch, bekannter Forscher auf dem Gebiet des Kennedymords, Autor und Verwalter außergewöhnlich umfassender Unterlagen über das Verbrechen; Harold Weisberg, Autor mehrerer wichtiger Bücher über die Ermordung Präsident Kennedys und die nachfolgenden Ermittlungen, Verwalter von über 200000 Seiten FBI-Dokumenten über den Mord, die ihm 1977 und 1978 nach einem langwierigen, auf Grund des Informationsfreiheits-Gesetzes angestrengten Prozeß gegen das Justizministerium überlassen wurden; und Jim Amoss, leitender Redakteur der *Times-Picayune* aus New Orleans, der mir seine eigenen sowie die umfangreichen Akten seiner Zeitung über Carlos Marcello zur Verfügung stellte.

All diese Personen gaben mir nicht nur Einsicht in ihre Dokumentensammlungen, sondern waren mir auch sonst sehr behilflich.

Während der Recherchen für dieses Buch und der Niederschrift gewährte Mr. Fensterwald mir ständig seinen Rat und seine moralische Unterstützung. Nicht zuletzt seiner Empfehlung verdanke ich die Forschungsbeihilfe von der Harry Frank Guggenheim Foundation.

Mr. Lesar, ein Veteran aus Harold Weisbergs Schlachten im Rahmen des Informationsfreiheits-Gesetzes, führte in meinem Namen einen langen und sachkundigen Prozeß gegen das Justizministerium, um mir die Tonbandaufnahmen von Gesprächen Carlos Marcellos und anderer zu verschaffen, die während der FBI-Geheimoperation von 1979/80 entstanden waren. Diese Operation trug den Namen BRILAB und führte schließlich dazu, daß Marcello in zwei Prozessen verurteilt wurde und danach ins Gefängnis kam.

Die ganze Zeit, während der ich recherchierte und dieses Buch schrieb, schenkte Paul Hoch mir seinen unersetzlichen Rat; seine Großzügigkeit und sein Scharfblick waren unerschöpflich. Da es, wenn überhaupt, nur wenige Leute gibt, die so viel über den Kennedymord und die diversen Ermittlungen darüber wissen wie Mr. Hoch, stellen seine Hinweise einen wesentlichen Beitrag zu meinem Buch dar.

Als nächstes möchte ich all meinen ausgezeichneten Ermittlern danken, sowohl denen, die bereit waren, genannt zu werden, als auch denen, die auf diesen Seiten lieber nicht erwähnt werden wollten. Es waren Frank Olivier, Yvonne Olivier, Barbara Tsao, Amy Stevens, Robert Ranftel und vier Einwohner von New Orleans, die es vorzogen, anonym zu bleiben. Yvonne Olivier übernahm die Bildredaktion dieses Buches, und ich bin ihr dankbar für ihre Ausdauer bei der Jagd nach bestimmten Illustrationen, bei der sie oft auf große Hindernisse und Enttäuschungen stieß.

Weitere Personen, die unentgeltlich wertvolle Forschungen für dieses Buch durchführten oder mir wichtige Dokumente und Informationen lieferten, waren Paul L. Hoch, James H. Lesar, Bernard Fensterwald junior, Dan E. Moldea, Mary Ferrell, Harold Donahue, Jerry Rose, Jim Amoss, Scott van Wynsberghe, Richard Angelico, Aaron Kohn, David E. Scheim, Greg Stone, Anthony Summers, Harold Weisberg, Harold Hughes und Larry Montague.

Mein ganz besonderer Dank gilt all denen, die sich von mir offiziell interviewen ließen; einige davon wurden mehrmals von mir behelligt. Dazu zählen Aaron Kohn (sechsmal), Harold Hughes (dreimal), Edward Becker (zweimal), August La Nasa, Charles Turnbo, Richard Angelico (dreimal), Paul L. Hoch, Bernard Fensterwald junior, G. Robert Blakey, Jim Amoss, Joseph Hauser, Michael Wacks, Larry Montague, Anthony Summers, Bruce Kelton, Nicholas Katzenbach, Richard Helms, Samuel Hepburn, Harold Weisberg, Alvin Beauboeuf, Tony Sherman, Walter Sheridan, William G. Hundley, Peter Noyes, Courtney Evans, Morgan Goudeau sowie ein Dutzend Personen, die lieber anonym bleiben wollten.

Großen Dank schulde ich auch den Autoren bestimmter Mitgliederberichte in den 13 Bänden Anhörungen und Anhängen zum Schlußbericht der Ermittlung des Sondermordausschusses des Repräsentantenhauses über die Ermordung John F. Kennedys, allen voran Gaeton J. Fonzi, Edwin Lopez, Michael Ewing, Patricia Orr, Ralph Salerno, Garry T. Cornwell, G. Robert Blakey und T. Mark Flanagan junior.

Desgleichen danke ich den Autoren wichtiger Zeitschriften- und Zeitungsartikel über Carlos Marcello und den Autoren von Kapiteln über ihn in diversen Büchern.

Ich glaube, wir alle schulden den verschiedenen Informanten Dank, die so viel staatsbürgerliches Verantwortungsbewußtsein, Furchtlosigkeit und Gerechtigkeitssinn bewiesen, daß sie sich nach der Ermordung John F. Kennedys meldeten und vor dem FBI Aussagen machten, die auf eine mögliche Beteiligung des organisierten Verbrechens an dem Mord hinwiesen, obwohl die Regierung ihnen damals wenig oder gar keine Aufmerksamkeit schenkte.

Schließlich schulde ich Gladys Justin Carr, Vizepräsidentin und Herausgeberin der MacGraw-Hill's General Books Division, besonderen Dank für ihren Glauben an den Wert des Buchentwurfs, den ich ihr im Frühjahr 1986 vorlegte. Dieses Buch ist das Ergebnis ihres Vertrauens in meine Fähigkeit.

Desgleichen schulde ich Lisa Frost, meiner Redakteurin, großen Dank für ihre Ermutigung und Unterstützung in dieser Zeit des Recherchierens und Schreibens, für ihr sachkundiges Verständnis des schwierigen Themas und ihren klugen Rat, wie man das Originalmanuskript verbessern könne. Mein

Dank geht auch an Leslie Anne Weber, Lektorin des Buches, deren eingehende Beschäftigung mit dem Manuskript sowohl für grammatische als auch für sachliche Richtigkeit sorgte, und an die Korrektorin Susan Jacobs für ihre bewundernswerte Fähigkeit, Unstimmigkeiten aufzuspüren.

In meinem persönlichen Kreis möchte ich einigen Freunden und Verwandten danken, die mir bei einer äußerst schwierigen Arbeit halfen und mich ertrugen. Meine Freundin und Agentin Marianne Strong mußte während des Schreibens mit vielen Notlagen, darunter einigen finanziellen, fertig werden, und ich danke ihr für ihre Hilfe. Auch Craig Fuller von der Chemical Bank half mir in einigen dieser Fälle, und ich danke ihm, daß er sich persönlich um meine oft dringenden Anliegen kümmerte.

Mein Dank geht an diejenigen, die mir halfen, das Manuskript zu tippen. Es sind Nancy Davis, Carol Deacon-Cumings und Maureen Simmons von Soho Typing und Sahodra Nathu. Mein Dank geht auch an meine tüchtigen Fotokopisten William S. Marbit, Henry Trattner und Andy Green von Readers, Inc.

Unter denen, die mir ihre Liebe und Unterstützung gewährten, bin ich Nancy W. Davis und Maude B. Davis zu tiefem Dank verpflichtet. Und schließlich schulde ich Sahodra Nathu unendlichen Dank; sie ertrug mich beim Schreiben und half mir immer wieder auch in unvorhergesehenen Fällen, was sie oft persönliche Opfer kostete. Ihre Anwesenheit in meinem Leben seit Beginn der Arbeit an diesem Buch war mir eine unentbehrliche Quelle von Ermutigung, Hilfe, Kameradschaft und Liebe. *John H. Davis*

# Anhang I

# Quellenverzeichnis

### VORBEMERKUNG

Im Rahmen seiner minuziösen Recherchen hat John H. Davis eine große Zahl von Quellen benutzt, die seinem Lesepublikum nicht unmittelbar zugänglich sind. Dazu gehören nicht nur themenspezifische Zeitungs- und Zeitschriftenartikel, sondern ebenso umfangreiche Akten aus amerikanischen Archiven, unpublizierte Buchmanuskripte und Interviews, die teils auf Tonbändern festgehalten, teils nur vom Autor in privaten Notizen fixiert sind. Alle diese Quellen sind in der amerikanischen Originalausgabe sorgfältig nachgewiesen. Das folgende Verzeichnis beschränkt sich auf publizierte Buchtitel, die der Autor entweder für seine Untersuchung benutzt hat oder als weiterführende Literatur empfiehlt.

### ZU CARLOS MARCELLO


Anson, Robert Sam: *They've Killed the President – The Search for the Murderers of John F. Kennedy.* New York 1975.

Blakey, G. Robert/Billings, Richard N.: *The Plot to Kill the President.* New York 1981.

Chandler, David Leon: *Brothers in Blood. The Rise of the Criminal Brotherhoods* (4. Buch). New York 1975.

Davis, John H.: *The Kennedys: Dynasty and Disaster* (Teil 3, 4 und 5). New York 1984.

Dorman, Michael: *Payoff.* New York 1972.

Fensterwald, Bernard: *Coincidence or Conspiracy?* New York 1977.

Kantor, Seth: *Who Was Jack Ruby?* New York 1978.

Moldea, Dan E.: *The Hoffa Wars: Teamsters, Rebels, Politicians, and the Mob.* New York 1978.

Noyes, Peter: *Legacy of Doubt.* New York 1973.

Reid, Ed: *The Grim Reapers. The Anatomy of Organized Crime in America* (Kapitel 9). Chicago 1969.

Scheim, David E.: *Contract on America. The Mafia Murder of President John F. Kennedy.* New York 1988. (Original im Selbstverlag 1983.)
Schreiber, G.R.: *The Bobby Baker Affair.* Chicago 1964.
Sheridan, Walter: *The Fall and Rise of Jimmy Hoffa.* New York 1972.
Summers, Antony: *Conspiracy. Who Killed President Kennedy?* New York 1980.

## ZUR ERMORDUNG JOHN F. KENNEDYS

Epstein, Edward Jay: *Inquest: The Warren Commission and the Establishment of Truth.* New York 1966.
Evica, George Michael: *And We Are All Mortal: New Evidence and Analysis in the Assassination of John F. Kennedy.* West Hartford, CT 1978.
Garrison, Jim: *A Heritage of Stone.* New York 1970.
Guth, DeLloyd J./Wrone, David R.: *The Assassination of John F. Kennedy – A Comprehensive Historical and Legal Bibliography, 1963–1979.* Westport, CN/London 1980.
Hoch, Paul L./Scott, Peter Dale/Stetler, Russell: *The Assassinations. Dallas and Beyond. A Guide to Cover-Ups and Investigations.* New York 1976.
Hurt, Henry: *Reasonable Doubt. An Investigation into the Assassination of John F. Kennedy.* New York 1985.
Joesten, Joachim: *Oswald: Assassin or Fall Guy?* New York 1964.
Kurtz, Michael: *Crime of the Century. The Kennedy Assassination from a Historian's Perspective.* Knoxville 1982.
Lane, Mark: *Rush to Judgment: A Critique of the Warren Commission's Inquiry into the Murders of John F. Kennedy, Officer J. D. Tippit, and Lee Harvey Oswald.* New York 1966.
Lifton, David: *Best Evidence: Disguise and Deception in the Assassination of John F. Kennedy.* New York 1980.
Meagher, Sylvia: *Accessories after the Fact: The Warren Commission, the Authorities and the Report.* Indianapolis 1967.
Meagher, Sylvia (in Zusammenarbeit mit Gary Owens): *Master Index to the J.F.K. Assassination Investigations: The Reports and Supporting Volumes of the House Select Committee on Assassinations and the Warren Commission.* Metuchen, NJ/London 1980.
Popkin, Richard H.: *The Second Oswald.* New York 1966.
Scott, Peter Dale: *Crime and Cover-Up: The CIA, the Mafia and the Dallas-Watergate Connection.* Berkeley 1977.
Thompson, Josiah: *Six Seconds in Dallas. A Micro-Study of the Kennedy Assassination.* New York 1967.
Weisberg, Harold: *Whitewash. The Report on the Warren Report.* Hyattstown, MD 1966. (Weitere 4 Bände 1967–74.)
Weisberg, Harold: *Port-Mortem. JFK Assassination Cover-Up Smashed.* Frederick, MD 1975.

## ZU DEN PLÄNEN ZUR ERMORDUNG FIDEL CASTROS

Ashman, Charles: *The CIA-Mafia Link.* New York 1975.
Exner, Judith Campbell (mit Ovid Demaris): *My Story.* New York 1977.
Frattiano, Jimmy (mit Ovid Demaris): *The Last Mafioso.* New York 1981.

Giancana, Antoinette: *Mafia Princess*. New York 1984.
Hinckle, Warren/Turner, William: *The Fish is Red: The Story of The Secret War against Castro*. New York 1981.
Hunt, E. Howard: *Give Us This Day*. New York 1973.
Marchetti, Victor/Marks, John D.: *The CIA and the Cult of Intelligence*. New York 1974.
Morrow, Robert D.: *Betrayal: A Reconstruction of Certain Clandestine Events from the Bay of Pigs to the Assassination of John F. Kennedy*. Chicago 1976.
Phillips, David A.: *The Night Watch*. New York 1977.
Powers, Thomas: *The Man Who Kept the Secrets. Richard Helms and the CIA*. New York 1979.
Prouty, Leroy Fletcher: *The Secret Team: CIA and Its Allies in the Control of the United States and the World*. Englewood Cliffs, NJ 1973.
Scott, Peter Dale: *Crime and Cover-Up: The CIA, the Mafia, and the Dallas-Watergate Connection*. Berkeley 1977.
Smith, Joseph B.: *Portrait of a Cold Warrior*. New York 1976.
Wyden, Peter: *Bay of Pigs – The Untold Story*. New York 1979.

### ZUR ERMORDUNG MARTIN LUTHER KINGS

Huie, William Bradford: *He Slew the Dreamer*. New York 1970.

### ZUR ERMORDUNG ROBERT F. KENNEDYS

Houghton, Robert A. (mit Theodore Taylor): *Special Unit Senator: The Investigation of the Assassination of Senator Robert F. Kennedy*. New York 1970.
Kaiser, Robert Blair: *»RFK Must Die!« A History of the Robert Kennedy Assassination and its Aftermath*. New York 1970.
Noguchi, Thomas I./DiMona, Joseph: *Coroner*. New York 1963.
Scheim, David E.: *Contract on America: The Mafia Murder of President John F. Kennedy*. New York 1988.
Turner, William W./Christian, John G.: *The Assassination of Robert F. Kennedy: A Searching Look at the Conspiracy and Cover-Up, 1968–1978*. New York 1978.

### WEITERFÜHRENDE LITERATUR

Ashbury, Herbert: *The French Quarter – An Informal History of the New Orleans Underworld*. New York o.J.
Bernstein, Carl/Woodward, Bob: *All the President's Men*. New York 1974.
Cohen, Mickey (mit John Peer Nugent): *In My Own Words*. Englewood Cliffs, NJ 1975.
Davison, Jean: *Oswald's Game*. New York 1983.
Demaris, Ovid: *The Last Mafioso*. New York 1981.
Flammonde, Paris: *The Kennedy Conspiracy: An Uncommissioned Report on the Jim Garrison Investigation*. New York 1969.
Haldeman, H.R. (mit Joseph DiMona): *The Ends of Power*. New York 1978.
Kane, Harnett T.: *Louisiana Hayride*. New York 1941.

Kelley, Clarence M./Davis, James Kirkpatrick: *Kelley. The Story of an FBI Director.* Kansas City/New York 1987.
Kendall, John Smith: *History of New Orleans.* Chicago 1922.
Kennedy, Robert F.: *The Enemy Within.* New York 1960.
Lowenstein, Allard K. (hg. von Gregory Stone und Douglas Lowenstein): *Lowenstein: Acts of Courage and Belief.* New York 1983.
Lukas, J. Anthony: *Nightmare. The Underside of the Nixon Years.* New York 1973.
Maas, Peter: *The Valachi Papers.* New York 1968.
Marchetti, Victor/Marks, John D.: *The CIA and the Cult of Intelligence.* New York 1974.
Morgan, John: *No Gangster More Bold. Murray Humphreys: The Welsh Political Genius Who Corrupted America.* London 1985.
Navasky, Victor: *Kennedy Justice.* New York 1977.
Schlesinger, Arthur M.: *Robert Kennedy and His Times.* Boston 1978.
Schorr, Daniel: *Clearing the Air.* Boston 1977.
Shaw, J. Gary (mit Larry R. Harris): *Cover-Up: The Governmental Conspiracy to Conceal the Facts About the Public Execution of John Kennedy.* Cleburne, TX 1976.
Sullivan, William (mit Bill Brown): *The Bureau. My Thirty Years in Hoover's FBI.* New York 1979.
Summers, Anthony: *Goddess. The Secret Lives of Marilyn Monroe.* New York 1985.
Teresa, Vincent (mit Thomas C. Renner): *My Life in the Mafia.* Garden City, NY 1973.
Williams, T. Harry: *Huey Long.* New York 1969.

# Anhang II

## Personenregister


Abadie, William B. 147, 260, 407, 411
Adams, Joseph Noble 262
Agnew, Spiro 372
Aiuppa, Joseph »Joey Doves« 311, 313, 458–461, 468, 497
Alamilla, George 173, 183, 302f., 305
Aleman, José 116f., 221f., 234, 259f., 386, 401ff., 515
Alessio, John 354f., 358f., 369
Alex, Gus 216
Allen, Doug 431
Allen, O. K. 31, 40, 44, 54
Alongi, Dominick 321
Anderson, Jack 332, 427, 435, 437, 522, 538f., 542–547
Andrews, Dean 133, 404
Angleton, James J. 269
Annenberg, Moe 71, 108
Archer, Don Ray 541f.
Arnaz, Desi 353, 357
Arnold, Carolyn 389f.
Artime, Manuel 368
Arvad, Inga 239
»Ashley, George« 451, 454, 456f.
Azcue, Eusebio 152

Baker, Barney 168, 174, 272
Baker, Bill 262
Baker, Bobby 273f., 314, 428, 435
Baker, Marrion 191, 389
Ball, Joseph A. 372
Banister, Guy 135f., 159, 161, 189, 213, 304, 367, 552
Banyo, Garcia 116
Barker, Bernard 362, 370
Barker, Ma 75
Barkley, Alben 66
Barr, Candy 240, 348
Barron, John 451, 455f., 468, 498, 501f.
Bates, John 243
Batista, Fulgencio 91, 134, 402
Battery, Oberst 99f.
Beauboeuf, Alvin 188
Beck, Dave 82
Becker, Edward 112–115, 117, 124, 128, 162, 172, 175, 183, 211–217, 219, 234, 291, 328, 332, 338, 357, 378, 386f., 411, 415, 515, 519, 527
Bell, Griffin 310, 469
Belmont, Alan 252f.
Bennett, Harry 318
Billings, LeMoyne 278
Bishop, Maurice 395
Bissell, Richard 91, 258, 366f.
Black, Hugo 96
Blakey, G. Robert 104, 278, 285, 382, 385, 388ff., 390f., 393, 396, 405, 407, 411, 472, 478f., 514, 524
Blodgett, Julian 211
Blyth, Myrna 545
Bocognani, Roger 541
Bogard, Albert 156
Boggs, Hale 264f., 269f., 275, 311, 333
Bonanno, Joseph 39
Bosco, Phil 284
Bowers, Dr. 516
Bowers, Lee 179
Boyle, Tony 381, 385

Braden, Jim 192, 196
Brading, Eugene Hale 192, 196, 525
Bramer, Ronald 534
Brennan, Howard 179, 193
Brewster, William H. 295
Bringuier, Carlos 132
Broccato, James 43 (siehe Moran, James »Diamond Jim«)
Bronson, Charles 179, 413, 550
Brooklier, Dominick 313, 450f., 453f., 457, 498, 500, 524
Brooks, Harry 67
Brown, Madeline 543, 546f.
Bruneau, Emile 132, 148, 404, 407
Bruno, Angelo 110, 286, 477
Bufalino, Russell 110
Bundy, McGeorge 247
Burkley, George C. 293ff., 297

Cabell, Charles P. 92, 333
Campbell, Judith 90, 239f. 242, 280, 291, 367, 408, 539
Campisi, Joe 144–147, 167, 178, 210, 272, 300, 405f., 528
Campisi, Sam 144ff.
Canipe, Guy 340
Capeana, Benny 124, 223f., 226
Capone, Al 38, 62, 66, 70, 145, 277, 489
Capro, Joseph 53
Caracci, Frank 146f., 167, 235f., 300, 407, 533ff., 554
Carillo, Anthony 321
Carmen, Jeanne 243
Carolla, Anthony 53, 56, 67, 321ff., 535
Carolla, Sam »Silver Dollar« 27ff., 36ff., 40, 42–47, 50, 52–58, 81, 130, 321, 535
Carr, Richard 413
Carter, Jimmy 475, 523
Castro, Fidel 91ff., 116, 120, 131–137, 140f., 149–154, 156, 159ff., 194, 203, 206, 219ff., 229, 239, 242, 247f., 250ff., 255, 258, 264, 275, 277f., 280, 287, 321, 326–329, 333, 363–368, 370, 374ff., 380f., 386, 388f., 394f., 397f., 402, 404, 409, 427f., 518f., 522, 526f., 539, 542, 544
Castro, Raul 91
Cesar, Thane 350, 352–355
Chandler, David L. 102, 316
Charach, Theodore 352ff.
Chavez, Cesar 347
Chavez, Frank 346
Cheramie, Rose 177f., 233, 516, 528, 545
Chetta, Nicolas 334ff.
Chimento, Joseph »Zip« 78, 316
Chotiner, Murray 275, 314, 359f., 362, 507
Christenberry, Herbert W. 170, 182f.
Church, Frank 374f., 380, 544
Civella, Joe 311, 313, 459ff., 468, 497
Civello, Joseph 67, 80–84, 143–147, 196, 209f., 253ff., 260, 263f., 272, 281, 283f., 287, 300f., 404, 411, 516f., 528, 540, 552
Civiletti, Benjamin R. 310, 469, 481
Clancy, Frank 48ff., 57, 66ff.
Clark, Ramsey 294f.
Clark, Tom 143, 340
Clemente, Michelino 286
Clements, Manning 244f.
Coci, Sheriff 83
Coffey, Melvin 188
Cohen, Mickey 67, 167f., 240, 347ff., 353–359, 380
Cohn, Roy 471
Collins, Patrick 217, 323ff., 359, 379
Colombo, Joseph 321, 527
Colson, Charles 369, 371
Conforto, Janet (siehe Jada)
Connally, John 193, 293, 371, 391, 543, 546ff.
Connally, Nell 546f.
Coolidge, Calvin 237
Cooper, Grant 355
Cooper, John Sherman 270
Coppola, Frank 48, 50
Coppola, Roland 316
Corona, Vic 312
Costello, Frank 38ff., 42–50, 57, 64, 81, 84, 267f., 301, 311, 314, 378, 518
Cox, William J. 169
Crafard, Larry 207
Craig, Roger 191
Cronkite, Walter 538
Crouch, Thomas Gene 511
Curry, Jesse E. 206ff.
Curtis, Carl T. 84ff.

Daniels, Hawk 400
David, Christian 541
Davidson, Isaac Irving 11f., 105, 157, 310, 313ff., 330f., 338, 359, 361f., 379, 408, 418–421, 426–435, 437ff., 442, 462,

467 f., 472, 475 ff., 483, 486 f., 492, 494, 507, 518, 521
Davis, Jimmy 49, 309, 317, 487
Dean, John 361, 363, 368, 371 f.
Dean, Patrick T. 144, 209, 518
DeCarlo, Angelo »Gyp« 369
De Laparra, Eugene 122–125, 128, 133, 148, 229–234, 254 f., 260, 281 f., 327, 329, 331, 411, 415, 515, 526, 537
Dellacroce, Aniello 321
De Loach, Cartha »Deke« 299, 328
del Valle, Eladio 336
Demaris, Ovid 542
Devitt, Edward J. 499, 502
De Wolfer, Wayne 351
Diamond, Jack 534
DiLeo, Lucas A. 342
Dillinger, John 75
DiPiazza, Salvatore »Sam« 312, 342 f.
Diuguid, John 306
Dolan, James Henry 406
»Donneroumas«, Frank 353
Dorfman, Allen 358, 459, 507
Dorman, Michael 274
Douglas, Kirk 429
Downing, Thomas 381 f.
Downs, D. M. »Sammy« 316
Dragna, Jack 429, 450
Dragna, Louis Tom 450 f.
du Brueys, Warren 121
Duca, Peter 67
Dugas, Cleeve 235, 407
Dugas, Jacqueline (siehe Marcello, Jacqueline)
Dulles, Allen 91 f., 257 f., 264 f., 269, 274 f., 365 f.
Duran, Sylvia 151 f.
Durante, Jimmy 49
Duvalier (Familie) 314, 427
Dyson, Thomas R. 476 f.

Eames, Doris 198
Eboli, Thomas »Tommy Ryan« 321
Edwards, Edwin 13, 309, 425 f., 440, 463 f., 507
Edwards, Sheffield 91, 258, 327
Ehrlichman, John D. 372
Eisenhower, Dwight D. 91, 359, 365, 376
Elkin, Harold 192
English (Inglese), Charles »Chuckie« 299
Ervin, Sam 85
Estes, Billie Sol 112, 117, 314
Evans, Courtney 236, 241 f., 266, 281 f., 299
Evertze, Carlos 335
Exner, Judith 367, 374 (siehe auch Campbell, Judith)

Fawer, Michael 476, 480–483
Fensterwald, Bernard 352, 370 ff., 381
Ferrie, David W. 133–136, 140 f., 158–162, 165 f., 171 f., 174 f., 187–192, 195–207, 213, 222, 229, 231 f., 236, 245, 251 ff., 255, 258 ff., 262, 264, 266, 282 f., 300 f., 303 f., 326 f., 333–336, 338, 347, 367, 370, 378, 386 ff., 404, 415, 514 ff., 518, 525–528, 537, 552
Finck, Pierre 297
Fiorini, Frank Anthony (Frank Sturgis) 362
Fitzmorris, James 425 f., 441–447, 481
Fitzsimmons, Frank 432, 459
Fleming, William 420, 422, 451, 455 f., 468, 484, 498, 501 f.
Ford, Gerald R. 269 f., 372, 549
Francis, Connie 113
Frattiano, James »Jimmy, das Wiesel« 454, 498, 542
Frazier, Wesley 178 f.
Fritz, Will 206, 208
Fruge, Francis 177 f., 516
Fuentes, Miguel 101

Gabor, Zsa Zsa 49
Gagliano, Frank 321 f., 535
Galante, Carmine 346
Gallo, Joseph N. 321, 527
Gambino, Carlo 313, 320 f., 377, 554
Garibaldi, Giuseppe 22
Garner, Jesse 198
Garrison, Jim 124, 198 f., 231, 312 f., 326–338, 347, 378, 380
Geigerman, Dudley 49
Genovese, Vito 139
Gerrots, Agent 202
Giancana, Sam 91 ff., 108, 139 f., 167, 182, 239–242, 258, 273, 280, 291, 299, 365 ff., 372, 375, 381, 409, 519, 541, 544
Gill, G. Wray 64, 133 f., 159–162, 164 f., 172, 188, 190, 192, 196–199, 252, 304, 334, 387, 404
Goltz, Earl 412 f.

Gonzales, Henry 381f., 475, 480
Gotti, John 533ff.
Gould, Deborah 241
Graffagnini, Nick 235f., 300, 407
Grammar, Billy 543
Grant, Eva 146, 168
Greenbaum, Matthew 476
Greenson, Ralph 243
Greenspun, Hank 332
Grifazzi, Nick 53
Griffin, Burt 260, 548
Groden, Robert 413, 550
Gruber, Alex 168f., 205
Guarisco 11, 487
Guthman, Edwin 279

Haig, Alexander 369
Haldeman, H. R. 363f.
Halfen, John 143, 274, 519
Hamm, Bob 328f.
Hampton, Jefferson 532
Hampton, Louise (siehe Marcello, Louise)
Hand, Peter 31
Harker, Daniel 140
Harper, William 352
Harrelson, Charles V. 192, 470ff., 522
Harris, Johnny 124f., 223, 260
Harrison, Benjamin 27
Harrison, W. J. »Blackie« 208f.
Hart, Gary 375, 381
Harvey, William 381
Hauser, Joseph 11f., 92, 132, 291, 310, 397, 415, 417–422, 425f., 428–433, 436–447, 449, 451–459, 461ff., 467ff., 474ff., 479–484, 489ff., 498–502, 506, 509, 519, 521–524, 529, 536
Heitler, Rudolph 173f., 183f., 187f., 301–305
Henderson, Ruby 413
Henderson, James D. 498, 500
Hennessey, David 25f., 51, 57, 82
»Hidell, Alek James« 244f.
Hoch, Paul L. 381, 397
Hoffa, James junior 540
Hoffa, Jimmy 82, 90, 114, 116f., 140, 168, 183, 216, 218, 234, 240ff., 260, 272, 279f., 287, 291, 330f., 336ff., 346, 349, 355, 357, 359–362, 369, 375f., 394, 399–403, 408, 418, 427f., 435, 507, 515, 519, 521, 528, 540
Hogan, Frank 93
Hogue, L. Eades 475, 491f., 501
Hoover, J. Edgar 43, 75, 93, 108f., 120ff., 128, 141, 182, 194, 197, 202f., 212, 215–222, 236–244, 246–272, 275, 278–283, 287, 298f., 301, 314f., 326–331, 338, 340, 342, 344f., 356f., 359, 378, 382, 393f., 403f., 412f., 418, 427, 435, 518f., 521, 526, 529, 537, 548, 552
Hosty, James 247f.
Howard, Tom 406
Hubert, Herbert 302, 306
Hubert, Leon D. 275
Hughes, Harold 322f., 377, 379, 422f., 440, 467, 484, 492f., 496f., 502f.
Hughes, Howard 365
Hughes, Robert 179, 413
Huie, William Bradford 342f.
Humphreys, Murray »The Camel« 108, 216
Hundley, William 43, 267, 278f., 292, 302, 518
Hunt, E. Howard 363f., 367–371
Hurt, Henry 296

Insalmo, Ernest 124, 223f., 226ff., 260

Jada (Janet Conforto) 235, 328, 407, 541
James, Donald »Jimmie« 318
James, Rosemary 326
Jaworski, Leon 371
Jarnigan, Carroll 543
Jefferson, Thomas 57, 214
Jenkins, Walter 251, 299
Jenner, Albert 372
Jensen, Read 224ff., 230, 329
Jinks, Miss 99f.
Johnson, Jerome 527
Johnson, Lyndon B. 114, 143, 203, 219, 228, 247f., 251f., 254–257, 269, 273–276, 294, 299, 311, 314, 327f., 331, 428, 435, 517, 519, 521, 529, 543, 546f.
Jones, Paul Roland 169, 210

Kahn, Herman 294
Kampelman, Max 427
Kantor, Seth 205, 271f.
Karno, Nick 533ff.
Kastel, »Dandy Phil« 43f., 46–50, 66ff., 84
Katzenbach, Nicholas 244f., 250–253, 258, 278, 281f., 288, 290, 302

Kefauver, Estes 65–70, 74, 76, 123, 164, 233, 315, 385, 540
Kelley, Kitty 367
Kelton, Bruce 471, 498ff., 500, 502
Kennedy, Edward (Teddy) 348, 363, 436, 454, 523f.
Kennedy, Ethel 242
Kennedy, Jacqueline Bouvier 90, 280, 295, 297, 405f.
Kennedy, John F. 13, 74, 82f., 89f., 92, 114–118, 122ff., 126f., 129, 133–137, 139ff., 144–150, 152–155, 158, 160ff., 167ff., 172, 174, 176ff., 180, 182ff., 187–190, 193ff., 197–203, 205, 211–222, 226, 229–235, 237, 239–244, 246, 248f., 251–255, 257–260, 262ff., 268ff., 273f., 280, 282, 286f., 289–301, 303f., 312, 315, 326–334, 336ff., 344, 349, 356ff., 361, 364–367, 369–376, 378, 380ff., 385f., 388–401, 405f., 408–412, 414ff., 420, 423, 428, 434–437, 471, 477ff., 513–522, 524ff., 528, 533, 535–554
Kennedy, Joseph P. 39, 110, 280
Kennedy, P. J. 39
Kennedy, Regis 79, 120f., 141, 200f., 217, 231, 238, 323
Kennedy, Robert F. 43, 80–84, 86f., 89f., 92ff., 97f., 101, 103, 105–112, 114–120, 128f., 139ff., 143, 158, 164, 168, 170ff., 175f., 182ff., 187, 214f., 218f., 234, 238–244, 246, 251, 256, 264, 266f., 274–283, 285–299, 302, 305, 311, 314, 316, 318f., 327, 330, 337, 340, 346–358, 360, 364, 374, 378, 385, 387, 394, 399ff., 403, 408, 410, 427f., 434, 437, 454, 476, 484, 517ff., 522, 524, 529, 546
Kilduff, Malcolm 205
King, J. C. 258, 365
King, Martin Luther 340–346, 381, 412
Kirkwood, Pat 544
Kirkwood, W. C. 544
Klein, Yvonne 175
Kleindienst, Richard G. 419
Koch, Graham 169
Kohlman, Herman 189, 201f.
Kohn, Aaron 72f., 75–80, 82f., 121, 123, 126, 130, 275, 281, 311, 316, 324, 335, 379, 540
Korshak, Sidney 216
Kostikow, Waleri Wladimirowitsch 151, 221, 247–250, 395, 397
Kwitny, Jonathan 538ff., 546

LaCharda, Salvadore 342
La Cour, Louis C. 171, 181f.
Lafitte, Jean 57, 61
Lafitte, Pierre 61
LaGuardia, Fiorello 39
Lambert, Louis 426, 441, 444ff., 463, 466f., 481f.
LaMonte, Frank 146, 284
Landridge, Frank 78, 316
Lane, Mark 248, 261, 330, 381, 391
Lansky, Meyer 39, 42, 46–49, 91, 131, 242, 362, 365, 369
Lawford, Peter 241, 243
Lawrence, Mary 178
Lawson, Winston 174
Laxalt, Paul 507
Leavelle, James R. 209
Le Blanc, Jules 419
Le Blanc, Norman 123, 229f., 260, 329
Le Blanc, Rodger 419
Lee, Harry 432
Lee, Ivan D. 253
»Lee, O. H.« 155, 194
Lemann, Arthur A. »Buddy« 476, 497, 499f., 510, 537, 553
Levy, David 511, 533
Levy, Rebecca 511
Lewis, Joe E. 49
Liberto, Frank 341ff.
Liberto, Jack 113, 115
Liberto, Salvatore 341ff.
Lincoln, Abraham 140
Lincoln, Evelyn 294f.
LoCicero, Jack 450f.
LoCigno, Sam 240, 354
Lombardino, Frank 53, 67
Long, Earl 309, 311, 487
Long, Huey 31, 39f., 42f., 54, 105, 214, 311
Long, Russell 105, 311, 333, 337, 359, 379
Lopez, Edwin 152f., 540
Loria, Samuel 37
Louis, Joe 36
Luciano, Lucky 39
Lumumba, Patrice 380

Maas, Peter 39
Mack, Gary 412f., 471f.
Maggadino, Peter 139, 287

Maggadino, Stefano 139, 287
Maheu, Robert 92, 365
Mankiewicz, Frank 347
Mano, Gene 78
Marcello, Anthony (Tony) 12, 35, 50, 53, 64, 66–69, 71, 74, 78, 83, 124, 128, 144, 181, 223–226, 228, 231f., 234f., 260, 281, 287, 300f., 327, 329, 348, 404f., 407, 453, 455, 493, 500, 504, 515f., 523ff., 531
Marcello, Bootsie 323, 325
Marcello, Carlos II (Carlos' Enkel) 509
Marcello, Florence 101, 106, 181, 493, 509
Marcello, Jacqueline (Carlos' Frau) 12, 37, 45, 69, 74, 97, 101, 106, 109, 181, 493, 501, 530
Marcello, Jacqueline (Jackie, Carlos' Tochter) 12, 106, 111, 181, 493, 509
Marcello, Jake 53, 64
Marcello, Joseph (Carlos' Bruder) 12, 35, 53, 64, 67, 71, 74, 82, 96, 107ff., 162ff., 170, 172, 176, 181ff., 223, 228, 231, 260, 279, 283, 287, 291, 301, 312, 320–323, 325, 405, 415f., 436f., 470f., 489f., 493, 504f., 509, 515, 522–525, 530f., 533, 535f., 554
Marcello, Joseph (Carlos' Vater) 18f., 29ff., 35, 68f.
Marcello, Joseph Carlos »Little Joe« 12, 101, 181, 306, 323f., 493, 502, 531f.
Marcello, Louise (Carlos' Mutter) 18f., 69f., 74, 181
Marcello, Louise (Carlos' Tochter) 12, 71, 106, 181, 493, 509, 532
Marcello, Mary 35, 37, 74, 181, 493
Marcello, Nick 53, 64
Marcello, Pascal (Pasquale) 35, 74, 78, 181, 493, 531
Marcello, Peter 30, 35ff., 45, 50, 53, 73, 78, 132, 147f., 167, 181, 210, 235f., 328, 348, 407, 436, 493, 531
Marcello, Rose 35, 74, 181, 493f.
Marcello, Sadie 101
Marcello, Sammy (Salvadore) 12, 35, 74, 100f., 143, 147f., 181, 229, 312, 405, 489, 493, 504, 509–512, 531ff., 554
Marcello, Vincent 12, 35, 38, 40, 45, 50, 53, 64, 67, 69, 74, 78, 82f., 101f., 123, 143f., 147f., 181, 210, 229, 231f., 234f., 254, 260, 281, 283, 287, 300, 312, 327, 404f., 407, 493, 504, 521, 525, 531f.
Marcello, Vincent junior 532
Marinello, Cindy 494
Marinello, Vincent 12f., 438, 441–447, 467, 472, 475f., 483, 487f., 490f., 493f., 497, 520
Marino, Mario 312, 332
Maroun, Mike 47, 99, 101–104, 106, 164, 172
Marshall, Burke 295
Martens, Layton 197f., 252, 304
Martin, Crawford 142
Martin, Jack 189f., 198–202, 252, 264, 281f., 516, 526
Mash, Esther Ann 542, 546
Masotto, Constantine 51f.
Matassa, Joseph »Baby« 173, 183, 187f., 190, 301ff., 305
Mathews, Elizabeth 167
Mathews, Russell D. 167, 471
Matranga, Charles 25ff., 54
Matranga, Tony 25ff.
McClellan, John L. 78, 80ff., 93, 97, 107, 109, 138, 238, 281f., 316, 355f., 385, 521
McCloy, John J. 270, 371
McCone, John 247, 251, 275
McCormack, John 273
McFerren, John 341ff.
McGrath, J. Howard 66
McGuire, Phyllis 242
McHugh, Godfrey 297
McKeithen, John 13, 309, 316, 488, 520
McKenna, Thomas J. 196
McLaney, Mike 131
McMurren, John T. 253
Meagher, Sylvia 268, 330, 381
Meese, Edwin 507
Mercer, Julia Ann 179
Meyers, Edward 373
Miller, Beauregard jr. 45, 48, 50, 67, 315, 487
Miller, Herbert J. 97
Miller, Jack 128, 244, 299
Miller, Murray W. »Dusty« 168
Miranda, Michael 321
Mitchell, John 359, 370f.
Mitchell, Martha 369
Moldea, Dan 355, 540
Mollo, Silvio 182
Monroe, Marilyn 90, 239–243, 280, 291f., 354, 408, 519, 539
Montague, Larry 12, 422, 425, 435, 437ff.,

442f., 445, 447f., 451f., 458–463, 467, 476, 485f., 489f., 492, 498, 502, 525
Moore, L. G. 482
Moore, Bobby Gene 146, 253, 260, 263f., 281–284, 411
Moore, Cecil 27
Moran, James »Diamond Jim« 43, 46, 66, 68
Morgan, Edward P. 331
Morgenthau, Robert W. 182
Morial, Ernest N. 339, 437, 474, 485
Morris, William Hugh 343
Morrison, DeLesseps »Chet« 49, 66, 68, 75ff.
Morrow, Hubert 156
Mosca, Provino 62, 70, 489, 497
Mouton, Edgar G. »Sonny« 426, 437ff., 441, 444ff., 483
Moyers, Bill 252f.
Mundt, Senator 85f.
Murchison, Clint 314, 427f., 435
Murret, Charles »Dutz« 126–130, 132, 187, 196, 211ff., 228f., 260, 388, 403f., 436, 489, 523, 531, 554
Murret, Lillian 126f.

Nastasi, Jacob 304, 334
Nellis, Joseph 540
Nelson, Baby Face 75
Newton, Clarence 498
Nikoli, Michel 541
Nixon, Richard 314, 349, 358–365, 367–374, 376, 380, 418, 428, 435, 511, 521
Noguchi, Thomas 351
Nolan, Eugene 312
Noll, Carl I. 163ff., 171–175, 181, 184, 302, 305f., 318
Noto, Mario 434, 462
Novel, Gordon 328
Novello, Angela 294ff.
Noyes, Peter 192, 204, 380f.

O'Brien, Chuck 241
O'Brien, Larry 363
O'Brien, Richter 146
Occhipinti, Frank 333
Odio, Annie 149
Odio, Sylvia 149f.
Oliver, Beverly 541
Oswald, Lee Harvey 121, 125–138, 140f., 144, 148–158, 162, 172, 174f., 178f., 187, 189–194, 196–215, 220–229, 232, 235f., 244–256, 258–265, 270, 272f., 277f., 280f., 297, 300, 303, 326f., 329, 331, 333, 336, 338, 344, 347f., 356, 367, 370ff., 378, 388ff., 393–398, 401, 403ff., 407, 410–414, 436, 489, 514ff., 523, 525–528, 531, 536ff., 540–543, 545ff., 552, 554
Oswalds Doppelgänger 150–157, 174, 178, 191, 227f., 249, 263, 389, 395ff., 528, 540, 546
Oswald, Marguerite 130f., 388
Oswald, Marina 125, 149, 153, 178, 197f., 227, 245, 373, 545f.
Otash, Fred 240
Owens, Gary 268

Paine, Ruth 149, 155
Parsons, Russell 355
Partin, Edward Grady 116, 168, 234, 260, 330f., 336ff., 346, 357, 362, 400f., 408, 428, 515, 521
Patriarca, Raymond 527f.
Patrick, Lenny 168
Paul, Ralph 178
Pearson, Drew 66, 327, 331f.
Pecora, Frances 71, 275
Pecora, Nofio J. 53, 67, 71, 80, 83, 118, 132, 147f., 168, 174, 272, 275, 281, 300f., 337, 359, 404, 406f., 516
Peloquin, Robert 244
Pirandello, Luigi 69
Pironti, Sauveur, 541
Piscitelle, George 240, 354
Pitts, Elnora 208
Pizza, Salvadore 124, 223f., 226
Pontani, Albert »Reds« 534f.
Popkin, Richard 330, 381
Poretto, Joseph 50, 53, 64, 66, 68, 71, 74, 80, 83, 107f., 118, 125, 127f., 132, 222–228, 235, 255, 260, 281, 283, 287, 300f., 329, 337, 359, 404, 515f., 523
Powell, Johnny 413
Pregerson, Harry 451–457, 461, 498, 500, 502
Probst, Ben 175
Profumo, John 280
Provenzano, Tony 358
Puzo, Mario 488

Quironga, Carlos 161

Ramistella, Henry 353
Rankin, J. Lee 262, 264f., 271, 282, 288, 371, 548f.
Rasmussen, Erik 534
Ray, James Earl 341–345
Reagan, Ronald 507
Rebozo, Bebe 369
Reid, Ed 215f., 328, 357, 378, 380
Reznitschenko, Konsul 245
Ricciardi, Thomas 450
Rice, Agent 202
Rickerfor, A. G. »Freddie« 48
Riesel, Victor 377
Rivele, Steve 541
Rivera, Geraldo 538f., 546f.
Rizzitello, Michael 450f.
Rizzuto, Phillip 348, 450f., 453ff., 472, 495–498, 500f., 524
Rizzuto, Tom 53, 67
Robards, Florence (siehe Marcello, Florence)
Robbins, Christopher 335
Roberts, Delphine 189
Roberts, Earlene 193f.
Robertson, Victor 206
Rodino, Peter 414
Rodriguez-Genis, Eduardo 163ff., 171
Roemer, Charles E. 12, 437–448, 460–465, 467, 472, 475f., 479f., 482f., 489f., 492ff.
Rolland, Chuck 195
Roppolo, Carlo 112–115, 117, 172, 175, 183, 214f., 386, 411
Roppolo, Lillian 215
Roselli, John 91ff., 112, 157, 167, 211, 216, 240, 258, 291, 327f., 331f., 338, 355, 365, 375, 381, 429 435, 542, 544
Rosen, Alex 266
Rossi, Paolo Alberto 175
Roussel, Louis 130f.
Rowland, Arnold 179, 193, 413
Rowley, James J. 248, 261, 326
Ruby, Jack Leon 144–148, 166–169, 174, 178, 188, 192, 196, 205–214, 222, 226, 232, 235f., 240, 250, 253–256, 258ff., 263f., 270–273, 275, 277f., 281, 284, 300, 303, 328, 331f., 338, 348, 370, 373, 378, 394, 401, 403–407, 410f., 469, 471, 515–518, 522, 525–528, 533, 536f., 540–544, 546–549, 552
Russell, Richard 269f.

Sahakian, Juanita (siehe Candy Barr)
Saia, Sam 126, 130, 132, 213, 403, 436, 489, 531
Salinger, Pierre 83, 184
Sarti, Lucien 541
Sartor, William 341ff.
Scarfo, Nicodemo »Nicky« 533, 554
Scheim, David 548
Schlesinger, Arthur M. jr. 43, 279, 298, 347
Schonekas, Russel 471, 475, 484, 492f., 497
Schreiber, G. R. 273
Schulman, Don 351f.
Schweiker, Richard 375, 381
Sciortino, Sam 313, 348, 450f., 453–457, 460, 472, 495, 497f., 500f., 524
Scott, Peter Dale 358, 381
Sear, Morey L. 13, 477ff., 493, 501ff., 510, 512, 524, 533, 536f., 553
Sehrt, Clem 130f., 404
Senator, George 146, 208
Shaffer, Charles 372
Shaw, Clay 136, 297, 333, 335f., 338
Shearer, Agent 200
Sheridan, Walter 279, 330, 333, 337, 346, 360
Sherman, Mary Stults 336
Shimon, Joseph 240
Shore, Michael 167
Silberling, Edwyn 93, 97
Sinatra, Frank 110, 239f., 242
Siracusa, Tom 11, 78, 487
Sirhan, Sirhan 348, 350–353, 355ff.
Smith, D'Alton 275, 330, 337f., 359, 362
Smith, J. Agent 199
Smith, Phillip 71, 95ff.
Smith, Sergio Arcacha 91, 135, 160f., 304, 365ff., 370, 518
Somoza (Familie) 314, 427f., 435
Sorrels, Forrest 174
Specter, Arlen 372
Spindell, Bernard 241, 280, 291, 519
Sprague, Richard A. 381f., 385, 411
Stans, Maurice 368
Stein, Charles 342
St. George, Andrew 363

Stokes, Louis 382, 478, 514
Stompanato, Johnny 240, 354
Stracher, »Doc« 39
Sturgis, Frank 362f., 365, 370
Sullivan, William 237, 247, 254, 270, 282, 344
Summers, Anthony 153f., 198, 240f., 243, 401
Summers, Malcolm 543
Sumner, Gene (SVT-1) 124f., 127, 222–229, 232, 234, 253, 260, 263, 281f., 329, 411, 415, 515, 525f., 537
Sutton, Robert 469f., 496
Szulc, Tad 370

Tannenbaum, Robert 222, 382
Tannenbaum, Harold 147, 300, 407
Teresa, Vincent 527
Termine, Sam 130, 404
Terrell, Joe 438ff., 444
Thomas, Albert 143
Thompson, Josiah 330, 381
Tice, Wilma 271
Timphony, Frank 312
Tippit, J. D. 194
Todaro, Frank 36ff., 40, 45f., 53
Todaro, Jacqueline 37f. (siehe auch Marcello, Jacqueline)
Trafficante, Santos 67, 91ff., 104f., 116f., 120, 124, 131, 140, 157, 167f., 182, 217, 221f., 234, 258ff., 273, 311, 313, 321ff., 326, 331f., 362, 365, 367, 369, 375, 378, 385f., 399–403, 418, 429, 435, 459ff., 468, 471, 475, 497, 506, 515, 518, 522, 528, 541
Treen, David 426, 441, 444–447, 464, 481, 485
Tregle, Bernard 122ff., 133, 162, 229–235, 254, 260, 300f., 327, 329, 404, 515f.
Trujillo, Rafael 104, 314, 335, 380, 427f., 435
Truly, Roy 191
Tucker, Sophie 49
Turnbo, Charles 508f.
Turner, Lana 240, 354
Turner, Nigel 541

Uecker, Karl 350f., 357

Valachi, Joseph 138f., 141
Valladores, Antonio 163ff., 171
Valloni, Vincent 67
Veciana, Antonio 395, 398
Voebel, Edward 200
Volz, John 475, 494

Wacks, Mike 12, 422, 425, 436–440, 442f., 445–448, 451f., 458–463, 467, 476, 479, 485f., 490, 492, 498, 502, 509, 520
Wade, Henry M. 206
Walker, Edwin 125, 213
Wall, Agent 200
Wall, Breck 196, 207
Walther, Carolyn 179, 193, 413
Warren, Earl 258, 269, 271f., 275f., 287ff., 296, 300f., 326, 331, 529, 549
Wasserman, Jack 82, 96f., 101, 107ff., 118, 164, 170ff., 174, 181f., 199, 292, 305f., 322, 378, 398, 415f., 434
Watson, Marvin 328
Wecht, Cyril 393
Weichert, William 422
Weiner, Irwin S. 167, 272
Weiss, Victor 233, 516, 544f.
Weisberg, Harold 246, 330, 371, 381, 391, 416f.
Weisburg, Willie 286
Welt, William F. 414
White, Jack 471, 522
White, Theodore 90
Willens, Howard 281ff., 285, 287f.
Williams, Bonnie Ray 389
Williams, Edward Bennett 267
Winterberger, Robert 273
Winters, Albert 511
Witcover, Charles 373
Wood, John 470f., 522
Wrone, David 391

Yablonski, Jake 381, 385
Yablonsky, Joseph 507
Yaras, Dave 67
Yaras, Sam »Sam Garras« 67
Young, Aubrey 438, 444, 462–467, 490ff., 513